LUOTIAN YEARBOOK 2018

# 罗田年鉴

## （2018）

罗田县地方志编纂委员会　编

方志出版社
Publishing House of Local Records

**图书在版编目（CIP）数据**

罗田年鉴. 2018 / 罗田县地方志编纂委员会编 . --
北京 : 方志出版社 , 2019.12

ISBN 978-7-5144-3832-1

Ⅰ. ①罗… Ⅱ. ①罗… Ⅲ. ①罗田县—2018—年鉴

Ⅳ. ① Z526.34

中国版本图书馆 CIP 数据核字（2019）第 214150 号

**罗田年鉴（2018）**

**编　　者：**罗田县地方志编纂委员会
**责任编辑：**范　静

**出 版 者：**方志出版社
地址　北京市朝阳区潘家园东里 9 号（国家方志馆 4 层）
邮编　100021
网址　http://www.fzph.org
**发　　行：**方志出版社图书经销中心
电话　（010）67110500
**经　　销：**各地新华书店
**排　　版：**北京中文天地文化艺术有限公司
**印　　刷：**北京中科印刷有限公司

**开　　本：**889 × 1194　　1/16
**印　　张：**25.75
**字　　数：**743 千字
**版　　次：**2019 年 12 月第 1 版　2019 年 12 月第 1 次印刷

ISBN 978-7-5144-3832-1　　**定价：**328.00 元

# 序

贫困问题一直是困扰人类社会发展的重大问题。中国作为世界上最大的发展中国家，为解决贫困问题进行了长期不懈的努力。改革开放以来，特别是党的十八大以来，以习近平同志为核心的党中央把脱贫攻坚作为全面建成小康社会的底线任务和标志性指标，纳入“五位一体”总体布局和“四个全面”战略布局，以前所未有的力度推进精准扶贫、精准脱贫，扶贫开发成就举世瞩目，显著改善了贫困地区和贫困群众生产生活条件，具有重大的现实意义和深远的历史意义。身处中华民族几千年发展历史上将首次整体消除绝对贫困现象的伟大时代，如何更好地发挥地方志的存史、育人、资政的作用，是新时代全国地方志系统必须深入研究和着力解决的重大课题。

党的十八大以来，在党中央国务院的正确领导下，全国地方志系统深入学习贯彻习近平新时代中国特色社会主义思想，紧紧围绕党和国家事业发展需要，深入推进地方志改革创新发展，凝心聚力，稳扎稳打，勇于担当，主动作为，全国地方志形势和地方志工作者的精神面貌发生了深刻变化，取得了优异成绩。其中，为贯彻落实《全国地方志事业发展规划纲要（2015—2020 年）》，经中国地方志指导小组领导批准，中国地方志指导小组办公室于 2015 年、2017 年先后启动民族地区与贫困地区志书、年鉴出版资助工程（以下简称“志鉴出版资助工程”），对国家级贫困县（区、旗、县级市），中西部地区、少数民族边疆地区面临出版经费困难的志书和综合年鉴给予出版资助。实施志鉴出版资助工程是紧扣时代脉搏、坚持创新发展、传承弘扬中华优秀传统文化的一项创举，不仅有力推动了“两全目标”的实现，而且数十部资助出版的志书、年鉴及时记述了民族地区与贫困地区在全面建成小康社会伟大征程中取得的新成绩和新经验、出现的新情况和新问题、涌现的优秀人物和典型事迹，留住地方文化的“根”和“魂”，为这些地区的经济社会发展、地域文化传播、爱国主义教育、精神文明建设等提供了历史借鉴和智力支持，对全面提升民族地区与贫困地区文化建设水平、确保民族地区与贫困地区和全国其他地区同步全面建成小康社会具有重要意义。

尤为可喜的是，志鉴出版资助工程促成了一批扶贫志书的编纂出版，在文化脱贫攻坚中发挥了独特的作用。例如，《贵州省减贫志》全面系统客观记述了从 1978

年至2015年贵州省扶贫、减贫工作的历程及取得的经验，为贵州省实施大扶贫战略提供了有力的资政辅治参考，集中体现了地方志工作因时而动、顺势而为的新作为。前不久，由福建省地方志编委会和人民网共同编纂的《闽宁扶贫协作图志》，是全国首部扶贫协作图志，图文并茂、直观立体、全方位地展现闽宁扶贫协作波澜壮阔的历程，弘扬“闽宁一家亲”“携手奔小康”的深厚情谊和滴水穿石、久久为功的精神，是贯彻落实习近平总书记扶贫工作重要论述精神，服务国家精准扶贫、精准脱贫战略的有力举措。希望各地以此为鉴，编纂出版更多、更好的扶贫志书、年鉴，助力国家精准扶贫、精准脱贫战略的实施，充分展现地方志的独特价值和作用。

当前，我国脱贫攻坚已进入全面决战决胜的关键时期，尚未脱贫的贫困地区集中分布在中西部深山区、极端干旱山区、高寒阴湿地区等，文化建设还比较薄弱，文化产品还不够丰富，文化精品更是少之甚少。同时，这些地区往往是民族文化、历史文化、红色文化、生态文化富集区，具有发展文化旅游、推进文化扶贫的巨大潜在优势，也是繁荣发展地方志事业的巨大文化宝库。要发挥好文化扶贫凝聚人心的优势，善于利用方志文化优势为贫困地区“赋能”，在脱贫攻坚中做出方志人应有的贡献。要发挥好中国名镇志文化工程、中国名村志文化工程的引领作用，大力加强乡镇村志编纂，让百姓记得起乡情、记得住乡愁，凝聚贫困乡镇村庄的强大民心，补齐贫困乡镇村庄的文化短板，以“扶智”的方式“扶志”，践行习近平总书记强调的“扶贫先扶智，扶贫必扶志”的重要理念。

求木之长者，必固其根本；欲流之远者，必浚其泉源。扶贫扶起的是志气骨气，传承的是家国情怀，守护的是绿水青山。扶贫既要富口袋，也要富脑袋。必须坚持文化脱贫和物质脱贫两手抓，筑牢贫困地区文化之基，补足信仰精神之钙，引领脱贫发展之舵。全国地方志系统要围绕中心、服务大局，坚决投入脱贫攻坚这场必须打赢的硬仗，积极参与脱贫攻坚战，发挥优势和特长，深入挖掘文化资源，着力补齐文化短板，努力帮助民族地区与贫困地区的文化建设实现较大的发展提升，在全面建成小康社会、实现中华民族伟大复兴中国梦的征程中贡献方志人的力量。

是为序。

中国社会科学院院长
中国地方志指导小组组长
谢伏瞻

# 民族地区与贫困地区年鉴出版资助工程领导小组

组　　　长：高　翔

常务副组长：冀祥德

副　组　长：高京斋　邱新立

# 民族地区与贫困地区年鉴出版资助工程领导小组办公室

主　　　任：冀祥德

副　主　任：邱新立

成　　　员：于伟平　刘永强　冷晓玲　李　静

# 编辑说明

一、《罗田年鉴》是罗田县地方志办公室承编的地方信息资料文献。《罗田年鉴》2000年创刊，每年编辑一卷（其间有一卷为两年合卷），本卷为总第十七卷。

二、《罗田年鉴（2018）》以马克思列宁主义、毛泽东思想、邓小平理论、“三个代表”重要思想、科学发展观、习近平新时代中国特色社会主义思想为指导，坚持辩证唯物主义和历史唯物主义的立场、观点和方法，全面系统地记载罗田县经济、政治、文化、社会和生态文明建设的基本情况，为社会各界了解和研究罗田提供基本信息资料。

三、本卷年鉴的内容分为综合信息、分类信息和其他资料。综合信息设特载、大事记、罗田概貌。分类信息设经济、政治、文化、社会四大部分。其中，经济部分分设经济开发、旅游、农业、工业、交通通信、商贸、金融、财政税务、综合经济管理、城乡建设、环境保护11个部类；政治部分分设中国共产党罗田县委员会、罗田县人民代表大会、罗田县人民政府、中国人民政治协商会议罗田县委员会、中共罗田县纪律检查监察委员会、群众团体、法治、军事8个部类；文化部分分设科技教育、文化影视2个部类；社会部分分设人力资源和社会保障、卫生·社会生活2个部类，其他资料设乡镇、人物、附录。除特载、2017年大事记外，在部类和条目之间设分目，以表示部类和条目的层次关系。

四、本卷年鉴所刊载的内容和数据，分别由县内各有关单位提供。凡涉及全县经济与社会发展全局的数据，以县统计局提供的数据为准。凡统计局未予统计和提供的，以各撰稿单位提供的数据为准。本卷年鉴所用数据因资料来源、统计口径等因素，部分数据不尽一致。

五、本卷年鉴中所列单位领导干部，属县管干部报县委组织部审定；属垂直管理干部，其资料由供稿单位提供、审定。年鉴收录单位领导干部范围：县领导、乡镇党政领导班子成员；县直乡科级及以上单位党政主职和副职人员。人物类目中，凡未列党组织主职的单位，其党组织主职由行政主职兼任。

六、本卷年鉴所用数据使用法定计量单位，考虑到实际工作需要和方便读者实际使用，少量记述中采用非法定计量单位。

七、因资料缺失，少数单位2017年工作情况未能辑入。

八、本卷年鉴编辑出版，得到了全县各级领导及各有关单位的大力支持，在此一并致谢。由于编辑水平有限，多有错漏或不足之处，敬请读者批评指正。

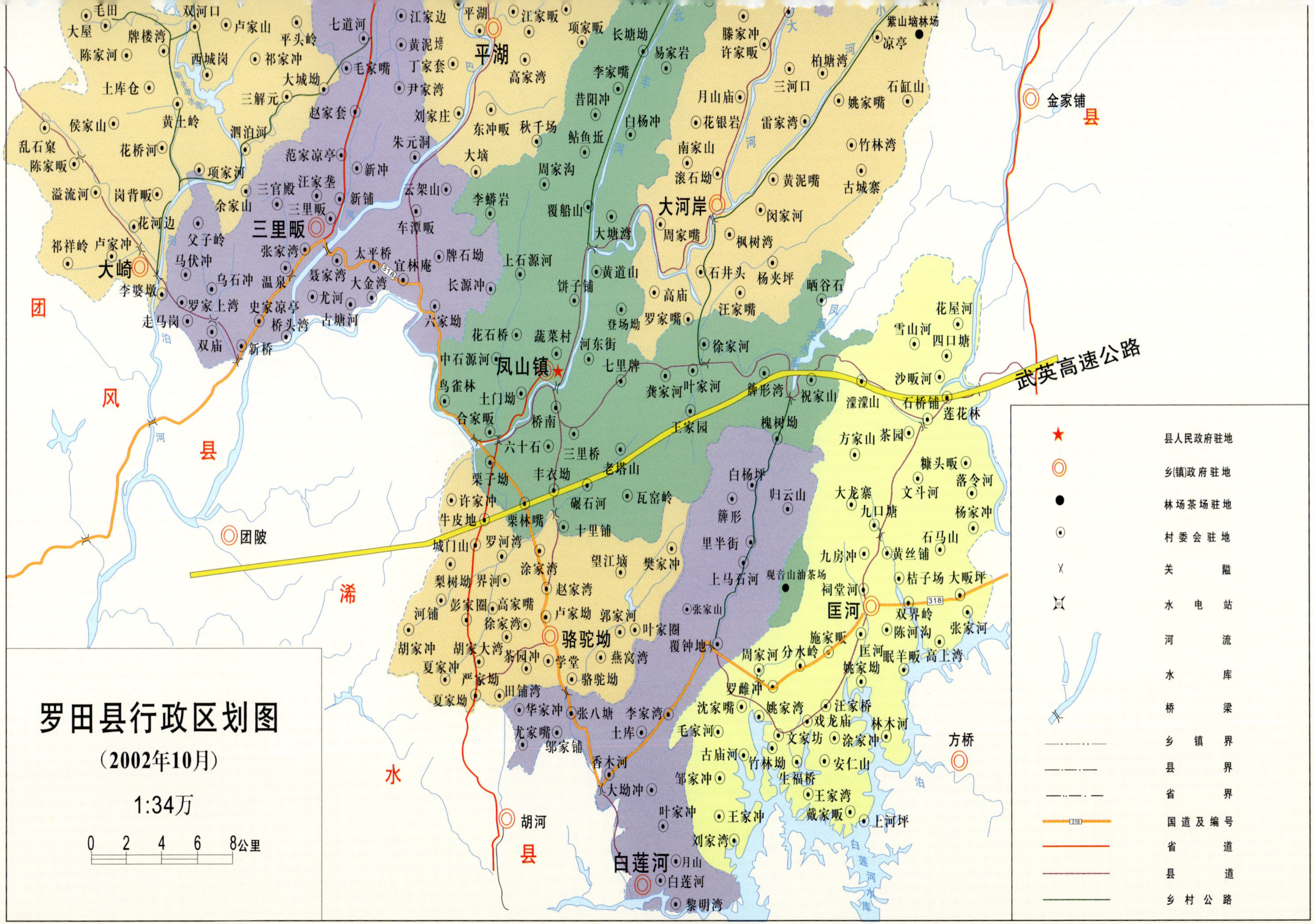


湖北省第一测绘院编制　审图号　鄂S（2002）034号

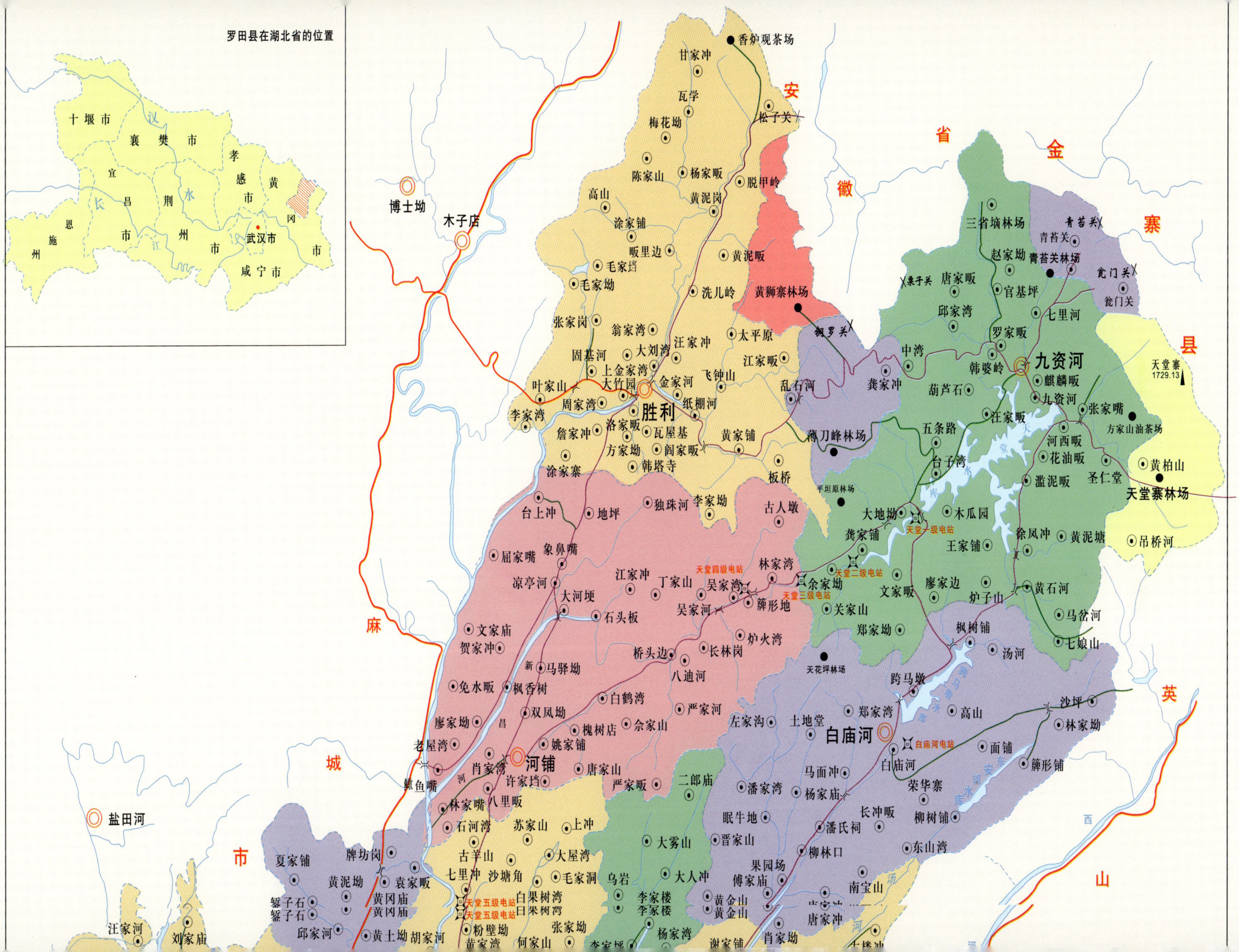

罗田县在湖北省的位置
十堰市
襄樊市
孝感市
黄冈市
宜昌市
荆州市
恩施州
武汉市
咸宁市
安
徽
省
金
寨
县
英
山
麻
城
市
博士坳
木子店
盐田河
胜利
九资河
白庙河
河铺
天堂寨
1729.13
香炉观茶场
甘家冲
瓦学
梅花坳
松子关
陈家山
杨家畈
脱甲岭
高山
黄泥岗
涂家铺
畈里边
黄泥畈
毛家垱
毛家坳
洗儿岭
黄狮寨林场
张家岗
翁家湾
汪家冲
太平原
固基河
大刘湾
上金家湾
江家畈
叶家山
大竹园
金家河
飞钟山
乱石河
周家湾
纸棚河
李家湾
詹家冲
洛家畈
瓦屋基
黄家铺
方家坳
阎家畈
涂家寨
韩塔寺
板桥
薄刀峰林场
铜罗关
龚家冲
中湾
三省垴林场
青苔关
青苔关林场
赵家坳
唐家畈
官基坪
邱家湾
七里河
罗家畈
栗子关
瓮门关
韩婆岭
麒麟畈
葫芦石
九资河
五条路
汪家畈
张家嘴
方家山油茶场
河西畈
花油畈
黄柏山
台子湾
滥泥畈
圣仁堂
天堂寨林场
平坦原林场
大地坳
木瓜园
吊桥河
龚家铺
天堂一级电站
徐凤冲
黄泥塘
王家铺
天堂二级电站
余家坳
天堂三级电站
文家畈
廖家边
炉子山
黄石河
关家山
马岔河
郑家坳
枫树铺
七娘山
汤河
天花坪林场
跨马墩
郑家湾
高山
沙坪
林家坳
土地堂
白庙河电站
面铺
白庙河
簰形铺
马面冲
荣华寨
潘家湾
杨家庙
长冲畈
柳树铺
眠牛地
潘氏祠
晋家山
东山湾
果园场
柳林口
傅家庙
南宝山
黄金山
唐家冲
肖家坳
谢家铺
二郎庙
大雾山
大人冲
乌岩
李家楼
杨家湾
台上冲
地坪
独珠河
李家坳
古人墩
屈家嘴
象鼻嘴
林家湾
天堂四级电站
凉亭河
江家冲
丁家山
吴家湾
大河埂
簰形地
吴家河
文家庙
石头板
炉火湾
贺家冲
马驿坳
桥头边
长林岗
免水畈
枫香树
八迪河
白鹤湾
严家河
廖家坳
双凤坳
佘家山
左家沟
老屋湾
槐树店
肖家湾
姚家铺
唐家山
鳜鱼嘴
许家垱
严家畈
林家嘴
八里畈
石河湾
苏家山
上冲
古羊山
大屋湾
七里冲
沙塘角
毛家洞
白果树湾
天堂五级电站
粉壁坳
张家坳
何家山
黄家湾
夏家铺
牌坊岗
黄泥坳
袁家畈
黄冈庙
鐾子石
邱家河
黄土坳
胡家河
汪家河
刘家庙

2017 年 3 月 17 日，农业部副部长于康震（左二）到罗田名羊公司调研黑山羊深加工产业

（摄影　邱亚林）

2017 年 8 月 24 日，中共湖北省委副书记、省长王晓东（左五）在省人大副主任、黄冈市委书记刘雪荣（左三）等陪同下到罗田现场检查宏源药业污水处理设施　（摄影　邱亚林）

2017 年 7 月，中共罗田县委书记汪柏坤（左二）到三里畈镇錾字石村调研精准扶贫工作

（錾字石村提供）

2017 年 10 月，中共罗田县委副书记、县长郝爱芳（左一）在县名羊公司调研，听取公司董事长、全国人大代表刘锦秀情况介绍　（摄影　邱亚林）

2017 年 12 月 12 日，中共罗田县委副书记、政法委书记陈世龙（左一）陪同省委副秘书长、省委农工部主任钱远坤（右一）一行调研罗田电商工作

（商务局提供）

2017 年 10 月，中共罗田县委委员、县人大主任郭建明（右）到胜利镇瓦屋基村看望贫困户

（摄影　吴超）

2017 年 10 月 25 日，中共罗田县委委员、县政协主席童伟民（前排右二）在田园制衣厂调研

（摄影　方志东）

2017 年 11 月，中共罗田县委委员、常务副县长胡朝晖在白庙河潘氏祠村调研精准扶贫

（摄影　邱亚林）

2017 年 3 月 17 日，全国产业扶贫湖北罗田现场会在三里畈镇召开（邱亚林　摄）

2017 年 12 月 14 日，中国共产党罗田县第十五次代表大会第二次会议在县人民会场召开（邱亚林　摄）

2017 年 12 月 23 日，县政协十届一次全会在县人民会场召开（邱亚林　摄）

2017 年 12 月 27 日，县人大第十七届二次全会在县人民会场召开（邱亚林　摄）

2017 年 5 月 26 日下午，卓尔文旅集团与罗田县政府签署合作协议，共同开发罗田“五景区五小镇”旅游项目，助力罗田全域旅游示范区建设。图为罗田县委副书记、县长郝爱芳与卓尔文旅集团总裁吴奇凌签约现场（邱亚林　摄）

2017 年 10 月 26 日，卓尔文旅集团罗田“五景区、五小镇”建设项目之一的胜利商贸文旅小镇开工典礼（胜利镇提供）

# 大美罗田

罗田县城一角　　华仁　摄于 2017 年 9 月

天堂寨冬雪　　邱亚林　摄于 2017 年 12 月

凤山镇鲶鱼坵村开展文艺活动　　邱亚林　摄于 2017 年 12 月

凤山镇上石源河新农村示范点　　华仁　摄于 2017 年 4 月

骆驼坳镇燕窝湾村梅岭　　华仁　摄于 2017 年 2 月

骆驼坳镇区新貌　　华仁　摄于 2017 年 7 月

白莲河乡叶家冲新村　　　　华仁　摄于 2017 年 3 月

白莲河乡里半街村　　　　华仁　摄于 2017 年 10 月

匡河田园风光　　刘惠文　摄于2017年6月

匡河晨韵　　刘惠文　摄于2017年8月

大河岸罗家咀新村　　　　华仁　摄于 2017 年 3 月

大河岸镇碳石坳村　　　　华仁　摄于 2017 年 3 月

白庙河镇潘家湾村游客中心　　　　邱亚林　摄于 2017 年 10 月

白庙河镇柳林口村移民新居　　　　华仁　摄于 2017 年 9 月

九资河镇圣人堂村秋色　　邱亚林　摄于 2017 年 10 月

九资河镇新貌　　邱亚林　摄于 2017 年 9 月

胜利镇镇区易地扶贫搬迁安置点　　华仁　摄于2017年7月

胜利镇区新貌　　华仁　摄于2017年9月

河铺镇林家咀村　　邱亚林　摄于 2017 年 8 月

河铺镇全景　　邱亚林　摄于 2017 年 10 月

平湖乡古羊山春色　　汪利群　摄于2017年4月

平湖乡鸟瞰图　　雷建高　摄于2017年8月

三里畈镇錾字石村

邱亚林　摄于 2017 年 10 月

三里畈镇区新貌

华仁　摄于 2017 年 9 月

大崎镇大城坳村　　　　邱亚林　摄于 2017 年 7 月

大崎镇　　　　周坤　摄于 2017 年 5 月

# 目 录

## 中国共产党罗田县委员会

### 县委工作



### 县委办公室工作



### 组织工作



### 宣传工作



### 统战工作



### 机构编制



### 老干部工作



### 党校工作

## 群众团体

### 县总工会



### 共青团罗田县委员会



### 县妇女联合会



### 县科学技术协会



### 县工商业联合会



### 县文学艺术界联合会



## 法 治

### 政法委工作及综治



### 法治政府建设



### 公 安



### 检 察

## 民 政



## 老龄人口



## 残疾人事务



# 乡 镇

## 凤山镇



## 骆驼坳镇



## 白莲河乡



## 匡河镇



## 大河岸镇



## 白庙河镇

## 附 录

### 荣誉表彰



### 文件目录选编



### 重要文件选载



### 调研报告



### 统计资料

# 特　载

## 打赢脱贫摘帽攻坚战　开启乡村振兴新征程（节选）

——在全县三级干部会暨农业农村工作会上的讲话

中共罗田县委书记　汪柏坤

（2018年2月25日）

刚刚过去的农历鸡年，是全县人民在小康罗田征程中砥砺奋进、极不平凡的一年。我们战胜了扶贫巡视反馈问题整改、园区环境污染问题整治、浦爵涉众金融案维权维稳等风险挑战，经济社会继续保持绿色崛起、后发赶超的良好态势。一年来，我们成功承办了全国产业扶贫现场会，在延安产业扶贫现场会上作了交流发言，“五位一体”的产业精准扶贫模式写进了省委文件，成功创建世界地质公园、国家园林城、全国“长安杯”、全国“双创”示范基地、全国优秀法院、全国“五好”县级工商联、全国文明单位（财政局）和文明村镇（九资河），总投入50亿元的卓尔“五景区五小镇”实现了当年洽谈、当年签约、当年开工，宏源六氟磷酸锂、海成电子两大项目分别完成投资2.1亿元和1.3亿元，十九大精神宣讲、“四好农村路”、独臂挑夫王惠敏三大图文登上人民日报和人民网。

2017年度，也是全县“三农”工作大发展、大跨越、大提升的一年。一年来，我们以脱贫攻坚统领“三农”工作全局，将基层党建、脱贫攻坚、美丽乡村、全域旅游结合起来一体推进，一年时间全县农业农村发生了翻天覆地的变化。这一年，我们最优秀的干部选派到了农村，415个村实现了驻村扶贫工作队选派全覆盖；最主要的精力摆布到了农村，“五天四夜”等驻村帮扶制度得到较好落实；最充实的资金投向了农村，仅脱贫攻坚一项就整合资金15.58亿元；最显著的变化发生在农村，38个基层党建“百点闪耀”示范村面貌焕然一新；最强烈的获得感来自农村，7043户、20962人实现增收脱贫，全县处处呈现“真心实意谢党恩，自力更生奔小康”的感人画面。

“历尽天华成此景，人间万事出艰辛”。这些成绩的取得来之不易，是全县上下万众一心、团结拼搏、艰苦奋斗的结果，是全县三级干部敢于担当、敢抓敢管、敢作善成的结果。特别是一年来我们积累的民生优先、农村优先、项目优先和统筹抓、融合抓、联动抓等工作经验与党的乡村振兴思路高度切合，必将成为推进罗田当前和今后一个时期脱贫摘帽、乡村振兴的宝贵财富。在此，我代表县委、县政府向大家并通过大家向全县人民表示衷心感谢并致以崇高敬意！

关于2018年的工作，党代会报告、政府工作报告和县委十五届三次全体（扩大）会暨全县经济工作会已经作了安排部署，今天随会和会后即将下发考核方案、脱贫摘帽总体方案、项目资金整合方案、乡村振兴实施意见等一系列文件，各专项工作还要由分管领导召开专题工作会议进行具体安排部署，请大家一并抓好传达贯彻落实。下面，我讲两个问题，"打赢脱贫摘帽攻坚战，开启乡村振兴新征程"。

## 第一个问题：打赢脱贫摘帽攻坚战

全力打赢脱贫摘帽攻坚战，是2018年最紧迫最重大的工作任务，是实施乡村振兴战略的首战、揭幕战和奠基之战。正月初七上班第一天，省委、省政府召开全省坚决打好"三大攻坚战"推进会，省委书记蒋超良同志出席会议并发表重要讲话，强调要进一步增强责任感紧迫感，锚定目标，明确任务，统筹谋划，协调推进，不放松、不停顿、不懈怠，坚决打好打赢防范化解重大风险、精准脱贫、污染防治攻坚战。正月初八，省人大常委会副主任、市委书记刘雪荣同志来罗田调研"三大攻坚战"，要求把思想和行动统一到中央和省委、省政府决策部署上来，坚持问题导向，坚持精准施策，以不胜不休的精神和强有力的举措，坚定不移打好"三大攻坚战"。正月初七下午，县委中心学习组就"三大攻坚战"特别是脱贫攻坚战进行专题学习和初步安排部署，污染防治攻坚战、风险防控攻坚战还要进一步具体研究部署。

关于2018年的脱贫攻坚工作，要以习近平总书记系列重要讲话为统领，更加注重压实责任，更加注重改进作风，更加注重精准施策，更加注重脱贫质量，确保脱真贫、真脱贫。总体思路概括起来就是"12345"，即咬定脱贫摘帽"一个目标"，发挥好党员干部和贫困群众"两个积极性"，狠抓责任落实、政策落实、工作落实"三个落实"，集中力量扶持落梅河、鸡鸣尖、张家山、白莲河库区"四个片区"，全力抓好"五个一批"落地生根。重点是"三个落实"：

**一要强化领导带头，确保责任落实。**回顾我县三年的脱贫攻坚工作，为什么我们基础不实、落实不够？为什么大家沉不下去、专不上来？为什么一些问题无人解决、永远是问题？其原因是多方面的，但今天我想把话和大家说开，一个主要的原因是各级领导干部认识不到位、责任不上肩、示范作用发挥不够，造成会一个接一个的开、文件一个接一个的发，就是没有人去抓落实、没有人去解决具体问题。2018年，要从县委委员、四大家领导、部门"一把手"做起，严格落实"八张责任清单"，严格落实"5天4夜"等时间要求，严格落实"六个不准"的工作纪律，坚决确保责任上肩、任务落地。县委委员带头，每月到所联系乡镇研究一次扶贫工作，每月在乡镇住4晚，并要跑遍所有的村，发现问题就地解决。正月十五过后，四大家领导、工作队长、第一书记、工作队员等要全部下到村开展驻村帮扶。

**二要强化底线思维，确保政策落实。**坚持"既不降低标准，也不吊高胃口"，坚持"既尽力而为、又量力而行"，严格按政策办事，严格落实"户脱贫、村出列、县摘帽"有关政策规定。在户脱贫上，把"一有、两不愁、三保障"搞到位，确保贫困户有稳定收入来源，不愁吃不愁穿，住房安全、义务教育、医疗救助有保障。在村出列上，25个重点村的"十有十通"工程要加快推进，推进20户以上自然村通公路全覆盖、安全饮水全覆盖、村集体经营性收入过5万元全覆盖。县摘帽上，要确保脱贫户全部脱贫、贫困村全部出列，基础设施较为完善，公共服务接近全省平均水平，农民人均可支配收入、人均地方公共财政预算收入达到国家标准。在政策落实中，各部门、各乡镇要坚持问题导向，对照脱贫标准补齐短板，确保如期脱贫摘帽。

**三要强化严督厉导，确保工作落实。**以县委4个巡察组为班底，从指挥部、纪委监察委、县委组织部抽调专人组建4个督察专班，常态化开展明察暗访、严督厉导。对驻村帮扶工作实行台账管理，对四大家领导由县委督查室、县政府政务督查室监督乡镇党委政府建立工作台账，对106个贫困村工作队长、贫困村第一书记、非贫困村工作队长、驻村工作队员，由乡镇党委政府监督村支部村委会建立工作台账，对工作台账实行一月一抽查、一月一通报、一月移交一次问题线索。同时加大问题整改、专项整治、追责问责力度，坚决确保令行禁止、政令畅通。

## 第二个问题：开启乡村振兴新征程

脱贫摘帽，是为了补齐全面小康的最大短板，为实施乡村振兴战略奠定坚实基础。而实施乡村振兴战略，则是实现中华民族伟大复兴“中国梦”的必由之路。脱贫摘帽、全面小康、乡村振兴、民族复兴，构成农业农村战线实现“中国梦”的“大逻辑”。开启乡村振兴新征程，重点是要搞清楚以下三个问题：

**（一）怎样认识乡村振兴。**乡村振兴是全新的使命，乡村振兴战略是全新的发展战略，体现了我们党治国理政的远见卓识和超凡智慧。全县上下要把思想和行动统一到党中央决策部署上来，深刻认识和准确把握实施乡村振兴战略的重大意义和丰富内涵，切实增强使命感、责任感、紧迫感。

**一要深刻认识到，乡村振兴是脱贫“摘帽”的“升级版”、民族复兴的“大前提”。**实现中华民族伟大复兴，是全体中国人民共同的梦想，也是我们党的初心和使命。到2020年全面建成小康社会，到2035年基本实现现代化，到2050年建成社会主义现代化强国，重任在肩，使命光荣。习近平总书记早在2013年的中央农村工作会议上就指出，“中国要强，农业必须强；中国要美，农村必须美；中国要富，农民必须富”，这三句话言简意赅地道出了实施乡村振兴战略的重大意义。从当前情况看，尽管农村面貌发生了巨大变化，农民生活得到了巨大改善，但工农差别、城乡差别依然巨大，不平衡不充分发展的一个主要方面，是工农城乡之间的不平衡，是农业农村发展的不充分。特别是随着城镇化发展和打工经济兴盛，农村空心化、农户空巢化、农民老龄化现象不断加剧，一些村庄“形虽在，神已散”，不养老人、不管子女、不睦邻里、盲目攀比、大操大办等现象增多。习近平总书记在今年中央农村工作会上强调，“如果只顾一头、不顾另一头，一边是越来越现代化的城市，一边却是越来越萧条的乡村，那也不算是实现了中华民族伟大复兴”。从脱贫攻坚看，脱贫攻坚的主要目的是要消除绝对贫困、补齐全面建成小康社会的最大短板，农业农村在发展上、治理上、基础建设上存在的差距，则要通过脱贫攻坚的“升级版”乡村振兴战略来实现。三年脱贫攻坚，尽管大量的人力、精力、财力投向了农村，真正体现了农业农村优先理念，但农户脱贫标准、搬迁安置标准、基础建设标准、公共服务标准等都比较低，都只是一个短期的、底线的标准，工农之间的差别、城乡之间的差别并没有得到根本改变。因此，必须在脱贫摘帽、全面小康的同时启动实施乡村振兴战略，巩固、提升脱贫摘帽成果，加快农业农村现代化进程。

**二要深刻认识到，乡村振兴是“三农”工作的总抓手、强农兴农的“大战略”。**党的十九大和中央农村工作会，将乡村振兴作为“贯彻新发展理念，建设现代化经济体系”的战略举措，强调“走中国特色社会主义乡村振兴道路，建立健全城乡融合发展体制机制和政策体系，加快推进农业农村现代化”。说乡村振兴是“三农”工作的总抓手、强农兴农的“大战略”，主要是集中体现在“三句话的总目标、五句话的总要求、七个必须的总路径”上。三句话的总目标，即今年中央农村工作会提出的“农业要变成有奔头的产业，农民要成为有吸引力的职业，农村要成为安居乐业的美丽家园”，这与2013年中央农村工作会提出的“中国要强，农业必须强；中国要美，农村必须美；中国要富，农民必须富”，既一脉相承又与时俱进，内涵更丰富，标准更具体，更具有实现指导性。五句话的总要求，即党的十九大提出的“产业兴旺，生态宜居，乡风文明，治理有效，生活富裕”五句话、20字的总要求，这与新农村建设的“生产发展、生活宽裕、乡风文明、村容整洁、管理民主”五句话、20字总方针，也是一脉相承又与时俱进，标准更高，内容更全面，更具有操作性。七个必须的总路径，即习近平总书记在今年中央农村工作会议上强调的必须重塑城乡关系，走城乡融合发展之路；必须巩固和完善农村基本经营制度，走共同富裕之路；必须深化农业供给侧结构性改革，走质量兴农之路；必须坚持人与自然和谐共生，走乡村绿色发展之路；必须传承发展提升农耕文明，走乡村文化兴盛之路；必须创新乡村治理体系，走乡村善治之路；必须打好精准脱贫攻坚战，走中国特色减贫之路。这七个“必须”的总路径，是对总目标、总要求的进一步细化和深化，深刻回答了中国特色社会主义乡村振兴道路怎么走的问题，为我们指明了奋斗方向。

**三要深刻认识到，乡村振兴是重农固本的“风向标”、县域发展的“大机遇”。**乡村振兴战略，体现了中央重农固本的决心，释放了农业农村优先的强烈信号，“三农”工作迎来了又一个春天，县域经济社会发展也迎来了难得的历史机遇。从中央层面看，中央农村工作会议提出，将人财物向实施乡村振兴战略倾斜，在干部配备上优先考虑，在要素配置上优先满足，在公共财政投入上优先保障，在公共服务上优先安排。继中央1号文件后，中办、国办联合印发了《农村人居环境整治三年行动方案》，提出推进农村生活垃圾治理、开展厕所粪污治理、梯次推进农村生活污水治理、提升村容村貌、加强村庄规划管理、完善建设和管护机制等六项重点任务，提出了加大政府投入、加大金融支持力度、调动社会力量积极参与、强化技术和人才支撑等四项支持政策。从省级层面看，继去年省政府每年投入过1000亿元实施三年补短板十大工程（脱贫攻坚工程、水利设施补强工程、高标准农田建设工程、乡镇污水治理工程、普通公路及安防工程、航运能力提升工程、能源设施强化工程、生态环境保护工程、公共服务能力提升工程、实体经济振兴工程），今年省政府又启动“四个三”重大生态工程建设，即用三年时间，全力推进厕所革命、精准灭荒、乡镇生活污水处理厂全覆盖、城乡垃圾无害化处理全达标四大工程，加快补齐生态建设和民生领域的突出短板，更好地满足群众对美好生活的需要。

**（二）怎样推动乡村振兴。**从总体和长远来看，乡村振兴要遵循习近平总书记强调的“七个必须”的振兴路径，落实中共中央、国务院《关于实施乡村振兴战略的意见》，按照“产业兴旺，生态宜居，乡风文明，治理有效，生活富裕”的总要求，走中国特色乡村振兴之路。这里结合当前农村工作实际，就我县如何推动乡村振兴强调四句话，即“让农村象农村、让生活象城市、让农业有奔头、让农民有尊严”。

**第一，让农村像农村。**农村到底应该是个什么样？对此我国历史上从来没有停止过探讨和追寻。在古代文人墨客的笔下，农村有“采菊东篱下，悠然见南山”的情趣，有“小桥流水人家”的恬静，有“鸡鸣桑树颠，狗吠深巷中”、“绿树村边合，青山郭外斜”的意境。在我们这一代人的记忆中，大家日出而作、日落而归，女人们在池塘边洗衣洗菜，孩子们上山放牛捡柴，尽管生活很穷很苦，但组织管理有序，人情味很浓，没有垃圾围村等环境问题。在习近平总书记的“农村梦”里，农村要“望得见山，看得见水，记得住乡愁”，要“让农业成为有奔头的产业，让农民成为有吸引力的职业，让农村成为安居乐业的美丽家园”。总之一句话，农村要象农村。一要坚持规划引领。村党支部、村委会一班人特别是支部书记，一定要强化“百年规划，千年遗产”意识，千万不能放任不管造成“有新房无新村”。要严格落实“一户一基”政策，坚决杜绝乱搭乱建、乱占耕地，坚持因地制宜、因山就势、显山露水原则，不搞千村一面，确保“一村一特”“一村一业”“一村一韵”。坚决抛弃“村庄规划是规划部门的事”的错误认识，在规划编制中发挥好村支部村委会主体作用，调动群众的积极性共同规划好自己的家园。二要坚持精致建设。坚持用旅游的标准抓村庄建设，确保不留遗憾、不留败笔，不能“辛辛苦苦干一夜落后的事”。要按照“自然就是最美的、适用就是最好的”理念，坚持就势造景、就地取材、就近就业，不搞大拆大建，慎用钢筋水泥，将自然山水与村居民舍融为一体，彰显生态田园风光。牢固树立尊重自然、顺应自然、保护自然的理念，不砍树、不挖山、不填水、不改河、不破坏历史文化风貌，保护好传统村落和古树名木，确保乡村建设的原汁原味原生态。三要坚持精细管理。突出抓好农村环境卫生管理，深入贯彻落实中央《农村环境整治三年行动计划》，健全“户分类、组收集、村转运、镇处理”的垃圾处理长效机制，建立“扫干净、码整齐、拆顺畅、保常态”的环境整治长效机制，改变农村脏乱差状况。以长江大保护“九大行动”、“雷霆行动十大专项治理”、省委省政府“四大生态工程”为重点，坚决打赢污染防治攻坚战。

**第二，让生活像城市。**当前，城乡差别、工农差别依然巨大，农业没有工业那样的巨大利润，农村没有城市那样的基础设施，农民没有市民那样的体面生活。所谓“洛阳虽好不如家”，很多时候被“回不去的故乡”取代，农村更多时候是“门前冷落鞍马稀”。必须坚持城乡融合的战略方向，着力补齐农村基础设施、公共服务、社会保障等方面的短板，真正让农民象市民、让生活象城市。一要补齐基础设施短板。习近平总书记指出，“坚持农业农村优先发展，要体现在公共资源配置上”。要把公共基础设施建设的重点放在农村，推进城乡基础设施共建共享、互联互通，推动农村基础设施提档升级。坚持山水田林路电村一体建设，加快推进整村出列“十有十通”、20户以上自然村通组公路、农村安全饮水、农村电网改造等工程建设，完成7.2万亩高标准农田新建改造，不断改善农村生产生活条件，让农民群众吃放心粮、住安全房、喝干净水、走平坦路、唱幸福歌。二要补齐公共服务短板。加快推动公共服务下乡，逐步建立健全全民覆盖、普惠共享、城乡一体的公共服务体系。坚持优先发展农村教育事业，加快农村幼儿园、农村学校“全面改薄”、乡村教师队伍建设，促进教育均衡发展。加快推进公立医院改革，加强村级卫生室、村医队伍、全科医生人才建设，健全农村基层卫生服务体系。大力加强公共文化服务体系建设，深入实施文化惠民工程，推出一批文学艺术精品力作，为农民群众提供丰富的精神食粮。三要补齐社会保障短板。完善城乡居民基本养老保险制度、基本医疗保险制度、大病保险制度、最低生活保障制度，统筹城乡救助体系，健全农村“三留守人员”关爱服务体系，织密兜牢困难群众基本生活的安全网，让农民的获得感、幸福感、安全感更加充分、更可持续。

**第三，让农业有奔头。**农村留不住人，主要是因为过去长期实行城市优先、工业优先发展战略，工农业“剪刀差”长期存在，农业的比较效益太低。大集体时期，农村实行的是“一大二公”，吃不饱、穿不暖是那个时期的社会病，一遇天灾甚至饿死人。家庭联产承包责任制后，“交足国家的，留足集体的，剩下都是自己的”，但除去人平数百上千元的三提五统和农业税费，农民剩下的能有多少。进入新世纪后情况虽然有所好转，但一人外出务工一个月收入顶一家人务农一年的收成，也是不争的事实。不久前闹得沸沸扬扬的茅台酒涨价风波，一斤酿造茅台酒的高粱7年不涨价维持3.6元，10亩有机高粱地收益挣不到1瓶酒钱，长此以往农业如何能有奔头？中央提出实施乡村振兴战略，把“产业兴旺”作为“头版头条”，把“让农业成为有奔头的产业”作为重中之重，表明了中央的鲜明态度和坚定决心。宏观政策靠中央制定，具体到罗田要做好四个方面工作，即“保基本、抓融合、创特色、促改革”。所谓保基本，就是要守住生态红线、基本农田保护线、城市开发边际线“三条红线”，特别是要抓好基本农田保护，集中力量抓好高标准农田建设、高标准药材基地建设、高标准板栗基地建设、高标准规模养殖基地建设，保住我县农业生产“连增连涨”势头，努力建设农业大县、特产大县、养殖大县。所谓抓融合，就是要让农业一产“接二连三”起来，全力发展“第六产业”，让田园变公园、农房变客房、劳作变体验、绿水青山变金山银山。要抓好城市综合体、城镇综合体、田园综合体“三大综合体”建设，采取“农业+”模式发展生态农业、休闲农业、养生养老、文化体验、乡村旅游、农村电商等新产业新业态，促进农业增效、农民增收。所谓创特色，就是要走质量兴农之路，突出农业绿色化、优质化、特色化、品牌化，依托罗田板栗、罗田甜柿、九资河茯苓、金银花、苍术、天麻、大别山黑山羊等七大地理标志保护产品，加大“三品一标”农产品开发营销力度，让罗田特产走向全国、走向世界，确保既产得出、产得优，又卖得好、卖得贵。所谓促改革，就是要深化农业供给侧结构性改革，重点要抓好农村土地“三权分置”改革、农村土地确权登记颁证、农村集体产权制度改革、农村金融综合改革，强化农业农村上的制度性供给，最大限度释放农业生产要素活力，促进农业提质增效。总之，我们要通过“保基本、抓融合、创特色、促改革”，实现农村产业兴旺目标，让农业成为有奔头的产业，让农村“留得住人、致得了富、发得了家”。

**第四，让农民有尊严。**过去，农民是社会最底层的群体，是愚昧、无知、贫穷、落后的代名词。新中国成立后，农民虽然翻身做了主人，但漠视农民疾苦、侵犯农民利益、诋毁农民人格的现象时有发生，“农民真苦，农村真穷，农业真危险”引起中央高度重视。乡村振兴，主体是农民，要坚持“外修生态塑形，内修人文铸魂”，让农民真正活得有尊严、受尊重。一要组织农民。农民的特点是小而散，难以抱团发展、抱团取暖。要统筹兼顾培育新型农业经营主体和扶持小农户，尤其是针对小农户现代化程度低、生产成本高、抗风险能力差等问题，培育各类专业化市场化服务组织，积极开展农企对接、农超对接、农社对接，有序发展生态农业、设施农业、体验农业，调动小农户生产积极性。实施新型职业农民培育工程，重点开展合作组织带头人、新型农民技能培训，加强对骨干种养大户的跟踪服务管理。二要依靠农民。发挥农民在农村治理中的主体作用，强化基层民主法治在乡村治理中的定海神针作用，实现好维护好发展好群众利益。要在村支部村委会领导下成立党小组、监事会、理事会等自治组织，推行村级事务阳光工程，常态化进行党务村务财务公开，形成民事民议、民事民办、民事民管的多层次基层治理格局。深化七五普法宣传，强化农民法律援助和司法救助，依法打击黑恶势力和涉农犯罪，逐步提升群众法治素养，营造办事依法、遇事找法、解决问题用法、化解矛盾靠法的法治环境。三要引导农民。

深入挖掘农村社会蕴含的道德规范和传统家风，用身边事教育身边人，引导群众向上向善、孝老爱亲、重义守信、勤俭持家。广泛开展群众性精神文明创建活动，将社会主义核心价值观和中国梦教育融入文明村镇、十星级文明户、文明家庭评选以及“真心实意谢党恩，脱贫致富奔小康”活动，坚决刹住农村大操大办、厚葬薄养、人情攀比、封建迷信现象。依托农村祠堂建设文化礼堂，使之发挥道德讲堂作用，培育文明乡风、良好家风、淳朴民风。四要塑造农民。用中华优秀传统文化凝聚人、教育人、鼓舞人，文化部门要加大对农村传统文化特别是非遗文化的挖掘、传承、保护力度，村级党组织要发挥对传统文化的引领带动作用，组织群众在春节、端午节、中秋节等节日开展传统民俗节目展演，在潜移默化中增强农村文化认同和文化自信。要将社会主义核心价值观融入宗亲文化，引导群众树立爱国爱家、相亲相爱、向上向善的文明新风尚。

**（三）怎样开启乡村振兴。**乡村振兴战略是一个立足当前、着眼长远的“复兴工程”和“世纪工程”，既不能坐等观望、无所作为，也不能急躁冒进、一哄而上、指望“一夜建成罗马城”。落脚到当前和2018年，除了全力打赢脱贫摘帽攻坚战，重点是要把思想认识统一起来，把领导机制建立起来，把振兴规划编制出来，为开启乡村振兴战略奠定坚实基础。

**一要加强组织领导。**中央提出“五级书记抓乡村振兴”，与“五级书记抓脱贫攻坚”一脉相承。从现在起，全县各级党组织要把乡村振兴提上重要议事日程，党组织书记要放在心上、抓在手上，特别是村支部书记要加强学习深入研究，当好本村振兴的“土专家”“领路人”，千万不能“脚踩西瓜皮，滑到哪里算哪里”。重点是要继续将基层党建整县推进、脱贫攻坚、美丽乡村、全域旅游一体推进，努力打造“支部引领、脱贫攻坚、乡村振兴”升级版。要强化村企共建这个有效载体，进一步擦亮“支部引领、村企共建”工作品牌，真正实现建强支部、做强产业、带动振兴的良好局面。

**二要坚持思想先行。**要结合学懂弄通做实党的十九大精神，通过理论武装、专题辅导、政策宣传等形式，大张旗鼓地宣传乡村振兴战略，把全县上下的思想和行动统一到中央的决策部署上来，特别是要统一到习近平总书记“三个三”的重要论断上来（即“三个必须”：中国要强，农业必须强；中国要美，农村必须美；中国要富，农民必须富。“三个不能”：任何时候都不能忽视农业、不能忘记农民、不能淡漠农村。“三个坚定不移”：坚定不移深化农村改革，坚定不移加快农村发展，坚定不移维护农村和谐稳定），从而牢固树立“重农、稳农、富农、强农”思想，始终把“三农”工作摆在“重中之重”的战略位置。

**三要科学编制规划。**新时代乡村振兴，既要登高望远，又要脚踏实地；既要整体设计，又要分类推进；既要有“颜值”，又要有“内涵”，做到“胸中有蓝图，脚下有路径”。要组织强有力的规划专班，在深入调研研究、广泛考察借鉴的基础上，群策群力、集思广益科学编制乡村振兴发展规划，把规划编制过程变成统一思想、明晰思路、凝聚共识的过程。在规划乡村振兴中，既要按照20字总要求实行“五子登科”，更要因地、因乡、因村、因人、因产业、因文化、因特色制宜，不搞“一刀切”“齐步走”，也不搞“隔着宣纸临摹”“照着葫芦画瓢”。各村党支部和村支部书记，要强化规划引领意识，不能“两眼盯着脚背”满足于当好维持会长，要有大眼界、大格局、大担当。

**四要强化人才支撑。**中国当前农村的所谓“没落”和“萧条”，一个直接的原因是人才不足、人气不旺，“回不去的故乡”造成在家的多半是“386199”部队，农村空心化、空巢化、老龄化现象不断加剧。乡村要振兴，必须先有人。就目前来说，除了“五级书记”，除了生于斯长于斯的亿万乡亲，除了着力培养一支“懂农业、爱农村、爱农民”的“三农”工作队伍，重中之重是要全力抓好回乡招商、回乡创业、回乡养老，让走出去的农村精英助力乡村振兴；要用好回乡农民、回乡大学生、退伍军人、退休教师、乡村工匠、非遗传承人，巧用能人助力乡村振兴；要向贫困村、涣散村、薄弱村选派愿干会干农村工作的第一书记、大学生村官、挂职干部、“三支一扶”人员，善用“外援”助力乡村振兴。

**五要强化资金保障。**乡村振兴，必须解决钱从哪里来的问题。从总体上说，还是要坚持“招商引资、向上争资、政府投资、平台融资、银行借资、筹措社资、激活民资、上市融资”“八个轮子一起转”，用政府投资“一瓢水”，引来银行投资“一井水”，带动民间投资“一池水”，激活社会投资“一江水”。需要强调的是，对刚才讲到的中央环境整治三年行动计划、湖北补短板“十大工程”、“四个三”重大生态工程，各有关部门要加大研究、对接、申报、跟踪、争取力度，这是2018年对部门考核的主要内容；此外，2018年脱贫攻坚项目资金统筹整合方案已经确定，各有关部门必须不折不扣狠抓落实。

**六要坚持试点先行。**“纸上得来终觉浅，绝知此事要躬行”。乡村振兴没有老路可走，要先行试点、以点带面、探索前行，特别是要依靠群众力量，尊重基层首创精神。比如我县“支部引领、村企共建”经验，在全市农业农村暨扶贫开发会上作了交流，其中共建共享的“燕儿谷”模式、股份合作的张家冲模式、能人带动的罗家畈模式，说到底都是基层、群众、能人、市场主体探索形成的经验，我们只是总结提练使之系统化理论化并推广开来。

## 牢记使命　振奋精神<br>为决战脱贫摘帽决胜小康罗田而奋斗（节选）

——在中国共产党罗田县第十五次代表大会第二次会议上的报告

（2017年12月14日）

汪柏坤

中国共产党罗田县第十五次代表大会第二次会议，是在中国特色社会主义进入新时代、罗田脱贫攻坚全面小康进入关键时期召开的一次重要会议。大会的主要任务是，深入学习贯彻党的十九大和习近平总书记系列重要讲话精神，回顾总结2017年各项工作，研究部署新一年脱贫摘帽、经济社会发展和全面从严治党，动员全县各级党组织和党员干部群众，牢记使命，振奋精神，为决战脱贫摘帽、决胜小康罗田而奋斗。

### 一、2017年工作回顾

即将过去的2017年，是本届县委开局之年，党的十九大胜利召开，习近平新时代中国特色社会主义思想被确立为我们党的指导思想并写进党章，全县人民深受鼓舞、倍感振奋。一年来，县委在党中央和省市委的坚强领导下，团结带领全县人民不忘初心、乘胜前进，开启了全面建成小康罗田新征程，县委十五届一次会议确定的2017年各项目标任务基本完成，小康罗田建设进入攻城拔寨、决战决胜的关键时期。

**一是政治方向在对标看齐中不断坚定。**全年召开县委委员会35次、县委中心学习组学习12次、干部夜校学习10次，第一时间传达学习习近平总书记“7·26”等系列重要讲话、“巡视条例”“问责条例”等重要党内法规、中央省市系列重要会议精神，确保政治方向不变、政治立场不偏。认真贯彻落实习近平总书记“精准脱贫，不落一人”的要求，推动“六个精准”“五个一批”“十有十通”落地生根，产业扶贫的“五位一体”模式写进省委文件、3次在全国范围内交流推广。坚决贯彻落实中央和省市委改革部署，层层压实全面深化改革主体责任，三年时间夺得8个国家级综合改革试点示范县殊荣，徐志新荣获湖北首届改革奖个人奖。深入推进法治罗田建设，“一感两度两率”稳居全市前列，荣获综治领域最高奖“长安杯”，县法院跻身全国优秀法院，党的十九大期间维稳安保取得全胜，浦爵涉众金融案件得到依法妥善处置。不折不扣抓好中央环保督察反馈问题整改、园区污染问题领导批示精神落实、省委巡视反馈问题整改、市“四大行动”“雷霆行动”落地，确保令行禁止、政令畅通。党的十九大后，我们按照“学懂、弄通、做实”要求，组织“一团九队”认真宣讲，罗田以鼓书形式生动宣讲十九大精神的图文登上《人民日报》。

**二是县域经济在创新创业中不断壮大。**坚持“山上建景区，工业进园区；山上做减法，山下做加法”，精准脱贫样板区、生态保护与建设示范区、绿色发展先行区建设成效明显。大力发展现代农业，国家地理标志保护产品增加到7个，高标准农田建设、板栗振兴计划、南方草牧业示范县创建取得进展，骆驼坳燕儿谷、三里畈张家冲、九资河神草农业、大河岸天堂和美、匡河千亩玫瑰园、大崎稻虾合作社、平湖金沙湾和七彩花果山等田园综合体不断壮大，市级以上龙头企业发展到27家，省级以上专业合作社发展到12家，农机化水平提升。大力发展工业经济，新增规模企业8家，湖北名牌产品增加到8个，经济开发区基础配套进一步完善，湖北海成电子、江苏通灵电器、宏源六氟磷酸锂等一批新项目开工，新能源产业园、纺织产业园、机械电子产业园扩容提效，工业呈现结构不断优化、转型升级提速、发展更加稳健态势。大力发展全域旅游，卓尔全域旅游项目落户开工，河西畈游客接待中心、天堂湖湿地科普馆、胜利革命烈士纪念园基本建成，世界地质公园、国家全域旅游示范区、天堂寨AAAAA景区创建、红花尖滑雪场项目顺利推进，游客接待量、旅游综合收入两项主要指标继续领跑。推进供给侧结构性改革和“放管服”改革，“三去一降一补”清理僵尸企业14家，消化库存商品房近3000套，59家行政审批部门完成“三项清单”，新增各类市场主体4000多家，县域经济活力进一步激发。

**三是城乡面貌在项目支撑中不断变化。**按照“一心、四柱、三画廊”的总体布局，持续推进山水园林城、特色生态镇、生态宜居村三级联创，城乡面貌发生巨大变化。坚持拉框架与提品质并重，城区完成总体规划修订、六个特色规划研究和一批重点工程规划编制，义水北路还建房建设、“一河两岸”景观改造、居然之家购物中心、四大城市公园、“一洞六路”等重点项目顺利推进，成功创建国家园林城，稳步推进国家卫生城、省级文明城、海绵城市创建。按照“一乡一品”“一镇一特”推进特色城镇和文化小镇建设，胜利、河铺等乡镇镇区开发建设力度大、机制活，胜利卓尔文旅小镇、三里畈禅修小镇、大河岸温泉鲜花小镇、九资河茯苓小镇、凤山文化小镇、燕儿谷茶梅小镇加快推进。坚持“六个一”模式推进美丽乡村建设，坚持规划引领、“一村一韵”，38个基层党建整县推进试点村旧貌换新颜，凤山叶家河、平湖东冲畈、白庙河柳林口等一批集中安置点各具特色，石源河十里乡村画廊、白莲河十里荷塘、“湖光山色，至善匡河”、大崎“三河九道湾”发生新变化。坚定不移推进生态保护与建设，强力推进全面禁伐、拆违控违、秸秆禁烧、黄砂整治、矿山整治、畜禽污染防治、清洁能源入户、白莲河水库整治，大美罗田焕发出新的生机与活力。

**四是社会民生在共建共享中不断进步。**坚持“社会政策要托底”，民政“社会救助、一门受理”深化拓展，按标精准施保、特困供养兜底、“先诊疗、后付费、一站式”医疗救助得到较好落实。抓住就业这个最大的民生，坚持以创业促进就业，罗田成为全国“双创”示范基地，一大批能人回归创业带动更多劳动力就近就业，社保工作稳步推进。抓住教育这个民生之本，启动实施新高中、县幼儿园搬迁、城区两所小学建设，全省“全面改薄”现场会在我县召开，一中高考再创佳绩，中考成绩进入全市前列。完成公立医院医药改革，启动分级诊疗和签约服务，加强村级卫生室和村医队伍建设，有效缓解了看病难、看病贵，出生人口性别比连续三年保持平稳下降态势。加强公共文化服务体系建设，新的图书馆、文化馆建成投入使用，村级综合文化服务中心试点取得进展，一村一支文艺宣传队唱响山村，荣获全省十佳书香县市。群众性文化、艺术、体育、精神文明创建活动蓬勃开展，县财政局获评全国文明单位，九资河、三里畈、圣人堂分获全国文明村镇。省道“过三线”“松巴线”改扩建工程加快推进，农村公路“组组通”、智能广播“村村响”、广播电视“户户通”、农村安全饮水、城乡电网改造扎实推进，金融扶贫、教育扶贫、健康扶贫、文化扶贫、社会扶贫成效明显，农产品安全、食品药品安全、安全生产得到加强。

**五是党的建设在全面从严中不断加强。**坚持清单管理、过程纪实、照单履责，层层压实全面从严治党主体责任，县委委员带头讲廉政党课、抓廉政谈话、订廉洁共事公约，层层宣传推介勤廉典型，严管严治的意识和氛围日渐浓烈。狠抓思想从严，发挥各级中心学习组、干部夜校、青年读书班、第一书记宣讲团作用强化理论武装，层层压实意识形态主体责任，深入推进“清网行动”加强社会舆情引导管控，广泛开展“真心实意谢党恩，自力更生奔小康”活动推进精神脱贫，主旋律更加响亮，正能量更加强劲。狠抓组织从严，整县推进支部建设让基层组织“说话有人听、干事有人跟、脱贫有路径”，常态化制度化推进“两学一做”，支部主题党日让党内生活的党味更浓了，仪式感、神圣感、庄严感更强了。狠抓治吏从严，坚持好干部“五条标准”，坚持过程考核与结果考核相结合，在脱贫攻坚一线提拔重用优秀干部9名，开展“不担当、不作为”问题专项治理，强化“以实干论英雄，凭实绩用干部”的鲜明导向。狠抓作风从严，坚持挺纪在前，重拳出击组织“六大行动”强化扶贫领域监督执纪问责，脱贫攻坚专项巡察、“大数据”比对、“四风”问题集中整治成效明显，400多名胆敢以身试纪者被严肃查处和问责。狠抓反腐从严，积极稳妥推进监察体制改革，支持法纪机关查办案件，突出“三个后”、聚焦“三种人”，全年给予党纪政纪处分154人，移送司法机关处理3人，反腐倡廉群众满意度连续三年位居全省前列。

一年来，县委充分发挥总揽全局、协调各方的领导作用，不断规范县委议事决策运行机制，重视支持人大、政府、政协、法院、检察院依法履职，县乡人大规范化建设、“聚力脱贫攻坚，人大代表在行动”亮点突出，政协提案规范化办理、板栗振兴等议政性“双月协商”成效明显。加强党管武装工作，促进军民融合发展，支持工会、共青团、妇联、科协、侨联、文联、残联、工商联、计生协、红十字会等群团和社会组织发挥作用，统战、民族、宗教、人才、档案、老干、党校、党史、机要保密、机构编制、机关党建等工作取得新成效。

在看到成绩的同时，必须正视我们存在的问题和不足。一是市场主体不多、产业不强、结构不优的问题没有得到根本改变，县域经济底子薄，财政收支压力大，各种风险不断积累；二是城乡之间发展不平衡，社会事业发展不充分，一些群众反映强烈的就业难、入园难、就学难、看病难、看病贵、办事难等问题仍然存在；三是党员干部因循守旧、畏首畏尾、不敢担当、不抓落实、心存侥幸等问题挥之不去，偷着玩、混日子、熬资历、发牢骚、说风凉话的大有人在；四是县委自身还存在重点重抓多统筹兼顾不够、安排部署多问责问效不够、批评教育多追责问责不够等问题。对以上问题和不足，需要在新一年工作中努力改进。

**二、全力打赢六大攻坚战**

2018年，是我们党和国家进入新时代、贯彻新思想、开启新征程的开局之年，罗田迎来深入学习贯彻十九大精神、坚决打赢脱贫攻坚战、加快建设小康罗田三大历史任务。新一年工作的总体思路和奋斗目标是，深入学习贯彻党的十九大精神，以习近平新时代中国特色社会主义思想为引领，坚决贯彻省委“建成支点、走在前列”和市委“双强双兴”“极点同创”决策部署，深入实施“五县战略”，坚决完成省市县确定的年度目标任务，为全面建成小康罗田奠定坚实基础。总的要求是“六个必须”：

**一是必须把脱贫摘帽作为第一目标。**脱贫攻坚，事关中华民族“百年梦想”和“千年大计”，是我们党向全世界和全国人民作出的庄严承诺。作为一个集老区山区库区于一体的重点贫困县，罗田还有3.7万人没有摆脱贫困，特别是其中住危房、生大病、愁吃穿的极端贫困人口，无不让人寝食难安。新的一年，一定要按照十九大提出的“脱真贫、真脱贫”要求，坚持人员向脱贫摆布、精力向脱贫集中、财力向脱贫倾斜、监督向脱贫聚焦，牢记使命，振奋精神，一鼓作气，决战决胜，全面完成“户脱贫、村出列、县摘帽”目标，向党和人民交一份满意答卷。

**二是必须把加快发展作为第一要务。**悠悠万事，发展为大。必须统筹推进“五位一体”总体布局，协调推进“四个全面”战略布局，加快建设富强罗田、生态罗田、幸福罗田、法治罗田、魅力罗田、活力罗田。牢固树立五大发展理念，坚定不移地推进农业稳县、工业强县、旅游兴县，坚定不移地实施乡村振兴战略、产业升级战略、创新驱动战略，激发县域经济活力。坚持以人民为中心的基本方略，坚持在发展中保障和改善民生，在幼有所育、学有所教、劳有所得、病有所医、老有所养、住有所居、弱有所扶上扛责前行，努力提升人民群众的获得感、幸福感、安全感、自豪感。

**三是必须把文化自信作为第一力量。**文化自信是一个国家、一个民族发展中更基本、更深沉、更持久的力量。必须强化教育引导、实践养成、制度保障，培育和践行社会主义核心价值观，发扬红色精神，推进绿色发展，凝聚起“同心共筑中国梦，脱贫致富奔小康”的强大力量。大力加强公共文化服务体系建设，深入实施文化惠民工程，深化文化体制改革和机制创新，推出一批文学艺术精品力作，为人民群众提供丰富的精神食粮。牢牢掌握意识形态工作领导权，促进党员干部学网、懂网、用网，营造清朗的网络空间，坚决抵制低俗、庸俗、媚俗文化，弘扬主旋律，汇集正能量。

**四是必须把改革创新作为第一动力。**全面深化改革是决定当代中国命运的关键一招。必须牢固树立改革创新思维，坚决破除一切不合时宜的思想观念和体制机制弊端，勇于突破利益固化的藩篱，不断提高推动绿色发展、管理社会事务、服务人民大众、创新社会治理的能力。深入推进大众创业、万众创新，在农村金融、生态环保、产业融合、回乡创业、特色小镇等方面大胆先行先试，让一切创造财富的源泉充分涌流，让人人都有施展才华的广阔空间。压实改革责任，健全完善考核评价、项目推进、领导领衔、督察约谈等机制，激励党员干部争当全面深化改革的促进派、实干家。

**五是必须把依法治县作为第一保障。**法是治国之重器，良法是善治之前提。必须加快建设法治罗田，深入推进“七五”普法，深化拓展“法务前沿”等特色工作品牌，坚决破除以言代法、以权压法、逐利违法、徇私枉法，营造尊法、学法、守法、用法的浓厚氛围。坚持自治、法治、德治有机统一，善于运用法治思维创新社会治理，建立健全基层群众性自治组织，深入推进“孝德罗田，好人之乡”创建，提高人民群众法治素养。坚持依法治县与依规治党有机统一，坚持纪在法前、纪严于法，激励引导党员干部既要模范地敬畏法纪、遵纪守法，也要大胆地敢闯敢干、敢于担当。

**六是必须把从严治党作为第一保证。**打铁必须自身硬。必须坚持党要管党、从严治党，着力解决党的领导弱化、基层组织弱化、党内生活庸俗化随意化平淡化等问题，着力解决“四个意识”不牢、理想信念动摇、思想道德滑坡等问题，着力解决不守规矩、不敢担当、不抓落实等问题，让纪律规矩严起来，让党员干部硬起来，让党的事业兴旺发达起来，为加快建设小康罗田提供坚强政治保证。

围绕上述思路、目标、要求，根据党的十九大“抓重点、补短板、强弱项”的决策部署，新一年主要任务是全力打赢六大攻坚战。

**（一）全力打赢脱贫摘帽攻坚战。**摘掉穷帽子、过上好日子，是全县人民的强烈期盼，是新一年工作的第一目标。全县上下一定要牢记使命，振奋精神，一鼓作气，决战决胜，为2018年如期实现脱贫摘帽不懈奋斗。

提升政治站位，提振精神状态。要深刻学习领会习近平总书记就脱贫攻坚作出的系列重要指示，作为我们打赢脱贫攻坚战的思想武器和根本遵循。深刻领会脱贫攻坚是重大政治责任的要求，把脱贫职责扛在肩上、把脱贫任务抓在手上，确保主要精力聚焦到脱贫攻坚上来。深刻领会“成败之举在于精准”的要求，坚决确保扶贫对象精准、措施到户精准、项目安排精准、资金使用精准、因村派人精准、脱贫成效精准。深刻领会“下一番绣花功夫”的要求，确保扶贫工作务实、脱贫过程扎实、脱贫结果真实，坚决做到脱真贫、真脱贫。深刻领会“帮钱帮物，更要建个好支部”的要求，持续推进“抓党建促脱贫攻坚”，充分发挥基层党组织战斗堡垒作用和党员干部先锋模范作用。深刻领会在脱贫攻坚一线培养锻炼和考察识别干部的要求，压实第一书记和工作队责任，确保用心、用情、用力做好帮扶工作。

强化路线图，细化时间表。围绕2018年“户脱贫、村出列、县摘帽”倒排工期，把“五个一批”“十有十通”落到实处。坚持目标导向，紧盯“一有、两不愁、三保障、安全饮水全覆盖”的目标要求和“2229”的验收标准，实化细化各项工作举措，力戒盲目乐观、心存侥幸、悲观厌战、麻痹大意、相互埋怨等思想实际，坚决保目标、保脱贫、保摘帽。坚持问题导向，着力解决作风不实、要求不严、基础不牢的问题，着力解决帮扶不准、措施不硬、效果不好的问题，着力解决整改不力、合力不够、搬迁不快的问题，着力解决机制不顺、项目不实、产业不强的问题，搬掉石头，扫除障碍。坚持群众导向，一定要带着感情做好脱贫攻坚工作，多开群众会、垸落会、院子会，为了工作、出于公心、一视同仁，深入开展“真心实意谢党恩，自力更生奔小康”活动，激发贫困户内生动力，形成脱贫合力。

严明责任，严肃纪律。抓住乡镇党委政府、村支部村委会、第一书记和工作队“三支主力军”，层层压紧压实乡镇党委政府统筹推进之责、村支部村委会精准落实之责、第一书记和工作队全力配合之责“三大主体责任”，强化“四大家”领导挂点包保、督促指导责任，县直部门结对共建、专项扶贫责任，党员干部结亲帮扶、具体指导责任，确保责任上肩、任务落地。深入推进专项巡察、专项督察，深入开展扶贫领域作风问题专项治理，对认识不深刻态度不坚决、有令不行有禁不止、研究部署督促不到位合力难形成、政策措施针对性不够操作性不强、贪污挪用闲置浪费扶贫资金、一味垒大户造盆景、搞数字脱贫虚假脱贫等问题，一经发现要从快、从严、从重查处，坚决让能者上、庸者下、失职失责者付出代价，确保令行禁止、政令畅通。

**（二）全力打赢乡村振兴攻坚战。**围绕农业强、农村美、农民富的总目标，深入推进“产业兴旺，生态宜居，乡风文明，治理有效，生活富裕”，让农业更有价值、农村更有前途、农民更有尊严。

发展提速促振兴。乡村振兴，前提是发展，关键看产业。必须坚持把美丽乡村作为整村出列的升级版，把全域旅游作为美丽乡村的升级版，把现代农业、特色产业、一村一业作为检验标准，推动农村发展快起来、活起来、好起来。推进“建强一个支部、引进一个老板、流转一片土地、培育一个产业、建成一个景区、致富一方百姓”，积极对接“市民下乡、能人回乡、企业兴乡”工程，深入实施村企共建，成功打造一批现代农业产业园，积极建设一批田园综合体，使农村成为产业兴旺的新高地。坚持藏粮于地、藏粮于技，持续抓好山水田林路电村建设，积极推进土地确权、“三权分置”、集体产权制度改革，加强农业技术服务体系建设，夯实乡村发展之基。

环境提质促振兴。乡村美不美，一个重要标志是环境好不好。要从改善人居环境抓起，坚持以旅游的标准抓好美丽乡村建设，坚持规划先行、强化规划管理，坚持就势造景、就地取材，不搞大拆大建，慎用钢筋水泥，让农村留住乡愁记忆。抓好《农村人居环境整治三年行动方案》落地，大力推进厕所革命三年攻坚行动计划，大力实施垃圾污水治理、拆违控违、围墙革命，不断改善乡村环境，提升乡村质感，让农村美得自然和谐。加大农村生态环境保护力度，推进精准灭荒，严控砍树挖山，保护好传统村落和古树名木，推进黄砂治理、矿山治理、秸秆禁烧，让农村保持原汁、原味、原生态。推进20户以上自然村公路全覆盖、安全饮水全覆盖、农村危旧房改造全覆盖、厕所革命全覆盖、垃圾污水整治全覆盖、村级集体经济收入过5万元全覆盖“六大工程”，让农村生活品质更高。

干群提气促振兴。深入宣传党的十九大精神，让干部群众精气神更旺、田间地头正能量更足。充分激发农民群众的积极性，组织群众流转土地收租金、资源入股获股金、就近就业得薪金，不断增加财产性收入、工资性收入、经营性收入，为过上更加富裕体面的生活奠定坚实的物质基础。大力弘扬社会主义核心价值观和乡风文明新风尚，加大文化广电基础设施建设力度，推出一批群众喜闻乐见的文艺精品，不断丰富群众精神文化生活。推进农村教育均衡发展，加强村级卫生室和村医队伍建设，不断满足群众学有优教、病有所医的需要，实现更高层次的小康生活。

**（三）全力打赢产业升级攻坚战。**立足生态资源优势，以转型升级为目标，以融合发展为方向，以调结构、转方式、促改革为推手，加快推进农业产业化、工业新型化、旅游标准化，促进产业转型升级、做大做强。

加快推进农业产业化。农村的出路在于乡村振兴，农业的出路在于融合发展，农民的出路在于就近城镇化。要让农业“接二连三”起来，农业要为工业提供特色优质农产品和广阔的原材料基地，要为旅游提供一流的生态环境资源和广阔的发展空间；工业要围绕延长农业产业链条、无限增加农产品附加值大抓特色农产品加工，旅游要围绕“卖生态、卖文化、卖民俗、卖特产、卖美食”带动农民就业、农村发展。放大“1产+2产+3产”的累积效应、“1产 ×2产 ×3产”的倍增效应，大力发展“第六产业”，大力发展乡村旅游、养生养老、健康产业，大力建设一批特色小镇、田园综合体、现代农业产业园，让群众真正看到“农村是有希望的，农业是有前途有价值的”。深入推进农业供给侧结构性改革，加大罗田“三品一标”农产品开发力度，促进地理标志保护产品开发产业化国际化，大力实施板栗振兴计划，促进中药材转型发展，发展规模化、标准化、清洁化的现代畜牧业，让罗田特产走向全国、走向世界。

加快推进工业新型化。坚持聚焦工业、强攻工业，走科技含量高、产品质量优、经济效益好、资源消耗低、环境污染少、人力资源优势得到充分发挥的新型工业化之路，推动新型工业化与信息化、城镇化、农业现代化同步发展。加快培育新型企业，建立中小企业服务中心，编制工业经济中长期发展规划，强化工业回乡招商、以商招商补链条补短板，建立健全以企业为主体的现代创新体系，教育引导企业依法诚信经营，坚决“关停并转”一批落后产能，支持海成电子等新开工项目尽快建成投产，支持大别山药业争创市级质量奖。培育壮大新型产业，支持宏源六氟磷酸锂、中药制剂项目建设，加快物流配送、电子商务等现代服务业发展，促进食品饮料、医药化工、家居建材、纺织服装、机械电子等传统产业转型升级，规范发展石材产业。加快建设新型园区，拉开“三赵线”，启动“双创”示范园区建设，深入推进招商项目清理、闲置土地清理、僵尸企业清理，按照“各出一道菜，共办一桌席”模式加快基础设施建设，促进开发区扩容提质。健全完善工业经济目标考核、奖惩激励、定期会商、一对一帮扶等工作机制。

加快推进旅游标准化。以创建国家全域旅游示范区为统领，整合旅游资源，优化发展环境，推进旅游标准化建设，促进旅游业提档升级。全力支持卓尔“五景区五小镇”建设，全力创建一批星级景区、星级宾馆、星级农家乐、星级厕所、星级旅行社，不断提升旅游档次和接待服务水平。统筹景区建设、乡村旅游开发、旅游市场管理，景区建设上要坚持规划引领，乡村旅游开发上要防止一哄而上，旅游市场管理上要严格规范形成合力，确保建设有序、开发有度、管理有效。推进旅游资源整合，完成旅游管理体制“1+3”改革，推进旅游综合管理和综合执法，确保旅游发展全县一盘棋。

**（四）全力打赢项目招商攻坚战。**项目是县域经济的“硬支撑”、加快发展的“牛鼻子”、能力作风的“试金石”。新一年要坚持“大干项目、干大项目”不动摇，以项目的大突破带动经济大发展、城乡大变化、民生大改善。

用大智慧谋划大项目。会不会抓发展，重要的一条是会不会抓项目。要深入研究政策和市场，善于和敢于“无中生有”，谋划推出一批发展急需、客商垂青、群众叫好的项目，解决资金来了“等锅下米”、客商来了“找店吃饭”等问题。城区建设上，要坚持“拉框架”与“提品质”并重，坚持经营城市、经营要素理念，突出“一河两岸”综合治理和景观建设，拨云尖、黄道山、滨河半岛等片区开发，统筹规划和加快推进一批重大基础设施和城市综合体项目。园区建设上，要坚持扩容强基、转型提质并重，坚持链条化、组团化、配套化，突出“双创”示范基地、新能源新材料、特色优势产业，谋划一批“园中园”、孵化器和高新技术项目。景区建设上，要按照“一批核心景区、三条百里画廊、五大特色城镇、十大旅游名村、百个乡村景点”的总体布局，突出休闲度假、养生养老、参与体验，谋划一批特色小镇、美丽乡村、田园综合体项目。

用大担当推进大项目。会不会抓项目，是对党员干部能力作风的具体检验。新一年的项目建设，重点是根据形势发展和项目进展情况，对“三十工程”进行调整，加快推进平坦原抽水蓄能、武合高铁罗田段、光伏风能发电、“一高两环六干线”、12个乡镇污水处理、流域综合治理、万密斋医院新区、拔云尖片区开发、综合管廊改造、体育中心等“十大基础项目”；经济开发区、纺织产业园、新能源产业园、“双创”产业园、循环产业园、物流产业园、石材产业园、回乡创业园、电商创业园、小微企业孵化园等“十大园区项目”；胜利卓尔文旅小镇、九资河卓尔鸠鹚小镇、九资河茯苓小镇、三里畈禅修小镇、大河岸温泉鲜花小镇、凤山教育文化小镇（包括新高中）、平湖保险文化小镇、白庙河东腔文化小镇、匡河渔家小镇、园区“双创”小镇等“十大特色小镇”。对以上“三十工程”，继续强化“一个项目、一名领导、一个专班、一名秘书、一笔经费”的管理机制，继续强化“分管县长一支笔审批、证照办理一班人负责、招商项目一条龙服务、主要领导一月一调研、规模企业一对一帮扶”的服务机制，不断强化“一月一通报、双月一调度、一季一开工、半年一拉练、全年结硬账”的推进机制，倒逼项目落地生根。

用大融资保障大项目。在全力确保脱贫摘帽资金需求基础上，坚持“招商引资、向上争资、政府投资、平台融资、银行借资、筹措社资、激活民资、上市融资”“八个轮子一起转”，为罗田发展增添源头活水。招商引资上，要以“一号力度”推进“一号工程”，健全完善奖励扶持、全程服务、目标考核等机制，采取“小分队、推介会、大员上、反复擂”的办法确保招商实效。向上争资上，要发扬“舍得、盯得、跑得、说得、缠得、拼得”精神，“多想点子、编好本子、挤进笼子、争取票子”，坚决完成年度目标任务。政府投资上，要健全完善本级政府投资管理办法，严格项目投资评审，重点确保公益性、民生领域项目建设需求。平台融资上，要发挥城投、旅投、交投等平台的主力军作用，加大开发性、经营性项目和政策性贷款项目推进力度。银行借资上，要健全完善银行投放贷款的激励机制，加快武汉农商行、湖北银行、中银富登村镇银行的引进步伐。用好用活 PPP 项目机制加快筹措社会资本，全力推进“双创”激活民间资本，重视支持企业上市融资。

**（五）全力打赢污染防治攻坚战。**坚决向污染宣战，巩固深化生态保护与建设示范区成果，持之以恒推进生态环境大保护、大整治、大修复，不断满足群众日益增长的优美生态环境需要。

坚守生态环保理念。坚持生态优先、保护优先不动摇，坚定不移走生产发展、生活富裕、生态良好的可持续发展道路。树立绿色政绩观，按照主体生态功能区建设标准和要求，划定并严守生态保护红线，健全完善生态准入与退出机制，坚决落实“八个严禁”工作要求，全面加强大别山自然保护区生态保护，坚决抵制和淘汰破坏生态、污染环境、浪费资源的落后生产方式。加大生态环保宣传力度，大力倡导简约适度、绿色低碳的生活方式，推动全县上下养成文明健康习惯，形成绿色消费自觉，进一步巩固园林城、卫生城、文明城建设成效，进一步提高生态创建、美丽乡村、清洁家园工作水平，使生态环保理念深入人心、如影随形。

强化生态环保举措。以创建国家生态县为载体，按照大整治、大修复的基本思路，全面打好大气、水、土壤污染防治三大战役，使天更蓝、水更清、土更净。突出抓好工业减排、扬尘管控、燃煤污染治理、机动车污染治理、臭氧治理等，严格控尘、控煤、控车、控油、控排、控烧措施，坚决削减大气污染物排放总量，使乡村空气常新，城区空气质量达到二级标准。以全面落实河库长制为抓手，以白莲河库区综合治理、义水河流域治理、巴河干流治理为契机，以水源地保护、工业废水处理、污水处理攻坚、黄砂综合治理为重点，全面加强水域生态环境资源的保护与修复，确保水质达标。以进一步提高城乡垃圾无害化、减量化、资源化、一体化处理水平为目标，建立健全垃圾收集、转运、处理长效机制，突出抓好农业面源污染和畜禽养殖污染防治，开展区域循环农业建设示范，不断改善土壤环境质量。

落实生态环保责任。按照明确责任、健全机制、严肃纪律的要求，形成群策群力、落地落实、共建共享的工作格局。坚持“党政同责、一岗双责、管行业必须管环保”的责任制，强化督察，严格执法，严格考核，确保层层压责、精准问责。健全完善部门联动机制，加强协调配合，形成分工协作、联合执法、多元共治的污染防治体系，全力做好环保督察发现问题的整改、“雷霆行动”成果的巩固、突出环境问题的整治等重点工作。进一步严明工作纪律，对在环保领域有令不行、有禁不止的领导干部严肃追究纪律责任，坚决落实领导干部自然资源资产离任审计有关规定，督促领导干部强化担当，履职尽责。

**（六）全力打赢风险防控攻坚战。**统筹抓好政治安全、经济安全、意识形态安全、网络安全、公共安全等各项工作，重点防控经济风险、安全风险、稳定风险，维护平安稳定大局，促进改革发展大业。

防控经济金融风险。加强宣传教育引导，强化事前事中事后监管，坚持严把准入、严密监管、严格整改、严肃处置相结合，从严审慎发展投融资服务类金融机构，全面开展非法集资大排查，依托金融网格化全方位、综合性加强金融风险监测预警，坚决处置违法违规行为，引导金融机构依法融资、群众依法投资，努力创建金融信用县、保险先进县。建立健全政府债务预警与化解机制，严格落实预算管理制度和限额管理制度，确保举借有度、使用有效、风险最小、偿还有保障。健全完善产业政策，帮助破解融资难题，维护公平正义的市场秩序，促进企业平稳运行。

防控社会稳定风险。坚持抓发展是硬道理，抓稳定也是硬道理，坚决压实县党政分管领导的第一责任、相关部门主要负责人的直接责任、配合协作单位主要负责人的具体责任、镇村属地管理责任。强化矛盾纠纷的源头化解稳控，全面排查矛盾纠纷，及时掌握动态信息，积极化解涉稳隐患，实现“小事不出村、大事不出镇、难事不出县”的目标。打造阳光信访、责任信访、法治信访，完善和落实领导干部主动约访、开门接访、带案下访、阅信化访制度，按照“三到位一处理”的要求，依法及时就地解决群众诉求。落实“五个一”包保责任制，建立健全“依法处置、舆情引导、社会面管控”三同步机制，确保重点人员、重点群体、重点部位、重点行业稳定可控、不出问题，确保全县长治久安、群众安居乐业。

防控公共安全风险。坚持安全发展的理念，完善安全生产责任制，严格落实“管行业必须管安全，管业务必须管安全，管生产经营必须管安全”要求，健全完善党政领导、部门负责、企业主体的安全生产责任体系，坚决遏制重特大安全事故。按照“全覆盖、零容忍、严执法、重实效”的要求，统筹抓好社会治安、食品药品、特种设备、道路交通、建筑施工、房屋质量、公共场所、校园校车等重点领域的安全监管，抓早抓小，防患未然，呵护好群众生命财产安全。

**三、深入推进全面从严治党**

坚持以党的政治建设为统领，全面推进党的政治建设、思想建设、组织建设、作风建设、纪律建设，把制度建设贯穿其中，深入推进反腐败斗争，为坚决打赢六大攻坚战、加快建设小康罗田提供坚强政治保证。

**（一）深入学习贯彻党的十九大精神，用习近平新时代中国特色社会主义思想武装头脑、立根铸魂。**把学习宣传贯彻党的十九大精神，作为党员干部的政治必修课，作为新一年的首要政治任务，切实在学懂、弄通、做实上下功夫，推动十九大精神落地生根。坚持用习近平新时代中国特色社会主义思想武装头脑、指导实践，把党员干部群众的思想和行动统一到以习近平同志为核心的党中央决策部署上来，不断增强“四个意识”，坚定“四个自信”，挺起共产党人的精神脊梁。深入推进“两学一做”学习教育常态化制度化，按照中央省市部署扎实开展“不忘初心、牢记使命”主题教育，坚定理想信念，增强执政本领。充分认识意识形态工作的极端重要性，增强意识形态领域主导权和话语权，加强社会舆论引导和舆情管控，确保意识形态领域风清气正。大力培育和践行社会主义核心价值观，深化群众性精神文明创建活动，弘扬传统美德和时代新风，擦亮孝德名片，激励崇德向善，引导党员干部群众奋发向上，砥砺前行。

**（二）建设高素质专业化干部队伍，把政治过硬、本领高强、纪律严明的导向鲜明树立起来。**坚决贯彻党管干部原则和好干部“五条标准”，坚持事业为上、公道正派，突出政治标准，使安心做事、不事张扬、勤政廉政、不跑不送的干部得到肯定和重用。注重培养专业能力、专业精神，切实增强干部的学习本领、政治领导本领、改革创新本领、科学发展本领、依法执政本领、群众工作本领、狠抓落实本领、驾驭风险本领，确保干部队伍政治过硬、本领过硬、作风过硬、廉洁过硬。加强领导班子和领导干部日常考核，推行干部选拔任用工作全程纪实，深入实施履职尽责管理，统筹做好优秀年轻干部、女干部、党外干部的培养选拔工作，推动干部能上能下。把信任激励与严格监督统一起来，建立正向激励和容错纠错机制，旗帜鲜明地树立上级为下级担当、组织为干部担当、干部为事业担当的导向，为敢于担当、踏实做事、不谋私利的干部撑腰鼓劲，让想干事者有机会、能干事者有舞台、敢干事者有底气，激励干部勇于改革创新、善于履职尽责、敢于担当作为。

**（三）加强党的基层组织建设，努力打造“支部引领、脱贫攻坚、乡村振兴”升级版。**以提升基层党组织的政治领导力、组织覆盖力、群众凝聚力、社会号召力、发展推动力为目标，深入实施“整县推进支部建设”三年行动计划，广泛开展新一轮“五星创评　百点闪耀”活动。创新党组织设置方式，探索在不同领域、不同行业设立党工委，在资源相近、地域相邻的连片村组抱团发展设立联合党委，在农民专业合作社、产业基地建立党员先锋站，不断扩大党的组织和工作的有效覆盖。加大抓乡促村和抓党建促脱贫攻坚力度，全面落实乡镇干部“岗位在村、阵地在村、责任在村”工作机制，让乡镇党委这个“龙头”真正舞动起来。抓好村（社区）“两委”换届选举，培养造就一支懂农业、爱农村、爱农民的“三农”工作队伍，打通联系服务群众的“最后一公里”。重视从优秀村干部、大学生村官中择优选拔干部进入乡镇事业单位，加强对老党员、离任村干部、生活困难党员的关怀和帮扶。从严教育、管理、监督党员，大力开展“脱贫攻坚　党员先锋”活动，进一步增强党员队伍活力。

**（四）坚定不移推进正风反腐，突出对重点领域、重点部门、重点人群的监督执纪问责。**综合运用监督执纪“四种形态”强化纪律执行，让党员干部知敬畏、存戒惧、守底线。驰而不息推进作风建设，对照中央八项规定实施细则细化完善相关配套制度，充分发挥巡察利剑作用，严肃查处各种形式的“四风”问题，强化对“关键少数”特别是各级“一把手”的监督，对规避组织监督、顶风违纪的一律从严查处，加大对民生领域、涉农部门、窗口服务单位的监督。坚持有贪必肃、有腐必惩，重遏制、强高压、长震慑，适应监察体制改革后的新形势新要求，重视支持法纪机关加大查办案件力度，把党的十八大后不收敛不收手、问题线索集中群众反映强烈的干部作为重中之重，坚持“老虎”“苍蝇”一起打、受贿行贿一起查，夺取反腐败斗争压倒性胜利。打好扶贫领域不正之风和腐败问题专项整治战役，严肃查处与民争利、以权谋私、失职渎职、吃拿卡要、雁过拔毛、优亲厚友等不正之风和腐败问题，对胆敢向扶贫项目资金“动心思”“伸黑手”的从严从重查处，以反腐败的实际成效取信于民。

**（五）加强县委执政能力建设，在脱贫攻坚全面小康征程中发挥好一线指挥部作用。**围绕学深悟透党的十九大精神，加强和规范县委中心学习组学习，“突出主题学，轮流辅导学，交流发言学”。健全完善县委议事决策机制，支持人大依法监督、政协民主监督，把讨论协商、民意征集、风险评估、合法性审查作为必经程序，确保每一项决策经得起时间和人民的检验。坚持开门纳谏、兼听则明，坚持“知无不言、言无不尽、言者无罪、闻者足戒”，不断完善发展思路，修订工作偏差。统筹和规范县委委员会议、“四大家”联席会议、县委专题会议，按照“管线、挂点、人手一事”机制合理确定委员分工，形成“一个中心、三个党组”高效协调运转局面。深入推进精文减会，大力倡导现场办公，建立健全比学赶超、创先争优机制，建立激励和支持乡镇干事创业长效机制。县委委员要带头讲政治、讲担当、讲品行，带头严修身、严用权、严律己，带头抓项目、跑招商、助脱贫，带头转文风、转会风、抓落实，带头远邪气、扬正气、树新气，带头抓班子、带队伍、作示范，共同努力把县委建设成为坚强领导集体。

中央和省市委把2144平方公里的绿水青山托付给我们，我们一定要不负重托、殚精竭虑、尽力而为；63万老区人民把摆脱贫困、过上小康生活的强烈期盼寄托给我们，我们一定要不负厚望、心系百姓、扛责前行！

## 政府工作报告（节选）

——在罗田县第十七届人民代表大会第二次会议上

（2017年12月25日）

县长　郝爱芳

### 一、2017年，在新起点上奋力开创了新局面

即将过去的2017年，是我县站在新的历史起点上，奋力开创各项工作新局面的一年。面对“四个全面”战略布局新任务、新要求，面对经济发展新常态、新问题，面对前所未有的稳增长、保平安的巨大压力，在县委的坚强领导下，在县人大、县政协的监督支持下，我们认真贯彻落实习近平总书记系列重要讲话精神和中央、省、市、县委的决策部署，实干苦干，克难攻坚，较好地完成了县十七届人大一次会议确定的各项目标任务，经济社会发展延续总体平稳、稳中有进、进中向好态势。

全年（预计）完成地区生产总值（GDP）133亿元、增长7.5%，规模工业增加值24亿元、增长8.5%，全社会固定资产投资192亿元、增长14%，社会消费品零售总额74亿元、增长10.5%，地方公共财政预算收入7.35亿元、增长15.4%，城乡居民人均可支配收入分别为25260元和10240元、增长10%和12%，城镇登记失业率控制在1.2%。除GDP未达到增长10%的奋斗目标和省市调整脱贫摘帽时间未摘帽外，其他目标全部实现。

**（一）脱贫攻坚更加有力。**“六个精准”“五个一批”“五位一体”“十有十通”等措施落地见效，20952人脱贫，18个重点贫困村出列。经过多轮“回头看”和大数据比对，精准识别贫困人口40459户118326人。整合统筹使用扶贫资金16.31亿元。324个易地扶贫搬迁安置点全部开工，建成216个。四大片区扶贫工作加快推进，完成43个重点贫困村“十有十通”工程建设，硬化

村组公路222公里，电网改造投入1.15亿元。投资1.3亿元建成106个重点贫困村和4211户贫困户光伏扶贫电站，每年为村集体增收5万元、贫困户增收3000元以上。安排产业发展奖补资金5000万元，设立扶贫小额贷款风险基金2903万元，发放贷款过2亿元，争取人行1亿元扶贫再贷款支持龙头企业发展。吸引970名能人回乡创业，组建股份合作制实体260家，打造了錾子石、长源冲、鲶鱼丘、罗家畈等40个村企共建示范村。发放生态公益林、退耕还林等补助资金953万元，为贫困户提供生态护林员、清扫保洁员等农村公益性岗位2158个，每年人均增收4000元以上。教育助学覆盖幼儿园至大学各个阶段，发放贫困生助学金948.8万元、惠及14368人次，发放农村义务教育学生营养改善资金1865万元、惠及33919人次。“先诊疗、后付费、一站式”健康扶贫措施有效地缓解了因病致贫问题，为贫困对象缴纳医保金1052万元，投入2340万元购买补充医疗保险和意外伤害保险，报销住院医药费1.46亿元、惠及36526人次。农村16311名低保对象年人均补差标准提高到3700元，5857名“五保”对象年人均供养标准提高到7330元，直接发放社会保障兜底资金9809万元。因村增派扶贫工作队员927名，结对帮扶工作更加扎实。全县一批扶贫、脱贫先进典型现身说法，“真心实意谢党恩、自力更生奔小康”等系列活动极大地增强了信心决心。刘锦秀荣获全国脱贫攻坚奉献奖。成功承办全国产业扶贫现场会，“五位一体”经验在全国产业扶贫延安现场会上交流。

**（二）产业结构优化升级。**三次产业结构比由上年的20.5∶38∶41.5调整为20∶37.6∶42.4。

农业加快转型。粮油生产稳中有增，板栗、中药材、甜柿等经济作物喜获丰收，农林牧渔业增加值同比增长4.5%，培育新型农业经营主体1086家、市级以上龙头企业27家。划定永久基本农田40万亩，申报土地增减挂钩和耕地占补平衡指标5000亩。流转土地11.5万亩，建成现代农业产业园11个。新增“罗田天麻”、“大别山黑山羊”两个国家地理标志保护产品。九资河河西畈村、大崎李婆墩村、三里畈六家坳村被评为全省村级集体经济发展进步村。被授予全国集体林权制度改革先进集体，成为全市唯一的全国农村产业融合发展试点县。

工业增量提质。工业用电量、产销率、利税同步增长，生产经营形势持续好转。经济开发区新开工项目11个，续建项目6个，建成投产项目4个。新增规模企业4家、三板挂牌企业1家、在辅企业2家、湖北名牌产品3个。新认定高新技术企业3家、省级校企共建研发中心3个，完成科技成果转化12项。宏源药业实现销售收入12.5亿元、入库税收7800万元、出口创汇2400万美元，一期4000吨六氟磷酸锂电解液和5000吨甲硝唑原料药GMP制剂项目即将竣工投产。

旅游加速提档。全县接待游客645万人次，实现旅游综合收入33.2亿元，同比分别增长24.5%和25.8%。成功引进卓尔文旅、江苏丰盛、上海景域三大集团，拟投资50亿元打造“五景区五小镇”全域旅游项目，天堂寨景区如期托管，胜利文化小镇动工建设，三里畈禅修小镇雏形已现，凤山古镇项目签约。河西畈游客接待中心和天堂湖湿地公园科普馆竣工投入使用。大别川百里生态画廊沿线建成6个节点。胜利“武钢新村”、烈士纪念园二期等工程完成投入3亿元。建成骆驼坳燕儿谷、三里畈张家冲、平湖花果山等一大批田园综合体。湖北休闲农业和乡村旅游产业联盟在我县成立。成功入选国家全域旅游示范区。

金融保险业创新发展，银行机构贷款余额88.4亿元、存款余额234.5亿元，同比分别增长22.6%和15.7%；保费收入5.58亿元、理赔支出1.32亿元，同比分别增长8.5%和29%。新业态、新经济蓬勃兴起，电商平台交易额过10亿元，其中农特产品线上销售2.8亿元。

**（三）项目建设成效显著。**争取国家项目 186 个、资金 12.2 亿元，水利、交通、供电、卫计部门争取资金过亿元，财政、农业、林业、移民、文化等部门超额完成任务。新申报入库亿元项目 45 个、总投资 150 亿元，前期推进重大项目 43 个、总投资 360 亿元，平坦原抽水蓄能、铁路、风电、光伏等项目取得新进展。项目管理更加规范，建设进度全面加快，6 个“双百”项目完成投资 7.79 亿元，两次重大项目集中开工周开工项目 24 个、总投资 62.36 亿元，实施本级政府投资项目 33 个、总投资 15.88 亿元。完成交通货币工程量 5.06 亿元，S323、S228 改扩建路基 61.2 公里、路面 30.5 公里，扩宽通村公路 699.1 公里，完成公路安防工程 67.3 公里。投入 2.6 亿元加快水利建设和水毁恢复，完成 15 座小（二）型水库除险加固，新改建农村饮水安全提升工程 104 处。策划大园区、大城建、大交通、大水利、大文体（文化、体育、教育、卫生、养老等）五大 PPP 项目包，总投资过 500 亿元，12 个乡镇污水处理厂 PPP 项目在全市率先落地开工。政府投融资平台作用突出，城投、旅投、交投完成项目融资 15.85 亿元，担保融资 12 亿元，财政调度资金和“过桥”资金周转利用率提高到 4 次。招商引资取得新突破，引进亿元项目 14 个、5000 万以上项目 39 个，41 个项目通过评审、36 个项目开工，完成投资 34.52 亿元。

**（四）人居环境持续改善。**城乡规划建设管理更加精细。高标准完成县城总体规划调整和 263 个扶贫专项规划、38 个美丽乡村规划、12 个乡镇垃圾中转站和污水处理站等详规编制工作。完善城乡私宅规划建设管理办法，规划管控、综合整治效果显著，采取“四合一”办法及时为 305 户居民办理建房审批手续，拆除违法建筑 57 处 7600 平方米。着力打通城区堵点，书香路、玉屏南路、高速出口路等区域拆迁顺利完成，北城岗隧道、巴源大桥扩宽加固、义水北路北端改线即将竣工通车，义水北路一期改造全面完成。新建公交停靠点 101 个，新购置环保公交车 10 台。完成匡河、白莲、骆驼坳公交化改造，搬迁城西客运站。绿化、亮化、美化、洁化、网格化、常态化管理水平全面提升。建成拨云尖、塔山等公园主入口、主园路和一河两岸生态护坡 3.1 公里。刷黑主次干道 2 公里，安装路灯 776 盏。城管数字化平台改造升级，环卫设施和执法装备全部更新，餐饮油烟、乱停乱放等顽疾得到有效治理，市容市貌不断改观。房地产健康发展，建成商品房 2548 套，销售商品房 3189 套，其中去库存 2542 套，去化周期减少到 11 个月。保障性安居工程稳步推进，建成河东宜居山庄二期公租房 1720 套，改造农村危房 1711 户。投入资金 5431 万元支持 38 个“基层党建 + 美丽乡村”建设，骆驼坳叶家圈村、匡河汪家桥村、白庙河付家庙村、平湖沙塘角村、三里畈新铺村入选全省美丽乡村建设示范村，村企共建美丽乡村经验在全省推广。成功创建国家级园林县城。圆满迎接联合国教科文组织对大别山世界地质公园实地评估。

环境保护力度空前。中央环保督察 30 个问题、经济开发区 7 个方面突出问题、“雷霆行动”10 大重点工作实现“清零销号”。经济开发区污水管网全部建成，纺织、化工、石材、黄砂、白莲河库区综合整治工作取得阶段性成效，淘汰黄标车 556 台、燃煤锅炉 66 台，“清洁家园”行动和饮用水水源地保护工作扎实推进。投入资金 830 万元进行飞防作业，确保了 121.3 万亩受“松毛虫”危害林区生态安全。平湖、胜利及 7 个村被授予省级生态镇（村）。全县空气质量综合指数保持在全省前十位、全市第一位。国家生态保护与建设示范区中期评估位列全国第三位。

社会大局和谐稳定。重拳打击违法犯罪，着力化解信访积案，及时处置“浦爵金融”等案件。安全生产形势持续好转，事故四项主要指标大幅下降。平安法治建设取得重大进展，成功夺得全国综治最高奖“长安杯”。文明创建广泛开展，县财政局荣获全国文明单位，九资河、三里畈、圣人堂分获全国文明镇（村）。“净网行动”和政府网站集约化管理持续加力，新闻媒体弘扬正能量作用更加突出，我县50余次登上中央、省级主流媒体。

**（五）社会事业全面进步。**注重教育优质均衡发展，投入资金6113万元，新改建校舍2.54万平方米，完成校车改革和35所学校“明厨亮灶”工程建设；补充教师224人，培训教师5392人次，教学质量持续提升，高考中考再创佳绩；成功承办全省全面改薄及教育脱贫攻坚现场会。积极做好就业创业服务工作，开办培训班17期，举办大型招聘活动10场，新增城镇就业5331人。新招录公务员37名，“绿色通道”引进专业技术人才46名，公开招聘事业单位工作人员136名，引进实习实训大学生1055名。全民参保登记、新农合与城镇职工医保整合、机关事业单位养老保险制度改革等工作全面铺开，征收社保费3.25亿元，发放离退休费和医保费待遇7.68亿元。医药卫生体制改革稳步推进，分级诊疗、家庭医生签约服务全面开展，新建“五化”村卫生室209个，“布病”、H7N9疫情得到及时有效防控。全面二孩政策效果显现，出生8088人、其中女孩3989人，出生人口性别比113.3、同比下降4.8个单位值。县乡村三级文化设施网络基本形成，图书馆、文化馆、档案馆建成投入使用，村级文化室和农家书屋实现全覆盖。送戏下乡、全民体育健身等活动蓬勃开展，城乡居民精神文化生活不断丰富。被授予全省“十佳书香县市”。“罗田吊锅”入选省级非物质文化遗产保护名录。建成县社会福利中心二期工程、老年人大学和5个农村老年人活动中心，新增2家民营养老机构。为8151名居民发放高龄补贴477万元，为11247名残疾对象发放“两项补贴”965万元，将社会散居和集中养育孤儿月人均供养标准分别提高到700元和1100元。及时做好退役士兵接收安置、优待抚恤、涉军群体解“四难”工作。人防工作荣获省政府、省军区表彰。

**（六）政务服务不断改进。**“放管服”改革向纵深推进，59家行政审批部门和12个乡镇权责清单全部厘清，保留行政审批事项197项、削减88项，累计取消收费1132项。以“创响罗田、梦想老家”为主题的“双创”工作亮点纷呈，创业创新活力充分激发，新登记企业567家、个体工商户4433家、专业合作社112家。返乡创业试点经验在全国交流，被国务院命名为第二批全国“双创”示范基地，成功承办全国“双创”湖北会场罗田政策培训活动。

始终以猛药去疴的决心和壮士断腕的勇气推进政府自身建设，坚决破除不合时宜的思想观念和体制机制弊端。坚持对标看齐、明晰方向。严守党的政治纪律和政治规矩，认真履行党建、党风廉政建设、意识形态、改革等主体责任。深入贯彻中央“八项规定”精神，明确提出政府工作人员“七条要求”。扎实开展“两学一做”学习教育，及时传达学习中央、省、市委、政府重要文件会议和领导讲话、批示精神。坚持务实重行、狠抓落实。全面贯彻落实县委决策部署，坚决执行县人大常委会决议、决定，积极与县政协常委会开展“双月协商”、转化运用委员调研成果，“两代表一委员”344件提案议案和“三十件重点提案议案”全部办结。坚持依法行政、规范运行。进一步完善政府运行、机构编制、税收征管、财政预算、本级投资项目评审、规划和土地委员会议事决策、土地房屋征收和出让管理等系列规章制度，将政府“三重一大”事项全部纳入会议讨论、集体决策程序，并主动及时向县委、人大、政协专报结果。坚持问题导向、对单整改。加大对国务院省市大督查交办工作、巡视巡察反馈问题、县政府216项重点工作的督办力度，及时开展政府运行质效评估。加大政务公开力度，推进电子政务，开通“12345”市民服务热线。加大行政执法队伍规范化建设投入力度，完成工商、质监、城管执法等改革。加大财政投资评审和审计监督力度，完成投资评审项目632个、节约资金1.32亿元，审计扶贫等重点领域项目41个、查处违规和不规范资金1.3亿元。加大行政监察和惩处腐败力度，问责605人次，纪律处分248人，移送司法机关处理3人。

与此同时，认真做好国防动员、拥军优属工作，全力支持群团改革发展，统筹推进民族、宗教、对台、外侨、保密、方志、统计、气象、地震、应急、红十字、公积金、机关事务管理等工作，各项工作取得新成绩。

各位代表，“看似寻常最奇崛，成如容易却艰辛。”这些成绩是县委科学决策、坚强领导的结果，是县人大、县政协倾力支持、有效监督的结果，更是全县人民团结拼搏、砥砺奋进的结果。在此，我谨代表县人民政府，向全县人民，向各位人大代表、政协委员，向离退休老领导、老同志，向驻县部队和武警消防官兵，向所有关心、支持罗田改革、发展、建设的上级领导和社会各界人士，表示衷心的感谢！

我们也清醒地认识到工作中还存在困难和不足，主要是：脱贫攻坚任务艰巨，工作合力不强、作风不实、精准不够、标准不高等问题没有彻底解决；供给侧结构性改革面临增量提质双重任务，经济总量不大、产业发展不快、企业质效不优等瓶颈没有根本突破；项目投资渠道不宽、接续能力不强、发展后劲不足等困难依然较为突出；生态环境保护、安全生产、财政收支平衡、社保基金安全、金融风险防范和社会安保维稳等工作压力不断加大；部分国家公职人员“不适应症”较为严重，不敢、不愿、不会担责，执行落实不力，部分重点工作、重点工程推进不快；依法治理能力和群众工作水平还有待提高，民生领域还存在不少短板，公共服务和社会管理还存在不及时、不到位等问题，与人民群众的期望还有较大差距。对此，我们一定正视发展中的困难和工作中的问题，不回避、不遮掩、不懈怠，采取坚决有力措施加以解决。

**二、深入贯彻落实党的十九大精神，全面做好2018年工作**

2018年是党的十九大精神落实年、改革开放40周年和供给侧结构性改革深化年，更是我县脱贫摘帽决战决胜年。做好当年工作，意义和责任都特别重大。

2018年政府工作的总体要求是：深入学习贯彻党的十九大和中央经济工作会议精神，全面落实省、市委、政府和县第十五次党代会二次会议决策部署，始终遵循“六个必须”，坚决打赢脱贫摘帽、乡村振兴、产业升级、项目招商、污染防治、风险防控“六大攻坚战”。工作中坚持抓重点、补短板、强弱项，更加突出绿色发展方向，更加突出以民为本理念，更加突出打基础、利长远，更加突出问题导向、标准导向，更加突出改革引领、创新驱动，更加突出质量第一、效益优先。

2018年全县发展的主要预期目标是：主要经济指标增速高于全国、全省、全市平均水平，地区生产总值增长8.5%左右，规模工业增加值增长8.7%左右，全社会固定资产投资、社会消费品零售总额、地方公共财政预算收入增长12%左右，城乡居民人均可支配收入分别增长10%和11%以上，城镇登记失业率控制在3%以内。全面完成省市下达的节能减排、耕地保护、安全生产等责任目标，重点生态功能区考核指标处于全省、全市前列。

“求其上者得其中，求其中者得其下。”这是基于确保全县2018年脱贫摘帽、2020年与全国同步进入全面小康社会的底线目标，更是高标定位、自加压力、不辱使命的挑战目标。只要全县上下齐心协力、锐意进取，就一定能够圆满实现这些目标。

按照上述目标要求，重点做好七个方面的工作：

**（一）聚焦精准扶贫，决胜脱贫摘帽。**以强烈的政治担当、决战决胜的勇气、雷厉风行的作风、精准有力的措施，坚决打赢第一个百年奋斗目标的关键战役。

瞄准攻坚靶向。按照贫困户“一有、两不愁、三保障、安全饮水全覆盖”脱贫标准和国家贫困县退出“2229”验收标准，确保全县留存的16726户37473名贫困对象全部脱贫、25个重点贫困村全部出列，已脱贫成果全面巩固，贫困县如期摘帽。坚持靶向发力，用足“绣花”功夫，着重解决产业发展、村级集体经济、非重点贫困村贫困户帮扶等短板弱项问题，长期患重病者、残疾人、贫困老年人等“无业可扶、无力脱贫”群体的政策兜底问题，四大片区整体脱贫问题，以及群众认可度不高等问题。

强化攻坚举措。加大财政资金整合统筹力度，确保扶贫政策落实和项目快速推进。加快“十有十通”建设进度，全面完成106个重点贫困村、四大片区建设，支持非重点贫困村20户以上自然垮落修通水泥路、人人吃上安全水等普惠工程建设。加大“五位一体”产业扶贫力度，创新“扶贫贷”“扶贫保”等措施，让更多贫困户对接市场主体，融入产业发展链条，实现持续增收脱贫。优先安排白莲河库区非重点贫困村每村50万元产业转型发展资金。完成所有易地扶贫搬迁安置点建设，统筹解决菜园、产业配套、服务用房、后续管理等问题，加快拆旧复垦工作。推进九资河生态搬迁试点工作。健全教育扶贫长效机制，确保贫困生资助全覆盖，不让一个孩子因贫失学。做好健康扶贫工作，确保贫困户住院医疗费报销比例达到90%以上，个人年度自付费用在5000元以下。

聚集攻坚合力。明晰和压紧脱贫坚攻责任、结对帮扶责任，严肃纪律、改进作风、吃透政策、优化方法，注重扶志和扶智，彻底拔掉精神贫困、能力贫困的穷根。加强政策宣传，做好群众工作，努力解决共性诉求和个案问题。严格规范贫困户进入、退出程序，公示公告全程透明，确保应进尽进、应退尽退。完善档案资料，及时动态调整，确保网上信息、网下档案、实际情况“三个一致”。做好社会扶贫工作，开展村企共建，盘活集体“三资”，增强“造血功能”。加快第二批村级光伏扶贫项目建设，“一村一法”实现村集体经济年收入过5万元目标。全面做好省委扶贫专项巡视和审计督查发现问题的整改工作，深化专项巡察和专项整治行动，严厉整治扶贫领域不正之风和腐败问题，实行最严格的责任考核问责机制，倒逼扶贫项目、资金落地落实，确保脱真贫、真脱贫。

**（二）强化保护治理，厚植生态优势。**绿水青山就是金山银山。生态是最普惠的民生福祉，更是我县最宝贵的财富、最重要的品牌，始终像对待生命一样对待生态环境，像保护眼睛一样保护好绿水青山。

坚决扛起政治责任。我县是国家大别山水土保持型生态功能区的核心区，肩负着构筑中部生态安全屏障的神圣历史使命和重大政治责任。坚决贯彻长江流域“共抓大保护、不搞大开发”重要指示精神，把生态环境保护和治理摆在压倒一切的位置，严守生态保护红线、永久基本农田、城镇开发边界三条控制线。坚持“节约优先、保护优先、自然恢复为主”，坚持生态立县、绿色发展，坚持“山上做减法、山下做加法”。

着力整治突出问题。坚决巩固提升中央、省、市交办问题“清零销号”成果，举一反三、全面开展污染源普查，依法处理、强力整改消化存量问题，确保不出现新的违法违规问题。坚决做好自然保护区和生态功能区保护工作，全面清理和整改三大国家级公园、四大国有林场违规违法建设项目，迎接中央专项督察。坚决做好经济开发区环境突出问题持续整改工作，加快卫生安全防护距离内居民搬迁，完成污水处理厂二期及管网建设，确保重点企业污水预处理设施和在线监控全部到位。坚决做好义水河等饮用水水源地治理保护工作，建成12个乡镇污水处理PPP项目，依法关停禁养区内畜禽养殖场。坚决整治和规范黄砂开采秩序，切实保护河道流域生态环境，严厉打击盗采、抢采、超量开采行为，确保资源永续利用。坚决做好石材开发加工管理，按照全市“四个一律取缔”部署，除白莲河石垅寨现有矿山外，其他矿山到期一家关闭一家，全面修复废弃矿山生态，高标准建设白莲河石材产业园。坚决保护森林资源，实施“精准灭荒工程”，推进国土绿化行动，持续开展森林防火、病虫害防治和野生动植物保护工作，推广户用沼气、“以电代燃”“气化乡镇”试点和种植草本药材替代木本药材等工作。坚决做好环境污染综合防治工作，实施“厕所革命三年行动计划”“清洁家园”、生活垃圾分类、化肥农药减量等行动，加快集镇、中心村、景区垃圾中转站建设和收运设施配套，提高城区生活垃圾处理场、建筑垃圾消纳场处理能力，严控建筑施工扬尘、餐饮油烟污染和秸秆露天焚烧，治理机动车尾气，推广新能源汽车。

全面加强监管执法。落实最严格的生态环境保护、耕地保护、水资源管理、森林资源管理等制度，完善一二三产业投资项目“负面清单”、农村环境综合治理和生态建设长效机制。加强联合执法，抓好化工、纺织、石材、畜禽养殖加工等行业监管，重点企业全部使用明管排污并实行24小时自动在线监控。全面落实河（河段、水库、塘堰）长制，压实乡镇、村、组属地管理责任和农户承包经营管理责任，构建河道流域生态环境保护治理新机制。争创全省土地集约节约示范县、省级森林城市和国家级生态县。

**（三）加速产业融合，提高供给质量。**以供给侧结构性改革为主线，全面推进产业转型升级，构建三产融合、协同创新的现代产业体系。

做大特色农业。坚持质量兴农、绿色兴农，推进农业从增产向提质转变，让“大路货”变成“抢手货”、“山货”变成“网货”。围绕“十优五化”重点，把工业理念引入农业，把分散农户引入市场，培育新型职业农民，发展家庭农场和专业合作社，推广农业机械化、设施化，支持科技创新和清洁生产，打造现代农业可持续发展示范区。贯彻藏粮于地、藏粮于技战略，做好第三次全国土地调查及耕地质量等级评价工作，支持土地流转和适度规模经营，避免田地长期大面积撂荒，确保粮食安全。完成7.2万亩高标准基本农田建设，办好水稻集中育秧、高产创建示范片和生态循环农业试点。大力发展木本粮油、草本药材和特色种养业。实施板栗产业振兴计划，支持低产林改造，建设1万亩林下经济示范基地。推进农产品加工“四个一批”工程，加快我县7个地理标志保护产品的规模化、产业化发展，支持“三品一标”认证和农村电商发展，扩大优质绿色农产品供给。新增产值过亿元农产品加工企业3家、农业新型市场主体1000家，农产品加工产值与农业总产值之比达到1 : 1。

做强新型工业。坚持扩大增量、盘活存量、提升质量并重，巩固工业主导地位和支撑作用。调整优化开发区规划布局，突出生产功能和产业聚集效应，严把项目环评、安评、征信、效益评审关和“三同时”制度。拓宽开发区建设路径，启动新型产业园二期征地。出台配套政策措施，“一企一法”盘活“僵尸企业”和闲置土地资源。抓好“服务企业”行动，加快物流园、双创中心等平台建设；加大减税轻费政策落实力度，推动人才、金融等要素资源向重点企业、优势产业、实体经济聚集，支持企业延伸产业链条，争创大别山质量奖和长江质量奖。完成规模工业增加值

27亿元，新增落户开工项目、竣工投产项目、规模企业各10家。

做活全域旅游。发挥“旅游+”对产业升级的整合带动作用，壮大“幸福产业”“美丽经济”，打造“国家全域旅游示范区”。加快卓尔“五景区五小镇”建设，完善天堂寨核心景区设施，争创国家AAAAA级景区。完成天堂湖湿地公园二期项目建设，争创国家AAAA级景区。全力争取投资26.5亿元的白莲河环库生态旅游公路早日开工建设，带动库区旅游产业发展。大力发展乡村旅游，开发精品线路，丰富增值服务项目，使农区变景区、农房变客房、农产品变旅游商品、乡土文化变精神大餐。推进旅游管理体制改革，整治规范农家乐，严格行业自律，提升整体接待服务水平。力争全年接待游客突破800万人次，实现旅游综合收入过50亿元。

**（四）统筹城乡发展，彰显山水魅力。**高昂城区龙头，加快乡村振兴，促进城乡协调发展，打造宜居、宜业、宜游的美丽罗田。

坚持规划引领。始终以生态理念、旅游标准做好全域规划，引领城乡建设，增强城市品位和乡村魅力。优化城区规划布局，完成城区路网和停车场布局规划、北城岗片区和滨河半岛等棚户区改造规划、经济开发区总体规划修编工作，做好城区景观视觉通廊专题研究。完善乡村规划体系，完成胜利镇、九资河镇总规修编，启动三里畈镇总规修编，提升全域旅游和美丽乡村规划水平。

完善城市功能。贯彻“生态修复、城市修补”要求，增加功能设施，改善人居环境。着重解决城区、景区、集镇停车难、停车乱和交通拥堵问题。打通断头路、扩宽卡口路、畅通循环路、改造绕城（镇）路。建设拨云北路、玉屏南路等6条道路，启动“官渡河大桥”、黄道山隧道及片区道路建设，疏通实验小学、罗田大桥等堵点；加快老城区停车场规划和建设，确保新建商住小区车位达到设计规范标准；开放单位内部停车场，抓好临时停车位和收费停车场管理，引导居民养成文明停车、自觉付费习惯；倡导绿色出行，改善公共交通条件，城区新增2条公交线路和20台公交车，增加班次密度和运行时间；启动三里畈、大河岸公交改造，建设大河岸、河铺客运站，规划建设河铺、胜利、九资河、白庙河等绕镇公路。抢抓国家棚改窗口期，系统谋划老旧城区（镇区）改造。完善还建点功能设施，改造北城岗片区、江夏大桥东片区、瞿家塆、拨云北路、老化肥厂等片区，支持三里畈二机、白莲河工程管理局棚改工作。建设义水北路西门菜市场、城南市民广场、居然之家购物中心、拨云尖公园二期、经济开发区城市客厅等设施。加快义水河生态护坡工程建设，分批将城区路灯改造为节能灯，不断提高绿化、亮化、道路黑化档次。

推进乡村振兴。贯彻产业兴旺、生态宜居、乡风文明、治理有效、生活富裕“二十字”总要求，打好脱贫攻坚、产业融合、基层党建、美丽乡村建设“组合拳”，实现“六个全覆盖”。按照“三园一体”“六个一”等模式，鼓励市民下乡、能人回乡、企业兴乡，新启动30个示范点建设，建成潘家湾、文斗河等一批特色田园综合体和九资河三宝小镇、大河岸温泉鲜花小镇、凤山金银花小镇等一批产业融合体，支持燕儿谷、石源河、徐凤冲、錾子石等片区提档升级，打造整村推进、美丽乡村“升级版”。

加强综合管理。加强规划督察和城管综合执法，及时有效控违拆违。加强土地市场和房地产预售管理，深化土地房地产市场专项清理，促进房地产平稳健康发展。加强城镇危旧楼和农村土坯房跟踪管理，做好传统村落和乡村特色风貌保护工作。抓好土地增减挂钩和耕地占补平衡项目，及时治理地质灾害点。加强城乡社区建设和小区物业管理，推进城中村、镇郊村与居民社区“村居合一”，提升社区服务能力。加强“智慧城市”建设，整合政府信息化平台，构建资源共享、反应迅速、服务规范、保障有力的服务体系。持续开展市容市貌和背街小巷整治，创建省级文明城市和国家级卫生城市。

**（五）坚持投资拉动，增强发展后劲。**项目是发展的主引擎，积极适应新形势，认真研究新政策，不断拓宽新路径，持续增添新动力。

明晰项目建设思路。围绕“十三五”规划实施，坚持立项争资、招商引资、市场融资、社会投资多管齐下、多点发力，推进“三十工程”建设。紧盯国家重大战略布局和投资导向，对接全省“补短板三年十大重点工程”，科学谋划一批基础性、全局性、长远性大项目，力争更多项目挤进国家、省、市项目库，力争全年到位项目资金12亿元以上。紧盯招商引资“一号工程”，对接全省“万亿战略性新产业”，突出回乡创业，注重亲情招商、诚信招商、安商护商、以商招商，引进一批生态环境容量、科技含量、产业带动力量大的项目。全年新引进亿元以上项目15个、5000万元以上项目50个，开工项目30个。紧盯金融改革和普惠金融发展，加强“政银保企”合作，整合使用财政调度资金和担保专项资金，开展小额贷款保证保险，力争贷存比过40%，增量贷存比过60%，担保融资过12亿元，城投融资过5亿元，交投、旅投融资过2亿元。新培育三板、四板挂牌企业2家，新引进村镇银行、证券保险及经纪公司3家。紧盯社会资本投资需求，发挥财政资金杠杆作用，确保3个以上、20亿元以上PPP项目落地开工。创建全省金融信用县和保险先进县。

补齐基础设施短板。加快十大交通项目建设，全面建成S228、S323两条主干公路，动工新建县城至三里畈一级公路、大河岸至七娘山旅游公路、大别山红色旅游公路改线及泗洲山大桥，完成甜柿公园路、两李线、梅覆线、大崎至毛田等乡村旅游公路、1000公里村组公路、公路安防工程等建设任务，打造国家大别山红色旅游公路示范线和省级“四好农村路”。完成农村电网改造投入1.3亿元，建设罗田至浠水华桂35千伏线路，改造古庙河变电站，新建落梅河、黄土坳配电站。谋划“五河七库”生态水网工程、流域治理、灌区改造等项目。推进巴河干流罗田段综合治理，确保在汛期前完成新昌河整治、天堂二级水库及其他病险水库除险加固。持续推进沿江高铁罗田段、平坦原抽水蓄能电站、大别山风能电站等重大项目前期工作。

优化项目建设环境。成立重点项目建设指挥部和前期工作专班，一月一通报、双月一调度、一季一开工、半年一拉练、全年结硬账。加大项目服务力度，完善重大项目“绿色通道”和“五个一”服务机制，采取部门联合审批、中介服务一次打包等方式，同步快速完成项目开工必需手续，确保早开工、早竣工、早见效。加强项目监管，确保务工人员权益。

提高财政保障能力。积极应对财税政策变化，壮大骨干财源，培育新兴财源，引进一批稳定税源，健全协税护税机制，提高收入质量。狠抓预算执行和本级政府投资项目管理，用好财政资金（基金），全面增收节支，确保重大决策部署落实。采取分类保障、因素分配、以奖代补等方式，支持部门、乡镇、村干事创业。加强风险评估和预警，严格规范举债融资行为，对债务规模大、风险高、运转难的单位开展专项审计，全力防范和化解政府债务风险。

**（六）深化改革创新，激发社会活力。**按照三个“不能变”原则，对焦精准、蹄疾步稳推进改革创新，进一步释放全社会活力和创造力。

精准承接改革部署。吃透改革政策精神，确保中央、省、市和县委各项改革部署及时精准落地。深化政府机构、事业单位分类、农村集体产权制度等改革，不断取得新成效。

突出问题抓实改革。着力解决难点、焦点、

痛点问题，增强改革针对性、实效性。深化供给侧结构性改革，落实“三去一降一补”五大任务，在“破”“立”“降”上下功夫。深化“互联网＋放管服”改革，落实“五为”要求，推行“34证合一”，加强事中事后监管，基本建成“马上办、一次办、网上办”的高效政务服务体系。深化机构编制管理改革，着力解决教育、卫生等部门专业人员不足和技术人才引进难、用好难、留住难问题。深化行政执法改革，规范执法队伍建设，一个主管局内部只设一个执法机构，建立务实管用、高效规范的多部门联合执法和乡镇综合执法机制。深化农村改革，加快公共设施建设和公益事业发展，建立分类分级负责、财政奖补支持的投入和管护机制。

办好改革创新示范。以八个国家级试点为重点，巩固提升改革创新成果，形成一批可借鉴、可复制的经验和模式。建好“双创”平台，健全服务体系，在返乡创业、村企共建上作好新示范。推进县校合作和产学研合作，在科技创新、人才引进上探索新办法。加强区域合作，共建大别山交通旅游基础设施，在生态功能区产业发展、脱贫致富上开辟新道路。

**（七）推进共建共享，提升民生福祉。**坚持人人尽责、人人享有，坚守底线、突出重点、完善制度、引导预期，持续加大民生投入，不断满足人民日益增长的美好生活需要。

优先发展教育事业。主动适应人口增长、优质教育资源需求增长、教学改革趋势，提前科学合理调整学校布局，统筹推进城乡义务教育一体化优质均衡发展，着力解决“城镇挤”“乡村弱”“择校热”“大班额”等突出问题，综合整治校园周边环境。加快县幼儿园搬迁至老实验中学，支持建设一批农村幼儿园，建成河东街、栗子坳、胜利等小学，启动实验高中建设。提高农村教学点、特殊教育、老年人大学的办学水平。大力发展职业教育，加快建立普职融通、产教融合的现代职业教育体系。加强师德师风建设，完善教师补充、培养、激励机制，保障教师待遇。

继续做好就业工作。统筹县级职业技能培训资源，培育就业新形态，支持农民工转移就业和返乡创业，扶持下岗再就业，托底帮扶就业困难人员，实现零就业家庭动态清零，统筹做好军转干部和退役士兵的接收安置和大学生实习实训、创业就业工作。

推进“健康罗田”建设。深化医药卫生体制改革，实行医疗医药医保“三医”联动。按照保基本、强基层、建机制要求，加快基本公共卫生服务体系建设，完成县第二人民医院整体迁建，启动万密斋医院“一院两区”建设，完成“五化”村卫生室达标验收；培养全科医生，扩大家庭医生签约服务，做好优生优育计生服务和疾病防控工作，创建省级健康促进县和慢性病综合防控示范区。加强食品药品源头治理，加大农村饮用水水质监测和农产品质量安全监督，创建全省食品药品安全城市。

大力繁荣文化（广电、体育）事业。深入实施文化惠民工程，加快村级文化广场、综合文化服务中心和县博物馆建设，支持文艺精品创作和送戏下乡等活动。完成体育中心、东门体育公园主体工程建设，完善公共体育健身设施，启动儿童游乐场项目规划建设。广泛开展全民健身活动，举办第五届挺进大别山·中国（黄冈罗田）自行车赛。

完善社会保障体系。落实全民参保计划，加强城乡居民保险整合和基金管理，实现参保缴费率、发放率、生存认证率三个100%。推进以居家为基础、社区为依托、机构为补充、医养相结合的养老服务体系建设，不断提高老年人生活质量。统筹社会保险、救助、慈善资源，关爱农村“三留守”、城镇下岗职工、困难退伍军人、伤残失能人员、计划生育特殊家庭，兜住民生网底。建设残疾人康复托养中心，改造殡仪馆。

全力确保大局稳定。深化法治罗田、平安罗田建设，确保蝉联“长安杯”。加大全民普法和综合治理力度，推进“一村（社区）一顾问”法律服务向基层延伸，探索法治、德治、自治结合的乡村治理新模式。完善社会治安立体化防控体系和“四中心”警务制度，推进“雪亮工程”提档升级，扩大集镇、公路卡口视频监控覆盖面，增设城乡主干公路危险路口红绿灯。加强出租房管理和消防安全隐患大排查。积极应对突发事件，防控征地拆迁、金融等领域风险，多途化解信访积案。落实安全生产“四项责任”，狠抓隐患排查、监管执法和“打非治违”，争创全省安全生产先进县。

**三、用习近平新时代中国特色社会主义思想武装头脑，建设人民满意的服务型政府**

习近平新时代中国特色社会主义思想是政府工作的行动指南，全面增强“四个意识”，着力解决政府自身建设存在的问题和短板，不断提高政府公信力和执行力。

**（一）强化学习，增智提能。**“梦想从学习开始，事业从实践起步。”始终在学习中与时俱进，紧跟新时代步伐，切实增强“八个本领”，不断提高政府依法治理能力和政务服务水平。扎实推进“两学一做”学习教育常态化制度化，认真开展“不忘初心、牢记使命”主题教育，“学懂、弄通、做实”党的十九大精神，更加自觉地在思想上、政治上、行动上同党中央保持高度一致，更加全面地把握和运用新思想的立场、观点、方法，并积极转化为战略思路和工作举措，在广泛生动的实践中，更加深刻地领悟精髓要义，科学地推动跨越发展。

**（二）强化担当，务实为民。**决战必须冲锋，决胜必须担当。始终做到为党、为民、为公敢于担责、担难、担险，有事担事、遇事干事、见事管事，不推、不拖、不绕，尽责、尽心、尽力。始终坚定“四个自信”，勇于直面困难、挑战、压力，做到知压不言、抗压耐劳、以压为乐，争当攻坚克难的“主攻手”，决不当“二传手”和“甩手掌柜”。始终坚持以人民为中心的发展思想，从人民群众关心、让人民群众满意的事情做起，把有限资金用在“刀刃”上，尽最大努力优先解决最急需、最关注、最突出的民生问题。始终践诺守信、求真务实，努力创造人民认可、经得起历史检验的业绩。

**（三）强化落实，规范高效。**一分部署、九分落实。始终把执行落实放在政府工作的首位，把规范高效作为检验工作的标准，确保各项决策部署不折不扣地贯彻落实。强化法治思维，破除惯性、主动革新，用依法规范、科学高效的程序来排除风险，用严密督办、严厉问责手段来根除懒政、怠政，用“扣扣子”“钉钉子”“搬石头”的办法来提高落实效率。全面推行工作项目化、清单化、标准化，确保政府每一项工作的责权、标准、要求清晰明了。强化责任倒逼、节点倒逼、问题倒逼，多到基层寻计问策，及时研究解决实际问题，确保精准发力、执行有力，以公职人员的“辛苦指数”换得人民群众的“满意指数”，以执行落实的大力度赢得后发赶超的加速度。

**（四）强化监督，清正廉洁。**打铁必须自身硬。始终自觉地把政府工作置于监督之下，自觉接受党内监督和国家监察，依法接受人大法律监督和工作监督，主动接受政协民主监督、群众监督和媒体监督，全面加强政府自身监督，做到严管和厚爱、激励和约束并重，坚决把全面从严治党等主体责任和政风行风建设任务落到实处。强化履职尽责、失职追责，严纪律、转作风、惩腐败、建机制，扎紧织密制度笼子，综合运用审计、督查等手段，管住关键人、看住重点事、盯住具体问题。加大政务公开尤其是公共资源配置领域信息公开，构建“亲”“清”新型政商关系，凝聚跨越发展、绿色崛起的强大合力！

名词注释：

**公路安防工程**：全称为公路安全生命防护“455”工程，从2017年起，全省用4年时间，建立省市县乡（镇）村5级联动机制及责任体系，省级财政投入45亿元，基本完成国省道、县道、乡道及通客运班车村道的公路安全生命防护工程。

**“七条要求”**：一是提交政府决策事项时只给选项、不出题；二是政府批示件流转时间单个环节不超过4个小时；三是政府部门工作场所权责清单、办事指南、标识标牌清晰明了；四是单位主要负责人严格执行相关事项分层报备制度；五是单位主要负责人手机24小时不关机；六是参会对象基本相同的县政府会议一周之内不召开第二次；七是会议场合不接打电话、不上网。

**“六个必须”**：县第十五次党代会二次会议强调六个必须要求，必须把脱贫摘帽作为第一目标，必须把加快发展作为第一要务，必须把文化自信作为第一力量，必须把改革创新作为第一动力，必须把依法治县作为第一保障，必须把从严治党作为第一保证。

**“2229”验收标准**：根据国务院扶贫办《贫困县退出专项评估检查实施办法（试行）》规定，贫困县退出专项评估检查验收标准为：综合贫困发生率低于2%，贫困人口漏评率低于2%，脱贫人口错退率低于2%，群众认可度高于90%。

**全市石材矿山“四个一律取缔”**：证照不全、合同到期、规模达不到要求、环保安全等不能达标的石材矿山开采企业一律取缔。

**“十优五化”**：优质稻、油菜、板栗、茶叶、油茶、药材、花生、果蔬、畜产品、水产品和发展产业化、布局规模化、标准园区化、名特电商化、城乡一体化。

**乡村“六个全覆盖”**：20户以上自然村公路、安全饮水、农村危旧房改造、厕所革命、垃圾污水整治、村级集体经济收入过5万元等六个全覆盖。

**“三园一体”模式**：现代农业产业园、科技园、创业园和田园综合体。

**“补短板三年十大重点工程”**：2017年6月省政府印发《湖北省精准发力补短板三年十大重点工程实施方案》，计划投入财政资金5300亿元，实施脱贫攻坚工程（易地扶贫搬迁240亿元、产业脱贫306亿元、金融扶贫300亿元）、水利设施补强工程（湖泊堤防加固47亿元、水库整险20亿元、长江支流清理106亿元、排涝18亿元、城市排水500亿元）、高标准农田建设工程（385亿元）、乡镇污水治理工程（300亿元）、普通公路及安防工程（291亿元）、航运能力提升工程（长江180亿元、汉江112.75亿元）、能源设施强化工程（农网改造升级300亿元以上、天然气管网及配套设施100亿元）、生态环境保护工程（垃圾分类60亿元）、公共服务能力提升工程（教育义教改薄50亿元、普通高中10亿元、职业教育45亿元、县级卫生30亿元、养老服务设施建设4亿元）、实体经济振兴工程（“万企万亿”技改工程、新兴产业发展1900亿元）。

**“万亿战略性新产业”**：2017年9月省政府印发《湖北省万亿战略性新兴产业推进实施方案》，明确从新一代信息技术、生物、高端装备、高端材料、绿色低碳、数字创新6大产业16个高端细分领域重点突破、发展壮大，到2020年主营业务收入突破3万亿元。

**三个“不能变”**：坚持党对改革的集中统一领导不能变，坚持完善和发展中国特色社会主义制度、推进国家治理体系和治理能力现代化的总目标不能变，坚持以人民为中心的改革价值取向不能变。

**“五为”**：2017年6月13日李克强总理在全国深化简政放权、放管结合、优化服务改革电视电话会议上强调，要做到五个“为”：为促进就业创业降门槛，为各类市场主体减负担，为激发有效投资拓空间，为公平营商创条件，为群众办事生活增便利。

**八个国家级试点：**全国生态保护与建设示范县、全国农村金融综合改革试点县、全国农村产业融合发展试点县、全国返乡创业示范县、全国电子商务试点示范县、国家可持续发展实验区、国家全域旅游示范区、国家“双创”示范基地。

**“八个本领”：**学习本领、政治领导本领、改革创新本领、科学发展本领、依法执政本领、群众工作本领、狠抓落实本领、驾驭风险本领。

## 推进乡村振兴　创造美好生活

县委副书记、政法委书记　陈世龙

党的十九大响亮地提出乡村振兴战略，为新时代的三农工作描绘了美好蓝图，为基层干部群众勾画了美好愿景，进一步增强了党员干部争创新作为的动力，进一步激发了农民群众对美好生活的向往。特别是“产业兴旺、生态宜居、乡风文明、治理有效、生活富裕”这20字总要求，较之先前新农村建设提出的“生产发展、生活宽裕、乡风文明、村容整洁、管理民主”20字总方针，字数未变，内容有变，要求更高，标准更严，可以说是“升级版”、“升华篇”，既是乡村振兴的总纲领，又是三农工作的总抓手，为我们提供了基本遵循，指明了努力方向。

**一、努力打造产业兴旺的新高地**

我国发展最大的不平衡，是城乡发展不平衡；最大的不充分，是农村发展不充分。这在产业发展上表现得尤为突出，农村是“短腿”，农业是“短板”。我们要认清形势，后发赶超，发挥产业发展的支撑力，打造产业兴旺的新高地。

**一是积极发展现代农业。**农业是国民经济的基础，农业稳，天下安。农业是乡村的根本，实施乡村振兴战略，还是要围绕农业做文章，着眼农民谋出路，离开了农业，就是舍本逐末，就是空中楼阁。因此，2017年的中央一号文件明确提出“坚持一条主线、守住三条底线”的总体思路。一条主线就是坚持推进农业供给侧结构性改革不动摇，三条底线就是确保粮食生产能力不降低、农民增收势头不逆转、农村稳定不出问题。所谓供给侧结构性改革，就是以优质供给满足有效需求。现在市场对农产品的需求不再仅仅是数量的需求，更注重对品质的追求。就罗田来说，就是要按照高产、优质、高效、生态、安全的要求，积极发展无污染、无公害、有品牌、可信赖的现代农业，适应市场需求，强化健康理念，慎用化肥农药，实行有机种养。积极开发板栗、甜柿、茯苓、苍术、金银花等地理标识产品和特色农产品的潜力，加强科技支撑，培育龙头企业，延伸产业链条，提高产品附加值，使罗田板栗、九资河茯苓、錾字石甜柿、花银岩贡米、荣华寨红果、陈家山老米酒等优势品牌焕发新的生机活力，走向广阔市场，使罗田的资源优势转化为产业优势，成为现代农业发展的强劲力量。

**二是积极推进三产融合。**放眼当前农村产业发展的新业态，已不是简单的“种养收”，而是链条式的“产供销”；不是农业的“独角戏”，而是三产的“大合唱”。我们要充分挖掘和拓展农业的多维功能，促进农业与二三产业的深度融合，大力发展农产品加工和农村新兴服务业，为农民持续稳定增收提供更加坚实的产业支撑。罗田是国家产业融合试点县、电商进农村示范试点县，为我们的产业融合发展提供了难得的机遇和有效的平台，我们要用好用活优惠政策，既要立足农业抓农业，又要跳出农业抓农业，通过农业

"接二连三"，发展"第六产业"。从发展实践看，我县农文旅融合已呈现出良好态势，无论是传统的"吃住行游购娱"，还是新兴的"商学养闲情奇"，都为我县农村产业融合注入强大的活力，罗田的特色农产品、优质旅游资源、深厚文化底蕴令远近游客心驰神往、社会各界津津乐道。同时也要看到，我们的农工商融合仍是短板，还要在以工促农、以城带乡上下功夫。比如我们实施的板栗振兴战略，已开展充分的调研，提出很好的思路，希望对大家有所借鉴、有所启发。

**三是积极实施村企共建。**脱贫致富快，全靠产业带。村企共建是产业发展的一种有效途径，村集体、市场主体、农民能够实现共建共享、共赢共达。当前，国家返乡创业试点县、国家"双创"示范基地已在我县大力推进，一大批罗田籍在外成功人士陆续回乡创业，一大批社会实力资本对罗田青睐有加。乡村振兴战略提出后，将有更多的意向合作者向我们抛出橄榄枝。我们要顺势而为，借势发力，通过甄别研判，招商安商，积极推进村企共建的深入实施，不断增强产业支撑力。11月15日，省委召开"三乡工程"现场推进会，省委副书记、武汉市委书记陈一新同志就深入推进"市民下乡、能人回乡、企业兴乡"，提出"架起城乡要素资源互联互通互融的桥梁"这一目标，提出以"三乡工程"撬动乡村振兴这一思路，我们要把握机遇，顺势而为，迎接人才回归、资本回流，更大力度、更深层次地推进村企共建，发展新兴产业。我们要始终按照"谋求共生，追求共赢，务求共享"的共建理念，遵循"优质资源，优良资本，优秀企业"的合作原则，按照"形成一股绳的合力、适应一盘棋的格局、达到一幅画的效果"这一要求，不断巩固支部凝聚力、增强产业支撑力、凸显乡村吸引力，确保实现"集体从中借力、企业从中盈利、群众从中受益"的目标，既不能错失良机、贻误发展，也不能仓促上马、遗留后患。

## 二、努力打造生态宜居的新家园

我们强调宜居，首先要搞清楚它的含义。《说文》里讲，"宜，所安也"；《苍颉篇》中讲，"宜，得其所也"，用白话文说就是适合、恰当的意思，这蕴含着我们祖先的生态宜居意识，我们要吸收借鉴，合理运用。

**一是大力保护生态资源。**良好的生态环境是最普惠的民生福祉，也是稀缺的资源，破坏只在朝夕之间，修复却是难上加难。党的十九大把"绿水青山就是金山银山"这一重要论断写入党章，彰显了以习近平同志为核心的党中央保护生态资源、实现绿色发展的鲜明态度和坚定决心。早前，中共中央办公厅、国务院办公厅印发联合印发《党政领导干部生态环境损害责任追究办法（试行）》，责任要求严而又严，重视程度无以复加，我们要认真学习，深刻领会，严格落实。罗田最好的资源是生态，最大的优势在生态，最佳的出路也在生态，这是很多地方无可比拟、望尘莫及的。罗田良好的生态资源是祖祖辈辈苦心经营、代代传承下来的宝贵财富，一旦失去，罗田将一无所有、一贫如洗，我们将愧对先人、愧对后代。这不是危言耸听，务必高度重视，务必倍加珍惜。我们要像保护我们的眼睛一样保护生态，像尊重我们的父母一样尊重自然，共同呵护好我们生于斯长于斯的这方家园。在工作中，我们要坚决落实县委关于建设生态保护与建设示范区、绿色发展先行区的有关部署，落实好"雷霆行动"、环保督察、生态创建的有关要求，大力营造"天蓝地绿水清、宜居宜业宜游"的生态环境。

**二是极力适应自然风貌。**党的十九大提出，人与自然是生命共同体，人类必须尊重自然、顺应自然、保护自然。我们实施乡村振兴战略，要加大基础设施建设力度，大力实施"十有十通"工程，积极发展全域旅游，推进国土整治和农田水利建设，这些都是改善人居环境的必要举措。

我们在实施的过程中要不折不扣，不偏不倚，既不能偏离自然规律，也不能偏离规划体系，要适应自然风貌、田园风光、山水风韵、人文风情，站在旅游视角，提高乡村颜值，做到不推山、不毁林，不盲目裁弯取直、不任性改变流向，慎用钢筋水泥、不搞大拆大建，就地取材、就势造景，保留乡土特色，留住乡愁记忆，避免大色块、大铺装，避免突兀感、违和感，力争“建成一项工程，形成一个景点”。现在业界主张的田园综合体建设，就是以旅游为先导、以产业为核心、以文化为灵魂、以体验为价值、以乡村复兴为目标，统筹把握旅游景观、产业资源、特色文化、基础设施、人流物流，自成体系，浑然一体，使自然与人文共生、开发与保护并重、传承与发展并进。

**三是合力打造清洁环境。**人民群众对美好生活的需要，包含着对清洁环境、干净水源、清新空气的需求。现在，市民下乡享受田园生活渐成潮流，外来游客体验乡村民宿大有市场，我们要顺应群众新期待、新需求，适应市场新业态、新趋势，将环境保护贯穿到乡村振兴的全过程，多措并举、多管齐下，使青山常在、绿水长流、空气常新，让农民群众在良好生态环境中生产生活。严格落实“村收集、镇转运、县处理”的机制，配备垃圾收储设施，实行分类收集、定点存放、定时清运、集中处理，防止造成二次污染。引入海绵乡村建设理念，依托自然环境，搞好绿化建设，综合运用渗、滞、蓄、净、用、排等手段，实行雨污分流，科学排污，净化水土，涵养水源。党员干部要发挥先锋模范作用，打好污染防治攻坚战，坚决杜绝垃圾围村、污水横流、烟尘四起的局面，引领广大群众“养成好习惯，形成好风气，营造好环境，过上好生活”。

## 三、努力打造乡风文明的新境界

在乡村社会学研究中，乡风文明一直是贯穿始终的一条主线。费孝通先生著的《乡土中国》，对中国基层传统社会体系作了深入分析，对认识乡村社会、建设乡风文明具有重要参考价值。我们要把握乡村社会的根脉，不忘本来，吸收外来，面向未来，打造乡风文明的新境界。

**一是坚守优良家风这个传家宝。**家是最小国，国是千万家。在中华传统文化中，素有“家国一体，家国天下”的质朴情怀，历来崇尚“诗书继世，忠厚传家”的治家理念，无论是启蒙读物《三字经》《千字文》，还是经典专著《颜氏家训》《曾国藩家书》，都广为传诵，经久不衰，影响着一个又一个家庭，教育着一代又一代子孙。良好的家风是传家宝、核心竞争力，可以说家庭与家庭的比较根本上是家风的比较，人与人之间的比拼归根结底是后代的比拼，搞好家庭建设就是对社会的贡献。我们在乡村振兴中，要特别注重培育优良家风，长辈言传身教，后代耳濡目染，春风化雨，久久为功。罗田是遐迩闻名的孝德之乡、好人之乡，我们要结合弘扬24字核心价值观，擦亮孝德文化名片，抓紧时间尽庭帏之孝，秉持公德尽社会之孝，推而广之尽国家之孝，推进社会公德、职业道德、家庭美德、个人品德建设，弘扬爱国爱家、相亲相爱、自尊自爱、自立自强、向上向善、共建共享的社会主义家庭文明新风尚。

**二是培育文明乡风这个软实力。**乡风正，民风淳。北京市门头沟区斋堂镇灵水村，是远近闻名的“举人村”、中国历史文化名村、中国北方乡风文明珍藏版。明清以来，据有名有姓记载，该村曾出过2名进士，22名举人。民国时期，又曾走出6名燕京大学学子。解放后，历年都有学生考上知名院校。一个小村落出现如此多的读书人，在当地形成独特的文化现象。如果我们深入了解灵水村，就会找到其中的奥秘，那就是“勤耕尚读、诗书济世，睦邻友好、君子不争”的文明乡风，代代相传，人人尊崇，已经产生深远的影响。到现在，“池内三禁”“池台三禁”仍然是村规民约的重要内容，“共喝秋粥”“猪羊圈养”仍然是村民群众的习俗传承，吸引大量游客，叫响独特品牌。著名歌手田震也出自这里，而她的成名作就是《我热恋的故乡》。虽然这首“西北风”歌曲中描写的那个落后的乡村并不是灵水村，但依然演绎得如此动人，我想与歌手内心对自己故乡的热爱、故乡文化对歌手情感的浸润是分不开的。我们推进乡村振兴，要注重传承文明乡风，将耕读文化、道德文化、礼仪文化、法治文化、勤廉文化发扬光大，促进群众思想觉悟、道德水准、文明素养同步提高，推动风化俗成、成风化人，使我们的乡村成为心灵回归、乡愁落地的儿时故园、梦里老家。

**三是用好乡贤文化这个新引擎。**乡贤拥有广泛的群众基础、享有很高的社会威望，是乡风文明的倡导者、引领者，乡贤文化根植乡土、贴近农民，蕴含着见贤思齐、崇德向善的力量，饱含着敦亲睦邻、泽被乡里的情怀，具有不可替代、不可或缺的优势。在传统文化中，流传着“富贵不还乡，如锦衣夜行”的观点，有很多“文官辞官归隐，武将解甲归田”的佳话，不少享有社会成就、具备德才名望的人才回归桑梓，造福家乡。前面提到的“举人村”，就是因为历史上有“名举”刘增广、刘懋衡这样德行双馨的乡贤，影响这方土地，由此产生灵水村举世骇俗的举人文化，值得我们学习借鉴。我们要注重挖掘、发现、选树这样的乡贤，尊重、学习、弘扬优秀的乡贤文化，发挥历史名人、农村“五老”、返乡能人的示范引领作用，崇尚真善美，激发正能量，增强凝聚力。比如我们非常熟悉的丁汗平同志、胡定山同志、徐志新同志、唐高群同志，就是新乡贤的典型代表，在弘扬传统美德、践行时代新风方面发挥着重要作用。

### 四、努力打造治理有效的新气象

我们要统筹推进乡村自治、法治、德治，打通基层治理的“最后一公里”，为乡村持续繁荣稳定提供坚强保证。

**一是夯实组织基础。**实施乡村振兴，建设美丽乡村，培养造就一支懂农业、爱农村、爱农民的“三农”工作队伍，离不开强有力的组织保障。要加强村级领导班子建设，在当前基层党建、精准脱贫、美丽乡村、全域旅游一体化推进的关键时期，一个有战斗力的好支部、一个有凝聚力的好班子、一个有公信力的好支书，显得尤为重要。选准配强村支部书记是对村级最大的投入，选优配好村两委班子是对村级最大的帮扶。罗田明年要脱贫摘帽，也要换届选举，有效的时间并不多，大家要提振精神，鼓足干劲，认真学习贯彻党的十九大精神和中央、省、市、县系列决策部署，做实事，求实效。要加强驻村工作队建设，第一书记和工作队长，要带领队员按规定保证工作时间，提高工作效率，抓好措施落地，切实帮助驻点村解决实际问题，为群众办实事、办好事。要加强社会组织建设，充分发挥群团组织、监委会、红白理事会、合作社等群众组织在党的领导下联系群众、组织群众、发动群众的积极作用，为基层有效治理凝心聚力，和衷共济。

**二是落实改革举措。**在“四个全面”战略布局下，实施乡村振兴战略，必须全面深化农村改革，全面激活农村活力，增强农民群众的获得感和幸福感。党的十九大报告明确指出，保持土地承包关系稳定并长久不变，第二轮土地承包到期后再延长30年，给农民吃下“定心丸”，送上“大礼包”，有利于推进农业的规模化经营和可持续发展。我们要积极对接改革政策，坚决落实改革举措，推动改革措施精准落地，促进改革红利普惠共享。要落实好深化农村土地制度改革的有关决策部署，完善承包地“三权”分置制度，使承包权稳下去，让经营权活起来。要落实好深化农村集体产权制度改革的相关举措，解决好产权归属不清晰、权责不明确、保护不严格等日益突出的问题，切实保障农民财产权益。要积极发展多种形式适度规模经营，培育新型农业经营主体，带动村级集体经济发展和农民增收致富。

**三是做实信访维稳**。今年是政治年，也是极不平凡的一年，我们克服厌战情绪、畏难情绪，连续作战、疲劳作战，一仗接着一仗打，一关接着一关攻，一举夺得全国综治最高奖长安杯，打赢十九大安保维稳大决战，经受了考验，锻炼了队伍，积累了经验，取得了胜利。成绩值得充分肯定，维稳工作任重道远。我们还要继续克服“松口气，歇歇脚”的念头，继续保持过硬作风，落实过细措施，深入做好重点领域、重点部位、重点群体、重点人员、重点行业的安全稳定工作。关于信访维稳工作，强调了很多，概括起来不外乎三个数字：坚持四句话的总原则，也就是习近平总书记强调的“三到位一处理”，即对诉求合理的要解决到位、对诉求无理的要思想教育到位、对生活困难的要帮扶救助到位、对行为违法的依法处理；落实六个字的总要求，也就是习近平总书记在第八次全国信访工作会上提出的“依法及时就地”；贯彻两手硬的新论断，也就是习近平总书记在全国综治会议上提出的“发展是硬道理，稳定也是硬道理，发展和稳定要两手抓，两手都要硬”。我们要以此为遵循，按照既定安排部署，做到工作上心上肩上手，责任落细落小落实，持续做好“七五”普法大宣传、矛盾纠纷大排查、安全隐患大整治、意识形态大防范，坚决做到小事不出村、大事不出镇、难事不出县，确保全县长治久安、群众安居乐业。

**五、努力打造生活富裕的新面貌**

十九大强调坚持以人民为中心的发展思想，听起来离我们好像很远，实际上离我们最近，因为我们生长在基层，工作在基层，我们的职责就是把党的惠民政策落细落小、落地落实，促进农民群众致富奔小康、农业农村旧貌换新颜。

**一是把脱贫攻坚作为当务之急**。目前，全县留存建档立卡贫困户23795户、58425人，还有53个重点贫困村有待出列。我们攻坚的时间很紧，面临的任务很重，验收标准很严，工作千头万绪，希望大家统筹兼顾，有条不紊，严格按照“六个精准”要求，全面落实“五个一批”措施，加快推进“十有十通”工程，坚决实现“一有、两不愁、三保障、一高于、一接近”的工作目标（有稳定收入来源，不愁吃、不愁穿，义务教育、基本医疗、住房安全有保障，实现贫困地区人均可支配收入增幅高于全国平均水平、基本公共服务领域主要指标接近全国平均水平，另外加一个安全饮水全覆盖），确保达到“2229”的验收标准（贫困发生率低于2%，贫困人口漏评率低于2%，脱贫人口误退率低于2%，群众认可度达到90%以上）。

**二是把持续增收作为长久之计**。“人民对美好生活的向往，就是我们的奋斗目标”。在精准脱贫、同步小康的基础上，我们要根据社会矛盾的新变化，不断满足人民日益增长的美好生活需要，谋划群众更高质量生存发展的长久之计，带领群众持续增收。要统筹推进少数富与共同富。积极对接“三乡工程”，大力建设“回家工程”，发展“归雁经济”，输出打工者、引回创业者、带动就业者，不断增加农民群众的财产性收入、工资性收入、经营性收入和资源要素收入。加大对新型农业经营主体招引、培育、支持力度，引导农业集约化、专业化、组织化、社会化发展，支持参与村企共建的企业做大做强。同时，组织群众通过流转土地收租金、资源入股获股金、就近就业得薪金，使资源变资产、资金变股金、农民变股民，多途径增加收入。要统筹推进集体富与村民富。盘活“三资”，通过村企共建等形式，努力发展壮大村级集体经济，逐步消灭“空壳村”，确保村集体有钱办事，从而加大基础设施、公共服务投入力度，让村民群众共享生产生活便利，提高满意度和获得感。

**三是以改善民生解除后顾之忧**。党的十九大提出，要在幼有所育、学有所教、劳有所得、病有所医、老有所养、住有所居、弱有所扶上不断取得新进展，这是我们保障和改善民生的总目标，作为基层来说，就是要抓好各项政策的落地，妥善处理好农民群众的现实困难，推动形成“少年不焦虑、中年不油腻、老年不孤寂”的乡村生活环境。所谓少年不焦虑，就是要加强对青少年的关怀关爱，通过教育“薄改”有关要求，让农民子女接受更好的教育，有梦想，有奋斗，有成才的机会，有出彩的机会；通过亲情关怀，让留守儿童感受到温暖，能够健康成长。所谓中年不油腻，就是要创造机会和条件，让壮年劳动力有就业增收的机会，有发家致富的盼头；通过村级卫生室建设、落实全民参保计划、丰富文化生活、关注留守妇女，让他们在乡村振兴中找到定位、找到归属、找到希望。所谓老年不孤寂，就是要落实好五保供养、低保兜底、失独家庭、鳏寡孤独的有关政策，让他们老有所养，老有所依、老有所终。同时，要大力弘扬扶危济困、守望相助的传统美德，“老吾老以及人之老，幼吾幼以及人之幼”，动员更多社会力量参与到乡村振兴中来，通过志愿服务、结亲帮扶、捐款捐物等形式，让农村困难群众共享社会主义大家庭的温暖。

# 大事记

## 1月

1日　全县第三次全国农业普查正式开始入户登记。此次普查的对象为农村住户，包括农村农业生产经营户和其他住户、城镇农业生产经营户、农业生产经营单位、村民委员会、乡镇人民政府。普查行业范围包括农作物种植业、林业、畜牧业、渔业和农林牧渔服务业。普查主要内容包括：农业从业者基本情况、农业土地利用与流转情况、农业生产与结构情况、新型农业经营主体与农业规模化、产业化发展情况、新农村建设情况、农村人居环境与农民生活方式变化情况。

△　县第一届“食为天杯”青少年游泳比赛在湖北食为天药业股份有限公司游泳馆举行，130多名选手参加比赛。

3日　中共罗田县委十五届一次全体（扩大）会议暨全县经济工作会召开，中共罗田县委书记、县人大常委会主任汪柏坤作重要讲话，县委副书记、县长郝爱芳主持，陈世龙、郭建明、童伟民等县“四大家”领导出席会议，县委候补委员、纪委委员以及各乡镇、县直部门和规模以上重点企业主要负责人参加会议。县扶贫办、县水电局、县交通运输局、凤山镇、匡河镇、胜利镇等部门和乡镇负责人作表态发言。

6日　由县卫计局和县国税局共同招商引进的黄商购物中心罗田店将正式开业。黄商购物中心罗田店总投资过亿元，位于义水南路县供电公司下侧，经营面积26000多平方米，是集时尚购物、特色餐饮、休闲娱乐等多项功能于一体的城市商业综合体，着力为全县人民提供现代化“一站式”生活体验，带动罗田商业业态整体升级。

10日　湖北省旅游发展委员会发布关于命名6家湖北省旅游标准化示范单位的通知，罗田县凭借专业、优质的旅游资源，被命名为“湖北省旅游标准化示范县”。黄冈仅1家。

13日　中国蚕种质量检测中心相关专家在省果茶办赵坤松副主任、省农科院经济作物研究所吴凡博士和李祖发专家一行的陪同下，到罗田县三宝蚕种有限公司对蚕种安全生产和蚕种质量进行抽检。

16日　县首家中海油加油站在三里畈镇投入运营。中海油罗田三里畈加油站总投资500多万元，是三里畈镇招商引进的服务性项目，于2016年8月底动工，2017年元月初建成，是一家集汽车、农用车、摩托车加油，洗车，机油销售于一体的便利店。

24日　全县第二届电商年货节在县人民广场举行，共吸引50家电商企业、网货、微商、专业合作社和重点贫困村参与。本次电商年货节由县电商工作领导小组办公室、县电商协会和电商公共服务中心共同举办，时间为3天，销售额突破150万元。

## 2月

6日　全县三级干部大会暨基层党建整县推进动员会召开。中共罗田县委书记汪柏坤作主题报告，县委副书记、县长郝爱芳主持会议，县委副书记、政法委书记陈世龙宣读《县委、县政府关于2016年度工作目标考核结果的通报》，县委委员、县人大常委会党组书记、副主任郭建明，县委委员、县政协主席童伟民等县“四大家”领导出席。骆驼坳镇燕窝塆村第一书记、湖北燕儿谷生态观光农业有限公司董事长徐志新作经验交流发言。

7日　中共罗田县纪委十五届二次全体会议召开，会议要求全县各级各部门不忘初心、不辱使命，恪尽职守、务实重行，不断取得党风廉政建设和反腐败工作新成效，营造风清气正的政治生态和干事创业的良好环境，为全面建成小康罗田做出新贡献。中共罗田县委书记、县人大常委会主任汪柏坤出席并讲话，县委副书记、县长郝爱芳，县委委员、县人大常委会党组书记、副主任郭建明，县委委员、县政协主席童伟民等县领导出席会议。县委委员、纪委书记李学军作县纪委工作报告。胜利镇、三里畈镇、县交通运输局、县水电局、县审计局、县城市建设投资资金管理中心负责人作述责述廉报告，并接受县纪委委员的现场询问和民主测评。

9日　县第十七届人大常委会召开第二次会议。县委书记、县人大常委会主任汪柏坤出席会议并讲话，县委委员、县人大常委会党组书记、副主任郭建明主持会议，县人大常委会副主任张向东、程金平、何俊华、胡东春、陈春霞出席。县委副书记、县长郝爱芳，县人民法院院长胡福东、县人民检察院检察长喻艳如列席。

10日　省妇联在罗田开展“关爱女性、防治两癌”暨贫困母亲救助慰问活动，中国人寿黄冈支公司为县贫困妇女捐赠价值8000元物资和100万元女性安康保险。省妇幼保健专家就宫颈癌、乳腺癌对现代女性的危害以及预防进行专题讲座。省妇联副巡视员申军青、黄冈市政府副秘书长胡昊、黄冈市妇联主席张曙红以及中共罗田县委副书记、政法委书记陈世龙，县人大常委会副主任陈春霞参加。

13日　中共黄冈市委书记、市人大常委会主任刘雪荣到罗田调研精准扶贫工作。中共罗田县委副书记、县长郝爱芳，县委委员、组织部部长刘堂军陪同。一行人先后来到白庙河镇柳林幸福家园、白庙河镇潘家湾村等地，了解询问各项扶贫政策落实情况。

14日　罗田县一季度重大项目开工周活动暨湖北宏源药业有限公司新能源产业项目开工仪式隆重举行，中共罗田县委副书记、县长郝爱芳出席开工仪式并致辞。本次开工周活动开工项目16个，总投资40亿元，涉及工业、旅游、基础设施、农业水利、社会发展等多个领域。

△　总投资1亿元的湖北米丽思家居生产项目在罗田经济开发区动工兴建。该项目是县招商局的招商引资项目，主要生产和销售办公家具、酒店家具及软体家具等产品。

△　县旅游产业发展单体投资额最大的旅游基础设施项目大别山风景区游客中心开工建设。该项目由县旅游投资开发有限公司投资，按照国家AAAAA景区标准打造的旅游基础设施项目，总投资2.5亿元。项目一期占地130亩，投资3000万元。

△　湖北益加食品板栗深加工项目在罗田经济开发区开工。益加食品板栗深加工项目是县民政局的招商引资项目，计划投资5500万元，建设年深加工板栗7000吨和2000吨的快餐调理生产线。

△　胜利文化小镇建设工程开工仪式举行。该项目包括胜利革命烈士陵园二期、城东外环线、城西沿河大道、武钢新村镇区易地扶贫搬迁

安置点、胜利实验小学、县第二人民医院搬迁、胜利老城区改造等系列工程。旨在打造以文化人、宜居宜游的特色小镇。

△ 三里畈等乡镇高标准基本农田土地整治项目在三里畈镇夏家铺村正式开工。该项目于2015年9月经省国土资源厅批准立项，2017年正式开工建设，建设工期为12个月，分大崎镇、三里畈镇、河铺镇、骆驼坳镇、九资河镇5个片区，包括土地平整、灌溉与排水工程、田间道路工程、村庄整治工程等内容，建设规模为666.67公顷，预算总投资2396.31万元。

△ 湖北和瑞油田控制设备制造项目举行开工仪式。该项目是湖北和瑞精密机械制造有限公司一期工程的延续和发展，项目占地面积1.3万平方米，新建厂房8000平方米，总投资1.3亿元。

△ 义水北路凤山大桥至界河大桥生态护坡项目正式开工。该工程将建设河道护坡全长1349米，总工程投资约1500万元，是罗田2017年重点市政工程项目。

△ 罗田县巴源大桥改扩建工程开工建设，由原双向两车道改为四车道，总投资1784.66万元，改造后桥幅宽度为24.5米，行车道为16米的双向四车道，两侧宽为4米的人行道。

△ 江苏通灵电器16兆瓦分布式光伏发电项目开工。该项目是县财政局、县发改局招商引资项目，总投资约1.5亿元，占用企业屋顶面积15万平方米。

△ 新昌河河铺段治理工程项目正式开工。该工程整治河段为巴河与新昌河交汇处敢鱼咀村至新昌河大桥上游石头板村。左右两岸加固总长度为17.1公里，河道将疏挖清障2.79公里，堤防加固16.02公里，岸坡护砌1.12公里，新建小型涵管8处，拆除重建小型涵管4处，维修加固小型涵管7处，支流河口整治3处。

△ 天堂二级水库除险加固工程开工。天堂二级水库设计总库容1083万立方米，是一座集防洪、灌溉、发电等综合效益于一体的中型水库。大坝建于1978年，目前坝体存在渗漏等多处安全隐患。

△ 县社会福利院中心养护楼项目开工。该项目占地面积1442平方米，总建筑面积8204.5平方米，设计床位212张，总投资1700万元。该养护楼为融教育、医疗、娱乐于一体的综合性、开放性、福利性的老人乐园。

△ 大别山民俗文化园项目开工仪式在白庙河镇潘氏祠村举行。该项目占地面积200多亩，由湖北永光资源开发有限公司投资8000万元筹建，以农业休闲旅游观光为纽带，以垂钓、休闲、娱乐、参观、采摘、餐饮、度假等为主体，以直升机观光为引爆点。

△ 位于县经济开发区的湖北亿田鑫电子加工项目开工。该项目是县国土资源局和大河岸镇政府招商引资项目，占地面积22.4亩，总投资5000万元。

**15日** 副省长兼公安厅厅长曾欣同志突访罗田县三里畈镇，实地检查指导318国道“生命防护工程”建设情况，指导道路交通安全管理工作。

**17日** 县委副书记、县长郝爱芳主持召开十七届县政府第一次常务会议。县领导胡朝晖、王风华、秦新平、朱光耀、高景、罗俊、闫常、郑金荣、王平、夏建筑等出席会议。

△ 武汉轻工大学教务处副处长雷银生、经管学院副院长龙子午、经济系主任夏佐铎、国际经济与贸易系主任樊琦、工商管理系主任汪普庆一行5人，在市农业局副局长刘涛、市农业局政工科长王珍珠的陪同下到罗田县农业局，对近几年“市校合作”大学生实习实训工作进行调研。

**18日** 罗田县召开第三次全国农业普查工作会议，中共罗田县委委员、副县长胡盼参加。

**22日** 县图书馆开始搬迁新馆，3月27日正式对读者开放。

△ 县政府召开十七届一次全体（扩大）会议，县委副书记、县长郝爱芳出席会议并以“执行力”为主题作重要讲话，县政府党组副书记、副县长胡朝晖主持会议并就《政府工作报告》、“三十件重点提案（议案）”等重点工作任务分解作了部署安排，胡盼、王风华、秦新平、高景、罗俊、闫常、郑金荣、王平、周卫烈等参与政府分工的副县级领导出席会议。县政府各部门一把手、各乡镇乡镇长、县政府办公室副科级以上干部参加，会议还邀请县委各部门、人大办、政协办负责人参加。

25—26日　农业部计划司副司长刘北桦一行在省农业厅副厅长焦泰文、中共罗田县委书记汪柏坤等陪同下，实地调研考察罗田县产业扶贫工作。调研组一行先后到湖北名羊公司、骆驼坳镇燕窝湾村、九资河正光药业公司、九资河镇罗家畈中药材基地等实地考察。对罗田县产业扶贫工作给予高度评价，同时也指出存在的问题。

## 3月

1日　省经信委主任欧阳万坤到凤山镇上石源河村指导精准扶贫工作。中共罗田县委副书记、县长郝爱芳，以及王风华、赵超等县领导陪同。上石源河村是罗田重点贫困村之一，全村共有贫困户171户近600人。

17日　全国产业扶贫现场会在罗田召开。会议由农业部、国务院扶贫办举办。农业部副部长于康震，国务院扶贫办副主任洪天云，中共湖北省委常委、常务副省长黄楚平，省人大常委会副主任王玲，国家首席兽医师张仲秋出席会议。刘雪荣、肖伏清、刘美频、詹旺民、余友斌、汪柏坤、郝爱芳、胡盼、胡朝晖、夏建筑等市县领导以及安徽、河南、湖北三省市贫困县代表参加现场会。陕西延安、江西赣州、甘肃定西介绍了特色优势产业带动脱贫范例；安徽岳西、河南光山也分别作经验交流发言。会议期间，与会代表先后参观了湖北名羊农业科技发展有限公司、凤山镇上石源河村黑山羊养殖户、大自然食品股份有限公司、骆驼坳镇燕窝塆村，详细了解罗田“五位一体”产业扶贫模式。

18日　中国工程院院士、武汉大学教授朱英国在母校罗田一中举行报告会暨院士传记赠书活动。武汉大学副校长谈广鸣，省农业厅副厅长徐能海，县领导郝爱芳、陈世龙、刘堂军、段文俊出席活动。活动中，罗田一中正式启动朱英国奖学金计划，朱英国院士向罗田一中捐赠了书籍和奖学金。

23日　县第十七届人大常委会召开第三次会议。县委委员、县人大常委会党组书记、副主任郭建明，县人大常委会副主任张向东、程金平、何俊华、胡东春出席会议。县委委员、副县长胡朝晖，县人民法院院长胡福东，县人民检察院检察长喻艳如列席会议。按照《地方组织法》的规定，郭建明向在县第十七届人民代表大会第一次会议上当选县人民检察院检察长的喻艳如颁发当选证书。会议听取、审议并表决通过胡朝晖代表县政府所作的《县政府关于消灭贫困户土坯房及乡村公路提档升级等重点工作完成情况的报告》、听取、审议并表决通过《县政府关于提请审议罗田县2017年政府投资项目清单（第一批）的方案》的决议（草案）；表决通过《主任会议关于提请审议〈县人大常委会关于加强县人大常委会会风建设的意见（草案）〉的议案》。

25日　位于塔山脚下的一方山水凯莱大饭店开业运营。罗田一方山水·塔山城项目总投资6.5亿元，是一个集高端酒店、商业、花园洋房三大功能于一体的城市综合体。罗田一方山水凯莱大饭店是该项目的核心建筑，按照五星级国际化标准打造。

27日　省人大常委会副主任周洪宇、省人大科教文卫委员会主任杨有旺、省经信委副主任刘进文在黄冈市人大常委会副主任梅咏成以及县领导汪柏坤、郝爱芳、郭建明、夏建筑的陪同下，到大河岸镇古楼冲村调研精准扶贫工作。

29日　湖北日报传媒集团董事长、湖北日报社社长、党委书记邹贤启一行到湖北名羊公司、燕儿谷生态农庄以及大自然公司就罗田县产业扶贫工作进行调研。中共黄冈市委书记、市人大常委会主任刘雪荣，中共罗田县委书记汪柏坤等市县领导陪同。

△　中共湖北省委组织部副部长蔚盛斌、省委党建办主任李平、省委组织部二处处长韩勇一行到罗田调研指导基层党建“整县推进”工作。中共黄冈市委常委、组织部长赵斌，黄冈市委组织部副部长雷兴威以及县领导汪柏坤、李学军、刘堂军、段文俊、汪耀汉陪同。

31日　县政协召开十届二次常委会。县委委员、县政协主席童伟民，县政协副主席曹志辉、王国强、陈云生、黄爱平、闵厚明，秘书长方志东及县政协常委出席会议，县政协各委员联络组组长列席会议。会议听取县政协十届一次会议委员提案的立案交办情况、“双月协商”开展情况以及委员联络组、界别组设置等情况通报；审议通过县政协全委会工作规则等系列文件，审议通过决定任命各专委会主任、副主任名单和委员增补、辞职事项，安排部署委员培训工作。会上还通过分组讨论的形式，协商审议《推进村企共建》和《加快塔山公园建设》两件建议案。

## 4月

5日　中国儿童少年基金会在九资河镇徐凤冲小学举行“Hello小孩”爱心套餐公益项目发放仪式。《人民日报》社新闻摄影部副主任雷声、县政协副主席黄爱平出席。“Hello小孩”是中国儿童少年基金会发起的，一个旨在汇集社会各界爱心，帮助贫困地区和处在困境中的孩子的公益项目。

7日　第四届香港国际音乐节罗田赛区正式启动。中共罗田县委委员、县政协主席童伟民，县政协副主席黄爱平，香港国际音乐节中国总统筹程言安出席。程言安作为香港国际音乐节中国总统筹，是罗田走出去的成功人士，对家乡的经济、教育、文化的交流发展给予大力支持。

20日　省银监局局长赖秀福一行在黄冈市银监分局局长刘峰的陪同下，专程到罗田县调研精准扶贫和金融服务网格化工作，现场察看湖北名羊农业科技有限公司和大自然科技有限公司，并在罗田农行召开座谈会，听取县政府、金融局、扶贫办以及各家涉农商业银行的汇报。赖秀福要求罗田县政府和各金融机构要充分利用金融服务网格化平台，积极探索新的、可持续的扶贫模式，全力打造精准扶贫“罗田模式”。

21日　首届苍葭乡村论坛在罗田县三里畈镇新铺村张家冲举行。全国知名乡建专家与200多位各地来宾济济一堂，热议新农村建设的前景与路径。罗田县副县长秦新平致辞，中国人民大学教授温铁军，国家行政学院教授张孝德，湖北省发改委徐新桥主任、华中师范大学教授李景奇等著名乡建专家发表演讲，并现场回答村镇代表和企业届人士的提问。论坛现场，还同步举行“湖北爱故乡工作站”及“张家冲爱故乡驿站”揭牌仪式、“100个鸟巢微书馆，筑梦荆楚家学第一村”启动仪式。县住建局、旅游局、文联等单位和省市县各级新闻媒体全程参与活动。

22—23日　“畅行中国走进大别山”——2017全国交通广播“脱贫攻坚新闻纪实在行动”走进罗田。来自全国40多家交通广播的70多名记者“走进大别山”，开启扶贫攻坚新闻纪实行动。中华全国新闻工作者协会党组成员、书记处书记王冬梅，中广联合会交通宣传委员会会长潘力参加采访活动。中共罗田县委委员、副县长胡朝晖介绍罗田扶贫工作经验并接受记者采访。本次活动为期5天，由中国广播电影电视社会组织联合会、湖北省扶贫办、安徽省扶贫办、河南省扶贫办联合主办。活动中，70多名记者先后走进骆驼坳镇燕儿谷生态农庄、湖北名羊农业科技发展有限公司养殖基地和屠宰基地、湖北罗田大自然生物科技有限公司，详细了解罗田“建强一个支部、引进一个老板、流转一片土地、建成一个景区、培育一个产业、致富一方百姓”的“六个一”产业发展新模式和村企共建、黑山羊“33111”工程、电商扶贫等产业扶贫模式的罗田经验，深入了解市场主体在造血式扶贫中的突出作用和县精准扶贫脱贫成效。

**26日** 县政协第十届常委会召开第三次会议。中共罗田县委委员、县政协主席童伟民主持会议，县委委员、县总工会主席熊庆，县政协副主席曹志辉，陈云生出席会议。会议听取“关于我县引进湖北卓尔集团，加快全域旅游”的情况介绍，并就双方合作模式、合作协议等方面听取意见和建议。湖北卓尔集团参与全域旅游项目经过多次洽谈，全域旅游范围设定于天堂寨、天堂湖、青苔关等五个景区，以及胜利、匡河、三里畈等五个小镇建设。目前，整个合作框架和意向已经初步达成，合作进程顺利推进。

△ 县第十七届人大常委会召开第四次会议。中共罗田县委委员、县人大常委会党组书记、副主任郭建明主持会议，县人大常委会副主任张向东、程金平、胡东春出席。县委委员、副县长胡朝晖及县人民法院、县人民检察院及部分县人大代表和相关部门负责人列席。会议听取并审议县政府《关于我县2016年度城乡规划实施情况》的报告和罗田县贯彻实施《湖北省农村扶贫条例》情况的报告。会议依法作出《关于开展第七个五年法治宣传教育的决议》和《关于〈罗田国家生态文明建设示范县创建规划（2016—2020）〉的决议》。

**30日** 罗田大别山客运中心通过省级专家组的站级核定验收，核定为二级客运站。

## 5月

**3日** 省人大常委会副主任王玲带领调研组一行来到罗田，就省人大常委会开展“聚力脱贫攻坚五级代表在行动”活动征求意见和建议。市人大常委会副主任何东英，中共罗田县委委员、县人大常委会党组书记、副主任郭建明，县领导胡盼、胡东春、夏建筑，以及部分人大代表参加座谈会。

**10日** 湖北天堂湖国家湿地公园科普馆正式开馆。陈世龙、周卫烈等县领导出席开馆仪式并为“爱我湿地、守护天堂湖”摄影征文比赛获奖代表颁奖。天堂湖国家湿地公园位于九资河镇境内，北倚大别山主峰天堂寨，具有典型的南北气候过渡带生态系统，有着重要的生态保护价值和科研价值。每年吸引中华秋沙鸭、鸳鸯、白额雁等10多种国家一、二级保护候鸟在此越冬，被海内外知名鸟类专家赞誉为候鸟越冬“天堂”。新建成的天堂湖湿地科普馆位于天堂湖国家湿地公园内，展馆占地面积15亩，投资800万元。馆内以“大别明镜，天堂湖光”为主题，传承地域历史文化，展示湿地保护历程，描绘湿地规划远景，彰显生态文明成果，是展现罗田生态文明建设的重要窗口，也是对大众进行生态科普的教育基地。

**13—14日** 全国政协人口资源环境委员会副主任、国家发展改革委原主任徐绍史率全国政协调研组到罗田开展精准扶贫监督性调研。全国政协社会和法制委员会委员邵明立，中共湖北省委常委、常务副省长黄楚平，全国政协常委、省政协原副主席郑心穗，中共黄冈市委副书记、市长刘美频，黄冈市政协主席洪再林，副主席童德昭以及县领导汪柏坤、童伟民、胡朝晖、赵超、夏建筑等陪同调研。调研组一行先后来到骆驼坳镇燕窝垮村、大自然食品股份有限公司、三里畈镇长源冲村，通过实地调研和召开座谈会等形式，详细了解罗田产业发展、易地扶贫搬迁、精准扶贫措施和政策落实情况。

18日 县诗词学会在河铺镇成立河铺分会并召开第一次成员大会，30多名会员及众多诗词爱好者参加。大会选举出县诗词学会河铺分会第一任会长，并为分会授牌。

26日 中共黄冈市委副书记、市长刘美频在中共罗田县委书记、县人大常委会主任汪柏坤的陪同下，到三里畈镇长源冲村检查指导易地扶贫搬迁工作。

△ 武汉卓尔文旅集团与县人民政府成功签约，开发“五景区五小镇”旅游项目，这标志着罗田迄今为止最大的旅游开发招商引资项目正式进入实施阶段。卓尔控股董事长阎志，宇业集团董事局主席周旭洲，中诚信集团董事长毛振华，中珈资本CEO曾文涛，精诚投资董事长楚天舒，利泰集团董事局主席江黎明，正隆保险经纪股份有限公司董事长蹇宏，丰盛集团董事长赵建，景域集团副总裁高冬等商界人士和武汉市人大常委会副主任胡洪春，中共黄冈市委副书记、市长刘美频，黄冈市委常委、宣传部部长陈继平及县领导汪柏坤、郝爱芳、郭建明、童伟民等参加项目签约仪式。中共罗田县委副书记、县长郝爱芳与卓尔文旅集团总裁吴奇凌代表双方在项目协议书上签字。根据协议，卓尔文旅集团将投资50亿元打造“五景区五小镇”项目，通过3—5年打造一个旅游上市公司、一个AAAAA级景区和五个特色小镇。项目分两期实施：一期建设范围为天堂寨及天堂湖景区、九资河小镇、胜利小镇，以及建设一个通用机场，开发建设期限为3年；二期建设范围为青苔关（含笔架山）景区、黄狮寨景区、观音山景区、三里畈小镇、匡河小镇和凤山古镇。

△ 湖北海成电子有限公司电容器生产项目正式开工建设。湖北海成电子有限公司电容器生产项目由县政府办公室招商引进，占地约200亩，总投资5亿元，建设周期为三年，一期项目建成后可以月产2亿只小型铝电解、5000万只引线式固态电容器以及3000万只片时固态电容器，年可实现销售收入2亿元；二期、三期项目建成后，年销售收入将超过10亿元。

27日 由湖北东山塆旅游开发公司和东山塆村党支部、村委会联合举办的首届中国·罗田月季花旅游文化节在白庙河镇东山塆举行。东山塆村是白庙河镇一个偏远山区小村，由于受地理条件限制，村级经济发展滞后，群众生产生活条件十分艰苦。面对困境，2015年，该村村民许林海主动请缨担任村第一书记，带领全村党员群众建起了100多亩的连片月季花观赏园。已成立农户+公司的合作体制，流转土地500亩，投资400多万元，为东山塆脱贫致富打下良好基础。

## 6月

2日 罗田县工商联合会（总商会）第十二次会员代表大会召开，234名正式代表出席会议，县直有关部门、社会团体、协会负责人及兄弟县市工商联等60余名特邀代表列席会议。市政协副主席、市工商联主席张友启，中共罗田县委副书记、县长郝爱芳，县委副书记陈世龙分别讲话，郭建明、童伟民、汪耀汉等县领导出席会议。县政协副主席、县工商联主席王国强向大会作工作报告。会议听取审议县工商联（总商会）的工作报告，选举产生罗田县工商联（总商会）第十二次执行委员会及其领导班子，审议通过其文有关事项。会议选举产生罗田县工商联（总商会）第十二届常务委员会委员56名，副主席（副会长）20名（含兼职），主席（会长）1名。

6日 省经管局局长张清林到罗田督查土地确权工作。中共罗田县委委员、副县长胡盼陪同。罗田自全面启动农村土地承包经营权确权登记颁证工作以来，取得阶段性的成绩。截至6月，全县414个村已完成412个村的外业测绘和权属调查工作，有309个村完成档案整理工作，各项工作有序进行。

8日　中国宝武集团董事长、党委书记马国强一行到胜利镇武钢新村、骆驼坳镇胡家冲村调研精准扶贫工作。中共黄冈市委书记、市人大常委会主任刘雪荣及罗田县“四大家”领导汪柏坤、郝爱芳、郭建明、童伟民等陪同。胜利镇武钢新村是武汉钢铁集团援建1000万元实施的灾后重建集中安置点项目，规划用地面积43091.4平方米，总建筑面积33098平方米，项目全部用于因灾倒房户重建和建档立卡贫困户搬迁安置，可安置320户，1075人。

12日　县汽车运输总公司购进20台国际标车，成立匡河镇及白莲河乡校车服务公司。

15日　罗田县被国务院确定为全国第二批“双创”示范基地，也是全省唯一的县级双创示范基地。

19日　省人大常委会副主任周洪宇、省人大教科文卫委主任委员杨有旺一行到罗田参加三里畈镇人大第一代表小组“聚力脱贫攻坚，五级代表在行动”活动。中共罗田县委书记、县人大常委会主任汪柏坤，县委委员、县人大常委会党组书记、副主任郭建明，县人大常委会副主任程金平参加。周洪宇一行分成3个代表小组，分别到三里畈镇长源冲村、六家坳村、宜林村、车潭畈村，深入到贫困户的家中，通过实地察看，座谈交流，开展“三看三问”，看安置点建设状况，贫困户入住情况，配套产业发展现状，问易地扶贫搬迁政策是否落实，安置点入住贫困户是否满意，贫困户发展产业帮扶政策是否兑现。

27日　市政府副秘书长胡昊带领中国地质大学专家组一行，到罗田县参加大别山世界地质公园迎检演练活动，指导大别山世界地质公园创建工作，县长郝爱芳带领相关部门负责人全程参与。专家组听取罗田县创建工作情况，实地考察骆驼坳朱家河、凤山栗子坳、三里畈温泉、大河岸旅游驿站、科普展馆、余三胜广场、圣人堂地质之家、天堂寨景区，对沿线的地质遗迹保护、环境整治、社区建设、科普宣传等工作进行指导。罗田是黄冈大别山地质公园的主峰园区，也是核心园区，是联合国专家检查验收的主要目的地。

△　县第十七届人大常委会举行第五次会议。中共罗田县委委员、县人大常委会党组书记、副主任郭建明主持会议。县人大常委会副主任张向东、程金平、何俊华、胡东春、陈春霞以及部分县人大代表出席，县委委员、副县长王风华及县人民法院、县人民检察院负责人列席。会议审议并通过县人民政府关于《食品安全法》贯彻实施情况的报告、审议并通过《罗田县人大常委会关于县人大代表建议、批评和意见办理工作监督问责办法》《罗田县人民代表大会代表约见国家机关负责人办法》两项工作制度的议案。

## 7月

7日　县保险行业协会成立。中共罗田县委委员、副县长王风华出席。中国人寿罗田保险公司经理王柏友当选为首届会长。

11日　全省教育脱贫攻坚暨全面改薄工作现场会在罗田召开，会议就教育扶贫和改善贫困地区义务教育薄弱学校基本办学条件等工作进行安排部署。省教育厅厅长陶宏、副厅长张金元，黄冈市副市长陈少敏，黄冈市教育局局长郑涤尘，以及中共罗田县委书记、县人大常委会主任汪柏坤，县委副书记、县长郝爱芳，县委委员、宣传部部长段文俊，副县长闫常和全省各市县区相关部门负责人参加会议。与会人员先后到三里畈镇黄岗庙中学、七道河小学、双庙小学、三里畈小学、大崎镇李婆墩中学等地，通过现场察看、翻阅资料、听取汇报等形式，深入了解教学楼、运动场、住宿楼、教师周转房、食堂建设等改薄工程项目落实情况，并听取教育扶贫相关情况汇报。

**14日** “湖北希望工程·阳光凯迪基金”助学金发放仪式在白庙河镇潘家塆村举行，中共罗田县委委员、县委办公室主任赵超出席。

**18日** 省人大常委会原副主任赵斌到大河岸镇石井头村参加“聚力脱贫攻坚，五级代表在行动”活动，县人大常委会副主任胡东春陪同。

△ 黄冈大别山地质公园迎接联合国教科文组织专家验收。联合国教科文组织世界地质公园评估专家布朗斯维尔世界地质公园经理克劳斯·乔治、济州岛世界地质公园专家全勇文一行来到湖北天堂寨，实地考察地质公园。

**20日** 凤山镇大塘湾村6组发生一起命案，祖孙3人在家中遇害。县公安局接警后，立即赶赴现场，开展侦破工作，并于当日快速破获此案。

**21日** 新购10台纯电动公交车投入匡河、白莲、骆驼坳三个乡镇运营，开通城乡公交客运，初步落实罗田乡镇客运公交化改造，标志着县公路客运正式迈入低碳环保新时代。

**31日24时起** 全县公立医院综合改革工作全面启动，县级公立医院药品零差价销售、降低大型检查收费20%、调整医疗服务性收费价格等工作全面完成，实现县域内群众医疗支出费用和县外就诊率双下降，着力解决群众看病难、看病贵的问题，让群众得实惠。

## 8月

**2日** 县政协举行十届四次常委会。中共罗田县委委员、县政协主席童伟民，县委委员、常务副县长胡朝晖，县政协副主席曹志辉、王国强、陈云生、黄爱平、闵厚明，县政协秘书长方志东及县政协常委出席会议，县政协各委员联络组组长列席会议。会议听取胡朝晖《关于我县上半年经济社会发展情况的通报》，通过《政协罗田县委员会委员履职管理办法》及龚顺文、李宗胜两位同志的任命。曹志辉就政协上半年以来的各项工作做了总结并对下半年工作做了安排部署。

**5日** 中共罗田县委十五届二次全体（扩大）会议以电视直播的形式召开，中共罗田县委书记、县人大常委会主任汪柏坤作重要讲话，县委副书记、县长郝爱芳主持会议，县委副书记、政法委书记陈世龙，县委委员、县人大常委会党组书记、副主任郭建明，县委委员、县政协主席童伟民等县领导，以及县委候补委员、县纪委委员、副县级以上领导在主会场参加，各乡镇设分会场。会议全面总结和正确对待上半年的工作得失，客观分析县域经济运行存在的突出问题，动员全县上下以精卫填海、愚公移山之志攻坚克难，以刮骨疗毒、壮士断腕之力转变作风，以踏石留印、抓铁有痕之功狠抓落实，紧紧围绕“保目标、保脱贫、保稳定”的总要求，强力推进大招商、大融资、大扶贫、大维稳“四大百日攻坚战”，大战一百天，“三保”开新局，以优异成绩迎接党的十九大胜利召开。

**11日** 省环保厅副厅长李瑞勤带领省厅环评处、法规处、省环境监察总队和省环科院到罗田经济开发区就信访问题现场督办整改。副市长周勇士、市环保局局长周秋英一同督办。中共罗田县委书记、县人大常委会主任汪柏坤，县委副书记、县长郝爱芳，县委委员、副县长王风华、秦新平和罗田经济开发区主任汪福平等一同参加。李瑞勤一行深入到罗田县长源污水处理有限公司察看污水处理运行情况、出水水质及在线监测情况；到湖北宏源药业科技股份有限公司实地察看该公司尾气焚烧处理控制室、乙二醛生产线、污水处理池，了解企业污水、废气综合处理与循环利用情况；现场检查县邦鑫纺织有限公司整改落实情况，县盛兴纺织有限公司停产整顿情况。

22日　由黄冈市体育局、教育局和罗田县人民政府主办，罗田县体育局和教育局承办，湖北食为天药业股份有限公司协办的黄冈市“食为天”杯青少年游泳锦标赛在罗田食为天恒温游泳馆举行，罗田县、英山县、浠水县、麻城市、黄梅县、黄冈全民健身中心等6支代表队近百名选手参加，市体育局副局长雷青松，竞训科长黄河涛、副科长翟红霞等出席比赛活动，县直相关部门负责人到场，湖北食为天药业股份有限公司董事长李世安致欢迎辞。比赛按男女分四个年龄组共进行55项比赛，参赛最小的8岁，最大的19岁。

24日　中共湖北省委副书记、省长王晓东到罗田调研，王晓东一行先后到宏源药业、三里畈镇长源冲村等地，详细了解污染整治情况和实地考察易地扶贫搬迁安置点建设情况，并与部分人大代表座谈。省人大常委会副主任王玲、省政府秘书长别必雄参加调研。

25日　县第十七届人大常委会召开第六次会议。中共罗田县委委员、县人大常委会党组书记、副主任郭建明，县人大常委会副主任张向东、程金平、何俊华、陈春霞出席会议。县委委员、常务副县长胡朝晖，县人民法院院长胡福东，县人民检察院检察长喻艳如列席会议。会上，胡朝晖受县政府委托宣读县政府提请人大常委会任命李清立任县国土资源局局长的任职议案，经过认真审议，县人大常委会以票决的方式通过县政府关于李清立任职的议案。会议听取并审议县政府《关于我县2016年财政决算草案的报告》；县政府《关于2016年度县级财政预算执行和其他财政收支的审计工作报告》；听取并审议县政府《关于我县2017年上半年国民经济和社会发展计划执行情况的报告》；县政府《关于我县2017年元月至6月财政预算执行情况的报告》；听取并审议通过《县政府关于调整全县2017年部分财政预算收支草案的报告》。会议以票决的方式通过《罗田县第十七届人民代表大会常务委员会关于批准2017年县级财政决算的决议（草案）》《罗田县第十七届人民代表大会常务委员会关于批准全县2017年部分预算收支调整方案的决议（草案）》。

## 9月

6日　骆驼坳镇燕儿谷片区联合党委正式成立揭牌，中共罗田县委委员、组织部部长刘堂军，县委委员、副县长、公安局长罗俊出席揭牌仪式。联合党委由骆驼坳村党支部、燕窝塆村党支部、郭家河村党支部、叶家圈村党支部、樊家冲村党支部、望江垴村党支部和燕儿谷公司党支部为基础成立，以共同需要、共同利益、共同目标为纽带，建立起村企党组织相互联系，沟通信息，交流经验，研究协调村企党建及相关工作的区域化党组织。

10日　罗田首个“会改联”村级妇女联合会在骆驼坳镇赵家塆村成立。根据中央、省、市、县委关于党的群团工作会议精神和妇联改革的指示精神，赵家塆村严格按照改建流程和选举办法，通过召开妇女代表大会，成功选出妇联执委11名，其中主席1名，兼职副主席2名。

15日　大河岸镇大别山温泉小镇建设项目正式签约。县领导胡盼、熊庆出席签约仪式。大别山温泉小镇项目位于大河岸镇汤河村，由罗田籍企业家邹小峰先生所创立的上海爱尚鲜花股份有限公司策划，协议投资10亿元，流转土地1.5万亩，项目将花卉经营与休闲观光相结合，旨在打造万亩鲜花小镇。

14—15日　省政协副主席肖旭明带领省政协重点提案督办组到罗田就省政协十一届五次会议上社会科学界提出的提案《关于保护传统村

落、建设美丽乡村的建议》办理情况进行调研督办。县领导汪柏坤、童伟民、胡盼、黄爱平陪同。督办组一行先后到骆驼坳镇燕窝塆村、九资河镇官基坪村，详细了解当地传统村落保护与开发情况，并听取相关工作汇报。

19日　湖北休闲农业和乡村旅游产业联盟成立大会在燕儿谷举行。中共罗田县委委员、副县长胡盼，县委委员、县总工会主席熊庆以及来自省内外的100多名企业家代表参加会议。

21—22日　全国人大常委会委员、全国人大财经委委员、调研小组组长姚胜带领全省在京部分全国人大代表到罗田调研经济社会发展、精准扶贫工作。黄冈市人大常委会党组书记、常务副主任罗刚，黄冈市人大常委会副主任梅咏成、副市长余友斌以及罗田县汪柏坤、郝爱芳、郭建明、胡盼、何俊华等县领导陪同。调研组一行先后到县宏源药业有限公司、"大自然"食品有限公司、凤山镇叶家冲村，以及骆驼坳镇张八塘村、燕儿谷生态农庄等地，考察企业生产、产业扶贫、美丽乡村、基层组织建设等事项。

## 10月

1日　罗田大别山路桥承建的巴源大桥新建右幅桥面试通车。

23日　中共黄冈市委副书记、代市长邱丽新来罗田调研经济社会发展和脱贫攻坚工作。中共罗田县委书记、县人大常委会主任汪柏坤，县委副书记、县长郝爱芳，县委委员、县政协主席童伟民等县领导参加座谈会。在汪柏坤、郝爱芳的陪同下，邱丽新一行先后到宏源药业、海成电子、大自然公司、三里畈镇长源冲村等地，通过现场参观厂房，与企业负责人详细交流，深入了解企业运营和项目推进情况以及美丽乡村建设和易地扶贫搬迁安置点建设情况。

27日　县十七届人大常委会第七次会议召开。中共罗田县委委员、县人大常委会党组书记、副主任郭建明主持会议，县人大常委会副主任张向东、程金平、何俊华、胡东春、陈春霞出席会议，县领导胡朝晖、罗俊、胡福东、喻艳如列席会议。会议听取并审议县人民政府关于县十七届人大一次会议代表建议办理情况的报告、县人民政府关于《道路交通安全法》贯彻实施情况的报告、《县人大常委会关于对县人民政府工作部门开展年度工作满意度民主测评的实施办法（草案）》《县人大常委会2017年度乡镇人大工作考评办法（草案）》。会议还通过有关人事任免，决定任命李江陵同志为罗田县人民政府副县长；决定免去曾晓东同志罗田县人民政府副县长职务。

29日　由中共黄冈市委宣传部、黄冈市文化新闻出版广电局、黄冈市文学艺术界联合会主办的黄冈党旗红"贯彻十九大舞动中国梦"第三届黄冈市舞蹈大赛在黄州遗爱湖公园隆重举行。由县文化局选送、县文化馆指导的三里畈镇代表队表演的舞蹈《火凤凰》荣获二等奖。

31日　位于大河岸镇的大别山温泉鲜花小镇一期花半湾鲜花谷项目开工。县领导熊庆、胡东春、王平出席。大别山温泉鲜花小镇项目由上海爱尚鲜花股份有限公司投资，规划总面积约1万亩，拟总投入10亿元，分四期开发完成。该项目定位于打造中国最美温泉鲜花小镇，将促进黄冈地区花卉产业发展，带动3万余人就业。

△　大别山客运中心投资50余万元的人脸识别系统和身份证采聚仪完工，并正式启用实名制购票及采验系统。

## 11月

1日　经过专家评审组评审和公示，罗田县城被住建部正式命名为"国家园林县城"。近年来，罗田县把创建国家园林县城作为最实的发展工程、最优的民生工作来抓，先后在武英高速出口、拨云尖、凤城大道、一河两岸和环城东路五个片区高起点实施了26项绿化工程，打造了17处精品绿地，建成了优美如画的拨云尖生态公园、塔山森林公园、党家山山地公园、北城岗休闲公园、塔山湖湿地公园、义水外滩公园6个公园绿地以及秀气玲珑的盆景园、民乐园、桂香园等26处街头游园，形成郊野、森林公园、综合城市公园、街头游园三级公园建设体系，人均公园绿地面积10.99平方米，公园绿地服务半径覆盖率达90.32%，道路绿化普及率达到96.12%，河道绿化普及率100%，城市道路绿地达标率86.27%，林荫路推广率61.48%，形成一河两岸、四纵四横、五大游园景观建设的新格局。

4日　罗田第九届天堂寨红叶吊锅节在九资河镇圣人堂村举行。中共罗田县委委员、县人大常委会党组书记、副主任郭建明，县委委员、县总工会主席熊庆，副县级领导周卫烈、张卫兵参加。此次活动由卓尔文旅集团旗下罗田分公司主办，红叶节将持续到11月20日。活动期间，游客不仅可以欣赏到罗田天堂寨景区的红叶美景，还可参加摄影大赛、红叶音乐节、千人广场舞大赛、戏曲嘉年华等一系列活动，领略罗田的风土人情。

10日　凤山镇河东街小学新建项目开工建设。县领导朱光耀、黄爱平出席开工仪式。河东街小学位于罗九百里生态画廊门楼入口处，总投资4044万元，计划新建教学楼、综合楼和科技楼，总建筑面积9494.5平方米。河东街小学新建项目是罗田县2017年度十件实事之一。

11日　省住建厅厅长李昌海到罗田调研城乡建设工作。在中共罗田县委书记、县人大常委会主任汪柏坤，县委副书记、县长郝爱芳的陪同下，李昌海先后到城区公租房、骆驼坳镇燕儿谷生态农庄、九资镇徐凤冲村、三里畈镇张家冲村，实地了解城乡建设工作。

13日　首届三胜故里京剧票友文化节在县城举行。来自全国各地的200多名名家票友共聚一堂，相互交流。县领导童伟民、李学军、陈春霞参加。此次文化节由县文化局主办，湖北三胜传媒有限责任公司承办，著名程派琴师徐季平、江苏省京剧院京二胡名家石晖、著名京剧交响乐指挥周金明、首届央视盛世和鸣京剧琴票群英荟总冠军丁道寿等京剧名家参加节会。在京剧鼻祖余三胜诞生215周年之际，罗田举办本次节会，旨在弘扬中华优秀传统文化，传承京剧艺术，增强罗田的知名度、美誉度和影响力，对推动罗田旅游文化发展、丰富广大人民群众文化生活将起到积极作用。

△　县政府召开第十次常务会议。中共罗田县委副书记、县长郝爱芳主持会议，胡朝晖、王风华、秦新平、高景、罗俊、李江陵、王平、夏建筑、周卫烈、汪福平、张卫兵等县领导出席。会议传达学习王晓东在省政府第七次全体会议上的讲话精神；通报省、市政府大督查情况；通报《政府工作报告》216项重点工作、“三案”及“三十件重点提案议案”办理工作的督查督办情况；通报前三季度经济运行指标和重点工作考核目标情况、固定资产投资及重点项目开工投资情况；全县“招商引资项目和雷霆行动”等工作情况。

17日　九资河镇被中央文明委授予“全国文明村镇”荣誉称号。

## 12月

12日　中共湖北省委副秘书长、省委财经办主任钱远坤，省委财经办农村改革发展指导处处长熊义柏到罗田调研“三农”工作。中共罗田县委书记、县人大常委会主任汪柏坤，县委副书记、政法委书记陈世龙及胡盼、汪福平等县领导陪同。钱远坤一行先后到县电商产业园、大自然公司、名羊科技、燕儿谷等地，实地了解农产品销售、品牌创建、农旅结合等工作开展情况，听取罗田“三农”工作汇报。

**14日** 中国共产党罗田县第十五次代表大会第二次会议在县人民会场开幕。中共罗田县委书记、县人大常委会主任大会应到代表200名，因病因事请假缺席9人，实到代表191名。汪柏坤代表中国共产党罗田县第十五届委员会，向大会作题为《牢记使命，振奋精神，为决战脱贫摘帽、决胜小康罗田而努力奋斗》的工作报告。王光华代表作题为《抓基层组织建设，促脱贫攻坚落细落实》的发言，郑耿代表作题为《勇于担当，服务大局，当好罗田经济社会发展的排头兵》的发言，丁周鹏代表作题为《建强党支部，促脱贫奔小康》的发言。会议表决通过《关于县委工作报告的决议》、《关于县纪委工作报告的决议》。

△ 省人大常委会副主任王建鸣一行到罗田就《湖北省气候源保护和利用条例（草案）》进行立法调研。黄冈市人大常委会副主任何冬英以及县领导胡盼、张向东陪同。罗田县已开发使用的气候资源包括太阳辐射、水、地热、大气成份等，分别应用于光热资源开发，水利开发、特色经济作物种植、旅游开发等方面。

△ 县长郝爱芳主持召开十七届县政府第十一次常务会议，传达学习和贯彻落实习近平总书记重要指示等上级文件会议精神，就江夏大桥东片区房屋征收、河道流域生态环境保护治理、《政府工作报告》审议等工作进行了认真研究，形成一致意见。会议听取并讨论县房屋征收管理办公室关于《江夏大桥东片区房屋征收的决定》及《江夏大桥东片区房屋征收与补偿安置方案》，原则上通过江夏大桥东片区房屋征收决定及补偿安置方案。郝爱芳要求，要继续完善方案，保持征收补偿安置政策的连续性、稳定性，严肃征收补偿安置的规范流程，避免出现瑕疵。会议听取并讨论县水电局关于《罗田县河道流域生态环境保护治理实施办法（讨论稿）》。

**16日** 凤山卓尔文化古镇项目投资协议签约仪式在罗田举行。南京丰盛集团董事局主席季昌群，武汉市工商联主席、卓尔控股董事局主席阎志，南京建工集团董事长朱承胜，卓尔文旅集团总裁吴奇凌，中共罗田县委书记、县人大常委会主任汪柏坤，县委副书记、县长郝爱芳，县委委员、县人大常委会党组书记、副主任郭建明，县委委员、县政协主席童伟民及县领导秦新平、王风华、胡朝晖、段文俊、熊庆、张卫兵等参加签约仪式。南京丰盛集团与卓尔控股集团共同投资20亿元，在凤山城区开展凤山卓尔文化古镇旅游开发项目，该项目位于凤山镇义水南路东侧，王葆心大道北侧，以实验高中、古镇建设以及相关配套项目建设为主要内容，以游客聚散、旅游产品营销、民俗文化展示为主要功能，将片区整体开发打造为旅游产业集聚区、全域旅游示范区、高端商务住宅区，成为罗田文化旅游的新坐标。

**19日** 县污水处理厂二期项目举行开工仪式。副县级领导汪福平参加。县污水处理厂二期暨一期提标改造工程是罗田“十三·五”期间重点工程减排项目，也是城区重大市政基础设施建设工程。

△ 县政协举行十届五次常委会议。中共罗田县委委员、政协主席童伟民，县政协副主席曹志辉、王国强、陈云生、黄爱平、闵厚明出席。会议听取县纪委、监察局、县法院、检察院、公安局4个单位的2017年工作情况汇报。会议审议通过县政协十届常委会工作报告（审议稿）和提案工作报告（审议稿）。

△ 县第十七届人大常委会召开第八次会议，中共罗田县委委员、县人大常委会党组书记、副主任郭建明，县人大常委会副主任张向

东、程金平、何俊华、胡东春、陈春霞出席会议。县委委员、副县长胡盼、秦新平，县委委员、常务副县长胡朝晖，县人民法院、县人民检察院相关负责人列席会议。会议集中听取、分组审议县政府关于2017年环境状况和环境保护目标完成情况的报告、关于修订罗田县城市总体规划的议案并作出决议；听取并审议县人民政府《关于调整全县2017年部分财政预算收支草案的报告》、《提请审议〈关于加强全县河道流域生态保护和治理决定（草案）〉的议案》。

21日　全省基层党建“整县推进”工作座谈会在罗田召开，会议就学习贯彻党的十九大精神、深入推进基层党建“整县推进”工作作部署。中共湖北省委组织部副部长、省委“两新”工委书记蔚盛斌，省委党建办主任李平，中共罗田县委书记、县人大常委会主任汪柏坤，县委委员、组织部长刘堂军以及各县市区相关负责人参加会议。会上，与会人员观看了罗田基层党建“整县推进”工作电视专题片，宜都市、武汉市江汉区、罗田县作了经验交流发言。中共罗田县委书记、县人大常委会主任汪柏坤以《大抓基层党建“整县推进”为打赢脱贫攻坚战提供坚强组织保证》为题，详细介绍基层党建整县推进工作经验。

22日　白莲河乡白杨冲村农家书屋管理员叶利坚被国家新闻出版广电总局评为“全国优秀农家书屋管理员”。

24日　中国人民政治协商会议罗田县第十届委员会第二次会议在县人民会场隆重开幕。县政协副主席王国强宣读《政协罗田县委员会关于2017年度先进政协联络组和优秀政协委员的通报》以及《政协罗田县委员会关于优秀提案和提案办理工作先进单位的通报》；会议表决通过县政协十届二次会议提案审查情况报告；表决通过县政协常委会工作报告决议；表决通过县政协常委会提案工作报告决议；表决通过大会政治决议。

25日　罗田县第十七届人民代表大会第二次会议在县人民会场隆重开幕。大会应到代表237人，因病因事请假4人，实到代表234人。符合法定人数。县长郝爱芳代表县人民政府向大会作《政府工作报告》。会议表决通过《罗田县第十七届人民代表大会第二次会议选举办法》《关于设立县十七届人大法制、财政经济委员会的决定》《县十七届人大法制、财政经济委员会组成人员人选通过办法》。12月27日下午，县第十七届人民代表大会第二次会议在圆满完成各项议程后胜利闭幕。

27日　县第十七届人民代表大会第二次会议举行第三次全体会议。大会应到代表237名，实到代表231名。会议选举郭建明为罗田县第十七届人民代表大会常务委员会主任；李学军为罗田县监察委员会主任。会议表决通过罗田县第十七届人民代表大会法制委员会组成人员名单；通过罗田县第十七届人民代表大会财政经济委员会组成人员名单。会议表决通过《罗田县人大常委会关于加强全县河道流域生态保护的决定》、罗田县第十七届人民代表大会第二次会议关于罗田县人民政府工作报告的决议、罗田县第十七届人民代表大会第二次会议关于罗田县2017年国民经济和社会发展计划执行情况与2018年计划的决议、罗田县第十七届人民代表大会第二次会议关于罗田县2017年财政预算执行情况和2018年财政预算的决议、罗田县第十七届人民代表大会第二次会议关于罗田县人大常委会工作报告的决议、罗田县第十七届人民代表大会第二次会议关于罗田县人民法院工作报告的决议、罗田县第十七届人民代表大会第二次会议关于罗田县人民检察院工作报告的决议。

29日　县人民医院与武汉大学中南医院医疗联合体签约授牌仪式举行。县领导段文俊、刘建刚出席。

# 罗田概貌

## 地理环境

**【位置、面积】** 罗田县位于湖北省东部，黄冈市北部的大别山南麓，地跨北纬 30° 33′—31° 33′之间，东经 115° 06′—115° 40′。东邻英山，南连浠水，西南与团风县接壤，西北与麻城市相连，北与安徽省金寨县交界。县党、政、军机关驻地凤山镇，西距省会武汉市 160 公里，西南距黄冈市驻地黄州 90 公里，县境南北最长点 105 公里，东西最宽点 54.67 公里，国土总面积 2129 平方公里，其中林地面积约占 70%。

**【地形、地貌】** 全县地势自东北向西南倾斜，东北部的大别山主峰天堂寨，海拔 1729.13 米，为境内最高点；西南部的三里畈新桥，海拔 46 米，为境内最低点；北部群山环抱，层峦叠嶂，有千米以上高峰 11 座；中部地势开阔，多在海拔 200—500 米之间；南部呈波状浑圆浅丘。境内有罗田大河、天堂河（新昌河）、胜利河、泗泊河、白莲河 5 大河流，共网 502 条支流，总长 2209.5 公里。除白莲河属浠水水系外，余均注入巴水干流，属巴水水系。

**【气　候】** 全县属亚热带季风气候，江淮小气候区，四季光热界线分明。2017 年，年平均气温较历史同期均偏高，总体呈现北低南高态势；年累积降水量分布不均，整体较历史同期略偏少；总日照时数较历史同期偏少。年平均气温 17.1℃，较常年偏高 0.1℃。全年平均降水量 1128.3 毫米，与历史同期相比，明显偏少，偏少近 2 成。全年平均日照时数为 1630.1 小时，日照时数较历史同期偏少 164.3 小时。

## 自然资源

**【土地资源】** 1949 年，全县耕地面积 28830 公顷，其中水田 25230 公顷，人均耕地面积 1.47 亩；1985 年耕地面积 25370 公顷，其中水田 19430 公顷，人均耕地面积 0.77 亩；2010 年全县耕地面积 27250 公顷，常用耕地面积 25690 公顷，其中水田 20720 公顷，旱地 4970 公顷。2017 年全县耕地面积 27840 公顷，常用耕地面积 26350 公顷。其中，水田 20990 公顷，旱地 5360 公顷，农田有效灌溉面积 20140 公顷，旱涝保收面积 1620 公顷。

**【水利资源】** 全县有大、中、小型水库共 140 座，其中大型水库 1 座。塘、堰 37284 口，其中，水塘 6651 口，库、塘、堰总蓄水量 2.2 亿立方米。地热资源丰富，已知三里畈镇、凤山镇、骆驼坳镇界河、大河岸镇汤河、白庙河镇枫树铺村 5 处有温泉。三里畈镇熊家墩地热最高水温达 73℃，日平均涌水量达 312 吨，温度列湖北省温泉之首。其余 4 处温泉的温度都在 40℃以上，三里畈熊家墩温泉已开发利用。

【矿产资源】 全县发现各类矿藏27种。其中，金属矿8种、非金属矿17种、能源矿1种。品位较高的矿种有水晶、白云母、长石、萤石、石棉及金、银、铜、铅、锌、磁铁矿等。非金属矿主要分布在七道河、河铺、骆驼坳、石桥铺一带，金、银、铜、铅、锌等金属矿分布在大崎乡黄土岭、双河口、陈家沟等地。

【生物资源】 全县林木树种有81科、231属、665种。其中，国家一级重点保护植物2种、二级重点保护植物7种、三级重点保护植物10种。珍稀树种有罗田垂枝杉、大别山五针松、香果树、杜仲、银杏、凹叶厚朴、紫荆、青檀、楠木等。专家考证认为：罗田还是野梅的原始产地。经济林树种主要有板栗、甜柿、桑、茶等。全县有野生植物资源1000多种，其中可用作纤维原料的植物如构皮、巴茅、木芙蓉等共82种；用作淀粉原料的植物如橡子树、蕨、铁菱角等共64种；用作栲胶原料的植物如花果、红根、栓皮栎等共39种；用作香料的植物如红茴香、山胡椒、木姜子等共62种；已查明有药用价值的植物如天麻、黄柏、苍术等共636种；食用菌和药用菌等真菌类植物14种。主要野生珍贵动物有金钱豹、麝、狐狸、野猪、水獭、锦鸡、大鲵（娃娃鱼）、穿山甲等。鱼类品种已采集到的有15类、60多种，其中经济鱼类品种有青、鲩、鲢、鳙、鳊、鲤、鲫、鳜、团头鲂等10余种。近几年又引进柳鳊、建鲤、非洲鲫鱼、淡水白鲳等新品种。

【旅游资源】 大别山主峰天堂寨位于县境内，大别山国家森林公园是近年来开发出的著名风景区。境内旅游资源丰富，有名山、名人、名产、名泉、名景。

名山。大别山逶迤绵亘，自古为兵家逐鹿中原之必争之地。刘邓大军千里跃进大别山使这里威名远播，成为世界名山。大别山主峰天堂寨海拔1729米，位于大别山国家森林公园东北，号称中原第一峰。

名人。元末南方红巾军起义领袖徐寿辉，明朝河南监军王鼎，明代著名医学家万密斋，京剧创始人之一的余三胜，京剧十大表演艺术家余叔岩，都是从大别山走出去的名人。

名产。大别山是有名“生物基因库”。罗田县森林覆盖率68.5%、森林公园内覆盖率达89.5%。境内现有167科、616属、1487种植物和200多种珍稀动物，150多种名贵特产。其中板栗年产4万吨，是全国著名板栗生产大县；伏苓是免检出口产品；甜柿是全世界唯一自然脱涩的品种，享誉海内外。

名泉。境内泉源丰富，喷口颇多。其中三里畈温泉资源热量和质量均居湖北省前列。地热面积1.4平方公里，取水平均温度高温井75℃；服务年限以150年计，允许采量为356664吨/日；水质类型为硫酸钠型pH值7.18；含有多种对人体有益的锌、锶等微量元素，系医疗矿泉水，位居全省前茅。

名景。经中国风景资源评价委员会专家评定，大别山国家森林公园景观等级为胜景，自然景观以雄奇险幽著称，与庐山、峨眉山同为一个等级。公园总面积300平方公里，分设五大景区，园内天堂寨山雄水秀壑幽，薄刀峰松奇石怪峰险，青台关山高关雄隘险，九资河古国遗风、田园风光，天堂湖湖光山色、垂钓乐园。其中天堂睡佛、大别神龟、将军峰被誉为“天堂三绝”，薄刀峰卧龙岗等都是旅游景观之极品。旅游开发前景乐观。主要旅游资源有：以天堂寨、薄刀峰为代表的山地及森林生态旅游资源；以九资河、天堂谷为代表的生态田园及乡风民俗资源；以三里畈温泉为代表的温泉旅游资源；以罗田板栗、罗田甜柿和九资河伏苓为代表的特色农业及特产旅游资源；以天堂湖、白莲湖为代表的生态湖泊旅游资源；以徐寿辉、万密斋、王葆心、余三胜为代表的地方名人旅游资源；以胜利列士陵园为代表的红色旅游资源。

## 自然灾害

**【洪　涝】** 罗田地处大别山南麓鄂东暴雨中心，因暴雨造成的洪涝不仅频率高，而且危害严重。县境东部栗子关一带洪涝平均5年8遇，其中大涝平均2年1遇，其他地区洪涝平均1年1遇，其中大涝5年1遇。据气象资料记载，建国至今68年中，县内共发生洪涝39次，其中大涝15次。分别是：1951年7月、1953年6月20—28日、1954年5月至7月（大涝）、1955年6月下旬（大涝）、1956年6月下旬（大涝）、1958年8月中旬、1959年6月上旬（大涝）、1962年7月3—5日、1964年6月下旬、1969年6月下旬至7月中旬（大涝）、1973年6月中旬、7月中旬两次、1974年5月中旬（大涝）、1975年8月中旬、1980年8月中旬（大涝）、1983年7月4—5日（大涝）、1987年8月20—21日、1990年4月底、1991年7月初至10日（大涝）、1995年6月20日（大涝）、1996年6月23日至7月6日（大涝）、2003年6月（大涝）、2004年7月、2007年7月1日、2007年7月22—24日、2009年6月29—30日、2010年6月7—9日、7月5—16日（大涝）、2011年6月、2012年7月12日、2013年7月6日、2014年7月4—5日、2015年5月14日、6月16—17日、7月23—24日。2016年6月18—19日、6月30至7月1日、7月5—6日（大涝）。

**【干　旱】** 干旱是全县发生频率最高的灾害性天气，有“十年九旱”之说。西南部平均2年3遇，东北部平均10年9遇，其他地区平均5年6遇。大旱全县平均5年1遇。新中国成立68年来，全县共发生大的干旱15次，分别是：1951年5—6月、8—9月、1952年4—5月、1958年5月中旬至8月初、1960年7—8月、1966年6月下旬至10月上旬、1972年、1974年7月下旬至9月、1988年、1990年7月、2000年5—7月、2001年3—9月、2004年9—11月。2011年4—6月（60年一遇大旱）。2013年8月上旬。

**【大　风】** 8级以上大风，全县各月均有可能出现，以4月、7月为最多，分别为10年9遇和10年7遇，其中冬半年（11月至翌年4月）主要是偏北寒潮大风；夏半年（5—10月）主要是雷雨大风，对农业、交通、电力、通信等各行各业危害较大。

**【倒春寒】** 1998年3月18日晚，全县遭受强寒潮袭击，48小时降温达19.4℃，为近40年来所仅有。31日至4月1日又受强寒潮袭击，24小时降温达14℃。

**【雪　灾】** 2005年3月11日晚，全县突降大雪，最大积雪深度12厘米，平均雪深达8厘米。2008年1月11日至2月2日，全县出现百年一遇的连阴雨（雪）冷冻天气。其中有三轮强降雪，南部最大雪深20厘米，北部山区最大雪深达60厘米。

## 民族　人口

**【民　族】** 主要为汉民族聚居地，其他民族多因工作、婚嫁等原因迁入。据中共罗田县委统战部提供的资料，本县散居有满族、彝族、回族、苗族、壮族、维吾尔族、壮族、侗族、土家族、仫佬族等19个少数民族。

**【人　口】** 年末全县总户数21.11万户，户籍人口59.63万人，常住人口55.27万人（在本县居住半年以上的人口），其中：城镇23.57万人，乡村31.7万人。城镇化率42.65%。全年出生人口8112人，出生率为12.6‰；死亡人口3398人，死亡率为5.3‰，人口自然增长率7.3‰。

## 建置　区划

**【建置沿革】** 罗田县境在夏、商、周时为扬州地。春秋战国时属楚。秦将全国分为三十六郡，罗田属九江郡。汉朝，在全国设置司隶部和刺史部，罗田属荆州刺史部江夏郡的蕲春县。三国时，蕲春先属魏国，赤壁之战后属吴，改蕲春县为蕲春郡。西晋时全国设置2个司和19个州，改蕲春郡为蕲春县，罗田属豫州戈阳郡蕲春县。东晋改蕲春县为蕲阳县，罗田属豫州南新蔡郡的蕲阳县。南北朝划全国为22个州，罗田属郑州西阳郡蕲阳县。齐朝改蕲阳县为齐昌县，并设齐昌郡。梁普通四年（523），划出齐昌郡的一部分成立罗田县，并设义城郡及义州，罗田县附于义城郡。郡治、县治均设在今匡河镇四口塘村附近的魁山下。唐武德四年（621），改蕲春郡为蕲州，改浠水县为兰溪县，废罗田县入兰溪县，属蕲州。唐天宝元年（742），改蕲州为蕲春郡，改兰溪县为蕲水县，罗田属蕲水县。宋元祐八年（1093），划出蕲水县北部地区复置罗田县，县治仍设魁山下。南宋端平元年（1234），蒙古兵攻破罗田县城，县治迁往鹰山寨（今英山）。嘉熙元年（1237），兵乱县废。德祐元年（1275），罗田县在石桥铺原址复立。元代前期和中期，罗田先后属淮西宣抚司、淮西总管府、黄蕲宣抚司、湖广行省、河南江北行省蕲州路。元大德八年（1304），知县周广将县治由魁山下迁至官渡河（今凤山镇）。明朝时，全国分为京师、南京2个直属区和13个布政使司，罗田属湖广布政使司黄州府。清朝时属湖广行省汉黄德道黄州府、湖广行省武汉黄德道黄州府、湖北行省武汉黄德道黄州府。民国元年（1912）废黄州府。民国3年（1914），省下设道，罗田县隶湖北省江汉道。民国15年（1926），撤销道的建置，县直属省。民国21年（1932），于省、县之间设立行政督察区，属湖北省第三行政督察区。督察区专员公署驻蕲州城。民国25年（1936）4月，湖北省第三、第四两个行政督察区合并为第二行政督察区，翌年元月，区署自蕲州迁往黄州，属第二行政督察区。民国29年（1940）1月，撤销行政督察区，设鄂东行署，行署驻大崎五广祠，罗田县属鄂东行署管辖。民国34年（1945）撤销鄂东行署，恢复行政督察区，复隶第二行政督察区，区署黄州。新中国成立初，隶于湖北省黄冈地区专员公署。1952年8月，划出僧塔寺、滕家堡、篛形地等三个区共45乡1镇入新成立的胜利县。1955年7月，胜利县撤销。原由罗田县划出的区、乡全部回归，并将原麻城县划出的梅庄区和蔡店河区的牌坊岗半个乡划归罗田县，隶于湖北省黄冈专员公署。1968年1月，成立黄冈地区革命委员会。1978年11月更名为黄冈地区行政公署，罗田县隶之。1996年5月，撤销黄冈地区行政公署，设立黄冈市，属黄冈市。

**【行政区划】** 明、清时期，罗田分设三乡：东曰多云，南曰奉泰，西曰平湖。乡下设里，里下设区。光绪元年（1875），全县共3乡25里60区。民国25年（1936），改奉泰乡为第一区，区署设县域；改多云乡为第二区，区署设萧家坳；改平湖乡为第三区，区署设滕家堡。区下设61联保（乡），345保。1949年3月罗田全县解放，始设6个区，1952年12月调整为8区127红旗。1958年区改称人民公社，全县设立11个人民公社，一个县辖镇。1961年6月，恢复区建制，全县设11区1镇，区下设49个人民公社。1975年2月，区复改称人民公社，全县设16个人民公社和1个县辖镇。人民公社下设47个管理区和402个生产大队。1984年，撤销人民公社，全县设立11个区，3个区级镇，区下设乡（镇），乡下设村民委员会。全县设43乡，5个乡级镇，411个村民委员会。

1986年1月，全县设凤山、三里畈、胜利三镇及骆驼坳、古庙河、匡河、大河岸、白庙河、僧塔寺、河铺、大崎8个区。1987年10月，撤区并乡，全县设凤山、骆驼坳、石桥铺、大河岸、九资河、胜利、河铺、三里畈8镇，北丰、白莲河、古庙河、匡河、肖家坳、白庙河、大地坳、落梅河、廖家坳、平湖、七道河、大崎12

乡。2001年2月28日，乡镇机构改革，撤销北丰乡、并入凤山镇；撤销古庙乡、石桥铺镇，并入匡河乡；撤销肖家坳乡，并入白庙河乡；撤销大地坳乡，并入九资河镇；撤销廖家坳乡，并入河铺镇；撤销落梅河乡，并入胜利镇；撤销七道河乡，并入三里畈镇。保留骆驼坳镇、大河岸镇、白莲河乡、平湖乡、大崎乡建置不变。全县共设7镇5乡和天堂寨、青苔关、薄刀峰、黄狮寨4个国有林场，计411个行政村。2008年3月，增设白莲河乡叶家冲新村，全县行政村增加到412个。2012年10月，匡河撤乡设镇。2013年，白庙河、大崎撤乡设镇。全县设10镇2乡及天堂寨、青苔关、薄刀峰、黄狮寨4个国有林场，计414个行政村。

## 历史概览

**【悠久历史】** 罗田县有悠久的历史。从现在发掘的考古材料证明，早在新石器时代就有人类在罗田一带活动，到春秋战国时代，这一带的经济就有一定程度的发展。凤山镇李家楼等地出土的蚕、马、羊、鸡四种青铜模型就充分证明罗田当时的畜牧业和冶炼业已有较高的生产水平。罗田县这个名字第一次在历史上出现，是在南北朝的梁代，到现在已有1480多年。元朝时，县治由石桥铺魁山下（今属匡河乡四口塘村旧县畈）迁移到今凤山镇，也已近700多年。早在北宋年间，罗田境内即开始生产贡茶，乾德三年（965），朝廷在江淮一带设立13个贡茶生产基地，今罗田石桥铺即是当时的贡茶基地之一。据沈括《梦溪笔谈》记载，嘉祐六年（1061），石桥茶场产贡茶27.5万公斤，售款36080贯。但到建炎四年（1130），舒州、蕲州镇抚使李成叛乱，窜扰罗田。绍兴元年（1131），抗金名将岳飞奉诏讨伐叛军李成。五月，杀李成先锋马进于平湖方家冲附近，其地遂名“斩盗河”。连年战乱，生灵涂炭，罗田一带十室九空。绍兴三年（1133）三月，时任江州（今江西九江）兼沿江安抚司公事的孙佑，经奏请朝廷，以江西人迁入蕲黄一带。自此以后，大批江西人进入罗田，从事种茶贩茶生产活动，并在罗田这片土地上安居乐业，繁衍生息。故罗田各姓家谱中，有其先祖多是来自江西之记载。

**【人杰地灵】** 罗田不仅历史悠久，而且地杰人灵。北宋熙宁时的礼部侍郎王韶，便是罗田大河岸人。熙宁元年（1068），因西夏屡犯边疆，王进京上《平戎策》3篇，提出“西夏可取”的主张，受到宋神宗的重用，任他为秦凤经略。他又建议在渭源等地设置市易司，并以经商获利治理好这一带万亩荒田而升任著作郎，后又为朝廷收复河洮等地，焚烧瞎征族8000余营帐而升任观文殿学士、礼部侍郎。明朝初年的程莹，出生于罗田凤山镇石源河汪家山，永乐十三年（1415），以礼部司务职出使日本，成为鄂东各地最早出使日本的人。回国后任琼州太守14年，清政廉明，直到终老，琼州人民为他建名宦祠，立遗像，颂其功，扬其德。明代著名医学家万密斋，大河岸人，继承家学、医术精湛，所著医书共100余卷，约150万字，其中被收入《四库全书》颁行天下的达10部之多，清初被朝廷追封为“医圣”。明代著名文学家何景明祖居罗田北丰河，官至陕西提学副史，其诗文名重天下，被世人称为“前七子”之一，与李梦阳齐名。九资河七娘山人余三胜，幼学汉戏，清朝道光年间入北京“春台班”，在演唱实践中，首将汉调皮黄和徽调皮黄相结合，并吸收昆曲梆子的演唱特点，创作出新的皮黄唱腔，又糅西皮、二黄、花腔为一体，创制二黄反调，在念白上将汉调基本语音与京、徽语音相结合，成为京剧的奠基人。光绪年间（1875—1908），罗田平湖古羊山人周锡恩，供职翰林院期间，曾先后出任陕西、浙江两省乡试副主考官，与江南才子张百熙并称为“北周南张”。他的“学有千年不变之道，政无百年不变之法”的变法主张，对后来的康有为、梁启超的变法思想产生了不可低估的影响。中国社会党创始人之一的陈翼龙，是清末民初罗田众多名贤中的杰出代表。清光绪二十七年（1901），任上海《神州日报》记者，民国元年（1912）赴北京建立“社会党”北京支部，同时创办“法律出版社”“世界语学会”“北京新剧社”和“平民学校”。其时邓颖超即在“平民学校”读书，成为陈翼龙的学生。后陈翼龙因反对袁世凯而遭其杀害。中华人民共和国成立后，邓颖超多次提到陈翼龙，并在一份文件上批示：“陈翼龙为革命早年牺牲，虽时短而事简，在中国革命史上也应略有记之”。大河岸人姚晋圻，光绪十八年（1892）中进士，授翰林院编修，后任刑部主事，曾参与戊戌变法。光绪末年后先任湖北省教育会会长、法学会会长、湖北省教育司司长等职，积极推行教学改革。提出“才能须应万变，学业岂拘五经”的改革主张，并亲自主持选派大批优秀人才出国留学，为湖北教育的发展做出了很大贡献。逝世后，大总统黎元鸿以其“学术精通，道德纯备”，明令国史馆为之列传。大河岸人王葆心，民国时期，曾先后任学部主事、湖北国学馆馆长、武汉大学教授、湖北通志馆筹备主任兼总纂。在湖北通志馆任职期间，广搜博览全国志书达1400余卷，将所载内容同有关历史、地理资料查对考证，辩抄袭，正谬误，审体例，寻因革。并将其心得撰为《方志学发微》一书，成为一代著名的方志学家。逝世后，董必武为其亲笔题写墓门：“楚国以为宝，今人失所师”。河铺镇人朱英国，1939年11月1日出生。1959年考入武汉大学生物系。20世纪70年代初，利用华南普通野生稻与栽培杂交合作育成红莲型水稻三系及红莲型杂交稻，80年代中期利用农家品种马尾粘中发现的败育株与协青早选杂交合作选育的马协不育系和马协型杂交稻。2002年，朱英国和他的团队选育出红莲优6号，获国家技术发明奖二等奖。以后又培育红莲型“珞优8号”杂交水稻，促进了水稻生产的“二次革命”，被称为是湖北省的“袁隆平”。马协型和红莲型杂交稻开创了从农家品种中获得雄性不育资源的新领域，有效防止了单一细胞质来源可能给我国粮食安全带来的潜在风险。为保障国家粮食安全做出了重要贡献。2005年，朱英国当选中国工程院院士。

**【抗争精神】** 罗田人民素有不屈不挠的抗争精神和革命斗争传统。元朝初年，县民傅高在多云山起兵抗金，建天堂寨，大江南北纷起响应。元末，九资河人徐寿辉发动红巾军起义，以“摧富益贫”为口号，于蕲水建立国都，国号“天完”，拥众百万，横戈数省，占领半个中国。清初，大河岸人王鼎，不满清朝的野蛮民族统治，以天堂寨为根据地，统领蕲黄48寨义军，奋起与清兵交战，坚持斗争达5年之久，最后壮烈牺牲。清光绪末年，县人张正金不满“洋人”的专横，组织“辅清灭洋联军”2000余人，捣毁法国神甫设在罗田与安徽省交界处的天主教堂，大长中国人的志气。匡河四口塘人张振武，在日本求学期间参加孙中山倡办的同盟会，回国后，秘密组织武昌起义，并任起义军副司令，成为辛亥革命的主要组织者之一。大革命时期，胜利人李梯云、肖方积极投身革命活动，成为罗田最早的共产党员。并于滕家堡（今胜利镇）金凤楼成立了罗田地区最早的党组织中共罗田支部，点燃罗田地区革命运动的星星之火。抗日战争时，罗田人民更是英勇不屈，步兵河农民陈老大、陈老二赤手空拳同抢劫他家财物的日本兵搏斗，并用石头砸死两名日本兵；县城东郊农民何少生在被迫给日本兵带路途中，趁其不备，用手指抠出日本士兵一双眼珠，然后安全逃走。

罗田地势险要，关隘重重，历为兵家必争之地。明朝末年，李自成、张献忠等部农民起义军多次进攻本县，并四次攻克县城。清咸丰三年

（1853）至同治四年（1865）12 年间，太平军及捻军在罗田县同清军和地方团练进行过上百次大小战斗，三次攻克县城，消灭清兵和地方团练数万人。国内革命战争时期，中国工农红军曾先后 7 次进攻罗田县，并在罗田县城成立中共蕲（春）黄（梅）罗（田）三县工作委员会和三县苏维埃政府。抗日战争期间，罗田军民前赴后继，英勇抗击日本侵略军，民国 27 年（1938）10 月 26 日，日寇龟沼部以 5000 余兵力，企图经石源河，越雷家大垴进攻平湖及滕家堡。国民党军 172 师以一个营兵力在石源河破屋湾处阻击，激战三昼夜，共击毙日寇 100 余人，其中大佐 1 人，小队长 1 人，打死战马数十匹。解放战争时期，中原军区鄂东独二旅在政委张体学、旅长吴诚忠率领下，转战罗田南北，给国民党军以沉重打击。刘伯承、邓小平率晋冀鲁豫野战军主力部队，千里跃进大别山，并于匡河乡石桥铺村叶氏祠召开军事会议。同时，帮助重建中共罗田县委员会，成立“罗田县爱国民主政府”，给罗田人民送来革命胜利的曙光。

# 中国共产党罗田县委员会

## 县委工作

**【概　况】** 2017年，全县人民在小康罗田征程中砥砺奋进，战胜扶贫巡视反馈问题整改、园区环境污染问题整治、浦爵涉众金融案维权维稳等风险挑战，经济社会继续保持绿色崛起、后发赶超的良好态势。成功承办全国产业扶贫现场会，在延安产业扶贫现场会上作交流发言，"五位一体"的产业精准扶贫模式写进中共湖北省委文件，成功创建世界地质公园、国家园林城、全国"长安杯"、全国"双创"示范基地、全国优秀法院、全国"五好"县级工商联、全国文明单位（财政局）和文明村镇（九资河），总投入50亿元的卓尔"五景区五小镇"，实现当年洽谈、当年签约、当年开工，宏源六氟磷酸锂、海成电子两大项目分别完成投资2.1亿元和1.3亿元，十九大精神宣讲、"四好农村路"、独臂挑夫王惠敏三大图文登上人民日报和人民网。一年来，中共罗田县委以脱贫攻坚统领"三农"工作全局，将基层党建、脱贫攻坚、美丽乡村、全域旅游结合起来一体推进，一年时间，全县农业农村发生翻天覆地的变化。414个村实现驻村扶贫工作队选派全覆盖，"五天四夜"等驻村帮扶制度得到较好落实，脱贫攻坚整合资金15.58亿元，全县38个基层党建"百点闪耀"示范村面貌焕然一新，7043户、20962人实现增收脱贫。

**【脱贫攻坚】** 2017年，中共罗田县委按照"六个精准"要求，推进"五个一批"落地，脱贫攻坚取得阶段性成绩。截至2017年12月31日，通过国网系统查询全县贫困人口规模40618户、119828人。三年攻坚，顺利减贫23681户、81456人。其中，2017年减贫7043户、20962人。目前留存建档立卡贫困户16937户、38372人。大力实施"十通十有"工程，农村道路和饮水等基础设施大幅改善，教育和卫生等基本公共服务水平大幅提升，106个重点贫困村（含县定3个）已出列81个村，其中2017年出列18个村。2017年3月成功举办全国产业扶贫现场会。10月，县名羊科技公司董事长刘锦秀荣获全国脱贫攻坚奖奉献奖。发展产业。按照有优势、有潜力、有基础、有前景的"四有原则"，确定黑山羊、板栗、中药材、旅游、电子商务、光伏6个脱贫主导产业，按照看关联程度、看带动能力、看企业意愿、看企业责任的"四看标准"，选定363家市场主体带动扶贫，探索建立"政府+市场主体+银行+保险+贫困户"的"五位一体"产业精准扶贫模式，制定产业奖补政策，全年发放产业扶贫到户奖补资金2807.6万元，市场主体带动脱贫补助兑现正在核查之中。全年，全县产业扶贫共带动贫困户受惠28637户、84869人。其中，自主发展15577户、45281人，包括发展牛羊养殖4154户、中药材种植3986户、水产养殖985户、林果种植418户、乡村旅游63户、电子商务65户、其他种养业12809户；光伏扶贫带动5147户，15474人；市场主体带动7913户、24114人。易地搬迁扶贫。按进城进镇分散安置和进安置点集中安置两种方式帮助贫困群众“建新村、挪穷窝、换穷业”，实施“交钥匙工程”建设集中安置点。抽调118人组成12个工作组下到村组“回头看”，锁定国网勾选有搬迁意愿对象为13804人。全年全县完成集中安置点规划选址271个，已经开工建设261个，其中已经完工可以“交钥匙”入住的安置点171个，建设主体完工40个，可安置4038户、6066人，进城进镇安置122户、426人，共计完成搬迁建设任务6492人。生态补偿扶贫。充分利用国家生态保护示范县和全省生态县的优势，明确“山上做减法、山下做加法”的战略举措，对处在生态核心功能区的贫困户，探索生态补偿路径，全面发展生态旅游，大力实施退耕还林、生态公益林、天然林保护项目，每年争取各类林业生态补偿补助资金2584万元，积极落实生态护林员等公益性岗位。全县共聘请清扫保洁员、道路养护员、生态护林员、安置点看护员等各类公益性岗位2158个，补助标准4000元每人每年。发展教育扶贫。通过实施学前教育政府资助、义务教育一次性补贴、高中国家助学金、中职助学金及免学费、大学生生源地信用助学贷款、大学新生入学项目等助学金政策，实现贫困学生从学前教育到大学资助政策全覆盖，建档立卡在读大学生补贴提高到3000元每年。2017年全省教育精准扶贫现场会在罗田召开，县级整合资金资助贫困学生和教师关爱贫困学生“六帮”工作经验在全省推广。年度资助贫困生42699人次、3539.7万元。其中，资助建档立卡贫困生29170人次、2355.96万元。政策兜底扶贫。健康扶贫方面，县政府成立健康扶贫工作领导小组，先后出台《罗田县健康扶贫工程实施方案》《罗田县健康扶贫“三个一批”行动方案》《罗田县二级医院对口支援乡镇卫生院项目实施方案》等一系列方案，全面落实“基本医保（2016年底未脱贫的政府全额资助）+大病保险+医疗救助+补充保险（人身意外险20元和补充医疗保险178元，针对所有建档立卡贫困户）+其他救助”的五位一体健康扶贫模式，实现“一站式”服务，贫困户就医报销比例达90%以上、个人自费部分不超过5000元。全年全县建档立卡贫困患者住院38002人次，实际发生住院费用1.66亿元，基本医保报销1.22亿元，大病保险支付1172万元，民政医疗救助2141.61万元（含2016年度部分患者在2017年报销救助资金），医疗兜底补充保险赔付1247.78万元。兜底保障方面，及时调整保障标准，落实保障政策，坚持应保尽保。全年全县共发放低保金3903.07万元、五保金4643.24万元。同时，高度重视文化扶贫精神脱贫，通过组织“真心实意谢党恩，自力更生奔小康”等宣讲活动，激发贫困户脱贫的内生动力，受到各级领导肯定和权威媒体关注。强化基础设施建设。2017年统筹资金2.62亿元，大力推进交通、水利、电力、宽带、卫生、教育、文化、培训、环境整治、旅游富民、四大片区建设等“十有十通”工程建设，农村基础设施大改善，公共服务水平大提升。同时，投入3500万元，推进落梅河、张家山、鸡鸣、白莲河库区等四个深度贫困片区脱贫攻坚，不断加大9个深度贫困村脱贫攻坚力度；在全县非重点贫困村实施20户以上通组公路湾湾通、安全饮水工程、湾落环境整治，实现全县平衡发展。提高集体经济收入。出台《关于进一步发展壮大村级集体经济的若干意见》，对重点贫困村投入100万元专项扶贫资金，主要用于产业发展，壮大村级集体经济。投入资金1.3亿元，在106个重点村实施光伏扶贫，全部实现并网发电，可以确保村集体收入过5万元，并拟在全县所有村全面铺开光伏项目。同时采取入股栗子坳电站分红、用调度资金协调村企共建等多种方式增加村集体的收入。推进村企共建。发挥支部引领作用，415个村党支部吸引回乡创业能人970人、组建股份合作制实体260家、打造村企共建示范村40个、成立骆驼坳镇燕窝湾片联合党委1个，燕窝湾村通过“七个联合”组建“人民公司”，闯出的一条先富带后富、实现共同富裕的道路，受到汪洋副总理的充分肯定。建设美丽乡村。按照“六个一”模式，将基层党建、脱贫攻坚、美丽乡村、全域旅游结合起来统筹推进，38个基层党建整县推进试点村旧貌换新颜，凤山镇叶家河村、平湖乡东冲畈村、白庙河镇柳林口村、胜利镇“武钢新村”等一批集中安置点各具特色，石源河十里乡村画廊、白莲河十里荷塘、“湖光山色，至善匡河”、大崎“三河九道湾”发生新变化，涌现出国家旅游扶贫示范村燕窝湾、“荆楚家学第一村”张家冲、“药材第一村”罗家畈、“板栗第一村”鲶鱼丘等一批乡村脱贫典型。

**【中共罗田县委十五届一次全体（扩大）会议】**

2017年1月3日上午，中共罗田县委十五届一次全体（扩大）会议暨全县经济工作会召开，会议传达贯彻中共湖北省委十届八次全体（扩大）会议暨全省经济工作会议精神，安排部署新一年度全面从严治党、县域经济发展和当前重点工作，动员全县上下紧急行动起来，坚定信心，振奋精神，从一抓起，实干兴县，为新班子、新年度开好局、起好步。中共罗田县委书记、县人大常委会主任汪柏坤作重要讲话，县委副书记、县长郝爱芳主持，陈世龙、郭建明、童伟民等县“四大家”领导出席会议，县委候补委员、纪委委员以及各乡镇、县直部门和规模以上重点企业主要负责人参加会议。汪柏坤指出，2017年是本届县乡领导班子的开局之年，是全面建成小康罗田决胜阶段的关键之年，全县县域经济的总体目标是：县域经济要保持后发赶超、跨越发展的良好态势，主要经济指标增速高于全省、全市平均水平，绿色发展势头更加强劲，高新技术产业加速发展，社会保持和谐稳定，完成省市下达的节能减排、安全生产、脱贫攻坚等刚性目标任务。汪柏坤要求，2017年经济工作任务要围绕八个方面抓落实，一是以“户脱贫、村出列、县摘帽”为目标，以产业扶贫、易地搬迁、十通十有为重点，大力推进脱贫攻坚。二是以宏源药业为龙头，以六氟磷酸锂等新能源产业为重点，大力推进工业强县。三是以天堂寨景区为龙头，以魅力县城、特色集镇、美丽乡村为重点，大力推进旅游兴县。四是以现代农业产业园为龙头，以改善和提升基本生产条件为重点，大力推进农业稳县。五是以保障和改善民生为目标，以衣、食、住、行、业、教、保、医为重点，大力推进民生和县。六是以建设生态文明为目标，以大保护、大治理、大修复为手段，大力推进生态立县。七是以优化经济环境为目标，以尊法、学法、守法、用法为重点，大力推进依法治县。八是以“稳投入、稳增长”为要求，以精准谋划、专班推进、落地开工为重点，大力推进项目建设。汪柏坤强调，要坚持抓思想从严，把思想建党放在突出位置，教育党员干部始终坚定理想信念，牢固树立“四个意识”，坚定“四个自信”，自觉做到“三个看齐”“三个一致”“三个坚决”。要以管党治党意识形态、基层党建、党风廉政建设三个主体责任，加强和规范党内政治生活，加强党内监督等为重点，做到从严管党。要坚持把纪律挺在前面，加强执纪审查工作，做到从严执纪。要推进从严治吏，树立“务实重行、担当有为”的鲜明选人用人导向，让“一心向党、一心干事、一心为民、廉洁从政”的好干部脱颖而出，建立健全允许失误、宽容失败的容错纠错机制，为敢于担当的干部担当，为敢于负责的干部负责，真正使敢担当、敢负责、敢作为在干部队伍中蔚然成风。要坚持以“钉钉子”精神落实中央八项规定、省委六条意见、市委八简两风，树立正确的政绩观，带头推进党风政风持续好转，整治基层突出问题，做到抓作风从严。要抓反腐从严，深入推进党风廉洁建设和反腐败斗争，着力构建不敢腐、不能腐、不想腐的制度体系，全力支持县纪委和司法机关查办案件，让全县干部群众感受到全面从严治党的实际成效。

**【全县三级干部暨基层党建整县推进动员会议】** 2月6日上午，全县三级干部大会暨基层党建整县推进动员会召开，动员全县上下以担当历史、舍我其谁的使命意识，以一日无为、三日不安的强烈责任感，以一万年太久、只争朝夕的拼搏精神，迅速投入新一年各项工作，为实现本届县委起步之年、脱贫攻坚决胜之年、全面小康关键之年的良好开局和强势起步奠定坚实基础。县委副书记、政法委书记陈世龙宣读《县委、县政府关于2016年度工作目标考核结果的通报》，县委委员、县人大常委会党组书记、副主任郭建明，县委委员、县政协主席童伟民等县“四大家”领导出席。会议指出，2016年是罗田县绿色崛起、跨越发展征程中极不平凡的一年，面对巨大的宏观经济下行压力、千帆竞发的激烈竞争态势和百年不遇的特大洪涝灾害，县委团结带领全县人民万众一心、克难奋进，大力推进精准脱贫样板区、生态保护与建设示范区、绿色发展先行区建设，总体赢得“稳中求进、稳中有快、稳中向好”的可喜态势，县域经济跃上新台阶，社会大局保持和谐稳定，主要表现为绿色发展势头强劲、干事创业势头不减、脱贫攻坚势头更盛、提档升级势头凸现、回乡创业势不可挡。

县委书记汪柏坤强调，2017年，奋进的动员令已经下达，各项工作处于起步阶段，全县上下必须咬定目标任务不放松，突出工作重点加油干，紧急行动起来，就当前而言，主要任务是抓好基层党建“整县推进”、脱贫攻坚“春季攻势”、清洁家园“百日攻坚”三大工作。汪柏坤指出，基层党建整县推进的总体思路是以“党建引领、生态示范”为主题，以强组织、强队伍、强服务、补短板、减负担“三强一补一减”为重点，以三年为一个建设周期，分类设标，分层推进，分步实施，推动基层党组织“好的更好，中等的提升，差的转化”，确保实现全面进步、全面过硬目标，最终实现各级党组织“说话有人听、干事有人跟、发展有路径、小康有奔头”。汪柏坤要求，全县要把思想和行动统一到中央省市决策部署上来，坚持“围绕发展抓党建、抓好党建促发展”，把党建和发展作为整体超前谋划一体推进，核心是支部要在城乡建设上、在产业发展上、在集体经济上发挥引领作用，抓住提升服务功能、发挥头雁作用、实施百星闪耀三大重点，全面完成整县推进目标任务。要加强组织领导，严格落实责任，团结一心、齐心协力，确保整县推进工作取得实效。骆驼坳镇燕窝塆村第一书记、湖北燕儿谷生态观光农业有限公司董事长徐志新作经验交流发言。

**【中共罗田县委十五届二次全体（扩大）会议】** 2017年8月5日上午，中共罗田县委十五届二次全体（扩大）会议召开。中共罗田县委书记、县人大常委会主任汪柏坤作重要讲话，县委副书记、县长郝爱芳主持会议，县委副书记、政法委书记陈世龙，县委委员、县人大常委会党组书记、副主任郭建明，县委委员、县政协主席童伟民等县领导，以及县委候补委员、县纪委委员、副县级以上领导在主会场参加，各乡镇设分会场。汪柏坤指出，在“时间过半、任务过半”的关键节点审视上半年工作，有喜有忧、忧大于喜。县域经济运行中GDP增速、规模工业总产值、规模工业增加值、社会消费品零售总额、地方财政总收入等指标与周边县市相比存在差距，综合分析，存在数据调度不力、规模工业不强、项目储备不足、干部作风不实等问题。但是，从成绩态势来看，“五位一体”产业精准扶贫、基层党建、“双创”示范基地创建等工作亮点突出，工业基础没有动摇，政府投资力度不减，财政收入仍然稳固，发展态势依然强劲。下半年的工作重点是，坚持问题导向，围绕保目标、保脱贫、保稳定这个大局，全面推进大招商、大融资、大扶贫、大维稳“四大攻坚战”，为保超年度目标任务奠定坚实基础。大招商就是要强化全员招商、亲情招商、招大引强、产业招商、招商安商，坚持“全县抓经济、重点抓项目、突出抓招商”，强力推动领导力量向招商引资倾斜、干部资源向招商引资集中；谋划项目要对“胃口”，盯紧、跟进省级国有投资平台，敢于把目光投向国内领军企业，围绕补链条、补短板精准招商；要严格落实奖补政策，强化“五个一”机制，营造全民招商、安商、护商的浓厚氛围。汪柏坤强调，大招商、大融资、大扶贫、大维稳“四大攻坚战”，是下半年的中心和重点工作。全县各级党组织要围绕这个中心和重点，坚持党要管党、从严治党，抓好班子、带好队伍，全面加强党员干部思想、能力、作风建设，为“四大攻坚战”提供坚强保证。

县委副书记、县长郝爱芳强调，各级各部门要直面问题、正视差距，始终保持必胜的信心和决心，对半年工作运行质效进行自我检查、自我评估，聚焦问题、查找问题，及时研究解决问题的办法和措施，做到有的放矢、精准施策。要破除惯性、主动革新，切实破除自保意识，全面激活担当意识，带头当推手、当驱动力、当排头兵，不当拉手、不当阻力、不当“逃兵”。

会前，县委委员、宣传部部长段文俊就“魅力中国城”投票工作进行动员部署。会议通报了上半年全县经济运行情况，华中电网驻大河岸镇古楼冲村工作队作了典型经验交流，三里畈镇、县发改局、县经信局、县经济开发区负责人在会上作了表态发言。

**【中共罗田县第十五次代表大会第二次会议】** 2017年12月14日上午，中国共产党罗田县第十五次代表大会第二次会议召开，中共罗田县委书记、县人大常委会主任汪柏坤，县委副书记、县长郝爱芳，县委副书记、政法委书记陈世龙，县委委员、县人大常委会党组书记、副主任郭建明，县委委员、县政协主席童伟民出席会议。出席会议的还有县委委员李学军、王风华、秦新平、胡朝晖、刘堂军、赵超、朱光耀、段文俊、罗俊、熊庆、汪耀汉、李江陵。大会应到代表200名，实到191名。会议由中共罗田县委副书记、县长郝爱芳主持。汪柏坤代表中国共产党罗田县第十五届委员会，作题为《牢记使命，振奋精神，为决战脱贫摘帽，决胜小康罗田而努力奋斗》的工作报告。14日下午，会议在圆满完成各项议程后闭幕。汪柏坤主持闭幕大会。大会提案委员会主任刘堂军宣读《关于县第十五次党代会第一次会议优秀提案的通报》。在县第十五次党代会第一次会议上，县党代表紧紧围绕大会主题，针对全县党员群众普遍关注的热点难点问题，深入调查研究，积极建言献策，提出74件提案，经全县各党代表团投票评议，初步选出10件提案，提交党代会提案委员会研究并报县委全委会确定，最后评选出8件优秀提案。县委决定，对《关于解决城区交通拥堵问题的建议》《关于加强凤凰关饮用水源保护的建议》《加大对在精准扶贫中带动作用明显市场主体扶持力度的建议》《关于专业技术人才引进与留用的建议》《切实加强黄砂资源管理的建议》《关于适度平衡非贫困村项目资金扶持的建议》《关于加强森林资源生态保护的建议》《加大农村普法力度的建议》等8件优秀提案予以通报。

会议表决通过《关于县委工作报告的决议》。大会强调，新的一年，是我们党和国家进入新时代、贯彻新思想、开启新征程的开局之年，罗田迎来深入学习贯彻十九大精神、坚决打赢脱贫攻坚战、加快建设小康罗田三大历史任务。全县上下必须把脱贫摘帽作为第一目标、把加快发展作为第一要务、把文化自信作为第一力量、把改革创新作为第一动力、把依法治县作为第一保障、把从严治党作为第一保证，全力打赢脱贫摘帽攻坚战、乡村振兴攻坚战、产业升级攻坚战、项目招商攻坚战、污染防治攻坚战、风险防控攻坚战，着力抓重点、补短板、强弱项，确保如期脱贫摘帽，实现全面小康。

大会要求，坚持以党的政治建设为统领，全面推进党的政治建设、思想建设、组织建设、作风建设、纪律建设，把制度建设贯穿其中，把全面从严治党的要求落到实处。要深入学习贯彻党的十九大精神，用习近平新时代中国特色社会主义思想武装头脑、立根铸魂，建设高素质专业化干部队伍，强化党的基层组织建设，坚定不移推进正风反腐，全面加强县委执政能力建设，为坚决打赢六大攻坚战、加快建设小康罗田提供坚强政治保证。

大会号召，新思想引领新时代，新目标开启新征程。让我们紧密团结在以习近平同志为核心的党中央周围，深入学习宣传贯彻党的十九大精神，牢记使命，振奋精神，为决战脱贫摘帽、决胜小康罗田而努力奋斗！

会议表决通过了《关于县纪委工作报告的决议》，大会对中共罗田县纪律检查委员会一年来的工作给予充分肯定。

大会认为，今年以来，全县纪检机关聚焦主业、忠诚履职、勇于担当，强化监督执纪问责，“两个责任”在同向发力中压紧压实，纪律意识在明纪警示中全面增强，作风建设在抓深做实中纵深推进，民生民利在纠风治乱中得到维护，执纪审查在精准发力中彰显威力，铁军队伍在从高从严中全面锻造，为促进经济社会发展提供坚强的纪律和作风保障，全县呈现出落实责任、敬畏纪律、风清气正的良好态势。

大会强调，2018年，全县各级纪检机关要围绕县第十五次党代会第二次会议提出的目标任务，坚持从严治党，纪律建设不停步；强化责任意识，“两个责任”不懈怠；强化正风肃纪，作风建设不松劲；强化纪律审查，惩贪治腐不手软；强化执纪监督，维护民利不打折；深化改革创新，标本兼治不松劲；加强自身建设，铁军本色不染尘，全面开创党风廉政建设和反腐败工作新局面，为营造风清气正的政治生态和干事创业的良好环境，为决战脱贫摘帽决胜小康罗田提供坚强的纪律保障！

（中共罗田县委员会供稿）

## 县委办公室工作

**【组织调查研究】** 2017年，中共罗田县委办公室（以下简称县委办）围绕基层党建、脱贫攻坚、创新创业等重点工作开展一系列调研，总结经验模式，形成调研报告，为县委决策提供重要参考，为基层工作探索方向路径。产业扶贫提出“资源变资产、资金变股金、农民变股民”模式，“五位一体”模式写进省委文件；整县推进支部建设提出“1+7+4”思路，为全省贡献山区样板和实践成果；村企共建提出“共生、共赢、共享”的思路，为加快乡村振兴探索新路径；“双创”工作提出“一城五片、一区五园、一域五镇”总体布局；三大机构改革调研探索了旅游体制、工业经济体制和执法体制新模式。2017年，县委办出台《罗田县2017年全面深化改革工作要点》等系列改革文件，组织召开4次全面深化改革领导小组会，15次县委专题会，1次改革动员会，3次改革联络员会等相关会议，研究部署改革，成立22个专项领导小组，20个重点项目和100多个年度改革项目紧锣密鼓推进，全面深化改革的“四梁八柱”已经形成。8个国家级试点和1个省级改革试点项目，项目数量为全市最多。骆驼坳镇燕窝湾村党支部第一书记徐志新获全省首届改革奖个人奖，全市仅2人获奖。邀请市改革办主任陈红为罗田干部夜校讲授《全面深化改革的黄冈实践》。

**【落实主体责任】** 2017年，县委办落实全面从严治党主体责任。党总支主要负责人带头讲党课，推动“三会一课”落到实处。带头强化“四个意识”，维护习近平总书记的核心地位和中共罗田县委的集中统一领导，带头学习贯彻习总书记讲话及中央、省、市系列会议精神，在全市县市区办公室系统第一个组织党的十九大精神学习培训会。推动“两学一做”教育常态化，召开12次支部主题党日活动和3次专题学习，组织十九大宣讲报告“六进”活动，中共罗田县委书记汪柏坤，县委副书记、政法委书记陈世龙，县委委员、县委办主任赵超在县委办与驻点村联合支部主题党日活动上分别就脱贫攻坚、乡村振兴、美丽乡村建设作了主题宣讲。全面对标看齐，发挥先进人物榜样力量，县委办组织“我为党旗添光彩”先进事迹巡回报告会、全县十大标兵评选等活动。压实党风廉政建设主体责任。县委办党总支组织召开党风廉政建设工作会议，党总支书记分别与班子成员、班子成员与分管科办局室负责人签订责任书，通过层层签订责任书，从上至下传导责任，形成“一级抓一级、层层抓落实”的良好格局，办公室党员干部签订廉洁共事约定，牵头组织全县“510我要廉”签名活动，县委办党员干部人人参与。全面构建拒腐防变机制，不断建立和完善党风廉政建设工作相关制度，坚持用制度管人、管物、管事，制定完善县委办公室财务管理制度、报账审签制度、公务接待制度、公车管理制度、请销假制度等一系列管理制度。始终坚持“三重一大”制度和民主集中制原则，凡工作部署、干部人事任免、大型活动开支、大宗物资采购等重大问题，坚持民主决策、集体决定，坚持做到用程序规避风险。抓实信访维稳主体责任。县委办坚决落实信访维稳包保责任，对联系乡镇、驻点村信访工作做到责任到人、包保到人。做好十九大期间安全信访维稳工作，做到本地不出事、北京不去人、网上不炒作。积极参与“长安杯”创建活动。在浦爵金融、周惠敏案等涉众型经济案件中，县委办坚定大局意识，主动担责，积极化解风险矛盾，为人民群众挽回了经济损失，维护了社会稳定。

**【提升服务质效】** 2017年，县委办严格办文程序，严把文件审核、签发关，组织起草、审核中共罗田县委、县委办出台的所有文件，组织起草、审核县委主要领导在党代会、三级干部会、全县经济工作会等重要会议讲话材料。严把发文数量关，全年县委（含县委办公室）印发文件数量比去年同期减少13.98%。严格对县直单位、乡镇的发文管理、监督、指导，组织2次全域性办文指导、督查活动。严格执行中央八项规定精神，切实加强对会议、活动的统筹、审核力度。严格控制会议、活动的次数和规模，提倡开短会，合并开会。全年召开全县性会议15次、专项会议66次，比上年度下降40%和18%。共承办全国产业扶贫现场会、全省基层党建“整县推进”工作座谈会、全市基层党建“整县推进”工作现场会等重要会议7次。配合中央、省、市环保督察及省委副书记、省长王晓东，副省长曹广晶等省、市领导的重大督察、调研活动，共计15次。坚持问题导向，县委办牵头组织了全县文山会海、照抄照转问题专项治理，印发督察通报，向全体县“四大家”领导和全县各乡镇、县直各部门“一把手”及办公室主任发出《整治文山会海、照抄照转问题提醒卡》共500份。以学习培训促整改，组织两次全县办文办会业务知识培训，培训人员达300多人次。2017年，县委办以高质量文稿为中共罗田县委决策服务，发挥参谋辅政作用。高质量完成十五届二次党代会报告、《关于学习贯彻党的十九大精神决战脱贫摘帽决胜小康罗田的决定》等一批县委重大纲领性文件和政策性文稿。按照体现时代性、把握规律性、彰显特色、提神鼓劲的要求，全年共起草县委主要领导讲话150余篇，在全国产业扶贫现场会、延安产业扶贫现场会、省市基层党建现场会上的交流发言材料叫响“罗田经验”；向全国人大以及省长王晓东等汇报的材料争取了领导对罗田的重视；在全县脱贫攻坚动员大会上的讲话、“大战一百天，三保开新局”、十九大精神系列宣讲等讲话材料凝聚全县共识，鼓舞了干部斗志。

**【服务中心工作】** 开展精准扶贫。2017年，县委办驻村工作队在精准扶贫中，不等不靠，抢前争先，发挥了示范带头作用。“支部联支部，共同奔小康”活动持续开展，党支部在脱贫攻坚中的战斗力不断增强。完成重点贫困村12户易地扶贫搬迁的任务，产业扶贫拓宽群众脱贫致富新路径，“村企共建”模式催生脱贫致富新动力。基础设施不断完善，脱贫攻坚与美丽乡村建设两结合、两同步，完成了2.5公里道路扩宽硬化、11个组的湾落整治，新建村部、党员活动中心、百姓大舞台。光伏发电完成并网发电，村级集体经济不断壮大。“真心实意谢党恩、自力更生奔小康”活动开展，十九大精神宣讲进田间地头，精神扶贫呈现新面貌，群众的内生动力不断增强。开展专项行动。县委办牵头制定“四大行动”工作实施方案，组织开展督办检查4次，印发通报1次，组织开展集中开工周和招商周各2次。围绕招商引资“一号工程”，全力做好招商、护商、安商工作，全程跟踪服务居然之家项目落户罗田，实现当年签约当年开工，年度固定资产投资超过5000万元，圆满完成县委办所承担的招商引资任务。同时服务协调卓尔五景区五小镇、海成电子、金贵中药材等项目签约推进工作。“雷霆行动”先后召开部门专题会、全县动员大会、乡镇部门推进会3次不同层级的会议，开展整治违法排污企业、饮用水源地保护等十大行动。抽派专人脱产全力服务全县脱贫攻坚、异地扶贫搬迁工作。加强督查工作。县委办围绕落实中央、省市重大政策和县委决策部署开展督查，对易地扶贫搬迁、大别山世界地质公园创建、“雷霆行动”等重点工作开展专题督办，共下发督办事项通知单80多份。紧贴县委中心工作进行督查，对许家冲拆迁、重点项目建设进行督查，一月一督查、一事一督办。围绕上级交办案件进行督查，全年完成上级督办案件16件。受理人民网中共湖北省委书记、中共黄冈市委书记交办信访案件5件，所有案件均严格按要求答复当事人，并按时间节点及时结案，满意率100%。

**中共罗田县第十五次代表大会第二次会议代表提案交办表**

表1

| 序号 | 提案人 | 所属代表团 | 题目 | 主要内容 | 拟承办单位 |
|---|---|---|---|---|---|
| 1 | 张军 | 县委口 | 关于精简文件会议的建议 | 文件、会议太多，整改不明显。建议：1.领导带头、以上率下。2.要有监督检查的措施。3.允许公众监督 | 县委办、政府办 |
| 2 | 叶森 | 县委口 | 关于建设市民体育、文化场馆的建议 | 罗田相关体育、文化场馆过少，无法满足市民需求。建议：1.坚持以人为本的理念，合理布局。2.做好项目规划，完善功能，让群众共享成果。3.探索多元化的经营模式，解决运营问题 | 体育局、文化局 |
| 3 | 方光明 | 政府口 | 关于进行城市“双修”综合治理的建议 | 老城区基础设施不配套，交通拥堵，管理机制不完善。建议：1.改进市政基础设施条件，完善管理和服务质量。2.综合治理停车难、堵车问题。3.进一步美化城市，增强城市管理效率 | 住建局、城管执法局、公安局 |
| 4 | 余勇 | 政府口 | 关于继续加强河道黄砂管理的建议 | 黄砂开采依然乱象丛生，破坏环境，扰乱治安。建议：1.实行黄砂公营，成立国营公司。2.除定点采砂外，不另允许临时采砂。3.对河道实施封闭管理。4.整合水利、公安、交通等力量，严格管理 | 水电局 |

续表 1

| 序号 | 提案人 | 所属代表团 | 题目 | 主要内容 | 拟承办单位 |
|---|---|---|---|---|---|
| 5 | 方孟勋 | 政法口 | 关于加大“雪亮工程”建设资金保障的建议 | 罗田县公共安全视频监控建设与“雪亮工程”要求还有很大差距。建议：1. 发改部门争取项目。2. 财政部门加大投入，覆盖农村盲区 | 财政局、公安局 |
| 6 | 熊世东 | 宣教口 | 关于建立县级财政公共文化服务建设投入机制的建议 | 县级文化建设投入不足，无法满足群众文化需求。建议：1. 建立逐年增长的文化服务体系建设，纳入财政预算。2. “三馆一站”免费开放，配套经费 10 万元。3. 加大政府购买服务力度，按采购清单加大投入，丰富群众文化生活。4. 加大文化设施建设，列专项经费支持重点文化产品项目 | 财政局、文化局 |
| 7 | 朱莉 | 宣教口 | 关于稳定发展农村教育、卫生服务机构专技人员的建议 | 罗田县农村教育、卫生机构的硬件和软实力不平衡，与十九大提出的目标有差距，也与乡村振兴战略相关。建议：1. 进一步推进专技人员素质提升。2. 进一步拓宽专技人才引进渠道。3. 进一步完善专技人员激励保障机制 | 教育局、卫计局、人才办、编办、人社局、财政局 |
| 8 | 秦岸贤 | 经济口 | 关于清理园区僵尸企业的建议 | 园区土地资源紧张，关停的企业占用土地资源，给政府造成困难，有的以圈地为目的。建议：1. 出台相关清理政策，使僵尸企业改变所有人和经营者。2. 鼓励外商兼并收购僵尸企业。3. 担保公司代偿的企业资产应通过清理，加快变现 | 经济开发区、经信局、国土局 |
| 9 | 丁丽君 | 经济口 | 关于实现全域公交的建议 | 罗田县对增加公交班次，增加路线，扩大覆盖有强烈反映。建议：1. 加大城乡公交政策扶持。2. 设立公交专项资金，加大投入。3. 建议公安、城管部门加大路面管控力度 | 交通局、财政局 |
| 10 | 秦岸贤 | 经济口 | 关于打造企业服务平台的建议 | 中小企业不断壮大，罗田县服务体系相对滞后，生产要素、运行调度、融资用工、证照办理等问题突出。建议：建立综合性的企业服务中心，为企业知晓政策、人才培养、创业辅导、技术创新、融资等提供服务 | 经信局、经济开发区 |
| 11 | 邱跃进 | 经济口 | 关于园区集中供应蒸汽的建议 | 天然气价格昂贵且供应不足，给相关企业增加很大负担。建议：引进企业集中供气 | 经济开发区、招商局、商务局 |
| 12 | 徐文彬 | 经济口 | 关于加快生活垃圾分类回收处理体系建设的建议 | 罗田县日产垃圾 230 吨，迫切需要分类处理。建议：1.成立工作专班。2.加大分类回收的宣传、指导。3.政府每年安排一定的资金，支持供销社加快回收体系建设。4. 借鉴外地政府购买服务的做法，将从业人员纳入公益性岗位。5. 引进市场主体 | 城管执法局、县社、财政局、人社局 |
| 13 | 邱跃进 | 经济口 | 关于解决园区职工上下班交通问题的建议 | 园区加班和上夜班的职工出行不方便。建议：在各企业之间协调上下班时间，安排专门公交 | 交通局 |
| 14 | 童焕群 | 凤山代表团 | 关于将村副职干部纳入财政工资补贴的建议 | 村副职干部工资目前自筹，村集体经济收入低，严重影响副职干部积极性。建议：将村副职干部工资纳入财政预算 | 县委组织部、财政局 |
| 15 | 占金华 | 凤山代表团 | 关于加强北丰沿线农田整理开发的建议 | 北丰沿线稻田都是低洼或沙土，土质差。建议：加大农田开发建设投入 | 农办 |
| 16 | 王晓光 | 凤山代表团 | 关于延长城区至石源河公交线路的建议 | 人流量比较大，路况好，总里程不足 4 公里。建议：延长公交线路 | 交通局 |
| 17 | 余科华 | 凤山代表团 | 关于疏通沿河大道交通卡口的建议 | 县社住宅楼和五金仓库沿路 200 米长的老楼未拆迁，造成交通阻塞和事故。建议：招商拆迁 | 征迁办 |
| 18 | 肖建军 | 骆驼坳代表团 | 关于加大对非贫困村的扶持力度的建议 | 非贫困村出列一般只有光伏项目，集体经济难以突破 5 万元。建议：加大投入力度 | 扶贫办、财政局 |

续表 1

| 序号 | 提案人 | 所属代表团 | 题目 | 主要内容 | 拟承办单位 |
|---|---|---|---|---|---|
| 19 | 彭攀峰 | 骆驼坳代表团 | 关于加强黄砂管理的建议 | 采砂造成河床下降，黄砂价格无序，争利引发矛盾，运沙车辆超载。建议：1. 采砂收归国有。2. 成立国有公司。3. 成立联合执法队。4. 对党员干部参与采砂严查 | 水电局 |
| 20 | 余格林 | 白莲河代表团 | 关于加快对接参与白莲河绿色发展和生态保护示范区建设工作的建议 | 白莲河位置特殊，资源丰富，迎来了白莲河绿色发展和生态保护机遇。建议：1. 做好规划与建设协调工作。2. 在项目安排上予以倾斜，改善集镇形象。3. 在旅游发展上对接。4. 在力量整合上协调 | 规划局、发改局、旅游局、水电局、环保局、白莲河乡政府 |
| 21 | 方云峰<br>方振飞 | 匡河代表团 | 关于解决匡河库区上岸渔民生产生活就业问题的建议 | 库区治理后，渔民全部上岸，生产生活就业没有保障。建议：1. 对有能力的渔民发放贷款，支持创业。2. 安排部分渔民到养殖公司就业 | 水电局、匡河镇政府 |
| 22 | 方振飞 | 匡河代表团 | 关于解决村集体经济困难的建议 | 村级集体经济困难，村副职干部工资没有保障。建议：财政部门以奖代补对村实行奖励，每年 15 万元，确保村级正常运转 | 组织部、财政局 |
| 23 | 方振飞<br>贺学俊 | 匡河代表团 | 关于解决儿童二类疫苗免费接种的建议 | 二类疫苗没有免费，导致很多困难家庭不能自觉对孩子进行定期接种。建议：整合资金实行免费接种 | 卫计局 |
| 24 | 刘晓宇 | 大河岸代表团 | 关于雷家垸至三河口公路提档升级的建议 | 大河岸现有 2 条公路，连接 2 条公路的接线为 4.5 公里，此连接路狭窄，制约 2 条旅游线的联系。建议：1. 将雷三线纳入公路提档升级计划。2. 将雷三线扩宽至 9 米。3. 完善雷三线沿路的道路安全 | 交通局 |
| 25 | 邓俊国 | 白庙河代表团 | 关于将支部建设延伸到各个团体的建议 | 新时代要求党组织工作不能留有死角，应建立支部引领、群众参与的互促机制。建议：将基层党组织触角延伸到村民自治组织和各个群众性团体、外出务工创业群体、成功人士群体 | 县委组织部 |
| 26 | 周海良 | 白庙河代表团 | 关于加快跨马墩水库绕库公路建设的建议 | 白庙河库区周边 4 个村有较好的旅游资源，生产生活不够方便。建议：加快对跨马墩水库绕库公路及金盆塘开发 | 交通局、旅游局 |
| 27 | 江凤芹 | 白庙河代表团 | 关于完善罗九线公厕建设的建议 | 随着旅游的发展，罗九线少有公厕标识，许多游客到农户家找厕所，建议：白庙河境内增设 3—5 处旅游公厕，集镇区尤其需要 | 旅游局 |
| 28 | 陈云翔 | 九资河代表团 | 关于加大中药材产业扶持力度的建议 | 中药材产业没有强有力的企业支持，一般农户缺少资金。建议：1. 引进有实力的企业。2. 加大政策支持力度，放宽一般农户贷款门槛 | 农业局、金融局 |
| 29 | 张贵英 | 九资河代表团 | 关于解决离退休村干部和在任村副职干部工资待遇的建议 | 各村集体经济薄弱，无力解决离退休村干部和在任副职干部待遇。建议：出台相关政策 | 县委组织部、财政局 |
| 30 | 陈海军 | 九资河代表团 | 关于天堂水库成立湿地公园的建议 | 湿地公园占地补偿问题，群众强烈要求，长期不能利用造成经济损失。建议：落实解决相关补偿 | 天堂湖湿地公园管理处 |
| 31 | 罗燕 | 九资河代表团 | 关于加强乡村医生力量，健全健康体检体系的建议 | 村医年龄偏大，数量不足，健康体检次数过少。建议：1. 招聘一批年轻医生到村工作，或下乡锻炼。2. 村医包保贫困户，健全随访制度 | 卫计局、人才办、人社局 |
| 32 | 丁周鹏 | 胜利代表团 | 关于加大农村教学点扶持力度的建议 | 农村教育处于落后状态，就近不能入学，教师年龄老化。建议：1. 加大村教学点基础设施建设。2. 就近村联合建立教学点，消除交通隐患。3. 增加幼师培训力度。4. 加大教学点经费投入，使教师安心工作 | 教育局、财政局 |
| 33 | 余群 | 胜利代表团 | 关于健全增减挂钩机制队伍的建议 | 指标紧俏、价格高，有利于县域经济发展。建议：1. 成立专班队伍，专人负责上报。2. 符合条件的一块不落。3. 畅通乡镇部门联动机制 | 国土局 |

续表 1

| 序号 | 提案人 | 所属代表团 | 题目 | 主要内容 | 拟承办单位 |
|---|---|---|---|---|---|
| 34 | 严志宏 | 河铺代表团 | 关于加强乡村医疗服务建设，保障留守老人和儿童健康的建议 | 边远山村还没有落实卫生室全覆盖，乡村医生后继乏人。建议：1. 完善卫生室全覆盖。2. 对乡村医生进行培训。3. 落实乡村医生养老保险。4. 鼓励青年医生到基层工作或进行定向培养 | 卫计局、人社局 |
| 35 | 唐稳如 | 河铺代表团 | 关于建设敢鱼咀至簰形地旅游景点的建议 | 金沙滩面积千余亩，附近有林家咀、乌云寨、千佛寺、冰臼群、古仁墩等景点。建议：建设敢鱼咀至簰形地一河两岸乡村景点 | 旅游局、河铺镇 |
| 36 | 晏灵芝 | 平湖代表团 | 关于提高村副职干部工资待遇的建议 | 村干部工作忙，几乎脱产，工作任务重，待遇低。建议：1. 加大转移支付力度。2. 合并行政村。3. 加大集体经济建设力度 | 县委组织部、财政局 |
| 37 | 肖卫平 | 平湖代表团 | 关于促进旅游和精准扶贫同步发展的建议 | 对美丽乡村旅游资源的整合，带动旅游资源开发促进脱贫攻坚成为必然趋势。建议：1. 筑巢引凤，吸引企业投资。2. 挖掘乡村旅游文化内涵，讲好罗田故事。3. 以点带面，示范引领，形成一村一品，推动全域旅游 | 农办、旅游局、文化局 |
| 38 | 王泉 | 三里畈代表团 | 关于健全诉讼与调解、人民调解相结合的机制的建议 | 社会矛盾增多，群众法律意识增强，基层案多人少。建议：1. 在各单位、组织设立调解委员会和调解员。2. 法院根据情况分流。3. 调解不成的走诉讼程序 | 县委政法委、法院、司法局 |
| 39 | 雷学明 | 三里畈代表团 | 关于加大农村土地平整力度的建议 | 农村土地大面积抛荒，无路，无水，机械不能作业，无法流转。建议：加大土地平整力度，平整一片，受益一片，不要搞路边政策 | 农办 |
| 40 | 熊传书 | 三里畈代表团 | 关于加大山区农田、水塘、渠堰建设力度，加大小一型水库的村转移资金拨付的建议 | 农村水利基础设施年久失修导致农田抛荒，小一型水库村转移支付少。建议：1. 加大对山区水利基础设施建设力度。2. 加大对小一型水库村转移支付资金 | 水电局 |
| 41 | 张珊珊 | 三里畈代表团 | 关于乡镇中小学教育投资发展均衡化的建议 | 乡镇学校之间条件差异大，教师参加培训学习不够，软件投入少。建议：1. 结对的学校之间应多开展活动。2. 加大落后乡镇的教育投入。3. 加强对教师队伍建设 | 教育局、财政局 |
| 42 | 徐应超 | 三里畈代表团 | 关于加强三里畈镇区综合治理的建议 | 镇区遗留问题多，综合治理机制不畅，环境卫生治理保障不足。建议：1. 成立专班，县领导牵头，梳理遗留问题，分类处置。2. 明确责任，明确政府部门职责，理顺管理服务机制。3. 加大投入，增加对环境卫生人员、财力保障力度。4. 严格执法，对违法乱纪行为进行联合执法。5. 广泛宣传，典型引路 | 城管执法局、三里畈 |
| 43 | 丰宪平 | 三里畈代表团 | 关于加快 20 户以下和 200 米以内自然垸落公路覆盖的建议 | 群众要求迫切，不少村民小组公路没有覆盖。建议：1. 20 户以下垸落应按 20 户以上标准落实。2. 200 米以内的垸落一样给项目支持 | 交通局 |
| 44 | 肖建武 | 三里畈代表团 | 关于加大农业产业发展扶持力度的建议 | 乡村振兴靠产业支持，农业周期长，利润薄，风险大，如瑞源葡萄园因多种原因亏本经营。建议：出台政策，加大市场主体支持力度，加大对群众发展农业产业的扶持力度 | 农办、扶贫办 |
| 45 | 王全能 | 大崎代表团 | 关于加大村副职干部待遇保障的建议 | 村副职干部待遇没有保障，影响工作积极性。建议：1. 出台政策，加大扶持，如光伏发电，增加村级收入。2. 利用村级资源盘活集体经济 | 县委组织部、财政局 |

（县委办公室、县常任制办公室供稿）

## 组织工作

**【“两学一做”学习教育】** 2017年，中共罗田县委组织部始终与党中央保持高度一致，按照“两学一做”学习教育常态化制度化要求，不断推进全面从严治党向基层延伸。强化责任抓部署。从严落实中央和省、市委要求，结合实际制定“两学一做”学习教育常态化制度化“22条”，分类提出党委（党组）任务清单、党支部任务清单、党员任务清单、党员领导干部任务清单，确保各级党组织和党员学有方向、做有标尺、改有目标。强化思想抓引导。按照“把学习教育向纵深推进”要求，通过原原本本认真学、讨论交流深入学、干部夜校常态学、选树典型对标学、党校办班系统学、结对联建帮助学、主题征文推动学等“七学”方式，引导全县党组织和党员常拧思想开关，常扫思想灰尘，争做合格党员。

**【基层党建整县推进】** 2017年，中共罗田县委组织部按照全面进步、全面过硬要求，以强组织、强队伍、强保障、强功能、强事业“五强”为抓手，扎实推进基层党建“整县推进”试点探索。开展“外学江浙、内查家底”行动，先后大规模组织开展外出大考察、支部大排查、全员大讨论等活动，确立“紧扣一个主题、强化七个结合、实施六个统筹、发挥四个作用”的工作思路。充分发挥县委“一线指挥部”作用、乡镇党委龙头作用、支部引领作用、党员示范作用。印发《关于“整县推进支部建设”的实施意见》《关于加强县委自身建设发挥“一线指挥部”作用的若干意见》等配套实施细则。成立“整县推进”工作领导小组，选派督导组和非公党建指导员。3月10日、7月6日、10月30日，全县第一季度、第二季度、第三季度“整县推进”现场会相继召开。在村民小组、社区网格、产业协会建立各类党小组670个、党员中心户134个、党员先锋站78个，补齐组织设置不规范的短板。开展“支部联支部、携手奔小康”活动，461个机关支部与438个村（社区）支部“结对共建”，补齐合力不够的短板。严格落实“三联”“三个走遍”“三在”机制，推行“五星支部创评”，补齐管理考核不规范的短板。按照实用、管用、够用的原则，整合卫生室、小超市、乡邮站等服务项目推进438个村（社区）党员群众服务中心扩能升级。出台12条纪律突出抓好支部主题党日活动推动党内组织生活规范化、严肃化。投入400万元研发“智慧党建”平台，实现“为民服务零距离”。“支部引领，脱贫攻坚”。借鉴“支部建在协会上”等成功经验，发挥党组织在畜牧、板栗、中药材、旅游、电商五大扶贫产业上的引领作用。全县各村支部开展“真心实意谢党恩，自力更生奔小康”的精神脱贫活动。“支部引领，村企共建”。在具备条件的村实施村党支部与市场主体共建共享共同发展，通过“七个联合”，促进支部建强、产业发展、集体增收、群众致富。“支部引领，美丽乡村”。大力推广“建强一个支部、引进一个老板、流转一片土地、培育一个产业、建成一个景区、致富一方百姓”的美丽乡村建设模式，引导基层党组织和党员共建美丽家园。“支部引领，村民自治”。设立乡风文明理事会、红白喜事理事会等自治组织，加强“孝德罗田”建设，促进乡风文明提升和村民自治。“支部引领，服务提效”。巩固“共驻共建”活动成果，积极发挥社区网格作用，做到事有人管、难有人帮、苦有人问。“支部引领，履职尽责”。围绕“机关党建走在前列”目标，广泛开展“红旗支部”评选活动，大力加强机关干部作风建设，引导机关领导班子和党员干部在履职尽责中“走在前，作表率”。“支部引领，转型升级”。发挥“两新”党组织在职工群众和生产经营中的政治核心作用，广泛开展党员示范岗、党员先锋岗、党员责任区创建活动。

**【干部队伍建设】** 2017年，中共罗田县委组织部坚持以干事创业为用人导向，把握从严从实监督要求，突出提能补钙培训方向，干部队伍建设得到全面加强。精准科学培养选拔干部。着眼于干部队伍长远规划，出台2个规划性文件、2个暂行办法、2个考核评比细则。扎实推进档案复审工作，截至2017年底，初审、复审干部人事档案2635卷，反馈缺失材料1987人次，干部档案管理规范化水平不断提高。着眼于干事创业，层层分解省市下达的年度工作目标，不断细化干部履职尽责考核指标，坚持过程考核与结果考核相结合，精准科学地选拔干部，共调整干部7批313人次，树立“以实干论英雄，凭实绩用干部”的用人导向。从严从实管理监督干部。在抓好干部选拔任用关口监督的同时，更加注重干部的日常管理监督，注重痕迹管理和过程纪实。按照“巡视巡察推进到哪里，干部监督到哪里”的要求，对被中共罗田县委巡察单位开展选人用人专项检查，强化整改问责，增强巡察实效，对县委巡察移交的涉及国土局、科技局、司法局等7个单位、34个组织人事类问题进行调查核实，并对相关责任人进行追责。开展“不担当、不作为”问题专项治理活动，对各级党组织存在的作风问题进行集中治理，发现问题25个，问责45人。采用免去兼职、双职并行、转任非领导职务等方式对全县发现的202名超配干部职数进行整改消化，至2017年底，所有超配职数都已消化到位。分层分类培训党员干部。按时保质保量完成上级组织部门下达的调训任务。开年来选派1名副县级干部参加中直机关党校、3名副县级干部参加省高校、1名副县级干部参加省委党校学习和16名干部参加市委党校学习。协调组织26名县级干部参加全市县级干部学习贯彻六中全会精神，组织13名组织部干部参加全市组织人事系统学习贯彻六中全会暨提高履职尽责能力专题培训班学习，组织10名乡镇党委书记参加全市新任乡镇党委书记培训班学习。加强党校主体班培训和专门培训班，先后举办2期科级干部培训班、2期股级干部培训班、1期青年干部培训班，先后举办食药局、纪委监察局、入党积极分子等7期专题培训班。党委中心学习组、青年干部读书班、网上培训学习等干部教育培训学习平台作用得到充分发挥，干部教育培训合力得到全面整合。加强党校基础设施建设，投资10余万元完成校园路面黑化，新栽了部分园林景观树，改善了校园环境。老干工作开展有声有色。老年大学顺利开班，设置15个教学班，课程教学含盖戏剧、音乐、舞蹈、太极拳等8个种类。老干部活动丰富多彩，成功举办老年人太极拳表演、舞蹈表演等多轮次活动，以“庆祝中国共产党建党96周年暨喜迎十九大”为主题，成功举办了书画大赛，对参赛作品进行评比表彰，评选出一等奖2名，二等奖8名，三等奖19名，优秀奖55名，并精选84副优秀作品举办全县性的书画展活动。围绕“庆祝十九大、欢度老年节”主题，开展“四先”评选表彰活动、“老少同乐庆重阳”等系列联欢活动。

**【人才队伍建设】** 2017年，中共罗田县委组织部坚持以创新驱动、人才汇聚、服务增效为目标，统筹推进人才重点项目建设，促进各类人才充分发挥作用。统筹抓好人才创新创业平台建设，采取委托运营管理的办法，打造全省一流的人才创新创业平台和人才超市。全县到岗实习实训大学生1055人，引进大学生创业团队11个，大学生创业就业人数561人。已申报3家省级科研平台，新增高新技术企业3家，发明专利27件，完成城乡劳动者就业创业培训1653人次。制订2017年度事业单位人员招聘计划，计划通过公开招聘、“绿色通道”等方式招录专业技术人才140余人。2017年第一批“绿色通道”已引进人才47名，其中引进硕士研究生3名，整个人才引进工作做到紧凑有序、严格规范。积极开展优秀人才走访慰问活动，采取召开座谈会、登门拜访等形式，走访慰问优秀返乡人才，详细了解他们在外的工作和生活情况，征求他们对罗田县创新创业发展的建议，并按照“一人一档”的标准建立人才信息库，为人才强县战略打下坚实基础。将农村实用人才培训作为全县人才特色品牌，推进农村实用人才培养示范基地提档升级。大力开展各类人才培训，培训电商创业人才260余人次，培训乡土实用人才860余人次。

**【意识形态考核】** 2017年，中共罗田县委组织部为进一步加强和改进意识形态工作，及时成立意识形态工作领导小组，由县委委员、组织部部长刘堂军任组长，其他班子成员任副组长，各科（股）室负责人为成员，由部办公室具体负责日常工作协调。在工作中，坚持“一把手”带头，切实当好“第一责任人”，班子成员各负其责，定期召开会议，分析研判意识形态领域情况，辨析思想文化领域突出问题，分清主流支流，对重大事件、重要情况、重要社情民意中的苗头倾向性的问题，有针对性地进行引导。把意识形态工作纳入党建工作责任制，纳入目标管理，与组织部门业务工作同部署、同落实、同检查、同考核，并将班子成员意识形态工作责任制落实情况作为党建工作述职考评的重要内容，确保意识形态工作责任的落实。

**【党代会常任制试点】** 2017年，中共罗田县委组织部按照抓党建引领发展的工作思路，积极稳妥地推进常任制试点探索。县委委员“管线、驻点、带片”抓工作落实制度得到进一步健全，县委委员业绩公示、专项述职、民主评议的考核模式得到稳步推进，制定了县委委员“11045”活动方案，县委委员和党代表服务群众工作机制进一步完善。为党代表发挥作用搭建平台，“七一”期间，以18个代表团为单位组织党代表，围绕脱贫攻坚、基层党建“整县推进”、美丽乡村建设、全域旅游等工作开展专题调研。在支部建立党代表工作室、党员先锋站，引导党代表在基层一线发挥指导督办作用，深入推进“两学一做”学习教育常态化制度化。

**【干部人事制度改革】** 2017年，中共罗田县委组织部认真落实公务员分类管理工作，认真推进职务与职级并行制度实施。积极推进企事业单位领导人员管理制度改革，配合做好司法体制改革和工商、质监、审计、环保监察等部门领导干部管理体制调整等有关工作。监察委体制改革、全县群团改革工作稳步推进。探索建立容错纠错机制实施办法，划清权责边界，营造宽松干事创业环境。狠抓年轻干部成长工程，着眼于一线培养干部，选派1300余名干部深入414个行政村开展精准扶贫工作，选派7名年轻干部到省市机关事业单位挂职锻炼，在脱贫攻坚一线提拔重用9名业绩突出的优秀干部。

**【人才体制机制改革】** 2017年，中共罗田县委组织部按照市委人才办工作安排，通过前期的调研摸底、讨论研究，制订了《全县人才工作五年规划（2017—2021年）》《罗田县人才引进管理评价暂行办法》《罗田县关于深化人才发展体制机制改革大力推进人才强县战略的实施意见》。调整中共罗田县委人才工作领导小组和县人才引进委员会成员，修订《罗田县事业单位引进高层次、急需紧缺人才“绿色通道”实施细则》，出台《罗田县2017年人才引进计划》等系列文件。

**【选人用人机制创新】** 2017年，中共罗田县委组织部依照公务员法和干部选拔任用工作条例，坚持德才兼备、以德为先的用人标准和崇尚实干的用人导向，规范全县干部队伍建设，以公开、公正、公信的方式选拔培养后备干部，创新后备干部选拔管理机制，对县管后备干部的条件结构，推荐选拔程序，培养管理方式等作出明确规定，并按照该办法选拔确定了县管后备干部，建立县管后备干部动态管理机制，引导各部门科学规范地抓好班子队伍建设，进一步优化干部队伍结构，实现干部能力与岗位要求，组织选择与群众认可的有机结合。

（中共罗田县委组织部供稿）

## 宣传工作

**【意识形态宣传】** 2017年，中共罗田县委宣传部坚持“五讲”并举，做好宣传工作，所谓“五讲”，即领导干部示范带头讲、第一书记进村入户讲、村级文艺宣传队寓教于乐讲、先进典型感召激励讲、市场主体对接帮扶讲。通过“五讲”方式，把大道理讲小，把远政策拉近，把“十九大”精神变成广大群众的“随身听”，实现学习宣讲全覆盖。相关做法在《人民日报》刊发，《湖北日报》转载，湖北电视台3次进行报道，中共湖北省委宣传部《宣传工作》予以刊发。坚持“七纳入四一同”，意识形态工作形成上下联动、齐抓共管、常态化推进格局。第一时间组织各级党委中心组传达学习贯彻中央和省市关于意识形态工作的部署要求，县委中心组学习12次，“双宣讲”实现全覆盖。中共罗田县委书记带头签订责任书，带头开展十九大精神宣讲，亲自处置上海浦爵涉众金融案突发舆情，宣传部部长在县委中心组和县委党校作辅导报告。定期召开意识形态工作联席会和舆情分析会。2次开展意识形态工作督查，印发督查通报，约谈负责人，做到真督实查严问责。全县社会稳定，在全市督查中得到市领导肯定。

**【新闻舆论宣传】** 2017年，中共罗田县委宣传部关注大报大台大网，围绕宣传十九大精神、脱贫攻坚、基层党建、乡风文明等重点工作，抓好选题策划，提高宣传质量，全县上稿多、质量高、影响大。全年在中央和省市主流媒体发稿近3000篇。其中，《人民日报》9篇，《新华每日电讯》4篇，中央电视台7条，人民网、新华网67条，《湖北日报》128篇，《黄冈日报》965篇（其中头版头条23篇），在中央和省市三级党报发稿量居全市首位，进一步提升了罗田的美誉度和影响力。

**【先进典型宣传】** 2017年，全县宣传工作立足树立典型，把更多的镜头转向基层群众，用更多的笔墨描绘凡人善举。继续做好典型选树和推介，一大批勤廉模范、最美教师、最美医生脱颖而出：“独臂挑夫”王惠敏的事迹在中央电视台和湖北卫视报道，获评“荆楚楷模”；“黄冈楷模”上榜4人；刘锦秀荣获全国脱贫攻坚奉献奖。他们的先进事迹经媒体宣传后，得到网友和社会普遍赞誉，引领了社会新风。大力开展“真心实意谢党恩，自力更生奔小康”主题宣传教育活动，组织全县12位脱贫先进典型举办巡回报告会100多场次，在县电视台开设“我脱贫我光荣”宣讲专栏，讲脱贫事迹，抒感恩情怀，掀起“不忘党恩，自主脱贫”热潮，提振了奋力脱贫的精气神。

**【文明创建活动】** 2017年，中共罗田县委宣传部以文明城创建为龙头，将“五大创建”纳入县政府年度“十件实事”统筹推进。印发文明教育读本2万册，绘制主题墙近1万米，设置公益广告3000多幅。道德讲堂持续推进，最美家庭、文明校园、岗位能手、服务标兵评选表彰全面铺开。利用节日开展写春联、挂灯笼、文艺演出等活动，将核心价值观融入百姓生活。切实加强公民思想道德建设和志愿服务，社会文明程度明显提升。县财政局获评全国文明单位，九资河镇、三里畈镇、圣人堂村被评为全国文明村镇，实现罗田文明创建历史新突破。

**【阵地建设管理】** 2017年，中共罗田县委宣传部全力打造以云上罗田、罗田宣传、罗田文联公众号为代表的官方网络集群，通过微直播、微视频、H5等形式抓好正面宣传。开展网评员培训，实行网络值守制度，及时监测处置网络舆情。在全市率先出台《罗田县互联网信息发布管理办法》和《网络信息服务行业自律公约》。定期开展网站论坛和网吧排查清理，关停5家僵尸网站，规范政务网站域名，维护网络安全。承办全市网信工作现场会，罗田在会上作经验交流发言。

【**公共文化服务**】2017年，中共罗田县委宣传部实施文化扶贫工程，新建一座图书馆，"三馆"均实行免费开放。大力实施"百姓舞台"和"书屋照亮乡村"工程，建成村级综合文化服务中心40个，农村文化广场377个，农家书屋提档升级57处，特色文化墙300多处，200多支文艺宣传队、10多个农民剧团活跃城乡，公共文化服务水平大幅提升。出版《岁月留痕》《乡韵》《山水清音》等3部文集，召开了作品研讨会。创作2部长篇小说、1部报告文学、2首民歌和1部微电影。举办"喜迎十九大·罗田党旗红"优秀书画作品展和廉政书画展。选送3人参加全市歌手大赛，并荣获一等奖，参演"鄂豫皖三省四市大别山歌会"。广泛开展"三胜故里广场乐"群众文化活动，送戏下乡200多场，举办"三下乡"集中服务活动3场、村级文艺宣传队文艺会演2场和广场舞大赛。举办第三届农民读书节，荣获全省"十佳书香县市"称号。举办"戏曲进校园"展演，全市调演荣获两个二等奖。

【**组建乡风文明理事会**】2017年，中共罗田县委宣传部印发"支部引领，乡风文明"活动方案，设计"十个一"建设内容，以"五老"乡贤为主体，以"环境卫生有人管、矛盾纠纷有人调、红白事宜有人办、先进典型有人推、文化活动有人抓"的"五有"为目标，以"环境卫生评比、先进典型评选、道德行为评议、红白事宜评办、文化节目评讲"等"五评"活动为内容，以宣传劝导、项目引导、资金向导、专班指导、检查督导的"五导"措施为保障，组建乡风文明理事会300多个，建成50个精品示范村。困扰农村多年的脏乱差问题得到根本解决，干群矛盾有效化解，农村自治、法治、德治水平不断提升，湖北日报进行了总结报道。

【**组建村级文艺宣传队**】中共罗田县委宣传部经过2年努力，至2017年，全县村级文艺宣传队达到247支，实现"六有"：有规划，有组织，有节目，有辅导，有评比，有保障。创作了精准扶贫到我家、十夸党的政策好、婆劝媳妇莫赌博等精品节目300多个。举办了全县村级文艺宣传队优秀节目展演和"喜迎十九大"文艺晚会。宣传队成为丰富百姓生活的新平台，开展百姓宣讲的新载体，宣传文明乡风的新手段，促进全县群众文化活动实现"三个转变"：变舞蹈队为宣传队，变自娱自乐为寓教于乐，变单纯跳舞健身为以舞载道、以文化人。中国文明网、中共湖北省委宣传部《宣传工作》对此进行了总结推介。

（中共罗田县委宣传部供稿）

## 统战工作

【**组织领导工作**】2017年12月24日，中共罗田县委书记、县委统一战线领导小组组长汪柏坤主持召开统一战线领导小组会议，专题听取统战工作、非公经济工作、民族宗教工作、村企共建工作汇报，全体统一战线领导小组成员单位参加，会议讨论确定了统一战线相关工作。中共罗田县委委员、统战部部长汪耀汉在2017年2月10日向中共罗田县委全委会汇报美丽乡村建设、村企共建相关工作情况。同年6月16日，再次向中共罗田县委全委会专题汇报全市统战工作会议精神。中共罗田县委书记、县委统一战线领导小组组长汪柏坤、县委副书记、县委统一战线领导小组副组长陈世龙等领导多次参加村企共建、统战工作活动。制定县委委员与党外代表人士联谊交友名单，每名县委委员与两名党外代表联谊交友，深入宣传党的方针政策，了解党外人士对中共的意见建议。中共罗田县委把统战工作纳入党委的重要议事日程。做到年初有部署有安排，半年有督促检查，年终有工作总结，党委每年至少听取两次以上统战工作汇报，及时研究解决统战工作的重要问题。把统战工作纳入综合目标管理考核内容。2017年，罗田已经把统战工作纳入全县乡镇和县直单位“五讲五评五考”目标责任考核，加强乡镇和县直单位对统战工作的重视程度。把统战理论政策纳入县委中心组的学习内容。2017年，已经在县委中心组学习中把统战理论政策作为学习主题。把统战宣传纳入党委年度宣传计划。宣传部门明确一名领导负责联系、协调，并努力做到统一战线宣传工作经常化、制度化、规范化。各乡镇都配备了兼职统战委员，并明确统战工作由副书记分管。

**【村企共建试点】** 为扎实推进基层党建“整县推进”，贯彻落实全国“万企帮万村”、全省“千企帮千村”、全县“百企帮百村”精准扶贫会议精神，探索加强非公企业党建路径，解决企业独立开展党建难、村级发展集体经济难的“两难”现实问题，促进村企长期互利共赢，结合罗田实际，创新工作模式，中共罗田县委统战部在全县开展“支部引领，村企共建”精准扶贫提升工程。由县委出台正式文件，印发实施方案，指导村企共建的开展。3月，组成专题调研组，分别由中共罗田县委统战部部长和工商联主席带队，赴12个乡镇开展“支部引领，村企共建”专题调研。4月底，由中共罗田县委副书记带队，赴贵州遵义进行村企共建调研，学习宝贵经验。确定试点，每个乡镇确定一个县级试点村，每个乡镇各自确定1—3个乡镇试点村开展村企共建试点工作。6月30日上午，由中共罗田县委书记主持召开大会，强调“支部引领，村企共建”工作的重要性，40个共建村和40个共建企业负责人参加会议。会上部署了工作任务，明确了工作目标，提出了工作措施。8月9—10日，中共罗田县委统战部组织对12个乡镇试点村进行全面的拉练检查，全面对比各乡镇“支部引领，村企共建”的工作开展情况。中共罗田县委副书记陈世龙就村企共建工作作了“共生、共赢、共享”的专题讲话，该讲话在湖北省《政策》杂志上全文发表。经验总结。通过学习中共罗田县委书记汪柏坤在九资河脱贫攻坚现场会的讲话精神，各乡镇在11月底总结了村企共建相关经验，并形成文字材料。湖北省电视台、黄冈市电视台、黄冈日报都对罗田村企共建工作开展实地采访和调研，进行了专题报道。12月13日，《黄冈日报》头版头条和专版专题报道罗田“支部引领，村企共建”工作，引起热烈反响。

**【统战信息宣传】** 2017年，中共罗田县委统战部充分发挥宣传报道工作“内聚人心、外树形象”的积极作用，及时准确地报道和反映罗田统战工作动态，为罗田统战工作营造了良好的宣传环境和舆论氛围。在全县各乡镇、各部门、各单位及新闻媒体聘请39名统战宣传通讯员，建立一支优秀的基层统战宣传队伍。突出中心抓宣传。重点在统战部门服务全县中心工作、脱贫攻坚、招商引资、基层党建、美丽乡村及全域旅游上加大宣传力度。突出重点抓宣传。围绕中共罗田县委统战部2017年的“支部引领，村企共建”工作，重点在第一批县级试点村及乡镇试点村典型挖掘上加大宣传力度。突出亮点抓宣传。围绕罗田非公企业在推进县域经济中所做出的积极贡献，大力宣传广大回乡创业的省内外、市内有影响力、有规模和实力，对罗田经济社会发展作出贡献的企业家。在罗田电视台开办“企业家风采”电视专题片专栏，计划宣传企业家15名。10月17日晚在罗田电视台首播，至年底，已播出3名企业家，在社会上引起热烈反响。通过加强网络建设，主动与省、市、县新闻媒体、网站、电视、报刊对接、争取部门支持等方式，使统战信息宣传形成强大的合力。主抓的“支部引领，村企共建”工作，吸引了湖北电视台、《湖北日报》、黄冈电视台、《黄冈日报》等多家媒体的关注，都派记者到罗田实地采访调研，并进行相关报道。截至年底，共发布信息155篇。其中，《湖北日报》2篇，中共湖北省委杂志《政策》2017年第10期全文刊发中共罗田县委副书记陈世龙在“支部引领，村企共建”检查督办暨统战工作半年总结会上的讲话。《黄冈日报》5篇，其中头版头条2篇，中共罗田县委委员、统战部部长汪耀汉撰写的2篇调研报告都在《黄冈日报》刊发。12月13日《黄冈日报》以“头版头条＋专版”的形式全方位报道中共罗田县委统战部开展的“支部引领，村企共建”活动，省、市统战、民宗信息网发稿40余篇，县级媒体发稿100多篇。

**【党外人士管理】** 2017年，中共罗田县委统战部通过调查摸底，建立起完善的党外人士人才和新的社会阶层人士数据库。分门别类建立党外人士、党外知识分子、新的社会阶层人士电子档案，掌握党外代表人士和新的社会阶层人士性别、年龄、学历、工作单位及职务等基本信息。通过这次全面的摸底调查，为全县339名优秀党外代表人士和新的社会阶层人士建立人才储备数据库。充分发挥党外人士参政议政、建言献策、民主监督的作用。2017年2月，中共罗田县委研究出台《2017年度政党协商计划》，利用“双月协商”为载体，县政协、中共罗田县委统战部已多次召开民主协商会、情况通报会、征求意见座谈会。引导民主党派和无党派人士参政议政，针对罗田经济社会发展中遇到的重大问题，开展专题调研活动。全年共专题调研解决罗田板栗产业发展、解决城区交通拥堵、解决塔山公园建设、解决“垃圾围村”、探讨村企共建等重大问题，并形成调研成果。成立新的社会阶层（党外知识分子）联谊会。通过到老河口市等地学习联谊会建设经验，按照省、市相关要求，筹备成立新的社会阶层（党外知识分子）联谊会，引导党外知识分子和新的社会阶层人士开展活动，通过活动做好新的社会阶层和党外知识分子统战工作。

**【海外统战工作】** 2017年，中共罗田县委统战部深入开展调查摸底工作，及时掌握全县台胞、台属、大陆新娘及海外华人华侨情况，为做好海外统战工作打下了基础。积极开展交心谈心活动。组织干部职工利用中国传统的节假日到台胞、台属家中开展“走访、慰问、交心、谈心”活动，给他们送去温暖。端午节，统战部部长汪耀汉带领部干部职工到台胞台属李逸心老人家走访慰问，老人家非常高兴，表示要做好台湾小女儿的工作，积极维护两岸的团结和统一，让女儿多回家感受祖国及家乡的变化。赴台开展学习交流活动。按照中央、省、市对台工作会议要求，为进一步加强罗田与台湾农业、科技、经济、文化等领域的交流合作，经请示县委主要领导同意，已组织一期由农业支柱产业、农业专业合作组织负责人、农业专家、农业技术人员组成的农业考察团，于9月赴台湾考察交流学习，考察报告已由中共罗田县委办用参阅件形式印发。

**【民族宗教事务】** 2017年，中共罗田县委统战部深入挖掘推介民族团结进步先进典型，深入挖掘新疆小伙提托合提·艾合麦提在精准扶贫、维护社会稳定方面的先进事迹，在《湖北日报》《荆楚统战》《黄冈日报》等多家媒体上进行大力宣传。4月26日，他作为少数民族群众代表受到中共湖北省委常委、统战部部长尔肯江·吐拉洪的亲切接见。积极推进罗田民宗系统履职尽责点题督查工作。通过营造工作氛围，深入场所开展明察暗访，主动征求各方意见和狠抓民宗系统干部队伍自身建设，多措并举开展履职尽责点题督查工作。进一步推进非宗教场所分类治理工作。针对2016年非宗教场所分类治理效果开展“回头看”，进一步推进分类治理工作全面落实，巩固提高非宗教活动场所分类治理工作。目前，通过纠错、整改，非宗教活动场所共计298处。扎实开展少数民族人口摸底工作。按照“属地管理、分级负责”的原则，通知全县各单位、各乡镇认真扎实开展少数民族人口摸底工作。

**【完成工商联换届】** 根据《中共湖北省委办公厅

转发〈省委统战部关于工商联（总商会）换届工作的意见〉的通知》精神和中共黄冈市委统战部、市工商联召开换届工作会议等精神，罗田县工商联（总商会）第十二次会员代表大会于2017年6月2日召开。出席会议的正式代表234名，特邀代表36人，县直有关部门31家。会议选举产生罗田县工商联（总商会）第十二届执行委员会委员145名。同日，召开罗田县工商联（总商会）第十二届执行委员会第一次全体会议，选举产生罗田县工商联（总商会）第十二届执行委员会主席（会长）1名、专职副主席（副会长）2名、非公兼职副主席10名、非公兼职副会长8名、秘书长1名、常务委员56名，6月2日下午胜利闭幕，圆满完成换届。

（中共罗田县委统战部供稿）

## 机构编制

**【机构编制管理】** 2017年，县机构编制委员会办公室实行机构编制台账管理制度，严格执行审批制度和业务办理程序，坚持机构编制的集中管理和“一支笔”审批，不断规范机构编制日常动态管理。做好事业单位登记管理工作。全面完成全县281家事业单位年度报告的审查和公示，做好事业单位法人的设立和变更。做好党政群统一社会信用代码、赋码换证工作。全县机关单位69家，群团8家，其他赋码1家。事业单位281家已经全部换领新的统一社会信用代码证书，完成率100%。做好党政群机关和事业单位网上名称管理工作。完成党政群机关63家，事业单位330家中文域名注册，中文域名注册率100%。总共393家已全部挂标，网站挂标率100%。制定《罗田县机构编制实名制系统信息更新办法》，开展实名制系统更新工作，进一步加强机构人员信息管理，推进机关事业单位机构编制和人员信息管理的规范化、信息化、公开化、制度化，确保编制政务公开信息准确、及时。

**【事业单位改革】** 2017年，县机构编制委员会办公室对照省、市事业单位分类改革参考标准，全面核查清理全县事业单位人员、编制和职能职责情况，经过上下、内外调研学习以及与主管部门多轮沟通协商，结合罗田实际，确定了分类方案，其中承担行政职能的事业单位7家，分为公益一类事业单位266家，公益二类60家，生产经营类19家，暂不分类29家。撤销事业单位22家，合并事业单位8家，分设事业单位5家，分类后事业单位共计381家。按照中央、省、市的要求完成城市执法管理体制改革制度设计工作，协助全面完成群团改革工作。全面落实中央环保督查组关于机构编制整改工作，重新印发县环境保护局所属事业单位“四定”方案，调整县环境监察大队内设机构，核定人员编制及领导职数。归并整合部门行政执法机构，合理核定行政执法机构编制，明确执法资格人员，改善行政执法机构人员工作条件，促进全县行政执法规范化。印发《罗田县机构编制委员会关于乡镇食品药品监管所有关机构编制事项的批复》，明确全县乡镇农产品（含水产品）质量安全监管职能交由县食品药品监督管理局所属各乡镇食品药品监督管理所承担，完善乡镇农产品质量安全体制机制。明确将职业卫生监管职能由县卫生局划转到安监局。2017年，为加强安全生产和职业卫生监管工作，在县安全生产监察大队加挂“县职业卫生监察大队”牌子，增加事业编制6名（从罗田县卫生和计划生育局综合监督执法局连人带编划转2名，从罗田县卫校划转全供事业编制4名），县安全生产监察大队编制调整为10名。

**【“放管服”改革】** 2017年，县机构编制委员会办公室扎实做好取消下放审批事项的“接管”，及时调整并公布县级行政审批事项目录。2017年对接落实国务院、省政府、市政府决定取消、下放行政审批事项，先后取消11项，承接8项，调整17项，合并5项，新增15项，下放1项。经过调整，全县共保留行政审批事项197项，比2014年清理前285项共计减少88项，减少率30.8%。编制印发《罗田县县级行政审批事项目录清单（2017版）》，在县政府门户网站对外公开，接受社会监督。结合各单位梳理的“双随机、一公开”抽查事项清单，编制印发《罗田县人民政府办公室关于公布“双随机”抽查事项清单的通知》，全县45个部门（单位）共251个抽查事项，扎实应用湖北省双随机监管平台开展抽查工作。

**【整治中介事务】** 2017年，县机构编制委员会办公室全面清理规范县级行政审批中介服务事项，建立中介服务事项清单，对各单位梳理的事项，联合县法制办公室等部门进行再审核、再确认，共清理规范县级行政审批中介服务事项99项，涉及27个行政审批部门。其中，保留事项94项，取消事项5项。编制印发《县人政府关于印发罗田县县级行政审批中介服务事项清单的通知》，首次以清单的方式将中介服务事项向社会公布，保证了行政相对人的知情权，让行政审批更加透明、规范。

**【公开县乡权责清单】** 2017年，县机构编制委员会办公室下发《罗田县人民政府办公室关于推行乡镇政府权力清单制度实施方案的通知》，组织举行乡镇权责清单建设业务培训和权责清单公示公开系统应用操作培训。各相关部门按照规定的步骤、程序和职责，严格审核把关，于7月底在政府门户网站公开权责清单，方便群众查询咨询，接受社会监督。

**【精准扶贫工作】** 2017年，县机构编制委员会办公室按照中共罗田县委统一安排，县编办住匡河镇涂家冲村精准扶贫点，开年以来，单位上下齐心协力，全力做好精准扶贫工作。精准识别准确，识别全村贫困户74户260人。其中，五保户8户9人，低保户3户5人，一般贫困户63户246人。派出以党组书记、主任为队长的扶贫工作队，第一副职担任村第一书记，74户贫困户全部分解到单位干部职工及驻点村党员，实行对口精准帮扶，对村出列、户脱贫进行了责任分工。通过整村推进项目实施，村十有十通项目已经完成，村集体年收入达15万元以上，260人的贫困户脱贫措施具体，全办干部职工人人有扶贫任务，户户有脱贫具体措施。全办干部先后到村、到帮扶的贫困户10多次，每人送去慰问金、物资折合现金500多元。参与村的集体活动3次，单位为村集体筹集资金10万多元，从单位到干部真正把精准扶贫工作任务扛在肩上，全面完成大数据比对、十有十通、湾落整治、异地搬迁、教育医疗产业扶贫等精准扶贫工作。

（县机构编制委员会办公室供稿）

## 老干部工作

**【落实政治待遇】** 2017年，中共罗田县委老干部局注重从政治上关心、感情上贴近老干部，做到“三必须”：重要会议必须请老领导出席，重要活动必须请老干部参加，重大决策必须征求老干部意见。4月，组织老干部参观考察县域经济发展和重点项目建设工程，及时向老干部传达文件、通报情况，不断引导老干部在思想上、行动上支持县委、县政府的各项工作。各单位继续推进离退休干部党员参与“两学一做”工作，每月组织身体条件好的老党员开展“支部主题党日”活动，结合单位工作实际，组织老干部参观考察精准扶贫、美丽乡村建设、城建城管等工作，开展建言献策、关心下一代、维护社会稳定，促进经济社会发展等系列正能量活动。

**【落实生活待遇】** 2017年，全县60名离休干部都能按时足额领取离休费，离休干部护理费调标文件下发以后，中共罗田县委老干部局特事特办，迅速协调县财政局、人社局等部门落实资金，离休干部增加的护理费7月初全部兑现。中共罗田县委老干部局还积极督促各单位做好离休干部改革性津补贴兑现工作。5月，组织老干部进行健康体检，并为每位老干部建立健康档案。离休干部医药费保障机制进一步健全，离休干部持社保卡直接在定点医院和药店就医取药，我们还为重、大病的离休干部开通就医绿色通道，简化赴外就医报销手续，住院医药费由县医保局按规定实报实销。督促各单位按规定落实离退休干部共享党建、综治、文明单位三项奖励待遇，确保老干部思想稳定。健全特困老干部帮扶机制，累计发放帮扶资金6万元，为18名特困老干部解决部分实际困难。深化走访联系老干部和服务承诺制度，重点做好对离休干部的人文关怀和精神慰藉，做到日常服务到位、重点服务到家、特殊服务到人。

**【思想政治建设】** 2017年，中共罗田县委老干部局以县委老干部党校为载体，多种形式组织老干部学习党的十八大、十八届六中全会、十九大精神和中央、省、市、县委关于推进“两学一做”学习教育常态化工作精神以及全县“三会”精神，全年共开展政治学习3次，邀请中共罗田县委书记汪柏坤讲党课，县纪委书记李学军讲廉政党课，组织老干部集中开展支部主题党日活动。还为老干部翻印学习资料150余份，对那些行动不便、生病住院不能参加集中学习的老干部，指定专人上门送学、上门送教。2017年，中共罗田县委老干部局服务管理的离休干部无一人参与邪教组织和非法活动，无老干部越级和集体上访，有力维护了老干部群体稳定，为全县改革、发展、稳定创造了良好的外部环境。

**【老干支部建设】** 2017年年初，中共罗田县委老干部局调整规范全县老干党支部65个，理顺老干部党组织关系，健全完善老干部党员信息台账，各乡镇和绝大部分县直一级主管部门都单独建立老干党支部，一些老干部较多的二级单位也在探索单独设置老干党支部。5月，中共罗田县委组织部、县委老干部局印发《关于进一步加强离退休干部党支部建设工作的通知》，按照黄老通〔2016〕11号文件要求，对“示范党支部”创建工作进行了细化、明确，把各项考评指标落到实处，确保创建活动扎实有效开展。5月底，中共罗田县委办老干部党支部、县公安局老干党支部被评为“全市先进离退休干部党支部”。10月底，中共罗田县委组织部、县委老干部局召开全县老干部工作表彰会，县财政局老干党支部、县军休所党支部等6个支部被评为“示范党支部”，县委书记汪柏坤、县委委员、组织部部长刘堂军出席会议并为获奖单位颁奖，全县“示范党支部”创建工作掀起新高潮。

**【老年大学建设】** 2017年2月，县老年大学正式开学。中共罗田县委老干部局借鉴学习兄弟县市的先进经验，创新办学方式，实行小班教学，开设舞蹈、声乐、戏曲、书画等8大类专业15个班，注册学员达500名。9月，县老年大学秋季开学，办学规模进一步扩大，开设19个班，学员近600名。全年县老年大学先后邀请县纪委、县旅游局、中共罗田县委党校、县人民医院等单位领导、专家为学员授课，内容涉及旅游兴县、国际时事、养生保健、党纪法规等方面，营造了老干部老有所教、终身学习、积极进取、健康向上的良好氛围。老年大学还经常组织老干部开展丰富多彩的文化体育活动。4月，组织3名学员参加“全市第三届老干部象棋赛”，获得“组织奖”；15名学员参加“罗田县工会杯象棋赛”，1名学员获第三名。4月底，协助省老年大学、市老干部合唱团开展“送戏下乡”活动，开展老年大学横向交流，丰富了老同志精神文化生活。6月底，举办“罗田县纪念建党96周年暨喜迎十九大老干部书画展”，展出书画作品84件，县领导刘堂军、段文俊、黄爱平参加开展仪式，并与150多名老干部一起观看展览。7月，围绕“畅谈十八大以来变化、展望十九大胜利召开”，召开老干部座谈会，开展畅谈建言活动。10月，开展学员与幼儿“老少共庆老年节”、学员与老干部联欢会、文艺晚会等系列活动，老年大学的社会影响力和辐射带动作用进一增强。

**【关心下一代工作】** 2017年，中共罗田县委老干部局组织了捐资助学、“中华魂”读书、五老义务监管“网吧”、优秀少儿和美德少年评选表彰、“庆六一”、青少年普法教育、关爱留守儿童等大型活动。4月，开展捐资助学活动，募得助学金13万元，百余名品学兼优的特困生得到资助。“五老”报告团赴乡镇、农村巡回报告10余场次，听众近3000人。

（中共罗田县委老干部局供稿）

## 党校工作

**【概　况】** 2017年，罗田县委党校坚决贯彻中央、省市党校工作会议精神，加强阵地建设，扎实推进党校改革发展，努力打造有特色高水平的干部教育培训基地，取得了丰硕成绩。全年培训学员6000余人，服务中心工作捷报频传，先后获湖北省档案达标先进单位、罗田县县直机关党建工作先进单位、罗田县五讲五评五考综合实绩考核先进单位、罗田县综治工作考核先进单位、罗田县文明单位、罗田县驻村帮扶先进工作队等荣誉，为全省山区绿色发展示范县建设发挥了不可替代的作用。

**【干部培训】** 2017年，县委党校以教学工作为中心，发挥主阵地、主渠道作用。充分利用党校和行政学校在教育、培训党员干部中的主渠道作用，在全县大规模开展党员干部的培训工作。共办5期主体班，11期外训班，培训干部1300余人，超额完成上级交办任务。在课程设置上，县委党校始终把理论教育和党性教育放在最突出位置，确保每期主体班党性教育课程量不低于总课时的70%，确保党校姓党。在教学模式上，积极开展互动式、模拟式、研究式、案例式、体验式教学，有效激发学员兴趣。坚持“理论联系实际”学风，建立课外教学实践基地10个，把理论联系实际的要求贯穿于教学全过程。坚持开放办学理念，实行校内培训和校外培训相结合，组织学员到安徽霍山考察工业经济；到县内外进行旅游经济、现代农业、美丽乡村、生态文明建设调研活动，到胜利烈士陵园进行党性教育活动。同时，县委党校还积极拓宽办学思路，创新“走出去”的培训模式，组织教师积极开展送教上门活动，送教党章、供给侧结构性改革、十九大文件精神等专题课共计60余次。

**【队伍建设】** 2017年，县委党校以人才培养为核心，打造专兼结合教师队伍。加强人才培养，选送骨干教师和青年教师外出培训，进行名师培养和英才储备。全年，县委党校先后选派4名骨干教师和青年教师赴中央党校和省委党校进行培训学习。实施人才引进战略。8月，学校在全县公开选拔2名优秀人才，充实到一线教师队伍。实施新老教师传、帮、带工程。学校在教学领域实行传、帮、带活动，骨干教师与青年教师进行师徒结对，指导青年教师进行教案设计、讲课技巧把握和综合能力提升。加强兼职队伍建设，聘请省、市专家型学者徐新桥、王炼、吴敬秋等和罗田县专家型领导段文俊、张军、夏建筑等到县委党校兼职任教，构建了专家型兼职师资库。

**【阵地建设】** 2017年，县委党校以阵地建设为根基，全面提升服务水平。深入贯彻落实全国、全省、全市党校工作会议精神，按照新时期党校工作的新任务、新要求、新部署，进一步加强和加快党校工作尤其是阵地建设，坚持高规格、高标准办校，推动党校事业迈上新台阶。在已建成高标准的教学楼、行政楼、学员宿舍、悬浮式篮球运动场等教学、生活设施设备的基础上，再投资10万余元，对学校道路全部实现硬化、黑化；新栽景观树，对果栗园进行修整，使校园绿树成荫、果栗飘香。在行政楼、教学楼花坛添置党徽等标志性建筑，使党校“党味”更浓。在运动场旁建立党建宣传长廊，在学员宿舍增设文化建设宣传牌，学校内部的各种橱窗、音响、标志也在规划之中。在搞好硬件建设的同时，学校还完善服务保障体系，强化服务意识，全面提升服务水平，为党校事业发展奠定坚实根基。

**【服务中心工作】** 2017年，县委党校以服务大局为重心，全力做好中共罗田县委交办的各项工作。对县委、政府下达的各项任务，积极认真贯彻落实。一是精准扶贫真抓实干。选优配强驻村工作队，做足“五个一批”“十通十有”文章。学校领导经常到驻点村指导扶贫工作，常态化组织单位干部职工到贫困户开展结对帮扶，帮助解决生产生活困难问题，实现2016脱贫工作的巩固和提升。二是服务企业全心全意。认真落实县委、县政府经济决策，积极为企业排忧解难。联系县经信局、人社局、建设局、派出所、监理公司等单位上门服务，为帮扶企业胜昌墙体有限公司解决发展中遇到的难题。三是文明创建尽心尽力。积极参与国家园林城市和省级文明城市创建及其他公益活动，出色地完成了上级交办任务。此外，在推进全域旅游、电子商务、“双创”、信访、“两重”等工作方面也面面出彩，卓有成效。

（县委党校供稿）

## 县直机关工委工作

**【落实主体责任】** 2017年，县直机关工委认真落实党要管党，从严治党要求，切实履行机关党建工作牵头责任。年初主持召开县直机关党建工作会，印发《2017年度县直机关党建工作要点》，对机关党建工作作出安排部署。与县直一级单位党组织书记层层签订《县直机关管党目标责任书》，带头进行党组织书记抓党建工作公开承诺。多次组织召开机关党建工作会和党建座谈会，专题研究部署党建工作。在“两学一做”学习教育制度化常态化、“整县推进”工作中，深入90多家县直单位，检查督办300多次，开展交心谈心200余人次。

**【基层组织建设】** 2017年，县直机关工作委员会指导县人社局、卫计局等8个一级单位成立机关党委，督促县直单位的80多个基层党组织进行按期换届，通过换届，选优、配齐了基层党组织书记和委员。指导新成立党支部30多个，实现了党组织的全覆盖。同时，按照就近自愿、轮值负责、资源共享、先进共创的原则，重新划分和完善“党建活动区”，确保活动实效。各单位都制定了党员年度教育培训计划并开展培训工作，共开展集中培训活动200多批次。严格按照发展党员“十六字”方针，严把“入口关”，举办县直机关积极分子培训班，培训入党积极分子120人，全年共发展党员90名，审批预备党员转正84名。组织开展了县直机关基层党组织纪检委员业务培训班，提高基层党组织纪检委员的履职能力。开展初任公务员和重点领域、关键岗位廉政教育培训班，有效地提升了初任公务员和重点岗位干部的纪律意识和规矩意识。

**【开展创先争优】** 2017年，机关党组织和党员在规范开展和参加“支部主题党日”活动的同时，还立足单位和岗位，全面开展“红旗党支部”“党员先锋岗”和“党员示范窗口”等创建活动。全年共评出“红旗党支部”“党员先锋岗”和“党员示范窗口”各10个。12月，初步评出“五星级党支部”188个。创新开展了“党建+”活动。深入推进机关党组织和党员积极参与“脱贫攻坚”“美丽乡村”“社会治理”“文明卫生城创建”“共驻共建”“在职党员进社区”等各项中心工作，在参与中心工作中塑造机关形象，提升机关服务水平。

**【机关作风建设】** 2017年，县直机关工委着眼解决机关作风建设中存在的突出问题，狠抓机关作风建设。一是督促机关单位加强对《党章》《纪律处分条例》《廉洁自律准则》《问责条例》和《中央八项规定实施细则》等党章党规的学习，树立牢固的纪律意识和规矩意识。二是开展作风建设大督查。按照中共罗田县委和县纪委要求，工委联合县电视台，对县直单位进行了8次明察暗访活动，共通报处理、现场纠正、批评教育违纪违规干部20多人次。三是各单位在层层筛选的基础上，树立一批勤廉典型，带动了机关作风的转变。

**【服务中心工作】** 2017年，县直机关工委除扎实抓好机关党建工作外，还尽职尽责地服务好中心工作。高度重视招商工作，多次派员到广东、浙江等地开展招商，想方设法完成招商引资工作任务。在精准扶贫工作中，工委专门抽调两名班子成员脱产进驻贫困村，扎实为驻点村、贫困户及农民群众办实事、办好事，至2017年底，已完成79户贫困户档案资料规范和全村的“十有十通”工作。工委还克服人员少、任务重、经费短缺等困难，圆满完成中共罗田县委、县政府交办的创新城市管理、“卫生城”“文明城”创建等各项工作任务，累计投入资金10多万元。协助分管领导落实机关单位防汛责任，提前备足防汛物资，对城区责任地段进行了3次全面巡查。

**【党风廉政建设】** 2017年，县直机关工委领导班子以大局为重，注重团结进取，积极奋发有为，多次推送干部到中直机关工委党校、市委党校、县委党校参加学习。班子成员团结协作，在工作中拧成一股绳，分工不分家，各项工作都取得较好成绩，得到上级领导的充分肯定。认真履行中央、省、市、县委对党员干部的各项要求，以身作则，率先垂范，带头执行党风廉政建设的各项规定。着力抓好领导班子廉洁自律建设，每次集中开会，都要学习党风廉政建设方面的内容，时时敲响廉政警钟。班子成员始终以自身形象影响身边单位和个人，任何时候，都自觉学习并严格遵守党纪国法和领导干部廉洁自律、廉洁从政的各项规定。同时，每位班子成员都加强对配偶、子女的廉洁教育工作，形成良好的家风。

（县直机关工委供稿）

## 信　访

**【概　况】** 2017年，县信访局认真贯彻落实中央和省、市信访工作会议精神，积极创新工作机制，畅通信访渠道，规范信访秩序，及时排查和调处社会矛盾，全县信访工作取得显著成效。2017年，全县进京越级信访批次、人次与去年同期相比大幅下降，赴省异常信访批次、人次同比下降75%和90%以上。涉军、涉师等重点群体和重点人员总体态势稳定可控，全国“两会”、全省“两会”、“一带一路”国际高峰论坛、省第十一次党代会及党的“十九大”等重要节点和各个敏感时段，全县实现了无一人脱管失控赴省进京的目标，获得省、市通报表扬，局长瞿晓曼还被评为全国信访系统先进工作者。

**【创新信访模式】** 2017年，县信访局为进一步畅通信访渠道，增强吸附能力，加大接访处访力度，创新接访处访模式。领导接访新常态。在每周二县领导信访接待日的基础上，建立“双月”约访制度，由信访局梳理出重点、难点及具有普遍性、代表性信访问题提交给县党、政领导，每两个月安排县领导对信访人进行约访，面对面解决重点、难点信访问题。同时在重大活动期间，每天安排县党政领导在接访中心轮流坐班接访。部门接访新模式。在大力推行“7+X”联合接访模式的同时，还积极开展“人民满意窗口”创建活动，成立创建工作领导小组，全面指导创建工作。积极延伸信访工作网络，在乡镇建立联合接访服务中心，整合各部门力量，实现矛盾在基层调解，问题在基层处理。化解矛盾新成效。2017

年，全县共开展书记、县长约访、下访活动30余次，开展领导干部接访下访80多次，共接待信访群众480多人次，就地解决信访问题150多件，交有关部门限期解决的有310多件。

**【规范信访程序】** 2017年，县信访局在规范信访程序上，做到“三严”，即严审、严办、严督。严审。推行送审制度。每一件信访件在录入系统之前，各责任单位要将办理的信访文书事先送到信访局对应的科室进行预审，经审核合格后方可上传至阳光信访系统。这样做，虽然大大增加了各科室的工作量，但规范了信访件的办理程序，提高了办结质量，减少了工作失误，避免了弄虚作假，促进了信访问题的全面妥善化解。严办。一方面严格办理程序，做到“三化”，即业务流程标准化，处理过程透明化，文书资料规范化。每天安排专人盯网，发现快超期的及时进行提醒，实时跟踪督办，确保不失误，不超期；另一方面严格理清受理范围，坚持分类处置，加强甄别引导，实行诉访分离，及时受理职责范围内的信访事项，将涉法涉诉信访事项引导到法治化轨道解决，确保不失职，不越位。严督。对各单位信访事项的办理情况“日日问，天天抓，件件督”，对办理的质量和办结的效果实行“三随”：随时检，随机抽，随即督。对查出来办理质量不高，办结效果不好的，逐案建档，挂牌督办；对工作进展缓慢，超期未评价的及时通报，跟踪督办。通过严督，有效保证了工作进度，提高了办理质量，巩固了办结效果，提升了工作水平。

**【培训信访干部】** 2017年，县信访局针对信访业务知识更新快，集中轮训、以会代训效果差这一情况，及时为信访干部“开小灶”，组织开展“小班教学”。信访局干部职工自加压力，苦练内功，局长率先示范，带头讲课，其他人员以身作则，互评互学，做到“正人先正己，打铁自身硬”。信访局班子成员和科室负责人轮流给基层信访干部小班授课，现场教学，使信访干部能迅速掌握政策法规，精通业务知识，熟悉办理流程，在处理信访问题时“腰杆壮，底气足”。截至2017年12月，全县网上信访量占信访总量的93.07%，信访部门和责任单位的及时受理率、按期办结率均达到100%，群众满意率达到98.5%以上。这一做法得到省信访局高度肯定，省信访局专题印发《信访简报》在全省推广学习罗田经验。

**【信访工作改革】** 2017年，县信访局积极推进信访工作改革，增强信访工作活力，突出做好“三定”。定机构。全县成立了以县委副书记、政法委书记陈世龙任组长，县委委员、常务副县长胡朝晖，县委委员、县委办公室主任赵超，县委委员、副县长、公安局长罗俊为副组长的创建工作领导小组。县信访局、维稳办、综治办主要负责人和各乡镇党委书记为成员，有效整合力量，强力推动创建工作。定目标。全县明确提出了“三无”乡镇的创建目标，即“无进京赴省越级上访和非正常上访，无到市以上集体上访和群体性事件，无因信访问题引发的极端恶性事件和负面舆论炒作”。定奖惩。全县将“三无”乡镇创建与平安单位创建整合衔接，“三无”乡镇将优先推荐为市、县平安单位；对实现三无乡镇创建目标的乡镇实行授牌，并将创建工作纳入对乡镇综合目标考核的重要指标。通过表彰奖励，营造全员创建、联动创建的良好氛围。根据省、市依法分类处置信访工作的有关文件精神，县信访局及时组织召开会议，制定工作方案和实施细则，厘清各部门各单位的受理范围和权限，明确工作职责。为深入推进信访法制化建设，充分发挥律师在化解社会矛盾方面的重要作用，县信访局及时选派律师进驻县接访中心，参与矛盾的调解。对一些应当通过法律途径解决的信访问题及时引导群众进入司法程序，依法维权。到2017年底，已有50余件信访问题被依法引导通过法律程序。

**【化解信访积案】** 2017年，县信访局力量下沉到基层，对一些重大疑难复杂信访案件，及时与乡镇、单位主要领导进行沟通协调，对处理难度较大的及时向县领导反映，建议召开信访工作领导小组专题会，特事特办，予以解决。截至2017年底，共梳理出信访积案43件，像匡河的邹北海、方佑存；河铺的黄业煊，精神病医院的黄建立等一大批信访积案得以化解，为加快信访问题处理进程，提高办理质量和水平，县信访局实行以奖代补，助推信访积案的妥善解决。对办理质量较高，化解积案较多，解决问题较好，工作成绩优异的单位，及时启动奖励程序，落实以奖代补资金，2017年，全县共争取省、市专项资金近10万元，落实以奖代补配套资金100多万元，极大的增强了责任单位和信访干部化解信访积案的积极性和主动性。对于各单位上报的已化解的信访积案，县信访局进一步加大回访抽查力度，不定期开展回访抽查。随机回访案例群众，重点了解信访程序是否到位，问题是否处理，意见是否落实，是否存在弄虚作假情况等，对欺上瞒下，弄虚作假的全面进行追责问责。

**【信访维稳工作】** 2017年，县信访局重点做好“三抓”，协调联动抓稳控，成效显著。抓研判。县信访维稳工作领导小组每天汇总排查，发现涉稳信息，集中研判涉稳隐患、重点群体稳控和重点人员在位在控情况，做到眼聪耳明，未动先知。抓稳控。主要是做“三个三”。一是三个专班联动。即驻京工作专班、驻汉工作专班和后方工作专班（包括涉军、民师等8个涉稳工作专班和17个特殊利益诉求问题工作专班，分别由县领导牵头，分类化解信访突出问题）一起行动，相互协调配合，互通有无。二是三个圈子稳控。即本地吸附圈（将信访群众尽可能的吸附在县内，不外出）、中途拦截圈（在周边火车站、长途客运站等地进行查控，发现有上访的及时进行拦截）、末端劝返圈（从公安、信访、维稳和有关部门抽派力量，组成前方劝返工作专班，对赴省进京的个别人员第一时间劝返接回）协调联动，形成“控、劝、截”无缝衔接。三是三个战役求胜。全年全县大打信访维稳三大战役，即维稳攻坚战、安全阵地战和越级访阻击战，通过开展三大战役，有效的杜绝了越级上访的发生，维护了社会稳定。党的“十九大”期间，全县实现了“三个零”的目标。抓处置。县信访局抓住公检法三家联合通告发布的有利契机，及时开展信访违法行为的依法处置工作。对少数缠访闹访、扰乱信访秩序的人员，适时开展法纪教育；对长期进京非正常上访人员，及时搜集证据，依法进行打击。2017年全县依法对非访违法人员卢某、陈某进行拘留，极大地震慑了一部分别有用心的上访人员。

（县信访局供稿）

## 档案管理

**【概　况】** 2017年，县档案管理工作跃上新台阶。全县共有50家单位顺利通过档案工作目标管理。其中，39家机关及企事业单位晋升省一级；6家省特级复查。市档案局对罗田县档案工作目标管理考评抽查4家，合格率100%。2017年9月12日，县档案馆整体迁移，新建档案馆已成为设施齐全、环境优良的政府信息公开查阅场所。现有各类检索工具20种，书本式目录1800余本，文件级著录卡片6.5万张，人名卡片4.5万张。各类统计台账29种58本。全年共为1600余人提供档案资料1900卷册，制证1000张，为领导决策、服务群众等提供优质服务，赢得了社会各界的好评。

**【档案馆搬迁】** 2017年，罗田县第三代档案馆建设工程顺利竣工，项目总投资1270.5万元。其中，国家投资892万元，地方政府配套资金378.5万元。总建筑面积4697平方米，其中库房面积1752平方米。县政府投入设施设备配套资金240万元，配备有全新的档案密集架和恒温恒湿、安全防盗、消防报警、消毒防磁等现代办公设备。2017年9月12日顺利实施档案馆整体搬迁。全县105个全宗，共计146510卷档案全部搬迁进新档案馆，实现“安全零事故，管理无差错”的工作目标。

**【信息化建设】** 2017年，县档案局（馆）制订了档案整理及数字化加工保密工作制度和档案信息数字化建设实施方案。已向县政府提交档案数字化实施方案，并在县委、县政府的重视支持下，建成了数字化中控室，为下一步数字化建设做好了基础准备工作。其次，县档案局不等不靠，在资金以及硬件条件没有完全落实的情况下，自己先行动手，采取组织全局干部职工和聘用部分临时人员相结合的办法，全年输入档案目录超过4万条，及时向市档案局报送汇总后的目录数据和国家重点档案文件及目录。

**【依法治档】** 2017年，县档案局（馆）成立依法治档领导小组，制定了2017年普法依法治理工作要点，组织全局（馆）干部职工进行法治专题学习。坚持档案执法“双随机一公开”工作机制，年中制定《罗田县档案局“双随机一公开”实施方案》《档案执法检查随机抽查事项清单》，建立随机抽查执法人员名录库和随机抽查对象名录库。局法规办每季度向上级档案部门上报违法季报表。据统计，全年无明显违反《档案法》的情况发生。11月，联合县相关部门对县政法口和农口的18家单位开展档案执法检查。

**【资源管理】** 2017年，县档案局（馆）对现有全宗档案接受进行全面清理，全年接受进馆档案超过1万卷；制发了罗田县机构改革和国有改制企业档案工作管理办法的文件，全县21家国有改制企业档案全部接收进馆；指导县民营企业湖北泽威铸造有限责任公司开展建档工作；在社会散存档案征集上，有计划地把在社会上有一定影响的朱氏、程氏等家谱档案征集进馆。

**【特色归档】** 2017年，县档案局（馆）加大对全县重大活动、重要人物、重点工作的档案指导和收集工作。对重要人物诸如方志学家王葆心、医圣万密斋、京剧泰斗余三胜、天完皇帝徐寿辉等人的历史档案资料进行收集；对罗田县的重点高新技术企业湖北宏源药业公司的档案工作也进行指导，帮助其开展规范建档；积极开展土地确权档案工作，县档案局作为确权登记颁证工作领导小组成员，对全县的确权档案的收集、整理等工作实行全程协调指导，对档案整理外包公司的业务工作实行跟踪监督，还对两家整理公司的业务负责人进行档案验收培训，确保确权档案收集齐全、整理规范。在精准扶贫档案工作上，和县扶贫办联合制发了《关于做好全县精准扶贫档案工作的实施意见》文件，对全县精准扶贫档案，尤其是贫困人口的建档立卡档案工作予以监督指导；家庭建档方面，已联合县文明办、县总工会、县妇联和县民政局开展10家的家庭建档工作。

**【社会服务】** 2017年，县档案局（馆）将县老档案馆建为固定的爱国主义教育基地，内设固定展厅，展出有万氏医学全书、科技成果介绍、罗田名优产品介绍等充分反映馆藏特色的档案材料。全年举办档案展览2期，参观35人次。还与罗田论坛联合开办档案文化专栏，把具有浓郁档案文化特色的文章（如《罗田茯苓》）在论坛上推出，受到读者的广泛好评。

（县档案局供稿）

# 罗田县人民代表大会

## 县人大工作

**【落实县委工作部署】** 2017年，县人民代表大会常务委员会（以下简称县人大常委会）自觉把人大工作置于县委领导之下，坚决维护县委的领导权威和中心地位，坚持重点工作向县委汇报、重要活动向县委请示、审议情况向县委报告，牢牢把握人大工作正确的政治方向，从政治和全局的高度，不断增强做好人大工作的政治自觉、思想自觉和行动自觉。坚持把审议决定重大事项与促进全县经济社会发展紧密结合起来，通过法定形式将县委决策部署转化为全县人民的共同意志和自觉行动。在常委会第六次会议上，紧跟十五届县委二次（扩大）会议作出的“大战一百天，保目标、保脱贫、保稳定，以优异成绩向党的十九大献礼”的决策部署，依法作出《关于扎实推进“保目标、保脱贫、保稳定”工作的决议》，将县委提出的工作目标任务进一步梳理细化，为县政府集中全县人力、物力、财力，坚决打赢大招商、大融资、大扶贫、大维稳“四大攻坚战”，实现“三保”目标提供了强有力的法治保障。常委会首次针对县委阶段性工作部署作出决议，体现县人大及其常委会的政治站位和担当意识，为全县经济社会持续健康发展汇聚了强大合力。

**【依法人事任免】** 2017年，县人大常委会始终坚持党管干部和人大依法任免相统一原则，认真落实“‘一府两院’由人大产生、对人大负责、受人大监督”的制度安排，严把党组会议专题研究、主任会议认真初审、拟任人员法律考试、拟任职发言、常委会充分审议、无记名投票表决、现场颁发任命书、向宪法宣誓等八道关口，依法任免国家机关工作人员5批39人次，使党组织推荐的人选通过法定程序成为国家机关的领导人员。同时，县人大常委会本着对党和人民负责、对事业发展负责、对干部成长负责的原则宗旨，提出“守规矩、有作为、讲廉洁”的殷切希望和明确要求，组织开展政府工作部门负责人履职承诺电视访谈和年度工作情况满意度民主测评，以主任提要求、个人亮承诺、人大严考评的有效举措，强化任后监督，全面促进人大任命干部履职尽责。

**【计划预算监督】** 2017年，县人大常委会面对经济下行压力加大的严峻形势，加强经济运行情

新一届人大宣誓

况分析研判，认真听取和审议县政府关于上半年国民经济计划执行情况的报告，全面了解掌握各项指标完成进度，注重根据宏观形势的变化，督促支持政府积极应对复杂的内外经济环境，全面落实各项政策措施，不断增强内生动力和发展后劲，切实提高经济运行的质量和效益。抓住预算编制、执行和决算环节，听取和审议县政府关于预算执行、财政决算和预算调整方案的报告，及时审查批准县级财政决算和预算调整方案，着力规范政府财政预算管理行为，积极推动依法理财、科学理财。重视支持审计监督，跟踪督促审计问题的整改落实，进一步促进全县财政资金的高效、规范、安全运行。持续加强财政资金使用绩效监督，严格审批政府投资项目建设清单，多次视察调研项目实施，督促政府做细做实项目立项审批、规划设计、安全施工、竣工验收、运行管理等工作，确保资金使用效益和项目惠利于民。

**【民生实事监督】** 2017 年，县人大常委会始终围绕人民群众关心关注的精准扶贫、交通出行、食品安全、就医就学、饮水住房、生态环保等民生实事依法开展监督。对全县通村公路提档升级、消灭贫困户土坯房情况，组织 6 个调研专班，深入到全县 12 个乡镇，抽查重点村，走访贫困户，现场视察掌握实情，结合调研情况，在常委会上听取审议政府专项报告，形成审议意见，并进行交办。同时，对各乡镇完成这两项重点工作情况进行排名，通报全县，进一步增强监督刚性。县乡（镇）两级政府迅速回应，积极筹措资金，倒排项目工期，加大建设力度，如期实现完工。主任会议对凤凰关水库饮用水水源地环境保护进行现场视察，明确要求要“一库清水，送进千家万户”。县政府高度重视，召开常委会专题研究，迅速成立专班、落实专人、明确专责，制定工作方案，开展整治行动，全面清理污染面源，确保岸绿库清水净。县人大常委会还专题视察了上年度《政府工作报告》中明确的重点工作任务完成情况和县经济开发区环保工作开展情况，听取了全县中医药事业、校园安全、农村学校教学点建设等工作情况的报告，调研了农家书屋建设运行情况，督促政府为“传承发展中医药事业，做活万密斋医药品牌”“全面消除教学点安全隐患，促进适龄儿童接受教育”“延长书屋开放时限，方便群众学习知识”提供最大保障。

**【法治建设监督】** 2017 年，县人大常委会牢固树立法治思维，加强法治宣传，注重监督推动，强化跟踪问效，全面规范行政行为，着力建设法治罗田。对《食品安全法》《道路交通安全法》《湖北省农村扶贫条例》等法律法规贯彻实施提出审议意见，作出批准《罗田县创建国家生态文明建设示范县规划（2016—2020 年）》和《罗田县城市总体规划（2013—2030 年）2017 年修订》的决议，并提请第十七届人代会第二次会议作出《县第十七届人民代表大会关于全县河道流域生态保护的决定》。对县政府应报必报的规范性文件进行重点审查，专题调研全县法治建设情况，有力地促进了县政府及相关职能部门依法行政，规范执法；对县政府实施上年度城乡规划、完成当年度环境目标任务情况进行审议，充分发挥法律法规在推进经济社会发展中的保障作用。听取了县政府“六五”普法规划执行和“七五”普法规划制定等工作情况的报告，作出相关决议，要求突出宪法宣传，创新普法方式，切实增强法治宣传教育的针对性和感召力，进一步提升全民法治观念和素养，使法治理念深入人心。

**【“两院”司法监督】** 2017 年，县人大常委会支持督促审判机关、检察机关认真落实司法体制改革各项任务，不断加强和规范司法工作，努力让人民群众在每一件司法案件中都能感受到公平正义。主任会议分别听取县人民法院立案登记工作开展情况的报告，县检察院“保护生态环境，促进绿色发展”专项整治行动的报告，全面调研法官联系人大代表制度落实情况，督促和支持“两院”加强司法能力建设、发挥公正司法职能，规范司法行为，推进阳光司法，强化执法联动，不断提升司法公信力，为全县经济发展和社会稳定提供坚强的司法保障。

**【信访办理监督】** 2017年，县人大常委会把受理和督办群众来信来访作为关注民生、了解民情、反映民意的重要渠道，健全完善了接访、转办、督办、反馈工作机制。坚持常委会领导集中接访和机关日常接访相结合，变群众上访为领导下访，始终做到热情接待信访群众，耐心听取群众诉求，妥善解决群众困难问题，切实维护群众合法权益。一年来，县人大常委会机关共接待群众95批217人次，受理来信85件（其中市人大转办来信10件），对于所受理的来信来访都依照程序进行妥善处理，为维护全县社会稳定发挥积极作用。

**【代表履职履责】** 2017年是新一届县人大代表履职的第一年。针对新任代表较多的实际，县人大常委会按照“全覆盖、高标准”原则，采取邀请专家授课、分组讨论、大会交流等形式，围绕人大制度理论、代表权力义务、如何依法履职、撰写议案建议、争做优秀代表等议题，对新一届县人大代表进行集中培训，进一步增强了代表的责任意识、理论素养和履职能力。常委会依法依规，组织对缺额代表进行补选。严格执行密切联系代表、改进代表工作、服务代表履职等相关制度，深入开展主任接待代表日活动，与代表互通政情民意，共商发展大计，共谋民生之策。坚持邀请代表列席常委会会议，参加视察调研、执法检查等活动，认真听取代表审议意见，充分尊重代表合法权力。支持代表参加政府工作部门履责评议、规划评审、法庭庭审、检察院开放日等活动，拓宽代表知情知政渠道，丰富代表闭会期间活动。

**【脱贫攻坚工作】** 2017年，县人大常委会遵循“便于联系、方便工作、结构合理、规模适度”原则，兼顾代表专业特长，突出以老带新、以上率下，将全县五级人大代表混合编成77个代表小组，全面开展“聚力脱贫攻坚，人大代表在行动”活动。小组代表三五成队，进村组宣传扶贫政策、入农家细问致贫原因、到田间建言产业发展、访队员严查台账档案、评部门建议办理质效，着力用“绣花”功夫和“钉钉子”精神，监督问效扶贫政策落地落实。全年两次代表小组集中活动，省长王晓东，省人大常委会副主任周洪宇、王玲，省人大科教文卫委主任杨有旺，市人大常委会党组书记、常务副主任罗刚等省市领导以身作则，率先垂范，以普通代表身份参加活动，实现代表参与活动全覆盖、走访贫困农户全覆盖，提出的“扶贫贷款难落实”“扶贫信息未共享”“队员住村不经常”等实际问题、意见建议472件，分类逐一交办，分层解决问题，分级督导落实，有力地促进县、乡（镇）政府围绕精准扶贫加力度、添措施、补短板、转作风、增实效，带动全社会力量投入到脱贫攻坚主战场，形成了攻坚克难的强大合力。

**【代表议案督办】** 2017年，县人大常委会始终将代表满意、群众受益作为办好代表议案建议的第一标准，制定出台《代表议案建议处理办法》和《代表议案建议办理问责办法》，建立完善“年初抓及时交办，梳理确定督办重点；年中抓限期办结，广泛征求代表意见；年末抓跟踪问效，深入排查‘回头看’”的处理工作机制，和“常委会领导牵头督办、办委室主任分工督办、领衔代表跟踪督办、审议办理报告集中督办”的督办工作机制，不断改进督办方式，持续加大督办力度，从而有效加快办理进度，全面提高办复质量。县政府及相关承办部门把办理工作作为一项极其严肃的政治任务和义不容辞的法定责任抓实抓好，县长亲自领办、经常过问，部门建立机制、狠抓落实，十七届人大一次会议期间代表提出的167件建议全部办结。代表高度关注、人大重点督办、政府精心办理的“升级石材产业，实现富民强村”“完善视频监控系统，促进社会长治久安”“防治森林虫害，确保生态安全”等重点建议的办理成效得到群众点赞，激发了代表履职热情和责任担当。

**【自身建设】** 2017年，县人大常委会党组把党建工作牢牢抓在手上，强化党建主业主责意识，认真履行党要管党、从严治党主体责任，及时向县委请示汇报工作，严格按县委要求落实，做到凡重大议题先由党组会议进行研究，有效发挥党组把方向、议大事、谋全局的重要作用。切实加强机关党建工作，严格执行“三会一课”制度，深入开展“两学一做”学习教育和支部主题党日活动，严肃党内政治生活，加强党风廉政建设，坚持中心组集中学习、党员相互交心谈心、民主评议党员等制度，引导机关党员干部增强“四个意识”，永葆共产党人政治本色。县人大常委会坚持例会学习制度，周密制订学习计划，盛邀省内知名专家教授围绕人大制度理论、“三网”融合、“一带一路”、国防科技、十九大精神等热点知识讲课辅导，使常委会组成人员和机关干部职工学到新知识、吸纳新思想、激发新思维。常委会领导及办委室主任围绕全县法治建设、政府投资项目绩效评估、板栗产业振兴发展等议题开展广泛调研，积极为民主法治建设、县域经济发展建议献策。着力加强信息宣传，在市级以上主流媒体发表新闻报道、理论调研文章320多篇；连续第五年圆满完成省人大立项课题调研任务。县人大常委会主动适应民主法治建设需要，并结合机关人员机构增加的现实需求，积极争取县委县政府支持，配套升级优化办公设施，机关办公环境和条件得到改善，树立崭新的对外形象。县人大常委会以规范运作和注重实效为目标，坚持求真务实和开拓创新相结合，对常委会工作制度进行全面疏理研究，深入推进人大工作机制创新，分期分批审议通过常委会议事规则、主任会议议事规则、常委会联系“一府两院”工作办法等13项规则制度和工作办法，初步构建出内容科学、程序严密、配套完备、运行有效的制度体系，实现全县人大工作的制度化、规范化和常态化。

**罗田县十七届人大二次会议人大代表建议一览表**

表2

| 建议序号 | 建议标题 | 提出单位及个人 | 承办单位 |
|---|---|---|---|
| 1 | 关于加强农村小学师资队伍建设的议案 | 胜利镇毛立新等10人 | 教育局 |
| 2 | 关于支持基层商会阵地建设的议案 | 胜利镇徐剑君等10人 | 工商联 |
| 3 | 关于立项加固胜利河下游河堤的议案 | 胜利镇张金儒等10人 | 县发改局、县水电局 |
| 4 | 关于加强中小河流治理的议案 | 大崎镇夏汉乔等10人 | 县水电局 |
| 5 | 关于加快油茶产业发展的建议 | 骆驼坳镇徐志新等10人 | 县林业局 |
| 6 | 关于加大对建制乡城镇建设配套资金投入力度的建议 | 平湖、白莲乡张鑫等7人 | 县财政局 |
| 7 | 关于提升从县城石源河至平湖东冲畈道路等级的建议 | 平湖乡鄢碧娟等7人 | 县发改局、县交通局 |
| 8 | 关于加强对招标工程项目监管的建议 | 平湖乡胡建明等5人 | 县公共资源交易管理局 |
| 9 | 关于充分发挥新乡贤在美丽乡村建设中作用的建议 | 平湖乡林必文等5人 | 县委宣传部 |
| 10 | 关于松宜公路平湖乡集镇段改线的议案 | 平湖乡、河铺镇、胜利镇彭强等16人 | 县交通局 |
| 11 | 关于全面启动河道河堤护坡生态修复的建议 | 胜利镇张新和 | 县水电局、县环保局 |
| 12 | 关于打通胜利镇“一河两岸”循环公路的建议 | 胜利镇方立武 | 县交通局 |
| 13 | 关于加快胜利镇区周边小河流域治理的建议 | 胜利镇方礼平 | 县水电局 |

续表 2

| 建议序号 | 建议标题 | 提出单位及个人 | 承办单位 |
|---|---|---|---|
| 14 | 关于发展精准扶贫林下产业的建议 | 胜利镇闫刚 | 县林业局、县农业局、县畜牧局、县旅游局 |
| 15 | 关于加大非重点贫困村“十通十有”建设扶持力度的建议 | 胜利镇闫桂芳 | 县扶贫办 |
| 16 | 关于让乡镇街道路灯亮起来的建议 | 胜利镇何浩 | 县供电公司 |
| 17 | 关于强化总规修编规划先行的建议 | 胜利镇汪先锋 | 县规划局 |
| 18 | 关于在落梅河扶贫片区杨家畈新建一完小的建议 | 胜利镇吴树文 | 县教育局 |
| 19 | 关于加大胜利镇镇区及公路沿线旅游公厕建设力度的建议 | 胜利镇胡立新 | 县发改局 |
| 20 | 关于强化扶贫工程施工监理作用的建议 | 胜利镇王春容 | 县公共资源交易管理局 |
| 21 | 关于将“五保户”的部分土地收归集体用于扶贫工程调剂使用的建议 | 胜利镇刘伟朝 | 县经管局 |
| 22 | 关于减免扶贫工程规费的建议 | 胜利镇张新和 | 县扶贫办、县财政局 |
| 23 | 关于对老 318 国道（石桥铺至罗田塔山）主干道路提档升级的建议 | 匡河镇饶胜利等 10 人 | 县交通局 |
| 24 | 关于新时代背景下改善和保障村干部待遇的议案 | 匡河镇沈明清等 10 人 | 县委组织部、县财政局 |
| 25 | 关于建设罗田县匡河镇落令河村通往英山县工业园跨河大桥建造的议案 | 匡河镇郑东升等 10 人 | 县发改局、县交通局 |
| 26 | 关于推进白莲河库区村休闲旅游产业的议案 | 匡河镇方先林等 10 人 | 县交通局、县旅游局、县人社局 |
| 27 | 关于加大部门配合促光伏产业早日发挥效益的议案 | 匡河镇刘移生等 10 人 | 县发改局、县供电公司 |
| 28 | 关于加快罗田绿色发展的思考和建议 | 匡河镇何子红等 10 人 | 县旅游局、县环保局 |
| 29 | 关于兑现白莲河库区畜禽养殖业司退出补偿的建议 | 匡河镇郑东升 | 县畜牧局、县环保局、县人社局 |
| 30 | 关于西河流域黄沙开采治理的建议 | 匡河镇郑求生 | 县水电局、县交通局、县公安局 |
| 31 | 关于加大畜禽养殖污染治理力度的建议 | 匡河镇郑东升 | 县环保局、县畜牧局 |
| 32 | 关于对古庙河至匡河主干连接道路提档升级的建议 | 匡河镇董晓菊 | 县交通局 |
| 33 | 关于库区维稳化解匡河镇移民村后扶项目建设负债的建议 | 匡河镇方先林等 5 人 | 县移民局、县财政局 |
| 34 | 关于增加村级转移支付资金，确保村级组织正常运转的建议 | 大河岸镇刘晓宇等 10 人 | 县财政局 |
| 35 | 关于完善并建立农村供水公司，提高农村供水水平和饮水质量的建议 | 大河岸镇刘晓宇等 10 人 | 县水电局 |
| 36 | 关于开通三里畈、大河岸等县城卫星镇的公汽交通的建议 | 大河岸镇刘晓宇等 10 人 | 县交通局 |
| 37 | 关于完善农村垃圾治理中的“镇转运，县处理”环节的建议 | 大河岸镇邓念平等 10 人 | 县住建局 |
| 38 | 关于将九资河三宝小镇建设列为县政府 2018—2020 年工作重点的议案 | 九资河镇叶锦明等 10 人 | 县住建局、县规划局、县旅游局 |
| 39 | 关于加强对九资河镇垃圾外运的建议 | 九资河镇郑新革等 2 人 | 县住建局 |
| 40 | 关于保障村干部待遇的建议 | 九资河镇周建军 | 县委组织部、县财政局 |
| 41 | 关于大力推进创新湖北特色小镇“三宝小镇”的建议 | 九资河镇冯正光 | 县委办公室、县政府办公室 |
| 42 | 关于规划建设余三胜故居的建议 | 九资河镇杨小明等 2 人 | 县旅游局、县发改局、县规划局 |
| 43 | 关于加强招投标管理的建议 | 九资河镇夏德平 | 县公共资源交易管理局 |
| 44 | 关于解决清洁家园经费的建议 | 九资河镇周建军 | 县财政局 |
| 45 | 关于加强中药材产业发展的建议 | 九资河镇岳昌平等 2 人 | 县农业局 |
| 46 | 关于规划我县境内国省道路，C2 旅路等交通干线红绿灯设计安装，消除道路安全隐患的建议 | 县直袁泳等 3 人 | 县公安局 |

续表 2

| 建议序号 | 建议标题 | 提出单位及个人 | 承办单位 |
|---|---|---|---|
| 47 | 关于公交线路延伸，增加晚班班次的建议 | 县直朱锐锋等 10 人 | 县交通局 |
| 48 | 关于制定人才机制，防止人才流失的建议 | 县直晏仕斌等 10 人 | 县人社局、县教育局、县卫计局 |
| 49 | 关于缓解城区交通拥堵的议案 | 县直童俐等 10 人 | 县规划局、县住建局、县公安局 |
| 50 | 关于尽快恢复城西农贸市场的建议 | 县直方锋等 10 人 | 县城管执法局、县规划局、县住建局 |
| 51 | 关于做好罗田旅游的议案 | 县直陈春霞等 10 人 | 县旅游局 |
| 52 | 关于解决巴河流域综合治理的议案 | 三里畈镇叶永清等 10 人 | 县发改局、县交通局、县水电局 |
| 53 | 关于禁止农村项目工程转包的建议 | 三里畈镇王艳平等 3 人 | 县公共资源交易管理局 |
| 54 | 关于县政府兑现 2016 年洪灾水毁工程奖补政策的建议 | 三里畈镇刘秋生等 8 人 | 县水电局 |
| 55 | 关于加大计划生育社会抚养费征收力度的建议 | 三里畈镇雷建元等 2 人 | 县卫计局 |
| 56 | 关于加大对农村市场主体支持力度的建议 | 三里畈镇熊和平等 2 人 | 县经管局 |
| 57 | 关于整治和规范黄砂开采秩序的建议 | 三里畈镇杨天林等 3 人 | 县水电局、县交通局、县公安局 |
| 58 | 关于解决村副职干部待遇的建议 | 三里畈镇熊进民等 3 人 | 县委组织部、县财政局 |
| 59 | 关于加大对三里畈民营企业资金扶持力度，改善企业经营环境的建议 | 三里畈镇张庆明 | 县经信局、县商务局、县发改局、县财政局、县科技局 |
| 60 | 关于板栗产业振兴发展的议案 | 大崎镇付艳林等 10 人 | 县林业局 |
| 61 | 关于维修岗背畈村滴水岩拦河堰的建议 | 大崎镇付艳林等 10 人 | 县水电局 |
| 62 | 关于加大农村视频监控系统建设力度的建议 | 大崎镇李新宇等 10 人 | 县公安局 |
| 63 | 关于解决大崎镇土库仓村付家垸通组公路指标的建议 | 大崎镇付艳林等 10 人 | 县交通局 |
| 64 | 关于解决乡村精准扶贫工作费用的建议 | 大崎镇付艳林等 10 人 | 县扶贫办、县财政局 |
| 65 | 关于尽早拨付 2016 年水毁工程恢复资金的建议 | 大崎镇夏汉乔等 10 人 | 县水电局 |
| 66 | 关于开展“三线”专项整治的建议 | 大崎镇夏汉乔等 10 人 | 县经信局、县供电公司、县电信公司 |
| 67 | 关于提高村副职干部待遇的建议 | 大崎镇付艳林等 10 人 | 县委组织部、县财政局 |
| 68 | 关于推行委托社会中介机构代理村级组织记账的建议 | 大崎镇余雪菲等 10 人 | 县财政局、县经管局 |
| 69 | 关于新增易地扶贫搬迁安置点公益性岗位的建议 | 大崎镇付艳林等 10 人 | 县扶贫办 |
| 70 | 关于在李婆墩大桥下游新建拦河堰的建议 | 大崎镇何资金等 10 人 | 县水电局 |
| 71 | 关注已修的农村公路硬化工程，应该享受同等国家补助政策 | 白莲河乡郭金国等 10 人 | 县交通局 |
| 72 | 关于加强白莲石材园区企业的安全管理，确保人民生命财产和企业安全的建议 | 白莲河乡李仕书 | 县交通局、县公安局、县安监局 |
| 73 | 关于加强对白莲石材园区企业的公共事务管理，切实做好服务企业的建议 | 白莲河乡李仕书 | 县政府办 |
| 74 | 关于对影响生态环境的石材企业应采取强管严抓，打造绿色环保型石材企业的建议 | 白莲河乡李仕书 | 县环保局、县林业局 |
| 75 | 关于规范建筑公司中标后建筑管理的建议 | 白莲河乡李志勇 | 县公共资源交易管理局 |
| 76 | 关于适当提高一些大病患者门诊用药补助的建议 | 白莲河乡李锦利 | 县人社局 |
| 77 | 关于将 318 国道骆驼坳镇区段改线的建议 | 白莲河乡李仕书 | 县交通局 |
| 78 | 关于扩修三蕲线白莲河乡至浠水白莲河镇段公路的建议 | 白莲河乡胡爱民 | 县交通局 |
| 79 | 关于全面禁止河道黄砂开采，全力保护生态资源环境的建议 | 河铺镇周伟光等 10 人 | 县水电局、县交通局、县公安局 |

续表 2

| 建议序号 | 建议标题 | 提出单位及个人 | 承办单位 |
|---|---|---|---|
| 80 | 关于切实解决村副职干部待遇的议案 | 河铺镇鄂金国等 10 人 | 县委组织部、县财政局 |
| 81 | 关于修通河铺镇石头板村至桥头边村的连接路的议案 | 河铺镇周胜芳等 10 人 | 县交通局 |
| 82 | 关于新修屈胜沿河公路的议案 | 河铺镇黄卫东等 10 人 | 县交通局 |
| 83 | 关于着力化解村级债务，保障基层组织正常运转的建议 | 河铺镇陈高潮等 10 人 | 县经管局、县财政局 |
| 84 | 关于切实解决 228 省道大河埂街道段交通卡口问题的议案 | 河铺镇朱厚山等 10 人 | 县交通局 |
| 85 | 关于十里铺至龚家河村道路提档升级的建议 | 凤山镇胡仲林等 5 人 | 县交通局 |
| 86 | 关于尽快启动义水南路水榭华庭处至徐寿辉大道商务局处二环线连接线的建议 | 凤山镇高学敏 | 县规划局、县住建局 |
| 87 | 关于刷新道路交通地面标识的建议 | 凤山镇胡华胜等 2 人 | 县公安局 |
| 88 | 关于将公交线路延伸至小微企业创业园的建议 | 凤山镇王学武 | 县交通局 |
| 89 | 关于罗田县双峰建材有限公司关停转产的建议 | 凤山镇胡华胜 | 县经信局 |
| 90 | 关于万密斋大道何家垸至江夏大桥地段及道路清扫及垃圾处理的建议 | 凤山镇陈锡文等 2 人 | 县城管执法局 |
| 91 | 关于解决万密斋大道北段地带居民自来水压低的建议 | 凤山镇陈锡文等 2 人 | 县住建局 |
| 92 | 关于将北丰片区万亩农田列入 2018 年度高标准农田项目区 | 凤山镇付维刚等 3 人 | 县财政局、县水电局 |
| 93 | 关于解决长塘坳村至易家岩村危桥建议 | 凤山镇潘学先等 4 人 | 县交通局 |
| 94 | 关于解决空壳村的经济发展建议 | 凤山镇潘学先等 5 人 | 县农办 |
| 95 | 关于开通石源河片公汽线路的建议 | 凤山镇熊光荣 | 县交通局 |
| 96 | 关于将凤凰关水库纳入旅游开发地的建议 | 凤山镇方晓冬 | 县旅游局 |
| 97 | 关于解决武英高速大别山出口连接线叶家河片中心村村庄整治的建议 | 凤山镇郑水平等 4 人 | 县农办 |
| 98 | 关于解决村级副职干部待遇的建议 | 凤山镇郑水平等 4 人 | 县委组织部、县财政局 |
| 99 | 关于解决非贫困村通组道路建设的建议 | 凤山镇郑水平等 4 人 | 县交通局、县扶贫办 |
| 100 | 关于解决叶家河片区流域治理的建议 | 凤山镇郑水平等 4 人 | 县水电局 |
| 101 | 关于推进石源河流域观光农业和旅游发展的建议 | 凤山镇王学武等 2 人 | 县农办、县农业局、县水电局、县旅游局 |
| 102 | 关于加快罗田小微企业创业园建设的建议 | 凤山镇王学武 | 县经信局、县园区、县国土局、县规划局、县环保局、县住建局 |
| 103 | 关于要求将骆驼坳镇连辖区内 318 国道进行改线的议案 | 骆驼坳镇朱桂霞等 10 人 | 县交通局 |
| 104 | 关于加强小（二）型以上水库管理的建议 | 骆驼坳镇吴幸忠 | 县水电局 |
| 105 | 关于县财政增加精准扶贫办公费用的建议 | 骆驼坳镇彭金平 | 县财政局 |
| 106 | 关于加强加油站管理，杜绝意外事故发生的建议 | 骆驼坳镇余知斌 | 县安监局 |
| 107 | 关于发挥种植油茶的建议 | 骆驼坳镇徐卫兵 | 县林业局 |
| 108 | 关于改善罗田至赵家垸路段的建议 | 骆驼坳镇卢亚平 | 县交通局 |
| 109 | 关于落实贫困户县外住院一站式服务报销的建议 | 骆驼坳镇方将军 | 县民政局 |
| 110 | 关于非贫困村副职工资来源的建议 | 骆驼坳镇彭金平 | 县委组织部、县财政局 |
| 111 | 关于解决骆驼坳镇贫困户出行难的建议 | 骆驼坳镇张忠义等 2 人 | 县交通局 |
| 112 | 关于村级“十有十通”工程下差资金从何而来的建议 | 骆驼坳镇彭金平 | 县扶贫办、县财政局 |

续表 2

| 建议序号 | 建议标题 | 提出单位及个人 | 承办单位 |
|---|---|---|---|
| 113 | 关于加强公益事业管理报酬的建议 | 骆驼坳镇彭金平 | 县财政局 |
| 114 | 关于解决城区路灯设置不合理的建议 | 白庙河镇彭胜华等 2 人 | 县供电公司 |
| 115 | 关于解决东安河小学安全饮水的建议 | 白庙河镇张庚甲等 5 人 | 县水电局 |
| 116 | 关于修复跨马墩水库至付家庙村大渠道的建议 | 白庙河镇张伯海等 3 人 | 县水电局 |
| 117 | 关于加强农业基础设施建设工程质量监管的建议 | 白庙河镇彭胜华等 3 人 | 县住建局 |
| 118 | 关于修复肖家坳街大桥的建议 | 白庙河镇肖园林等 3 人 | 县交通局 |
| 119 | 关于对白庙河镇下街至面铺村线路改造的建议 | 白庙河镇赵爱玉等 4 人 | 县交通局 |
| 120 | 关于将农村垃圾治理经费纳入县财政一般预算的议案 | 白庙河镇周广才等 10 人 | 县财政局、县住建局 |

（县人大常委会供稿）

## 县人大常委会办公室工作

**【专题调研】** 2017 年，县人大常委会办公室紧紧围绕改革发展和关系人民群众切身利益的问题，按照依法监督、突出重点、讲求实效原则，联合相关委、室，先后组织部分常委会委员和基层人大代表，就全县通村公路提档升级、消灭贫困户土坯房、凤凰关水库饮用水水源地环境保护、板栗产业振兴、中医药事业发展等 20 项工作情况进行专题调研、开展视察活动，并针对工作中存在的问题提出相关的意见和建议，有力推动政府有关部门把实事办好、好事办实，有效地促进了县域经济发展、民生福祉改善。积极组织开展《食品安全法》《道路交通安全法》《湖北省农村扶贫条例》，以及《档案法》等法律、法规实施情况的执法检查，针对检查中发现的问题，及时督促相关部门整改到位，较好地保障了相关法律法规的正确实施。配合省、市人大开展精准扶贫调研、“民族团结进步荆楚行”、“黄冈环保世纪行”等活动，树立了我县凝心聚力脱贫攻坚、民族团结共谋发展、生态文明持续推进的良好形象。

**【服务“三会”】** 2017 年，县人大常委会办公室高度重视“三会”服务工作，规范会议运作，改进会议服务，紧扣会前、会中、会后三个环节，努力创新服务方式方法，不断提高服务工作质量和效率，使服务与时俱进、常做常新，确保“三会”召开及时，进展顺利、圆满成功。会前做足细功。着重围绕中共罗田县委工作重点、县政府工作难点、群众关心热点问题，反复调研、深入讨论、综合平衡，严密制定全年工作要点，科学明确每次会议议题，保证每次会议主题突出，审议充分，成效明显。会中严格落实分工负责、统筹协调、应急处理等制度，做到人员、任务、责任、工作安排到位，各司其职，确保会务工作有条不紊，会议依法有序进行。会后迅速整理审议意见，重点做好公报发布、交办落实等后续工作，及时送交“一府两院”研究处理。在“一府两院”研究处理过程中，会同相关委、室主动参与调研，督促会议审议意见落到实处，推动会议决策事项顺利实施。2017 年，共召开 1 次人代会、8 次常委会会议、15 次主任会议，听取和审议专项工作报告 23 项，向“一府两院”交办审议意见 30 多件，均得到积极认真对待，及时研究处理。同时，重视“三会”宣传报道，通过电视台、政府门户网、人大微信群等信息平台，全方位、深层次地报道“三会”情况，让全县人民群众更加了解人大工作，更好地支持人大工作。

**【代表工作】** 2017 年，县人大常委会办公室高度重视新一届人大代表履职培训工作，从培训课程设计、教学活动安排、邀请专家授课、开展学习交流、后勤服务保障等方面都作了精心准备和细致安排，达到了提高能力、研究问题、布置工作、树立形象、增进联络的目的。依法依规对缺额人大代表进行补选，配合代表工作委员会对代表议案、建议进行分类交办，严格督办。十七届人大一次会议期间，收集到的167件建议全部办结，代表满意率较往年大幅提升。精心谋划、统筹推进“聚力脱贫攻坚，人大代表在行动”活动，全面完善代表之家及代表小组活动室阵地建设，全年两次代表小组集中活动，共收集意见建议472件，推动了扶贫政策落地落实，解决了一批实际问题，激发了贫困户脱贫致富的内生动力，形成了全社会攻坚克难的强大合力。

**【自身建设】** 2017年，县人大常委会办公室按照“政治坚定、业务精通、务实高效、作风过硬、团结协作、勤政廉洁”的要求，努力使人大机关成为个体合格、群体合拍、整体合力的优秀团队。结合常委会例会集中学习、支部主题党日活动等有效形式，周密制订学习计划，邀请省内知名专家、教授，围绕“三网”融合、“一带一路”、国防科技、十九大精神等热点知识，到罗田讲课辅导，使常委会组成人员和机关干部职工学到新知识、吸纳新思想、激发新思维。连续第五年圆满完成省人大常委会立项调研课题，提升了罗田人大工作的美誉度和影响力。坚持问题导向，扎实推进“两学一做”学习教育常态化制度化，结合人大工作实际，着力整治调研不深、工作不实等问题，转变思想和工作作风，引导干部职工更新服务理念，履职尽责，创先争优。在牵头负责的住点镇村精准扶贫、白莲河库区村信访维稳、园区征地拆迁、招商引资等中心工作上，采取全员上阵、全程参与、全力以赴、全面落实的“四全”模式，确保工作任务的如期完成和项目建设的时序进度。人大机关办文办会、信访接待、服务老干、驻村帮扶、综治维稳、安全管理、计生群团、文明创建、档案保密等工作齐头并进、逐项落实到位，形成了团结共事、和谐谋事、齐心干事、合力成事的良好氛围。

**【廉政建设】** 2017年，县人大常委会办公室认真落实各级纪委关于党风廉政建设的各项要求，始终坚持标本兼治、综合治理、惩防并举、注重预防的工作方针，突出抓实廉政教育、责任落实、制度建设三大环节，积极推进人大机关党风廉政建设，全力营造风清气正、干事创业的发展环境。强化组织领导，全面压实主体责任。严格按照中共罗田县委主体责任体系建设要求，认真查找各个岗位廉政风险点，及时制定年度党风廉政建设工作计划与责任分解，多次组织召开机关党风廉政建设工作专题会议，持续压紧压实主体责任。强化廉政教育，全面筑牢拒腐防线。结合“两学一做”学习教育、支部主题党日活动和“三会一课”的开展，组织党员干部深入学习贯彻中央八项规定、“一章程、两准则、四条例”和省、市、县委关于作风建设的各项规定以及有关违反中央“八项规定”典型案件的通报，集中观看《打铁还需自身硬》系列警示教育片，进一步强化党员干部廉洁自律的自觉性和主动性。强化纪律要求，全面规范事务管理。进一步健全和完善机关公车使用管理、办公用品采购、内外公务接待、干部选拔任用、个人重大事项报批等制度，严格执行党务政务财务公开，主动接受人民群众监督。全年机关干部职工没有出现违法违纪现象，领导干部没有发生为政不廉行为。

**【法治建设】** 人大是法律法规制定机关，坚持依法行政是当然职责和必然要求。在法治理念上，不断强化新形势下人大机关干部对依宪依法治国的深刻认识，持续加深在人大工作对坚持党的领导、人民当家做主和依法治国有机统一重要性的全面认识。在工作实践中，充分运用法治理念和法治思维去化解矛盾、解决难题、推动工作。把法治学习作为机关党组中心组和干部职工集中学习的主要内容，建立完善的学法制度和考勤制度，重点学习与人大工作业务息息相关的《宪法》和《地方组织法》《代表法》《选举法》《监督法》，力求掌握法律要义和领会精神内涵，全面形成机关学法、尊法、懂法、用法的良好氛围。机关信访接待，坚持依法处访、释法说理，合理诉求解决到位、无理诉求解释到位、生活困难帮扶到位。在机关办公楼扩容改造工程建设、大件办公用品采购等方面，严格按照《招投标法》的规定进行招标采购，阳光操作，不留暗门，经得起审计查账和历史检验。常委会及机关制定出台的议事规则、制度办法，请研究室、法工委对照相关工作管理制度进行审查，确保不与国家法律法规抵触，同时做到结合实际，便于操作，富有特色。

**【机关党建】** 2017 年，县人大机关党组把党建工作牢牢抓在手上，强化党建主业主责意识，认真履行党要管党、从严治党主体责任，及时向中共罗田县委、县人大常委会党组请示汇报工作，严格按中共罗田县委要求落实，做到凡重大议题先由机关党组会议进行研究，有效发挥党组把方向、议大事、谋全局的重要作用。切实加强机关党建工作，严格执行“两准则四条例”等党规党纪和“三会一课”制度，深入开展“两学一做”学习教育和支部主题党日、书记讲党课等活动，严肃党内政治生活，加强党风廉政建设，巩固提升作风整顿成果，坚持中心组集中学习、党员相互交心谈心、民主评议党员等制度，引导机关党员干部增强“四个意识”，永葆共产党人政治本色。

**【改革创新】** 2017 年，县人大常委会办公室组织机关干部深入学习《湖北省全面深化改革促进条例》，认真贯彻中央和省、市、县委全面深化改革领导小组工作会议精神，把抓改革作为一项重大政治担当，切实增强推进改革的思想自觉和行动自觉，在吃透法律法规精神、总结以往工作经验、借鉴外地先进做法的基础上，办公室联合相关委、室，以规范运作和注重实效为目标，坚持求真务实和开拓创新相结合，对常委会工作制度进行全面梳理研究，分期分批提起审议并通过常委会议事规则、主任会议议事规则、常委会联系“一府两院”工作办法等 13 项规则制度和工作办法，圆满完成创新人大工作机制年度任务和省人大立项课题调研任务，初步构建出内容科学、程序严密、配套完备、运行有效的制度体系，实现全县人大工作的制度化、规范化和常态化，为全县人大工作创新发展增添动力。

（县人大常委会办公室供稿）

# 罗田县人民政府

## 县政府工作

**【经济综述】** 2017年，全县完成地区生产总值（GDP）133亿元，增长7.5%。规模工业增加值24亿元，增长8.5%。全社会固定资产投资192亿元，增长14%。社会消费品零售总额74亿元，增长10.5%。地方公共财政预算收入7.35亿元，增长15.4%。城乡居民人均可支配收入分别为25260元和10240元，增长10%和12%。城镇登记失业率控制在1.2%。除GDP未达到增长10%的奋斗目标和省市调整脱贫摘帽时间未摘帽外，其他目标全部实现。

**【脱贫攻坚】** 2017年，罗田县"六个精准""五个一批""五位一体""十有十通"等措施落地见效，20952人脱贫，18个重点贫困村出列。经过多轮"回头看"和大数据比对，精准识别贫困人口40459户118326人。整合统筹使用扶贫资金16.31亿元。324个易地扶贫搬迁安置点全部开工，建成216个。四大片区扶贫工作加快推进，完成43个重点贫困村"十有十通"工程建设，硬化村组公路222公里，电网改造投入1.15亿元。投资1.3亿元建成106个重点贫困村和4211户贫困户光伏扶贫电站，每年为村集体增收5万元、贫困户增收3000元以上。安排产业发展奖补资金5000万元，设立扶贫小额贷款风险基金2903万元，发放贷款过2亿元，争取中国人民银行罗田县支行1亿元扶贫再贷款支持龙头企业发展。吸引970名能人回乡创业，组建股份合作制实体260家，打造錾子石、长源冲、鲶鱼丘、罗家畈等40个村企共建示范村。发放生态公益林、退耕还林等补助资金953万元，为贫困户提供生态护林员、清扫保洁员等农村公益性岗位2158个，每年人均增收4000元以上。教育助学覆盖幼儿园至大学各个阶段，发放贫困生助学金948.8万元，惠及14368人次；发放农村义务教育学生营养改善资金1865万元、惠及33919人次。"先诊疗、后付费、一站式"健康扶贫措施有效地缓解因病致贫问题，为贫困对象缴纳医保金1052万元，投入2340万元购买补充医疗保险和意外伤害保险，报销住院医药费1.46亿元，惠及36526人次。农村16311名低保对象年人均补差标准提高到3700元，5857名"五保"对象年人均供养标准提高到7330元，直接发放社会保障兜底资金9809万元。因村增派扶贫工作队员927名，结对帮扶工作更加扎实。全县一批扶贫、脱贫先进典型现身说法，"真心实意谢党恩、自力更生奔小康"等系列活动，极大地增强了信心决心。刘锦秀荣获全国脱贫攻坚奉献奖。成功承办全国产业扶贫现场会，"五位一体"经验在全国产业扶贫延安现场会上交流。

**【产业结构】** 2017年，全县三次产业结构比由上年的20.5∶38∶41.5调整为20∶37.6∶42.4。农业加快转型。粮油生产稳中有增，板栗、中药材、甜柿等经济作物喜获丰收，农林牧渔业增加值同比增长4.5%，培育新型农业经营主体1086家，市级以上龙头企业27家。划定永久基本农田40万亩，申报土地增减挂钩和耕地占补平衡指标5000亩。流转土地11.5万亩，建成现代农业产业园11个。新增“罗田天麻”“大别山黑山羊”两个国家地理标志保护产品。九资河河西畈村、大崎李婆墩村、三里畈六家坳村被评为全省村级集体经济发展进步村。被授予全国集体林权制度改革先进集体，成为全市唯一的全国农村产业融合发展试点县。工业增量提质。工业用电量、产销率、利税同步增长，生产经营形势持续好转。经济开发区新开工项目11个，续建项目6个，建成投产项目4个。新增规模企业4家，三板挂牌企业1家，在辅企业2家，湖北名牌产品3个。新认定高新技术企业3家，省级校企共建研发中心3个，完成科技成果转化12项。宏源药业实现销售收入12.5亿元，入库税收7800万元，出口创汇2400万美元。一期4000吨六氟磷酸锂电解液和5000吨甲硝唑原料药GMP制剂项目即将竣工投产。旅游加速提档。全县接待游客645万人次，实现旅游综合收入33.2亿元，同比分别增长24.5%和25.8%。成功引进卓尔文旅、江苏丰盛、上海景域三大集团，拟投资50亿元打造“五景区五小镇”全域旅游项目。天堂寨景区如期托管，胜利文化小镇动工建设，三里畈禅修小镇雏形已现，凤山古镇项目签约。河西畈游客接待中心和天堂湖湿地公园科普馆竣工投入使用。大别川百里生态画廊沿线建成6个节点。胜利“武钢新村”、烈士纪念园二期等工程完成投入3亿元。建成骆驼坳燕儿谷、三里畈张家冲、平湖花果山等一大批田园综合体。湖北休闲农业和乡村旅游产业联盟在罗田成立。成功入选国家全域旅游示范区。金融保险业创新发展。银行机构贷款余额88.4亿元，存款余额234.5亿元，同比分别增长22.6%和15.7%；保费收入5.58亿元，理赔支出1.32亿元，同比分别增长8.5%和29%。新业态、新经济蓬勃兴起，电商平台交易额过10亿元，其中农特产品线上销售2.8亿元。

**【项目建设】** 2017年，全县共争取国家项目186个，资金12.2亿元。水利、交通、供电、卫计部门争取资金过亿元，财政、农业、林业、移民、文化等部门超额完成任务。新申报入库亿元项目45个，总投资150亿元。前期推进重大项目43个，总投资360亿元。平坦原抽水蓄能、铁路、风电、光伏等项目取得新进展。项目管理更加规范，建设进度全面加快，6个“双百”项目完成投资7.79亿元，两次重大项目集中开工周开工项目24个，总投资62.36亿元。实施本级政府投资项目33个，总投资15.88亿元。完成交通货币工程量5.06亿元，S323、S228改扩建路基61.2公里，路面30.5公里，扩宽通村公路699.1公里，完成公路安防工程67.3公里。投入2.6亿元加快水利建设和水毁恢复，完成15座小（二）型水库除险加固，新改建农村饮水安全提升工程104处。策划大园区、大城建、大交通、大水利、大文体（文化、体育、教育、卫生、养老等）五大PPP项目包，总投资过500亿元。12个乡镇污水处理厂PPP项目在全市率先落地开工。政府投融资平台作用突出，城投、旅投、交投完成项目融资15.85亿元，担保融资12亿元，财政调度资金和“过桥”资金周转利用率提高到4次。招商引资取得新突破，引进亿元项目14个，5000万元以上项目39个，41个项目通过评审，36个项目开工，完成投资34.52亿元。

**【人居环境】** 2017年，全县城乡规划建设管理更加精细。高标准完成县城总体规划调整和263个扶贫专项规划，38个美丽乡村规划，12个乡镇垃圾中转站和污水处理站等详规编制工作。完善城乡私宅规划建设管理办法，规划管控、综合整治效果显著。采取“四合一”办法及时为305户居民办理建房审批手续，拆除违法建筑57处

7600平方米。着力打通城区堵点，书香路、玉屏南路、高速出口路等区域拆迁顺利完成，北城岗隧道、巴源大桥扩宽加固、义水北路北端改线即将竣工通车，义水北路一期改造全面完成。新建公交停靠点101个，新购置环保公交车10台。完成匡河、白莲、骆驼坳公交化改造，搬迁城西客运站。绿化、亮化、美化、洁化、网格化、常态化管理水平全面提升。建成拨云尖、塔山等公园主入口、主园路和一河两岸生态护坡3.1公里。刷黑主次干道2公里，安装路灯776盏。城管数字化平台改造升级，环卫设施和执法装备全部更新，餐饮油烟、乱停乱放等顽疾得到有效治理，市容市貌不断改观。房地产健康发展，建成商品房2548套，销售商品房3189套，其中去库存2542套，去化周期减少到11个月。保障性安居工程稳步推进，建成河东宜居山庄二期公租房1720套，改造农村危房1711户。投入资金5431万元支持38个“基层党建+美丽乡村”建设，骆驼坳叶家圈村、匡河汪家桥村、白庙河付家庙村、平湖沙塘角村、三里畈新铺村入选全省美丽乡村建设示范村，村企共建美丽乡村经验在全省推广。成功创建国家级园林县城。圆满迎接联合国教科文组织对大别山世界地质公园实地评估。环境保护力度空前。中央环保督察30个问题、经济开发区7个方面突出问题、“雷霆行动”10大重点工作实现“清零销号”。经济开发区污水管网全部建成，纺织、化工、石材、黄砂、白莲河库区综合整治工作取得阶段性成效。淘汰黄标车556台、燃煤锅炉66台，“清洁家园”行动和饮用水水源地保护工作扎实推进。投入资金830万元进行飞防作业，确保了121.3万亩受“松毛虫”危害林区生态安全。平湖、胜利及7个村被授予省级生态镇（村）。全县空气质量综合指数保持在全省前十位，全市第一位。国家生态保护与建设示范区中期评估位列全国第三位。社会大局和谐稳定。重拳打击违法犯罪，着力化解信访积案，及时处置“浦爵金融”等案件。安全生产形势持续好转，事故四项主要指标大幅下降。平安法治建设取得重大进展，成功夺得全国综治最高奖“长安杯”。文明创建广泛开展，县财政局荣获全国文明单位，九资河镇、三里畈镇、圣人堂村分获全国文明镇、村。“净网行动”和政府网站集约化管理持续加力，新闻媒体弘扬正能量作用更加突出，全县50余次登上中央、省级主流媒体。

**【社会事业】** 2017年，罗田县注重教育优质均衡发展，投入资金6113万元，新改建校舍2.54万平方米，完成校车改革和35所学校“明厨亮灶”工程建设；补充教师224人，培训教师5392人次，教学质量持续提升，高考、中考再创佳绩；积极做好就业创业服务工作，开办培训班17期，举办大型招聘活动10场，新增城镇就业5331人。新招录公务员37名，“绿色通道”引进专业技术人才46名，公开招聘事业单位工作人员136名，引进实习实训大学生1055名。全民参保登记、新农合与城镇职工医保整合、机关事业单位养老保险制度改革等工作全面铺开，征收社保费3.25亿元，发放离退休费和医保费待遇7.68亿元。医药卫生体制改革稳步推进，分级诊疗、家庭医生签约服务全面开展，新建“五化”村卫生室209个，“布病”、H7N9疫情得到及时有效防控。全面二孩政策效果显现，出生8088人，其中女孩3989人，出生人口性别比113.3，同比下降4.8个单位值。县、乡、村三级文化设施网络基本形成，图书馆、文化馆、档案馆建成投入使用，村级文化室和农家书屋实现全覆盖。送戏下乡、全民体育健身等活动蓬勃开展，城乡居民精神文化生活不断丰富。被授予全省“十佳书香县市”。《罗田吊锅》入选省级非物质文化遗产保护名录。建成县社会福利中心二期工程、老年人大学和5个农村老年人活动中心，新增2家民营养老机构。为8151名居民发放高龄补贴477万元，为11247名残疾对象发放“两项补贴”965万元，将社会散居和集中养育孤儿月人均供养标准分别提高到700元和1100元。及时做好退役士兵接收安置、优待抚恤、涉军群体解“四难”工作。人防工作荣获省政府、省军区表彰。

**【政务服务】** 2017年，全县“放管服”改革向纵深推进，59家行政审批部门和12个乡镇权责清单全部厘清，保留行政审批事项197项，削减88项，累计取消收费1132项。以“创响罗田、梦想老家”为主题的“双创”工作亮点纷呈，创业创新活力充分激发，新登记企业567家，个体工商户4433家，专业合作社112家。返乡创业试点经验在全国交流，被国务院命名为第二批全国“双创”示范基地，成功承办全国“双创”湖北会场罗田政策培训活动。始终以猛药去疴的决心和壮士断腕的勇气推进政府自身建设，坚决破除不合时宜的思想观念和体制机制弊端。坚持对标看齐，明晰方向。严守党的政治纪律和政治规矩，认真履行党建、党风廉政建设、意识形态、改革等主体责任。深入贯彻中央“八项规定”精神，明确提出政府工作人员“七条要求”。扎实开展“两学一做”学习教育，及时传达学习中央、省、市委、政府重要文件会议和领导讲话、批示精神。坚持务实重行、狠抓落实。全面贯彻落实县委决策部署，坚决执行县人大常委会决议、决定，积极与县政协常委会开展“双月协商”、转化运用委员调研成果，“两代表一委员”344件提案议案和“30件重点提案议案”全部办结。坚持依法行政、规范运行。进一步完善政府运行、机构编制、税收征管、财政预算、本级投资项目评审、规划和土地委员会议事决策、土地房屋征收和出让管理等系列规章制度，将政府“三重一大”事项全部纳入会议讨论、集体决策程序，并主动及时向县委、人大、政协专报结果。坚持问题导向，对单整改。加大对国务院、省、市大督查交办工作、巡视巡察反馈问题及县政府216项重点工作的督办力度，及时开展政府运行质效评估。加大政务公开力度，推进电子政务，开通“12345”市民服务热线。加大行政执法队伍规范化建设投入力度，完成工商、质监、城管执法等改革。加大财政投资评审和审计监督力度，完成投资评审项目632个，节约资金1.32亿元，审计扶贫等重点领域项目41个，查处违规和不规范资金1.3亿元。加大行政监察和惩处腐败力度，问责605人次，纪律处分248人，移送司法机关处理3人。与此同时，认真做好国防动员、拥军优属工作，全力支持群团改革发展，统筹推进民族、宗教、对台、外侨、保密、方志、统计、气象、地震、应急、红十字、公积金、机关事务管理等工作，各项工作取得了新成绩。

（根据县政府工作报告摘录）

## 县政府办公室工作

**【机关管理】** 2017年，县政府办公室认真落实年初政府廉政工作会议要求，进一步明晰职责、明细要求、强化举措，突出抓人、财、物“三管齐下”，确保机关管理规范化、标准化，极大提升政府办公室的管理水平。合理调配干部。新一届政府领导班子到位后，结合工作实际需要，办公室对班子成员分工进行重新调整，并按照程序依法依规配齐科室人员，对各个科室工作职责进行细化明晰，确保责任上肩。提升办公条件。全力做好制度上墙、流程入网、痕迹进册，大力提升办公室网络办公服务水平，提高办事效率。修订完善制度。先后制定《罗田县政府办公室运行规则》、政府工作“七条要求”，修改完善政府办机关党务、政务、财务、后勤等各项工作制度，进一步明晰办文办会工作流程，并打印成册人手一份，做到了用制度管人管事。

**【专题调研】** 2017年，县政府办公室坚持调研、督查“两手抓”，确保县委、县政府决策部署落地生效。全年紧紧围绕精准扶贫、产业发展、城乡建设、政府“七条要求”落实情况、黄砂整治等重点工作深入开展专题调查研究，积极建言献策，为领导科学决策提供重要依据，发挥了以文辅政作用。围绕县委、县政府工作重点，积极向省市上报高质量的政务信息，全年报送各类政务信息300余条，报送率、录用率稳居全市前列。此外，在《黄冈日报》等市级以上党报党刊上刊发信息100余条，50多条被省、市政务网站转发。加大“三案办理”力度。全面贯彻落实县委、县政府决策部署，坚决执行县人大常委会决议决定，认真接受“两代表一委员”监督，全年办理党代表意见74件、人大代表建议167件、政协委员提案103件。

**【政务督查】** 2017年，县政务督查室共开展专项督查230余次，印发《政务督查通报》17期，并联合县委督查室印发两办专项通报10余期，有力地推动县委、县政府重大决策及重点工作的贯彻落实。围绕重点工作抓督查。抓好省、市政府工作报告分解任务的督查落实。按照工作要求认真梳理并进行分解，明确承办单位、办理时限、责任领导。对各项工作实行跟踪督查，采取电话督办、现场督办、印发通报等多种方式，有力地促进各项工作顺利开展。依据《政府工作报告》分解任务清单的工作内容、责任单位、牵头领导等内容，不断加大督查力度，每季度通报进展情况，对任务进展滞后的单位进行专项督办，全年，252件工作任务中完成或接近完成的占比90%。为确保政令畅通，县政务督查室把县长办公会、政府常务会、专题会议定事项作为督查室全年的重点工作之一，通过认真梳理会议纪要，理清各单位的责任，并在此基础上强化责任落实的相关督办工作，定期印发督查通报，有效促进工作的落实。抓好“三案”办理工作的督查落实。年初，将收集的建议和提案认真分类，明确办理单位，缕清各部门的责任，并组织召开“三案”办理交办会，逐一进行交办。2017年，政务督查室共交办“三案”344件，并组织县人大、县政协视察重点建议提案办理工作，代表满意率进一步提升。12月份，县政府就人大建议的办理和政协提案的办理分别向人大、政协作了报告，都顺利审议通过。重点抓好领导批示件的督查落实，共完成领导临时交办工作督办50余次。围绕阶段性重点工作抓督查。坚持把做好阶段性重点工作作为维护政府权威，确保政令畅通的重要环节。2017年，重点对黄沙开采工作、校车进展工作、“村村响”“户户通”工作、村卫生室建设工作等领导交办事项开展阶段性督查，做到了件件有回音、事事有着落，圆满完成了督查任务，确保各项工作顺利完成。

**【协调服务】** 2017年，县政府办公室充分发挥其工作职能，既当好“战斗员”、又当好“服务员”，既当好“解释员”、又当好“协调员”，全力做好“三服务”工作。办文办会。以服务“零距离”、办事“零差错”为宗旨，倡导“100—1=0”理念，始终以不让文件积压、不让工作断线、不让事情延误、不让差错出现的“四个不让”要求来做好上传下达、公文运转等工作。信访接待。开通政府行风热线“12345”平台，认真接受社会群众监督，全年接待群众来信来访5000多人次，及时公开回复网上投诉、举报300余条，每一次接访都做到有登记、有解释、有协调、有交办、有落实。特别是在十九大、全国“两会”以及浦爵金融案件期间确保社会稳定，及时化解各种矛盾。牵头协调。妥善协调县“四大家”领导之间、县“四大办”之间、乡镇部门之间，以及企业、社会各界之间的关系，先后主动参与书香路拆迁、卓尔文旅“五景区五小镇”签约开工、宏源六氟磷酸锂、许家冲征迁、春节安全保畅、全国产业扶贫现场会等多个大项目、大事件的牵头协调工作，全年完成省、市、县各类会议、活动协调近300多次。后勤保障。全力做好办公用品配置、规定工资福利发放、老干部关爱等相关工作。定时组织车辆年审、维修、保养和专项检查，为领导干部营造舒心舒适的办公环境。机要保密。认真执行保密制度，严把环节流程管控，完成市电子政务内网建设和档案达标升级，组织涉密专项检查、复查和审批，确保万无一失。

**【自身建设】** 2017年，县政府办公室始终树立“抓好党建是最大政绩”的思想观念，不断规范政府办自身建设，切实转变作风。突出抓好班子、带好队伍，抓好“关键的少数”，通过层层签订党风廉政责任状、开展履职公开承诺、列出职责权力清单，切实发挥党员干部的示范引领作用。始终以学促廉、以学促干，扎实开展支部主题党日、“两学一做”学习教育、“三会一课”、廉政基地警示教育等载体活动，深入学习贯彻习近平总书记系列重要讲话精神，严格做到党章党纪必抄、原文原著必读、心得体会必写，不断强化理论武装，全面落实从严治党、党风廉政建设、基层党建和意识形态的主体责任。主动接受县第三纪工委的监督，全力推进办公室巡视反馈问题整改工作，坚决纠正“四风”、整治“新衙门主义”。办公室领导班子带头加强法律法规学习研究，提升运用法治思维和法治方式推动工作、深化改革、破解难题的能力。全体干部职工自觉遵法、学法、守法、用法，积极参加普法学习宣传，全年未发生一起违法乱纪行为。

（县政府办公室供稿）

## 区域经济管理

**【区域合作】** 2017年，县政府区域经济发展办公室（以下简称县区经办）加强与中共湖北省委、省政府、武汉市及兄弟县、市汉办之间的政务联系。仅9—12月，共参加政务联系达20次，为展示罗田对外开放形象，积极融入武汉城市圈，开展区域经济合作，提供政务、经济信息等发挥重要作用。

**【旅游宣传】** 2017年，县区经办通过公媒体和自媒体在武汉市大力宣传罗田旅游资源，推介罗田旅游产品。重新装修了武昌区小东门大别山宾馆，投放旅游宣传画册100余套，为罗田旅游事业发展和罗田人出行服务做了新贡献。

**【协调服务】** 2017年，原驻武汉办事处资产处置工作顺利完成，9月底补偿资金2998万元已缴财政专户。加强“武罗快客”业务指导，在“滴滴打车”的冲击下，“武罗专线”一班人精诚团结，积极应对，确保全年收入不减。指导服务武汉罗田商会，为县域经济发展服务。武汉罗田商会成立已3年，正处于换届之时。县区经办主要负责人走访商会会长、企业家30余人次，广泛征求意见，积极筹划换届工作。做好驻武汉群众工作。积极配合县政法委、信访局维稳接访工作，协助劝访、接返上访人员20余人，全年累计接访劝返上访人员50多人次。

**【廉政建设】** 2017年，县区经办认真落实从严治党要求，层层夯实“两个责任”，积极开展“两学一做”学习教育，经常学习党章党纪等法规，全年共组织学习20余次。坚持把党建工作与业务工作同部署、同落实、同检查、同考核。制定了《党建工作目标管理细则》，与支委成员签订目标责任书，做到党组织班子健全、结构合理、分工明确、责任落实，党组织的核心作用得到充分发挥。

**【精准扶贫】** 坚持每周在驻点村办公一天工作机制，把精准扶贫工作当成当前工作的头等大事。完成精准识别、建档立卡、142户431人结亲帮扶等工作。完成村级群众服务中心建设、村级光伏发电工程及异地扶贫搬迁工程、通组公路工程建设等。积极谋划产业扶贫，与罗田县新德栀业科技专业合作社签订协议书，计划种植栀子100亩。实现电商扶贫，拟新建电子商务村级服务站一个，帮扶贫困户开设网店2个。

（县政府区域经济发展办公室供稿）

## 机关事务管理

**【公务管理】** 2017年，县机关事务管理局围绕中心工作，服务大局，认真履职尽责，全面启动行政机关和参公事业单位公务用车保障中心网上调度中心建设，全年调度车辆2038次，运行46.7万公里，保障了各车改单位公务出行和综合执法用车的需要。强化公车监督管理。统一更换公务用车牌照，并喷涂公务用车标识，公布监督举报电话。制定出台《罗田县公务用车保障中心车辆使用管理暂行办法》，坚持日常监督与重要节点明察暗访相结合，联合县纪委党风室、县交警大队、县电视台，开展公车使用管理明察暗访20余次，重要节点监督检查8次，下达整改意见书1次，向县纪委移交涉嫌违规线索3例，查实并严肃处理典型问题2起。

**【公务接待】** 2017年，县机关事务管理局出台《关于规范公务接待用酒的有关说明》等相关规定，规范全县各乡镇、县直各部门接待工作。同时，高水平、高质量完成中央、省、市领导检查、考察及招商引资等大型活动接待工作。全年专项接待92次，合计1056人次。在全国接待交际工作评选表彰大会中，罗田县机关事务管理局荣获“全国城市优秀党政接待部门”称号，得到省、市、县主要领导的一致肯定。

**【公房管理】** 2017年，县机关事务管理局制定了《罗田县党政机关办公用房管理办法》，对全县95家党政机关办公用房进行全面清理，开展明察暗访6次，发现并整改问题3个，对12家单位办公用房进行调剂，切实规范了全县党政机关办公用房管理。

**【节能建设】** 2017年，县机关事务管理局认真落实《黄冈市公共机构节约能源资源“十三五”规划》等管理规定，围绕“节能有我、绿色共享”主题，以“公共机构节能宣传周”活动为契机，在全县推动创建“节约型机关”建设，扎实推进公共机构节能建设。11月，组织召开全县节能工作培训会，邀请行业专家对全县200家单位开展业务培训，切实提高各单位节能参与意识和管理水平，推进节约型公共机构建设。

**【自身建设】** 2017年，县机关事务管理局针对新形势下机关事务工作的特点，坚持以人为本，强化落实监督责任，持之以恒抓“四风”，增强问责实效，有效调动干部职工的工作积极性，队伍整体素质得到快速提升。在遴选新干部问题上。严格按照规范流程选拔，唯才是举。通过动议、党组会会议、资格初审、民主推荐、组织考察、“三个一票”审查、任前公示等程序，共有5名干部走上新岗位。在制度管理上，修改完善机关管理制度，对照职责，制定“销号式”清单，做到责任上肩，落实到人。分管领导对下月工作作清单安排，每月初各科室汇报上月工作完成情况，分管领导作点评，局长作总结。实施淘汰考核机制，公车保障中心通过考核，先后淘汰驾驶员3名，约谈7人次，收到检讨书10人次，队伍的凝聚力、战斗力得到明显提高。

**【脱贫攻坚】** 2017年，县机关事务管理局始终把脱贫攻坚作为重要政治任务抓在手上，狠抓落实，通过工作队员驻村帮、党员干部结对帮、内引外联重点帮，落实“六个精准”“五个一批”“十通十有”等，送政策、送技术、送资金、送物资，精准扶贫工作扎实推进。使驻点贫困村九资河镇郑家坳村基层组织领导力、战斗力、凝聚力显著加强，村容村貌明显改善，47户82人搬进新居。村级公路提档升级2.5公里，硬化路面8公里。投资494.5万元完成人畜饮水、水利设施建设、生活和生产用电、塆落整治、党员群众服务中心和群众文体活动场所等项目建设，光伏发电项目每年为村集体增收10万元。2017年底，郑家坳村顺利实现户脱贫、村出列。

**【招商引资】** 2017年，县机关事务管理局继续加大对湖北省弘福食品有限公司的跟踪服务，多次深入到公司，了解基建等方面存在的困难情况，认真做好招商、安商工作。在2016年一期投资1000万元的基础上，2017年，该公司又追加投资2000万元，扩大生产规模，并于2017年下半年投产。

（县机关事务管理局供稿）

## 地方志工作

**【编纂出版《罗田年鉴（2017年）》】** 2017年，由罗田县人民政府主办，县志办承编的《罗田年鉴（2017年）》出版发行。《罗田年鉴》从2000年创刊，每年一卷，至2017年，已相继出版16卷（其间，有两年合撰一卷）。2017年卷《罗田年鉴》主要记录罗田县2016年度全县政治、经济、文化、社会和生态文明建设的基本情况，由邱亚林主编，彭友良副主编，编辑人员有方瑜泉、王耀丽、汪春霞等。摄影人员有华仁、邱亚林、柳良俊、汪利群、雷建高、周坤、赵志国。全书分特载、2016年罗田大事记。罗田概貌、经济开发、经济管理、财政税务、金融、农业、工业、交通通信、城建环保、商贸、中共罗田县委会、县人大常委会、县政府、县政协、人民团体、军事、政法、科教、文化、社会保障、社会生活、乡镇、命名表彰、人物、附录、索引共28个大类，168个小类进行撰写，所刊载的内容和数据，以县统计局提供为准。全书26.25个印张，大度16开本，彩色插页28页，分为罗田县行政区划图、调查研究、大美罗田、乡镇风采等版块，正文63.8万字。

**【启动乡镇志名村志编纂工作】** 2017年12月18日，县政府办公室下发《罗田县乡镇志名村志编纂工作实施方案》的通知，宣告全县乡镇志名村志编纂工作正式启动。此次修志任务，涵盖全县10镇2乡及部分名村。所谓名村，主要指传统老村、人口大村、文化富村、经济强村、美丽新村、旅游名村，以及其他在县内外有相当影响的特色行政村。各乡镇人民政府为本次编纂工作的责任主体，负责辖区乡镇志名村志编纂工作的具体实施。县地方志编纂委员会办公室为地方志工作主管部门，负责全县乡镇志名村志编纂工作的指导、协调、督办、评审验收等工作。成立了罗田县乡镇志名村志编纂工作领导小组，由中共罗田县委委员、县政府常务副县长胡朝晖任组长，县政府办公室主任科员黄建国、县志办主任邱亚林任副组长，县保密局、档案局等23个部、办、局及12个乡镇相关负责人为小组成员。12月25日，召开全县乡镇志名村志编修工作动员大会，中共罗田县委副书记、县政法委书记陈世龙主持会议，县委委员、县政府常务副县长、乡镇志名村志编纂领导小组组长胡朝晖作重要讲话。县直23个部、办、局相关负责人，各乡镇分管领导、办公室主任、乡镇志主编共60多人参加会议。会议就乡镇志、名村志编修的意义、指导思想、目标任务、责任主体、工作步骤、保障措施进行具体分工和安排部署，县政府与各乡镇分管领导就编修工作分别签订责任状。会后，还对各乡镇分管领导、办公室主任、主编进行了业务培训，印发了《乡镇志名村志编纂实用手册》。

**【编写《罗田专题大事记》】** 2017年，县志办根据地方志要为地方经济建设和社会发展服务的精神，特组织专门力量，将罗田建县以来（523—2017年）发生的重大事件编纂成《罗田专题大事记》一书。该书以经济建设为中心，重点收录工农业生产、城乡建设、旅游、交通、金融、商贸等行业所发生的大事、要事，兼顾党政军、文化、教育、科技、卫生、人物等领域，按时经事纬体例，分门别类进行记述，全书设政治、经济、文化、人物四个大类，建置区划、政事、政党、自然灾害等24个小类。共约14万字。《罗田专题大事记》寓观点于客观事实之中，通过对历史上重大事件的汇集，勾勒出罗田的历史发展轨迹，给人以窥斑知豹的作用，将为各战线、各部门、各单位经济建设提供信息，为政府部门制定经济发展规划提供决策依据。

**【机关党建】** 2017年，县地方志编纂委员会办公室（以下简称县志办）注重提高党员干部综合素质的培养，定期组织在职干部学习党的十八大、十九大报告和习近平总书记系列讲话精神，加强与退休党员的联系，定期组织老党员参加学习，每月与居住远、年老行动不便的老党员电话联系一次，了解他们的生活、思想等情况。注重创新载体，明确党建工作职责，将学习培训、三会一课、民主评议等活动作为党组织的“规定动作”，全年组织党员干部集中学习8次，讲党课3次，召开民主生活会4次，开展纪念活动1次。组织开展“两学一做”主题教育活动，全年共开展“主题党日”活动12次，其中，县志办党支部与凤山镇祝家山村党支部开展“支部连支部活动”6次，组织党员干部帮扶贫困户19户，在资金、技术、产业、培训、劳务等方面给予扶持、帮助。开展党风廉政教育、理想信念教育、思想道德教育和党的纪律教育活动，增强党员干部思想“免疫力”，做到警钟长鸣。进一步完善党内监督机制，完善议事规则，认真执行“三重一大”报告制度，认真开展批评与自我批评，自觉接受组织和群众的监督，形成既有民主又有集中的良好氛围和环境。

**【创建工作】** 2017年，县志办制定了《社会综治安全防范制度》、《社会综合治理责任制》，签订了综治目标管理责任书，做到责任层层落实。把维护稳定作为任期目标之一，同干部的年度考核和奖惩直接挂钩。按照市、县两级有关精神，强化“保一方平安”重大政治责任意识。开展档案管理达标工作。地方志是传承中华文明、发掘历史智慧的重要载体，具有存史、育人、资政的重要作用。志书当下，志书不仅要如实地把一个地方的历史记载下来，还要更好地为领导科学决策提供服务，也要便于各部门和广大人民群众查阅，所以作为地方志工作部门，更加充分认识到档案管理达标工作的重要性。根据档案管理的相关要求，县志办投入大量人力、物力和财力，扎实开展档案管理达标工作，并于11月顺利通过省一级达标验收。积极开展文明创建。围绕县委、县政府的中心工作，以培养一支思想过硬、作风优良、业务精湛、团结和谐、服务一流的干部职工队伍为目标，扎实开展文明单位创建活动。通过创新活动，有力地推进三个文明建设的协调发展，提升了干部队伍的文明素质和机关的文明形象，促进了各项工作目标任务的完成。

罗田县乡镇志名村志编纂工作暨业务培训会议

**【脱贫攻坚】** 2017年，县志办驻村工作队对凤山镇祝家山村全面开展基层党建“整镇推进、整村夯实”工作，推进“党建+美丽乡村”“党建+脱贫攻坚”“党建+村企共建”“党建+社会治理”。先后启动村级“党员群众服务中心”、滕家畈“美丽乡村”点建设、易地搬迁安置点建设、农村安全饮水工程、湾落整治等“整村推进”等项目。新建村级适龄儿童幼儿教学点1个；完成2个片区的低压电改工程，新增变台3个，改造低压线路8000米；新建农村电商服务站1个，启动宽带入户前期的准备工作；新建198千瓦光伏发电站1座，于5月30日并网；绿化、硬化通组道路4公里，新开灌溉农田水塘1口，整治水塘6口，河堰2座；筹建“人寿山”油茶专业合作社，新修基地道路2公里，补植油茶200亩，带动13户贫困户发展油茶产业。全面完成驻点村精准扶贫年度工作任务。

（县地方志办公室供稿）

# 中国人民政治协商会议罗田县委员会

## 县政协工作

【**概　况**】2017年，中国人民政治协商会议罗田县委员会（简称县政协）在中共罗田县委的坚强领导下，坚持以人民为中心的工作导向，全面履行自身职能，拓展了政协委员助推精准扶贫行动，组织了实施板栗振兴计划等议政性常委会和塔山公园建设、综合治理交通拥堵、石材产业发展等12项“双月协商”活动，创新了县长领衔督办政协提案制度，荣获省政协信息工作先进单位，县政协老干党支部荣获全市先进党组织，为全面建成小康罗田做出了应有的贡献。

【**参政议政**】2017年，县政协共组织召开全体会议1次，主席会议8次，常委会议5次，专题协商会议16次。先后就支持卓尔集团落户罗田建设特色小镇发展全域旅游、县政府3P项目策划方案、“一府两院”和纪检监察、公安工作情况等重大事项听取通报，开展协商。精心组织、积极配合全国政协和省市政协在罗田开展的精准扶贫监督性调研等8项调研、视察活动，在市政协常委会上，就支持罗田铁路建设等作3次大会发言。全年，县政协共收到委员提案165件，经提案审查委员会审查，立案157件，其中10件被列为县政府重点办理提案。提请县委、县政府以两办文件形式印发《关于进一步加强人民政协提案办理工作的实施意见》。县政府对每件重点提案明确分工1名副县长牵头领办，相关部门具体承办，共同协办。县政协常委会采取主席、副主席领衔督办、提案委重点督办、各专委会分片督办等形式，加强提案办理工作。组织文化教育界、农业科技界、经济界委员就加强职业教育发展等议题开展界别联组视察；组织乡镇和县直委员联络组长对河铺镇委员工作开展交流视察，聘请了一批特约信息员、通讯员，评选表彰了九届政协“好信息”“好新闻”。全年共向省政协报送各类信息稿件32篇，15篇被采用。其中5篇专报全国政协，10篇专报省委、省政府。信息工作在全市排名第一。全年在《人民政协报》《新华每日电讯》等市级以上主流媒体发稿86篇。

【**政治协商**】2017年，县政协注重从贯彻落实党和国家大政方针以及县委、县政府重大决策部署中选题，从委员提案和社情民意中选题，从上级政协安排和调查研究中选题。选定的12个重大协商议题中，既有产业扶贫、村企共建、破解融资难题、全域旅游等县委、县政府着力推进的重点工作；又有实施板栗振兴计划、补齐文化短板、加强干部人才队伍建设、完善村级公路养护体制等一直困扰基层干部群众的难点问题，也有加强农村环境整治、加快塔山公园建设、加快解决县城交通拥堵问题、加大饮用水源保护力度等市民普遍关心的民生问题。在选好协商议题的同时，注重协商质量。为抓好“实施板栗振兴计划”专题协商，主席会议成员带领调研组40多位同志利用两个月时间，先后深入到全县12个乡镇、50个板栗主产村、20多家板栗加工销售企业，走访座谈1000余人次，先后召开6个专题座谈会，并远赴河北迁西参观考察，形成8个专项调研报告和1个总体报告，与电视台联合制作了一部专题片，组织两次系列报道，播出节目16期，并召开县委书记汪柏坤等主要领导参加的议政性常委会。县政协许多委员的建言，得到县委、县政府及相关部门采纳，多项调研协商成果被转化运用，多方面意见建议在县委、县政府出台的重要文件中得到体现。《关于加快白莲河石材产业科学发展的调研报告》印发后，汪柏坤迅速作出批示，并主持召开县“四大家”联席会，专题研究决策，出台县委7号文件，终使这一长期争论不休的问题形成定论，对白莲石材产业是否发展、如何发展提出了十分明确的目标要求。“缓解企业融资难”“改革完善招投标体制”“加快塔山公园建设”等建议案报送后，县长郝爱芳多次主持召开政府常务会，研究提出增加县担保公司注册资本金和企业“过桥”资金，出台相关措施，改进招投标工作，加快塔山公园停车场和道路建设等具体措施。县委副书记陈世龙就抓好板栗销售组织召开专题会议，促进了板栗畅销。

**【中心工作】** 2017年，县政协服务于县委、县政府中心工作，干实事，着力抓好政协班子成员负责的5个乡镇13个村的扶贫、党建、维稳工作，安排4位工作队员长期驻村扶贫，指导帮助驻点村解决了一批实际问题。驻点村匡河镇张家河村成为全县样板村，文斗河村被世界慢食协会大中华区列为全国首批“慢村共建计划”，建设规划正在编制。响应县委号召，推动全体委员积极参与扶贫攻坚，涌现出大批先进典型。据统计，全县政协委员企业共结对帮扶贫困村76个，234名委员结对帮扶贫困户605户，帮扶资金、物资过千万元。此外，县政协还积极引导工商界政协委员上项目、增投资、创品牌、抓发展，努力做大做强自身企业，发挥创新创业的示范引领作用。招商引资干实事。一年来，县政协招商组先后组团开展外出招商活动6次，成功签约项目13个，协议投资5.3亿元，已开工项目6个，投产项目5个，实际完成投资1.1亿元，较好完成年度目标任务。政协机关包保的县工业园区许家冲搬迁任务率先完成。发动委员以商招商，服务招商。潘丽平委员介绍引进的纺织项目已落户县工业园区。

**【学习培训】** 2017年，县政协以党组中心组学习为龙头，以主题党日活动为载体，以干部夜校为依托，抓好机关党员干部的学习，县政协老干党支部荣获全市先进党组织。通过县政协抓集中培训，乡镇政协联络组抓日常学习培训，各政协委员自学自训等形式，抓好政协委员学习教育。通过学习培训，角色意识、政治意识、规矩意识显著增强，“懂政协、会协商、善议政，守纪律、讲规矩、重品行”成为委员们共同的努力目标。紧抓建章立制。依据政协章程和上级文件，结合罗田实际，制定完善了《县政协全体会议工作规则》《各专门委员会组织通则》等系列规范性文件，还印发各项工作管理制度；选配各联络组、界别组和专门委员会组成人员，明确各自职能职责，制度化、规范化、程序化、信息化建设得到加强。严抓日常管理。建立“双联”机制。主席

2017年12月26日，县政协十届二次全会闭幕。图为新当选的县政协领导班子成员合影

会议成员每人联系3—4名县政协常委，每位常委联系6—8名政协委员。抓好制度落实。坚持用制度管人、管事、管钱、管物。抓好检查督促。各联络组和县政协各委、室每半年向主席会议报告一次工作情况，年终向常委会作一次书面述职。主席会议成员对重点工作及时指导检查督促，推动工作落实。

## 县政协办公室工作

**【精准扶贫】** 2017年，中国人民政治协商会议罗田县委员会办公室（以下简称县政协办）积极开展精准扶贫工作。县政协主席、副主席及政协办公室负责5个乡镇13个村的扶贫、党建、维稳工作，副秘书长龚顺文、李宗胜等4位工作队员长期驻匡河镇沙畈河村、文斗河村扶贫，指导帮助驻点村解决了一批实际问题。县政协童伟民主席驻点的匡河镇张家河村成为全县样板村；文斗河村被世界慢食协会大中华区列为全国首批“慢村共建计划”，建设规划正在编制。

**【招商引资】** 2017年，政协招商组先后组团开展外出招商活动6次，成功签约项目13个，协议投资5.3亿元，已开工项目6个，投产项目5个，实际完成投资1.1亿元，较好完成年度目标任务。与此同时，会同食为天公司洽谈的金银花小镇建设项目已达成初步意向，帮助驻点企业南方家私争取外贸订单工作进展顺利。

**【许家冲拆迁】** 成立以秘书长方志东为队长的拆迁专班，多次上门走访，介绍拆迁的必要性和政府赔偿政策，与拆迁户推心置腹、开诚布公，得到拆迁户的理解、配合，在全县县直单位中，第一个达成拆迁协议，也是第一家完成拆迁任务的单位。

**【调研协商】** 2017年，由县政协提案委、工作委、联谊委、文史委、经济委、办公室、研究室5委2室牵头，围绕产业扶贫、村企共建、全域旅游、板栗振兴、文化小康、干部人才、农村公路、清洁家园、城区交通、水源保护、塔山公园建设等12个议题，组织政协委员深入开展调查研究，联系相关部门座谈协商，形成县政协常委会建议案、县政协主席会建议案共12篇，报中共罗田县委、县政府，供领导作为决策依据和参考。其中，多篇得到中共罗田县委、县政府主要领导重视并批转。

**【办文办会】** 2017年，县政协办全年起草领导讲话稿21篇，工作总结13篇，专题汇报材料9篇，起草印刷罗协党组、党总、党支、罗协、罗协办文件共75篇，起草形成《政协罗田县委员会提案办理协商实施办法》《政协罗田县委员会提案审查立案暂行办法》《政协罗田县委员会委员管理办法》《罗田县政协机关管理制度》等19个制度。组织召开全体会议1次，主席会议8次，常委会议5次，专题协商会议16次，各专门委员会会议15次，民主生活会2次，主题党日活动12次，宣传信息工作会1次，政协委员培训班1次，提案审查、立案、交办会各1次，提案督办会6次。

**【政务接待】** 2017年，县政协办接待全国政协徐绍史主任和省政协郑心穗副主席一行到罗田开展精准扶贫监督性调研视察、省政协肖旭明副主席到罗田开展提案办理督查、市政协主席洪再林到罗田调研地理标志品牌开发、国际慢食协会大中华区到罗田考察投资开发项目、十堰及京山等地政协到罗田考察乡村旅游等共计19次。

**【信息宣传】** 2017年，县政协办全年在《人民政协报》《新华每日电讯》等市级以上主流媒体发稿86篇。向省政协报送各类信息稿件32篇。《白莲河库区整治后群众生产生活问题亟待解决》《关于解决村级副职干部工资待遇的建议》《充分发挥乡贤在农村社会治理中的积极作用》等15篇被上级有关部门采用。其中5篇专报全国政协，10篇专报中共湖北省委、省政府。政协罗田县委员会信息工作在全市排名第一，并荣获全省政协信息工作先进单位。

## 罗田县政协十届二次会议提案立案一览表

表3

| 编号 | 提案者 | 案　由 | 承办单位 |
|---|---|---|---|
| 1 | 南　方 | （联名提案）关于加大农村新型市场主体的培育力度，着力发展特色优势产业促进乡村振兴的建议 | 农办、经管局 |
| 2 | 马子飞 | （联名提案）关于加强规划引领严格审批制度科学有序发展乡村旅游的建议 | 旅游局、规划局 |
| 3 | 经贸部门 | （集体提案）关于依法依规清理处置闲置工业用地促进园区经济健康发展的建议 | 开发区、城投公司、国土局 |
| 4 | 马子飞 | （联名提案）关于加大白莲河库区扶持力度加快库区脱贫致富的建议 | 移民局、扶贫办 |
| 5 | 叶志坚 | 关于加强职业技术教育，为实现全面小康提供人才支撑的建议 | 教育局、人社局 |
| 6 | 徐美玲 | （联名提案）关于加强医疗卫生人才队伍建设及助推健康罗田建设的建议 | 卫计局、人社局 |
| 7 | 赵　平 | （联名提案）关于加强重点遗址遗迹保护修复的建议 | 文化局、财政局、党史办 |
| 8 | 周　勇 | （联名提案）关于加快推进九资河省级“三宝”特色小镇建设的建议 | 住建局、农业局、林业局 |
| 9 | 王三元 | （联名提案）关于科学推进“厕所革命”建设生态宜居村庄的建议 | 发改局 |
| 10 | 詹　栋 | 关于建立乡镇综合执法平台，加强基层依法行政能力的建议 | 城管执法局 |
| 11 | 大河岸镇 | （集体提案）关于打造义水沿河景观绿道的建议 | 规划局、旅游局 |
| 12 | 唐高群 | 关于规范乡村公路沿线水泥杆，还老百姓一条平安路的建议 | 经信局、电信局、供电公司、移动公司、联通公司 |
| 13 | 王天华 | 关于在罗田建设基督教堂的建议 | 民宗局 |
| 14 | 潘丽平 | 关于在工业园区增设公交车循环线路及延时运营的建议 | 交通局 |
| 15 | 吴丹霞 | 关于提高严重精神障碍患者门诊治疗报销比例的建议 | 人社局、卫计局 |
| 16 | 文家旺 | 关于大力发展中华蜂养殖，落实精准扶贫工程的建议 | 畜牧局 |
| 17 | 经贸部门 | 关于增强担保能力持续发挥担保作用的建议 | 财政局 |
| 18 | 占六娇 | 关于解决万密斋大道延伸线区域群众饮水难问题的建议 | 住建局、凤山镇 |
| 19 | 周华刚 | 关于加强对出租车联合执法管理的建议 | 交通局、公安局 |
| 20 | 何国祥 | （联名提案）关于规范农田管理，助推乡村振兴的建议 | 农办、国土局、财政局 |
| 21 | 兰自芬 | 关于治理白莲街道的建议 | 白莲河乡 |
| 22 | 张飞跃 | 关于“骆驼坳——夏坳”道路整修改造的建议 | 交通局 |
| 23 | 闵胜祥 | 关于农村村级公路养护管理的建议 | 交通局 |
| 24 | 程晓云 | （联名提案）关于推进我县生态环保建设的建议 | 环保局 |
| 25 | 文宽旺 | 关于多措并举构建多元化可持续投融资新机制的建议 | 财政局、城投公司 |
| 26 | 方和东 | 关于开发大崎镇旅游资源的几点建议 | 大崎镇、旅游局 |
| 27 | 周祥艳 | （联名提案）关于农村垃圾分类治理若干问题的建议 | 发改局、住建局、供销社 |
| 28 | 居建新 | 关于抢救性保护好我县野生兰花资源的建议 | 林业局 |
| 29 | 廖晓坤 | 关于加大农村乡风文明建设的建议 | 文明办 |
| 30 | 陈　佩 | （联名提案）关于城镇公厕建设和管理问题的建议 | 住建局、城管执法局 |
| 31 | 汪建清 | （联名提案）关于建设罗田县生态农业产业园的建议 | 农办 |
| 32 | 周祥武 | 关于解决事业单位人员职称、工人等级无法聘任问题的建议 | 人社局 |
| 33 | 郑　涛 | （联名提案）关于大力发展稻虾共作产业，促进农民增收的建议 | 农办 |
| 34 | 雷汝丰 | 关于加强力度打击违法占用河道行为的建议 | 水电局 |
| 35 | 李晓丽 | （联名提案）关于进一步加强社区建设的建议 | 民政局 |
| 36 | 金　莱 | 关于加强基层商会队伍阵地建设和充分发挥会员作用的建议 | 政府办 |

续表3

| 编号 | 提案者 | 案　由 | 承办单位 |
|---|---|---|---|
| 37 | 黄晓琼 | 关于高层住宅开放式阳台门窗封装急需规范的建议 | 房管局、住建局、城管执法局 |
| 38 | 程险峰 | 关于加快党家山公园建设的建议 | 园林局 |
| 39 | 陈胜初 | 关于加强农特产品扶持力度，支持罗田绿色发展的建议 | 农办 |
| 40 | 朱江文 | 关于发展大别山山核桃产业的建议 | 林业局 |
| 41 | 刘志刚 | 关于积极推进罗田农业电子商务发展的建议 | 商务局 |
| 42 | 叶丛浩 | 关于切实加强对农村闲置学校房产管理的建议 | 教育局 |
| 43 | 叶丛浩 | 关于加强乡村桥梁管理的建议 | 交通局 |
| 44 | 叶丛浩 | 关于加强农村干部法治教育的建议 | 司法局 |
| 45 | 朱红征 | 关于增强青少年身体素质的建议 | 教育局、体育局 |
| 46 | 胡　列 | （联名提案）关于加强拨云路义水学校段安全管理的建议 | 公安局 |
| 47 | 李格娟 | （联名提案）关于让罗田城区“亮”起来的建议 | 住建局、城投公司、供电公司 |
| 48 | 林为城 | 关于建设矿山尾矿处理中心的建议 | 环保局、白莲河乡 |
| 49 | 范　雅 | 关于优化教师外部环境，让教师姓“教”的建议 | 教育局 |
| 50 | 刘　星 | 关于整治街头散发广告的建议 | 城管执法局 |
| 51 | 龚　照 | 关于加强对罗田县天然气行业监管的建议 | 住建局 |
| 52 | 王雅萍 | 关于加强县城区“天网工程”建设的建议 | 公安局 |
| 53 | 方　朗 | 关于对我县道路交通安全工作的建议 | 交通局 |
| 54 | 叶冬三 | 关于充分利用罗田地理标志优势发展地方经济的建议 | 工商局、农办 |
| 55 | 瞿新奇 | 关于加强农村工程建设管理的建议 | 住建局 |
| 56 | 李　琴 | 关于对肇事肇祸精神病人管控工作的建议 | 公安局、卫计局 |
| 57 | 李　秀 | （联名提案）关于切实加强我县学生孝德礼仪教育的建议 | 教育局 |
| 58 | 郑海英 | 关于加强全县乡村绿化管护工作的建议 | 林业局 |
| 59 | 周晓寅 | （联名提案）关于加大治理我县耕地撂荒问题的建议 | 农业局、经管局 |
| 60 | 黄文凤 | 关于着力把农村留守妇女培育成为脱贫攻坚助力军的建议 | 妇联 |
| 61 | 叶志坚 | 关于对全县汽修行业进行执法检查的建议 | 交通局 |
| 62 | 邱爱权 | 关于破解采摘板栗之困，保护发展支柱产业的建议 | 林业局、农机局 |
| 63 | 张燕舞 | 关于校企联合、对口培养专业技术人才，缓解企业招工难的建议 | 人社局、教育局 |
| 64 | 梁慧敏 | 关于将人民会场列入县黄梅戏剧团惠民演出场地的建议 | 政府办 |
| 65 | 叶世林 | 关于加强市场管理，杜绝坑老现象的建议 | 工商局 |
| 66 | 余立新 | 关于引导和规划园区企业利用屋顶做光伏发电站的建议 | 发改局、开发区 |
| 67 | 黄建洲 | （联名提案）关于加强城区市政管网线预埋规划及管理的建议 | 住建局 |
| 68 | 王绪颖 | 关于在公交车站台设置垃圾箱的建议 | 城管执法局 |
| 69 | 雷汝丰 | （联名提案）关于切实加大贫困县非重点贫困村扶持力度，确保户脱贫村出列全面完成攻坚脱贫的建议 | 扶贫办 |
| 70 | 程小明 | 关于完善管理机制 巩固城区禁鞭成果的建议 | 公安局 |
| 71 | 赵新峰 | 关于加强旅游商品开发的建议 | 旅游局、商务局 |
| 72 | 汪正奇 | 关于规范建设白莲石材工业园的建议 | 白莲河乡 |
| 73 | 邱　刚 | 关于开展精准扶贫工作的建议 | 扶贫办 |
| 74 | 鄂林晖 | （联名提案）关于完善我县农村养老体系的建议 | 民政局 |

续表 3

| 编号 | 提案者 | 案　由 | 承办单位 |
|---|---|---|---|
| 75 | 程　静 | （联名提案）关于推进老年教育事业健康发展的建议 | 老干局 |
| 76 | 肖胜武 | （联名提案）关于加强城镇化粪池的规划建设和排放的监督管理的建议 | 房管局、城管执法局 |
| 77 | 肖胜武 | （联名提案）关于罗田县人民医院电梯使用问题的建议 | 卫计局 |
| 78 | 方　超 | 关于在县城区中心建设一个标准化农贸市场的建议 | 城投公司 |
| 79 | 彭菊平 | 关于改善骆驼坳旅游道路，助推燕儿谷生态园发展 | 交通局 |
| 80 | 徐月英 | 关于进一步加强我县公办幼儿园建设的建议 | 教育局 |
| 81 | 肖　洁 | 关于启动巴源小区开发建设、改善居民生活环境的建议 | 城投公司 |
| 82 | 居建新 | 关于加强我县黄沙治理的建议 | 水电局 |
| 83 | 周华刚 | 关于加快解决乡镇学前教育专业教师配备不足问题的建议 | 教育局 |
| 84 | 张继良 | 关于新修白庙河镇南宝山村药王庙乡村公路及停车场的建议 | 交通局 |
| 85 | 政协各专委会 | （教科文卫史委 集体提案）关于推进医养结合加快建成中医药强县的建议 | 卫计局 |
| 86 | 彭建坤 | 关于加快构建多元投资格局助推全域旅游建设的建议 | 发改局、招商局、旅游局 |
| 87 | 政协各专委会 | （提案委集体提案）关于加强路网建设，规划兴建停车场，加快缓解城区交通拥堵问题的建议 | 住建局、规划局 |
| 88 | 胜利镇 | （集体提案）关于严格农村建房规划审批管理，加大依法依规处置力度的建议 | 规划局、城管执法局 |
| 89 | 毛立新 | （联名提案）关于采取综合措施，防范化解金融风险的建议 | 金融局、工商局、公安局 |
| 90 | 政协各专委会 | （经济委集体提案）关于加快罗田茯苓产业化发展几点建议 | 农业局 |
| 91 | 周莉娟 | （联名提案）关于加强档案文化建设的建议 | 宣传部、财政局 |
| 92 | 徐　丽 | （联名提案）关于加大对农村小型畜禽养殖场污染整治力度的建议 | 环保局、畜牧局 |
| 93 | 肖光明 | （联名提案）关于落实乡村振兴战略 打造罗田“美丽乡村”升级版的建议 | 农办、住建局 |
| 94 | 陈　春 | （联名提案）关于给孩子留一块土地 给儿童建一个乐园的建议 | 规划局、城投公司 |
| 95 | 陈　春 | （联名提案）关于加快解决城乡居民电视收看难的建议 | 宣传部、广电局、楚天网络、电信局 |
| 96 | 余迪清 | （联名提案）关于加大公共交通运营管理力度的建议 | 交通局 |
| 97 | 周　勇 | （联名提案）关于挖掘整合旅游资源，建设全域旅游九资河镇南大门示范点的建议 | 旅游局 |
| 98 | 陈　勇 | （联名提案）关于九资河镇及辖下乡村饮水安全的建议 | 水电局 |
| 99 | 周　勇 | （联名提案）关于新屋湾古建筑群整体保护与开发的建议 | 文化局、旅游局 |
| 100 | 宋道远 | （联名提案）关于建立中小学校园安全长效机制，加强中小学学校安全管理的建议 | 教育局、公安局 |
| 101 | 唐高群 | 关于打破农村快递发展的瓶颈，加快农村电商发展，助力小康罗田的建议 | 商务局 |
| 102 | 余　炯 | （联名提案）关于罗田城乡规划管理机构向乡镇延伸的建议 | 编办 |
| 103 | 李志霞 | 关于引进 PPP 模式促进城镇化建设的建议（参阅） | 财政局 |
| 104 | 王前进 | 关于制订政策，给回乡创业提供宽松环境的建议（参阅） | 政府办 |
| 105 | 徐东升 | 关于加大政策扶持，深化“村企共建”的建议（参阅） | 政府办 |
| 106 | 曹志刚 | 关于建设特色小镇，带动美丽乡村发展的建议（参阅） | 三里畈镇 |
| 107 | 汪成林 | （联名提案）关于改进招商引资工作的建议（参阅） | 招商局 |
| 108 | 刘　星 | 关于推进生态循环农业发展的建议（参阅） | 农办 |
| 109 | 龚立平 | 关于提升我县市民社会公德素质的建议（参阅） | 文明办 |

续表 3

| 编号 | 提案者 | 案　由 | 承办单位 |
|---|---|---|---|
| 110 | 程小明 | 关于加强企业家队伍建设，充分发挥企业家作用的建议（参阅） | 政府办 |
| 111 | 肖胜武 | （联名提案）关于各执能部门要切实创新工作方式服务县域经济发展的建议（参阅） | 政府办 |
| 112 | 肖胜武 | （联名提案）关于采取综合措施解决城区交通拥堵问题的建议 | 公安局、交通局、城管执法局 |
| 113 | 闻　可 | 关于实施人才强县战略为建设小康罗田提供人才支撑的建议 | 组织部、人社局 |
| 114 | 文家旺 | 关于实施板栗振兴计划，促进栗业健康发展的建议 | 农办、林业局 |
| 115 | 李晓丽 | 关于加强小区物业管理建设和谐安居小区的建议 | 房管局 |
| 116 | 经贸部门 | 关于推进“放管服”改革，优化经济发展环境的建议 | 编办、行政服务中心 |
| 117 | 邱　刚 | 关于加强乡镇干部队伍建设激发干部干事创业热情的建议 | 组织部、编办 |
| 118 | 赵新峰 | 关于加快解决企业用砂问题的建议 | 水电局 |

（政协办公室供稿）

# 中共罗田县纪律检查监察委员会

## 纪律监察工作

【概　况】2017年，中共罗田县纪律检查委员会、监察委员会（以下简称县纪检监察委）深入贯彻党中央和省、市纪委全会精神，聚焦主业，忠诚履职，持续加强纪律教育，扎实推进党风廉政建设和反腐败斗争，深入推进监察体制改革试点工作，党风廉政建设和反腐败工作取得明显成效。县纪委被授予“省级文明单位”称号，县纪委1名干部被评为“全省纪检监察系统先进工作者”，县纪律书记代表黄冈市接受全省党风廉政建设民意调查，群众满意度连续三年位居全省前列。2017年，县纪检监察委紧盯重要节点，实行部门联动，开展常态化监督检查。元至11月，全县共查处作风建设案件65件，党政纪律处分84人。其中，违反中央八项规定精神案件33件，党政纪律处分48人。开展形式主义、官僚主义等作风建设突出问题集中整治，发现并纠正问题420多个。县纪检监察委在全市率先开展精准扶贫专项巡察，以查人员到位、查工作纪律、查政策宣传、查任务进度、查项目落实、查群众评价的“五查”为重点，发现问题线索213个，通报批评187人。牵头组织开展农村“三资”清理，已问责93人。其中，党政纪律处分54人，免职1人。开展扶贫领域监督执纪问责“六大行动”，严肃查处一批利用职权优亲厚友、贪污截留、冒领骗取精准扶贫政策资金及失职渎职的典型案件，已问责231人。全年全县立案280件，与去年同期相比增长21%。“两规”3人，已结案310件。其中，党纪处分285人，政纪处分28人，双重处分6人，免于处分3人，移送司法机关处理2人。

【监察体制改革】根据党中央关于深化国家监察体制改革的决策部署和中共湖北省委、中共黄冈市委工作要求和《中共中央办公厅印发〈关于在全国各地推开国家监察体制改革试点方案〉的通知》《中共湖北省委办公厅关于印发〈湖北省监察体制改革试点实施方案〉的通知》和《黄冈市监察体制改革试点实施方案》等文件精神，罗田县于2017年11月启动监察体制改革试点工作，其具体内容为撤销县监察局、预防腐败局以及检察院反贪污贿赂局、反渎职侵权局、职务犯罪预防科，将相关机构、职能、人员转隶至县监察委

2017年12月29日县纪委监委班子成员合影

2017 年 2 月 7 日，县纪委十五届二次全会

员会。县人民检察院向县监察委员会划转政法专项编制 18 个，转隶干部 10 名。2017 年 12 月 27 日，罗田县第十七届人民代表大会第二次全体会议选举李学军同志为罗田县监察委员会主任。12 月 28 日，罗田县人大常委会决定任命戴卫兵、陈志文为监察委员会副主任，田文、张水华、王椿、李武伦、方海舟、林建军 6 人为监察委员会委员。12 月 29 日，罗田县监察委员会正式挂牌。县纪律检查委员会、县监察委员会合署办公，履行纪检、监察两项职责，实行一套工作机构、两个机关名称，共同设立办公室、组织部（机关党办）、宣传部、案件审理室（即申诉复查室）、信访和案件监督管理室、第一执纪监督室（党风政风监督室）、第二执纪监督室、第三执纪监督室、第一审查调查室、第二审查调查室、第三审查调查室、第四审查调查室 12 个内设机构。纪委监委合署办公，相关内设机构办公场所均集中设置在现纪委办公大楼。

**【落实“两个责任”】** 2017 年，县纪检监察委全力推动党风廉政建设责任制清单化管理，在全县各党委、党组，建立个性鲜明、责任明晰的“两个责任”清单，通过公示栏、网站、电视公示承诺等形式，接受干部群众监督，倒逼“两个责任”落实。建立县纪委与县委主责办的常态化联动机制，不定期开展责任落实的监督检查。

**【警示教育】** 2017 年，县纪检监察委开展“勤廉”人物推选和宣讲活动，共推出 48 名“勤廉”人物在全县巡回宣讲，取得良好的示范引领作用。创新“5 · 10”廉政教育日活动，县委委员公开签订廉洁共事约定，倡导高雅共事、愉悦共事、团结共事、宽容共事、坦诚共事、干净共事。县纪委自编、自导、自演廉政微电影《利剑出鞘》在全县播放，引起社会强烈反响，被誉为罗田版《人民的名义》。在各乡镇、各部门建立曝光台，全年通报曝光典型案件 16 期，133 人。通过正面引领，反面警示，正反双管齐下，使宣教月活动办得有声有色，得到中共黄冈市委常委、市纪委原书记王立兵的肯定和批示。

**【廉洁风险防控】** 2017 年，县纪检监察委在 17 个单位开展廉洁从政风险防控试点，围绕“六大纪律”，推行权力、责任、流程、制度、风险“五公开”。深挖不同岗位、不同层次、不同级别干部的廉洁风险点，划分风险等级，建立风险防控措施，坚持挺纪在前，标本兼治。按照“一乡镇一主题、一单位一亮点”目标，着力打造河铺孝廉文化、胜利红色勤廉文化、白莲廉洁文化和县交通局“长路清风”、水电局“水清人廉”、卫计局“杏林清风”等一批廉政文化品牌。

**【队伍建设】** 2017 年，县纪检监察委着力加强理想信念教育，提升综合素质，全面实施“年轻干部成长工程”，办好办活机关青年党员干部读书写作班，搭建“五大平台”。坚持“两学一做”学习常态化制度化，深入开展机关党员“三亮五有”活动，合力设置“七室一廊一平台”。县纪委监察局机关被确定为全县“整县推进”党建示范点建设县直单位之一，机关党总支被县委表彰为“先进基层党组织”。

（县纪检监察委供稿）

## 反贪污贿赂工作

**【概　况】** 2017 年，县反贪污贿赂局认真贯彻中央、省、市和上级检察机关关于加强反腐倡廉建设的总体部署，加大查办职务犯罪案件力度，集中力量查办大案要案，突出查办严重危害大局发展的窝案串案，坚持改进办案方式，开拓创新，以办案实效服务大局。全年共立案查处贪污贿赂职务犯罪案件13件14人。其中，贪污案5件5人，受贿案4件4人，行贿案件4件5人；所办案件中，大案9件9人，涉及副科级干部4件4人。通过办案为国家和集体挽回经济损失50余万元。所办案件涉及到卫生系统案件1件1人，教育系统案件1件1人，拆迁安置房领域案件2件2人，高速公路工程建设领域8件9人，涉农惠民领域1件1人。

**【民生领域专项行动】** 2017年，县反贪污贿赂局加大对职权单位、国家机关工作人员以及涉农惠民领域贪污贿赂犯罪的查处力度，始终坚持查办大要案，坚持大案小案一并查处作为办案工作的重点，集中力量成功查办了一批在社会上有影响、有震动的要案，使查办大、要案数同比有较大幅度的上升，在当地引起较大震动，受到各级领导的充分肯定和当地人民群众的高度评价，取得良好的法律效果、社会效果和政治效果，有力提高了检察机关的社会形象。年初，召开了专题会议，研究部署查办民生领域职务犯罪专项工作，形成了把保障民生、改善民生作为反贪工作重中之重的战略指导思想，成立了工作领导小组，由分管检察长担任组长统一指挥，局长挂队督办，形成以反贪部门为主力，其他职能部门全力配合的工作格局。通过以上措施，在不到半年时间内，成功破获麻武高速公路建设领域贪污窝串案5件5人。其中，副科干部3件3人，均是大案，较历年有大的突破。办理该窝串案不仅打开了反贪工作的新局面，同时也使该领域的工作人员受到震慑和教育，在全县引起强烈反响。

**【文明执法】** 2017年，县反贪污贿赂局不断加强学习，全面提升反贪干警的政治和业务能力素质。结合正在开展的“两学一做”学习教育，以队伍建设促进业务发展，做到纪律上要更加严明，令行禁止；风气上更加纯正，专心工作，有效提高了全局干警规范执法、公正司法的自学性和坚定性。良好的政治素质，使其在查办贪污贿赂案件过程中无错案、无超期羁押、无违法违纪、无责任事故的发生。严格落实规范。安全工作无小事，县反贪局始终把规范安全摆在办案工作的首位，牢固树立理性、平和、规范、文明的执法理念，严格遵守省高检院“十个依法、十个严禁”、省高院制定的“四个绝对禁止、一个必须执行”等关于规范、文明、安全办案一系列的规定要求，加强办案风险评估防控，及时化解执法办案风险。在办理案件过程坚持把安全防范措施和责任落实到办案的各个环节，认真落实好全程同步录音录像制度和两个证据规定，以规范办案促进办案安全。做到秉公执法、公正执法、文明执法、廉洁执法，预防和杜绝安全事故的发生。

（县反贪污贿赂局供稿）

## 预防职务犯罪工作

**【概　况】** 2017年，县人民检察院预防科认真贯彻上级院有关预防职务犯罪工作精神，严格按照市院下发的预防职务犯罪工作考核办法，积极开展好六项常规工作，共完成预防调查2次，案例分析12件，检察建议12份，职务犯罪警示教育8次，预防咨询30次，行贿犯罪档案查询300余次。

**【服务非公经济】** 罗田县现有3万家大小企业及个体工商户，从业人员近4万人，GDP占全县社会经济总量产值的80%以上，是县域经济发展的主体力量。依法保障和促进非公有制经济健康发展，既是预防职犯罪科的政治责任，也是法律所赋予的责任。县人民检察院预防职务犯罪科对照

“鄂检十条”进一步推进服务非公企业的犯罪预防措施，主动适应非公经济发展需求，找准服务切入口。对非公企业开展法治宣传教育3次，进行涉及非公企业的行贿犯罪档案查询90次，走访非公企业8户，召开非公企业座谈会2次。

**【专项法律监督】**“绿水青山就是金山银山”，保护生态利在当代，惠及子孙。为了达到群众需求，县检察院预防职务犯罪科认真贯彻“保护生态环境，促进绿色发展”专项法律监督工作要求，强化责任，明确目标，细化措施，将工作落实到科室，落实到人头，稳步推进该项工作。预防科深入相关行政单位、乡镇召开专题预防联席会议2次，举行预防专题讲座3场，开展预防咨询10次。职务犯罪预防科干警来到环保局、林业局等单位，共商如何开展罗田生态环境的保护，防止各种职务犯罪现象发生，并赠送了预防职务犯罪教材《亮剑职务犯罪》。为环保系统、林业系统全体干部职工人宣讲了预防职务犯罪法制课，要求干部职工远离职务犯罪，恪尽职守，做好生态环境保护工作。

**【扶贫领域职务犯罪预防】** 罗田县是国家级贫困县，扶贫资金项目多、资金量大，准确完整、及时落实国家各项扶贫政策显得至关重要，任何变形走样的拖延都会挫伤群众脱贫的信心，甚至影响基层社会的稳定。2017年，县人民检察院预防职务犯罪科围绕精准扶贫工作提出科学的预防对策和建议。县扶贫开发办等部门接到检察建议后，进一步规范了扶项目资金的管理，做到了严格项目管理程序，实行报账制、项目公示制、定期检查、审计制。还结合典型案例开展法制讲座，督促相关部门坚持将干部队伍建设和扶贫工作同部署、同发展，健全各项规章制度，强化责任措施，规范工作流程，加强内部管理，形成严格规范科学的办事流程，教导扶贫领域干部自警、自醒、自律。

（县人民检察院预防职务犯罪科供稿）

**【职务犯罪查处】** 2017年，县反渎局全年共立办职务犯罪案件18件19人。其中，贪污贿赂犯罪13件14人、渎职侵权犯罪5件5人；查处贪污贿赂大案9件9人、要案4件4人，查处渎职侵权要案1件1人。注重查办发生在群众身边损害群众利益的职务犯罪，涉农惠民领域1件1人，拆迁安置房领域2件2人，环境保护领域2件2人，工程建设领域8件9人。坚决查办“围猎”国家工作人员的行贿犯罪，对5名行贿人依法追究刑事责任；积极参与上级机关办理重大专案，先后抽调业务骨干18人次，配合上级办理一批在全国有较大影响的大要案。

（县反渎职侵权局供稿）

## 县委巡察工作

**【概　况】** 2017年，县委巡察办公室3轮常规巡察共对91名班子成员进行了民主测评和问卷调查，发放民主测评表和问卷调查表各812份，开展走访谈话643人，收到来信15件、来电67条，接待来访56批86人次，发现贯彻上级决策部署精神不及时、基层组织建设薄弱、组织活动开展不经常、支部主题党日开展不规范、民主生活会不严肃、民主集中制落实不到位、主体责任压得不实、“一岗双责”落实不到位、理论学习不深入、违反中央“八项规定”精神、财务管理不严、项目管理不严等方面问题246个。脱贫攻坚专项巡察深入全县12个乡镇415村，进行“地毯式”摸排，发现扶贫责任不明、驻村工作队纪律不严、政策宣传不到位、未及时召开村民小组会、会议记录不规范、项目建设缓慢、“精准识别”不准、套取扶贫资金等方面问题213个。对反映和发现的每个问题，经过认真了解核实，做到见人、见事、见数据。在巡察4个乡镇期间，专题调研了118村（社区）3938名无职党员基本情况和作用发挥情况，向乡镇党委提出了可行性管理建议。每轮巡察结束后，认真梳理情况，撰写出高质量的巡察报告，并向县纪委、县委组织部、有关地方部门单位提出可行性建议，尤其是脱贫攻坚专项巡察反映的问题为县委提供了决策依据。及时召开反馈整改会议，书面向各地方各部门各单位巡察反馈意见，共反馈问题328个，督促落实整改，并通过建章立制，将整改措施制度化、常态化，推进本地方本单位事业长远发展。在发现问题的基础上，共梳理问题线索351个，分别移交纪委、组织部和乡镇调查处理。通过巡察移交问题线索，目前已问责271人，其中：党纪政纪处分24人（涉及副科级以上6人）、约谈28人，诫勉谈话5人、函询8人、提醒谈话5人、通报批评193人、书面检讨8人，追缴违纪资金4.6万余元，发通报3期，形成震慑作用。

**【建章立制】** 2017年，县委巡察办公室坚持突出政治巡察，以“发现问题、形成震慑、推动改革、促进发展”为主要任务，不断夯实工作举措，创新工作方法，推进全面从严治党向基层延伸，开展了3轮常规巡察和1轮脱贫攻坚专项巡察。制定了《县委巡察五年规划》，实现一届任期内巡察全覆盖目标。编制了22项巡察业务流程模板，收集了15项政策规定，编印资料汇编2本，为开展巡察工作提供指导性依据。每轮巡察根据不同特点、不同情况，制定了《巡察任务清单》《配合任务清单》《反馈问题清单》《问题整改清单》，排出时间表、任务图，把每项工作都具体化、明细化，层层压实责任，确保对单落实。坚持每周一上午或周五下午定期召开巡察人员工作例会，总结本周工作，安排下周工作，解决实际问题，明确工作举措，促进了工作有序开展。每轮巡察启动前，从巡察方案的制定、被巡察单位的确定、巡察人员的选定、巡察任务的拟定，都要反复酝酿讨论、仔细斟酌。全面了解被巡察党组织的职责范围、人员构成和工作情况，坚持一次巡察开展一次业务培训，做足功课、备足“弹药”。同时，发布巡察公告，设立举报信箱和电子邮箱，接受社会各界监督举报。积极与被巡察党组织见面沟通，做好对接工作，确保工作顺利开展。

**【巡察方式方法】** 巡察与发挥专业相结合。为解决巡察组人员不足和专业性问题，不断尝试借助外界力量。年初，县委确定年度巡察单位，县审计局同时开展经济责任审计，共享审计成果。针对第3轮常规巡察单位系统大，又涉及扶贫领域，抽调8名专业人员，专门负责财务和项目建设及资金使用管理等方面的检查，极大提高了工作效率。巡察与服务中心相结合。巡察坚持结合县委、县政府的重要工作部署开展，5—8月，率先在全市开展脱贫攻坚专项巡察，其间，从6月份起，同时开展大数据监督检查工作巡察督导，推动了脱贫攻坚工作的有效落实。8月11日，湖北卫视《湖北新闻》对罗田脱贫攻坚专项巡察工作进行报道。11月1日，《黄冈日报》头条报道《罗田专项巡察“透视”精准扶贫》的经验作法。第3轮常规巡察又紧密结合扶贫领域的不正之风和腐败问题专项整治开展，推动扶贫工作落实。巡察与促教促学相结合。巡察中不断创新形式，在每轮常规巡察中，对被巡察党组织班子成员开展知识测试，内容涉及党的理论知识、党纪党规、县委县政府重点中心工作等，共96人参与测试。同时，组织各被巡察党组织的党员干部观看《永远在路上》《巡视利剑》等专题警示教育片。在脱贫攻坚专项巡察中，对1260名党员干部进行了扶贫知识测试，考试成绩公开通报。通过学教活动开展，促进党员干部学习热潮和思想武装，又倒逼落实工作。

（县委巡察办公室供稿）

# 群众团体

## 县总工会

**【职工合法权益维护】** 2017年，县总工会积极开展和谐企业创建，重新调整成立以常务副县长为组长的和谐企业创建领导小组，出台《罗田县2017年和谐企业创建实施方案》，分成6个组前往各企业指导创建工作，形成“党委统一领导、政府重视支持、工会牵头运作、相关部门积极配合、企业和职工参与”的创建活动工作格局。湖北宏源药业有限公司、湖北南方家具有限公司、湖北天堂水电股份有限公司等一大批市级和谐企业不断涌现。组织和指导全县120家企事业单位开展厂务公开，公开率达82%，其中湖北天堂水电股份有限公司等一批企业被省市总工会评为厂务公开先进单位。全县有96家企事业单位签订集体合同，63家非公有制企业签订工资专项集体合同，确保职工工资稳定增长。其中宏源、南方家私等5家单位被省总列为工资集体协商先进典型。公司制企业职工董事、职工监事建制率逐年提高，已达85%。依托外地商会，先后在上海、广东等罗田外出务工人员相对集中的地方建立省外维权站8个，维权联系点12个，借助QQ、微信等平台，构建了农民工异地维权的线上线下立体网络图，实现农民工维权无缝对接，让罗田在外地务工的农民工有主心骨，进一步畅通农民工异地维权通道。2017年，已受理异地维权案件210余起，为务工人员挽回经济损失7000余万元，有效维护了罗田外出务工人员的合法权益。在女职工法律咨询活动中，发放《女职工权益保护法律法规文件汇编》等宣传资料600多份，接受100余名女职工的法律咨询，处理维权案件10余起。

**【职工服务示范点建设】** 2017年，县总工会大力推行“点横竖”的工作法，深入基层，重心下移，创办12个职工服务示范点，全面推进工会改革向纵深发展。全年新建九资河、胜利、白莲、大崎4个以丰富职工活动载体为特色的乡镇职工之家示范点，创建燕儿谷、徐凤冲村、里半街村、圣人堂村4个以农民工维权为重点村级示范点，创建大自然科技、大别山药业、金贵药业、名羊科技4家以和谐劳动关系为亮点的企业示范点。现已形成一乡镇一品牌、一村一特色、一企业一亮点的工会职工之家新气象。

**【“两赛一创”活动】** 2017年，县总工会积极开展“两赛一创”活动（劳动技能竞赛、安康杯竞赛、职工创新工作室）活动。以践行新理念、建功“十三五”为主题，指导100家企事业单位、414个班组开展大练兵、大比武劳动技能竞赛、安康杯竞赛。13171名职工参赛，建立2000余名的技术人才库，创办示范点10个。其中县房管局开展“六比”（比安全生产、比工程质量、比工程进度、比节能降耗、比科技创新、比劳务管理）劳动技能赛，其罗田县河东宜居山庄三期公共租赁住房建设项目参加了省2017年重点工程劳动竞赛；湖北天堂水电股份有限公司组队参加省职工职业技能焊工工种比赛；国网罗田县供电公司开展班组擂台赛暨职工技能比武运动会；县经济开发区组织园区企业开展“百日安全生产”活动。先后创建5家创新工作室，2017年国网罗田县供电公司申报市职工（劳模）创新工作室（栗乡职工创新工作室），并对省总工会命名的尹国平劳模创新工作室的甲硝唑产品技术攻关项目给予补助资金。

**【职工文娱活动】** 2017年，县总工会面向全体职工，集中开展全县干部职工“天堂杯”乒乓球大奖赛、“劳动杯”中国象棋大赛、“金浦佳苑杯”职工篮球赛、“国色天香·醉美罗田”旗袍秀、“魅力黄冈”摄影大赛等活动。在“三八”妇女节期间举行“最美家庭”、读书征文评选和女职工维权法律咨询活动。在“注重家教家风，培育家国情怀”女性读书征文中，共收到57家基层工会160余名女职工撰写的171篇读书征文，评选出38篇优秀文章，结集出版《红袖书香》。

**【扶危济困行动】** 2017年，县总工会真心帮职工。建立和完善县、乡镇、社区、企业四级工会服务职工体系，充分发挥基层工会作用，春送岗位、夏送清凉、秋送助学、冬送温暖和户外职工送爱心的“五送项目精准帮扶”已进入常态化制度化。联合县人社局等10个部门举办罗田县2017年“就业援助月暨春风行动”招聘会，112家企业提供6300个就业岗位，为外出务工人员（返乡农民工）和贫困户赠送就业资料8000余份，2600余人初步达成就业意向。创建土门坳社区、东坡井街道两处户外职工爱心驿站，配置了空调、冰箱、微波炉、开水壶、医药箱、座椅、书刊杂志等设施，给户外作业人员送去金银花露、毛巾等清凉物资达50万元。发放助学资金达100余万元，资助418名困难职工及农民工子女上大学。春节期间，慰问困难职工和困难劳模共374名，发放慰问金共136.55万元。“三八”妇女节期间实施女职工“关爱行动”，帮扶困难单亲女职工20多名，送去帮扶款和帮扶物资2万余元，组织100余名困难女职工进行“两癌”筛查。

**【自身建设】** 2017年是工会改革之年，县总工会在中共罗田县委的重视和大家的支持下，主动对接省、市改革方案，调整内设机构，优化干部结构，着眼于自身建设的长远规划，有效推进工会改革和产业工人队伍改革。着力于强基层补短板。基层组建以农业合作社、民营企业、服务行业、经济开发区为重点，最大限度地把包括个体工商户、农民工、劳务派遣工、临时工吸收到工会中来。高度重视“两新”组织建会和农民工入会等短板问题，探索乡镇社区和农民工建会入会的方式方法，建立工商个体联合工会、商贸联合工会和村级（社区）工会，“两新”组织通过专、挂、带等形式建会。至年底，全县共有基层工会组织795家。其中，机关事业单位214家，企业组建工会组织157家，12个乡镇均成立个体工商联合工会，村级工会412家，新建“两新”组织工会44家。企事业及机关单位工会组织建制率达到90%以上，职工入会率达到100%，实现工会组织全覆盖。4月30日和11月17日，集中举办两期全县基层工会主席业务培训，邀请省市专家4人次进行工会业务知识培训，共培训乡镇、企业、县直机关单位工会主席达600人次，有效地提高了全县工会干部队伍的整体素质。

（县总工会供稿）

## 共青团罗田县委员会

**【组织建设】** 2017年，中共罗田县委、县政府高度重视群团改革，团县委自加压力，自我革新，共青团改革攻坚实现新突破。打造专、兼、挂相结合的团干队伍。为了充实团县委机关工作力量，中共罗田县委全委会研究决定，团县委新增1个行政编，并按照改革的要求，兼、挂职副书记和兼、挂职中层干部各1名，均已落实到位。创新乡镇团的组织格局。按照9—21名的规模选优配强乡镇团委班子，实行“1+1+X”的选配模式。“1+1”，即团委书记由1名35周岁以下党政班子成员兼任；选配1名优秀年轻干部担任专职副书记，任正股级；“X”，即从各领域选拔多名政治素质高、热心青少年工作、能调动一定社会资源的优秀青年党团员担任团委兼职副书记和委员。落实共青团和青少年工作经费保障。按照罗田县青少年常驻人口人平1元的标准，落实共青团和青少年工作经费22万元，列入2018年财政预算，已在县人大会上审议通过。运用新媒体加强对青少年的思想引领。“青春罗田”为共青团罗田县委官方微信平台，现已发展为总用户数近5000人的成熟平台。“青春罗田”积极响应上级团组织的号召，充分利用新媒体手段推进团组织工作的创新与改革，在“加强青少年思想引领，顺应青少年发展需要，服务青少年成长成才”方面取得良好效果。2017年以来共发文章190余篇，阅读量高达78779人次，在湖北省共青团微信公众号影响力排行榜（区县）上位居前列。青少年之家作用发挥明显。为了打通联系服务青少年的“最后一公里”，实现共青团在青少年身边的有形化、日常化，团县委通过“党建带团建，实现阵地建设上共建共享；打造‘团干＋社工＋志愿者’队伍，打破人才瓶颈；线上线下互动，实现活动常态化”举措，将罗田县青少年之家建成省级示范平台。在此基础上，2017年新建团县委机关青少年之家、九资河镇青少年之家、白庙镇潘家湾村青少年之家和九资河小学青少年之家。启动县、乡（镇）两级共青团换届。经团市委和县委批复，已经启动县、乡（镇）两级共青团换届工作。12月5日，对县团代表选举工作进行安排布置；12月29日，组织召开共青团大河岸镇第九次代表大会暨全县乡镇团的组织格局创新工作现场推进会，拉开基层团委换届序幕。

**【能力建设】** 2017年，团县委积极组织开展志愿服务。以学雷锋、植树行动、关爱留守儿童、扶贫帮困等为主题开展各类志愿服务活动218场次。其中，雷锋日指导组织开展了“爱护母亲河·我们在行动”“让爱远行”等志愿服务活动。《罗田扮靓村庄“会客厅”迎宾朋》上了3月7日《黄冈日报》头版头条。全年先后组织志愿者参加全国农业产业扶贫现场推进会、全市基层党建现场推进会、卓尔集团50亿元项目签约等大型活动的志愿服务。打造罗田共青团品牌活动。为了满足广大青少年砥砺成长、创业就业、交友联谊等实际需要，团县委先后打造“五彩的青春”“寒门出贵子”“师德专栏”“大学生创业就业”、“风尚罗田”旗袍秀等品牌活动，共青团在青少年中的凝聚力、影响力和吸引力得到进一步加强。团县委通过与湖北第二师范学院等3所高校沟通对接，76名大学生志愿者到长源冲、上河、纸棚河、赵家湾等20个重点贫困村和美丽乡村开展暑期“希望家园”活动。该活动得到在外学生家长欢迎和留守儿童喜爱，引起社会广泛关注，相关报道上了罗田政府网和黄冈电视台。积极参与精准扶贫工作。结合共青团工作实际，以“情暖罗田县，点亮微心愿”关爱精准扶贫留守儿童为着力点，先后争取物资价值5万元，帮助近500名贫困儿童实现小心愿。全年共争取省青基会、社会团体和爱心企业项目资金90余万元，帮扶贫困学生200余名。团县委高度重视重点贫困村精准扶贫工作，克服机关干部配备不齐的问题，保证第一书记在胜利镇太平原村坚持做到“五天四夜”。在工作组成员和村干部的共同努力下，该村“十通十有”、易地搬迁等各项工作进展顺利，7月份召开“真心实意谢党恩，自力更生谋发展”活动，并承办“胜利镇十通十有工程建设半年现场推进会”。太平原村面貌焕然一新，得到县、镇领导的高度肯定。

**【队伍建设】** 2017年，团县委针对队伍变动快、底数不明了等问题，在全县范围内分县直8大口和12个乡镇，组织开展团情大摸底，建立了团组织、团干、团员、青年人才四类数据库。这为规范团组织层级化管理、完成共青团改革、开展团代会换届奠定了基础。印发《关于全面规范和理顺团员发展和管理的通知》，对新发展团员实行团县委预审制，对年龄不满14周岁、团课学习不达标等对象予以否决；在备案登记上，实现团员、团员证编号和志愿书编号一一对应。

**【机关建设】** 2017年，共青团罗田县委员会（以下简称团县委）机关从优化分工、完善制度、改进作风等方面强化自身建设。先后出台并落实《关于调整机关工作人员分工的通知》《共青团罗田县委机关财务管理制度》《共青团罗田县委机关工作人员考勤管理制度》、“1+100”团干深入基层直接联系服务青年制度、团县委机关经常性向青年开放制度等，严格用制度管钱、管物、管人、管事。通过实行以上举措，财务管理得到进一步规范，干部能力素质得到全面锻炼，单位效能建设得到有效推进。以开展“支部主题党日”活动为载体，扎实推进“两学一做”学习教育常态化制度化。坚持把学习教育与履职尽责、共青团改革、脱贫攻坚、中心工作任务相结合，引领党员干部立足岗位做贡献，真正把学习教育中党员干部激发出来的激情和干劲，转化为推进共青团工作的实际行动。认真学习贯彻落实习近平关于共青团和青少年工作论述、习近平“7·26”重要讲话、中共湖北省委十一次党代会、党的十九大报告等精神。狠抓党风廉政建设，印发党风廉政建设工作要点、履职尽责工作要点，修订完善“三重一大”、廉政教育学习等制度。大力开展形式主义、官僚主义集中整治，不担当、不作为专项整治，工作不实、弄虚作假自查工作及第18个党风廉政宣教月活动，努力打造忠诚、干净、担当的团干队伍。坚持和完善学法用法制度，强化法律知识学习培训，全面推行无纸化学法用法及考试系统，深化“七五”普法内涵。将干部学法用法情况与干部考核评议工作结合起来，作为年度考核、任职、定级、晋升、调任的重要条件。深入开展法制宣传，将法治宣传学习工作融入到中心组学习中。团县委邀请县人民法院青少年犯罪审判庭庭长肖玉玲到理工中专开展“法制进校园”活动。联合湖北第二师范学院为困境青少年申请实施“希望伴飞”项目。充分利用新媒体，大力宣传与预防青少年犯罪和未成年人保护工作相关的法律法规。

（共青团罗田县委员会供稿）

## 县妇女联合会

**【巾帼建功行动】** 2017年，县妇女联合会在城乡广大妇女中开展调查摸底，为有电商、微商创业意愿的妇女开展有针对性的培训，全县共举办电商培训班10期，培训妇女1000人次。与劳动就业局联合，开展保洁、家政等培训班4期，培训200人。开展“春风行动”。年初，发动各级妇联组织在广大妇女中做好宣传，鼓励返乡妇女和留守妇女在家门口就业。吸引了2200名妇女应聘，其中达成用工意向的妇女1000余人。

**【巾帼维权行动】** 2017年，县妇女联合会联合相关单位，在县人民广场开展以“幸福家庭·与法同行”为主题的三八维权周法律宣传咨询、免费义诊活动。切实推进维权服务进社区、进家庭、到妇女身边。大力宣传《反家庭暴力法》，活动现场，制作法律宣传展版4块，发放宣传资料1000余份，接受咨询服务150人次。积极为信访接待中有意愿、符合条件的困难妇女申请法律援助，并积极跟进，切实维护妇女儿童权益。共接待妇女信访58起，处结率100%，满意率100%。

**【巾帼文明行动】** 2017年，县妇女联合会在总结前几年活动经验的基础上，拓展“寻美”范围，立足基层，面向群众，做到抓常态、抓节点、抓特色。2017年5月开展了“最美家庭”揭晓暨“我家最美故事”展演活动，表彰全县“十佳最美家庭”10户、“最美家庭”22户。其中，黄令园、何建益两户“十佳最美家庭”被评选为“黄冈市最美家庭”；廖雪非在黄冈市“我家最美故事”展演比赛中荣获三等奖。联合县教育局在全县各中小学中积极开展“我家最美故事”征文活动，共发放信封1000份，回收率100%。经过学校初选、教育局推荐、评委会审定等环节，全县共筛选出优秀征文10篇，择优选取3篇参加全省征文比赛。同时，对评选出来的10篇优秀征文进行精心编排，在全县开展“我家最美故事”展演活动。结合县第十八个“党风廉政宣教月”活动，县妇女联合会联合县纪委开展“家庭助廉”领导干部配偶座谈活动，通过发放《家庭助廉倡议书》、观看廉政微电影《利剑出鞘》、家属代表发言、县委书记讲廉政党课等形式，为副县级以上领导、乡镇及县直党政主职、新提拔的副科级领导的配偶上了一堂廉政课，为领导干部筑牢了家庭防线。在全县深入开展“三八红旗手”“三八红旗集体”“巾帼文明岗”评选活动，对评选出来的先进典型，利用电视台、网络、微信公众平台等新闻媒介进行集中宣传，社会反响良好。通过“亲子共成长”阅读征文、“美德少年”表彰、家庭教育讲座等活动，传播正确的家庭教育理念，积极构建家庭、学校、社会三位一体的关爱网络，为未成年人营造良好成长环境。

**【巾帼关爱行动】** 2017年是儿童减贫项目实施的第三年，全县共开展各类主题活动488次、家访1026次，活动中心开放1551次，开展儿童保护宣教知识讲座40次，发放宣传资料8000本，采购儿童图书10520册。组织志愿者培训交流5次，评选表彰优秀志愿者20名，绫致项目官员和省扶贫中心领导对罗田项目执行情况给予高度评价。争取中国儿童少年基金会“Hello小孩”爱心套餐项目，为600名农村留守贫困儿童送去价值200元的“Hello小孩”爱心套餐，共计人民币12万元。开展健康帮扶行动。积极争取省市妇联支持，为全县35名贫困“两癌”妇女每人捐赠1万元救助金。同时，争取中国人寿保险股份有限公司黄冈支公司的支持，为100名精准扶贫妇女捐赠女性安康保险每人1万元。春节期间，县妇女联合会积极争取政策支持，为全县100名留守妇女、留守儿童、留守老人送去慰问金3万元。

**【美丽家园行动】** 2017年，县妇女联合会围绕美丽乡村建设，引领妇女建设清洁家园、绿色家园、低碳家园，以美丽家园行动服务美丽乡村发展，为建设美丽乡村贡献力量。通过开展“十星级清洁户”“美丽庭院”创建等多种活动，引领妇女积极参与环境整治，革除乱堆、乱放、乱搭等陈规陋习，改变农村脏乱差面貌。鼓励妇女做好房前屋后的绿化美化、发展庭院经济、绿色经济，走可持续发展之路。引导妇女从自我做起，从家庭做起，积极参与秸秆禁烧、节水节电节能，践行科学健康生活方式。

（县妇女联合会供稿）

## 县科学技术协会

**【拓展科普空间】** 2017年，县科学技术协会通过寻求载体、创新理念，广泛吸引群众参与，大力构筑平台，不断拓宽科普新途径，全面提升各类人群科学素质。2月27日，会同宣传部、文化局、卫生局等单位，在大河岸镇枫树塆村开展“三下乡”活动，组织50名各方面专家，帮助农民释疑解惑，寻医问诊，送书、送技术、送信息下乡，助推贫困户早日脱贫致富。4月21日，在县理工中专、三里畈镇开展“崇尚科学，反对邪教”大型宣传活动。市科技馆科普大篷车也应邀来到现场，无人机，机器人，声、光、电等各种科普设备精彩的展示，吸引了上千名学生和社区居民，在普及科学知识、弘扬科学精神的同时，筑牢了反邪教的群众基础。4月23日，“全国读书日”期间，在大河岸镇凉亭村，县科学技术协会配合县委宣传部、县文化局等单位普及科学知识，开展科普活动，赠送科普书籍。5月“全国科技活动周”期间，会同县科技局等单位在县人民广场举办大型科技活动。同时在凤山镇河东街社区开展“健康知识”“环保知识”进社区活动。10多名卫生战线的科技工作者为300多名社区居民把脉问诊，开展健康科普知识讲座，发放药具药品，进行科技咨询。环保科技工作者进行了环保知识宣传，现场回收废旧电器、电池和白色垃圾。6月5日，组织畜牧专家、中药材技术人员在平湖乡何家山村开展“科技助力精准扶贫”活动。为该村60多位贫困户，送去黄牛27头，药材种子500余公斤，现场讲解黄牛养殖和药材种植技术。九月，“全国科普日”期间，在县人民广场举办大型科普活动，开展科普文艺节目表演、科普知识有奖问答、科普大篷车展览、科技咨询等活动，吸引参与互动群众300多人。9月21日，在九资河镇徐凤冲村开展送科技、文化、卫生“三下乡”活动，农业科技工作一边发放农业科技书籍，一边为农民群众释疑解惑，场面热烈，互动频繁。10月和11月，积极开展科技助力精准扶贫工作，在三里畈邱家河村，平湖乡古羊山，沙塘角、何家山、粉壁坳、黄家塆等村开展食用菌生产技术培训，帮助350户贫困户发展平菇、黑木耳、香菇生产，免费送菌种近2万筒，技术资料500余份。全年全县共举办科技培训科普讲座15场次，组织参与大型科普活动、科技下乡6场次，展出展板150余块，发放书籍、报纸、宣传单等科普资料1.5万余份（册），组织和参加科普知识竞赛、论文评选、青少年科技创新活动5次，全县参与互动科技工作者和群众达1.5万人次。

**【科技惠民活动】** 2017年，县科学技术协会为增强科普活动的针对性、专业性、实效性，联合县党校、人社局、农业局等单位，不定期对农民技术协会负责人、农村科技明白人、科普带头人和种养大户进行培训。建立科技工作人才信息库，加强与科技工作者的联系，及时反映科技工作者的意见和建议，维护科技工作者的合法权益，建好科技工作者之家，让广大科技工作者人尽其才，才尽其用，激发他们创新、创业热情。为鼓励全县广大科技工作者牢记使命责任，创新报国，在5月第一个“全国科技工作者日”期间，举办了60余人参加的科技工作者代表座谈会，在县电视台向全县科技工作者发出一封慰问信，走访慰问了一线科技工作者，表彰了一批优秀科技工作者。在全社会营造关心科技工作者，尊重科技工作者，尊重知识，尊重人才的良好社会氛围。

**【科普知识宣传】** 2017年，县科学技术协会抓宣传，创氛围，持续在《罗田报》开办罗田科普专版，宣传病虫害防治、板栗管理、中药材种植等农业生产技术、重大疫病防控、环境保护和治理等方面的科普知识，面向全县12个乡镇414个村，共印发报纸6期1万余份。利用县电视台、县广播电台等宣传工具，广泛宣传农业生产、食品安全、环保等科普知识。建立科协网站。在大别山网开辟科普专栏，在社区、企业添置科普乡村e站，宣传普及科普知识。聘请通讯员及时宣传全县科普工作和公民科学素质建设工作的做法和典型，全年在市级以上报刊用稿4篇，大力营造科普工作良好的舆论氛围。积极组织中小学生参加全市青少年科技创新大赛，组织农村专业技术协会会员、科技示范户和农村科普工作者、基层农技人员、农村干部和农民等参加各项科普活动。为提升全县各类人群科学素质，认真履行全民科学素质工作领导小组办公室职责，召开了全县公民科学素质建设会议，根据换届人员变动情况及时调整、充实了组织机构成员，完善工作机制，进一步落实各成员单位职责，通过抓住重点单位和重点人群，大力促进科普资源共享，形成了活动推动、部门联动、齐抓共管的良好格局。

**【科学技术服务】** 2017年，县科学技术协会根据《中共黄冈市委关于加强和改进党的群团工作的实施意见》，按照要求报送了罗田科协改革实施方案，制定了改革任务清单，明确了工作措施和完成时限，切实增强科协的吸引力、凝聚力，提振全体科协职工的职业信心和广大科技工作者的自豪感。罗田科协改革得到中共罗田县委、县政府全力支持，配齐了乡镇、经济开发区兼职科协主席，配备兼职、挂职副主席各1人，成立了罗田县科学技术馆，安排展馆面积1000平方米，定一类事业编2人。科普经费按区域人口人均1元的标准到位。成立全县农村专业技术协会联合体，确保基层农技协组织全覆盖。罗田科协官网微信平台建立运行。在抓好本职工作的同时，服务和服从于县委、县政府阶段性中心工作大局，积极地完成县委、县政府交给的各项任务。在整村推进精准脱贫工作中，走村串户了解村情民意，全面落实“精准扶贫，不落一人”的要求，认真履职尽责，同时，积极兴办实事，开展“公路塆塆通”和“农村清洁家园”、脱贫扶志增智活动，帮助贫困群众拓宽产业扶贫门路。在文明城、卫生城创建活动中，冒酷暑，战严寒，出力流汗，确保责任地段通畅卫生。在防汛抗灾工作中，日夜坚守岗位，逐家逐户、沿河巡防摸排险情。积极组织广大科技工作者深入社区和乡村送科技、送卫生、送物资，科学指导生产。各项工作主动作为，靠前参与，不拖后腿。

（县科协供稿）

## 县工商业联合会

**【完成换届选举】** 2017年，县工商业联合会（以下简称县工商联）根据中共湖北省委、市委关于县级工商联换届文件精神，行动迅速，组建专班，及时向县委进行专题汇报，结合实际起草相关文件方案，并在换届过程中，严把政策关、选人关、程序关，特别对候选人的政治素质、思想品行、廉洁自律、履职能力、群众基础、社会形象等都经过认真筛选和严格考察后再进行民主推荐，既确保这次换届工作风清气正，圆满成功，还确保选出一批经济实力强、思想觉悟高、热爱工商联工作、热心社会公益事业的非公有制经济代表人士入会，为工商联长远创新发展提供了人才保证。

**【服务经济发展】** 2017年，县工商联组织开展了“访民企、办实事、解难题”调研活动，深入罗田经济开发区20多家民营企业进行走访调研，实地了解企业的经营发展情况，听取企业诉求。汇集企业实际困难，及时将企业意见较为集中的“贷款难落实”“旺季难招工”“检查难应对”等问题向县委、县政府及相关部门反映，促进了这些问题的解决，为企业发展破除瓶颈，扫除障碍，助推县域经济发展。

**【工商合作交流】** 2017年，县工商联先后组织非公副主席、副会长赴上海学习参加华商书院2017年（第11届）年度论坛，到北京与居然之家和千方科技两家民营企业开展面对面对接交流活动；先后邀请40多位楚商代表、20多家广东黄冈商会会员企业负责人、大别山核心区鄂豫皖3省13县企业家与罗田企业家代表交流对接，全面考察万全寨、燕儿谷、大自然公司、一方山水酒店等成功落户项目，大力推介罗田各类资源、区位优势和招商引资优惠政策，增加投资客商对罗田投资的信心。

**【招商引资】** 2017年，县工商联积极发挥联系广泛、交流便捷的资源优势，不断加大以商招商、以情招商力度，先后与湖北武新电气科技有限公司、武汉博德森机电设备公司联系对接，初步达成引进祁龙山文化生态园项目、美丽思家居项目、幕思高档家居项目、世界五百强光大国际垃圾发电项目、江西建工集团PPP项目、东莞金鼎交通设施建筑项目、武汉天源环保项目、中粮肉食品种养项目、集装箱式发电站生产项目、郑州高压阀门厂高压阀门生产项目、园区电器生产项目等15个，建立了推介项目库和重点招商企业名录。

**【推进党的建设】** 2017年，县工商联按照中共罗田县委决策部署，发挥非公党组织在职工群众和生产经营中的政治核心作用，广泛开展党员示范岗、党员先锋岗、党员责任区创建活动，创建了大自然、名羊科技、食为天、南方家私等一批非公党建示范点，强化党旗领航、支部堡垒、党员示范作用，坚定工商联、商会的发展方向，促进民营经济提质增效、转型升级。在工商联机关，以“领导班子好、会员发展好、商会建设好、作用发挥好、工作保障好”的“五好”创建工作为引领，坚持管党治党责任制，深入推进“两学一做”学习教育常态化制度化，坚持开展“书记讲党课”“支部主题党日”活动，促进机关党员干部增强“四个意识”，严守政治纪律和政治规矩，着力营造风清气正、干事创业的良好氛围。

**【获全国“五好”县级工商联称号】** 2017年，县工商联继续以“两个健康”为工作主题，不断加强自身建设，抢抓中央、省、市整体推进县级工商联“五好”建设的契机，找准加强自身建设的着力点和落脚点，严格按照“领导班子好、会员发展好、商会建设好、作用发挥好、工作保障好”建设目标，创新思路、准确定位、完善措施，发挥班子的集体领导作用，建立争创“五好”县级工商联考评机制，全面加强工商联思想、组织、作风、制度建设，努力推动工商联工作实现创新发展，促进服务水平和能力不断提升。经上级工商联组织筛选、评比、考核，罗田县工商联脱颖而出，荣获全国工商联颁发的“五好县级工商联”奖牌。

（县工商业联合会供稿）

## 县文学艺术界联合会

**【概　况】** 2017年，县文联以“黄冈党旗红”主题文艺创作活动为重点，结合中共罗田县委、县政府中心工作，继续创新和加强文联工作，开创了文联工作新局面。3月，罗田县文学艺术界联合会作为全国基层文联唯一代表，参加中国文联组联会议，罗田文联工作经验在全国交流。12月，县文联被评为全国“文艺扶贫奔小康”工作行动示范县，《大别山放歌》文艺扶贫项目被中国文联确定为优秀文艺扶贫项目在北京交流汇报。

**【文艺活动】** 2017年，县文联积极组织开展多场次内容丰富的文学艺术创作活动，并取得可喜成绩。7月28日，县文联于九资河镇三省垴组织举办“青春·故乡”主题的大别山诗歌笔会，来自全国的30多位知名诗人参与。20余次组织业余作家，走进三里畈镇张家冲、白庙河镇潘家湾村等美丽乡村示范村及贫困村撰写文艺作品。组织完成诗画燕儿谷摄影比赛、城乡建设杯摄影比赛、“爱我湿地，守护天堂湖”征文和摄影比赛等活动，收获文学和摄影作品共2000余件，发现了一批文艺精品。启动第五届红叶节摄影、平湖“秀美金沙湾”摄影比赛活动，编辑出版两期《大别山文艺》期刊。罗田文联微信公众号是罗田文联创新文艺形式的品牌工作，多次荣登湖北政务微信排行榜单，在黄冈全市推广典型经验。为了进一步做好品牌特色工作，县文联克服人手不足，经费困难等种种困难，加班加点，全年共计编辑精品微信110余期，新开辟“卓尔·罗田”、精准扶贫、文艺扶贫、孝德罗田等专栏，利用“互联网+文艺+扶贫”的形式，利用多种方式帮助乡镇、贫困村、电商拍摄图片，采写作品，文艺工作者们精心创作的诗文、歌赋、图片、影视、书画等作品在公众平台不定期向外推送，吸引了大批的外地游客到罗田进行观光、投资、考察、交流，参与乡村观光游、农产品采摘体验游，此举为罗田乡村旅游、特产美食走出罗田鼓了劲，造了势。罗田板栗、罗田甜柿等国家地理标志产品，“罗田吊锅”“胜利老米酒”“罗田腊肉”等美食也都通过新媒体平台得到更好的推广和宣传。暑假期间，县文联与“三胜传媒”文化公司合作，组织文学公益大课堂，邀请知名学者陈春生、肖红英，网络作家王保林授课，通过网络直播的形式，全县直播，万人同时关注。参与文旅融合专题座谈会，参加赴新疆考察文旅融合调研活动，并撰写调研报告。文联积极发动一批老文化人，为旅游文化挖掘蕴藏的文学宝库。编辑《大美罗田》文集（审稿过程中）；出版《大别山文艺》天堂湖专刊；组织了天堂寨、天堂湖、燕儿谷、城建杯等多个摄影、征文大赛，并举办“喜迎十九大，图说新罗田”摄影展；全程参与红叶节、甜柿节、漂流节、吊锅节、沙雕节、板栗节、茶梅节、旗袍秀等旅游节庆活动。县诗词学会下基层采风创作出版“精准扶贫”专辑诗歌100余首；美术家协会持续开展“画罗田美景”活动，并参与接待“写生中国”活动，组织骨干力量参与乡镇文化墙建设，用画笔扮靓美丽乡村；曲艺家协会以鼓书宣讲扶贫知识和十九大，宣传事迹登上《人民日报》。县作协与县文化局合作举办诗歌朗诵会。音乐家协会举办了首届罗曼音乐钢琴古筝演奏会。

**【文艺创作成果】** 2017年，罗田县民间文学艺术家协会《罗田民间文艺》出刊1期，诗词学会《风声》诗刊出刊2期。叶雄超、汪玉平2人顺利通过省作协审核，成为湖北省作协会员。晏晴诗歌荣登《知音》扉页。何金剑《行走在天堂湖的春天》在国家期刊《国家湿地》发表。诗词学会在《中华诗词》等国家级刊物发表作品50首，在省级刊物发表作品近100首。周路平被湖北中华诗词学会授予湖北省“荆楚诗坛中坚”荣誉称号；罗田县骨干作家肖碧源《山水清音》、李文雅《小三年》诗歌出版、夏云河《岁月留痕》、陈佩筠《乡韵》散文集出版。尹定贤完成长篇小说《娘亲》创作，匡彬的中篇小说《大鱼》通过《花城》终审，另有五部小说正在创作之中。罗田多名作家在各级期刊杂志发表文学作品500余篇，多名摄影家在全国赛事中获奖。美协、书协积极完成黄冈市廉政书画展的作品征集选送任务。在“黄冈党旗红 · 歌唱大别山”比赛中，县音协组织选派的歌手饶俊华、程杨、徐都督荣获一、二等奖，黄冈决赛由音协赞助全程直播，三名歌手代表黄冈市到六安参加三省六市会演，受到市委宣传部、市文联好评。

**【文艺扶贫】** 2017年，县文联积极开展文艺扶贫活动。统一印制了文艺志愿扶贫奔小康志愿者“红马甲”50件，由文联统一管理，在开展文艺扶贫活动时使用。全县文艺志愿服务者按文艺家协会分类，统一造册，专群管理。2017年元月14日，县摄影家协会的30多名“红马甲”便奔赴全国旅游扶贫试点村燕窝湾村开展茶梅人像摄影宣传扶贫活动，并启动春节期间免费为贫困户拍摄全家福活动。元月15日，书法家协会10余名“红马甲”赴九资河镇开展“福满鸠鹚”送春联活动，春节期间义务为群众写春联1500余幅。县文联还承担编辑出版《罗田扶贫纪实文集》的重任。组织业余作者30余人，摄影家10余名，深入基层，聚焦“一户一案”精准扶贫、“一村一品”产业扶贫、“一企一片”市场主体扶贫等48个先进典型，历时五个月，探精彩，记真情、录实感，记录一幕幕精准扶贫的感人故事，编辑出版《罗田精准扶贫文集》，传播罗田三年来扶贫开发工作艰苦奋斗、顽强拼搏的动人事迹，颂扬战天斗地的感人业绩，褒扬情系脱贫的各界模范，为加快全面建成小康社会，打赢脱贫攻坚战提供可资借鉴的经验和做法，为罗田县扶贫工作留下一笔宝贵的精神财富。

（罗田县文学艺术界联合会供稿）

# 法 治

## 政法委工作及综治

**【政治安全管理】** 2017年，县政法委坚持“两外四情”基础调研常态化，国家安全基础工作更加扎实。全面推进基层无邪教创建，在3个乡镇、1所学校举办“崇尚科学，远离邪教”主题宣传活动，增强群众识邪、拒邪、防邪能力。部署开展“敲门行动”，入户走访原在册涉邪人员，重点人员逐一落实教育帮扶管控措施。依法严打涉邪违法犯罪，全年立破邪教案件3起，行政拘留3人，教育训诫15人，全县没有发生邪教滋事扰序案件。

**【社会安全管理】** 2017年，县政法委坚持全面排查、专项排查、集中排查相结合，落实四级每日联排机制，部署开展维稳攻坚“五大行动”，强化源头化解稳控。共排查涉稳重点人员157人，重点群体17个，逐一落实“五个一”的包保措施。“浦爵”涉众金融案件等重大涉稳风险得到依法妥善处置，46件积案、难案息访罢诉，案结事了。坚持以最高标准、最硬措施、最严纪律，打好重要敏感时期维稳安保攻坚战。全国全省“两会”、建党96周年、“一带一路”峰会、党的十九大等重要时期维稳安保取得全胜完胜。加大对借机施压、以访牟利、蓄意滋事等违法信访行为打击力度，共行政拘留非访人员8人次，刑事立案4人，促进信访秩序逐步好转。全县进京非访位居全市第八，与上年同比下降77.4%，实现了“量减位退”。

**【公共安全管理】** 2017年，县政法委协调督促各地各部门扎实开展安全隐患大排查大整治行动。重点加强建筑工地、化工企业、食品药品，以及校园、旅游、交通、消防等领域安全隐患的“拉网式、地毯式”排查，堵塞漏洞，消除隐患，全县没有发生群死群伤的重大公共安全事故，维护了群众的生命财产安全。加大社会治安重点地区和突出治安问题的排查整治力度，依法严厉打击各类严重违法犯罪，刑事犯罪呈现出持续下降的态势。

**【网络安全管理】** 2017年，县政法委落实涉稳敏感案事件“三同步”原则，会同公安、网信等部门，加强网上涉稳敏感舆情的巡查监测、研判预警和引导处置，及时封堵删除网上有害信息，依法打击恶意炒作、煽动滋事等网络违法犯罪行为，全县没有发生重大网络负面炒作事件。

**【平安罗田建设】** 2017年，县政法委坚持继承传统，与时俱进，不断加强和创新社会治理，群众的安全感逐步提升，平安罗田建设结出丰硕成果，综治“五率”挺进全省第一方阵，罗田第三次蝉联全国平安建设先进县，并夺得全国综治最高奖——长安杯，成为黄冈市首个获此殊荣的县市。基层建设规范化。落实《基层综治中心规范化建设国家标准》，结合基层实际，在全市首个制定基层平安建设“995标准”，即村（社区）“九有”、乡镇“九化”、部门“五好”。按照“九有”，全县60%的村（社区）建成治保调解室、视频监控室、网格管理站、法务前沿工作站、政法综治服务窗口的规范化综治中心，搭建集治安防范、纠纷化解、法治宣传、便民服务、社区矫正等多位一体的实战化平台。基层综治中心建设“罗田标准”，得到市综治办的肯定和推广。治安防控信息化。推进“雪亮工程”建设，完成一期天网工程500个A类探头、2个治安卡口的升级改造，投资1700万元的三期天网工程150个A类探头、8个治安卡口投入试运行。全县所有乡镇、景区实现镇街重点部位、辖区主要道路视频监控全覆盖，48%村（社区）完成5个以上高清摄像头的建设任务。在县长途客运站建成人证核验和实名购票系统，并实现与公安情报信息平台的对接联通、信息共享。重点管理机制化。县综治办牵头公安、交通、邮政等职能部门形成合力，加强对全县16家物流企业、80多家寄递网点的监管，推动落实收寄验视、实名登记、过机安检“三个100%”。全年共办理物流寄递刑事案件2件，行政案件13起，收缴枪支1支。通过严格管理，严防物流寄递行业成为违法犯罪的渠道。将严重精神障碍患者纳入矛盾纠纷排查内容、纳入维稳信息研判体系、纳入重点管控视线。对153名重症精神障碍患者逐一明确监护人，逐一兑现每人每年2400元的“以奖代补”政策，逐一落实“六包一”包保责任制，有效防止了因管控不到位、引发个人极端案事件。社会治理社会化。不断创新形式和载体，开展全方位、全媒体、立体化的平安法治建设宣传活动，“人人知晓、人人有责、人人享受”的平安法治建设理念深入人心，“共治、共建、共享”的社会治理格局逐步形成。全县组建了6支专兼职巡防队伍，常态化开展“警民长牵手、治安常联防”活动，群防群治的“同心圆”越画越大。“省级联防”机制不断拓展延伸，有效维护了边界地区的平安稳定。平安细胞活力迸发，平安乡镇、平安村社区、平安单位、平安校园等基层平安创建实现全域覆盖。

**【法治罗田建设】** 2017年，县政法委认真履行法治建设牵头协调、调查研究、检查指导、考评考核等职能，统筹推进依法执政、严格执法、公正司法、全民守法等各项任务，不断提高法治罗田建设水平。法治建设第一责任落地落实。完善法治建设工作机制，建立领导干部述职述法制度和党政主要领导法治建设实绩档案，坚持每季度召开1次“1+5+N”联席会议，较好地发挥了县委办公室、县人大法工委、县政府法制办、县委政法委、县司法局5个牵头部门在法治建设中的引领推动作用。公正执法满意度位居全省前列。强化党委执法监督工作，组织开展全县刑事执行领域“清查安全隐患、防范安全事故”专项执法检查活动，督促整改了一批安全隐患。推进涉法涉诉信访机制改革，继续开展“千案化解”活动，政法机关共办结涉法涉诉信访案件36件，全年没有发生涉法涉诉进京非访。积极推进司法改革，以司法责任制为中心的四项改革基本完成，公安受立案改革，律师、公证改革任务全面落实，执法司法公信力显著提升。在全省“一感两度两率”测评中，罗田政法机关公正执法满意度达到97.13%，位居全市第一、全省第九。“法律六进”活动有声有色。召开全县“七五”普法推进会，对“七五”普法宣传教育再部署、再安排。建立国家机关“谁执法谁普法”普法责任制，结合“12·4”、“3·8”、“3·15”、“4·15”等关键节点，面向社会开展一系列法治宣传。组织普法讲师团成员，继续开展整村推进法律法规培训活动，共举办培训29场次，受教育群众2400多人次。为全县中小学重新聘任法治副校长，每学期开展1次送法进校园活动，取得良好的宣传效果。法治文化建设特色鲜明。在城区建有法治文化长廊、法治文化公园和法治文化街区。按照平安法治建设“995”标准，各乡镇、村（社区），县直各单位都有特色鲜明的道德法治文化阵地。去年，有4个单位被推荐为全省第二批法治文化示范点。同时，实施法治创建“1155”工程，凤山镇、河铺镇和县万密斋医院被推荐为全市法治创建示范乡镇、示范医院。加强县法学会建设，认真做好省法学会会员发展工作，共发展个人会员386名，位居全市第三。在全县举办法治文化作品征集活动，组织会员参加“法治湖北”“法治大别山”论坛。

**【脱贫攻坚工作】** 2017年，县政法委坚持真扶贫扶真贫，对照实事求是、应进则进、应出尽出、应纠尽纠的原则，开展精准识别“回头看”，确保精准扶贫开发数据的准确性、真实性和有效性。加大政策宣传力度，举行“谢党恩奔小康”主题宣讲活动，增强贫困群众脱贫的信心和内生动力。扎实推进“五个一批”的落实，新建油菜基地70亩，新建光伏电站已验收，易地搬迁安置39户45人。同时，筹资6000元，为归云山村五保户以外的所有贫困户购买社会治安保险，提高贫困户的风险保障能力。组织政法系统政协委员开展金秋助学活动，共捐资24500元，全部用于资助贫困户在校大学生。2017年归云山村贫困户55户124人实现如期户脱贫。

（县政法委供稿）

## 法治政府建设

**【概　况】** 2017年2月底，县政府与各乡镇政府及县政府各部门签订《2017年度依法行政工作目标责任书》，目标责任书从加强依法行政工作的组织领导、健全行政决策机制、转变政府管理职能、规范具体行政行为、做好行政复议和应诉工作、强化执法队伍建设、接受监督、考评与奖惩等方面，对各部门推进依法行政工作作了具体要求。县政府通过日常工作和检查评比等形式，对各乡镇、各部门开展依法行政工作进行量化考核，以达到通过法制手段“管人管事”的工作目标。

**【规范执法】** 2017年，县政府法制办公室积极开展行政执法事前监督。截至6月29日，对各行政执法单位209件行政处罚案件进行备案，对备案文书中存在的问题及时出具指导意见，有力发挥了行政执法事前监督的作用。继续完善行政执法资格清理工作。针对部分新录用和调动的行政执法人员补办全省行政执法证和执法监督证，积极向省、市法制部门报送有关信息，以便顺利开展下一阶段的行政执法证件考试和补发工作，确保行政执法人员持证上岗，对执法资格进行严格管理。

**【行政复议】** 规范告知行政复议申请权，健全行政复议案件审理机制。截至2017年6月底，县政府行政复议委员会共收到行政复议申请14件，受理12件，审结4件，未审结8件正在办理中。其中维持0件，撤销0件，驳回复议申请1件，责令行政机关重新作出0件，变更行政处罚决定0件，申请人撤回复议申请3件。经行政复议引发诉讼的案件共1件，已由浠水法院受理，正在办理中。已办结的行政复议案件达到“定纷止争，案结事了”的良好效果，行政复议的影响力和公信力不断提升。3月下旬，市法制办对罗田行政复议工作进行指导督办，督办组肯定了罗田各部门化解重点领域重点案件行政纠纷的路径和方法，并对部分行政单位的办案程序方面的薄弱环节提出指导性意见。

**【专项治理】** 2017年3月底，县政府法制部门出台行政执法突出问题专项治理实施方案，成立工作专班。此次专项治理的对象涵盖全县公安、人社、住建、交通、农业、卫计、工商、质监、物价、食药、环保、城管、安监、文化14个行政执法机关及其工作人员，治理的主要内容为2015年以来在行政执法过程中存在的执法不严格、执法不公正、执法不规范、执法不廉洁、执法不文明等行为。在自查自纠阶段，县政府法制部门收集各成员单位反馈的情况。至年底，专项治理工作处于重点检查阶段，各成员单位的相关工作平稳推进。

**【文件清理】** 4月上旬，县政府办公室按照《黄冈市人民政府办公室关于全面开展规范性文件清理工作的通知》要求，组织相关部门，在全县范围内全面开展文件清理，建立文件清单等制度工作。本次清理范围包括行政机关和法律、法规、规章授权的组织，依照法定权限和程序制定的涉及公民、法人或者其他组织权利义务、具有普遍约束力、可以反复适用的公文。清理工作完成后，将所有现行有效的文件以清单形式公布，建立文件清单制度。前阶段，县政府法制部门对规范性文件制定及合法性审查情况进行统计，初步掌握了规范性文件制发情况，清理工作如期稳步推进。

**【行政应诉】** 2017年3月上旬，县政府办印发《关于进一步加强行政机关负责人出庭应诉工作的通知》，进一步建立健全行政机关负责人出庭应诉工作机制，确保各乡镇、各部门行政首长在开庭审理的行政案件中，能够做到出庭、出声，确保各乡镇、各部门聘请法律顾问的覆盖率达到100%。

**【"两法衔接"】** 2017年4月上旬，县人民检察院、县政府办印发《关于"两法衔接"信息共享平台建设工作的通知》，对各部门开展"两法衔接"的具体工作进行督办。"两法衔接"信息共享平台的建立，使行政机关的执法行为更加规范，有效预防行政执法机关有案不移、以罚代刑、徇私舞弊、滥用职权等问题的发生，增强了行政执法和刑事司法整体工作合力，为构建全县和谐稳定的社会环境和良好的法治环境提供了强有力的保障。

**【法制服务】** 一是处理信访积案。县政府法制部门对信访事项涉及的土地登记、集体土地使用权、廉租房租赁等问题进行调查、研究，作出解释并提出解决问题的建议，确保社会稳定。二是在合法性审查方面，县法制办积极参与县政府各类合同、协议的拟订和审查工作，全面审查保险、用工、招商引资等方面合同16份。三是在重大行政决策方面，县法制办对县政府重大涉法事项依法论证，对决策方案、草案进行合法性审查，提出审查意见。四是县法制办为县政府和各部门在拆迁、行政执法、旅游开发等方面提供法律法规咨询服务，提出了建议和解决方案。

（县政府法制办公室供稿）

## 公　安

**【维护社会稳定】** 2017年，县公安局始终把维护政治社会稳定作为第一要务，在情报信息、重点人员管控、网络管理、矛盾纠纷调处、重大活动安保等各个方面都取得显著成效，圆满完成全国"两会"、全国产业扶贫现场会、"一带一路"国际合作高峰论坛、十九大等系列安保任务50余次，实现了重要节点"北京不去人、本地不出事、网上不炒作"的总目标。特别是在十九大安保工作中，罗田"大事没出、小事也没出"，北京"零非访"，安保工作十分成功。积极参与应对禽流感、白莲库区整治维稳等工作。在处置浦爵涉众

2017年7月20日侦破一起命案

金融问题上，勇于担当，积极作为，成效十分明显，创造了罗田经验，为黄冈其他县市处置同类问题提供了样板。成功处置闹丧、非正常死亡、群体性上访等突发事件36起，对缠访闹访、网络造谣等违法行为始终保持严打态势，先后刑事打击2人，行政拘留21人，取得较好社会效果。

**【打击违法犯罪】** 2017年，县公安局先后组织开展“秋风行动”“春雷行动”、打击“盗抢骗”、“三打击一整治”等系列专项行动，全力维护老百姓切身利益，人民群众安全感和满意度不断提升。凤山镇大塘湾村6组3人被杀命案，在短短2个小时内就抓获犯罪嫌疑人，成功破获此案，实现连续25年命案全破。两大专案组成功破获伪造印章、诈骗、网络赌博等多起重大案件，实现社会效益和经济效益的双丰收。2017年，治安警情和刑事警情分别比上年度下降7.6%和10.5%。其中，群众关切的摩托车盗窃案比上年同期下降13.5%，非法开设赌场和电玩城赌博基本绝迹。

**【平安罗田建设】** 2017年，县公安局始终坚持“把隐患当事故”，持续开展交通、治安、消防和校园安全隐患大排查、大整治，加强大型活动安全监管，严格寄递物流和危险爆炸物品行业管理，最大限度消除各类安全隐患，全县安全生产形势持续平稳，实现涉枪涉爆零事故、火灾零亡人事故，全县连续三年未发生较大以上交通事故，全县交通事故同比下降11.35%。其中，事故死亡45人，比上年同期减少26人，同比下降36.6%。大力开展“治超”“治砂”和全县道路交通安全集中攻坚整治等专项行动，取得良好效果。强力推进“生命防护工程”建设，受到曾欣副省长多次表扬。看守所、拘留所创新监管举措，实现了看守所连续35年、拘留所连续15年安全无事故。

**【防控体系建设】** 2017年，县公安局扎实推进立体化治安防控体系建设，平安城市一期改造、二期和三期工程相继建成并投入使用。投资500余万元的技侦工作站已建成并投入使用，投资100万元，对刑事技术室改造；完成合成作战室、视频侦查室、汽车站实名核验系统、110三台合一升级改造等信息化项目建设，公安机关核心战斗力全面提升。不断完善基础设施建设，大河岸派出所、拘留所已经建成并投入使用。骆驼坳派出所、河铺派出所正在建设中。看守所、武警中队建设已经进入尾声，即将投入使用。还先后建成平安车棚、图书室、谈话室等功能场所，凤山派出所改造已经完成，面貌焕然一新。

**【公安队伍建设】** 2017年，县公安局深入推进“两学一做”学习教育常态化制度化建设，全警“四个意识”明显增强。扎实开展春季“大练兵”活动，全警参训，贴近实战，队伍的组织纪律观念、精神面貌、实战能力得到进一步提高。认真组织学习贯彻党的十九大会议精神，掀起“学英模、见行动、保平安”活动的高潮。全面落实从优待警，强力推动民警休假、抚恤补助等关爱民警措施落实，奖励工资、车补、“两项津补贴”等全部落实到位，民警、辅警待遇再创新高。组织开展外出考察学习交流活动，开拓了眼界、提升了能力。强化执法规范化建设，执法工作再次荣获省优等次。坚持抓早抓小，防微杜渐，狠抓队伍纪律作风建设，实现队伍零违纪。

（县公安局供稿）

## 检 察

**【概　况】** 2017年，县人民检察院依法打击各类刑事犯罪。围绕夺取“长安杯”，充分履行批捕起诉职能，全年共受理提请审查批捕案件106件128人，经审查依法批准逮捕89件105人。受理移送审查起诉案件189件249人，经审查依法提起公诉143件181人。突出打击危害公共安全、破坏社会秩序、市场金融秩序、侵犯公民人身权利和财产权利的严重刑事犯罪，依法从重从快批捕起诉，始终保持维护稳定高压态势。对一起涉及罗田1000余名受害人的金融诈骗案件及时提前介入，快速批捕7名犯罪嫌疑人，避免了较大群体事件的发生，保障了人民群众生产安全、生活安宁。落实宽严相济刑事政策。在严惩严重刑事犯罪的同时，对轻微犯罪依法从宽处理，依法决定不批捕13人、不起诉26人；完善刑事和解、检调对接等机制，对符合“当事人和解”法定条件的案件，促进和解并进行监督22件。积极参与社会治理创新。高度重视信访工作，健全检察长接访、带案下访、包案化解等机制，拓展受理接待平台，畅通诉求表达渠道，加强释法说理工作，办理群众来信来访85件，妥善处理涉检信访3件，化解信访积案2件；加强社区矫正法律监督，依法纠正社区矫正服刑人员脱管、漏管等问题，协助相关组织做好帮教安置工作，化消极因素为积极因素；健全刑事被害人救助机制，对确有生活困难的2名被害人提供司法救助2.5万元，彰显司法人文关怀。

**【反腐倡廉】** 2017年，县人民检察院在司法体制改革和监察体制改革的关键时期，始终保持反腐败力度不减、节奏不变、思想不乱的政治定力，加大查办和预防职务犯罪工作力度，全年共立办职务犯罪案件18件19人。其中，贪污贿赂犯罪13件14人、渎职侵权犯罪5件5人；突出查办大案要案，查处贪污贿赂大案9件9人、要案4件4人，查处渎职侵权要案1件1人；注重查办发生在群众身边损害群众利益的职务犯罪，涉农惠民领域1件1人、拆迁安置房领域2件2人、环境保护领域2件2人、工程建设领域8件9人；坚决查办“围猎”国家工作人员的行贿犯罪，对5名行贿人依法追究刑事责任；积极参与上级机关办理重大专案，先后抽调业务骨干18人（次），配合上级办理一批在全国有较大影响的大要案，办案成效得到上级充分肯定。注重运用非刑罚方式，从源头上预防职务犯罪，最大限度教育挽救干部。加强系统预防，联合6个党政机关、国有企事业单位推进“依法廉洁行政”预防工程，开展警示宣传教育9次、预防咨询30次，展播预防微电影5次，发放预防资料1000余册，促进依法履职、廉洁行政；深入环保、林业、国土等单位开展同步预防，保护生态环境促进绿色发展；加强个案预防，开展案例分析13件、预防调查2次，发出预警性检察建议13份，促进相关单位消除隐患、健全机制、规范管理。

**【检察监督】** 2017年，县人民检察院加强刑事、侦查、审判监督。争取重视支持，构建党委领导、政府主导、检察机关牵头的“两法衔接”工作格局，将“两法衔接”工作纳入依法行政和法治建设考核范围，促进行政执法与刑事司法有序衔接，监督行政执法机关移送涉嫌犯罪案件3件3人；建立与公安机关刑事案件信息共享、情况通报等机制，加强刑事立案和侦查活动监督，监督立案5件5人，监督撤案4件4人，追捕4人，追诉12人；加强刑事审判监督，依法提请抗诉3件3人。加强刑事执行监督。对监管活动中发现的违法问题，向监管部门发出纠正违法通知书14份；针对7名脱管罪犯及时发出7份纠正违法通知书；加强诉讼违法监督，对发现的各诉讼环节违法情形，及时依法监督纠正。加强和规范民事、行政诉讼活动法律监督，民事诉讼监督方面，受理生效裁判监督案件4件，受理审判活动监督案件3件，受理执行活动监督案件3件，发出检察建议4份、再审检察建议1份；对程序合法、实体裁判没有错误的申请监督案件，对当事人做好释法说理工作后，发出4份不支持监督决定书，既维护了司法公正和司法权威，也有效化解了矛盾纠纷。1件民事公益诉讼案件正在办理中。行政诉讼监督方面，受理非诉执行监督案件4件，向行政机关发出4份检察建议；办理行政公益诉讼诉前程序1件，向法院提起诉讼1件。

**【服务经济发展】** 2017年，县人民检察院积极服务重大战略实施。围绕"五县"发展战略，多次举办专题讲座，开展专题调研，引导干警准确把握罗田发展战略、目标和重点，增强服务主动性；围绕创新、协调、绿色、开放、共享发展，认真开展整治和预防扶贫领域职务犯罪、农村危房改造补助资金领域职务犯罪、保护生态环境促进绿色发展3个专项检察行动，增强服务实效性。尤其是在"保护生态环境、促进绿色发展"专项法律监督工作中，起诉破坏生态环境资源犯罪嫌疑人25人。6月6日，全市检察机关专项工作推进会在罗田召开。整治市场经济秩序，依法打击危害经济安全、扰乱经济秩序犯罪，助推社会诚信体系建设，批捕金融诈骗、侵犯知识产权、非法经营、非法吸收公众存款等破坏经济秩序犯罪25人，起诉46人；立案查办利用职权对企业索贿受贿、滥用职权等职务犯罪3人，促进营造法治化营商环境。落实"护幼、容错、不赦罪"要求，依法妥善办理涉企案件；立案查办资源出让、工程建设、国家投资等领域商业贿赂犯罪5人；提供行贿犯罪档案查询400余次，促进公平竞争、规范经营、良性发展。始终坚持与党委政府工作部署同步合拍、同频共振，在新农村建设、美丽乡村建设、综合治理等各项中心工作中，都较好完成了工作任务。全力服务精准扶贫，开展整治和加强预防扶贫领域职务犯罪专项工作，为党委政府当好参谋，防控扶贫领域腐败风险。

**【体制改革】** 2017年，县人民检察院严格落实"谁办案，谁负责，谁决定，谁负责"要求，建立司法权力清单制度，既授予检察官依法独立办案的适当权限，又加强监督制约和执法管理，严格执行错案追究和办案质量终身负责制。严格执行《湖北省检察机关领导干部直接办案管理办法（试行）》，入额院领导直接到一线办案，2017年入额院领导直接办案70件。优化办案组织。根据司法办案的需要，结合罗田检察工作实际，建立固定办案组和临时办案组，做到既分工负责，在疑难杂案方面协同作战。开展监察体制改革试点工作，成立改革工作专班，细化工作措施，确保按规定的路线图、时间表有序推进检察机关职务犯罪侦查、预防等工作职能、机构、人员平稳转隶至监察委员会。加强思想政治工作，检察长亲自与转隶部门干警逐个交心谈心，引导干警提高政治站位，服从改革大局，充分认识监察体制改革是贯彻落实党的十九大精神，推动全面从严治党向纵深发展，巩固深化反腐败斗争压倒性态势的重大战略举措，在思想上、行动上与党中央保持高度一致。

**【工作机制创新】** 2017年，县人民检察院积极探索对公安派出所执法活动监督，采取派检察官巡回对派出所一线执法活动监督，及时纠正执法活动中的违法行为；积极推进"四类人员"出庭支持公诉，确保审判公正，树立司法公信；积极完善公诉环节补充侦查机制；深化人民监督员制度改革，邀请人民监督员监督评议案件5件，组织公开审查案件1次，为检察机关公正办案提供有力保证。2017年，县人民检察院购买了公诉人出庭高清全程同步录音录像终端一体机，文书智能校对系统，有效地防范办案中的差错。强化案件质量评查，采取抽查与自查、综合分析与个案点评的方式，评查各类案件88件，对发现的瑕疵问题，强化整改到位。所有案件实行全流程监控，网上示警，共发出流程监控通知书108份，口头预警15件次，严密防范案件办理过程中的不规范现象。强化制度约束，严格落实办案质量终身负责制、错案责任倒查问责制、检察机关内部人员过问案件的记录、通报、责任追究制等制度，强化定期和不定期督察，用制度的刚性约束倒逼规范司法。四是在"开"上着力。积极推进检务公开，公开案件程序信息261件，终结性法律文书108份，重要案件信息18条。

**【检察队伍建设】** 2017年，县人民检察院加强思想政治建设。坚持把思想政治建设摆在突出位置，深入学习党的十九大精神和习近平新时代中国特色社会主义思想，扎实开展“两学一做”学习教育、缅怀革命先烈等活动，梳理解决理想信念、宗旨意识、司法办案等方面的问题，引导干警牢固树立“四个意识”、增强“四个自信”。坚持以党建带队建，开展支部主题党日、羽毛球比赛、趣味棋类比赛等活动，营造团结和谐文明的机关氛围，增强干警的凝聚力、战斗力。突出业务能力建设。坚持按照缺什么补什么原则，采取分类培训方法，选送21名干警参加国家、省检察官学院和市人民检察院培训学习，提高干警的综合素质。坚持开展公诉辩论赛、工作讲评、道德讲堂活动，营造争先创优氛围，先后有5名干警获得各级表彰。扎实推进年轻干警成长工程。加大对青年业务骨干、优秀人才培养力度，开设“青年检察官讲堂”，通过优秀青年干警自己讲、邀请专家、学者讲课指导、主题演讲、办案心得交流等方式提升青年干警能力，促其早日成才。

**【检务保障工作】** 2017年，县人民检察院严格执行预算制度，牢固树立“先有预算，后有支出”“用钱必问效，无效必问责”的保障理念，进一步规范支出科目、报销凭据、报销内容，扎实做好经费管理工作，把中央八项规定精神、财经纪律要求落实在经费管理环节。规范财务管理。按照省财政厅、省检察院要求，投资建成了财务管理系统，使政府采购项目资料通过高清扫描上报省院备案，确保招投标、政府采购项目等各项支出规范。加强信息化建设。围绕“智慧检察”建设，新建了高清视频会议室、涉案财物管理室、办公大楼高清监控设备、大楼门禁系统，扩建了检察专线网机房，确保办公、办案安全。更新电脑、打印机、扫描仪、传真机、刻录机、装订机等办案装备，办案装备水平得到提升。四是规范办案区建设。按照省院的要求，投入资金完成了办案区的规范化建设。

**【主体责任划分】** 2017年，县人民检察院党组根据新形势要求，结合罗田实际，制定了《2017年罗田县人民检察院从严治党主体责任要点》《从严治党主体责任清单》，细化院党组、党组书记及班子成员职责，科学划分各责任主体之间的责任界限，形成由党组书记负总责、党组成员分工负责、一级抓一级、层层抓落实的责任体系。组织层层签订党风廉政建设责任状和党建工作责任状，将责任分解到位、层层压实。严格落实述责述廉制度。党组成员和检察官坚持每年向全院干警述责述廉。强化纪律教育。把学习贯彻《党章》《准则》《条例》、党的十九大精神和习近平新时代中国特色社会主义思想作为重要任务，纳入党组中心组、全院干警学习主要内容。组织观看警示教育片、学习上级院和各级纪委案例通报，增强全体干警在党风廉政方面的责任意识。加强监督。将检务督察作为抓执纪监督的重要环节，采取节假日督察与日常督察相结合，确保中央“八项规定”和各项纪律有效执行。全年共开展检务督察8次，督促整改问题5个。

（县人民检察院供稿）

## 法　院

**【概　况】** 2017年，县人民法院共受理各类案件3976件，审执结3698件，同比分别上升14.25%和20.46%。年初，县人民法院被表彰为全国优秀法院、全省先进文明单位。

**【刑事审判】** 2017年，县人民法院共受理刑事案件170件，审结153件，判处罪犯232人。审结故意伤害、绑架、强奸、“两抢一盗”等案件57件66人；审结寻衅滋事、交通肇事、危险驾驶等案件45件52人；审结制、贩毒品案件10件25人；审结贪污贿赂、渎职等案件15件16人；依法打击破坏生态环境犯罪，审结盗伐、滥伐林木案件4件5人；处缓刑、管制和免于刑事处罚95人。落实以审判为中心的刑事诉讼制度改革，推进庭审实质化，坚守防范冤假错案底线。

**【民事审判】** 2017年，县人民法院共受理民商事案件2445件，审结2298件。审结婚姻家庭、财产继承、抚养、赡养等案件568件；审结交通事故、医疗损害、相邻关系等赔偿案件462件；妥善处理工伤保险、劳动争议等案件52件；审结房屋拆迁安置补偿、合伙纠纷、房屋买卖租赁、民间借贷、金融借款等纠纷案件803件；审结招商引资、建设工程施工、建设用地使用权出让等纠纷案件59件；审查行政非诉执行案件141件，裁定准予执行128件，不予执行13件。

**【案件执行】** 2017年，县人民法院全年案件执结率91.8%，同比上升8.6%。积极向中共罗田县委汇报，县委政法委组织在县法院召开全县执行工作联席会议，出台《关于在全县开展"基本解决执行难"活动的意见》，并将支持、配合法院执行工作纳入综治目标考核，构建了党委领导、法院主办、部门配合、社会参与的联动格局。深化执行体制改革，推行团队化执行模式。发挥"点对点"网络查控系统功能，累计查询银行存款1355笔，扣划4000多万元；查扣机动车81辆、房产土地32处，"老赖"财产无处藏匿，办案周期大为缩短。加强与公安机关协作，对15名"老赖"实施"网上布控"。开展"岁末攻坚""春季围猎""飓风行动"等专项执行行动，执结"骨头案"145件。发布失信被执行人信息共1509人次，发出搜查令3份，罚款、司法拘留65人，向执行难发起强攻。

**【职能延伸】** 2017年，县人民法院坚持司法审判的政治效果、法律效果、社会效果的统一，力求案结、事了、人和。助力罗田勇夺全国综治"长安杯"。关注热点焦点，调整工作重点，开展了服务精准扶贫、金融借贷、建筑、房地产专项审判执行工作。不断深化诉、访分离改革，将一大批纠纷引入司法程序解决，化解当事人心结。坚持院长轮流接访、视频接访、实地走访、网上回访等做法，探索援助中心律师参与化解和代理申诉信访，全年处理来信来访145件283人次，信访总量呈下降趋势。坚持"法官六进"活动，开展《民法总则》宣传、法律咨询8次、法制报告5场次，使6000余名群众和学生受到法治教育。

**【司法为民】** 2017年，县人民法院构建便民机制，整合立案一庭、二庭、司法技术鉴定科为诉讼服务中心，归并开庭前的服务职责，实行所有涉诉服务事项均由服务中心"一口进"，再由中心按普通诉讼流程、审判监督流程、涉诉信访流程"三线"分流办理的"一口三线"模式，统一对外为当事人提供"立审执"全过程涉诉服务。以信息技术为支撑，推进"四位一体"便民诉讼网络、网上诉讼服务大厅、自助查询系统、律师服务平台、"12368"诉讼热线提档升级，为人民群众提供现场、网上、线下多渠道服务。探索利民举措。扎实开展繁简分流、诉调对接、简案速裁的"分调裁"改革实践，一年来，在诉讼服务环节处理各类案件268件，平均用时5天。完善建立多元化解纠纷机制，全年办结诉前调解、司法确认等案件168件。坚持司法人文关怀，全年累计缓减免诉讼费30多万元，发放司法救助金46.5万元。

**【阳光司法】** 2017年，县人民法院主动接受人大及社会各界监督。专题向人大常委会主任会议报告立案登记制改革情况。加强与人大代表的沟通联络，适时邀请人大代表到法院视察工作、旁听

送法进乡村

庭审、参与听证、现场监督案件执行。对交办、督办的2件案件，认真办理、及时回复。对代表提出的6条监督意见，切实整改，报告结果。自觉接受政协民主监督，积极配合政协开展的各种活动，向县政协常委会通报法院工作情况，认真办理政协委员提出的议案、建议，适时邀请县政协委员参加听证会、见证执行。支持检察机关履行法律监督职责，认真办理检察建议，坚持有错必纠，共同维护司法公正。不断深化司法公开，强力推进信息化3.0版建设，实现审判流程、裁判文书、执行信息和庭审活动网上公开，文书上网率达到100%。在已建8个科技法庭基础上，新建凤山、河铺、三里畈3个科技法庭，庭审录音录像。融合“一网三微”新媒体，发布信息337条，答复网友问题135个，并首次与网易协作，在线直播“强制腾退”执行行动。短短3个小时，26万多名网友在线观看，留言跟帖达8万多人次。强化庭审公开，凡持有效身份证件的公民均可旁听庭审，现场监督。深化人民陪审员制度改革，新增人民陪审员6名，普通程序案件参审率达到85%，进一步拓展了司法民主。

（县人民法院供稿）

## 司法行政

**【法务前沿工程建设】** 2017年，县司法局结合“一村一律师”工作，整县推进村（社区）法务前沿工作室建设，实现基层司法行政工作网络、机制、人员和服务向村（居）的拓展与延伸，进一步完善纵向到底的公共法律服务网络体系，筑牢了基层维稳第一道防线。

**【基层司法所建设】** 2017年，县司法局推进“强基”工程，加强司法所规范化建设，基层司法所实现了“五化”。即：加强组织建设，改革法律服务所与司法所“合署办公”体制，实现组织机构正规化；加强队伍建设，配齐配强基层司法所长，实现干部队伍专业化；加强业务建设，明确司法所工作目标、任务和考核奖惩标准，实现业务工作常态化；加强机制建设，严格执行《罗田县司法局司法所管理办法》，实现所务管理规范化；加强工作保障，实行报账制，落实经费保障，实现工作运行正常化。

**【拓展人民调解领域】** 2017年，县司法局不断拓展人民调解工作领域，强力推进医疗、交通事故等行业性专业调解委员会和接边地区联合调解组织建设，健全完善人民调解、行政调解、司法调解组织协调联动机制，提升矛盾纠纷化解效能，在预防和化解矛盾纠纷，特别是处置群体性事件中发挥积极作用。组织开展“民间纠纷百日大排查大调处”和“安全维稳百日攻坚”专项行动，以加强矛盾纠纷排查和重点人群管控为重点，积极排查化解各类不稳定因素和不安全事件苗头隐患，全年排查化解各类民间矛盾纠纷5000余件，为经济社会发展营造了安全稳定的社会环境。

**【社区矫正安置帮教】** 2017年，县司法局以执法规范化建设为重点，强力推进县社区矫正中心建设，建立宣告室、心理咨询室、谈心谈话室、信息指挥中心、教育培训中心等功能室，开通远程视频会见系统，落实集中宣告、指纹签到、手机定位、远程会见等措施，社区矫正、安置帮教工作流程不断完善，工作手段不断创新，监督管理不断加强，实现了审前调查规范化、人员交接程序化、矫正宣告庄严化、执法审批制度化、日常管理信息化、教育帮扶人性化、档案管理标准化，较好地贯彻了宽严相济的刑事司法政策，有力维护了社会和谐稳定。

**【“七五”普法工作】** 2017年，中共罗田县委、县政府召开“七五”普法工作推进会，县人大作出《关于在全县公民中开展第七个五年普法的决议》，并开展普法依法治理工作视察，保障了“七五”普法规划顺利实施。中共罗田县委办、县政府办公室印发《关于落实“谁执法谁普法”普法责任制实施意见》，结合《实施意见》，县司法局制定出《普法责任清单》，推动了“谁执法谁普法”责任制落实，各相关单位充分利用“3·8”妇女节、“3·15”消费者权益保护日、“4·15”国家安全日、“12·4”国家宪法日等特殊节点，组织开展形式多样的法治宣传活动，有力助推普法工作。开展法治文化进机关、进学校、进乡村、进企业活动，推进“法治单位”、“法治乡镇”、“法治企业”、“法治学校”、“民主法治示范村”等创建活动，打造法治文化示范点、法治文化公园、法治文化长廊、法治文化宣传栏，开通“法务前沿工程”普法公众号，在全社会营造浓厚的法治文化氛围。组织开展以“培育法治精神，强化法律意识”为主体的“法律六进”活动，成立普法宣讲团，全面开展普法培训和宣讲活动，在全县掀起新一轮学法热潮。全面推行学法用法活动无纸化，软件安装普及率达到90%，推动了重点对象普法工作。围绕中共罗田县委“保目标、保脱贫、保稳定”要求，大力开展整村推进普法培训工作，有力助推脱贫攻坚战略。

**【服务经济社会发展】** 2017年，县司法局以律师事务所党建为抓手，围绕教育引导，不断增强律师、公证员、司法鉴定人、基层法律服务工作者的政治意识和大局观念，队伍的整体素质不断提高。全体法律工作人员忠实履行宪法和法律赋予的职责，积极参与罗田经济建设，为社会各界提供优质高效的法律服务，为优化发展环境做出了积极贡献。以规范化、品牌化、规模化为目标，改革创新法律服务管理工作，加强管理机制、监督考核机制和律师执业保障机制建设，保障了法律服务工作健康发展。全县5个律师事务所均通过黄冈市司法系统组织的规范化律师事务所检查验收。以服务发展为理念，不断加强党政机关法律顾问、国有企业法律顾问工作，努力实现党政机关法律顾问、国有企业法律顾问全覆盖，为政府重大决策、企业健康发展提供强有力的法律保障。与此同时，不断加大对律师代理敏感法律事务的指导、监督、协调，健全完善律师参与信访维稳工作机制，有力提升服务中心工作的质量、水平，有效维护了社会稳定。2017年，县司法局通过健全组织机构，延伸援助网络，加强窗口建设，优化人员配置，融合援助力量，落实工作责任，扩大援助范围，提升办案质量，加强检查督办等举措，为广大困难群众和弱势群体提供了卓有成效的法律援助服务。全年办理法律援助案件286件，法律援助事项2680件，超额完成全年目标任务。

**【法律服务体系建设】** 2017年，县司法局围绕“覆盖城乡、功能完善、便捷高效、群众满意”的目标要求，加强公共法律服务体系建设。县法律援助中心设立县级公共法律服务实体平台、热线平台和网络平台，各乡、镇司法所设立公共法律服务站，行政村设立法务工作室，形成了以县级公共法律服务中心为中枢、以各乡、镇、村（社区）公共法律服务站（室）为支撑的公共法律服务体系，整合法律服务、法律援助、法治宣传、人民调解等资源，采取窗口化、信息化、综合性、一站式服务模式，集中受理解决群众的法律服务事项，推进公共法律服务的领域不断向民生领域拓展，逐步实现公共法律服务均等化、便利化，维护了广大人民群众的合法权益。

（县司法局供稿）

# 军 事

## 人武部工作

**【思想政治建设】** 2017 年，中国人民解放军罗田县武装部（以下简称县人武部）坚决贯彻习近平主席“政治建军、改革强军、依法治军、科技兴军”的总要求，深入开展“维护核心、听从指挥”主题教育，全力推进“两学一做”学习教育常态化制度化，深入学习宣传贯彻党的十九大精神。紧密结合建军 90 周年、抗日战争全面爆发 80 周年、香港回归 20 周年，以及国防教育月、烈士纪念日、国家公祭日等活动时机和场合，深入广泛地开展国防宣传和国防教育。大力加强组织建设、制度建设和作风建设，充分发挥各级组织在思想政治建设中的主阵地和堡垒作用。

**【军事筹备工作】** 2017 年，县人武部坚持战斗力标准，聚集打得赢目标，大力加强国防后备力量应急应战能力建设。突出抓好战备值班系统和指挥控制系统建设，确保战备值班和指挥控制规范化常态化高效运转。重点加强各类战备方案预案的修订完善和演练论证，有效增强种类方案预案的科学性、针对性和实用性。全面加强民兵应急分队带预案带背景的训练演练力度，较大地提升了民兵应急分队急时应急、战时应战的能力和水平。按照编成和任务，全面补充各类战备物资器材 5000 余件（套）。军事训练成交明显，被湖北省军区评为年度军事训练先进单位。2017 年，县人武部依据《宪法》和《兵役法》，大力加强兵役登记和兵员征集工作，民兵实力也属保密范围全县民兵组织结构布局更加合理，功能作用更加明显，人员编成更加优化。

**【国防动员教育】** 2017 年，县人武部积极协助和推动县国防动员委员会加强组织领导，规范运行机制，落实主体责任；督促和指导各专业办公室履行职责、落实制度、开展工作。有效对接国防和军队建设需求，科学拟制和完善国防动员计划方案，深入开展国防潜力调查统计，依法进行国防战略资源的预征预编和代租代管。积极主动协助县国防教育办公室深入开展国防教育和国防宣传，紧密结合年度兵役登记、民兵整组、兵员征集工作和国防教育月活动，深入机关、乡镇、村组社区、厂企学校，采用多种形式和方法开展国防军事法规、国防安全、军事动态等宣传，有效地增强了国防意识，强化了国防观念，激发了爱国热情。

**【安全保密工作】** 2017 年，县人武部始终坚持“人人事事时时处处”抓安全保稳定、防泄密促工作的思路和理念，深入开展经常性的安全保密常识教育和安全技能防护训练，每月定期组织安全大检查和安全隐患大排查活动，紧盯关键要害和重点，突出“人车枪弹密、酒油黄赌毒”，扎实做好一人一事的安全保密工作。每季度开展一次安全保密警示教育活动，用身边人身边事教育身边人。深入开展“保密就是保生命，保密就是保战斗力”专题教育，每月组织一次互联网涉军涉密信息清查，不断强化保密观念和保密制度。深入开展“百日安全倒计时活动”，进一步强化安全意识，促进安全制度的落实，确保守住政治之年、调整改革之年的安全稳定底线。

**【正规化建设】** 2017年，县人武部认真贯彻落实中共湖北省委〔2014〕3号谇和中共黄冈市委〔2014〕10号文件精神，大力加强人武部正规化建设。近年来，县人武部的思想政治建设、战备建设、基础设施建设等方面都有了很大的进行和提高。县人武部营区整体搬迁工作有序推进，新营区基础设施建设进度明显加快，老营区移交置换相关工作也正在同步启动。基层乡镇人武部“两室一网一系统”、村民兵连“一部一家一终端”等基础设施建设有明显的改善，各类战备物资器材得到较大的补充。各级民兵组织政治基础更加牢固，结构更加合理，兵力编成更加规范。各级民兵队伍平时服务、急时应急、战时应战的能力进一步巩固和提高。全县人武部正规化建设取得初步成效，在2017年12月底，省军区组织的正规化达标考核验收中取得优异的成绩，被省军区评为正规化达标先进单位。

（中国人民解放军罗田县武装部供稿）

## 武装警察

**【安全执勤】** 2017年，中国人民武装警察部队罗田县中队（以下简称县中队）根据上级指示精神，扎实开展“查隐患、补漏洞”执勤专项整治活动及安全大检查教育整顿。着力查找自身问题，查找出县中队层面问题五类18项及执勤人员存在问题三类11项，排查治理执勤隐患10处。县中队克服监区老旧困难，积极想好整改措施和安全对策，设立安全警示牌，坚持每晚哨兵带应急灯上哨，狠抓“一情一策、一哨一策、一点一策”专勤训练，执勤能力进一步加强，确保执勤目标绝对安全。

**【军事训练】** 2017年，县中队以《军事训练与考核大纲》为依据，坚持每日“四个一百”和“四个一”体能训练，全面加强力量、速度、耐力、柔韧、灵敏等基本素质训练。根据中队训练场地小及四百米障碍没有，训练受限制这一突出问题，中队采取折返跑、拖轮胎跑、缩小靶纸等方法进行解决，使总部下发的《军事训练八落实指示》得到很好的落实，全面提高了官兵素质能力。干部带头作用发挥明显，以体能、教学法和警官编组作业为训练重点，中队前期培养的士官李海涛被总队抽调示范教学，严格落实随队训练、跟班跟训，在训练场上叫响“看我的，跟我学”的口号。士官训练积极，要求严格，在勤训轮换中取得总评第一的好成绩，有8名骨干，取得排名前20的好名次，中士以上士官集训总评第一，获得了荣誉。军事训练骨干队伍能力素质得到进一步提高。充分利用军事文化墙的宣传作用，用血性文化、战斗文化熏陶官兵，培育战斗精神。坚持每周会操制度和每月综合排名制度，每月考核分层次排名，与评选优秀士兵、评功评奖、入党考学等挂钩，营造了“训练有功、训练有为”的浓厚氛围，促使官兵变“要我练”为“我要练”。2017年，县中队按照“一专多能、一队多用”的标准，加强训法战法研究，突出实战化训练，在支队组织的应急班集训中取得总评第一的好成绩。充分考虑到罗田地区实际，贴近实战要求，按照“中队打基础，集训抓提高”的思路。中队立足现有条件，依托支队组织的应急班驻训，突出抓好处置突发事件、反恐战术、射击、擒敌、攀登、侦查等科目训练，有效提高了应急班反恐维稳致胜能力。

**【依法治警】** 2017年，县中队通过组织学习新《纲要》及总队纲要培训辅导材料，使官兵进一步明确建设标准，理清工作思路。以扎实开展“学法规、用法规、守法规”活动为抓手，培养官兵法治意识，促进经常性工作落实。结合学习“成武中队”精细化管理经验，中队以好兵的一百个细节“为抓手”开展当好兵活动，官兵作风更加严谨。严格落实《精细化管理整治重点推进表》要求，整改治理工作推进扎实有效。贯彻二中队正规化管理现场观摩会精神，针对中队自身问题，通过检查评比严抠被子床单质量、细小物品摆放和环境卫生区打扫，进一步提高了内务卫生建设质量，使内务卫生达到标准化、常态化，部队正规化水平有提升，营区有了营区的样子。严格落实《安全工作八个规范》要求，以《安全防范重点工作推进表》为抓手，持续开展“三无安全月”活动。积极开展安全教育、观看警示片和事例分析活动，注重安全文化建设，叫响“我的安全我负责，战友安全我有责，单位安全我尽责”口号，营造了浓厚的“讲安全、保安全”氛围。严格落实安全制度。结合中队临街的实际，严格大门和侧门管控，严格汇报和控制倒垃圾时间。每日，利用晚点名对当天的安全工作情况进行讲评；每周，战士个人在安检会上进行自查，中队召开队务会进行小结；每月底，召开党支部会议，深入分析当月的安全形势，针对问题研究制定整改措施，而后召开军人大会进行总结，部署下个月的安全工作任务。加强经费计划的管理，把好“出口关”。严格落实日清月结、双主官联审联签、定期公布经费账目等制度，落实每月组织经济民主组查账，发挥民主监督作用，确保资金的绝对安全和合理流向。严格落实伙食管理五项制度和“伙食规范年活动”要求，严格落实自助餐，坚持落实食物验收，加强制度规范。充分利用中队菜地，精心搞好谋划，认真抓好蔬菜种植。选送1名士官参加总队通讯学兵集训取得个人第一的好成绩，科学制定食谱，伙食水平稳步提升，官兵伙食满意率打到95%以上。

（中国人民武装警察部队罗田县中队供稿）

## 人民消防

**【概　况】** 2017年，中国人民武装警察部队罗田消防大队（以下简称县消防大队）共修订灭火救援预案127份，重点单位熟悉卡128份，并对重点单位预案修订及水源普查情况进行汇总、登记造册。县消防大队与中队共同开展熟悉演练50次。成功处置的“1·8”10名驴友遇险罗田薄金寨救援，“10·29”罗田县马背岗山2名“驴友”坠崖救援，得到社会各界的一致好评。全年部署开展百日安全大检查工作，通过拉网式安全隐患大排查，落实每日安全提示、每周安全检查、每季度队伍管理安全形势分析会等工作措施，确保部队安全，形势稳定。

**【火灾防控】** 2017年，县消防大队突出抓好“基础防控”，积极推进消防规划编制和市政消火栓、多种形式消防队伍建设；重点抓好“专项防控”，深入开展易燃易爆场所、夏季消防安全检查、高层建筑消防安全综合治理、居民住宅小区、冬春火灾防控等多项专项整治；全力抓好“重点防控”，紧盯重点场所、时段、区域和重大隐患，做实做强微型消防站和区域联防协作组织；切实抓好“末端防控”，落实基层组织责任，开展“创建消防安全社区”活动，提高社区火灾防控水平。召开约谈会，定期给社会单位提提醒、敲敲钟、紧紧弦。全年全县共发生火灾68起，无人员伤亡，直接经济损失20.72万元，同比去年，火灾起数下降16.05%，直接财产损失下降52.61%。

**【实训演练】** 2017年，县消防大队围绕实战标准，抓练兵、谋打赢，部队实战能力不断提升。开展“训战一致”的熟悉演练模式，全年共开展熟悉演练200余次；消防水源普查维护保养300余处，每周不定期假想作业紧急拉动，指导拉动专职队、微型消防站120余次。大队联合职能部门开展易燃易爆场所、人员密集场所以及高速隧道等联合演练30次。实行“以点辅面”执勤模式，成功举办罗田县第二届多种形式消防队伍比武竞赛，促进全县多种形式消防队伍灭火救援实战效能提高。在2017年的全市消防部队岗位练兵比武活动中，罗田消防大队取得团体第二名的历史最好成绩。

**【基础建设】** 2017年，县消防大队以基础建设为重点，以全省公安现役部队廉政建设现场会为契机，后勤综合保障能力显著增强。大队加强经费管控，财务制度健康运行，基础建设突破推进，完成红门影院、训练之家、士兵之家、荣誉之家、警示馆等大库室、营区绿化，以及食堂的提档升级。新增“十大系统”，进一步强化队伍管理和营区管控。大队多次与县政府领导协调沟通，成功争取47万元装备经费，采购冲锋舟等水域救援器材，自筹经费添置GOPRO高清运动相机、20台数字对讲机，有效提升了大队的装备水平。

**【队伍建设】** 2017年，县消防大队坚持党建统领，抓班子、带队伍，形成同心同德、干事创业的良好氛围。扎实开展维护核心，听从指挥主题教育活动和“两学一做”学习教育常态化制度化工作，落实党委议学、议教、议廉等制度。严格规范组织生活制度，全面建成全省党风廉政建设示范基地，得到部队领导和地方领导的一致好评。全年大队共有5次集体和10余次个人受到各级各类表彰。

**【廉政建设】** 自2017年5月开始，县消防大队历时半年时间，通过改造营区环境，新设置雕塑、景观，更新文化长廊的样式，重新设置宣传内容，打造室内阵地，重建廉政警示馆，整合库室格局等一系列手段，先后建成“一馆一院两廊三家、一庭一苑廉政文化教育基地”，高标准、严要求地完成全省公安现役部队廉政文化现场会的筹备和召开任务，得到省、市、县三级领导和兄弟单位的一致好评。省公安厅、省总队、市支队、县纪委、公安局等单位和部门派员参加廉政教育基地挂牌仪式，至2017年底，已有800余人次到大队参观学习。

**【消防安全】** 2017年，县消防大队积极与驻党政部门配合，齐抓共管消防安全工作，中共罗田县委书记汪柏坤、县长郝爱芳、副县长罗俊等县领导带队，检查社会单位10余次，批示、指示消防工作4次。县安监、民政、教育、文化、卫计、房管等部门在行业内部部署开展消防安全专项检查，全县齐抓共管的消防工作格局初步确立。县消防大队立足罗田实际，提请县政府在全县部署开展夏季消防安全检查、高层建筑消防安全综合治理以及今冬明春火灾防控工作，消除了一批火灾隐患。全年共检查单位1557家，发现火灾隐患3155处，督促整改2720处，下发行政处罚决定书72份，临时查封决定书39份，“三停”单位34家，罚款63.75万元，拘留15人。全县公安派出所共检查单位3665家，督促整改火灾隐患4898处，办理消防行政处罚案件87起，罚款10.93万元。同时，县消防大队大力推动单位和社区微型消防站建设，全县已有10个社区、95个重点单位建立微型消防站，县消防大队整合部分微型站，成立2个消防安全区域联防小组，进一步推动区域联防组织实体化运作，督促单位落实消防安全主体责任。在宣传方面，借助各类媒介实施“铺开式”“走访式”“劝导式”宣传。通过罗田论坛、LED显示屏、楼宇电视等新媒体，以及微信公众号等“自媒体”播出消防安全知识、标语及火灾案例。通过“防灾减灾日”“开学第一课”“法制宣传日”等活动开展消防宣传10余次，发放《致全县居民的一封信》《中小学生安全手册》《宣传挂图》等图文资料8000余份，使群众自防自救能力得到显著提升。

（县消防大队供稿）

## 人民防空

**【核心能力建设】** 2017年，县政府将“1230”工程建设纳入全县34个重点建设工程之一。中共罗田县委书记汪柏坤亲自召开部门协调会，县委副书记、县长郝爱芳带领相关部门视察工程建设情况，常务副县长和分管副县长也经常到工地指导，县人武部政委靠前指挥，并从人防办抽调专人负责工地监督协调工作。至2017年末，“1230”工程建设进展顺利，得到黄冈军分区首长和中共罗田县委、政府领导的肯定。年初，成立方案修订工作领导小组，4月底召开方案修订工作动员大会，明确各有关部门责任分工，并对参与修订方案人员进行培训。5—10月完成基本方案内容、城市防空基础资料的调查和采集、有关部门保障方案拟制等前期工作，防空袭基本方案和各项保障方案修订稿校验工作也已完成，正在进行方案修订报审工作。听取中建三局人防设计院意见，积极和市及其他县交流，形成人防疏散基地建设初步规划，已开展前期选址工作，并与罗九旅游公路沿线两个乡镇接洽具体事宜。新安装防空警报器2台，截至年底，罗田城区共安装防空警报器13台，并请专业技术人员进行全面检修和维护。警报器委托安装单位专人管理，并签订管理责任书，主城区人防警报覆盖率、鸣响率达到90%以上。

**【人防科普宣传】** 2017年，县人民防空办公室抓住“9·18”国耻日、“5·12”防灾减灾日及“9·20”科普日等全县大型宣传活动契机，在县人民广场摆放宣传展牌、发放宣传资料、设置宣传咨询点，普及防空防灾突发事件的种类、特点、危害、防范措施和自救互助常识等知识，宣传活动阵势强大、内容丰富，宣传效果突出。组织“9·18”人防警报试鸣，在思源学校组织2000多名师生开展应急疏散演练，同时在中小学中广泛开展人防知识教育和实践活动，安排骨干通讯员参加全县新闻舆论培训班，学习新闻写作、舆论引导、网络舆情处置等方面的基本知识、程序和技巧，提升人防宣传报道能力；指定专人负责宣传报道，积极向省市人防办上报罗田人防宣传报道。截至2017年底，共上报信息22篇，省、市人防办录用7篇。

**【行政审批服务】** 2017年，县人民防空办公室根据国务院有关规定，动态更新行政许可权利清单，取消中型及以下单建人防工程防空地下室施工图设计文件审批，由建设单位自行委托有资质的中介机构图审。积极融入湖北省投资项目在线审批监管平台，及时更新完善审批事项办事指南，公开行政许可事项服务指南，完善人防权责清单。制定了“双随机一公开”实施方案、抽查监管规定和行政执法全过程记录制度。

**【人防工程监管】** 2017年，县人民防空办公室对凤凰生态城人防工程项目质量未达标准及进展迟缓等问题进行多次督办，下达整改通知书敦促整改。集中时间，集中精力，对人防工程进行安全检查。3月28日，县人防办对全县在建人防工程组织安全生产检查。5月5日至6月20日期间，又联合县消防执法大队在全县集中开展人防工程火灾隐患大排查、大整治工作，排查消除隐患，签订消防安全责任书，落实消防安全责任制，加强宣传培训，切实提升人防工程火灾防范水平，有效防范火灾事故的发生。

**【人防依法行政】** 2017年，县人民防空办公室坚持“应建必建”“以收促建”的原则，敦促房地产开发商在开发时自觉修建防空地下室。人防“结建”逐年增加，人防易地建设费做到应收尽收，所征收易地建设费全部足额缴入财政账户，严格资金的管理与使用，做到专款专用。对于应建未建人防地下室的企业，下达敦促履行人防义务书。对人防易地建设费征缴不到位的，通过上门宣传法规政策、电话催缴、下发催缴通知书等措施，强力追缴易地建设费。对拒不缴纳的，申请县人民法院强制执行。至2017年底，拖欠易地建设费的六十公馆、京城伟业项目已移送县人民法院强制执行。

**【机关作风建设】** 2017年，县人民防空办公室从四个方面入手，加强机关建设。一是强化思想学习。以创建“人防准军事化机关”为目标，以创建学习型、服务型机关为抓手，人防办干部职工坚持参加全县副科级和股级干部夜校外，每月与县政府办公室干部职工一起参加集中学习。二是加强党风廉政建设，坚决执行“三重一大”事项决策监督机制。三是派业务骨干参加市人防办组织开展的训练活动。四是积极做好中心工作。协助县政府办公室招商引资工作走在全县前列，扎实开展“支部联支部”结对帮扶活动，抽派一名工作人员充实县政府办驻十里铺村工作队，扎实做好驻村扶贫工作，资金扶持精准扶贫村 3 万元，助力脱贫攻坚。

（县人民防空办公室供稿）

# 经济开发

## 发展和改革

【概　况】2017年，县发改局积极发挥经济综合管理部门职能，千方百计争取国家投资，锲而不舍推进重大项目，集中精力助推精准扶贫，纵深推进各项改革，全力抓好试点示范创建，切实加强节能环保管控，向上争取国家扶持资金、固定资产投资、节能降耗等指标圆满完成任务，抽水蓄能电站、铁路、光伏电站、风力发电等大项目均取得突出进展，助力脱贫攻坚取得显著成效，“放管服”、供给侧等改革纵深推进。争取被国务院命名为全国第二批“双创示范基地”县建设、农村产业融合发展试点建设均取得初步成效。党建、平安县域创建、驻村帮扶、环保、招商等工作均获县政府表彰，“五讲五评五考”综合考评获全县第5名。

【国家投资】2017年，县发改局始终抓住项目建设这个经济发展的“牛鼻子”，进一步完善分组竞争、责任包保、按月调度、通报督办、常态化稽查等工作机制，推进项目建设，向上争资保持强劲势头。全县共争取国家投资项目228个、资金12.2亿元。其中，发改渠道争取项目31个，资金1.87亿元。县第二人民医院扩建、天堂二级水库除险加固等24个项目争取资金过千万元。

【项目建设】2017年，县发改局组织开展两次重大项目开工周活动。宏源六氟磷酸锂、卓尔胜利小镇、居然之家购物中心等24个重大项目相继开工建设。不断强化项目储备，编制上报“三年滚动计划”项目累计达909个，总投资474亿元。谋划储备“两库”项目105个，总投资670亿元。全年全县完成固定资产投资192亿元，同比增长14%，新开工500万元以上项目410个。其中，5000万元以上项目21个，亿元以上项目11个。2017年，县发改局抓好“双百”项目行动，加大督办推进力度，全县6个“双百”项目全部开工，完成投资8.23亿元，超年度计划43.1%。33个本级政府投资项目加快建设，总投资15.88亿元，已完成投资6.5亿元。多次陪同县主要领导跑省进京联系汇报工作，争取上级对罗田的重视支持。平坦原抽水蓄能电站建设项目即将进行选点规划评审；武合高铁项目罗田方案已由市政府专文呈报省政府；风力发电项目正在办理手续即将开工建设。

【脱贫攻坚】2017年，县发改局积极发挥职能优势，狠抓精准扶贫项目和资金落实，全力助推脱贫攻坚。认真实施光伏扶贫项目工程。第一批总装机规模19兆瓦，总投资1.3亿元的光伏扶贫项目全部并网发电，惠及全县106个贫困村、4211户贫困户。第二批光伏扶贫项目已获黄冈市下达建设规模指标13兆瓦，并完成该项目所有的备案和上报工作。全力服务易地扶贫搬迁项目建设。2017年，县发改局抽调1名班子成员到易地扶贫搬迁办公室协助工作，同时承担易地扶贫搬迁项目审批任务。对收到的安置点项目审批申请，符合审批条件的均在第一时间办理审批手续，推动全县易地扶贫搬迁项目全面开工建设。全面完成资金整合和“十通十有”建设任务。县发改局积极争取资金，完成政府资金整合任务，共统筹资金1627.7万元，高质量完成“十通十有”整村推进太阳能路灯任务283盏，资金89.3万元。驻村扶贫取得明显成效。积极协助驻点瓦屋基村争取项目资金，推进村级基础设施建设，指导驻点村发展脱贫产业，目前贫困村瓦屋基村已达到出列标准，并顺利通过市、县验收。

**【改革创新】** 2017年，县发改局积极克服事多人少的实际困难，努力完成牵头负责的改革试点工作任务。全面推广应用项目在线审批平台，严格执行最新的项目审批办事指南，开通“绿色通道”服务重点项目建设，备案项目实现即时办结，项目审批质效不断提升。全年共审批项目276个，核准项目9个，备案项目228个，总投资126.8亿元。加快建设全国“双创”示范基地。县发改局制定的全国双创示范基地建设《工作方案》通过国家级专家评审并抓紧实施，全国双创周湖北分会场培训对接活动在罗田县成功举办，园区双创综合服务中心即将建成并投入使用。加快建设国家级生态保护与建设示范区，中期评估综合成绩位列全国第三。加快推进全国农村产业融合发展试点示范，成功推出三里畈、骆驼坳2个省级示范乡镇和9个省级示范村。积极推进国家级生态保护示范区建设，中期评估综合成绩位列全国第三。加快推进“供给侧”结构性改革，房地产去库存、地方政府债务置换、降低企业成本、补齐水利交通短板等工作成效明显。加快推进信用体系建设，督促指导40多个县直部门开展信用信息在线填报，全县信用信息汇集系统已建成并通过验收。

**【招商引资】** 2017年，县发改局积极主动外出招引项目，做好项目跟踪服务。新引进江苏通灵、中船重工2个重大光伏招商项目，全力协助推进项目建设速度，两项目都实现当年开工当年投产，完成投资过亿元。

**【项目监管】** 2017年，县发改局把依法依规管理项目贯穿于项目建设工作的始终，运用国家重大建设项目库，对预算内投资项目每月定时调度、及时协调跟踪，充分运用投资项目在线审批监管平台，实时跟踪项目实施情况，并通过“双随机一公开”对项目进行监督检查。以省、市政府大督查、预算内项目稽查等反馈的突出问题为契机，全面梳理整改全县项目建设中存在的突出问题，及时下达整改通知书、项目督办函，督促整改到位。不断推进项目手续办理、建设实施、资金管理等环节规范运作。

**【节能环保管控】** 2017年，县发改局全面贯彻执行产业准入负面清单，在项目审批中严把节能审查关口，不符合国家产业政策、前置条件不合规定的一律不予审批。严格开展节能监察工作，万元GDP能耗、二氧化碳下降率等控制性指标较好完成年度目标任务。在牵头完成化解“五小”落后产能、“地条钢”生产企业排查、66台燃煤小锅炉淘汰、推进“煤改气”等任务中做大量工作，牵头负责的5项中央环保督察反馈问题整改任务于11月15日全部交账销号。

（县发改局供稿）

## 经济开发区建设

**【概　况】** 2017年，罗田经济开发区按照中共罗田县委、县政府的统一安排部署，坚持稳中求进，在企业服务、项目建设、征迁维稳、环保安全、脱贫攻坚、抓实党建、自身建设等方面做了大量工作，开发区生产秩序良好，企业开工率明显高于去年。全年完成工业产值目标任务48亿元，与同期相比增长10%，完成固定资产投入目标任务17亿元，与同期相比增长10%，完成新进规企业目标任务4家，税收达到1.5亿元，比去年增长8%。

**【项目建设】** 2017年，罗田经济开发区新落户投资5亿元项目2个，分别是湖北宏源药业股份有限公司六氟磷酸锂项目和湖北海成电子有限公司项目。为此，开发区以分管企业服务的领导挂帅，落实专班专人服务。在项目推进的关键时期，坚持每周上门解决项目推进过程中遇到的难题，协调相关部门减化办事流程，缩短办事时限，加快办事进度。特别是在协调宏源污水处理项目上，开发区起到积极的推动作用。海成电子项目实行“一事一议”，在项目用地、用电、用水、开工建设以及临时办公场所安置等服务上，最大限度满足企业的要求，得到了企业的好评。除上述2个重大项目外，还实现新开工项目11个。分别是三狼彩印、亿田鑫科技、弘福食品、益佳食品、秋硕食品、淘罗田电子商务、通灵电器、宏源甲硝唑精烘包项目、米丽思家居，合计投资额15.2亿元（含2个重大项目），已完成投资额4.2亿元。其中，已建成投产6家，分别是弘福食品、益佳食品、秋硕食品、通灵电器、亿田鑫科技、嘉浩节能。续建项目6个，分别是和瑞精密、文盛模具、金贵中药、天丝纺织、小满纺织、集诚织造，总投资额2.6亿元，完成投资额1.2亿元。本年度开发区已评审项目10个，总投资18.2亿元，分别是云锦科技、锦俏织造、晋锋纺织、合家纺织、嘉杰纺织、金楚纺织、天叶纺织、嘉楚物流、四维药业、生物有机肥。其中纺织项目7个，总投资额5.7亿元，预计年前可开工建设。在项目落户的同时，盘活僵尸企业2个，清理闲置用地500多亩。此外，基础设施项目建设也在稳中推进，全面完成县政府计划项目8个，重点完成新型产业园1号路、朱家河中桥、精楚滋材和宋家塆道路等工程，完成货币工程量约3000多万元。开发区配套设施不断改善，逐步还清历史欠账和补齐短板。

**【企业服务】** 2017年，罗田经济开发区协助推进“放管服”改革，重点参与拟定工业项目落户的相关优惠政策，健全完善权责清单，收费清单，推行涉企收费一卡制、检查备案制、投诉处理制、服务承诺制，继续实行落户开发区企业“五个一”审批服务机制，每个重点项目配备一名县领导挂帅，一个县直部门服务，一名政法干警驻点的秘书专班，全程跟踪、全方位服务。

**【环境协调】** 2017年初，有两家企业在建设过程中与当地村民发生严重冲突，得到情况报告后，开发区第一时间赶到现场，协调公安干警和当地乡镇、村干部，对滋事人员给予行政拘留，很快平息事态。这一事件公开处置，有力地促进整个开发区企业周边环境的好转。

**【化解征迁积案】** 2017年，罗田经济开发区始终把维护稳定放在第一位，针对多年来开发区建设过程中带来的征迁遗留问题，做到群众诉求不回避、问题处理不拖延、达到群众满意为目的。从关心群众切身利益出发，主动解决因项目建设给群众带来的生产生活上的不便以及造成损失的问题，全年共为4个村5个小组群众解决用水61户，用电15户，赔偿因施工爆破作业造成损失110户，青苗赔损75户，洪涝赔损15户。与此同时，成功解决高速出口多年未能解决搬迁遗留问题4户，顺利完成世界地质公园创建节点目标任务。解决了凤山镇陈学全的信访积案，协调县人民法院成功化解李某长达10年的拆迁纠纷案，避免了赴省、进京上访案件的发生。克服重重困难，全面完成山居人家还建房建设，历时5年的蚕种场36名职工安置问题得以解决。

**【环保安全消防】** 2017年，罗田经济开发区始终绷紧环保、安全、消防三根弦。按照属地管理的要求，全年共召开三项工作宣传动员会4次，专题部署会5次，请专家和部门领导开展知识讲座6次，与企业签订三项工作责任状200多份。同时，明确企业管理要将三项工作与管行业、管业务、管生产经营贯穿其中，人员配备、经费保证、设施投入保证到位，企业开工生产、“三同时”验收必须同步进行。明确企业法人负总责，分管领导具体负责，层层签订责任状，做出工作承诺，健全各项规章制度，制定三项工作实施的相关细则，做到责任落实不留死角，不留空档。明确开展三项工作必须记录在案，履责有痕。始终坚持检查督办不放松。全年深入企业检查督办70多次，下发督办函100多份，针对纺织企业违法直排、宏源完善废气处理设施以及部份企业管网对接不到位等问题，及时上门做工作，督促限期整改。同时在重要节庆会议的关键当口，“全覆盖、地毯式、拉网式”加大检查频次，保持高压态势，保证三项工作运行平稳。始终坚持配合执法不手软。全年配合执法部门开展执法30多起，同时将排查隐患30多件函告执法部门，得到执法部门的高度重视，并及时处置。始终坚持问题导向抓整改。针对省、市环保督查交办的问题，开发区派出专班深入企业剖析，帮助制定整改措施，督促限时整改到位，到2017年底，所有期限内的交办任务全面完成。

**【脱贫攻坚】** 2017年，罗田经济开发区按照中共罗田县委、县政府统一安排，驻点帮扶匡河镇雪山河村，该村是全县9个深度贫困村之一。围绕“精准脱贫，不落一人”的总要求，实现“户脱贫，村出列”的目标，开发区把脱贫攻坚作为一项严肃的政治任务，列为全年工作的重中之重。首先，精准识别，摸清底数。通过几轮的调查核实，2014年建档立卡贫困户139户，贫困人口368人。2014年脱贫6户21人，2015年脱贫19户80人，2016年脱贫15户57人，锁定2017年贫困户99户，210人。其次，全员上阵，包保脱贫。开发区班子成员一帮四，中层干部一帮二，责任到人头，签订责任书，明确“不脱贫不脱钩”。包保干部坚持每月2次深入贫困户，宣传政策、释疑解惑、了解动态、制订帮扶计划、解决实际困难，真正从感情上贴近困难群众，从行动上帮扶困难群众，为脱贫验收获得群众满意奠定基础。协调相关部门顺利推进“十有十通”建设，到2017年底，村集体光伏发电项目和56户贫困户光伏发电项目已全部接入发电，实现村集体和贫困户固定增收目标；村部装修、卫生室、便民服务中心、群众活动场所全部投入使用；电网改造、网络到户、湾落整治、安饮工程、整修塘堰等全面完工；通村水泥路扩宽3.5公里，硬化水泥路2.7公里，惠及6个组200多人，已全部验收；17户25人贫困户安置点12月底前完工，春节贫困户可以入住。村党支部“七一”被镇政府表彰为先进党支部。

（罗田经济开发区供稿）

## 招商引资

**【概　况】** 2017年，全县新引进重点项目54个，协议固定资产投资145.7亿元，新引进的重点项目中，5亿元以上重大项目11个，新开工项目38个，新投产项目18个，新增固定资产投资已完成66.2亿元。投资较大的重点项目有：投资50亿元的卓尔文旅集团“五景区五小镇”全域旅游项目、投资15亿元的宏源药业年产15000吨六氟磷酸锂项目、居然之家精品家居建材购物中心项目、大别山温泉鲜花小镇项目、投资11亿元的湖北乐土环保科技有限公司高附加值生物有机肥项目、罗田县生态保护与建设项目和扶贫开发项目、投资20亿元的卓尔文旅凤山文化古镇项目等。卓尔投资的“五景区五小镇”项目已开工建设3个小镇，天堂寨景区已实现全面托管，九资河卓尔小镇已完成停车场建设、游客接待中心等基础设施建设，整个项目已实际投资3.5亿元。居然之家主体工程已基本完工，已到资8000万元；六氟磷酸锂项目进展顺利，固定资产已投资

1.7亿元。全年共召开招商项目评审会议7次，评审项目106个，通过评审项目90个。

**【招商举措】** 2017年，县招商局结合罗田实际，推出全员招商、精准招商、绿色招商、招商护商等项措施，开展招商工作。全员招商。按照责任分解、奖优罚劣、奖惩分明的指导思想，按照县级领导带队和分组竞赛的办法，全县共分14个县直招商团队和12个乡镇招商团队，由县“四大家”领导负责带领一个县直招商团队的办法，县委统战部、县经济开发区、县经信局、县招商局组建4个驻外招商团队，主要负责环渤海、武汉城市圈、长三角、珠三角等四地驻点招商。动员全县广大干部群众积极参与招商，广泛捕捉招商信息，深入挖掘招商潜力，营造浓厚的招商氛围。精准招商。一是突出主攻重点，主要围绕生物医药、纺织服装、机械电子、清洁能源、农产品加工和生态旅游等6大产业开展招商，瞄准重点地域，主攻珠三角、长三角和武汉城市圈等经济活跃地区，锁定与现有企业联系密切的产业开展上下游招商，成功引进上市公司江海电容器项目。二是鼓励返乡创业，充分利用各种节假日，积极邀请罗田籍外地工作成功人士回乡考察，宣传推介罗田，对有回乡意愿的企业家，在创业上配政策，在政治上给地位，最大限度地鼓励支持他们回乡创业。2017年，成功引进卓尔文旅集团投资50亿元建设的“五景区五小镇”全域旅游招商项目，这是罗田县迄今为止最大的旅游招商引资项目。绿色招商。全县上下牢固树立“既要金山银山，更要绿水清山”的发展理念，本着绿色健康可持续发展的原则，建立灵活的招商项目评审机制。对拟引进项目，在规划、土地、环保、安全等方面进行评审，认真落实项目预审、论证机制，注重企业的信誉力度，突出考虑税收贡献、产业拉动，以及投资强度和就业等方面问题。对能耗高、污染重、税收低、破坏生态资源项目严格把关，淘汰条件不成熟、操作性不强的项目，确保招商质量。2017年，全县共召开招商项目评审会议7次，共评审项目106个，未通过评审项目16个。比如原打算引进的京宇农业生态乐园项目，该项目投资1.5亿元，拟在县城中心拨云尖公园核心区配套建设大型游乐场、餐饮等娱乐设施。在项目评审会上因环境污染问题而被规划部门否定。招商护商。全力打造招商服务“绿色通道”，县政务中心实行行政审批“一条龙”服务制度。2017年新出台的《罗田县招商引资奖励扶持办法》明确规定，对落户县经济开发区的项目，企业办理证照涉及行政事业性收费实行全免，部分有偿服务性收费实行定额打包一次性交付县政务服务中心，由县经济开发区负责全程代办相关手续。6月份，罗田县被国务院列为“全国双创示范基地”试点县，在优化环境安商护商上，大力推进简政放权，以审批规范化、流程简洁化、管理制度化为三条主线，在简环节、优流程、转作风、提效能、强服务方面取得新进展，创造性推出“分管县长一支笔审批、证照办理一班人负责、招商项目一条龙服务、主要领导一月一调研、规模企业一对一帮扶”的“五个一”服务机制，实现审批“瘦身”，降低市场准入“门槛”，为企业“减负松绑”，营造全民招商、安商、亲商的浓厚氛围，深受投资商的好评。盛泽罗田商会企业家投资5亿元的纺织产业园项目，从签约到投产，前后只用6个月左右的时间，创造了“罗田速度”。

**【招商管理】** 2017年，县委、县政府根据全县招商形式。围绕生物医药、纺织服装、机械电子、清洁能源、农产品加工和生态旅游六大产业开展招商，先后出台《罗田县招商引资奖励扶持办法（试行）》《罗田县2017年度招商引资目标考核奖惩办法》《罗田县招商引资工作流程》《罗田县招商引资项目评审办法》等重大政策文件，为全县招商提供政策依据和招商流程。按照文件精神，采取日常督办与年终考核相结合的办法，全面实行“一月一督办、一季一通报、半年一考核、年终结总账”的工作机制，成立招商引资项目督办小组，由县两办督查室牵头，从相关单位抽调业务骨干组建招商项目督办专班，按照“一支队伍、一把尺子、一个标准”的原则，采取督查与自查相结合的办法，督促各招商团队每周上报招商信息，每月报送项目投资进度表，实行常态化督查考核。截至2017年底，全县招商项目集中拉练检查2次，全面督查4次，发文通报3次，通过督办，极大促进项目的建设进度。实行重奖与惩处相结合。按照《罗田县2017年度招商引资目标考核奖惩办法》，对单位完成招商任务的项目第一引资人，当年考核直接定为优秀等次；对当年完成2亿元以上工业项目固定资产投资的引资单位第一引资人，享受连续三年优秀等次奖励，既给物质奖励，又给精神奖励，实现个人政治待遇提升与单位经济奖励相结合。对完成年度招商引资任务低于30%的单位进行通报批评，单位主要负责人进行约谈。

（县招商局供稿）

## 扶贫开发

**【概　况】** 2017年，全县年度贫困人口计划减贫20699人，完成20962人；贫困村出列计划18个，完成18个。新识别贫困户1496户，3603人。大数据删除“硬伤”户2771户，8638人。同时，结合档案精简工作，召开全县精准扶贫业务工作培训会，对全县所有乡镇和行政村进行一次系统的业务培训，布置了“村档二十项、户档三个一”相关工作，全面展开全县档案规范整理。

**【政策扶贫】** 2017年，县扶贫办在扶贫攻坚指挥部的统一领导下，积极参与“五个一批”推进工作，取得良好的成绩。全县产业扶贫共带动贫困户28637户，84869人脱贫。其中，自主发展15577户，脱贫45281人。全年完成搬迁建设任务6492人，超额完成当年易地扶贫搬迁计划。探索生态补偿路径，全面发展生态旅游，大力实施退耕还林项目，积极落实生态护林员等公益性岗位。全县聘请清扫保洁员、道路养护员、生态护林员、安置点看护员等各类公益性岗位2158个，补助标准4000元每人每年。做好教育扶贫，达到全程覆盖。构建了从幼儿园到大学完整的教育扶贫补助体系，贫困学生实现应扶尽扶，资助贫困生38472人次，资助资金3014.12万元。健康扶贫方面，县政府成立健康扶贫工作领导小组，先后出台《罗田县健康扶贫工程实施方案》等政策文件，通过医疗保健、补充医疗保险、小额人身意外伤害保险、民政救助等健康扶贫各项具体政策，达到了“贫困户就医报销比例90%以上，个人自费部分不超过5000元”目标。同时，通过财政买单，未脱贫贫困户2018年医保参保率达到100%。兜底保障方面，及时调整保障标准，落实保障政策，坚持应保尽保，低保年人平达到3700元，五保户年人平达到7330元，全县已发放低保金3315.4万元、五保金3902.9万元。

**【金融扶贫】** 2017年，县扶贫办努力破解金融扶贫小额贷款面临的力度不大、覆盖面不广、审批程序复杂、推进不力等难题，使扶贫小额贷款取得突飞猛进的成效，小额扶贫贷款新增1.2亿元，覆盖面和带动能力大大增强。

**【驻村帮扶】** 2017年，县扶贫办驻点大河岸镇花银岩村，去年已实现全村脱贫出列目标，并顺利通过验收。今年仍坚持脱贫不脱钩、出列不出村、帮扶不减力、巩固不松劲，以确保脱贫成果，防止出现返贫的现象。

（县扶贫开发办公室供稿）

# 旅　游

## 旅游开发

**【概　况】** 2017年，县旅游局以创新发展为主线，以国家全域旅游示范区为抓手，深入推进旅游服务体系建设，深度开展旅游营销活动，全县旅游接待能力明显提升，旅游产业效益不断增强。年末有旅游景点86处。其中，AAA级以上景点（区）5处。全县旅游接待人数645万人次，同比增长20.3%，创旅游综合收入38.6亿元，同比增长25.2%。

**【全域旅游创建】** 2017年，县旅游局扎实推进国家全域旅游创建示范区创建，科学制定《全域旅游总体规划》和创建工作方案，深度挖掘和展现"千里大别山、美景在罗田"的特色旅游产业，全面形成"一核、三廊、五镇、十村、百景"的旅游产业空间布局。至2017年末，各乡镇示范点建设正加快推进。其中，河铺林家咀、三里畈张家冲等示范点基本建成，成为全域旅游新的旅游人数和旅游收入增长点。扎实推进品牌创建。三里畈温泉、天堂湖2个景区创建AAAA工作有序开展，三里畈温泉景区已完成申报和省旅游委的指导性验收；天堂湖景区启动申报工作，并完成相关申报材料并着手创建；胜利革命烈士纪念园创AAA景区，目前游客中心、停车场、陈列馆、展览馆、旅游线路均已完成主体工程，装饰工程正在推进之中。持续开展旅游名镇、旅游名村、星级农家乐、乡村旅游示范点创建，坚持试点示范、扶优扶强。三里畈镇张家冲村、白庙河镇潘家湾村等一批乡镇旅游示范点先进典型脱颖而出。

**【项目建设】** 2017年5月26日，县政府与卓尔文旅集团签订罗田全域旅游合作开发协议。按照协议，卓尔将投资50亿元，着力打造天堂寨、天堂湖、青苔关、观音山、黄狮寨5个重点景区，建设九资河、胜利、三里畈、匡河、凤山5个特色小镇，这是罗田近年引进的最大旅游开发项目。此外，县旅游局还通过内引外联和吸引回归创业等方式，推进旅游项目建设，至2017年末，已建成五彩花果山、张家冲"荆楚家学第一村"、进士河漂流、天堂大峡谷漂流等一批乡村旅游新业态旅游项目。通过全域招商与宏泰集团、中冶集团等一批优质市场主体签订合同，投资开发建设大河岸鲜花小镇、潘家湾美丽乡村等50多个优质旅游项目，其中投资过亿元项目15个。

**【品质提升】** 2017年，县旅游局从提升景区档次，完善基础设施，推进旅游沿线服务点建设等方面入手，提升旅游品质。加强景区提档升级。天堂寨景区马家屋基至南天门游线已完成主体工程、配套厕所和休憩点建设。由于8月1日移交卓尔后，部分后续安全防护设施、标识标牌、垃圾箱建设已同步移交给卓尔集团，卓尔已纳入建设计划；天堂湖湿地公园科普馆建成，免费对外开放；燕儿谷建成茶梅小镇，多项目组合打造乡村旅游新亮点。完善基础设施。规划建设了一批乡村旅游驿道，完善了停车场、旅游厕所、服务节点、旅游咨询服务中心等配套设施。河西畈大型生态停车场、游客中心已基本建成投入使用，与之配套的旅游厕所、购物商店、绿化工程同步完工，部分配套设施正在推进之中，12月底前将完成所有建设任务。累计新建旅游厕所32座、改造18座，重点景区、主要游客集散地的旅游厕所均建有第三卫生间，实现“数量充足、干净无味、管理有效、免费使用”的要求。并出台旅游厕所革命“新三年（2018—2020）行动计划”。推进旅游沿线服务点建设。“罗九”线三河口服务点已动工，跨马墩服务点基本建成，干塘角服务点完成规划选址。“罗胜”线东冲畈服务点依托移民安置点建设基本完工，廖家坳服务点依托“中书文苑”项目正加快推进。“318”线张八塘、香木河服务点依托美丽乡村项目基本建成，燕儿谷入口服务点建设已动工。

**【行业管理】** 旅游行业培训工作。2017年，县旅游局共完成各类培训16场次，培训1280人。联合县人社局、财政局、食药局、物价局等相关单位在全县12个乡镇举办12期全域旅游培训班，参训人员达到960人。在天堂寨、薄刀峰两个核心景区举办2期旅游从业人员培训班，共培训220人。日常基础工作。开展旅游行业统计工作，实时掌握各景区每日入园游客数据，定期汇总分析，形成行业报告，递交领导以供决策参考。旅游市场监管。全年共开展旅游市场综合大检查4次，专项检查5次，发放整改通知书5份，检查导游人员30余人次。对景区协调处理投诉18起。同时，认真受理旅游投诉咨询，共受理电话投诉140余起。其中，办结率和满意率均为100%，做到事事抓落实，件件有回音。旅游安全生产。年初，县旅游局与各A级景区、星级宾馆农家乐、旅行社及其他涉旅企业负责人一一签订安全责任书，把安全生产的责任落实到户，对责任目标的完成情况进行经常性跟踪、检查和督促。对景区进行12次联合安全检查，下发整改书8份，并都在指定时间内整改完成。同时，还要求天堂寨景区、薄刀峰景区、各相关乡镇及其辖区内各旅游企业建立健全旅游安全事故防范体系及综合治理的安全生产管理机制，并结合实际制定安全事故应急预案。

**【旅游营销】** 媒体营销。继续在央视一套《新闻联播》前插播“千里大别山、美景在罗田”5秒钟广告词；在湖北卫视晚七点档《天气预报》插播罗田旅游贴片。平面宣传。在东航定做以“罗田旅游”为背景图片的登机牌，在武汉各社区设置灯箱广告牌，在高速公路、国道、机场、火车站定做户外大牌广告。节会宣传。坚持举办板栗采摘节、甜柿采摘节、红叶节、吊锅节、魅力旗袍秀等节会活动。其中，2017年—9月，县旅游局策划的“全民打板栗”活动取得超乎预料的效果。先后在3条“百里画廊”沿线举办6期不同主题的板栗采摘活动，累计吸引全国各地来打板栗的游客20万人次，直接销售板栗球3万公斤、板栗仁5万公斤，并带动智慧旅游、电商平台销售量突破历史，使得一度低迷滞销的板栗商品变为热门俏销的综合型旅游产品。新兴媒介宣传。借助智慧旅游掌上平台、政务网、官方微信、网络直播、交通广播等新兴媒介，合力打响“千里大别山，美景在罗田”的品牌形象。

（县旅游局供稿）

## 森林公园建设

**【概　况】** 2011年5月，黄冈市机构编制委员会同意设立湖北罗田大别山森林公园管理委员会，为罗田县政府管理的相当副县级事业机构。2012年7月，罗田县机构编制委员会同意加挂“罗田县大别山旅游管理委员会”牌子，按照中共罗田县委、县政府的安排，主要职责是负责天堂寨景区基础设施建设、县内旅游开发项目规划的设计与编制等。2012年11月，成立罗田县旅游投资开发有限公司，实行“一套班子，三块牌子”运作模式，旅投公司归口管委会管理。负责大别山森林公园内旅游项目的融资、投资和资金监管工作。自管委会成立以来，天堂寨景区旅游基础设施不断完善，游客数量、旅游收入逐步攀升，景区先后被评为中国最具影响力森林公园、国家地质公园、湖北省大别山旅游度假区，连续3年获同程网“游客最喜爱景区”，2016年度景区获得三一五消费者评议优秀单位。

**【景区托管经营】** 2017年，罗田县引入卓尔控股旗下的卓尔文旅公司，并在与之签订的全域旅游开发大框架协议基础上，成功将天堂寨景区交由卓尔文旅公司托管经营。在大别山国家森林公园管委会和林场全体同志的共同努力下，在“三不变”的前提下，于8月1日实现景区平稳过渡并顺利交接。

**【综合效益】** 2017年，大别山国家森林公园天堂寨景区在交由卓尔文旅公司托管之前7个月，景区入园游客18.99万人次，门票收入1558.06万元，无论是入园人数还是旅游综合收入，同期增长明显。

**【基础设施建设】** 2017年，大别山国家森林公园基础设施建设稳步推进，河西畈游客接待中心项目于2月开工，至年底全部完工。该项目总投资约8500万元，包括游客中心主体建筑1栋，停车位1100个的生态停车场1个和标准化旅游AAA厕所3座。河西畈停车场项目是全县当年开工、当年完工的重大项目之一，全部完工后，将成为罗田县大的游客集散中心和旅游标志性建筑。景区游线设施建设。索道上段至猴谷游线全面改造升级，竹林深至小华山游步道改造全面完成。马家屋基至杜鹃岭游线已完成95%。新建旅游厕所8座，改造3座。景区外环线交通建设成效显著，天张路于5月完工通车，彻底解决景区循环不畅和旅游高峰期拥堵的问题。旅游节点建设。跨马墩旅游节点10月完工，三河口节点12月底前完工。

**【旅游营销】** 2017年，大别山国家森林公园管委会进一步完善营销政策。深化制定2017年旅游目标市场的营销计划和年度旅游宣传营销方案，出台景区营销奖励政策，在相关节日活动期间，分别出台门票优惠政策。积极参加全国森林公园年会、中国森林旅游节、华中旅游博览会等大型旅游节会，并在现场进行景区推介。加大与知名旅游网站的合作力度，分别与同程网、村游网、陕西自驾游、华中今日自助游继续签订战略合作协议，进一步提高景区网络门票预订影响力。积极进行节会推介。在景区托管移交卓尔文旅公司后，管委会积极支持指导红叶节和吊锅节系列活动，取得较好效果。

**【安全管理】** 2017年，大别山国家森林公园管委会在旅游安全管理方面，制定了旅游安全管理工作方案，健全了应急救援制度，与相关景区企业签订安全责任书落实安全主体责任。加强景区各种车辆的安全运营管理。加强节前景点游线的安全生产大检查和隐患排查整改力度。充实森林防火队伍，控制火源，不准野外用火，实现景区无火警火灾，确保森林资源安全。组织景区经营企业索道及电梯公司多次进行安全演练，提高了安全处突能力。全年景区未发生旅游重大安全事故，重大森林火灾，重大旅游投诉事件。

**【世界地质公园创建】** 2017年，大别山国家森林公园管委会为配合黄冈市世界地质公园创建验收工作，成立专班，对工作任务实行清单式销号管理。7月19日，联合国科教文组织专家对大别山世界地质公园创建工作进行检查验收，在验收过程中，对罗田景区的自然风光禀赋、景区管理水平、管理实效给予高度评价。

**【控违拆违及环保】** 2017年，大别山国家森林公园管委会加大控违拆违的常态化执法力度，坚决贯彻中共罗田县委、县政府“山上做减法，山下做加法”的总体方针，逐步实现生态移民，巩固前阶段控违拆违的成果，有效遏制新的违法建设，营造良好的旅游发展和重点项目建设环境。坚决维护生态红线，对环保督察要求整改的猴谷停车场和吊桥河采石场项目全部复绿整改到位。

（大别山国家森林公园管委会供稿）

## 湿地公园建设

**【科普馆建设】** 天堂湖湿地科普馆是罗田县生态文明建设的窗口工程，其建设工作对于促进全县经济转型和发展方式改革具有十分重要的意义。在建设过程中，天堂湖国家湿地公园管理处坚持高标准定位和高水平设计，科普馆主体工程设计委托由具有一级设计资质和丰富经验的无锡园林规划设院设计，布展设计与施工由武汉智慧视觉科技有限公司完成。科普馆总投资800万元，资金缺乏，公园管理处负责人跑省、进京，分3次申请到550万元的中央和省财政湿地补助资金，不足部分，自筹资金。5月10日，科普馆终于建成开馆了。开馆期间，10多家媒体前来采访报道。开馆以后，接待联合国教科文组织大别山世界地质公园验收专家组，受到联合国专家的高度评价，为黄冈市世界地质公园创建做出突出贡献。其间，还接受省、市多批次领导参观视察，接待中国科技大学、华中农业大学教授和复旦大学研究生社会实践活动团的调研考察。开馆半年多时间里，科普馆共接待社会各界参观人员3万多人次，充分发挥传播湿地保护思想、普及湿地保护知识的主体功能作用，成为全县今年特色工作亮点之一。

**【湿地保护】** 2017年，天堂湖国家湿地公园管理处为进一步突出中心工作地位，加强湿地保护工作，扩充巡护队伍，加强巡护密度，加强《湖北天堂湖湿地公园管理办法》及相关政策法规宣传，推进依法治湖。把杜绝围网养鱼、严禁湖区采砂、围湖开垦、破坏岸线植被作为工作重点，严密监控，发现一起，查处一起。在保护基础设施建设上，2017年完成了水质在线监测系统建设，大幅度提升了水质保护与监测水平。在落实“雷霆行动”升级版工作中，对照任务清单，逐项整改落实到位，全面完成年度任务。在全市“雷霆行动”工作检查验收中，天堂湖得98分的高分，居全市第二位。在保护工作的促进下，天堂湖朝“水更清、山更绿、生物多样性更丰富”的奋斗目标又前进一大步。10月，天堂湖在继中华秋沙鸭和白鹤之后，湖区首次观测到又一种国家重点保护鸟类“小天鹅”，在同行中引起极大反响。

**【水库安全运营】** 天堂湖是罗田县唯一的大（Ⅱ）型水库和最大的水利枢纽。在水库运营管理上，天堂湖国家湿地公园管理处全面加强养护维修工作，把养护责任落实到人、到地段，对关键设施，定专人负责，对关键地段，每周一检查，确保2017年水库安全渡汛。在水库调度上，坚决服从全县大局，服从县防汛抗旱指挥部的指挥，全面完成防汛和发电供水调度，充分合理利用水资源，2017年度天堂电厂发电量为8659.17万千瓦时。确保天堂水库全年以最优良的状态安全运行，最大限度地发挥出天堂湖水利枢纽工程防汛抗旱、蓄能发电功能，产生了巨大的生态、经济和社会效益。

**【AAAA景区创建】** 2017年，天堂湖国家湿地公园管理处科普馆、管理处停车场、标识标牌、AAA旅游厕所等硬件建设已经完工，科普馆停车场、水生植物展示园工程已完成总工程量的80%，完成年度工程进度任务。公园主入口与通道建设、宣教区滩头保护、动植物保护、生态种植养殖示范等工程正在进行规划设计。软件方面，管理制度建设、人员培训都完成年度任务。

11 月，公园管理处向市旅游委提交 AAAA 旅游景区创建申请，争取再用两年时间，边建设、边完善，达到 AAAA 旅游景区的要求，通过国家旅游局的验收。2017 年，天堂湖国家湿地公园管理处以湿地科普馆建成开馆为契机，推出全县第一个“科普旅游”新产品，受到广大游客的欢迎与好评。每逢周末及节假日，科普馆游客络绎不绝，高峰期，日接待游客过千人。科普旅游，以及计划下一步推出的研学旅游，都是罗田“全域旅游示范区”建设的亮点，也是我们天堂湖创建 AAAA 的重要得分点。

**【党风廉政建设】** 2017 年 3 月，中共罗田县纪委、罗田县监察局印发《关于 2017 年开展作风建设突出问题集中整治工作方案》，天堂湖国家湿地公园管理处迅速组成专班，对照违反“四风”、违反中央八项规定精神、损害基层群众切实利益和腐败等问题，全面深入进行自查，并对查找出的问题，认真分析原因，明确整改措施，逐一落实整改。在整改中，针对存在的问题，加强党务政务公开，加强公务用车管理和单位食堂管理。通过这次专项整治活动，进一步树立全处干部职工勤政意识、服务意识，改进了工作作风，营造了良好的政务环境和政治生态，保障了全年的中心工作圆满完成。

**【“法治天堂湖”建设】** 2017 年，天堂湖国家湿地公园管理处坚持法律至上的价值取向，把“法治天堂湖”建设作为全年法治工作的主线，统筹安排部署，成立法治工作领导小组，党组会专题研究部署“法治天堂湖”建设工作，推进天堂湖依法治理。制订年度法治工作计划，对全年的法治活动作细致安排。充实“湿地管理科”人员力量，专班负责天堂湖依法保护工作。聘请湖北楚邦律师事务所的潘新国律师担任天堂湖湿地公园管理处常年法律顾问。完善并修订管理处党务公开制度、民主监督制度、财务管理制度、工程招投标管理制度等 19 项内部管理制度。加强法治教育。根据单位职能和工作特点，有计划地组织干部职工学习《宪法》《环境保护法》《防洪法》《水法》《安全生产法》《渔业法》等法律法规和《湖北天堂湖国家湿地公园管理办法（试行）》，并把这些法律法规作为党组中心组学习的重要内容；每季度请潘新国律师来管理处开展一次法律培训活动。在“法宣在线”学习及无纸化普法考试中，管理处干部职工参与率达到 95%，平均成绩 92.5 分。大力推进依法治湖。在天堂湖湿地保护工作中，注重用法治思维去开展工作。坚持依法行政，严格按照《森林法》《环境保护法》《湿地公园管理办法》《水法》等法律法规相关规定开展工作，依法保护天堂湖水环境和湿地生态系统，依法推进天堂湖“全面保护、科学修复、合理利用、持续发展”。

（天堂湖国家湿地公园管理处供稿）

# 农　业

## 农业农村工作

**【概　况】** 2017 年，全县实现农林牧渔业总产值 46.84 亿元，比 2016 年增长 4.6%。农林牧渔业增加值 27.73 亿元，增长 4.5%。其中，种植业 16.19 亿元，林业 0.45 亿元，牧业 9.19 亿元，渔业 0.72 亿元，农林牧渔服务业 1.18 亿元，分别增长 4.4%、5.9%、4.5%、4% 和 16.4%。全年粮食种植面积 40.1 千公顷，比 2016 年增加 0.04 千公顷；油料作物种植面积 13.93 千公顷，增长 0.01 千公顷；全年粮食产量 22.98 万吨，增长 1.4%；油料产量 2.84 万吨，增长 1.4%；药材种植面积 18.30 万亩，产量 6.45 万吨，产值 7.47 亿元，药材种植中，茯苓面积 2.1 万亩，产量 1.5 万吨，产值 1.8 亿元；天麻面积 1.25 万亩，产量 1.1 万吨，产值 3.3 亿元。全年蔬菜产量 24.99 万吨，增长 16.9%；水果产量 10535 吨，增长 4.6%。牲猪出栏 19.3 万头号，比 2016 年增长 0.52%；牛出栏 4.23 万头，增长 0.95%；山羊出栏 23.73 万只，增长 2.0%；家禽出笼 1211.08 万只，增长 4.7%；蚕茧产量 350 吨；肉类总产量 5.49 万吨，增长 2.8%；水产品产量 6581 吨，减少 15.2%。完成荒山造林面积 650 公顷。木材采伐量 1.9 万立方米。板栗种植总面积 101.7 万亩，产量 4.58 万吨，比 2016 年增长 153%。甜柿面积 4.2 万亩，产量 8226 吨，产量比 2016 年增长 11%。

**【农业产业化】** 2017 年，县农办坚持“科学发展、功能多元、科技引领、融合联动”的农业发展理念，通过转变农业发展方式，大力培植特色产业，建设了一批农业产业化示范基地，推进农业集约化经营，以现代农业发展助推农业增效、农民增收。大力发展农村新产业新业态，做强一产、做优二产、做活三产，推进一二三产业融合发展。同一食品、湖北名羊、昌大农牧、沃岭农牧等畜牧业集团快速发展，推进农特产品集约化、规模化、产业化经营。大自然食品按照“公司 + 基地 + 农户”的模式，走科技、循环、高效、生态可持续发展的特色农产品企业的发展之路，让群众和企业双赢。石源河十里果蔬、惠民现代农业示范园、万家丰农机专业合作社、瑞源生态观光产业园、燕儿谷生态农庄、“十里荷塘”生态休闲观光产业园、九资河罗家畈中药材产业园、大崎项家河稻虾养殖、平湖七彩花果山、匡河张家河的千亩玫瑰园、大河岸天堂和美生态产业园等一批田园综合体建设如火如荼，实现了产园村一体。

**【服务现代农业】** 2017 年，县农办通过引导农户依法采取转包、出租、互换、转让、入股等方式流转承包地，发展多种形式的适度规模经营，寻求规模效益，引导扶持种养大户、家庭农场、科技示范户、专业合作社、龙头企业等新型农业经营主体，提升农业标准化、规模化、机械化和农业产业化水平。至年底，各类新型农业经营主体数量达到1086家。其中，省级以上专业合作社（家庭农场）5家、市级龙头企业3家、省级龙头企业2家，科技示范户累计达5000户。全县土地流转面积达到11.5万亩，1000亩以上规模经营的农业企业或合作社有13家。

**【美丽乡村建设】** 2017年，县农办把美丽乡村建设与基层党建、脱贫攻坚、农村人居环境整治、乡风文明、全域旅游扭在一起，坚持精妙布局、精心规划、精致建设、精细管理，点线面结合，建管并重，统筹推进，突出抓好38个精品村重点村。通过大规模外出学习培训和巡回宣讲，强化思想武装。将党建工作与美丽乡村建设同部署同安排，强化支部引领。完善村规民约，培育乡风文明和乡贤文化，强化村民主体。大力推广建强一个支部、引进一个老板、流转一片土地、培育一个产业、建成一个景区、致富一方百姓的“六个一”的美丽乡村建设模式，强化村企共建。统筹使用项目资金，集中力量办大事，强化政策支持。罗九百里生态画廊、罗胜百里风情画廊、318百里乡村画廊三条示范线，石源河、北丰河、河大线三个片区，九资河、胜利、三里畈、匡河、河铺五大特色镇，100个特色村的美丽乡村罗田模式已初步形成，在全市半年专项考评中，罗田名列第3名，三季度名列第4名。

（县农村工作办公室供稿）

## 农村综合改革

**【奖补政策】** 2017年，县农村综合改革工作在政府宣传和引导下，充分发挥群众的主体作用，建设项目体现群众意愿，让群众民主决策，使群众自觉参与项目建设和项目监督，调动农民群众参与公益事业的建设热情，让农民有切实的获得感。采取“资金适度集中、项目择优申报”的方式，重点建设一批群众意愿强烈、特色、亮色突出的项目。按照群众迫切需要，充分自愿，村两委战斗力强，能够较好组织协调项目建设，有社会捐赠和资金整合使用，能切实改善群众生产生活条件，有特色、有亮点、有规模的标准择优立项，每个项目给予奖补资金10万元。采取先建后补的方式，待项目竣工后，申报县综改办组织第三方验收考核。对所有项目都获得优秀等次的乡镇，下年度增加一个奖补项目，并可另外适当增拨奖补资金；合格等次的项目如数拨付奖补资金；不合格等次的项目不予拨付或减少项目资金。对各乡镇上报的一事一议财政奖补项目进行集中审批后，在县财政与编制政务公开网上如实公开项目名称、项目个数和项目资金，接受社会监督。对在检查中或群众举报核实有弄虚作假、骗取套取奖补资金的项目，三年内不再安排该村奖补项目，并对项目责任人按相关规定实行追责问责。

**【美丽乡村建设】** 2017年，县农村综合改革办公室将美丽乡村试点建设纳入全县重点改革任务，成立工作专班，结合罗田实际，采取“党建+美丽乡村”形式，统一规划，集中选点，精心布局，实行项目负责制，责任到点到人，监管到边到角。积极配合县委组织部和县美丽乡村建设指挥部做好全县美丽乡村建设整体规划部署，坚持点、线、面相结合，以点连线，以线促面，结合党建，整县推进，突出特色。采取先缓后急、滚动推进、适当兼顾、持续发展、产村互动的办法，遵循因地制宜、就地取材、就近就业的原则，重点整治农村脏、乱、差现象，实现绿化、亮化、净化，打造“一心四柱三画廊，百点闪耀”的罗田版美丽乡村。积极组织实施，定期召开项目推进会，对具体工作内容、工作环节、存在的问题和困难开展讨论与分析，并想方设法予以解决，保证工程进度。加强资金保障，筹措美丽乡村建设资金5431万元，全部用于美丽乡村建设。建立美丽乡村试点村辅导期制度，采取走出去，请进来的办法，对分管美丽乡村试点项目建设的重点部门、乡镇领导和村主职干部进行辅导、培训，组织簰形地村、香木河村、项家河村3位村党支部书记到钟祥县参加省委组织部、省综改办举办的美丽乡村试点培训班学习，提升了美丽乡村试点工作的民主议事能力，激发了村民建设家园的热情，培育了一批具备试点建设条件的备选村。加强宣传推介，大力宣传苍葭冲、大地坳社区等美丽乡村建设成果，吸引不少游人前来参观学习。三里畈苍葭冲被定为湖北省乡村建设培训基地，得到省综改办的高度赞扬和《湖北日报》的专访报道。

**【"以钱养事"机制】** 2017年，县农村综合改革办公室进一步明确责任，形成了乡镇政府、县主管局和县综改办各司其职、各负其责、协调配合、齐抓共管的工作局面。安排"以钱养事"经费1065.35万元。其中，县级预算安排295.35万元，比上年度增加预算82.5万元。设立服务岗位333个，其中新增乡镇民政服务岗位25个。严格实行合同管理。由主管局、乡镇人民政府作为委托方，与各服务中心签订服务合同，对服务内容、质量数量要求、服务报酬、服务人员保费缴交等都做出具体约定。2月，由县综改办统一印制服务日志，发放到每个服务人员，要求每周服务不少于三次，记录服务人员的服务时间、地点、内容，由服务对象在服务日志上签字认可。在全县414个行政村中实行村级服务岗位，建立服务体系，每个村设护林防火、清洁卫生、道路维护各1个岗位，共投入资金620万元，用于改善农村居住环境。

**【"三资"监管】** 2017年，县农村综合改革办公室加强农村集体"三资"监管。严格执行《罗田县村级账务资金双代理暂行办法》等各项制度，充分发挥各村"三资"监督委员会作用，完善村级"三资"监管制度体系。县政府与12个乡镇、18个涉农收费主管部门签订《减轻农民负担目标管理责任书》，乡镇财政所发放《农民负担及补贴政策监督卡》，并及时更新信息库，强化目标管理和量化考核办法。完善村级组织运转经费分配、使用管理办法，确保村干部经济待遇及时足额落实，促进村级组织正常运转。与县纠风办、减负办联合对农民负担监督管理工作落实和执行情况、村级"一事一议"筹资筹劳情况、中央各项惠农政策落实情况、涉农部门和基层组织乱收费治理情况开展清理检查，努力实现农民负担减轻、规范、稳定的目标。

（县农村综合改革办公室供稿）

## 农业综合开发

**【土地治理】** 2017年，县农业综合开发办公室筹资1033万元，完成大崎镇泗泊河流域高标准农田建设项目。项目资金包括中央财政资金738万元，省级配套资金295万元。建设规模0.94万亩，涉及大崎镇项家河、泗泊河、三解元、李婆墩、岗背畈、卢家冲和花河边7个行政村，受益农业人口9500人。主要建设内容有：新建拦河坝2座、维修拦河坝1座；清淤加固扩容水塘14座；安置U型渠、新建石渠、小河堤加固11公里；埋设涵管1.7公里、新建渠系建筑物机耕桥等26座；新建晒场8处4670平方米；硬化机耕路6.8公里、新建土路机耕路3.7公里、维修机耕路5公里；科技培训及科技示范推广等。

**【项目建设】** 2017年，县农业综合开发办公室积极筹措资金，完成产业化经营——罗田县5万只蛋鸡标准化养殖扩建项目，总投资500万元。其中，财政补助资金220万元，项目单位自筹资金280万元。项目新建一座5万只蛋鸡先进标准化养殖舍，新增年产无公害鸡蛋950吨生产能力，新建鸡舍已投产运行，开始发挥效益。完成罗田县大别山黄牛生态养殖贷款贴息项目，建设单位为罗田县民生养牛专业合作社，完成5万元的贴息资金拨付工作。

【精准扶贫】 经县政府批复，将2017年农业综合开发补助资金1432万元纳入精准扶贫统筹使用与整村推进基础设施建设。其中，245万元高标准农田建设项目资金拨付至县高标办实施高标准农田建设，使农业综合开发更多更好惠及贫困人口。

（县农业综合开发办公室供稿）

## 种植业

【概　况】 2017年，罗田县农作物播种面积122万亩，同比增长2.5%。其中粮食作物播种面积62.5万亩，总产25.3万吨；油料作物播种面积21.1万亩，总产2.85万吨。中药材种植面积18.5万亩，产量6.2万吨，产值7.45亿元。蔬菜播种面积14.7万亩，产量36.7万吨。杂粮、杂豆播种面积2.1万亩，产量0.25万吨。茶叶面积1.62万亩，产量0.08万吨，产值2290万元。水果面积1.6万亩，产量1.05万吨，产值1210万元。桑园面积2.2万亩，蚕茧产量0.075万吨，产值2250万元。

【现代农业建设】 2017年，罗田农业科技化、良种化、规模化、设施化水平明显提高。农业科技进步贡献率超过60%，主要农作物良种覆盖率稳定在90%以上。培育省级龙头企业9家、市级龙头企业15家。专业合作社108家，发展家庭农场80家，种养大户1500家。其中，2017年培育规范化农业经营主体30家。新增规模以上农产品加工企业3家，已建设完成石源河十里果蔬画廊等11个现代农业产业园。农田有效灌溉面积30.21万亩，占比超过76%；旱涝保收面积24.3万亩，占比超过61%。

【发展绿色农业】 2017年，县农业局从三个方面入手，全面推进绿色农业发展。一是推行绿色生产模式，完成秸秆综合利用量24.4万吨。其中，秸秆还田量17.2万吨，综合利用率达90%。二是积极开展农产品质量认证工作，推行标准化生产。新增农业“三品一标”产品3个，全县累计达44个。全年创建标准化生产示范区5000亩，农业“三品一标”产品合格率达98%以上。三是强化农业行政执法，加强农业投入品监管，严厉打击违法违规经营行为，切实维护农民利益。全年检查门店250多家，立案查处46起，结案40起。农产品质量安全抽检样品2000多个，总体合格率达97.2%。

【农业结构性改革】 2017年，县农业局坚持以市场需求为导向，以深化改革为动力，深入推进农业供给侧结构性改革，农业生产结构不断调优，农业发展方式持续调绿，农村产业结构加快调新，农村一、二、三产业深度融合。通过调产业、调产品、调质量，绿色、生态、优质、安全的农产品生产和供给明显增加。中药材、果蔬、杂粮、杂豆等特色经济作物新增面积0.8万亩；推广白芨、时令果蔬等市场俏销的农产品种植面积1.3万亩；示范推广粮改饲面积3.5万亩；推广油菜多功能开发面积5万亩；中稻再生稻“一种两收”面积6.5万亩；推广稻田综合种养面积0.3万亩；推广籼改粳种植面积1万亩；发展休闲农业点近1000个。

【农业技术推广】 2017年，县农业局在全县开展农民科技指导培训15万人次以上，扶持科技示范户和种植大户1000户，带动科技示范户3000户，科技入户率达到96%以上，技术到田率达到96%以上。推广新品种、新技术、新模式24项，累计应用面积117万亩。农作物病虫害绿色防控面积达15万亩，主要农作物病虫害损失率控制在5%以内。化学农药使用量比上年减少1%。推广测土配方施肥技术80万亩，技术指导入户率达80%以上。秸杆还田面积40万亩以上，绿肥种植面积1万亩以上，有机肥替代化肥示范应用10万亩次以上，中低产田改良1万亩。

【产业精准扶贫】 2017年，县农业局通过实施中药材精准扶贫“33521工程”，向从事中药材产业的贫困户提供贴息贷款和扶持资金。使其户平增收过1万元。全年共建中药材等扶贫示范基地240多个，带动5000户贫困户发展特色产业。培育农业产业扶贫新型市场主体108家，其中中药材产业市场主体有85家，蔬菜12家，水果5家，水产3家，特色水稻种植3家，带动贫困户精准脱贫。罗田的产业扶贫取得的成效得到的国家、省、市各级政府和部门的充分肯定。3月，全国产业扶贫现场会在罗田县召开；10月，罗田县人民政府副县长胡盼，在全省秋冬农业综合开发视频会上，就罗田产业扶贫工作作经验交流发言。此外，中共罗田县委书记汪柏坤及其他县领导多次代表罗田，在国家和省级产业扶贫会议上作典型发言。

**【农业项目建设】** 2017年，县农业局努力营造人人“抓项目、争项目”的工作氛围，按照“争取一批、实施一批、储备一批”的工作思路，认真研究国家政策走向，积极与省、市沟通联系，时刻关注项目信息。共争取项目11项，到位资金1708万元，超额完成目标任务708万元。其中，中央资金1206万元，省级财政资金502万元。农业项目多数属于补贴类项目，数量多，单个金额小。一、二、三产业融合项目，单个项目资金800万元，这是县农业局近年争取的单笔资金最大的项目。在项目资金总额和单个项目资金额度上，取得历史性的突破。

**【党风廉政建设】** 2017年，县农业局自身建设主要体现在两个方面：一是整合机构。为适应新形势，加强管理，提高效能，局党组在充分调研的基础上，听取各方意见，坚持统分结合的原则，人财物统一核算管理，区域集中办公，各股站职责、工作人员职务、项目争取办法、项目实施方式不变。将粮油股、耕肥站、植保站、农业产业化办和蚕桑办、药材股、蔬菜股分别整合为两个单位。整合后，两个单位运行良好，工作有序开展。二是切实履行党风廉政建设主体责任，认真落实党风廉政建设责任制，以改进工作作风、从严治党整县推进、“两学一做”学习教育常态化制度化为重点，教育党员干部守纪律、讲规矩、作表率。把党风廉政建设和反腐败工作与业务工作同部署、同检查、同落实、同考核。确保了反腐倡廉重点工作的全面落实，推动党风廉政建设和反腐败工作深入开展，全年农业系统没有发生重大违纪违规的人和事。

（县农业局供稿）

## 畜牧兽医

**【概　况】** 2017年，全县畜牧业总体呈现出稳定发展的态势，山羊和肉鸡两大优势产业基本形成。全年生猪出栏27.67万头，存栏22.57万头；肉牛出栏4.33万头，存栏8.32万头；肉羊出栏27.93万只，存栏27.37万只；家禽出笼2261.86万羽，存笼577.72万羽，肉类总产量6.784万吨，禽蛋2.61万吨，年产值超过16亿元。大力推广大别山黑山羊良种繁育体系建设及大别山黄牛品改工作，全县8个牛品改人工授精冻配点，完成牛冻配人工授精任务3438头次，冻配新增良种犊牛2835头。全县建成各级畜禽标准化养殖示范场203个，其中部级1个，省级10个，市级143个，县级49个。同时畜禽养殖小区达到253个，畜禽加工龙头企业4家，畜禽产业加工值达33亿元，与产值比重达到2.1∶1。全年完成蛋鸡“124”标准化养殖模式17家，超额完成推广目标任务，并及时组织人员完成草地资源清查任务，形成系列图件。根据全县精准扶贫“十有十通”工作要求，开展畜牧技术培训12期，培训各类养殖户1685人次，黄牛品改技术培训50人次。

**【项目申报管理】** 2017年，罗田县积极争取南方草地畜牧业推进项目国家投资270万元，特优区创建国家投资500万元，省级现代农业畜禽发展资金93万元，生猪调出大县奖补资金62万元，疫苗售后技术服务费150万元，为全县的畜牧业发展提供了有力支持。申报项目过程中，县畜牧兽医局按照“三重一大”决策制度的要求，召开局党组会和局长办公会，集体研究决定，同时制订项目管理制度，严格日常监管，规范项目的实施和建设。

**【畜禽污染防治】** 2017年，县畜牧兽医局在《罗田县生态畜牧业发展规划（2015—2020年）》的基础上，邀请长江大学教授深入罗田，对全县已划定的畜禽养殖适养区、限养区、禁养区的准确性和可操作性进行再次界定，经评审通过后，以罗政办〔2017〕103号文件出台《罗田县畜禽养殖“三区”发展规划（2016—2020）》。根据罗田县25家重点整治畜禽养殖场的污染防治现状，因场施策，积极督促业主开展整治，建设粪污处理设施，并紧扣时间节点，全面完成任务。成立由县环保局牵头的畜禽规模养殖污染治理综合执法办公室，启动县级抽查、乡镇检查、部门协查、重点督查的监管机制，加大监管力度。积极引导新建养殖场规范选址、先期环评和建设粪污处理设施。为全面完成中央环保督察禁养区关停任务，县畜牧兽医局积极向县政府争取资金190万元，用于奖补9家养殖企业的关停禁养。积极参与“清洁家园”和“全面推行河库长制”等环保工作，畜禽规模养殖场治污设施达标配置率达到80%以上，畜禽规模养殖场粪肥资源化利用率达到90%以上。

**【动物疫病防控】** 2017年5月11日，境内确诊一例人感染H7N9流感病例，县畜牧兽医局全体干部职工全力以赴，参与应急防控工作。通过设卡查堵、入户排查、抽样监测、消毒灭源等措施，确保没有发生家禽疫病。认真开展动物防疫工作技术培训与入户调查工作。在春秋防疫前，召开专题会议，下发文件进行周密部署，对全县基层防疫人员进行集中防疫培训。7月25日，在县理工中专电教室举办全县动物防疫信息化管理培训会议。投资8万元，为全县12个乡镇配发新的电脑和打印机。在春秋防疫期间，组织防疫督办专班，对防疫情况进村入户调查，并形成完整的防疫督办记录。强化防疫物资管理。疫苗计划逐级测算申报，落实疫苗专人管理，存贮冷链运转正常。疫苗台账记录完备，做到了账物相符、日清月结、出入库手续完备、凭证档案规范。畜禽标识接收、发放记录齐全，按需发放登记到场、到户。加强实验室建设。争取县政府增加动物疫病防控人员编制2个，县财政拨付资金30万元，租用装修了350平方米的实验室，新建了病原学PCR实验室，并顺利通过省动物疫控中心比对实验。按时完成省、市下达的采样送检任务。出具布病、禽流感检测报告200多份。认真做好布病净化工作。开展奶牛“两病”监测工作，积极做好布鲁氏菌病和结核病的监测和流调工作，对奶牛实行全面监测，对监测结果呈阳性病畜按处置规范进行处理。重新制定山羊布病疫情控制方案，并多次召开专题会议，部署和督办布病净化工作，全县畜牧系统共投入人力4800个工作日，全年共组织集中监测5次。共检测3719个场次，采血117790只次，检测出阳性场142个次，阳性场阳性率为3.81%；阳性羊351只，阳性羊阳性率为0.29%。组织动物卫生监督所人员对阳性感染率高的29个阳性场同群羊677只一并进行捕杀处理。从秋季监测情况来看，全县布病净化已经取得明显的成效，阳性比例明显下降，由上半年的0.48%，下降为0.11%。加强抗体监测。每次春秋防疫过后，动物疫病预防控制中心及时采样对畜禽免疫抗体进行检测，通过检测结果显示，全县口蹄疫、禽流感、蓝耳病、猪瘟、鸡新城疫、小反刍兽疫6种强制免疫密度达100%，抗体合格率均达85%以上。

**【畜牧兽医执法】** 2017年，县畜牧兽医局以瘦肉精、生鲜乳、兽药、生猪屠宰四大专项整治为抓手，全面开展畜牧兽医综合执法工作，坚守畜产品质量安全底线。加强畜产品安全监管与检测工作。成立畜产品质量安全工作领导小组，并层层签订动物防疫和畜产品安全目标管理责任状。保质保量完成省、市下达的鸡蛋兽药残留快速检测任务。全年开展快筛3200批次，没有出现阳性样品。在养殖和屠宰环节开展“瘦肉精”等违禁物的抽样监测工作，按照5%的比例开展盐酸克伦特罗、莱克多巴胺、沙丁胺醇等三项尿样检测，共抽检瘦肉精6570批次，未检出阳性。认真开展综合执法办案工作。6月8日，组织全体执法人员和检疫员，进行《动物防疫法》等相关的法律知识培训和检疫操作规程学习，提高执法人员的法律意识及专业水平。全年查处兽药、饲料、动物卫生监督案件21起，结案18起。积极开展检疫监管工作。全县设立12个乡镇监督分所，且每个乡镇的检疫申报点不少于2个。对检疫人员实行“定岗位、定人员、定职责、定奖惩”“四定”措施，严把检疫关口，确保畜禽检疫率100%，确保上市畜禽产品合格率100%，确保不合格产品无害化处理率100%。A类屠宰场做到“十有”，实行痕迹化管理，宰前检疫、同步检疫、违禁物检测、无害化处理等记录完整。继续加强兽药、饲料管理。严格执行鄂牧医办发〔2017〕23号文件精神，制定转型工作方案，开展兽药GSP再规范和乡村兽医转型升级工作，对不符合兽药GSP要求的兽药门店转型为乡村兽医诊疗点37个。所有门店均有监管人员公示牌、监管记录，证件齐全、制度上墙，台账可追溯，店内经营的兽药符合规定。加强无害化处理与生鲜乳监管工作。多次与浙江禾和公司联系，建立畜禽无害化处理收集体系，方案已报县政府，建设场地已落实。成立工作领导小组，制定完整的无害化处理实施方案，要求各乡镇切实履行对规模场的监管职责，重点核查规模场的生猪存栏、进出栏和病死、无害化处理数据，确保生猪规模场无害化处理档案资料完整、真实，全年养殖环节共无害化处理生猪233头。加强对规模养殖场和“三品一标”企业的监管。建立辖区内涉牧责任主体监管名册，建立畜产品安全分类监管制度，做到畜产品质量安全监管记录规范，对监管发现的问题，及时下达整改通知书，督促规定时间内落实整改。通过与养殖场签订《规模养殖场动物养殖安全监管责任书》，明确养殖场主体责任，做到有监管人员公示牌，有监管记录，有动物防疫条件合格证、有消毒设施、有兽医室、有养殖档案及无害化处理的原始资料，以及实行跨省引种按程序报批手续，同时对“三品一标”认定的企业实行跟踪监管。规范生猪屠宰管理。结合“扫雷行动”，大力开展生猪屠宰专项整治。全县的生猪屠宰场管理规范，证章齐全，进场均有醒目标志牌，场内卫生清洁、管理制度上墙、猪栏分区合理、台账记录可追溯。全年屠宰环节无害化处理生猪16头，处理不合格生猪产品27422公斤。生猪定点屠宰管理办公室全年共出动执法人员136人次，整改屠宰场点12个，立案查处违法案件4起，已结案3起。

**【特色模式创建】** 2017年，县畜牧兽医局依托大别山黑山羊产业，积极开展特色农产品优势区创建活动。通过完善科技支撑体系、建立评价标准体系、培育新型经营主体、强化品种资源支撑、深化信息技术应用、打造特色畜牧业品牌，促进产业融合发展，积极助推精准扶贫。3月17日，由农业部、国务院扶贫办举办的全国产业扶贫现场会在罗田召开，其以黑山羊产业为主的“五位一体”扶贫模式获高度评价。6月2日，罗田县黑山羊扶贫经验在全国农业产业扶贫精准脱贫经验交流会（延安）上推介。

**【养殖数据库建设】** 2017年，“雷霆行动”升级版启动后，县畜牧兽医局结合“规模养殖云平台”的录入工作，对全县规模场开展入户调查，并逐场下达畜禽养殖污染防治提档升级“一场一策”的技术指导书，指导各养殖业主根据自身现状，进行污染防治提档升级。同时对其中480家重点对象建立电子数据库，涵盖现场图片、经纬定位、证照信息、养殖信息、污染防治设施、配套消纳土地等内容，并与乡镇共享，及时更新。电子数据库的建立，结合电子地图，让监管方能更直观地了解辖区内养殖场分布情况及污染风险等级，能更科学地谋划畜牧业布局，促进绿色畜牧业的有序发展。

（县畜牧兽医局供稿）

## 林 业

**【林业生态建设】** 2017年，县林业局深入推进“绿满罗田”行动，积极开展全民义务植树和身边增绿、爱绿、护绿活动，全面打响罗田提前完成“绿满荆楚”行动的收官之战，罗田城乡基本实现绿色全覆盖。年度完成“绿满荆楚”行动造林绿化6923亩。其中，宜林地及无立木林地造林绿化5303亩，通道绿化1620亩。全民义务植树317万株，其中栽植各类景观绿化树苗30余万株。深入推进“美丽罗田”建设，实现从造林向造景，从绿化向美化，从单一功能效益向生态、社会、经济三大效益协调发展的三个重大转变。按照中共罗田县委、县政府的总体部署，坚持高目标定位、高规格谋划、高标准实施，加快集镇、村庄、通道的绿化，栽植乡土花卉苗木，营造特色景观林带，在全县掀起“美丽乡村”建设新高潮。年度创建“美丽乡村”精品示范点20个，完成以村组公路为主的通道绿化400多公里。深入推进重大林业生态修复工程，进一步筑牢全县生态安全屏障。年度完成长江防护林工程、造林补贴和森林抚育等国家重点林业生态工程5.4万亩。年度创建“湖北省森林城镇”1个，“湖北省绿色示范乡村”21个。

**【林业产业发展】** 2017年，县林业局围绕重点实施板栗产业、森林旅游、林下经济、林特产品电子商务四大林业产业发展战略，使全县林业产业规模不断发展壮大，产业集中度明显提高。全县主要经济林板栗面积达到101.7万亩，甜柿面积达到4.2万亩，油茶面积达到3.5万亩，山核桃面积达到1.5万亩，晚秋黄梨等水果面积达到5万亩。以板栗为主的各类林业产业加工企业达到200多家，全县林业总产值达到58.8亿元。其中，林业第一产值14.7亿元，林业第二产值5.2亿元，林业第三产值38.9亿元。特别是森林旅游、林下经济、林特产品电子商务等新兴产业蓬勃发展，扩展了林业产业的内涵和外延，成为全县富民增收、精准脱贫、农村产业结构调整的主要抓手。年度新建林特产业基地0.74万亩，林下经济年度收入达1.7亿元，林业产业扶持贫困户503户，森林旅游业快速壮大且收入再创历史新高，成功申报省级林业产业化龙头企业1家。

**【森林资源保护】** 2017年，县林业局重拳出击扫除“四乱”行为，强力推进以保护自然保护区和湿地保护区为重点的“雷庭行动”，始终坚守“森林禁伐”和“生态红线”两个“底线”不动摇，切实加强森林资源和生物多样性的保护，在森林资源管护上取得新成效。全年共查处破坏森林资源的违法案件57起，其中行政案件55起，刑事案件2起，拘留（逮捕）3人。加大资金投入及火源管控力度，全县414个行政村配备437名森林防火巡查员和615名生态护林员，全年没有发生大的森林火灾，森林防火工作成效显著。组织开展第二次古树调查，对全县范围100年以上的9770棵古树名木进行登记调查、挂牌保护，并落实严格的管护措施。按照“五个坚持”“五个明确”和“八个不纳入”的总体要求，天然林保护工程全面启动并向纵深推进。决胜松毛虫害歼灭战，倾全力保护森林资源安全。共投入1000多万元，飞行作业677个架次，完成飞防面积达121.3万亩。5月中旬后，又投入人力130余人，防治机械20台套，对凤山镇老塔山等23个村，实施首次喷药防治松褐天牛成虫，防控面积达27670余亩，有效切断了松材线虫传播途径，有力保护了森林生态资源安全。县森防站党支部被中共罗田县委授予2017年度“优秀党支部”称号。

**【国有林场改革】** 2017年，县林业局着力推进集体林权制度改革，将林权承包落实到农户，赋予林农长期稳定的承包经营权。全县林农与225万亩林地责任权限清楚，实现“山定权，树定根，人定心”的工作目标。全县累计完成林权登记和勘测任务225万亩，确权到户面积221万亩，确权率98.2%，完成确权发证13.6万本，发证率98.1%，依法流转集体林地19.2万亩。7月，人力资源社会保障部、国家林业局授予罗田“全国集体林权制度改革先进集体”荣誉称号。根据《罗田县国有林场改革实施方案》的改革进程安排，场管村已剥离到乡镇管理，上报116名提前退休人员，黄冈市人社局已审核通过，重新核定的各国有林场共80名财政供给编制已正式上报县编办批准执行，国有林场改革顺利推进。

**【产业扶贫】** 2017年，县林业局继续实施板栗产业精准扶贫“33531工程”，对全县连片在20亩以上的400多户的板栗种植户给予每亩100元的补助。坚持支部联建与党员结对并举，产业发展与精准施策齐驱，着力实施板栗产业、森林旅游、中药材产业、林特产品电子商务、生态补偿脱贫五大林业产业助推精准脱贫策略。认真落实中共罗田县委“支部引领·脱贫攻坚”和结对帮扶机制，与19个村党支部、266名困难群众结对帮扶，57名党员全部驻村，落实包保帮扶责任，做到“不脱贫、不脱钩”。为帮扶贫困户发展高效经济林，筹措资金50多万元，购买油茶苗8万株、青茶籽1万公斤、山核桃苗6万株，送到贫困村、贫困户。2017年共有503户贫困户发展林业产业基地3188.7亩。

（县林业局供稿）

## 林特产业

**【概　况】** 2017年，县林特产业局围绕林业产业发展壮大和林业产业精准脱贫攻坚两大目标，着力推动罗田林特产业经济高质量发展。依托种植传统优势，大力发展林特产业基地，改造板栗低产林2.6万亩，新建板栗品种园120亩、甜柿品种园70亩、甜柿示范基地200亩和大别山山核桃1000亩。依托林地规模优势，大力推广“林游、林粮、林药、林牧、林菌”五大林下经济模式，使全县林下经济总规模达到12万亩，实现年收入1.7亿元。湖北正光药业成功申报省级林业产业化龙头企业，全县省级林业产业化龙头企业达到8家。为5家涉林企业落实贷款贴息180多万元，争取林产品开发支持经费30万元。

**【板栗产业】** 2017年，县林特产业局按照县委、县政府的部署，组织开展板栗产业调研活动，编写《罗田板栗产业振兴规划（2017—2020）》《罗田县板栗产业振兴实施方案》。同时，积极配合县政协、县人大开展板栗产业调研工作，对全县12个乡镇板栗种植情况、板栗加工企业产销情况以及河北迁西板栗产业发展情况进行详细了解，并写出针对性较强的调研报告。创建6个板栗产业扶贫示范点，总规模达1000亩。建立有“密改稀”“高改矮”、土壤翻耕套种中药材等为措施的3个板栗低产林改造示范点，面积共150亩。全县完成板栗低产林改造2.6万亩。建立一个板栗花期“三喷”（喷施硼砂、尿素、磷酸二氢钾）示范点，面积100亩。重点推进板栗剪枝象、栗实象等两大重要害虫的喷药防治工作，防治面积超过5000亩。积极开展送科技下乡活动，加强栗农培训，理论培训和现场操作培训同期进行，共培训3期，培训210人次，发放板栗技术资料达5000份。创建“罗田林特产业”公众号，发布以板栗为主的生产实用技术与信息，进行科技推广。加强“罗田板栗”地理标志证明商标的使用管理，发放“罗田板栗”地理标志证明商标10万份。给6家生产加工企业和种植大户加挂“罗田板栗”标牌。全县板栗基地规模达到60万亩，年总产量达4.5万吨，鲜果统货销售价格4.6元/公斤，羊毛栗、乌壳栗收购价达到6.2元/公斤。2017年板栗销售的亮点有三：一是产业融合度提升。大河岸镇天堂和美生态园、凤山镇丰衣坳板栗公园，通过与旅游结合，推广体验游，板栗球卖到10元/公斤，还带动周边板栗销售。总销售收入达到25万元。二是板栗电商异军突起。林特局制订板栗电商行为规则，县电子商务协会对板栗电子商务统一质量等级标准、服务标准与价格，有力地推动品牌销售，全县全年板栗电商销售达到3427吨，平均销价达16元/公斤，实现销售额3500万元。三是旅游市场销售火爆。板栗成熟季节，县内农民在旅游沿线设点销售板栗的推点达260家，板栗售价10—24元/公斤，年销售板栗达6000吨。2017年，全县板栗加工企业30家，加工能力较强的企业有润和、益佳、弘福、绿润、丰润、栗乡、泰发、秋硕、华丽、惠达10家。全县板栗冷藏能力达4.5万吨，加工能力达到3.5万吨。县食品工业园建成，总占地面积176亩，投资2.5亿元。益佳、弘福、秋硕3家现代化板栗加工企业实现当年开工建设，当年建成投产，产销两旺。受总公司债务影响，绿润二期厂房建成，但未如期投产，湖北绿润食品公司停止收购板栗，转为企业代加工。全县板栗加工产品一是板栗罐头和甘露煮，板栗罐头产量320万件，主要销往华东、华南地区；板栗仁、板栗丁、速冻板栗米，是罗田板栗加工的大宗产品，主要是出口日本、韩国及欧洲等国家。

**【林业科技】** 2017年，县林特产业局坚持科技创新，加强林业科技推广，开展多项目科技攻关，加大林业科技普及推广力度，着力推动林业科技新成果转化应用，不断提高林业科技贡献率。开展板栗栗实象的药物防治试验，取得很好的防治经验。继续与省林科院经济林所合作，开展板栗富硒施肥试验、“阳丰”甜柿栽培、大别山山核桃良种选优等科研工作。其中，在骆驼坳镇赵家湾村岩下湾开展50亩的板栗富硒施肥试验；在三里畈镇牌石坳村引种150亩的日本良种甜柿“阳丰”进行栽培试验；在九资河镇小寨林场、中湾村、龚家冲村、九资河村、张家湾村共选出16棵大别山山核桃优良树种，并进行测产和取样分析。同中国林科院泡桐中心合作，开展罗田甜柿优良单株“宝平”的科技攻关，完成果实品质和成份分析，正在进行基因检测，旨在为罗田甜柿产业的发展寻找科技支撑。与省林科院用材林所合作，在塔山林科所垂枝杉示范林内开展杂交育种，繁殖垂枝杉扦插苗10000株，嫁接垂枝杉600株。

**【林下经济】** 2017年，县林特产业局全面实施林下经济发展方案，大力推广“林游、林粮、林药、林牧、林菌”等五大发展模式，不断提高林地综合产出效益，深入拓展栗园增收渠道，进一步增加农民收入。大力发展以中药材为主的林下经济产业基地，创建林下经济示范点20多个。重点发展种草养畜基地10余万亩，茯苓、天麻、苍术等中药材基地5万多亩，新建花卉苗木基地0.5万亩。特别是以燕儿谷生态农庄、晚秋黄梨观光采摘园、万全寨生态旅游观光景点、黄狮寨野生古杜鹃景点、红叶观光林带、錾子石古甜柿观光园、板栗观光采摘园等为主的乡村观光旅游得到迅猛发展。

**【“33531工程”实施】** 2017年，县林特产业局围绕发展板栗产业、林下经济、森林旅游、林特产品电子商务等林特产业，助推精准脱贫。继续贯彻实施板栗产业精准扶贫“33531工程”，通过流转栗园增收、科技应用增收、观光采摘增收、加工销售增收、劳力务工增收、综合利用增收等6种途径，帮助贫困户脱贫增收。此外，对贫困户开展板栗低产林改造、新栽油茶、青茶、山核桃、黄梨、葡萄、猕猴桃等经济林果分别按面积给予相应补助，每户补助总金额5000元为限，并可提供贴息贷款30000元。创建6个板栗产业扶贫示范点，总规模达1000多亩。503户贫困户发展油茶、山核桃、晚秋黄梨等林业产业，基地达3188.7亩。依托旅游线路，结合板栗、甜柿等林果基地，大力发展板栗、甜柿等特色观光采摘与文化旅游，带动贫困户参与，增加农民和贫困户收入。

（县林特产业局供稿）

## 农田水利

**【概 况】** 2017年，县水利电力局围绕县委、县政府工作目标，采取有力措施，狠抓任务落实。推动平安、农田、民生、生态、法治、廉洁“六大水利”建设，取得新的明显成效。全年共争取国家投资项目10个，总投资2.3亿元，到位资金1.36亿元，完成县下达的1.32亿元的目标；完成固定资产投资3.21亿元。

**【平安水利建设】** 2017年，县水利电力局认真落实防汛抗旱行政首长责任制，科学研判、精心组织、合理调度，强化值守，确保完成防汛抗旱减灾保安目标。抓好水利水毁工程修复工作，投资1368.84万元，完成胜利河、石桥铺河、五桂河、三河口拦河堰等水毁恢复提档升级工程。加快实施病险水库除险加固。天堂二级中型水库除险加固工程，已下达中央资金2549万元，地方配套资金637万元。工程已完成投资2608万元，约占总投资82%。完成木鱼地、仰天窝、王家山等18座新出现病险水库除险加固工程，完成投资1500余万元。完成全县已整险104座小型水库水雨情自动监测系统项目，完成投资300余万元。完成17座水库2016年洪灾水毁恢复工程，完成投资200余万元。继续开展山洪灾害防治。完成山洪灾害防治非工程措施项目建设，新建9个自动雨量监测站。组织开展重点山洪沟河西畈河防洪治理工程竣工验收。

**【农田水利建设】** 2017年，县水利电力局围绕粮食安全目标，积极开展农田水利基本设施建设。在九资河、胜利两个镇实施中央财政小型农田水利建设项目，整修塘堰998处，新建泵站2处，整治灌溉渠道42.01公里。在九资河、大河岸等镇新建高效节水灌溉面积1.03万亩，共投资1667.26万元。启动凤凰关灌区配套改造工程，总投资1430万元，争取到位资金799万元。

**【民生水利建设】** 2017年，全县共整合小农水建设、水保治理、现代农业鱼池标准化改造等项目资金7800万元，完成县水利电力局承担的2017年度106个贫困村“十有十通项目”建设任务，组织12个工作组开展全面验收。争取实施农村饮水安全提档升级项目，新建或改扩建大小安全饮水工程104处。其中，解决建档造册贫困人口饮水安全工程98处，受益1.39万人，巩固提升工程6处，受益2.28万人。实施凤凰关水库中心水厂二期项目水处理池扩建工程。扎实开展驻村帮扶和结亲帮扶。坚持“结亲帮扶一包到底，不脱贫不脱钩”的原则。派驻3个工作队共9人，常驻平湖乡苏家山、河铺镇炉火湾2个贫困村和平湖乡刘家庄村，开展支部联建和驻村扶贫工作，争取投入资金300万元，实施水塘清淤整修、水

竖立河库长公示牌

库除险加固、安全饮水、渠道维修及产业基地建设。工作队坚持驻村工作，做到年度有规划、有计划、有安排、有记录的工作方式。制定帮扶工作实施方案，确立局长负总责、分管领导挂点、工作队员驻点、科级领导和股室负责人挂联系户的工作机制。县水利电力局17名科级干部各帮扶2户，机关所有干部职工各帮扶1户，共结对帮扶110户，每月走访帮扶户1次，得到当地干部群众好评。

**【生态水利建设】** 2017年，县水利电力局着力打造全省水生态文明示范县建设，全面落实最严格水资源管理制度，严格“用水总量控制、用水效率控制、水功能区限制纳污”三条红线，省市对罗田县政府考核的水功能区水质达标率为95%，考核成绩在全市名列前茅。全面开展罗田长江经济带生态保护“雷霆行动”升级版，完成中央环保督察涉及水利部门整改任务2项，牵头实施白莲河水库生态环境治理，拆除网箱59口、网闸10道、土库300座、哨所28座、违建物4处，取缔“三无”船舶696条。进一步规范河道采砂行为，整治天堂湖、凤凰关水库等重点湖库生态环境，全面开展水库水产养殖污染整治、开展建设项目水土保持、取水许可等专项整治，切实改善了水生态环境；加快水利改革，全面推行河库长制，制定印发《罗田县全面推行河库长制工作实施方案》，确立任务目标，成立领导小组和办公室，明确县级河库长责任分工，制定相关工作制度。全县115条5公里以上的河流，174座小二型以上的水库，全面建立三级河库长体系，安装设立河库长公示牌，接受群众监督。启动罗田县碧水保卫战“迎春行动”，以落实河库长制为抓手，开展“五乱”治理，全面禁止河道采砂，打响保卫战第一仗。全面实施国家水土保持重点建设工程罗田县鳌子石小流域综合治理项目，总投资450万元，治理面积11.57平方公里。启动实施罗田河综合治理项目，一期工程已完工，二期工程规划实施罗田河一河两岸工程、鸡鸣河清洁小流域治理、县防汛抗旱两队一仓库建设、凤凰关水厂管网延伸、凤凰关水库水资源保护等项目，总投资32195万元，已上报县政府待批。大力开展清洁能源项目建设，完成栗子坳小水电代燃料项目，完成投资1570万元，为34个贫困村集体每年创收3万元。启动县域内5大流域共28座小水电站增效扩容改造项目，已开工建设16座电站，并有6座进入试车阶段，其余部分陆续开工。

**【法治水利建设】** 2017年，县水利电推进水利“七五”普法、依法治理工作，组织机关58人参加“法宣在线”学习。积极开展综合治理、信访维稳工作，创建平安、文明单位；开展省级水利综合执法试点，严格依法行政，着力提升水行政执法人员的综合能力，进一步规范水行政执法行为，从严查处涉水、涉砂、涉渔违法案件，有效维护罗田良好水事、渔业秩序。及时制止、处置各种涉水、涉渔、涉砂违法行为，确保河道行洪、水工程等设施安全。规范黄砂管理秩序，特别是汛期禁采后，联合县公安、交通、工商、经信、广电等部门及12个乡镇，成立黄砂生产运输经营管理秩序整治工作领导小组，抽调80名执法骨干，成立5个联合执法稽查队，1个办案组和1个督查组，24小时巡查执法，在全县开展打击非法采砂、囤砂、运砂车辆超限、超载和督查工作。开展河道流域生态保护行动，制定《罗田县河道流域生态保护方法》，提交县第十七次人大常委会第二次会议讨论通过。积极探索建立黄砂长效机制，制定《罗田县黄砂开采经营管理细则》，报请县政府，并多次组织相关部门开展集中讨论，修改完善。进一步贯彻落实国家深化体制改革“放、管、服”工作，严格执行权责清单权力事项，全面推行“双随机一公开”监管检查，规范审批手续，简化审批流程，依法办理27件审批事项。

（县水利电力局供稿）

## 库区移民

**【项目策划】** 2017年，县移民局共谋划项目近150个，策划项目资金总额4300万元。经多方争取，实际到账资金达到3962万元。其中，“两区”发展项目资金962万元，移民后扶资金1433万元，小型水库解困资金131万元，培训资金118万元，原迁直补资金971万元，库区粮贴76万元。

**【避险解困】** 2017年，县移民局完成购房安置对象的购房工作，已签订购房协议510户，1826人。其中，匡河镇460户，1680人；白莲河50户，146人。已入住386户，1420人。匡河镇刘家湾安置点已完成“三通一平”，并已完成建房26户，在建35户；白莲河乡上马石河村、覆钟地村安置点的“三通一平”已全部完成，白莲镇区安置点“三通一平”基本完成，已完成建房7户，在建35户。全年完成项目投资3020万元，2017年底，已下拨避险解困专项资金1830万元。

**【资金化解】** 2017年，县移民局结合移民部门履职尽责点题督查工作，加快移民各类项目建设进度。截至2017年底，共完成结存项目120余个，完成项目投资近3000万元，累计完成整治河堤、渠道10公里，硬化通组道路20公里，整治自然湾落15处，整修水塘20口，新建光伏发电项目工程6个，验收项目投资2500万元，结算拨付各类移民项目资金2000万余元，有效消化结存资金。

**【移民管理】** 项目计划管理。严格项目计划申报程序，移民项目建设内容必须经过移民代表会讨论，并将讨论结果公示，接受群众监督。代表会的会议记录和公示照片作为编制项目计划首要条件。所有移民项目计划，必须由乡镇以政府文件形式上报县移民局。项目方案管理。科学编制项目可研报告和实施方案，严格落实100万元以上项目必须编制项目可研报告，1万元以上项目必须编制实施方案的要求，严格落实方案编制实地踏勘、测量、征集意见等基本程序，推行项目方案评审制度，确保实施方案科学合理。严格项目方案执行。移民项目实施必须严格按照实施方案招投标、建设、管理和验收，少量确需调整的，由业主、移民部门、监理三方到场确定。项目过程管理。将项目管理贯穿于项目建设全过程，严格执行项目“五制”。即法人制、招投标制、合同制、监理制、竣工验收制。法人制：统一明确由镇村作为项目业主，履行项目法人责任。招投标制：所有移民项目必须按照项目实施方案，严格履行招投标手续。合同制：业主与施工方签订统一式样的移民项目建设合同。监理制：10万元以上的项目，由移民局统一招投标确定监理单位监理，10万以下的项目，由镇村负责监督实施。竣工验收制：5万元以下的项目由乡镇组织项目验收，5万元以上的项目由县移民局、县财政局组织验收。所有项目资金（包括质量保证金）的拨付均实行竣工验收决算拨付制。

**【技能培训】** 2017年4月26日起，县移民局邀请各类农业产业技术专家在全县8个重点乡镇，组织开展移民实用技术培训专题讲座16场次。围绕中药材种植、茭白栽培、香菇栽培、大棚蔬菜种植等实用技术进行指导培训，先后培训学员1568人次，收到良好效果，获得一致好评，为移民群众致富奔小康提供了强有力的技术支撑。

**【招商引资】** 2017年，县移民局招商引资引进的项目3个，其中新开工建设项目1个，续建项目2个。新开工项目为湖北天堂和美生态农业（旅游）有限公司生态农业综合开发项目。该项目落户大河岸镇滚石坳村。租赁该村四组、五组土地300余亩，以发展生态农业综合开发和休闲观光旅游，总体规划投资3000万元，2017年底，已完成投资1200多万元。续建项目：一是龙凤谷漂流项目，总体规划投资5000万元，2016年已完成投资2500万元，2017年已完成投资1000万元。

二是湖北万全寨农福缘有机茶业有限公司投资的生态农业开发项目，规划投资8000万元，2016年已完成投资5000万元，2017年，已完成投资1000万元。

**【履职尽责】** 2017年，移民局是全县4家履职尽责点题督查单位之一。为加强履职尽责贯彻落实，从局领导班子、全体干部职工、乡镇移民干部、移民村干部，实行逐级宣传发动，深入动员部署。成立移民系统履职尽责点题督查工作领导小组，组成3个督查组负责对12个乡镇移民工作履职尽责进行督查。通过召开移民工作会、专题座谈会，向各乡镇、村委会发放征求意见表；在共产党员网、罗田新闻网、罗田政府门户网、市县纪检监察网、鄂东晚报等媒体刊发履职尽责点题督查信息，公开举报投诉地址和电话。在移民局设立征求意见举报箱，张贴举报电话。3个督查组历时一个多月，对涉及的12个乡镇200多个村800多个移民项目实施情况、建设管理，移民资金使用管理、效益发挥等情况进行督查，共发现问题12个，针对问题制定整改措施、整改目标、完成时限以及具体责任人。截至2017年底，除资金结存问题外，其余11个问题已整改完成，并得到省移民局稽查销号确认。并在全县履职尽责评议中获得点题督查评议第一名。

（县移民局供稿）

## 农业机械

**【概　况】** 2017年，全县农机总动力达到272732千瓦，拥有各类拖拉机2950台，联合收割机424台，插秧机395台，烘干机56台（套）。全年，农机总作业量214万亩，外出跨区机收面积达36万亩，秸秆综合利用机械化还田13万亩，完成农机土地深松整地1万亩，水稻机械插秧推广27.5万亩，油菜机播10.5万亩，主要粮食作物耕种收综合机械化水平达67.8%，比上年提高近2个百分点。被省农业厅授予“农机行业先进单位”。

**【惠农补贴】** 2017年，县农机局进一步广泛宣传强农惠农政策，进一步规范农机购置补贴操作程序，坚持阳光操作，简化补贴手续，继续实施“全价购机、定额补贴、县级结算、直补到卡”的补贴结算方式，确保政策不折不扣落到实处。全力推进农机报废更新补贴政策，积极引导农民报废淘汰老旧机具，购置高效适用新机具。加大对报废更新补贴政策的宣传力度，确保报废更新试点实现乡镇全覆盖。全年，共争取农机购置补贴资金807万元，共落实补贴资金450万元。共补贴各类机具2435台（套），补贴机具覆盖全县12个乡镇，1936户农户受益。

**【安全监理】** 2017年，县农机局主要做好农机安全知识宣传教育，采取挂横幅、贴标语、发放《农机安全知识问答》、向司机发短信等形式进行宣传。春耕生产期间，开展拉网式农机安全隐患大排查，重点排查拖拉机无牌无证、酒后驾驶和违法载人等严重违法行为，严防各类农机事故发生。全年共签订农机安全生产责任状1051份，完成各类农业机械挂牌79辆，补办牌照8辆，检验各类拖拉机1063台，办理交强险862份，发放跨区作业证62本。拖拉机、联合收割机全部纳入牌证管理，列管率100%。全年安全生产态势平稳，无重特大农机事故发生。

**【技术推广】** 2017年，县农机局继续推进水稻、板栗生产全程机械化。以农机专业合作社为载体，推广水稻机插、机播新技术。水稻机械插秧推广27.5万亩，水稻生产全程机械化实现全覆盖。引进板栗采打机械及板栗脱壳去皮技术，帮助农户排除机械故障和进行技术指导200多起，开展技术咨询、免费培训农机操作手1200余人次，做到培训进村，售后服务到田。引进和推广油菜、谷物烘干机械及技术，推进秸秆还田机械化，按照湖北省《关于禁止秸秆露天毁烧暨综合利用的通知》要求，召开秸秆还田现场会，安装秸秆还田切碎机械装置38台套，完成秸秆还田作业面积13万亩。

**【技术培训】** 2017年，县农机学校创新宣传形式，利用传统培训和网络培训相结合，建立“罗田县农机技术培训群”微信公众号，通过网上教学培训机手230人。利用购置补贴政策咨询、新型技术推广现场会等形式，培训拖拉机手、插秧机手100余人。2017年7月，省农机局开展全省拖拉机驾驶培训机构监督检查验收，罗田县农机学校顺利迎检并完美通过。

**【脱贫攻坚】** 2017年，县农机局本着没有与扶贫无关的单位、没有与扶贫无关的人、没有与扶贫无关的事，向扶贫驻点村派驻精兵强将，严格落实“八张责任清单”“六个不准”的工作纪律，确保责任上肩、任务落地。全力支持胜利镇纸棚河村和匡河镇姚家塆村精准扶贫工作，组织开展集中帮扶活动10余次。累计向两个村捐赠扶贫资金及物资10余万元，化肥4吨，机械8台。胜利镇纸棚河村顺利通过全市户脱贫、村出列验收。县农机局驻姚家湾村精准扶贫工作队被匡河镇政府授予先进工作队。

**【社会服务】** 2017年，县农机局继续加大农机社会化服务能力，全面提升农机社会服务水平。3月，召开全县农机化工作会议，配合“三送”和第三届“农民读书节”活动，发放宣传资料，释疑答惑200余件。5月，开展2017年农机跨区作业出征暨“农机安全生产月”活动启动仪式。6月，组织机手赴安徽全椒学习水稻直播技术。9月，组织3名拖拉机手，赴麻城市参加2017湖北省“东方红”杯农机职业技能竞赛。10月，组织农机手和经销商，参加2017中国国际农业机械展览会和第六届世界农机峰会。徐诗尧被评为“湖北省十大最美农机手”，徐诗尧的事迹被国家农机化信息网转载。机械打板栗荣幸被中央电视台12频道播出。农机信息宣传员在各级媒体上稿100余篇。11月，黄冈市新型职业农民培育农机合作社带头人培训班在罗田举行。县农机局招商引进的旺生生态项目动工兴建，投资1800万元的湖北三狼彩印公司建成投产。县农机局坚持每月三狼彩印公司走访，为公司解决融资500万元等实际问题，得到企业好评。

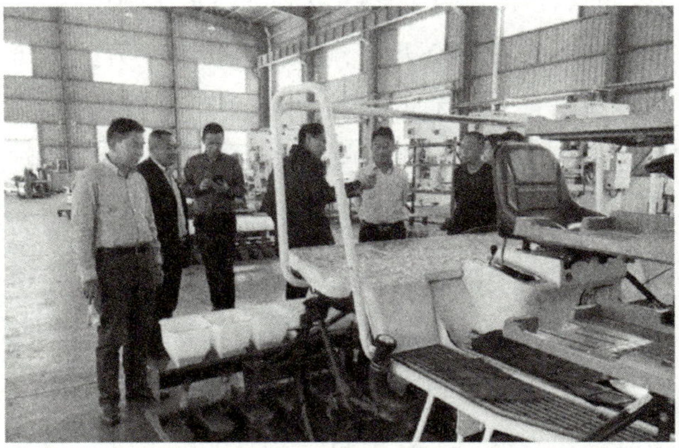

农业机械

**【体系建设】** 2017年，县农机局新发展农机专业合作社3家，提档升级4家，创建省级示范社1家，市级示范社2家。共培植农机大户150户，农机科技示范户150户。抓农机化示范基地建设，共建面积300亩以上的水稻、板栗等农机化示范基地5个。全县农机服务收入达1.7亿元。

（县农业机械管理局供稿）

## 农村能源

**【概　况】** 2017年，县农村能源办公室深入学习十九大精神，围绕农村能源项目建设，以落实“两个责任”为保障，清洁能源入户建设、技术服务、精准扶贫、基层党建等工作呈现新的亮点。全年新建户用沼气池152口，安装太阳能路灯646盏（按每盏辐射5户，共3230户），建设沼气工程12处、发酵容积1500立方米，向380个农户供用沼气，实现新增清洁能源入户3762户。

**【项目建设】** 2017年，县农村能源办公室在领导班子更替的情况下，新任办公室主任上班的第一件事，就是带领班子成员到省市主管部门汇报工作。积极与省市的政策对接，争取支持。3月29日，湖北省能源办主任带领综合处、监督处处长到罗田开展调研活动，对罗田的农村能源工作给予充分肯定，表示在项目上予以支持。在此基础上，县农村能源办公室争取到项目资金503万元，其中中央投资150万元，省级投资353万元，全面完成争取资金任务。项目是农村能源的核心，加强项目的储备申报是争取项目资金的前提。2017年，县农村能源办公室加强项目储备的力度，由一把手带队到各乡镇和项目村进行座谈摸底，通过与乡镇、项目户、重点扶贫村的沟通交流，基本掌握项目的需求情况、建设内容、建设状况，在充分领会有关政策精神的情况下，提前做好项目的前期工作，完成项目的环评、能评、地评、安评和备案，进入国家项目库，申报规模化大型沼气工程项目3个，总投资2250万元，申请中央投资900万元。同时申报的户用沼气、小型沼气工程等项目数量位列黄冈市前列。在争取项目的同时，县农村能源办公室加快启动和实施项目。按照清洁能源入户工作的任务目标，结合中共罗田县委、县政府的中心工作，大力实施精准扶贫“十通十有”项目建设。按照领导班子分工，组建沼气建设专班和太阳能路灯建设专班，到各自的项目建设村组，开展宣传发动，明确项目建设责任和时间，落实项目建设地点，协调项目建设专业人员，推进项目建设。在项目管理上，坚持项目建设的招投标制度，沼气工程的土建部分在县公管局的交易平台上公开招标承建人，所有的太阳能路灯严格按照上级主管单位的招标中标文件实施，从源头上打造公开透明的阳光项目。坚持准入制度，沼气工程的施工必须持有“沼气生产工”资质的人员才能建设。坚持质量监督，沼气工程建设必须是在监督人员的监督下实施，填写《罗田县沼气工程现场监督表》，并要求业主参与工程建设的质量管理，监督表只有在业主签字的情况下才生效。规范项目资金的结算管理和拨付，在完善质量监管的情况下，承建人经业主签字同意申请拨付资金，县财政直接将资金拨付到承建人，实行资金专款专用，没有中间环节。由于措施得力，时间节点控制好，至2017年底，已经超额完成清洁能源入户任务。

**【安全监管】** 2017年，县农村能源办公室组织全体班干部职工，分为两个检查组，对全县76处沼气工程开展安全检查，下达安全检查通知书和整改通知书各76份，指出安全生产隐患和风险点，明确要求业主限期整改到位。金盆地养殖场、锦绣林牧养殖场、秋勋养殖场等沼气工程业主迅速落实安全措施，建设沼气工程围栏或是围墙，增设安全警示牌，安装沼气供气管线标志桩。2017年国庆节前，县农村能源办公室再次抽查户用沼气的安全使用情况，在全县12个乡镇各抽查10个村1200户，下达整改通知书317份。以学习宣传《湖北省安全生产条例》和全省安全生产知识网络大赛为契机，组织全体干部职工和技术服务员“学条例、明职责、强安全”的培训活动，使大家认识到安全生产的重要性，进一步提高干部职工的安全生产责任意识，把安全生产措施落实到实际工作中。制定了《县能源办安全生产应急预案》，组建安全生产应急领导小组，明确了安全员。

**【后续服务】** “三分建七分管”，是确保农村能源持续发展的秘诀。2017年，县农村能源办公室继续在后续服务上想办法、出对策，努力提高服务水平和能力。首先从服务人员上着手，在原有服务人员的基础上，淘汰一批技术水平低、服务能力差的人员，优选一批思想品质高、服务能力强的人员继续进行后续服务。通过理论考试、现场考评，与12个成绩突出的服务员签订聘任合同，负责辖区内的沼气维护、安全使用、政策宣传。根据全县沼气分布的特点，划分12个沼气服务区域，每个区域派驻1名技术服务人员，并首次将小型沼气工程和大中型沼气工程后续服务纳入服务范围。在服务方式上，开展两个“结合”，即：“集中培训和上门服务相结合”和“免费维修与有偿服务相结合”。开年以来，县农村能源办公室制定详细的集中培训工作计划，在项目建设集中的村、乡镇开展集中培训活动27次，发放《沼气100问》《沼气安全使用宣传单》2000多份。为了加强服务和方便群众，还组织邻近区域的服务员到项目集中村、湾落开展上门服务活动，帮助用户免费疏通管道、安装灶具等，同时更换脱硫剂和损坏的零配件。在凤山镇、骆驼坳镇、三里畈镇、匡河镇、大河岸镇的52个村开展集中服务，为1703个沼气用户更换零配件、为237户疏通维护了输气管道，排除安全隐患141处。

**【能源利用】** 2017年，县农村能源办公室继续开展沼肥综合利用的示范建设，在大河岸镇的板栗园区、匡河镇富源生态农业合作社、三里畈镇富民养猪专业合作社和凤山镇涵丰生态农牧有限公司开展沼肥特色种植，取得一定的成效。指导三里畈镇富民养猪专业合作社采用“猪—沼—药”模式种植浙贝50亩，产量高、品质好，受到药材商的青睐。积极响应省能源办生态循环农业示范区创建工作，在大河岸镇罗九公路沿线高庙到月山庙等8个村，创建大别山百里生态画廊循环农业示范区，示范区面积10500亩，开展以养殖场粪污资源化利用为核心，大力发展特色种植业，打造以沼气为纽带的生态循环农业，被省能源办列入全省首批10个“以沼气为纽带的生态循环农业示范区”之一，并给予资金支持。

**【信息宣传】** 2017年，县农村能源办公室全面推进农村能源的信息宣传工作，在单位营造“人人参与宣传，月月有报道”的宣传工作氛围。4月4日，《黄冈日报》在“报眼”位置，刊发《罗田探索“三沼”综合利用模式》的报道，11月1日，在《黄冈日报》第3版刊登《罗田帮助沼气用户提高使用效能》的新闻。在省能源办网站发表宣传报道5篇，信息宣传工作位于全市前列。

（县农村能源办公室供稿）

# 工　业

## 工业经济管理

**【概　况】** 2017年，全县全部工业增加值38.71亿元，按可比价计算，比2016年增长7.9%。规模以上工业企业93家，比2016年净增1家。分布于非金属矿物制品、农副食品加工、纺织、医药制造、通用设备制造、酒及饮料制造、水力发电共18个行业。其中，非金属矿物制品业26家，农副食品加工业12家，纺织业、医药制品业各8家，通用设备制造业6家，饮品制造业、服装服饰业各5家，其余23家分布于非金属矿采选、木材加工、家具制造、化学原料和化学制品制造、水力发电等行业。规模以上工业完成总产值93.7亿元，比2016年增长7.2%。其中，医药制造业完成总产值26.33亿元，非金属矿物制品业完成总产值21.98亿元，农副食品加工业完成总产值13.33亿元，分别总产值前三位。规模以上工业完成主营业务收入76.7亿元，增长10%，产销率达到96.7%，增长0.1个百分点，实现利润5.1亿元，增长1.4%。规模以上工业增加值增速8.7%。其中，国有及国有控股企业增长5.5%；股份合作企业增长10.9%；其他经济类型企业增长12.8%。轻工业增长7.6%；重工业增长14.6%。主要工业产品产量分别为：配合饮料0.9万吨；罐头0.1万吨；饮料酒100万升；布0.2亿米；服装20.8万件；家具12.5万件，化学药品原药1万吨，商品混凝土11万立方米；砖3.6亿块；天然花岗岩石建筑板0.2亿平方米；铸铁件0.9万吨；齿轮0.2万吨；模具0.2万套。年末高新技术企业9家，生产高新技术产品企业9家，生产高新技术产品企业9家，全年完成高新技术产业增加值10.2亿元，比2016年增长7.8%，占GDP和规模以上工业增加值的比重分别为7.6%、41.3%。全县工业用电量3.16亿千瓦时，累计增长25.91%；工业产品销售率97.6%，同比上升1.1个百分点，工业企业生产经营形势总体平稳。县经济开发区新开工项目11个，续建项目6个，建成投产项目4个，宏源药业六氟磷酸锂项目、湖北海成电子一期项目即将竣工投产。全县新增4板挂牌企业3家，湖北名牌产品3个，新认定高新技术企业3家，省级校企共建研发中心3个，完成科技成果转化12项。工业龙头企业——宏源药业公司实现销售收入12.5亿元，入库税收7800万元，出口创汇2400万美元。

**【优化环境】** 2017年罗田县经济开发区完成新征工业用地近300亩，通过清理闲置用地、清理“僵尸”企业，完成用地清理近200亩。许家冲一组整体搬迁68户总任务已完成35户，集中安置点和还建房建设进展顺利，开发区公租房、商业开发、学前教育、公共交通等配套服务逐步完善。此外，工业强县战略地位更加稳固，工业发展奖励政策全面落实，招商引资奖励扶持办法重新出台，工业项目固定资产投资补贴、税收贡献奖、就业贡献奖、企业人才补贴、县域经济发展调度资金及“过桥”资金扶持、涉企规费“一卡制”、涉企检查备案制、涉企投诉处理制、涉企服务承诺制等一系列优惠政策和服务机制的落实，进一步减轻了企业负担，敬商、招商、爱商、护商的氛围更加浓厚。

**【服务企业】** 2017年，县直单位服务企业行动考核分值占比在“五讲五评五考”考核中进一步提高，各单位服务企业工作力度也随之大步推进，帮助支持企业解决困难问题的成效也进一步明显。据县服务企业行动领导小组初步统计，106个县直单位共计帮助支持重点企业解决融资、用工、用地、生产要素、周边环境等困难问题256个，企业反映的困难问题解决率近70%，企业对部门服务的满意率达到80%。尤其值得一提的是，县委、县政府不定期召开重点企业家座谈会，听取企业家的意见和建议，了解企业服务工作情况，督办解决重点企业反映的困难和问题的做法，得到全县企业家的一致好评。县中小企业担保公司为县内201户中小企业提供了399笔融资担保服务，累计融资担保额近13亿元；为55家中小企业共计提供1.81亿元的财政调度资金担保；为39家企业提供“过桥”资金3.2亿元；对所有中小企业担保费率下调10%，对涉及精准扶贫的企业和农产品加工企业担保费率下调25%，有效缓解了中小企业融资难、融资贵的问题。在破解企业“转型升级难”方面，全年投资过1000万元的重点工业项目共15个，其中新建项目6个，续建项目3个，技改项目6个，完成工业固定资产投资5.6亿元；全年争取升级技改项目资金352万元。宏源药业公司原料药及中间体装置搬迁项目、楚乡酒业公司年产2000吨白酒生产线项目，均获得省级传统产业改造升级资金支持。以深化“雷霆行动”为抓手，全年关停工业企业燃煤小锅炉66台套，完成“煤改气”企业9家，完成企业污水处理装置8台套。在破解企业“改制难”方面，原茧丝绸总公司中丝联、缫丝、贸易、制线4家企业改制工作进入破产终结程序；制泵厂、鄂东丝织、针织厂、蚕茧公司等企业改制工作快速推进，一批企业改制过程中出现的涉军、工伤、工龄补偿等信访问题得到妥善处置。

**【作风建设】** 2017年是“两学一做”“从严治党”推进年，更是党的十九大召开年。作为工业经济的主管部门和经信系统的牵头单位，县经信局以争创新业绩、喜迎十九大为主线，通过开展履职尽责全面督查活动，不断加强机关党建、法制建设、班子建设、队伍建设、制度建设和信息化建设，机关各项工作齐头并进，纪律作风更加严谨。作为“三案”承办单位，一年来，县经信局坚持把“三案”办理作为推进工作的重要抓手，共承办党代表提案、人大代表意见建议、政协委员提案16件，做到事事有回音，件件有着落。通过聘请党代表、人大代表、政协委员为行风监督员，组织代表委员开展调研、座谈、视察等活动4次，不仅保证代表、委员监督权和参与权，更让代表委员成为工业经济的宣传员。

（县经信局供稿）

## 电力供应

**【概　况】** 2017年，国网罗田供电公司真抓实干，强化执行，争先进位。全年完成电网投资1.16亿元。全县全社会用电量5.77亿千瓦时，同比增长13.91%。各行业用电量中，第一产业用电量895.91万千瓦时，同比增长7.34%；第二产业用电量30837.97万千瓦时，同比增长23.28%；第三产业用电量7429.97万千瓦时，同比增长8.12%；居民用电量18614.37万千瓦时，同比增长3.41%。公司荣获国网黄冈供电公司文明单位、经营业绩先进单位、安全生产红旗单位、供电服务优胜单位、网改标杆单位，大河岸供电所荣获国家电网公司五星级乡镇供电所和国家电网公司先进班组。

**【安全管理】** 大力推进本质安全建设，完善安全管理体系，推动各级人员安全责任落实。深入实施安全生产问题清单专项梳理，“一上”排查短板问题26项。开展“安全你我他”、“安全履责在现场”、青安赛活动，组织“三种人”资格认定138人，积极参加省市公司安规竞考。加大作业现场安全管控，落实安全履责痕迹管理，领导值周制细化成值日制，开展领导“五个一”活动294人次，常态“四不两直（不发通知、不打招呼、不听汇报、不用陪同和接待，直插基层、直奔现场）”稽查现场1430个，查处违章113起，市公司奖励标准现场9个。大力提升生产运维质效，开展了配网“三零”劳动竞赛、“双降”“三率”“三跨”整治行动，实行生产运维质量全过程督查，实施大修技改项目28个、资金907.47万元，配电设备非停、故障工单、配变烧损率分别同比下降35.25%、35.62%、43.5%。开展“平安电网”创建活动，加强林电协作、警电协作机制运行，电力警务室全年出警25次，下达安全隐患告知书30份，清理全县通信设施附挂线路，与4家网络运营商达成整改意见，罗田公司获黄冈市2017年度电力设施保护“平安电网”创建第二名、市公司安全保卫先进单位。加强供电保障和应急管理，圆满完成党的十九大、全国产业扶贫现场会保电任务，成功应对夏季多轮强降雨等考验，打赢抗灾保电攻坚战，受到中共罗田县委、县政府和社会各界肯定。罗田电网实现连续安全稳定运行7263天。

**【电网建设】** 2017年，国网罗田供电公司滚动修编“十三五”配电网规划，开展基于“大数据”配电网诊断及精准投资分析，编制罗田县配电网现状白皮书。重新启动110千伏肖家坳变电站新建项目前期工作，获得浠水华桂至罗田变电站35千伏输电项目核准，落梅河、黄土坳两座35千伏配电站获批复。全面完成投产变电站“三证一书”办理。切实履行属地职责，与国家林业局、省环保厅及中共罗田县委、县政府主动汇报沟通，顺利完成天堂35千伏变电站新建工程对薄刀峰国家级自然保护区生物多样性影响评价报告及生态专题报告，变电站及配套线路工程进展顺利。在全市率先完成106个贫困村光伏扶贫项目827万元，受省、市公司，中共罗田县委、县政府及社会各界好评。大力推进配电网改造工程，开展了配网建设承（分）包商安全施工承载能力评估，完成“村村通动力电”“井井通”“易地扶贫搬迁”等配网投资4个批次8851万元，新建及改造10千伏线路181.71公里、低压线路718.77公里，新增配变台区443个、容量7.59万千伏安。福利院线路改造工程、罗家咀村新增金丝坳台区改造工程被评为省公司“百佳工程”。

**【经营质效】** 2017年，国网罗田供电公司大力开拓用电市场，提高业扩报装接电效率，全年新增接电0.86万户，容量12.77万千伏安。积极开展“电网连万家，共享电气化”活动，供电所开通“家电进厅销售”业务，刺激居民用电量增长。主动对接县汽运公司凤山镇朱家河电动公交车充电站建设，首批投入10辆电动公交车实现年替代电量14.78万千瓦时。加强智能营销基础建设，新增低压集抄0.86万户，累计达21.24万户，实现全覆盖；新增智能电管家3.01万户，累计达19.12万户，占总户数的90%；投运专变费控128户，签约低压费控19.39万户，实现电子缴费11.39万户；深化数据治理和同期线损建设，治理异损台区336台，同期线损达标率86.25%。落实“六转变一加强”工作措施，所有供电所全部完成营配末端业务融合，大河岸供电所建成全省首批全市首家“全能型”乡镇供电所并被授予国家电网公司“五星级乡镇供电所”称号，匡河“全能型”乡镇供电所，建设取得实质性进展，全市建设现场会在罗田召开。发挥供电服务指挥中心和配抢指挥中心作用，强化营销、运检、调控专业协同联动，推进“红五心”供电服务网格落地，常态开展供电服务明查暗访活动，严肃处理供电服务不规范行为全年累计考核投诉43起。

**【内部管理】** 2017年，国网罗田供电公司坚持问题导向，以党委会、总经理办公会、月度和周工作例会为抓手，不定期通报重点工作，传导压力，压实责任。顺利完成问题清单梳理“四上”工作，梳理问题16个，整改3个，工作获省公司肯定。规范各类用工管理，减少劳务派遣用工占比。动态调整薪档积分，调控薪酬收入分配。严格执行财务管理规定，供电所持续推行“五人理财小组”。完成配电网工程项目审计和任期经济责任审计。完成公司5个职工家属区“两供一业”框架协议签订，102户供水分离移交。开展“物资供应基础管理年”活动，实施网改、生产、营销物资分库管理，完成6536.66万元各类物资供应，竞标处置废旧物资82.75万元，作为市公司试点单位，盘活利库工作取得阶段性成效。深化经法管理，开展通用制度评估和落地执行检查，全面应用标准化合同并规范线上线下流程，受理法律诉讼案件8件。开展集体企业规范管理年活动，完成“三定”工作和三新公司多经业务向东源罗田分公司移交，巩固配网和用户工程市场，市场占有率超过95%。加大了三个对标工作力度，省公司县供电企业对标排第19位，较上年前进19位，市公司内部对标排第4位，2个乡镇供电所进入市公司前10名。

（国网罗田供电公司供稿）

## 天堂抽水蓄能

**【安全生产】** 2017年，湖北正源电力有限公司天堂抽水蓄能分公司（以下简称天蓄公司）实现安全长周期记录6063天。完善安全生产责任制，明确安全生产责任清单，各级各类人员履职尽责。梳理完善制度体系，强化安全基础管理。深入开展隐患排查整治，认真组织春秋季防汛大检查和安全稽查，梳理安全生产问题清单，积极整改除患。加强现场管理，认真执行“三措一案”“两票三制”和现场作业“十不干”制度，强化外包队伍安全管理，加强施工现场勘查和风险点分析。强化安全培训，提升安全素质。

**【设备检修】** 2017年，天蓄公司积极推进大修技改，精心组织项目实施，全面提升设备健康水平。克服备品备件不足、设备返修时间较长等重大困难，抢在汛前完成2号机组两次重大故障抢修。按期完成35千伏备用电源、监控系统及其安全防护系统的升级改造。科学组织施工，高效完成第二套SFC系统的建设。合理融合停机检修时间，见缝插针，及时完成GCB、排水泵和两台机组C级检修。全面完成机组、主变、电气二次系统、消防系统等设备系统的检查试验项目。积极推进接地网整改、蝶阀旁通阀大修、下库闸门系统技改、生产生活用电隔离等重大项目按进度实施。

**【经营绩效】** 2017年，天蓄公司加强水位调度及用水协调，提高发电效率。合理使用成本，加大生产、安全投入和设备更新改造力度，提高机组运行效率。从严从紧控制非生产性支出，管理费用稳中有降。足额缴纳“五险两金”，职工薪酬合理增长。合理归还贷款，节省财务费用。积极争取保险赔付，降低资产损失。成立资产管理委员会，全面加强资产管理。积极开展内外部审计、省公司巡视、资金专项检查等，对所发现的各类问题进行全面整改，及时健全制度、改进管理、防范风险。

**【依法治企】** 2017年，天蓄公司驰而不息地查纠“四风”问题。办公用房面积严格控制在规定范围内，开展审计发现问题整改“回头看”，从紧安排成本预算，严控“三公经费”等管理费用，精简会议，简化接待。规范社会化用工，规避劳动用工风险。建立协同监督工作机制，认真开展专项监督检查，有效防控腐败之风。严格执行“三重一大”决策制度，规范议事程序和会议记录。继续梳理编印国网公司、省公司新颁制度，不断完善制度体系。完善绩效考核体系，加大绩效考核力度，强化绩效评价结果应用。开展员工月度双基考试，以考促学，全面提升员工素质能力。

（湖北正源电力有限公司天堂抽水蓄能分公稿）

# 交通　邮政　通信

## 交通运输

**【概　况】** 2017年，罗田交通运输全年完成货物周转量7460万吨公里，比2016年增长1.08%；旅客周转量21.23亿人公里，比2016年增长3.26%。年底全县公路里程3152公里。其中，国道87公里，省道285公里，县道155公里，乡道688公里，专用公路30公里，村道1908公里。全县等级公路里程共计2692公里。其中，二级公路331公里，三级87公里，四级2274公里。全县已铺设沥青混凝土路面的公路里程达2481公里。其中，沥青路面178公里；水泥路面2303公里。已绿化里程1192公里。

**【公路建设】** 全年共计完成交通固定资产投资5.06亿元。全长36.82公里的省道S228松子关至河铺公路路基、路面工程基本完工，省道S323七娘山至鳜鱼咀段改扩建工程完成路基、路面工程24.37公里，城区巴源大桥改扩建工程全面完工并实现顺利通车。总里程735.9公里的农村农路扩宽提档升级工程全面完工，大雾山旅游公路、錾字石甜柿公园公路、燕儿谷公路、槐树坳至覆钟地、大崎毛田公路等一大批农村公路、旅游公路项目相继开工建设。天堂寨核心景区第二旅游通道大河岸至七娘山旅游公路正在着手进行施工，县城至三里畈一级公路项目前期工作全面完成，省道S241东界岭至李婆墩公路、省道S204河东街至武英高速大别山出口一级公路、环白莲河库区公路等项目前期工作正在加快推进，项目前期工作进度和工程推进速度均走在全市前列。

**【立项融资】** 2017年，县交通运输局坚持以项目建设为中心，着眼“谋”项目，立足“争”项目，全年争取国省、干线、农村公路、安保工程、危桥改造等项目建设资金2亿余元，超额完成县政府下达的目标任务，项目建设专项工作获全县特别贡献奖。县交通投资公司成立以来，累计收储土地1300多亩，实现融资过亿元。县城投公司鼎力支持，争取国家开发银行贷款3.2亿元用于农村道路项目建设，极大地缓解“钱从何处来”的实际困难，为交通项目建设提供了坚强的财力保障。

**【交通扶贫】** 2017年，县交通运输局围绕中共罗田县委、县政府精准扶贫工作大局，加快推进“十通十有”交通项目建设，84.17公里通村公路扩宽工程全面完工，完成通20户以上自然村公路124.43公里，处置危险路段27.3公里，改造危桥13座。四大连片贫困地区通湾通组公路和近1000公里非重点贫困村通20户以上自然村公路全面启动，全县农村公路建设又迈上一个新的台阶，罗田“四好农村路”图文首次登上《人民日报》和人民网。

**【公路隐患排除】** 大力实施“455”公路生命安全防护工程，按照全市“四年任务，两年完成”

的总体思路，有效处置国、省干线公路隐患里程105.46公里，处置农村公路隐患里程段519.57公里，建设进度实现“时间过半、任务过半”。完成危桥改造19座，正在改建10座，大别山红色旅游公路品质提升工程全面完工，清洁家园“百日攻坚”行动逐步实现常态化。

**【行业管理】** 2017年，县交通运输局大力开展以“黑车”运营、驾培维修市场为重点的运输市场专项整治行动，主动配合公安、水利等部门，不断加大以黄砂治理为重点的治超工作力度，确保全县治超工作的平稳态势，国、省干线公路违法违规侵占路产路权行为得到有效遏制，全年共受理行政案件460件，结案率达100%，无一例行政复议、行政诉讼案件发生，法治交通建设进程又跨越一大步。全年长短线客运共计安全运送旅客58.72万人（次），建成城区公交候车亭151个，延伸城区公交线路两条，城西客运站顺利搬迁，市民出行更加便捷、舒适。以全县“春季行动”“雷霆行动”“碧水蓝天保卫战”为契机，大力开展交通运输安全隐患排查和整治工作，客运车辆4G动态视频监控全面推进，长途客运实名制管理全面落实，全年无一例重大安全责任事故发生。严格执行公路建设市场准入制度，坚持项目基本建设程序，全县重点工程合格率达100%，单位工程优良率达85%，通村公路质量抽查合格率达100%。

**【企业发展】** 2017年，县交通运输局各企业坚持以市场为导向，积极转变发展思路，主动适应市场经济发展“新常态”。县大别山路桥公司和县易通路桥工程处坚持向管理要效益，抓质量保信誉，分别实现企业总产值2.47亿元和5584万元。其中，大别山路桥公司成为县级财政利税贡献大户，位列全县第四位。在运输市场竞争激烈的大背景下，县汽运公司实现营运收入3300万元，更新高二级大中型客车3台，购置新能源纯电动公交车20台，国标校车22台。县城至白莲、骆驼坳线路的城乡客运公交化改造工作全面完成，城际约租、景区公交、大修厂等第三产业发展实现多点开花。大别山客运中心搬迁后通过两年运营时间，硬件设施不断完善，服务质量明显提升，全年实现营运收入3100万元。县公交公司坚持强管理优服务，实现经济效益和社会效益的双赢。

（县交通运输局供稿）

## 公路管理

**【概　况】** 2017年，县公路管理局共计完成七大建设项目，完成货币工程量约2.47亿元。两路建设完成货币工程量1.56亿元，其中S323完成路基工程23.94公里，路面工程20公里，货币工程量约6600万元。S228完成路基工程34.1公里，路面工程31.3公里，货币工程量约1亿元。巴源大桥改扩建工程，完成货币工程量1300万元。麻武高速河铺连接线工程，完成货币工程量1800万元。九资河外环线，完成货币工程量780万元。国省道危桥加固，完成货币工程量640万元。“455”生命安全防护工程，完成货币工程量2460万元。完成燕儿谷、拨云路、一方山水等城区道路刷黑工作，共计完成货币工程量1200万元。先后完成G318国道罗田城关至三里畈段改建工程前期的招投标及工程可行性研究报告的批复，完成省道S241罗田东界岭至李婆段段改建工程设计的招投标工作。

**【公路养护】** 2017年，县公路管理局加强公路养护工作，全年共修补坑槽1856平方米，清理边沟860公里，沥青、水泥路面灌缝181620.7米，整修路肩及路基边坡90万平方米，清理公路用地范围的蒿草623公里，清理公路用地高土150余处，清洗护栏62.5公里。加强桥涵管理，排查安全隐患。对全县在役的144座公路桥梁及危险涵洞进行一次安全隐患排查，对干线公路的病害桥涵进行全面小修，对20座桥梁新设了桥梁检查步道；对41座桥设置了桥梁保护区公示牌；对覆钟地中桥进行了预防性养护；配合中交二院完成对拟升省道35座桥梁的检测工作；完成2018年加固改造危桥项目的申报工作。强化绿化护管，提高绿化档次。共新植补植路树1000余株，根据不同树种养护规范，及时对苗木进行浇水、修剪、涂白、除杂、防害等养护工作，努力提高和保证树木成活率。狠抓养护专项工程，打造安全生命线。着力完成红色旅游线路灾后重建和品质提升工程，累计投资1650万元。其中，原国、省道安防工程累计投资710万元。完成干线公路9座危桥的加固改造工程任务，累计投资640万元。拟升省道安防工程已完成招标工作，完成5座干线公路四类危桥的前期设计申报工作。另增设桥梁限载标志牌22块，更换伸缩缝桥梁2座，改造桥梁护栏2座，对安全隐患路段增设安全警示标志牌106块、砼护栏160米，修复318、长三线等破损硬路肩1600平方米。加强基础建设、改善生活条件。完成匡河公路管理站站房主体工程建设。现进入装修阶段，预计年内可以完工。

**【路政管理】** 2017年，县公路管理局坚持依法行政，规范执法行为，加大路政巡查，做到及时发现问题、及时汇报、及时处理。全年共办理行政处罚案件54件，其中路政执法人员介入劝阻后自行纠正违法行为的37件，立案处罚17件，结案17件，收取罚没收入10.37万元；处理损坏公路路产案件32件，收取占、利用公路和路产损失赔（补）偿费28.76万元，共计39.13万元。开展路域环境整治行动，共拆除跨路龙门架3座，清理非标700余块，拆除违法建（构）物6处，计1000余平方米，清理占路物料7000多立方米，排除危树、死树150余处，通过宣传和整治力度的逐年加强，全县境内所有跨路龙门架，国、省干道沿线影响公路通行安全的固定式非标现已基本全部拆除。开展联合执法集中整治工作。为进一步加大治理车辆超限超载工作力度，结合全市治超“风暴行动”、文明城市创建、路域环境整治活动，联合交警、水利、工商、运管等职能部门，开展多次联合整治活动，至年底，共检查检测车辆4300余辆，卸载及转载货物计重12000余吨，上缴罚没收入120余万元。

**【企业绩效】** 2017年，县公路管理局所属各企业，坚持以市场为导向，积极转变发展思路，主动适应社会经济发展“新常态”，3家企业共计完成产值约3.04亿元。其中，大别山路桥公司除两路建设任务外，还承接巴源大桥改扩建、国省道危桥加固、英山四季花海旅居道路工程等多个重点建设工程，完成企业产值2.86亿元，上交税费1200万元。此外，公司对机关庭院进行绿化美化，投资50余万元新建篮球场、停车位等，种植各种树木200余棵，草坪3350多平方米。通兴检测公司全年完成经济任务100余万元，承接S323、S228路基路面、桥涵及其附建工程，农村公路14座危桥改造、15座水毁桥梁重建工程，农村公路移民、水利、通村组公路等9个项目工程的试验检测任务。大别山养护公司完成企业产值约1750万元，其中S323完成货币工程量1400万元，预制厂完成产值约320万元，修理厂完成产值约为30万元，灌缝完成产值7万元。

**【作风建设】** 2017年，县公路管理局利用支部主题党日活动、邀请中共罗田县委党校副校长讲课等形式组织干部职工集中学习，让十九大精神内化于心，外化于行，促进各项工作提质。按照全面从严治党要求，深入推进“两学一做”专题教育活动常态化制度化，不断改进工作作风。强化责任传导，提升管党治党责任。突出制度重点，坚持执行党风廉政建设责任制，层层签订管党目标责任书，全面落实廉政建设“一岗双责”制；突出教育重点，筑牢思想防线，组织党员干部观看警示教育片，赴红安革命老区开展纪念“七一”建党96周年活动。强化组织建设，提升战斗堡垒作用。利用党支部集中换届选举之机，重新调整局总支、各支部书记和委员，并新增一个三里畈治超党支部。为扎实推进基层党建“整县推进”示范创建工作，局机关党支部、企业党支部按照“七室一廊一平台”工作要求，并以此为平台，创特色，抓亮点，紧跟形势，进一步加强和完善党建活动阵地建设，并于5月份接受全县交通运输系统“整县推进现场推进会”示范点参观验收。

**【机关事务】** 安全生产常抓不懈。2017年重点加大对公路施工现场的安全监管力度，对在建工程项目进行全面排查，组织开展各类安全检查25次，共下达安全隐患整改通知书17份，实施整改安全隐患28处，安全隐患自查自改行动中，各单位自查自改隐患36处。组织观看安全生产警示教育专题片《黄冈市安全生产警示录》，发放安全宣传教材40余本，到县人民广场和施工工地开展主体责任宣传咨询日活动，多措施多举措确保安全生产。办公室认真办理“三案”提案8件，解决群众上访事件10余起。宣传围绕中心工作，多渠道宣传单位形象，全年完成宣传报道100余篇。其中，市级以上报刊、网站发表40余篇。财务审计严格规范，财务审计部门完成对养护公司经济效益审计、路政大队财务收支审计等工作的审计，审计总金额5238.29万元，查出违纪违规金额49.37万元，并限期督促其整改。工会活动深入开展。春节局组织专人慰问一线养护工人和退休老干部，及时给职工发放节日慰问品，为全体职工和退休人员办理身体体检卡，组织职工参加“春节迎新”环城健步走、春季户外手机摄影比赛、全县干部职工“劳动杯”中国象棋比赛活动，重阳节组织离退休老同志到两路在建工地参观公路建设施工现场，通过这些活动的开展，既激发了职工参与热情和争先意识，又增强全局干部职工的凝聚力和向心力。此外，文明创建工作深入推进，4月份顺利通过2015—2016年度省级文明单位验收工作。

（县公路管理局供稿）

## 邮 政

**【概　况】** 2017年，全县邮政业务收入突破3000万元大关，达到3411.3万元，占市公司预算102.1%，排全市第7位，同比增长14.9%，排全市第6位。实现高效收入2765万元，占总收入比重80.7%，排全市第7位，同比增长5.2%，居全市首位。人均劳动生产率较去年提升2.93万元，达到22.5万元/人。一年来，多数支局对县分公司党总支的决策部署不讲条件、充分信任，对计划目标不打折扣、坚决执行，推动了支局整体发展水平快速提升，强支局战略初见成效。河铺、胜利、大河岸3个支局圆满完成收入计划，除白庙河、平湖、白莲3个非网点外，其他支局均完成收入90%以上。有8个网点收入保持2位数的增长。

**【邮政储蓄】** 2017年，邮政罗田分公司坚持“上规模、降成本、增效益”，突出品质金融的核心追求，全年新增金融总资产6.3亿元，比上年多增5000万元，实现代理金融收入2593.3万元，被市公司评为“2017年度代理邮储发展突出贡献单位”。全年新增余额5亿元，邮储余额规模（小口径）达到19.15亿元，同比增长29%，连续两年开门红邮储增幅位居全市首位。累计实现邮储收入2059.7万元，占年预算113%，排全市第4位，同比增长24%，排全市第3位。有11个支局、所全面完成邮储收入计划，邮储收入增幅达到30%以上的支局有三里畈、骆驼坳、河铺、胜利。全年新增保费1.3亿元，累计实现保险收入533.6万元，占年预算116%，排全市第7位，同比增长28%，排全市第8位。有5个支局、所全面完成保险收入计划，保险收入增幅达到50%以上的支局有河铺、栗子坳、凤山。

**【快递业务】** 2017年，邮政罗田分公司累计实现快递业务收入96.9万元，占年预算88%，同比增长74%。快递包裹日均收寄达到800件，同比提升 1 倍。全县累计开发协议客户 46 家，同比增加 19 家。

**【电商业务】** 2017 年，电商分销影响广泛，渠道平台建设、抱团作战、代开税票同步推进，全县累计实现业务收入 316.8 万元，占年预算 77.3%。特别是在四季度的“抱团作战”订货会上，全员积极行动、广泛订货铺货，订货 354 万元，同比增长接近 200%，缴款 284 万元、同比增长 280%。其中，胜利、匡河订货缴款突破 40 万元，三里畈订货缴款突破 30 万元，机关 6 个单位 100% 完成任务，取得历史性的突破。

**【传统业务】** 2017 年，报刊业务发展加快。大收订及党报党刊稳中有升，校园报刊、行业报刊增长较快，扎实开展十九大图书销售、《农家书屋》等项目，全年累计实现业务收入 182.26 万元，占年预算 95%，同比增长 21.6%，居全市首位。完成 2018 年报刊大收订流转额 485 万元，实现收入 163 万元。销售文创产品 400 余套，实现收入 28 万元。累计实现收入 191 万元，占计划 100.5%。函件业务稳中有升。突出项目开发，整合媒体资源，以封片卡项目和广告业务为抓手，全年累计实现业务收入 131.3 万元，占年预算 94%，排全市第 8 位，同比增长 6%，排全市第 5 位。2018 年封片卡项目全面完成计划，旅游项目正在积极推进。集邮业务克难奋进。积极开展线上预售、压库变现等活动，实现收入 61 万元。特别是春节前组织开展的生肖邮品节暨客户答谢会，吸引全县 100 多名集邮爱好者参与，累计销售邮品 30 多万元。

**【金融网点转型】** 2017 年，邮政罗田分公司聚焦“品质金融”，以效益发展为目标，固化成果，全面转型。新增转型网 3 个，实现 9 个金融网点转型全覆盖。加强“一点三库”信息库建设，收集整理客群信息 1.45 万条。加强个人客户营销系统应用，强化数据整合分析，针对性开展营销活动，坚持每周有客户节，逢节有爆点活动，全年共开展节日营销活动 18 次，为广泛吸客吸金制造尖叫点和引爆点。胜利、栗子坳、河铺等支局被评为全市“2017 年度标杆金融网点”，河铺支局荣获全市 2017 年度“创客引领转型升级”竞赛活动金融转型争先奖。

**【投递业务】** 2017 年，邮政罗田分公司试点推进投递站点转型 2 个，借鉴金融模块转型经验，提供人员和物料支撑，加强投递员队伍培训、行为业绩管控和服务质量考核，进一步提升投递队伍的综合素养和转型意识，促进了邮路服务质量改进和提升客户全方位用邮体验。大崎投递站荣获全市 2017 年度“创客引领转型升级”竞赛活动投递转型示范奖。

**【经营管理】** 2017 年，邮政罗田分公司以“三互三问”活动作为解决经营管理中的痛点难点的有效抓手，全县共开展（胜利站）“三互三问”活动 1 场，梳理问题清单 12 条，问题整改率 100%。以加强存量客户价值提升为主，拓展新增客户为辅，做好精细化的老客户维系和新客户挖转。全县万元以上客户数达到 37439 户，较年初增长 4736 户。其中，全年新增 5 万元以上优质客户 3166 户。发挥各自资源优势，加强邮银协同合作，组织了中邮消费金融和掌柜贷业务体验，1 个网点开通 ETC 业务，累计发展 4 户。

**【财务管理】** 2017 年，邮政罗田分公司加强财务预算管理。重新调整制定营销费考核办法，加强营销费的标准控制和有效利用。加强成本费用管理，有效地压缩非生产性成本支出，加强欠费清收管理，确保欠费率控制在规定范围之内，提高了现金使用效率。加强财务规范管理。进一步规范房屋资产租赁、管理费用和在建工程管理；开展精准税收筹划，为企业和员工有效降低税负，管控风险能力不断增强。

**【人事管理】** 全年完成储蓄营业员轮岗 12 人，完成金融从业人员排查 39 人。招用 8 名大堂经理，解决基层旺季缺员需求。加大普惠性奖励力度，员工共享发展成果；对发展靠前、业绩突出的支局给予专项奖励。在积极组织员工参加省市各项培训学习的同时，县分公司开办“业余夜校”等培训10余次，参训职工达620余人次，参训面达到100%。稳妥推进完成全县经营组织架构调整工作，设置一部一室、四个专业中心，理顺了机制，盘活了资源。

（邮政罗田分公司供稿）

## 电　信

**【概　况】** 2017年，全县城乡固定电话用户73657户，比2016年减少2283户。全县有线电视用户88618户。其中，电信31658户，移动8826户，联通1594户，楚天视讯46540户。全县宽带网络用户92159户。其中，电信57502户，移动15469户，联通4060户，楚天视讯15128户。全县移动电话368753户。其中，电信125056户，移动187858户，联通55839户。电信业务收入共计22585万元。其中，电信6719万元，移动13641万元，联通2225万元。

**【翼支付】** 2017年，中国电信罗田分公司（以下简称县电信公司）通过实体渠道、政企渠道，大力推广“红包套餐”，在“秋收行动”活动中，采取业务“晒单立返红包”的办法，完成“红包”业务500单。力推“橙分期”模式，至2017年底，已经启动根据可续约用户清单进行定向精准营销。三是做强商户规模，丰富消费场景。为了丰富翼支付红包及橙分期业务线下本地特色的消费场景，积极在人口密集、消费频次高的地段进行翼支付商户拓展；在全县厅店建立“翼支付体验专区”，打造首刷体验场景，统一进货，规范管理。

**【智慧项目】** 2017年，县电信公司启动互联网小镇“智慧九资河”项目，拉动手机团购120户。启动“智慧罗田”重大项目，“智慧党建”项目完成一期建设，其工作绩效得到市公司、中共罗田县委和县政府的肯定。按照既定目标，推进“智慧电视”的发展，逐步添加公共服务资源，做到党员群众“想用、能用、会用”，通过“智慧党建”应用拉动业务增长。

**【移动、宽带业务】** 2017年，县电信公司移动、宽带业务发展虽持高速增长态势，但后劲不足。截至11月份，移动净增出账全市排名第九，其中4G用户累计净增全市排名第八；宽带净增计费全市排名第六；天翼高清净增全市排名第六。

**【市场营销】** 2017年，县电信公司在拓展新兴市场业务上，存在发展不均衡，流量经营乏力等系列问题。翼支付业务发展不均衡，各分局重视程度不一，翼支付商户拓展，各乡镇拓展点较薄弱。内容运营体系未形成快速响应机制和能力。内容运营好，需要体系建设配合到位，才能实现内容的“本地、真实、及时”，内部运营体系虽然有所基础，但在运营质量和效果上需要进一步提升，达到添内容更快、更好、更符合用户需求。厅店要进一步落实行为动作销售，完善厅店巡查制度，店员必会运用翼支付、天翼视讯等手机应用，必推流量包、翼支付、天翼视讯、音乐名片、彩铃、手机签名等增值业务。

（中国电信罗田分公司供稿）

## 移动通信

**【概　况】** 2017年，中国移动通信集团湖北有限公司罗田分公司（以下简称罗田移动分公司），新建4G基站104个，投资4160万元，新建室分24个，投资240万元。信息化扶贫新建宏站17个，投资1035万元，宽带覆盖行政村56个，投资224万元，传输线路13公里，投资26万元，管道3.3公里，投资19.58万元。全业务光交23个，投资46万元。全业务光缆17.8公里，投资14.24万元。合计投资5495.04万元。平安城市三期罗田移动分公司与公安合作重点项目，该项目光缆乡镇全覆盖，为以后村镇信息化发展打下坚实的基础。

**【信息化建设】** 2017年，罗田移动分公司助力罗田“平安城市”“智慧旅游”等信息化项目建设。并为县统计局、水利局、电力公司等100多家政府职能部门及企事业单位提供信息化综合解决方案，使其工作效率得到较大提高。

**【市场营销】** 2017年，罗田移动分公司实体渠道总量达到80家，其中自营厅2家、社会渠道78家；坚持“沟通从心开始”服务理念，完善服务机制，创新服务举措，提升服务质效；落实提速降费惠民举措，落实流量不清零规定，用户剩余流量可结转至次月使用；制定服务预案，及时响应、解决客户问题；严格按照国家要求执行实名登记，推进用户入网实名登记、人证合一比对、未实名登记用户补登记等工作，规范市场竞争秩序。

**【社会服务】** 2017年，罗田移动分公司在中共罗田县委、县政府的领导下，持续开展精准扶贫工作，公司副总经理徐挺被派驻九资河镇中湾村任该村党支部第一书记职务，长期驻扎在该村，负责精准扶贫工作。至2017年底，该村已整体脱贫，并通过省、市级验收。罗田移动分公司还先后派出200多人次为罗田县召开的重大会议提供优质的通信服务和会务服务。并多次组织员工参加罗田县城市卫生大行动、服务高考学子、光荣院慰问等大型公益活动。

（中国移动湖北公司罗田分公司供稿）

## 联通通信

**【概　况】** 2017年，联通罗田区县分公司（以下简称联通公司）深入贯彻落实省市分公司“实施聚焦战略、创新合作发展”的战略思想，围绕规范经营，聚焦集团固移业务的协同发展，1—11月，累计完成收入203.48万元，累计同比增幅 –1.2%，同比增长 –2.8万元，年度预算完成率81.3%。新增移网用户1864户，其中2G用户563户，3/4G用户1301户；新增专线18条，宽带/IPTV、固话用户278户；完成名单制项目开发11家。

**【规范管理】** 2017年，县联通公司进一步加强日常工作的稽核管控和纠偏整改工作，在真实用户发展、规范实名制、信用度管理和欠费清收等方面强化管理，坚持“红线”意识，对出现的问题坚决进行通报，加强整改，使各项指标规范较去年有较大幅度提升。

**【基础设施】** 2017年，罗田区县分公司在市分公司加强4G网络建设的战略思想指导下，积极协调、共享资源，全年完成29个4G基站建设开通工作，完成37个3G基站BBU搬迁后集中安置的工作；完成12个基站19组电池替换工作；积极配合完成BTO/BOT项目建设20个，新增端口4330线；完成20条接入网专线项目建设及开通。至年底，已有在建5条接入网专线项目，5个BTO项目，在建端口1000个。本地网、接入网工程建设工作稳步推进。积极配合市分公司骨干环整治工作。2017年罗田建维中心敦促、参与代维单位骨干环巡检工作，发现25处骨干环隐患点，整改7.9公里杆路，附挂替换18公里光缆，新建更换电杆108根，取得了罗田境内骨干环全年无重大事故的良好成绩。网络覆盖的有效提升和故障的及时恢复，为促进固移业务发展提供强有力的支撑服务和网络保障。

**【队伍建设】** 2017年，县联通公司针对上半年集团发展乏力，发展方向偏移，员工待遇偏低，情绪低落等不利因素，借助上级公司开展拉练竞赛契机，坚持思想沟通、绩效引导，精心组织拉练，引导员工优先发展重点产品，在激发员工活力和调动积极性方面初见成效。5—12月共计完成中高端246户，王卡762户，活跃了工作氛围，提升了工作信心。

（联通罗田区县分公司供稿）

# 商　贸

## 商业贸易

【概　况】罗田县商务局于2005年组建成立，是县政府主管全县内外贸易和国际经济合作的职能部门，内设机构8股一室，分别为：办公室、规划财务审计股、人事监察股、市场运行和商贸服务股、市场秩序管理股、市场体系建设股、外资外经外贸管理股、机电和科技产业股、电子商务股。下属二级单位4个，分别是：罗田县商务综合执法大队（成品油管理、再生资源管理、商业特许经营等方面的行政执法工作）、县外派劳务服务中心（主要负责全县出国务工等劳务外派方面的工作）、罗田县市场开发建设管理办公室（主要负责市场开发建设与管理等方面的工作）、罗田县电子商务管理办公室（主要负责全县电子商务发展及电商扶贫等工作）。局机关2017年有干部职工20人，其中，局领导班子成员7人；离退休人员11人。2017年10月成立商业联合会，定编9人，其中，贸易行业协会6人，物资行业协会3人。全系统机关参公编制20人，全供事业编制5人，差额供给事业编制2人，自收自支事业编制28人，企业在册干部职工653人。

【电子商务】2017年，县商务局按照全国电子商务进农村综合示范县项目建设要求，加大县级电子商务公共服务体系、农村电子商务培训体系、县乡村三级电子商务物流体系等六大体系建设力度，农村电商发展水平得到较大提升。全县网上交易额已突破10.8亿元，同比增长33.3%。其中，农特产品上行销售3.1亿元。2017年，罗田县电商扶贫被纳入精准扶贫五大支柱产业之一，出台了电子商务精准扶贫“35131”工程实施方案。用3年时间，整合社会资源，通过平台减负、网货增收、创业致富、就业带动、工程惠民5项精准扶贫行动；培训引导1万户贫困农户对象参与电子商务产业链；扶持开办扶贫网店300家；帮扶对象贫困农户户平增收节支1万元，实现脱贫致富目标。截至2017年12月，项目资金支持电商创业培训216场次，共26992人；建成农村电商服务站273个，覆盖率达99.7%；全县电商企业达到160家，传统企业新建电商平台30家。申报栗花香、老家味道和多吉利等12个品牌商标，生产218个品类农特产品。组织网商召开网络资源对接会，整合网络产品资源，为贫困户与网商之间搭建一座资源对接的桥梁。全县通过电商扶贫结对帮扶贫困户5200户，销售贫困户农特产品产值3562万元，户均增收2280元。

【对外开放】2017年，县商务局从三个方面入手，抓好对外开放工作。一是抓重点。宏源、绿润、华阳、广惠、力泰是罗田县重点出口企业，县商务局采取政策引导、项目支持、加强督办等措施，使这5家重点企业保持均衡出口。二是抓增长点。润和食品、益佳食品是新增添的出口企业，县商务局采取优先办理进出口权手续、组织企业业务人员免费参加省、市组织的专业培训等方式，帮助这两家企业实现外贸出口业务“零”的突破。三是抓服务。召开全县外贸出口企业座谈会，并结合专题行动工作要求，成立工作专班，制定《罗田县外贸干部走基层、进企业排忧解难专题行动实施方案》。深入企业，实地了解企业的发展现状及困难，向企业宣传奖励优惠政策，扎实开展“外贸干部走基层进企业排忧解难”专题行动，增加了企业的发展信心。全年完成外贸出口4825万美元，占目标任务的102.7%，同比增长13%，全市排名第五。

**【市场监管】** 2017年，县商务局按照履职尽责督促检查工作安排，开展成品油市场专项整治行动。经过拉网式检查，对查出的违法违规情况进行专项治理。一是对已建成还没有验收的6家加油站，视情况不同分别作出处理；对手续齐全而没有验收的2家加油站督促验收；手续没有齐全的2家加油站进行跟踪督促补齐手续；对2家无证无规划的加油点进行坚决取缔。二是对16家跨区域经营的加油点进行核查，属于本乡镇范围内的证照进行变更办齐手续，允许经营；对跨乡镇经营，地址不符的予以关停，不许经营。三是对2家无证的加油点坚决取缔，并依法依规进行处理。

**【作风建设】** 2017年，省、市先后召开履职尽责督促检查工作动员会议，罗田县商务局迅速行动，将该项工作作为2017年重点工作，成立履职尽责督促检查工作领导小组，制定《罗田县商务系统2017年度履职尽责督促检查工作实施方案》，明确时间节点和工作任务；组织干部职工观看《党风政风前哨》《作风360》《作风建设聚焦》等专栏节目。及时召开全县商务系统履职尽责督促检查工作动员大会，进行动员部署。邀请县纪委、“两代表一委员”和部分企业代表参加履职尽责工作座谈会，重点围绕落实全面从严治党责任、严格依法行政、服务改善民生、转变工作作风、收集和解决问题五个方面21个问题开展广泛征求意见，并将所征求到的意见和建议进行认真梳理，归纳总结出需整改的9项内容。制定出《罗田县商务局2017年度履职尽责督促检查工作问题整改方案》，明确整改责任人、责任单位、整改时限，以确保整改工作取得实效。

**【维稳工作】** 2017年，县商务局继续加大工作力度，确保2个驻点村脱贫攻坚和基层党建“整县推进”工作年度检查达标，并积极做好信访维稳工作。县商务局人员多、困难多、矛盾多，尤其是历史祖产纠纷、“两参人员”待遇等问题十分突出，赴省进京上访渐成常态化，系统信访维稳工作压力较大。针对这一现状，党政领导班子加大矛盾纠纷排查和疏解力度，在工作经费十分紧张的情况下，采取专班包保的办法，认真做好重要时间节点信访维稳工作，为全县社会稳定做出应有的贡献。

（县商务局供稿）

## 供销合作

**【概　况】** 2017年，县供销合作社以深化综合改革为主线，结合新班子、新思路、新时代的特点，在巩固和发扬过去取得成绩的基础上，保持工作上的连续性，注重工作上的创造性，推动各项工作循序渐进，突破预期目标，全年完成商品购销总额20亿元，同比增长11.9%，获得湖北省供销社综合考评排名第29位，获黄冈市供销社综合考评特等奖。九资河供销社、三里畈裕农专业社分别被全国总社授予标杆社和示范社。基层网络建设经验在全省供销社系统交流推广。黄冈市供销社系统“贯彻落实党的十九大精神，加快推进农业农村现代化座谈会”在罗田召开。省一级档案管理验收合格。综合治理被评为平安先进单位。

**【综合业务】** 2017年，县供销合作社联合社除继续巩固以基层供销社、村级综合服务社、农民专业社、庄稼医院为重点的网络体系建设外，又实现三大突破。一是金融保险业从无到有。建行裕农通、建行自助银行陆续进驻乡镇，农行、信用社、邮政储蓄银行正在积极对接，完成长江财险保费收入50万元，完成食盐销售100吨。二是供销e家罗田体验馆建成营运。成立湖北大别山电子商务有限公司，2017年9月1日正式上线，线上可交易的农产品约50个，线下零售配送额达1000万元。该项目的基础条件和合作模式已被全国总社、省社供销e家纳入2018年项目库。三是先后与绿润、大自然、绿叶、楚恒记、永进、楚天舒、安徽迎驾等企业签订了区域产品代理合作合同。

**【垃圾回收】** 2017年，县供销合作社积极服务和服从于农村垃圾分类减量，变废为宝，助农增收，已建成镇级回收中心17个，村级回收站60个。得到中共黄冈市委副书记张社教的高度评价，县政府以奖代补县供销合作社联合社资金10万元。

**【信访维稳】** 2017年，省、市、县相继召开两会，特别是中共召开党的第十九次代表大会期间，县社系统虽然被县委、县政府确定为涉访人员多、问题复杂、稳控难度大的重点单位，但通过组织谈心，亲友劝说等措施，达到无一人越级上访，得到上级领导的肯定和支持。

**【自身建设】** 2017年，县供销合作社领导集体发挥堡垒作用。当年提拔重用3名干部，使党组结构优化，力量加强。制定和完善机关财务管理制度、公务接待制度、公务用车制度、考勤制度、会务制度、登记制度、档案管理制度、卫生制度、审计制度、学习制度、二级单位人财物管理制度，以制度管人、管事，收到理想效果，全年全系统各项费用支出同比下降38%。新招录参公人员2名。改善办公条件，投资50万元，用以改善破烂不堪、阴沉黑暗、设施陈旧、安全隐患多的办公环境。同时配套完善党建、文明、综治、档案等达标创建的设施设备。

（县供销合作社联合社供稿）

## 粮食储备与加工

**【概　况】** 2017年，县粮食局紧紧围绕“抓收购、管储备、保供应”三个重点，出实招、求实效，不断提高粮食调控水平，全力推进粮食供给侧结构性改革。局领导班子认真分析和研判2017年全县粮食库存状况，做到早动手、早准备，及时向中储粮管理部门申报并落实政策性库存稻谷调销计划，顺利完成退库任务，实现按时交割，不折不扣地落实退库任务20765吨，及时腾出仓容，为秋粮收购提供坚实的仓储保障。到2017年底，全县共收购粮食25261万公斤，占计划任务的112.3%。其中，收购托市价粮食12773吨（国标三等4299吨，国标四等8474吨）。通过完善储备粮轮换机制，加强军粮供应管理，修订完善粮食应急预案，全方位加强粮食应急保供能力建设，也为今后建立应急保障和安全维稳长效机制积累了宝贵经验。

**【项目建设】** 2017年，县粮食局始终坚持以纵深推进项目建设为抓手，不断推动现代粮食流通产业发展。根据李克强总理关于要“加快现代农业建设，着力提高农业综合效益和竞争力”的指示精神，将2017年申报的项目建设资金重点调整到支持发展，建立经营性的粮食产后服务体系上，已申报获批3个粮食产后服务体系建设项目。充分发挥乡镇粮食网点的辐射和带动作用，加大对“危仓老库”的修缮改造力度。全年共争取地方财政配套资金近40万元，重点对三港粮站和月山庙粮站进行维修改造。落实切实可行的粮食产业扶持政策，加快由“粮”向“食”转变，由传统粮油产品向生态、绿色、有机、营养粮油产品方向转变，重点引导扶持县粮食龙头企业和其他涉粮企业拓展经营链条，发展精深加工，促进综合利用，提高资源利用率和产品附加值，增强核心竞争力。以开展“放心粮油”示范创建活动为目标，持续推进“放心粮油”工程建设。加强对现有20个网点的跟踪服务和监督检查，扩大配送范围，拓展营销网络，打造优质便民的电商服务品牌，更好地满足全县群众对粮油主食产品的多样化和个性化的需求。

**【市场监管】** 2017年，县粮食局根据省粮食局《关于深入推进依法行政加快法治粮食建设的意见》和县政府《关于法治政府建设》的部署要求，将法治粮食建设列入重要议事日程，制定法治粮食建设规划，重点推进粮食部门依法行政、行业普法、“放、管、服”改革、信用体系建设、“双随机一公开”、粮食规范性文件管理、粮食政务公开等重点工作，着力提高粮食干部队伍的法治观念和法治素质，全面提高依法行政和依法管粮能力。严格监管。严格粮油库存和市场监督检查，加大粮油收购、储存和销售环节的监督检查力度。严把粮食质量安全关。加强对储备粮和商品粮的质量检验检测工作，严禁不符合质量和卫生标准的粮油流入口粮市场。全年共组织各类涉粮检查5次，利用每年“10·16”世界粮食日和“12·4”国家宪法日等时间节点，面向社会，面向群众宣传《食品安全法》《粮食流通管理条例》等与粮食工作密切相关的法律法规，发放相关粮油知识资料200余份。严把关口。对粮食经营者提交的收购资格申请以及年审工作，实行一次性告知和限时办结制度，依据相关规定，及时审核发证和定期年审，确保各类粮食经营主体持证上岗，依法经营。严明制度。健全和完善粮食经营信息统计制度，督促粮食经营、用粮企业完善统计台账，坚持报送粮食统计报表，开展供需平衡调查，准确及时掌握县内粮食企业和粮食物流动态信息。严厉措施。按照“双随机、一公开”要求，运用多种手段加强事中、事后监管，建立粮食经营者信用机制，维护公平竞争的市场环境，有效防止压级压价、“打白条”等坑农害农现象的发生，坚决打击囤积居奇、欺行霸市等扰乱市场秩序的行为，切实做到“为耕者谋利、为食者造福”，确保中央强农惠农富农政策落到实处，着力营造粮食管理部门依法行政，各类粮食主体守法经营的粮食法治环境。

**【粮食产业化】** 粮食产业化发展不断成为粮食重点工作的新领域和新方向，2017年，县粮食局严格遵从这一发展思路，锲而不舍地致力于粮食产业化发展。认真研究和分析粮食工作面临的新形势和新要求，积极探索新的发展思路，通过组织粮食经营主体企业赴福建福州市和武汉国际展览中心参加各类粮食精品展销活动，不断开拓粮食经营主体的经营视野，改变传统的经营理念。积极组织涉粮企业开展科技对接和项目对接，引导和扶持县粮食重点龙头企业通过升级改造，实现向精品名牌的经营转型，提升粮食供应服务能力，不断满足全县粮食消费者对“舌尖安全”和“绿色优质粮油”的期盼。

**【企业经营】** 2017年，县粮食局始终把创新和突破作为改革的方向和目标，紧紧围绕省、市粮食局关于“全面深化改革”的精神和要求，结合罗田实际情况，扎实推进全县国有粮食企业的改革任务。重点围绕切实解决地方储备粮购销倒挂的现实问题，通过完善机制和管理制度，做新做实地方储备粮的创新管理工作。其核心是完善以合作内容为主的管理方式，在坚持政府管理权限不变、部门监管责任不变、企业承储职能不变的前提下，由主体承储企业与粮食产业化龙头加工企业开展联合经营。既解决承储企业仓容不足的矛盾和存储常规品种优势不强的困境，又充分利用民营企业所闲置的仓容，达到了取长补短的双赢效果。通过实践，扭转了以前年度大幅度经营亏损的异常被动局面，确保全县地方储备粮的安全，降低了粮食储备成本。

**【安全生产】** 2017年，县粮食局牢固树立“隐患就是事故”的安全理念，认真履行行政监管督导职责，严格执行责任追究制度。特别是面对粮食企业退库和收购齐头并进，粮食项目工程建设接踵而致的生产形势，始终坚持把安全生产工作放在首位，把压力转化为动力，严格按照安全生产“两化建设”和粮食安全“大快严”的要求，通过经常性地组织和开展安全生产明察暗访活动，认真及时地排查和疏导安全生产隐患，切实做到防患于未然，长期让安全生产主体单位保持实战状态，绷紧安全这根弦，切实做到党政同责、“一岗双责”，严防死守、常抓不懈，确保全年度无重大安全事故发生。

**【服务中心工作】** 2017年，县粮食局始终坚持把中共罗田县委、县政府交办的任务视为己任，始终找准服务全县工作大局和担当作为的切入点和着力点，努力克服单位资金短缺、力量薄弱、机关队伍结构异常等现实难题，调配力量，新增一个工作队驻毛田村，开展精准扶贫和“支部联支部”工作。牢牢把握服务至上的群众观念，积极主动争取省粮食局的专项扶持项目计划，向罗田农户提供2000台套粮食丰产仓，确保在规定时间内组织发放到位，资金安全回笼，并及时与生产商清零结算，为推动全县广大农户安全储粮、节粮减损起到较强的带动和示范作用。信访维稳工作尽职尽责。认真对待粮食下岗职工等弱势群体的期盼和诉求，积极争取社会救助和政府调剂等资金主动化解信访积案，解决一些多年来想解决而无力解决的历史遗留问题。在全国“两会”和十九大等重要节点，认真落实维稳职责，加强包保队伍力量，全面摸排粮食系统存在的稳定风险，及时进行疏导和化解，为维护全县大局稳定作出了贡献。

（县粮食局供稿）

## 烟草专卖

**【概　况】** 2017年，县烟草营销部共销售卷烟12894箱，同比增加572箱，增长4.64%，累计卷烟销量占年度目标的100.61%。其中，全县卷烟单箱销售收入29127元，同比上升367元，上升1.28%。

**【市场营销】** 2017年，县烟草局上下全力聚焦“两满”工作目标，坚持客户至上，切实解决客户经营资金周转难题，达成“烟、银、零”三方互惠共赢联系机制，为456名客户办理卷烟资金信用业务，极大地方便客户资金周转。紧抓服务方式创新，运用“互联网＋服务”，建立客户服务微信群18个，共有1091户客户加入，从而大大地解决信息实时互通的问题。打破客户经理服务线路划分现状，实施线路整合优化，开展“分段联合同步”拜访模式，对原有线路进行“分段”，再“联合”其他客户经理共同拜访，实现与订单时间“同步”，服务客户的有效时间提高80%以上，客户品规断档脱销下降8%，客户经理由以前“集中连轴访”变为“每天均衡访”，人力资源配置更加科学优化。突出“两满”工作切入点，加大对“需求预测”指标的运用考评力度，通过对“营销部、市场部、线路、客户”四层预测对标，推动客户经理走市场、进客户，全面掌握市场动态，精准指导客户不断档不脱销。狠抓客户经理技能提升，通过外聘卷烟营销师，建立“土专家”库，对全体营销人员进行了6次技能操作指导，全面提升客户经理在需求预测、终端建设、信息采集等方面技能。推动考评抓手“抓铁有痕”，制定经济指标排名通报办法，全年通报服务营销指标情况12期，分别对3名客户经理进行工作约谈，促使业绩前三名与后三名进行业务恳谈，促进共同进步。

**【专卖管理】** 2017年，县烟草局认真推进“放管服”“一访两查一服务”模式，全年行政许可事项865起，无任何异议或不满意行政许可事项，共随机选派执法人员230人（次），抽查4000余户，发现问题87起，查处违法行为9起。通过问题核查，处理问题户154户，处置投诉类案件7起，协助公安机关拘留涉烟违法3人，实现“五类问题”核查率100%，始终保持打假打私和真烟治理高压态势；加强与公安、邮政等部门联合执法和“两法”衔接机制建设，加大打网办案力度，开展违法大户治理、“楚天卷烟市场打假百日整治行动”“打击寄递物流涉烟违法”“飓风”等专项行动，全年查处案件335起，查获非法“三烟”22.328万支，涉案值41.128万元，同比增长54.62%、88.4%。其中，寄递物流案件162起，同期为零。办理国标经营网络案件1起，刑事拘留6人、逮捕2人。全面启动“五类五步”预警管控办法，形成经营、物流、信息等全方位的内部监管，全年入户核查2000余起，实现异常必查、预警必查、举报必查、违责必查；继续加大社会普法宣传力度，向社会发放、张贴“网络售烟违法、网购卷烟有假”标识10000余张。将3000余份“禁止向中小学生等未成年人出售卷烟”警示标识，粘贴在60余所中小学周围以及每个经营户柜台前，不但提醒中小学生又约束经营户，更体现烟草局的责任担当。

（县烟草局供稿）

## 盐业管理

**【概　况】** 2017年，罗田盐业按照年初的工作部署，强化责任落实，务实做好本职工作，坚持以销售为中心，全年计划购进食盐2153吨，截至11月底完成1721吨，掉计划–430吨。计划销售1700吨，实际完成1700吨，占年计划的100%。完成了市公司下达的利润计划。

**【食盐销售】** 2017年，罗田盐业在去年的基础上，将销售任务进行细化，为了保证销售的持续稳定，实现食盐销售任务与进度同步到位，公司制订出详细的销售计划与销售措施。实行片区经理责任制。共委任4个片区客户经理，每个片区的经理配备1—2名销售人员，班子3人各负责一个片区，负责主抓销售。坚持以销售促管理，以管理促销售的协调管理模式，坚持常年进行配送销售，服务上门，为经营客户提供便利条件，保障市场供应。为克服人手少、配送任务等实际重困难，公司在利用配送货车坚持送货的同时，还利用商务车在检查市场时，对各片区用户进行摸底预约，配送货车有目的进行配送。侧重品种盐销售，灵活调整品种盐与绿盐配销比例，保障绿盐和品种盐月计划任务如期跟上进度。尽管公司在销售上想尽方法，食盐市场滞销的形势依然存在。为了使销售计划在淡季不淡，旺季蓄势增长，公司每周组织召开通气会，细致分析市场情况，明晰思路，剖析存在的问题，研究对策，制定解决问题的办法。公司班子审时度势，运筹帷幄，及时改变营销策略，首先根据前几年的工作经验和2017年的实际情况，从实践中找差距、找不足，在淡季销售上采取绿盐与品种盐的配销比例适当放宽，保持月销售计划进度不掉销或少掉销，旺季增加比重上量销售，力争把淡季欠销的任务追回来，迎头赶上。其次是品种盐的宣传资料在各乡镇学校和各商店门口进行张贴，让广大老百姓熟知和接受品种盐。经过全体工作人员不懈的努力，截至2017年11月底，实际销售食盐1700吨，圆满完成销售任务。

**【盐政管理】** 随着盐业体制改革的政策即将到来，市场管理尤为关键，一些不法商贩蠢蠢欲动，伺机借国家盐改之机进行倒卖食盐活动，市场管理的好坏直接关系到食盐销售的好坏，尤其是海藻盐始终处于滞销状态，绿色盐销售市场就是公司管理的关键。因此，县盐业公司盐政管理人员牢牢盯紧市场不放松。在开展市场检查时，把边界市场和各城镇的菜市场始终作为重中之重，每次对这些地方检查，只要是能囤盐的地方，不放过一个凝点、难点，让不法商贩无可乘之机。同时，紧盯销售大户，防止私自在外地进盐，不间断地对大户进行跟踪巡查，深入市场了解市场信息，掌握市场动态，做到防范于未然。此外，还利用“3 · 15”“5 · 15”等宣传活动日，加大市场宣传力度，深入到各乡镇实地进行盐政法规宣传，发放盐政法规宣传资料，让经营者守法经营，让消费者熟知科学用盐方法，合法保护自身利益。对不法个体户进行秘密跟踪，在各乡镇安排举报线人，进行秘密监控，形成管有措施，查有目标，控有手段的监、控、管有机结合的格局，为食盐销售起到保驾护航的作用。

（县盐业公司供稿）

## 石油销售

**【概　况】** 2017 年，中石化销售有限公司湖北黄冈罗田石油分公司（以下简称罗田公司）面对市场竞争加剧、批零差价较大，6 座私人大型加油站相继开业，长期以价格优势来与罗田公司争抢客户这一情况，公司班子成员团结一心，积极改变营销策略，以“一站一策”“一户一策”、发发卡等一系列活动为契机，不断提高加油站经营质效，做好先防守再反击，在保证原有客户不流失的情况下，尽可能地挖掘新客户。商客经理彭丽发挥人脉资源优势，通过上门服务、送货上门等方式，新开发客户 28 家，新增销售 150 吨。保住罗田的轻油市场不下降。狠抓基础管理，加油站管理水平得到提升，各项指标都在向好的方向发展，企业党建和扶贫工作成效显著，党员先锋模范作用和员工的工作积极性得到充分发挥，企业整体形象不断提升。

**【市场营销】** 2017 年，石油罗田公司积极开展一站一策、一户一策营销活动，通过品牌营销，竞争性营销、油非互动、交叉营销、网厅营销、柴油联名卡和“五进”活动等多种营销策略，取得了一定的成效。积极落实省公司组织的“年货节”和“易捷水世界 · 饮品节”两大活动。“年货节”圆满完成富余滞销年货商品的内部消化工作；“饮品节”已经完成 4 座门店 8 个品牌 15 个饮品地摊的陈列和 4 座门店 6 个重点商品个性化陈列工作。全面完成 18 座门店 POS 机的安装工作。在全市率先实现非油品海信前台 POS 机的 100% 全覆盖。并邀请营销专家在加油一线示范如何开展泵岛营销。继续深入推进“我是宝王”燃油宝销售竞赛活动，持续号召全体员工运用培训所学到的专业知识，解决“开口难”问题，做到燃油宝销售常态化，开口营销日常化。

**【内部管理】** HSE 管理。罗田公司注重加油站基础管理工作，平时要求站长严格执行加油站规范化管理。坚持分管经理带领机关各线代表，每月进行一次巡查，加强对加油站的督查和指导工作，随机抽查站长的在岗率，培养站长将加油站规范管理工作常态化。数质量管理。年初按照年度工作计划，签订安全环保责任书 18 份，全员签订《HSE 承诺书》《销售企业安全禁令》，还和各站管理人员签订《HSE 数质量书》，做到责任明确，形成安全管理纵向到底，横向到边。财务管理。财务部门利用每次报账的机会，对操作中有问题的站长进行一对一、面对面讲解，保证人人都会熟练操作。发票：每月按规定下站盘点，核对各站库存情况，抽查发票系统及使用情况，如有发现问题立即整改。每天通过资金监管系统，确认资金是否按规定缴存，如有问题及时电话通知。

**【基层党建】** 石油罗田公司原有党员 24 名，8 月份因工作需要，将加油站支部党员王继能的组织关系转到公司所支持的贫困村大崎镇祁祥岭村支部。按照上级文件要求，将前期机关支部、老干支部 2 个支部整建为机关支部、加油站支部、老干支部 3 个支部，所有支部均设置专项纪检委员

1名。每月根据中共罗田县委组织部提供的支部主题党日活动内容，按期准备好会议资料，开展支部主题党日活动。抓党风廉政建设责任制度落实，根据上级公司文件要求，罗田公司3个支部18座加油站长与公司统一签订《党风廉政教育责任书》，把党风廉政建设贯穿于成品油销售工作大局之中。班子成员带头抓“一岗双责”的落实，把纪检监察工作与各项业务工作同安排、同部署，各自把党风廉政建设工作抓好抓实。公司每名党员负责联系5家贫困户，每月最少进村工作一天，解决他们的生活困难并宣传相关扶贫政策。帮助贫困户自力更生，勤劳致富。截至2017年底，石油罗田公司共筹措资金近3万元，帮助村修复水灾受损的危桥1座，新修简易桥1座，购置大型垃圾箱2个。

（中石化销售有限公司湖北黄冈罗田石油分稿）

# 金　融

## 金融管理

【概　况】2017年，县政府金融工作局抢抓全国农村金融综合改革试点和黄冈实施“大别山金融工程”的政策机遇，充分利用政府公共性资源，出台激励政策，促进县域金融业健康发展，金融服务实体经济的能力不断增强，为推进供给侧结构性改革提供坚实的金融支撑。全年调整政府公共性资金59.07亿元。年末金融机构各项人民币存款余额230.81亿元，比年初增加28.25亿元，增长13.95%。其中，住户存款166.21亿元，占全部存款的72.01%。金融机构各项贷款余额86.94亿元，比年初增加14.84亿元，增长20.59%。余额存贷比38.55%，增量存贷比55.77%，分别比上年增长2.96和27.51个百分点。保险业全年保费收入7.47亿元，增长23%。其中，财产险实现收入1.06亿元，增长31.8%；人身险保费收入6.41亿元，增长22%。支付各类理赔及给付1.73亿元，增长33%。其中，财产险赔款0.45亿元，增长1.7%；人身险理赔及给付1.28亿元，增长49%。在营改增税源减少的情况下，纳税1480万元，净增348万元，分别比上年增长20%和30.7%。发放扶贫贷款2.65亿元，小额贷款增长率达到181.88%。四板挂牌企业1家（四维医药），科技板挂牌3家（同一食品、三丰汽配、新二机床），湖北四维医药被中国华润集团整体收购，股权融资达3亿元。

【金融领导工程】县政府成立县金融工作领导小组，建立金融工作联席会议制度，每年召开一次全县金融工作推进会，安排部署全县金融工作，每个季度召开一次联席会议，落实政府公共性资金在各商业银行的存放考核，向金融部门通报全县重点工作、重点项目建设、招商引资项目、重点企业和重点工程资金需求情况，积极搭建政、银、企合作平台。

【大别山金融工程】在支持县内金融机构做大做强的同时，出台优惠政策，大力引进商业银行、证券机构在罗田设立分支机构和交易所，加快五个要素市场与省市对接。实施大别山金融工程以来，引进金融银机构3家，中合农信、武农商罗田县支行已经开业，人寿财险罗田支公司正式挂牌，汉口银行签订意向合作性协议，中银富登村镇银行、湖北银行已达成合作意向，与民生证券、中泰证券签订战略合作协议；推进政、银、企合作，引导各银行机构积极参与“五个一批”签约活动，努力缓解中、小企业融资难问题。推进政府性基金运作，完善“扶贫贷”、“助保贷”、“助农贷”等政府基金运营。拓宽上市融资渠道，抓住国家实施贫困县企业上市精准扶贫工程政策机遇，推荐重点上市企业人员参加财务培训，形成全社会重视支持企业上市的良好社会氛围。

【金融普惠工程】2017年，县农商行营业网点20

个；县农行惠农通服务点已覆盖全县414个行政村，智慧银行3家；县工行新设自助银行1个，网格化服务点2个；县建行新设自助银行2个，在全县9个乡镇设立裕农点59个；县邮储银行物理网点已经遍布全县12个乡镇，实行通存通兑。各金融机构创新线上电子商务、线下转账电话支付一体化的电商服务模式，积极推广非现金支付工具在农村的运用，拉长了涉农服务链条。

**【金融扶贫工程】** 2017年，县政府将扶贫专项基金增加到1亿元。其中，扶贫信贷风险补偿金增加到5000万元，围绕罗田特色产业、支柱产业开发扶贫信贷产品，实行财政贴息。同时将“五位一体”的产业扶贫模式扩大到养殖业、板栗、中药材、旅游、电商五大产业和其他扶贫产业，建立了3103万元的扶贫小额贷款风险补偿基金。截止2017年末，三年累计审核扶贫贷款2.6亿元。2017年累计审核市场主体和贫困户贷款22672.15万元。其中，实际发放17609.8万元（市场主体发放2228万元，小额贷款15381.8万元），正在审核的5062.35万元。

**【金融激励工程】** 2017年，县政府出台《关于进一步加强金融业发展的意见》，建立完善财政资金绩效考核机制和信用信息评价机制，对政府公共性资金在各商业银行的存放，按照税费贡献占30%，余额存贷比占20%，增量存贷比占50%，政府中心工作占10%的比例，实行季考核、季调整。县政府出台支持企业上市的奖励政策，对在主板上市的企业除优先安排产业调度资金外，成功上市后再给予200万元的奖励；对在新三板、四板（交易板）、科技板成功挂牌的规模以上企业，分别安排300万元、100万元、50万元产业调度资金，无偿使用三年作为奖励。对引进商业银行和金融机构的单位按金融机构实收资本的额度计算招商引资任务，参照招商引资目标考核奖惩办法，对招引单位和个人给予奖励。

**【金融生态工程】** 加强诚信体系建设，开展“信用罗田”建设，金融服务网格化建设，“信用乡镇”达到100%，“信用社区”达到60%以上。规范保险行业秩序。筹备成立县保险行业协会，扩大全县保险覆盖面，规范保险行业从业行为，着力整治保险市场无序竞争、损害消费者利益等突出问题，进一步发挥保险业“经济助推器”和“社会稳定器”的作用。加大防范和打击非法集资，积极做好防范和打击非法集资宣传活动，充分利用电视、微信、金融机构电子屏等手段，宣传金融知识，引导全社会树立正确投资理念，防范和化解金融风险。

**【金融防范工程】** 县政府协调县人民法院成立金融案件审判及执行团队，对县内金融案件及时立案、审理和执行，加大全县金融案件查处、执行力度，维护金融资产安全。积极做好防范和打击非法集资宣传活动，充分利用电视、微信、金融机构电子屏等手段，宣传金融知识，引导全社会树立正确投资理念，防范和化解金融风险。按照“谁审批设立、谁监督管理，谁核准营业范围、谁监督排查”原则，加强源头监管，始终保持对非法集资和非法互联网金融等各类金融犯罪的严打高压态势，坚决防止酿成影响社会稳定的群体性事件，确保全县金融运行安全稳定。全年共排查各类金融风险企业95家，警示约谈重点企业负责人9人，对34家重点企业建立了“一企一档一承诺”的防范机制，浦爵金融资金已兑付50%，周慧敏案件落实了责任包保，律师正式介入。在处置浦爵金融案件中，金融工作局主动担当，组织专班赴上海维权，坚决把投资人稳控在本地，实现了“本地不出事、北京不去人、网上不炒作”三不目标，形成了涉众型金融案件“三统两分”的罗田经验，被《黄冈日报》和《黄冈政务信息》报道，得到省人大副主任、黄冈市委书记刘雪荣的充分肯定，并在罗田召开全市防范化解金融风险现场会。对全县银行业不良贷款和企业不良债务化解进行专题调研，形成调查报告，引起政府主要领导的高度重视。县政府办公室发出《关于印发〈罗田县支持商业银行化解不良贷款的实施意见〉的通知》，明确“政府增信盘活一批、兑现政策帮扶一批、资产重组化解一批、简化手续变现一批、依纪依规处置一批”的“五个一批”，“一行（业）一策、一企一策”的化解措施。

（县政府金融工作局供稿）

## 人民银行罗田支行业务

**【概　况】** 2017年，中国人民银行罗田支行以深入学习和全面贯彻落实党的十九大会议精神和总分行、市中支工作会议精神为指导，按照支行提出的“三抓三提三创”的工作目标，认真贯彻落实稳健中性的货币政策，切实防范辖内金融风险，进一步提升金融服务水平。2017年，县人民银行被县政府授予“经济支持发展奖”。获得湖北省“金融信用县”称号。县人民银行所推动的绿色金融、大别山农村金融综合改革工作被武汉分行、市中支推介。其中，“打造扶贫开发和绿色发展的新引擎”工作获得武汉分行副行长赵军肯定批示，“助力电商发展”“金融消费者权益保护”“信用县市创建”等工作在全市作经验交流。先后10余人次在上级行的各项比赛、竞赛中获奖，30余篇调研信息和各类材料在《中国征信》《武汉金融调研》《黄冈日报》等各类媒体登载。

**【落实货币政策】** 2017年，中国人民银行罗田支行在全市率先开办林权质押贷款，至12月，中国银行罗田支行、中国邮政储蓄银行罗田支行已办理11笔，金额9900万元，涉及林权面积近12000亩，林农900余户。其中，贫困户395余户。在全市率先开办旅游门票质押贷款。县农村商业银行累计为景区提供3500万元的景区门票收入质押贷款，为罗田旅游事业的快速发展做出贡献。围绕罗田产业特色开发创新信贷产品。如针对绿色产业扶贫项目养羊、板栗和中药材种植，开发了“栗栗飘香”信用贷、“羊羊得益”、“药药益市”小额扶贷等产品，大力扶持了罗田的特色产品开发和农业产业化的发展。利用人民银行的应收账款融资服务系统为绿色金融扶贫服务。首创以贫困户未来光伏电费和补助收入为应收账款质押＋人行再贷款资金运用的“光明未来”扶贫贷，让1415户分贫困户借低息的光伏扶贫项目贷款。

**【建立增信机制】** 2017年，中国人民银行罗田支行紧抓农村金融综合改革试点和国家扶贫开发的战略契机，按照“市场手段、利益引导、广泛覆盖、互促互利”的原则，通过建立“N+1”银行增信机制，即整合原来分散的多方资金形成一个增信资金池，为辖内金融精准扶贫对象、新型农业经营主体，特别是为参与“万企帮万村”精准扶贫的市场主体和建档立卡贫困户提供源源不断的担保、搭桥、贴息、贴（保）费，实现有效增信，有效破解或缓解因信用不足造成的融资障碍，促进信贷资金与精准扶贫对象、项目、市场主体的成功对接，形成区域扶贫、产业扶贫、精准扶贫三个方面整体推进的大扶贫格局。2017年，罗田支行促请县政府成立各项资金池总额44503万元。其中，担保资金池20000万元，中小企业过桥资金20000万元，金融产品创新资金池1800万元，精准扶贫对象的风险补偿、贴息资金池2403万元，精准扶贫对象的保费补贴资金池300万元。全年各项贷款余额86.94亿元，比年初增加14.84亿元，增长20.59%。

**【信贷扶贫】** 2017年，中国人民银行罗田支行积极配合县政府并督导辖内金融机构开展区域、产业、精准扶贫，协助县政府督促辖内涉农机构加大扶贫信贷的投入，特别是扶贫小额信贷的投入，使罗田扶贫小额信贷的余额接近2亿元，改变了罗田扶贫小额信贷增长缓慢、覆盖率低的局面。全县共完成1亿元的扶贫再贷款发放，为罗田农商行大规模发放扶贫小额信贷和市场主体扶贫贷提供低廉、及时的资金支持。同时督导农商行加强扶贫再贷款资金管理，保证扶贫再贷款资金及时、合规投入到精准扶贫领域。安排县相关银行与县内部分龙头企业签订《罗田县银企合作助力精准扶贫协议》，涉及贷款8笔，共计金额4.41亿元。通过大力打造绿色信贷与扶贫开发信贷融合发展新模式，加快了全县精准扶贫工作步伐，使全县贫困户从2015年的4.1万户下降到2017年的不足1.5万户。

**【金融数据监测】** 2017年，中国人民银行罗田支行按时完成物价、景气、民间融资监测及其他金融数据的调查统计和监测，按照宏观审慎评估的要求，引导相关银行信贷投放均衡、稳健，保持利率稳定。对相关银行贷款投放的节奏、投向、增速进行监测，重点加强农村商业银行按时报备大额资金使用情况，督促其把握好信贷投放节奏，调整好结构。全年共报备大额信贷投入60笔，金额6.63亿元。开展对罗田农行“三农金融事业部”改革情况的调查监测与效果评价，并将监测评价结果上报市中支；对罗田农村商业银行、罗田楚农商村镇银行的宏观审慎性评估和合格审慎性评估，督促两家银行开展央行内部评级，协调两家地方法人银行与上海资信评估公司签订评级协议，为两家银行在央行借用担保类再贷款奠定基础。

**【金融体系建设】** 2017年，中国人民银行罗田支行着力于支付环境建设的“提档升级”，深入推进普惠金融服务，全力完善基础金融设施和服务，在全县人流较大的集镇建设智慧网点，全县414个行政村共布放ATM机129台，共建设村组金融服务点525个，转账电话762部、POS机8400台，村组金融服务点与电商服务点融合173个。实现乡乡有机构，村村有服务网点，村级金融服务全覆盖。利用支付大数据服务农村市场主体增信和授信，探索利用POS机流水、手机银行流水及供应链交易、电商平台交易等支付大数据，服务农村地区市场主体的增信和授信。全年共发放农村地区市场主体贷款2650万元，其他农业贷款6582万元。全力推进村级惠农金融服务点与农村电商服务点融合，罗田农行共建立村级惠农通服务点395个，与农村电商合二为一的服务点有86家。年支付结算业务量40万笔，查询、改密业务量35万笔。已成功打造无死角金融服务网络，成功解决农村地区群众养老医保缴费支取难、在外务工汇款难、子女外地上学汇款难、农副产品网上购销难的四大难题。

**【存款保险风险管控】** 2017年，中国人民银行罗田支行对罗田辖内两家地方法人投保机构存款保险报表，采取非现场和现场检查、核查方式，对地方法人投保机构2016年7—12月存款保险保费进行审核，罗田农村商业银行、罗田楚农商村镇银行两家地方法人金融机构按要求，分别将2016年7—12月存款保险保费730339.91元、7593.24元足额汇到人民银行指定的账户。加强对问题投保机构的识别，按照底线思维的要求，建立风险处置机制，按月、按季采集监测相关数据并上报各类报表。按照上级行关于做好2017年存款保险投保机构评级工作的要求，加强地方法人投保机构的信息收集，对地方法人投保机构的风险状况进行科学、合理的评价，在上级行协调和指导下，于2017年4月，完成辖内2家地方法人投保机构2016年度存款保险风险评级现场检查工作。

**【支付结算管理】** 2017年，中国人民银行罗田支行按照上级行工作要求，开展整治非法买卖银行卡信息、防范电信网络新型犯罪活动，成立相关工作领导小组和工作专班，专门负责工作的具体实施。开展专项行动宣传，营造舆论氛围。全年在县人民广场举办宣传活动2次，组织各银行业金融机构在专项行动期间，采取进校园、社区，利用银行柜台、电子显示屏、手机短信等多种方式进行广泛宣传，营造良好的工作氛围。专项行动成员单位建立专项行动联合机制，加强协作配合，认真履行各自的工作职责，在辖内组织开展的“整治非法买卖银行卡信息专项行动”中形成工作合力，为有效地震慑犯罪分子取得了较好的成效。协助县公安经侦部门，成功破获一起信用卡诈骗案，涉及金额350万元，抓捕了犯罪嫌疑人，缴获了大量作案工具。

**【金融账户管理】** 2017年，中国人民银行罗田支行严格按照账户管理的要求，做好银行业金融机构报送的核准类账户资料的审核工作，对不符合账户开户条件的资料，退回申报机构，并告知不符开户条件的原因。至2017年12月，辖内核准开立的单位银行结算账户共计5533户。其中，基本户3650户，一般户1251户，专用户237户，临时户395户。2017年核准的单位银行结算账户854户，办理变更存款人名称、变更法定代表人、变更证明文件的共计366户，撤销单位银行结算账户248户，退回审核不符合开户的账户资料31份。

**【国家金库管理】** 2017年，中国人民银行罗田支行根据《2017年中国人民银行黄冈市中心支行国库工作要点》，采取“压实领导责任、落实管理制度、规范柜面操作、加强业务监督、强化资金管理”等一系列手段，努力提升基础工作质量，确保资金和系统安全。5月，根据中支要求，组织专人开展国库业务自查。对制度执行、机构设置、人员配备、会计核算管理和国库监督检查等方面开展全面自查，并在规定时限内上报自查报告和报表等资料。中国人民银行罗田支行于8—9月对罗田支行进行会计安全管理大检查。针对检查过程中发现的问题，立即组织股室人员召开会议，分析原因，明确责任人，迅速按要求进行整改。通过一系列自查、检查、整改落实，提高了支行国库管理工作的规范性、合规性，提升了国库会计基础工作质量。

**【会计核算管理】** 2017年，中国人民银行罗田支行会计财务工作紧紧围绕上级行工作会议精神和支行工作安排，以“ACS业务质量提升年”活动为契机，认真贯彻落实上级行会计财务会议精神，努力适应会计工作转型。根据业务形势的发展，罗田支行对规章制度进行修订完善，并装订成册，印发各股室和相关人员，要求认真学习，严格遵守执行。结合市中支开展的“ACS业务质量提升年”活动，开展ACS系统应急演练，提高应急处置能力，提升基础工作质量，针对会计核算自查检查发现的问题，深入查找原因，针对查找出来的问题，认真整改落实，按要求完成房改房鉴证和住房补贴测算，落实政策。在财务管理上，严格执行预算计划，严格执行财经纪律，确保各项费用开支依规合法。

**【内控安全管理】** 2017年，中国人民银行罗田支行通过职工大会，对《罗田支行争先创优管理办法》等11项主要管理制度进行修订完善，并印发到各个股室，促进内部管理制度进一步科学化、规范化，实现用制度管人，用制度管事的工作机制。完善硬件设施保障。2017年，为加强支行办公楼及院内安全综合管理，支行向上级行申请专项资金，对支行办公楼和院落布设监控系统，消除了安全隐患，新微机房装修改造完成并投入使用，保障了支行日常工作的计算机网络和信息安全。从严加强日常管理。重点落实行长、分管行长和股长（主任）人员管理第一责任人主体责任，强化责任担当。深入开展社会综合治理工作，健全和完善“大排查”工作机制，强化安全管理，重点加强办公楼、支行院落、业务系统、消防、保密、车辆安全等重点部位、重点环节和重要节点的安全管理，完善应急预案评估机制，适时开展应急演练，确保安全万无一失，全年实现“资金零风险、业务零差错、安全零事故”的工作目标。

（中国人民银行罗田支行供稿）

## 农业银行罗田支行业务

**【概　况】** 2017年，中国农业银行罗田县支行（以下简称县农行）坚持金融服务与全县中心工作紧密相联，将大众创业、万众创新作为支持的重点，全力支持实体经济发展。到12月末，表内外各项贷款余额合计161391万元，比年初净增24117万元，增幅达17.57%，余额存贷比28.58%，增量存贷比70.98%。其中，表内贷款余额123283万元，比年初净增16659万元，增幅15.52%，余额存贷比21.83%，增量存贷比49.03%。全力支持重点项目。重点支持旅投、南方家具、天堂抽水蓄能、宏源药业、浦田房地产等重点企业，年末贷款余额41750万元，比年初净增1225万元。鼎力支持小微企业。重点支持名羊科技、绿润食品、楚龙兴家具、罗田绿叶、大别山药业等。到年末，贷款余额4800万元，比年初净增2650万元。大力支持个私经济及民生消费。12月末，贷款余额达59176万元，比年初净增15910万元。其中，“农民安家贷”余额24214万元，比年初净增10371万元。积极发放农户贷款。年末贷款余额达到17557万元，比年初净增3714万元。

**【金融扶贫】** 2017年，县农行积极履行国有大行责任，用心用情用力做好精准扶贫工作，以产业扶贫为抓手，压实扶贫责任，创新并推出“羊羊得益”精准扶贫贷及其升级版，全产业全方位开展金融扶贫工作，在“真扶贫”中体现“真担当”。精准对接贫困对象金融需求，扶建档农户。依托政府增信，围绕“政府+农行+公司+保险+贫困农户”合作，累计发放“羊羊得益”精准扶贫贷436户，金额1656万元，涉及建档立卡贫困户436户，年末余额1204万元。精准对接特色农业金融需求，扶支柱产业。着力发挥龙头企业引领作用，以“公司+农户”模式，重点支持名羊科技、湖北绿叶等龙头企业，累计发放贷款2850万元，年末贷款余额1950万元，带动建档立卡贫困户432户；发挥新型农业经营主体带动作用，以支持市场主体模式累计发放精准扶贫贷款46户，4065万元，带动建档立卡贫困户1649户，年末贷款余额3465万元，比年初净增2526万元；发挥村级经济号召作用，通过“惠农”贷款等方式，积极支持村级经济发展，鼓励农户开展个人生产经营。农户贷款余额1.8亿元，比年初净增3714万元，有力支持农村特色种植业、养殖业和“农家乐”项目，帮助近2000户农民自力更生。精准对接重点项目金融需求，帮扶公共基础。成功营销天堂寨旅游基础设施项目3.15亿元，已实现提款8450万元。

**【金融服务】** 2017年，县农行坚持以物理网点为骨干、以“智慧银行”为补充、以“金穗惠农通、E农管家”为支点、以移动金融为延伸的“四位一体”服务“三农”工程，着力提升普惠金融服务水平。至年末，已在农行金融服务空白乡镇建立3家“智慧银行”，在全县412个行政村设立425个“金穗惠农通”服务点，“E农管家”网络上下游客户357户，实现线上交易量1.4亿元。

6月14日，罗田支行组织开展“安全使用信用卡”和“信用记录关爱日”主题宣传活动

**【自身建设】** 2017年，县农行强化三大管理，搞好自身建设，强化干部选拔任用。认真对照习总书记提出的“三好干部”标准，严把“选人、用人、管人”三道关口，严格按程序操作，进一步

完善人才选拔任用机制，有效推进干部队伍建设。强化员工行为管理。围绕党建线、纪监线、运营线、网格化管理，把“三线一网格”管理要求落到实处，组织员工反复学习总行《员工违规行为处理办法》、省分行《员工严重违反规章制度给予解除劳动合同处理的规定》，全面提升员工行为管理能力。加强案件风险防控。全年先后开展了2013年以来内外部检查监管发现问题“大起底”等活动、“三违反”“三套利”“四不当”等市场乱象的专项整治工作和案件风险大排查，进一步夯实合规基础。同时，狠抓各部门自律监管，按季召开案件预防分析会，突出对重点问题、重点群体的管控，加大正面引导与教育，有效地推进了全行内控案防工作。不断加大问题整改力度，对各类检查纳入整改的29个问题，已全部整改完毕。严肃处理违规责任人。按照“追责必连责”的要求，对各类违规问题进行严肃处理。2015年以来已录入系统的纪律处分共27人次，其中记大过2人次，记过5人次；警告20人次，涉及部室经理、网点负责人、运营主管、客户经理和柜员。

（中国农业银行罗田县支行供稿）

## 中国银行罗田支行业务

**【概　况】** 中国银行股份有限公司罗田支行（以下简称中银罗田支行）2017年末下设2个营业网点，其中营业室1个，离行式自助银行1个。在职员工29名，办理本外币存款、贷款、结算、票据及其贴现、汇兑、银行卡等业务，以及人民币代理、资信调查、咨询、见证等业务。按照中国银行黄冈分行、中共罗田县委、县政府的工作部署，立足实际，服务当地经济社会发展，积极开展各项金融业务工作。2017年，累计为卫生事业、运输行业、个体工商户、个人办理各类授信5600万元，为10余家出口企业及时准确办理大量国际结算业务，为多家新建企业进行行业业务咨询和银行业务培训。

**【党风廉政建设】** 2017年，中银罗田支行坚持从严治党、从严治行，落实中央八项规定精神、反对“四风”，深化“两学一做”、推进党风廉政建设及专项整治工作，全面检查接受或用公款参与高消费娱乐健身活动、违规公款吃喝、提供或接受超标准接待、违规收送礼品礼金、违规操办婚丧喜庆、违规公车私用或“私车公养”、超标准乘坐交通工具、领导干部住房违规、违规列支营销费9个方面的问题，坚持进行春节、“五一”、端午节、国庆节等节假日廉政提示，及时学习党风廉政典型案例通报，努力打造廉洁文化，转变作风、优化行风、改进服务，确保平稳、有效运行。

**【流通纪念币兑换】** 2017年，中银罗田支行负责罗田县和英山县人民币流通纪念币兑换业务，在人行、银监、上级行的指导下，通过精心组织、合理调配、严守安全、合规操作、优质服务，圆满地完成兑换中国人民解放军建军90周年纪念币和鸡年纪念币10万多枚的工作任务，满足人民群众对纪念币的喜好和追求，优化了国有银行的声誉和影响。

**【金融知识宣传】** 2017年9月1—30日，中银罗田支行开展“金融知识进万家”和“金融知识普及月”活动。在大别山商贸广场举行户外宣传，宣传人民币、存贷款、支付结算、反洗钱、征信、理财等方面的知识。在营业大厅及其门口设立宣传台，向过往行人和进出厅堂的客户散发宣传折页，并进行相关宣讲和提示。利用营业部大门上方的电子屏，持续向客户播放宣传标语。各层级员工针对不同客户群体，发送相关金融知识短信、微信。对前来办理业务的老年客户，宣讲防金融诈骗的基本常识，劝导其不能轻信虚假信息进而上当受骗。

**【金融风险防控】** 2017年，中银罗田支行根据中行、当地党委、政府、监管部门相关部署，从业务、行业管理、员工行为、员工潜在道德风险、非法集资、电信网络新型违法犯罪线索等方面开展风险排查，及时发现和处置问题，及时完善工作制度、管理流程，及时强化资源投入，构筑风险防范的坚固堤坝，维护国家资财安全，保障客户合法权益，促进金融稳健和当地社会稳定。

**【“扫雷除螨”行动】** 2017 年，中银罗田支行针对日益复杂的经济、金融形势和日益严峻的内控案防形势，为持续贯彻落实“从严治行”，切实改进内控薄弱环节，有效落实案防责任制，开展为期半年的“扫雷除螨”专项行动。检查各项纪律、制度、流程的学习、掌握与执行情况，评估业务检查、风险排查工作的有效性，察看营业网点负责人内控履职情况及营业网点场所管理情况，验证近 5 年重点问题特别是监管部门检查发现的问题的整改情况，促进内控案防工作进一步做实、做细、做好，坚决杜绝案件和责任事故的发生，维护长期平稳运行局面。

**【第五轮安全评估】** 2017 年，中银罗田支行依据《银行营业场所安全防范要求》《银行自助设备、自助银行安全防范要求》《银行业务库安全防范的要求》和新修订的《银行业金融机构安全评估标准》，组织专班，落实专人，对透明屏障、防盗安全门、防尾随联动门、锁具、安防系统、自助设备防护舱、消防设施、外接线缆、营业网点出入口、钞车位、自助银行摄像机等项进行重点检查整改，顺利通过第五轮安全评估，为业务发展提供强有力的支撑。

（中国银行股份有限公司罗田支行供稿）

## 农业发展银行罗田支行业务

**【概　况】** 2017 年，中国农业发展银行罗田县支行（以下简称县农发行）全年累计发放贷款 63000 万元，比同期多投放 46965 万元。截至 12 月末，实现贷款余额 105249 万元，比年初增加 57794 万元，增幅 121.8%。其中，政策性贷款 102249 万元，占 97.1%；商业性贷款 3000 万元，占 2.9%。实现日均贷款 82123 万元。其中，政策性日均贷款 79356 万元，占 96.6%；商业性日均贷款 2767 万元，占 3.4%。12 月末，各项存款余额 108023 万元，比年初增加 50890 万元。其中，中长期项目存款 34814 万元，占比 32.2%；财政存款 15356 万元，占比 14.2%；其他贷款客户存款 1578 万元，占比 1.5%；非贷款客户存款 13701 万元，占比 12.7%；扶贫资金存款 39468 万元，占比 36.5%；个人存款 3106 万元，占比 2.9%；实现日均存款 104902 万元，比年初增加 47184 万元，日均存贷比为 127.7%。全年累计营销同业存款 3000 万元。全年实现国际业务结算量 2232 万美元，计划完成率 89.29%，占全市总量的 42.99%。12 月末，实现中间业务收入 16.1 万元，比同期增加 9.9 万元。其中，投融资顾问收入 14.15 万元，结算手续费 1.95 万元。12 月末，地方财政挂账累计收息 928 万元，其中二轮收回利息 20 万元，三轮收回利息 908 万元。清收表外欠息 731 万元。其中，清收二轮历欠利息 4 万元、三轮历欠利息 727 万元。12 月末，实现账面利润 4955 万元，完成全年计划的 182.50%，比同期增加 2644 万元。

**【项目贷款】** 2017 年 12 月末，县农发行中长期贷款余额达 96896 万元，占总贷款 92.1%。其中，投放水利项目贷款 5 亿元，易地扶贫项目贷款 5000 万元，林业项目贷款 5000 万元。正在营销项目的棚改项目、扶贫“过桥”贷款项目，金额 3 亿元。

**【存款增效】** 2017 年，县农发行制定《罗田支行 2017 年存款营销考核办法》，成立省拨扶贫专项资金存款维护、财政性存款营销、中长期项目引存、贷款客户营销管理、代理资金返存、同业存款营销等 8 个专班，各负其责，一项项抓落实。按照“专户管理，物理隔离”的要求，管住用好中央和省拨扶贫资金。加强资金监管，严格审核用款资料，确保支付合规，合规留住存款。12月末，扶贫资金存款达39468万元。加强财政性存款营销。对照县金融局对县农发行2016年考核结果，积极向县人民银行、金融局及县政府领导汇报，将前期债券置换中长期贷款规模、省拨统贷统还专项建设易地扶贫搬迁贷款及农发重点建设基金纳入信贷规模，调增2016年考核基数58500万元，增加2017年一季度新增信贷规模52396万元，力争最大限度争取财政存款份额，12月末实现财政存款15356万元。合规抓好项目引存。落实项目资本金配套，加强平台贷款下游客户管理，合理留住存款。12月末，项目存款达34814万元。加大销售货款回笼力度。确保储备企业日均存贷比不低于5%，其他商业性客户日均存贷比不低于12%。12月末，其他贷款客户存款1578万元。加强同业合作。从县农商行营销3个月定期存款3000万元，增加县农发行日均存款748万元。抓好个人揽存，充分调动全行员工存款工作积极性。12月末，个人存款达3106万元，成为县农发行存款的重要补充。

**【国际结算】** 2017年，县农发行突出罗田支行特色，维护好宏源药业国际结算。针对湖北宏源药业在贷款额度大幅缩减的情况下，县农发行通过积极主动做工作，使其国际结算业务没有转移到其他商业银行。1—12月，累计办理国际结算业务2232万美元。

**【"双基"管理】** 坚持机制先行。年初出台《"双基"管理考核实施细则》，同时，围绕"双基"考核，支行配套修订或完善了《劳动考勤考核办法》《行长奖励基金管理办法》《宣传调研考核办法》《车辆管理办法》《职工食堂管理办法》《文化深植年活动实施方案》《派遣工管理细则》等日常管理办法，各部室均结合岗位特点制定了百分制考核办法，量化考核标准，将支行所有工作覆盖到部室、细化到岗到人，每季从员工工资中提取500元作为"双基"管理考核资金，按季考核，次月兑现，所扣考核工资全额计入行长奖励基金。发挥行长奖励基金的导向作用，在每季度业务经营绩效考核奖金中按不低于20%的比例提取行长奖励基金，用于奖励对支行业务发展及其他各项工作有突出贡献的有功人员。加强违规积分管理，并按照每1分对应100元的标准扣款到个人。全年支行共有6人次因被上级行通报被违规积分22分，4人在专项检查中被通报，累计罚款3000余元，在支行形成有力震慑。

**【风险防控】** 县农发行自营性贷款余额3000万元，自营性客户2家，即湖北三维纺织有限公司、湖北宏源药业股份有限公司。2017年，加大对2家企业的信贷监管和风险排查力度。在落实担保措施的基础上，对湖北三维纺织到期的2000万元产业化棉花企业短期贷款进行无缝对接，及时续贷，进一步巩固风险管控成果。

（中国农业发展银行罗田县支行供稿）

## 建设银行罗田支行业务

**【概　况】** 2017年，中国建设银行罗田县支行（以下简称县建行）一般性存款时点余额282724万元，比年初新增12780万元；一般性存款日均余额267222万元，比年初下降1560万元，保本理财年末日均余额10941万元，比年初增加10039万元。其中，对公存款年末时点余额121018万元，比年初新增11631万元，对公存款日均余额101613万元，比年初下降2611万元。个人存款（包括保本理财）年末时点余额177398万，比年初新增14018万，余额占比比上年提升0.24个百分点，新增占比比年初提升8.6个百分点；日均余额（包括保本理财）176551万元，比年初新增11091万元。各项贷款时点余额为66993万元，比年初新增6124万元。其中，对公贷款余额36165万元，比年初下降2030万元。对公贷款下滑的主要原因是湖北省交通投资有限公司和罗田县人民医院到期收回1854万元。个人贷款年末余额30828万元，比年初增加8154万元，创历史新高。全年累计发放对公贷款44笔，累计发放额18552万元，较上年少发放2055万元，累计收回20582万元。全年累计办理贴现2676万元，发放财政委托贷款21000万元，发放个人住房贷款5348万元，2018年个人贷款储备2500万元，发放公积金贷款1.1亿元，发放扶贫贷款302万元。全年共实现中间业务收入590万元（不包含市分行分润），其中对公中间业务收入260万元，房金业务46万元，个人业务284万元。年末对公贷款无逾期、无不良，全年未发生本息拖欠，个贷逾期压降工作取得良好成效，收回不良个贷本金和利息192万元，年末逾期贷款控制额358万元，其中逾期4万元，不良贷款354万元，超额完成市分行压降计划80万元。新产品应用成效明显。全年发放“助保贷”贷款8笔4000万元，年末助保贷余额3600万元，比年初新增400万元；完成担保公司准入，累计办理小企业担保贷款9笔，金额4890万元，年末担保贷余额4680万元；全年累计办理善融贷业务9笔，金额500万元，办理税易贷2笔，金额120万元，办理小微企业快e贷65笔，金额1291万元，年末全行普惠金融贷款余额7403万元。

**【普惠金融和网格化】** 2017年，县建行全年共新建裕农点7个，新建网格化工作站5个，共发放裕龙卡7005张，裕农存款较年初新增4317万元。激活存量裕农点60个，新建达标裕农点2个。年末普惠金融贷款余额7403万元，较好地完成普惠金融贷款投放的政治任务。

**【金融精准扶贫】** 2017年，县建行创新金融扶贫模式，与“三农”龙头企业合作解决龙头企业流动资金需求，大力推进金融精准扶贫工程。向湖北同一食品有限公司发放流动资金贷款2450万元，用于全县养鸡户收购资金，满足养鸡户周转资金需求，向县大自然生物科技有限公司发放流贷800万元，用于全县农副产品、土特产、蔬菜收购，一定程度上缓解了种养户资金压力，向湖北四维医药有限公司发放流贷800万元，其中扶贫脱贫贷款300万元，用于药品采购和中药材种植户收购资金。

**【财政委托贷款】** 2017年，县建行按照县政府和财政局要求，克服企业需求急、笔数多、流程复杂等诸多困难，高效、快速地办理了财政县域经济发展调度资金委托贷款106笔，为湖北宏源药业科技股份有限公司等76家规模以上企业融资21000万元。赢得客户赞誉和政府好评。

**【速缴通和党费云业务】** 2017年，县建行全年实现上线学校18所，已缴费学校13所，网均4.3所，当年净增缴费客户12299户，网均缴费客户4198户，交易量达23379笔。党费云业务已实现县财政局、计生局、审计局等多家单位成功缴费，全年交易笔数1415笔。

（中国建设银行罗田县支行供稿）

## 罗田农村商业银行业务

**【概　况】** 2017年，罗田农村商业银行股份有限公司（以下简称县农商行）各项存款余额达到73.82亿元，比年初净增9.35亿元，增幅为14.5%，占省联社计划的106.25%，在全市农商行系统存款双百考核中，全年排名始终靠前。各项贷款余额为39.79亿元，比年初增加5.98亿元，增幅为17.7%。其中，当年新发放扶贫小额信用贷款2486笔，金额1.31亿元，提前超额完成县政府下达的扶贫小额贷款投放任务。累计发行贷记卡8473张，发行融资类信用卡182张。当年新增手机银行2902（累计49460户）户，个人网银311户。企业网银115户，短信银行6277户，福卡E支付5576户，电子银行替代率为72.2%。新增行业应用2个，自助设备3台，利农购商户2

户，在偏远农村居民集中点布设新型惠民助农终端14台。实现各项收入42881万元，实现账面利润8460万元。资本充足率达到11.64%，拨备覆盖率达到300.9%，比同期增加48.38个百分点。全年缴纳各项税金5766万元，纳税额位居全年第二。

**【信贷服务】** 2017年，罗田农商行以服务县域经济发展为己任，充分运用信贷的杠杆作用。一方面为进一步拓展农村和社区信贷市场，年初全新推出“流量贷”和“福薪贷”，实现贷款有序投放。全年累计发放农户小额信用贷款12334万元，账户流量贷款4621万元，“福薪贷”贷款3391万元。通过制定出台贷款利率优惠政策，继续强力推进“深耕四区”活动，深入细致地开展农户、个体工商户、生产经营大户和“福薪”客户的调查建档、评级授信工作，通过这些方式大力营销农区、商区、社区、园区信贷业务，做到信贷服务有目标，有措施。至2017年底，共评级授信客户4380户、授信金额54968万元。其中，个体工商户3766户，授信金额33197万元；生产经营大户233户，授信金额2123万元；“福薪”客户366户，授信金额3648万元；中小企业15户，授信金额16000万元。以优化服务为抓手，加大县域企业贷款营销力度。全年共支持县内企业79家，金额8.71亿元。为着力解决客户贷款抵押难问题，县农商行积极与担保公司开展业务合作，为拓展贷款营销寻找有效途径。全年累计发放由罗田县中小企业担保公司提供担保贷款141笔，金额3.26亿元，先后为县内130家中小企业和私营业主解决了贷款难问题。

**【扶贫借贷】** 2017年，县农商行以强化社会责任为己任，通过加强领导，推行以支持产业发展扶贫和创新市场主体带动贫困户脱贫为主的金融精准脱贫服务模式，为罗田“决战贫困同步小康”注入强大力量。全行共建立全县贫困户基本经济情况档案14560份，筛选市场主体365户，已对市场主体和贫困户发放贷款19125万元。其中，发放市场主体贷款24笔，金额2202万元，带动1308户贫困户脱贫。争取人民银行扶贫再贷款资金1亿元，以其发放市场主体贷款8户，金额3000万元，带动1452户贫困户脱贫。发放扶贫小额信用贷款2813笔，金额13923万元，扶贫小额信用贷款当年净增12480万元，占市行计划122.9%。县农商行在自身发展的同时始终不忘回报社会，继续坚持与县团委合作，资助贫困大学生。2017年，向10名贫困大学生发放“福卡励志助学金”4万元。给驻点贫困村凤山镇祝家山村，捐款3.91万元，并为结对帮扶贫困户送去米油等生活物资。

**【金融网格化】** 2017年，县农商行通过发放宣传册，利用网点电子显示屏等多种途径，向社会广泛宣传金融服务网格化有关知识，并依托新型助农终端、转账电话、POS机、ATM机等金融机具，在偏远山村设立金融服务网格化工作站，为广大农户提供便捷的金融服务。在全县已建立金融服务网格化工作站257个，提供各种金融便民服务12万余次。

**【风险防范】** 全行为从源头上控制贷款风险，以规范操作贷款流程为重点，强化贷款调查、审查、审批、发放和贷后管理各环节的管理，实现贷款程序间相互制约，相互监督，提升了贷款各环节的管理水平，让贷款风险得到有效管控。从年初起，就对存量大额贷款可能出现的风险进行全面摸底排查，客观评估风险状况，做到风险化解措施有预案，将风险控制在可控范围内，实现清收化险目标。

**【智慧银行】** 2017年，县农商行积极搭建惠农服务平台，全力打造满足时代需要、引领行业发展的智慧银行。3月8日，农信银资金清算中心副总裁刘永成率领金融时报、农民日报记者一行到罗田调研普惠金融工作，对罗田农商行惠农服务建设及与电商服务给予高度评价和充分肯定。农商行惠农金融服务站成为涉农补贴农民的“福地”；5月，省联社将罗田农商行确定为全省推广新型助农终端的4家试点行之一，在省联社电子银行中心的大力支持下，县农商行把布设新型助农取款终端作为践行智慧银行、责任银行的重要举措，其推进惠农服务体系建设的先进经验做法，在省联社年中工作会上作经验交流，成为全省惠农服务体系建设的样板。

（罗田农商银行办公室供稿）

## 人寿保险罗田支公司业务

**【概　况】** 2017年，中国人寿保险股份有限公司罗田支公司（以下简称县人寿保险公司）年度保费总收入达到2亿元，年度新增就业岗位426人，期末人力达到780人。年度赔（给）付1.5亿元，缴纳各项税费230万元。在城区及12个乡镇均设置经营服务网点，实现县域服务网点与服务人力全覆盖。积极参与县保险行业协会筹建并成为会长单位，致力于“保险先进县”创建工作。继续承办全县新农合大病保险、计划生育保险、农村小额人身保险、乘客意外保险、旅游意外保险、学生平安保险等业务。中标受托承办全县精准扶贫医疗救助兜底补充保险，主动参与大别山金融工程推进和农村金融综合改革试点工作。公司提前一个季度全面完成市分公司下达的年度各项预算目标，综合考核位居中国人寿黄冈全市系统前三名。

**【大病保险】** 2017年，县人寿保险公司继续通过政府公开招标获得新农合大病医疗保险独家承办权。年度受理的新农合大病保险理赔对象3867人，纳入报销范围应赔付金额2063万元，截至2017年12月31日，公司已办理赔付1664人，赔付金额1327万元，其余待处理赔案，公司已全部通知到人，正在接受患者提交资料和办理赔付中。为切实履行招标承诺，承担社会责任，提升新农合大病保险服务品质，公司推行一系列便民服务举措。全年派发《致广大新农合朋友的一封信》12万份，将大病保险理赔责任、报销流程、报销标准、咨询服务方式等详细告知到每一个参保农户。组织12个工作专班，先后组织2418人次进村入户送服务上门，将惠农政策宣导到每一位参保农民，逐乡镇、逐村举办“政策发布会”累计513场次，在每个村的“村务公开栏”开辟大病保险专栏，张贴“一封信”和“大病保险理赔情况表”，将理赔信息公开化、透明化。组织送赔款上门、收理赔资料上门活动，方便参保农户。

**【小额保险】** 2017年，县人寿保险公司主动、积极向县政府呈送关于在境内开办农村小额保险的专题报告与工作方案，获得县政府相关领导的肯定与批准，并按照“政府宣传引导、部门协调推进、承保机构具体负责、农民自主自愿参保”的原则，从2017年4月开始，历时半年，在全县广泛推行农村小额保险这一惠民工程，取得初步成效。全县小额保险参保人数达到6.5万人，实现在农村初步覆盖。截至2017年12月底，已受理小额保险理赔408笔，已赔付意外身故保险金和意外医疗保险金近90万元，使部分遭受意外的家庭获得经济补偿和精神抚慰，促进了社会稳定。

**【业务创新】** 2017年4月，罗田县人民政府下发《关于进一步加强金融业发展的实施意见》，对保险业在社会经济发展中的意义与作用提出新的、更高的要求，希望保险行业在精准扶贫进程中扮演重要的角色，发挥更大的作用。作为一家行业领先、国有独资的商业保险公司，县人寿保险公司积极参与精准扶贫进程，发挥商业保险“领头羊”的作用，加强保险知识宣传，不断拓宽保险覆盖面，加快推进保险创新。2017年9月，公司参与全县精准扶贫医疗救助兜底补充医疗保险的公开招标，并一举中标，承保精准扶贫对象118326人，受托基金2106万元。公司与县政府签订协议后，第一时间组织工作专班，立即启动、实施理赔。

（中国人寿保险股份有限公司罗田支公司供稿）

# 财政　税务

## 财政综合管理

【概　况】2017年，全县完成全口径财政收入205512万元，占年度任务的145.18%。其中，公共财政预算收入完成74123万元，占年度任务的100.85%，比去年同期增收6091万元，增长8.95%；地方税收收入完成45439万元，占年度任务的100.56%，比去年同期增收2792万元；非税收入完成28684万元，占年度任务的101.31%，比去年同期增收3299万元。全面完成市、县所定任务。全县公共财政预算支出350182万元，比上年同期增长5.28%。全年投入支农、教育、社会保障、医疗卫生、住房保障等民生支出245659万元，占年度一般公共预算支出的70.15%；发放小额贴息贷款3600笔，共19537万元，财政贴息2020万元，带动和吸纳了6200人的就业和再就业；落实项目资金4806万元，新建和改扩建校舍23497平方米，发放各类惠农补贴资金6946万元，有力支持了社会事业发展。

缅怀先烈强信念，组织党员赴红安开展理想信念教育

【财政管理】2017年，县财政局严格执行“三重一大”和申请拨付财政资金会签审批制度，依法分配使用财政资金，清理并撤销6个财政专户，将所有财政专户归口到财政国库统一管理，确保资金安全规范运行。继续深化国库集中支付系统应用，拨付预算管理资金46.6亿元，发出预警信息40笔，规范和纠正业务操作金额180万元。组织开展全县行政事业单位资产管理软件操作专题培训，实现行政事业单位资产管理的全覆盖。按省纪委和省财政厅要求，会同县审计、国税、地税等部门，对全县90家一级部门预算单位开展财务管理违规问题专项整治。联合县人社局、审计局等部门，对匡河镇政府等8家单位2017年“五一”、端午节期间的财务违规问题及津补贴发放情况进行专项检查，对县住建局等12家单位进行“小金库”专项检查；对县四大办2016年度财务收支情况进行摸底核实。对全县农村财务管理人员进行培训，抽调70名业务骨干参与县纪委组织的“三资”专项清理，对全县所有行政村本届“两委”农村“三资”管理方面的白条入账等28个问题进行全面清理，对12个乡镇开展农村集体经济收入调查。全年评审政府性投资项目765个147675.73万元，审减19248.96万元，审减率

13.03%。执行政府采购招标5860次125935万元，节约资金15565万元，节约率11.1%。对全县46个单位2016年的62个项目178000万元资金进行本级绩效评价，对71家单位2017年本级205个项目共计3991万元的资金进行绩效目标申报，本级项目资金绩效目标申报和动态监控率达100%。

**【财政服务】** 2017年，县财政局积极研判形势，吃透政策，谋划项目，向上争取省、市县域经济发展调度资金22900万元，市大别山产业基金8000万元，产粮油大县奖励资金1375万元，农发项目资金1677万元，农村一事一议综改资金2055万元，有力支持了重点企业做大做强，对促进小微企业发展，确保农粮安全，推动乡村振兴起了积极作用。将2016年一般公共预算收入增量和2017年一般公共预算收入增量的15%共计1896.3万元安排用于精准扶贫，并将财政农发资金和一事一议资金纳入统筹使用。在县政府重视下，制定了年度资金整合方案，实际整合资金155789.57万元，用于支持精准扶贫。同时，在全系统选派48人，组成16支工作队进驻16个行政村驻点扶贫，并广泛开展“支部联建”、“结对帮扶”活动。经过多轮考察对接，先后引进江苏通灵电器16兆瓦光伏发电项目和上海爱尚鲜花公司万亩大别山温泉鲜花小镇项目，协议投资额30多亿元，其中，引进省外资金6000万元，为罗田经济版图添加了新动力。利用省调度资金重点支持58户县内规模以上企业生产发展；通过“助保贷”“助农贷”为中小微企业、产业大户提供融资担保及融资贷款3.5亿多元；通过县政府会议纪要形式，改进“过桥资金”实施方式，为企业提供过桥服务3.2亿元。同时，积极开展企业信息月报和工业企业对口帮扶活动，努力帮助依戴妮等公司解决经营困难。

喜迁新居，给贫困户送生活物资

**【财政改革】** 2017年，县财政局完善部门预算定员定额标准体系，实现支出按功能分类细化到项、按经济分类细化到款。全面推行预决算信息公开，公开率达100%。不断加大财政存量资金的盘活力度，实现了2015年前财政存量资金清零目标。制定并经县政府审议出台了《罗田县政府性债务管理办法（试行）》和《罗田县政府性债务风险预警与应急处理草案》。全面加强债券、债务利息、债务系统的常态化管理。拟定并经县政府审核出台《罗田县政府投资项目管理暂行办法》，拟定2017年政府购买服务指导性目录，并拨付配套资金486.82万元，对公安局、车站人证核验系统建设、平安城市视频监控系统改造等10个项目实施政府购买服务。探索实行PPP模式，并实施落地乡镇污水处理设施建设项目。将“美丽乡村”试点建设纳入全县重点改革项目予以大力推进。实施“美丽乡村”建设辅导期制度，组织列入辅导期试点的部分村干部到钟祥等地进行考察学习。在县组织部和农办统一领导下，结合党建整县推进和全域旅游，实施了38个“党建+美丽乡村”建设点，并初步形成政府奖补、市场主体投资、村民筹资筹劳、社会捐资相结合的多元投入模式，成功打造了张家冲等“美丽乡村”品牌。

（县财政局供稿）

## 国有资产监督管理

**【资产管理】** 2017年，县国有资产监督管理局全面规范资产管理，确保国资保值增值。规范各单位通用设备的处置管理。针对部分单位存在固定资产台账与实物不符，已报废或不存在的资产仍然在账面上反映的情况，县国有资产监督管理局要求各单位认真摸清资产底数，并针对账上有、账下无的资产和数量不多、金额小的资产予以严格处置。首先要向县国有资产监督管理局提出申请，经实地察看核实后，报局领导审批，然后统一下账；对数量较多、数额较大的资产，经以上程序后再报请县政府审批，按照招、拍、挂程序公开拍卖。规范公务用车及土地、房屋等不动产处置管理。明确行政事业单位国有资产处置首先报县政府批准后再报县国有资产监督管理局审批，并由县国资局下达处置“函”再由公共资源交易中心进入公开招、拍、挂程序进行处置。建立健全国有资产管理制度。根据上级有关规定，在实践基础上，县国有资产监督管理局制定印发了《罗田县行政事业单位国有资产配置管理办法》《罗田县行政事业单位国有资产使用管理办法》和《罗田县行政事业单位国有资产处置管理办法》3个文件，推进县国有资产法制化管理。

**【监管职责】** 2017年，县国有资产监督管理局积极履行监管职责，服务县域经济发展。突出国资监管部门职能，积极参与宏源药业、富阳化肥厂、楚乡酒厂等企业的退城入园行动。对企业搬迁的各项成本进行认真、细致的审核，参与县酒厂资产的土地、房屋评估确认及核实等工作。积极参与企业搬迁相关活动的组织协调工作，就搬迁方案、补偿标准、职工安置等问题提出合理建议，并组织中介机构对搬迁企业的资产价值、搬迁费用以及损失等进行评估，为中共罗田县委、县政府提供决策依据，以确保搬迁行动的顺利进行。聘请中介机构对楚乡酒业有限公司退城入园项目中的老厂房进行评估复核，审减该项目440.1262万元，下浮39.5%，维护了国有资本安全。

**【管理措施】** 2017年，县国有资产监督管理局加强与上级国资部门的沟通与联系，积极做好全县国有企业棚户区改造项目的申报工作，对全县国有企业办社会机构情况进行调查摸底。召开县级国有企业产权登记工作会议，做好产权登记及办证的前期准备工作，并汇总上报至市国资委。根据2017年国资改革工作的开展情况，积极向市国资委领导汇报工作进展情况，学习先进经验，争取领导关心支持。强化对各行政事业单位的业务指导。根据省财政厅关于资产管理软件升级维护的要求，组织技术人员对软件信息系统进行升级改造，并组织召开软件操作培训会，对全县241家主管单位和二级独立核算单位的会计工作人员，就行政事业单位资产管理软件操作进行专题培训，统一印制软件操作手册，实现行政事业单位资产管理的全覆盖。掌握了全县固定资产存量第一手数据。

**【运行机制】** 2017年，县国有资产监督管理局坚持以国有资产经营公司为依托，继续强化融资平台功能，拓展国有投资经营范围，做大做实融资平台，使公司成为政府融资载体、投资主体和经营实体，在稳步推进中增强国有资本经营实力及投融资实力。通过县国有资产经营公司积极支持旅游投资公司、长源污水处理公司、交通投资公司、城投公司等公司的融资工作，2017年全年融资近8亿元。大大缓解政府财力不足问题，弥补城镇基础设施建设资金缺口，完成了城区道路刷黑、广源城投还建房、义水外滩等设施建设，极大地改善了全县基础设施和公益设施配置状况，优化区域投资环境，便利人民群众生产生活。

（县国有资产监督管理局供稿）

## 非税收入管理

**【概　况】** 2017年，全县非税收入入库60866万元，较2016年同期增长3890万元，增长6.83%。各项收入基本做到应收尽收，及时入库。

【征管系统升级】 2017年元月，县非税收入管理局启用全新的非税收入征缴系统，对全县所有执收执罚单位的非税收入项目全部按照2017年政府收支分类科目进行分类设置，保证了非税收入项目编码与政府收支分类科目的一致性，规范了非税收入征缴行为。实现“非税局—银行—执收执罚单位”三方非税收入收缴信息互通，各一级执收执罚单位不需要出门，就可以通过网上收缴系统，及时、全面了解本系统非税收入收缴情况，同时与代收银行联网，实现财政票款信息实时传递，大大提高数据传输速度，使非税资金及时、准确、完整、安全地进入财政汇缴专户。

【收费项目清理】 2017年5月，县非税收入管理局同县物价局一起，对全县所有行政事业性收费和政府性基金项目进行了一次全面清理，并根据省财政厅网站上公布的最新行政事业性收费及政府性基金项目，结合罗田实际，在罗田政府门户网和罗田财政与编制政务公开网等网络上，常态化公布罗田县内执行的行政事业性收费项目目录和政府性基金目录。同时，在征缴系统中对所有执收执罚单位的收费项目逐个核对清理，剔除已公布取消、暂停和免征的收费项目，并下载至代收代缴银行微机中，进一步规范了执罚执收行为。县非税局加大整治乱收费力度，将全县所有执收执罚单位的“其他收入”代码冻结，对执收执罚单位“其他收入”进行甄别，若确有需要，再行开通，这样不仅规范收费行为，堵死单位乱收费的通道，还增强收费透明度，营造了良好的经济发展环境。

【征缴源头管控】 2017年，县非税收入管理局全面加强非税收入票据管理，严格票据内部管理制度，建立规范的票据账及盘库制，做到日清月结。对票据的领购、保管、使用、核销、检查、处罚等都作详细规定，实行专人发票、专人核票，明确分工，责任到人，从制度上堵住漏洞。狠抓票据发放，控制收费源头。委托代收发放票据实行分次限量、交旧领新、票款同行制度。严格执行行政事业性收费和政府性基金目录清单制度，凡是目录清单中有的收费项目就发票，取消和暂停的行政事业性收费及政府性基金项目坚决不发票。对“资金往来结算票据”管理严格按照《湖北省行政事业单位资金往来结算票据使用管理实施办法》规定，凡是构成本单位收入的款项一律不再使用资金往来结算票据，杜绝用资金往来结算票据以赞助费等名目到处乱摊派、乱收费行为，控制腐败现象滋生，营造良好的经济发展环境。狠抓票据审核，确保票据严格按照票据管理办法使用，确保票款同行。健全财政票据使用举报投诉制度。在罗田财政与编制政务公开网等网络上设立违规使用财政票据举报电话，专门受理举报投诉。对举报投诉的问题一查到底，并及时将查处的结果回复给投诉人。2017年1—5月，县非税局在日常检查的基础上，会同卫生和民政主管单位对卫生单位票据和社团组织的票据使用情况进行重点检查。对少数单位存在的票据使用不规范的情况及时指出并整改。

（县非税收入管理局供稿）

## 农村财政管理

【概　况】 2017年，县农村财政管理局按要求编制了12个乡镇政府的部门预算，汇编了2016年度乡镇财政总决算，共拨付乡镇人员工资4396万元，拨付农村专项资金9620万元，为农村基层政权运行提供保障。深入基层调研财政所经费管理，并根据定额包干制、主体负责制、公开公示制和县级报账制的要求，结合中央八项规定和相关的财务管理制度，出台新的《罗田县乡镇财政所经费管理制度》，为进一步规范乡镇财政财务管理行为提供保障机制。对全县财政专管员进行为期1天的岗位培训，涉及《湖北省农村集体财务管理办法》、会计制度、专管员职责等内容，并组织业务考试，提升了专管员整体素质。

**【三资专项清理】** 2017年，县农村财政管理局在县纪委主导下，抽派70名财政系统业务骨干人员，成立12个农村三资专项清理组，对照全县所有村2014年村“两委”换届以来，农村三资管理方面存在的28类问题，进行全面交叉清理。

**【养老保险征收】** 2017年，县农村财政管理局联合县人社局、县农业银行等部门，就养老保险费的征收缴库工作召开专题会议，并发布《关于规范我县农村居民社会养老保险费征缴工作的通知》，进一步规范保费征缴工作。

**【惠农政策宣传】** 2017年，县农村财政管理局印发强农惠农政策宣传资料10000册，通过宣传横幅、标语、网络等形式，重点宣传中共中央、中共湖北省委一号文件、惠农补贴和社保民生补贴政策，促进农民补贴政策的落实，营造惠农政策宣传月活动的浓厚氛围。向省农村处推荐的大崎财政所何丹撰写的“2017年财政惠农政策培训”课件，获全省课件评选二等奖，县农村财政管理局干部裴志富撰写的“〈湖北农村集体财务管理办法〉解读”课件，获全省课件评选三等奖，充分调动了基层财政干部学习的积极性和创造性。

**【财务监督检查】** 2017年，县农村财政管理局与县财政监督局、县财政局监察室和行政政法股组成联合检查小组，对乡镇财政所2016年10月1日至2017年9月30日期间的财务进行监督检查，发现共性问题7个，个性问题14个，并于12月上旬责成各乡镇财政所全部整改到位，进一步规范乡镇财政所财务管理行为。

（县农村财政管理局供稿）

## 财政监督

**【财务专项治理】** 2017年，县财政监督局根据省、市、县纪委、监察、财政等部门统一部署，牵头财务管理违规问题专项整治，成立“财务管理违规问题专项整治办公室”，会同县审计局、国税局、地税局等相关单位，开展财务管理违规问题专项整治工作，确定财务管理违规问题专项治理自查自纠的一级单位有90户，结合“五一”端午节期间财务违规问题专项抽查情况，联合县人社局、审计局，对县匡河镇政府、县民政局、县质量技术监督局、县大别山国家森林公园管委会共28家单位2016年7月1日至2017年6月30日期间，原财务管理违规问题进行重点检查，治理违规问题370笔，涉及违规资金74万元，下达整改处理决定书，并将有关线索移交县纪委。

**【“小金库”专项检查】** 2017年，县财政监督局根据省财政厅统一安排，在延续2016年11月至12月31日所开展的自查自纠的基础上，于2017年3月开始对县住房和城乡建设局、县房产局、县卫计局、县开发区管委会、县城投公司、县育英高中、县人防办和大崎镇政府12家单位进行“小金库”专项检查。

**【财政监督检查】** 2017年，县财政监督局根据湖北省财政厅《湖北省财政厅关于开展2017年度会计监督检查工作的通知》文件精神，对县发改局、县劳动保险局和罗田县第二人民医院等3户重点行业和行政事业单位的会计信息质量进行调账检查，发现6个方面的问题并责令限期整改。11月下旬，县财政监督局对12个乡镇财政所进行内部监督检查，查出一些问题，并责令予以整改，检查情况已向县财政局党委和纪检作详细报告。

（县财政监督局供稿）

## 会计事务

**【概　况】** 2017年，县会计局办理会计年度换证34人，省内调转4人，跨省调入14人，跨省调出 3 人，身份证变更 5 人。会计证登记 193 人，会计专业技术资格报名 250 余人。2017 年度全县共有 8 家公司申报会计代理记账资格，根据财政部《会计代理记账管理办法》的要求，县会计局高标准、严要求，已批准湖北誉信财税咨询有限公司等 5 家公司取得会计代理记账资格。

**【会计基础工作】** 2017 年，县会计局积极学习宣传贯彻新《会计法》，将新旧《会计法》中的条款一一对照研读，对新《会计法》中涉及会计从业资格证书相关条款的调整和对会计人员的专业能力及职业道德的新规定进行专题讨论，针对会计行业当前的现状和发展趋势开展讨论。积极完善全县财政系统会计电算化工作。针对部分财政所和局机关业务股室在软件操作过程中存在的问题，及时与软件开发公司技术人员沟通，问题得到有效的解决，大大减轻乡镇财政所会计人员的工作强度，提高了会计工作的效率。积极组织人员参加全县农村“三资”清理，查找村级财务管理存在的问题，并督促及时整改，达到预期目标。

**【会计业务培训】** 2017 年，县会计局参与全县各单位纪检员财会业务审计培训工作，认真制定方案，精心准备课件，组织并开展全县行政事业单位财务会计人员规范财务管理的培训工作，取得良好成效。与中华会计网校联合开办会计人员远程继续教育，培训全县会计人员 2500 余人。

（县会计局供稿）

## 政府采购

**【概　况】** 2017 年，县政府采购办公室根据上级文件精神，制定了《2017 年罗田县人民政府采购目录及采购限额标准》，进一步明确政府集中采购品目、采购限额标准、公开招标数额标准及其他要求，明确采购人在预算编制、履约验收、合同备案、协议供货、信息公示、围标串标等方面应承担的法律纪律和主体责任。严把“编审入口关”，严格按《预算法》和《政府采购法》要求，科学编制政府采购预算。2017 年，全县行政事业单位政府采购预算 20.95 亿元，其中货物类 2.16 亿元，工程类 4.83 亿元，服务类 13.96 亿元。5 月前，按照“应编尽编，应采尽采”的原则，全部下达到各单位。全年执行政府采购招标 5860 次 125935 万元，节约资金 15565 万元，节约率 11.1%。至年底，全县采购范围已向乡镇及垂直管理单位延伸，采购品目和采购项目已向多样化方向发展。其中，集中采购已经成为全县主要的采购模式，政府购买服务也已成为政府采购的发展趋势。县卫计局、教育局、财政局、国土局等部门，已整合全系统采购资源，实行集中采购。各部门政府采购管理越来越规范，依法采购成为常态。

**【采购模式】** 2017 年，县政府采购办公室在采购活动中，罗田探索的“3+X”询价采购和电子采购模式，被省财政厅采购处高度肯定。其中，省拨县水利局防汛抗旱的 200 万元采购项目中，仅 10 万册宣传画册和明白卡采购项目就节约资金 13.8 万元，节支率高达 69%，刷新罗田采购节支率的记录，并被省水利厅作为全省效果最佳、采购质效最优单位予以通报表彰。为克服医药购销和设备采购过程中的风险点，指导县卫计局通过采用“3+2”复合询价采购模式，为基层医疗单位节约资金 2500 多万元，并被作为党风廉政建设的典范在全省卫生系统推广。从 2017 年 1 月起，取消政府采购计划申报、审批与验收审核三个环节，建立罗田县政府采购联络员工作制度，所有采购合同的公示，由各单位政府采购联络员于规定时间内，在湖北省政府采购网上及时公开。全县采购信息公开数量位居全市第一，投诉处理监督信息和采购合同的信息公开数量都在全省名列前茅，为此得到上级主管部门的表扬。

**【风险防范】** 2017 年，县政府采购办公室为切实解决“政府采购价高于市场价”的问题，采取以网络为依托，建立罗田县政府采购网，实行电子化采购。全县政府采购协议供货商在网上传实物、参数及报价，采购单位及供应商可在网上进行采购、质疑、投诉及售后反馈等，为采购各方提供方便快捷的服务，同时也增强了社会公众的参与权和监督权，有效防范了采购过程中的“人情采购”和“暗箱操作”，实现政府采购的公开、公正、公平。在采购工作中，大力排查政府采购工作的各个风险点，将是否执行政府采购程序作为常态化审计项目，将是否执行政府采购作为财政监督的必查内容。为打击围标串标不法行为，依法冻结借资质虚假投标的保证金3万多元，依法暂停有串标嫌疑的采购项目300多万元，依法整改涉嫌违规采购项目500多万元。针对政府采购中标后履约不及时和标后不履约的供应商，开展约谈工作，聘请法律顾问与采购方代表组成联合调查组，深入武汉某公司，对法人进行约谈并对其财务状况进行详细调查，责令限期整改。没收某公司投标保证金6万元。建立政府采购“失信黑名单”制度，加大对政府采购领域诚信建设的查处力度。

**【政策宣传】** 2017年，县政府采购办公室深入县教育局、卫计局等单位，就政府采购流程改革、政策及法规进行宣传讲解，提高行政事业单位的依法采购意识和业务能力。9月，在罗田电视台公开面向社会征集政府采购评审专家，搭建全省统一的政府采购专家库，杜绝因部分专业领域的专家人数少而造成“外行评内行”的现象。对全县的政府采购协议供应商、代理机构、评审专家和采购人实行动态管理，不定期进行调研、座谈以及检查与培训。针对各自履职尽责工作中反映出来的问题，要求限时整改，实行“首犯从宽，再犯从严”的惩处机制，通过检查促整改，通过整改促规范，通过规范提效益。

（县政府采购办公室供稿）

## 国家税务

**【概　况】** 2017年，县国家税务局面对经济下行压力加大、多项减收因素叠加等诸多不利因素，上下同心，共担压力，坚持组织收入原则，严密落实税源监管，有效防范税收流失，实现国税收入稳步增长。在全县范围内，成功组织税收大稽查，查补税款1675.98万元，还对在建工程进行清理，入库税款4486万元。全年共组织入库税收收入52667万元，占省分收入计划的113.9%，同比增收18400万元，增长53.7%。同时代收工会经费198万元，为全县经济社会发展提供了持续稳定的财力保障，被中共罗田县委、县政府评定为“五讲五评五考”考核优胜单位。

**【依法治税】** 2017年，县国家税务局在依法征收上，坚持组织收入原则和纪律不动摇，应收尽收，真正做到政策之外无税收，政策之内无遗留，确保税收收入及时足额入库。加强执法监督，开展了税收执法专项督察、日常执法大督察。共计核查14类352条税收执法疑点数据，以查促改，严抓整改，减少了执法风险。加强税务稽查，已查52户，查补入库税款3000多万元。加强税法宣传，坚持日常宣传，开展主题宣传，扎实开展第26个税收宣传月活动。加强内控监督，开展涉企收费清理、税收资金专项检查、税收执法督察调研、行政许可事项调查等多次专题行动。依法决策，领导班子着眼国税事业发展的变化情况，不断改进决策的方式方法，建立科学有效的议事决策机制，坚持民主决策，注重调查研究，制定和完善重大税务行政决策咨询、听证、审查、审理、跟踪反馈、责任追究六大制度，使重大行政决策有规可循，有据可依，做到权责一致、责随权走，实现决策权和决策责任相统一。

**【税收征管】** 2017年，县国家税务局深化改革，做好税收征管转型升级工作。征管模式进一步转型。落实《全国税收征管规范》，推进“多证合一”“两证整合”、实名办税。与县地方税务局建立综合治税信息共享平台，拓展税源管理，据以评估入库税款500余万元。税种管理进一步提档。加强营改增后续管理，开展减税辅导，建立专项辅导台账，将全县2016年营改增四大行业税负增加5万元以上的纳税人纳入台账管理。加强认证失控发票的风险应对，组织对失控发票稽核，查补增值税120万元。加强金银首饰行业、酒类等行业消费税管理，汇算清缴实际应纳所得税额近6000万元，同比增长980多万元，增幅19.9%。

**【纳税服务】** 2017年，县国家税务局完善服务功能，推行网上办税、自助办税，让纳税人足不出户就能办理20多项税务事项。至12月，纳税人网上申报率已达99%以上。实行税款库银联网划缴，税款划缴的金额、笔次均达到95%以上。安装税企通，建立公众微信群，为纳税人提供涉税业务咨询服务。实行国地税“一窗式”联合办税，让纳税人进一扇门、办两家事、省三方力。提高服务质量。开展千名税务干部进万户大走访活动，推进“便民办税春风行动”，实现提速减负，服务税户。利用“纳税人学校”累计培训人次达850多次，发放各类培训资料5000多份。积极开展纳税信用等级评定，其中A级纳税人比率超过10%。健全纳税人保护机制。畅通纳税人投诉举报渠道，累计排查影响纳税人满意度的细节问题41件次，征求意见建议60多条，全面提升纳税人满意度。积极落实各项税收优惠政策，办理退还增值税税款8000多万元，共为6户企业办理申报出口货物退（免）税额3000多万元。

**【队伍建设】** 2017年，县国家税务局党组理论学习中心组共组织集中学习讨论14次，人人撰写学习心得体会，个人所写的学习笔记均在2万字以上，进一步提高了班子政治理论素养，发挥了班子的示范带动作用。注重青年人才培养。充分开辟多种学习平台，深入开展分级分类培训。开展“传帮带”活动，中年业务骨干与青年干部“结对子”，提高青年干部纳税服务、公文写作、财务会计、征管评估等五项能力，1名青年干部在市局纳税服务业务大比武活动中成绩优秀，纳入市局“专业骨干项目”。2017年，县国家税务局从严治党，把党建工作抓在经常，严在日常，认真落实市局党建工作规范，扎实推进“两学一做”教育活动，深入学习贯彻党的十九大精神，系统党建工作经验得到中共罗田县委书记汪柏坤的批示，局机关被中共罗田县委县直机关工委评为“党建工作先进单位”。通过层层签订责任书，人人压实“一岗双责”，强化干部落实从严治党责任意识。加强教育早预防。认真开展“反对官僚主义、形式主义从我做起”党风廉政建设宣传教育活动。举办廉政知识专题辅导报告，邀请县纪委领导对全系统干部职工专题辅导。开展廉政警示教育活动，在内控机制信息系统上传警示教育资料，组织集中学习，以案说法。加强问题线索规范管理，实施预警提醒和诫勉谈话，做到问题早发现、组织早介入、隐患早消除，办理违法案件1件，信访案件1件，发挥查办案件的教育、警示及震慑作用。

**【内部管理】** 2017年，县国家税务局规范公文管理，加强发文审核，严格控制公文数量，提高公文办理质量；完善财务管理，切实把好经费支出的“政策关”、“手续关”、“标准关”、“凭证关”，有效保证各项支出合法、合规。加大宣传力度，全年为各类媒体及宣传平台提供稿件80余篇，被采用50余篇。加强机关食堂管理，改革食堂运行方式，添置了餐饮设施，增加了食品供应种类，改善干部职工就餐环境和质量。强化安保工作，加强安全巡查，及时消除安全隐患。加大督办力度，定期开展责任区卫生清洁工作，切实改善机关整体环境，县局机关被评为全县社会综合治理工作先进单位。

（县国家税务局供稿）

## 地方税务

**【概　况】** 2017年，县地方税务局利用“金税三期”系统高效的数据交叉审核和流程监控优势，提升税源数据应用水平，实现对增值税附加税费的高效管理。强化征收管理，认真开展以房地产企业为重点的欠税清理和税费清结工作，加强全县行政事业单位个人所得税征缴工作，堵塞收入漏洞，挖掘增收潜力。全年共入库各项税费收入70033万元，比同期69810万元增收223万元，增长0.31%。其中，税收收入完成29583万元，占县分税收计划27981万元的105.72%；社保费收入完成37716万元，比同期27103万元增收10613万元，增长39.15%；其他收入完成2734万元，比同期2003万元增收731万元，增长36.49%。地方公共财政预算收入完成21682万元，占县分公财计划21123万元的102.64%，按可比口径比上年增长18.01%。

**【基础业务】** 2017年，县地方税务局在纳税评估和风险应对方面进行积极探索，先行先试，将现有税源管理分局职能进行调整整合，在全市县级地税部门中率先单独设置专门的纳税评估机构。组建成立纳税评估和税收风险应对专业团队，对44户纳税人开展纳税评估，入库税款835万元，有效规避了企业涉税风险和税务执法风险。顺应征管方式变革，深入推进税收业务规范化建设，理顺细化征管、税政、评估、纳服、稽查等部门的职能职责和工作流程，印发《罗田县地税局业务衔接制度》《风险等级排序与应对管理办法》等制度和管理办法，进一步规范业务工作。

好家风道德讲堂活动

**【纳税服务】** 2017年，县地方税务局与国税局共建办税服务厅，全面推行“一窗式”联合办税新模式。在联合办税服务厅里，纳税人只需叫一次号、排一次队，在一个窗口便可一次性办完国、地税两家的所有涉税业务，极大地减少纳税人排队等候时间和办税成本。优化开票流程，提速减负。实现纳税人可直接在大厅以POS机刷卡形式开具社保费税收完税证明，改变纳税人在人社、大厅、银行三家跑的状况。

**【医保征收】** 2017年9月1日起，全省整合后的城乡居民基本医疗保险个人缴费由财政部门移交地税部门征收。县地方税务局将城乡居民医保工作作为重点工作之一，参与筹备全县城乡居民医保工作推进会，并多次召开全系统城乡居民医保征缴工作专题会。加强与人社、财政、教育、卫计等部门的沟通协调，与乡镇、村（社区）和学校（园、所）做好工作对接，落实行政村、学校的集中参保登记缴费责任，及时协调解决征收过程中遇到的问题。严肃征缴纪律，加强票据和资金监管。实现全县已参保居民保费2017年12月28日前顺利入库，确保2018年元月开始享受医保待遇。

**【干部管理】** 2017年，县地方税务局坚持严管善待，激发干部活力。加强干部学习教育和培养选拔。持续开展好“一周一学”，分两批组织全体干部赴湖北财税职业学院开展为期一周的干部综合能力提升培训。严格选人用人程序，选配1名机关正职和4名中层副职，重新选举配备系统工会主席、工会女工委员和团委书记。深入推进绩效管理和“数字人事”工作。完善考核制度和指标体系，科学分解工作目标任务，做到责任到人、职责清晰，强化考核督办。

（县地方税务局供稿）

# 综合经济管理

## 统计管理

**【乡镇统计建设】** 2017年，县统计局对乡镇统计站“八有八化”建设开展两次回头看，着重对乡镇统计机构的人员、场地、设备、经费、制度等方面进行全面检查，对照《罗田县乡镇统计站考核评分细则》，认真考评，考核结果作为年终县直对各乡镇“五讲五评五考”的依据之一，及时督促整改极少数统计站降低标准要求、统计人员弱化等问题，进一步规范乡镇统计站基层基础工作，强化乡镇统计工作职能。

**【村级统计建设】** 2017年，县统计局根据省局村级统计工作“五有五化”规范化建设三年计划，成立工作专班，对全县12个乡镇实行责任包保，进行现场实地指导，稳步推进村级“五有五化”建设。12月初，组织开展对全县12个乡镇的村级“五有五化”建设工作达标验收交叉大检查。12月底，全县414个村全部完成村级统计工作“五有五化”建设目标任务，村级统计工作进一步规范有序。

**【诚信企业创建】** 2017年，县统计局按照统计诚信企业“严格控制，层层把关，从严认定”的原则，加强引导企业加强规范管理和统计基础建设，对统计诚信创建工作进行动态管理，有序推进，强化进出机制，保证创建质量。至2017年底，全县192家“四上企业”，已达标验收116家，按时序进度完成创建任务，推动全县良好的诚信统计氛围。

**【数据质量管理】** 2017年，县统计局认真宣传、贯彻习近平总书记关于深化统计体制改革的意见精神和新出台的《条例》《办法》等相关文件，强化统计工作的责任意识和质量意识。制定《罗田县统计数据质量管控办法》，严格执行国家各类统计调查制度和标准。与乡镇统计站签订《统计行风建设责任书》和《数据质量目标管理责任书》，严格做到坚守“四条红线”。完善统计数据质量审核检查和评估机制，采取各种措施防止“数字腐败”问题发生。

**【统计名录库建设】** 2017年，县统计局根据“四上”企业变化情况，及时维护更新基本单位名录库，坚持“先有库，后出数”，对拟进规进限企业，实行专业联动，部门配合，严格审查，坚决做到先预报，再申报，不达标不申报。全年，共组织7家工业企业、16家房地产建筑业、9家商贸、5家服务业进规入限。清理14家不合规“四上”企业退出国家名录库。同时，加强对基层统计人员联网直报培训，规范数据采集、审核、上报等工作流程，对企业上报报表的逻辑性、数据的匹配性随报随审，发现问题，及时督促整改，全县的统计数据质量不断提高。

**【统计法规建设】** 2017年，县统计局结合普法“七五”规划，密切与县普法办、法制办及上级统计部门的联系，畅通网上学法渠道，并先后组织12名统计执法人员参加省、市统计局和县政府法制办举办的法律培训和考试，组织全局和乡镇统计人员收看省、市《统计法》视频讲座和测试，有12人取得县法制办颁发的行政执法资格证，3人通过全省统计执法资格考试，5人进入全市统计执法骨干人才库，极大提高统计干部学法、知法、懂法、守法、用法观念和依法行政能力。2017年，县统计局组织编印《中华人民共和国统计法实施条例》《法律事务告知书》《统计法律法规文件选编》等文件资料并送到全县192家“四上”企业统计人员手中，不断提高企业依法依规统计意识。坚持统计法律、法规进机关、进企业、进党校，实现统计法律宣传全覆盖。2017年6月上旬，派员赴党校讲授统计法律课，还认真组织开展“统计开放日”“法制宣传日”等活动，结合统计调研和第三次全国农业普查，发放《统计法知识宣传册》《至普查对象的一封信》等普法资料2000余份，营造了依法治统的浓厚氛围，扩大了依法统计影响力。

**【统计巡查和核查】** 2017年，县统计局针对少数单位统计数据虚报、瞒报、迟报、代填代报等行为，依法对部分“四上”企业开展统计巡查和两次数据质量专项整治行动，及时向相关责任人反馈巡查、检查中存在的问题，现场下达整改通知书20余份，约谈乡镇和企业负责人6人，责令限期整改代填代报行为8起，清理乡镇固定资产投资重复报送项目和虚假项目5个，有效维护了政府统计公信力。

**【统计服务】** 2017年，县统计局积极参与中共罗田县委、县政府年度经济社会发展考核方案的修订，提出切实可行的考核目标建议。全方位服务好全省县域经济综合实力考核和中共黄冈市委、市政府对中共罗田县委、县政府年度经济社会发展目标综合考核，服务全县精准脱贫的大数据采集、比对和审核工作等。利用掌握的统计数据资料为“园林卫生城”“旅游示范县”“省级文明城”“长安杯平安县”的创建活动提供统计支撑。在县内综治维稳、招商引资、防汛抗旱、计划生育、许家冲拆迁等中心工作中，不等不靠，主动作为。2017年，县统计局利用统计的信息咨询、监督管理功能，主动进行统计调研和统计预测、预警。全年，共撰写各类统计信息130余篇，分析、预警30余篇，编印《罗田统计月报》11期,《罗田统计》15期,《罗田年鉴》500本，统计资料800份，较好地满足了社会公众和全县各级党政领导对统计信息的需求。所撰写的投资、工业预警、季度经济运行等多篇调研分析被县主要领导批示，实现统计由“数库”向“智库”的转变。县统计局全年指导企业完善生产经营日常记录、统计台账和开展调研服务60余次，深受广大服务对象好评；积极帮扶驻点企业湖北三维纺织公司签订军品订单600余万米，有效解决了企业生产经营困难。编印《罗田国民经济和社会发展的统计公报》，成为30多个部门、100多个项目规划和社保基金计提的重要数据依据。主要统计数据通过政府网站、电视等媒体定期向社会发布，为社会各界提供统计咨询服务100多人次，得到社会公众的好评。

**【常规统计】** 2017年，县统计局完成了农业、工业、商贸、投资、建筑业、房地产、服务业、科技、劳动工资等定期和年度统计工作任务。认真探索研究新产业、新业态和新商业模式的“三新”统计调查方法，坚持不懈抓好GDP核算、服务业、投资、能源和就业等改革工作措施的落实，搞好各项常规调查工作，把日常统计工作与各项统计改革结合起来，互相检验，互相促进。同时，开展了罗田县服务业清查、人口变动抽样调查、“四上企业”清查、城乡划分等重点调查工作，真实、准确、及时地摸清和反映了罗田经济社会各行各业的发展状况。

**【第三次全国农业普查】** 罗田县第三次全国农业

普查工作，在省、市主管部门的指导下，在县、乡（镇）两级党委、政府的高度重视和相关部门的配合下，通过3000余名普查人员的努力，2017年3月底，完成12.88万户普通农户、789户规模经营户、1233家农业经营单位的现场数据采集和上报。6月底，完成413个行政村普查表和乡镇普查表的填报工作。8月底，抽调精兵强将，完成差错修改和信息核实工作，先后完成差错修改20多万条，并向上级报送罗田县第三次农业普查数据质量综合评估报告。11月，配合省、市局上报国家级先进集体和先进个人材料。本次开展的第三次全国农业普查工作，全面摸清罗田三农发展的基本情况，掌握农村土地流转、农业生产、新型农业经营主体、农业规模化和产业化等新情况，为促进罗田今后的农业健康发展提供有力依据。

（县统计局供稿）

## 统计调查

**【统计调查与法治建设】** 2017年，县调查队深入贯彻落实中央《关于深化统计管理体制改革提高统计数据真实性的意见》精神，积极推进数据生产管理创新、服务效能创优。年初，调查队向县分管领导汇报全省统计调查工作会议精神，研究落实措施。3月，县政府主持召开全县统计调查工作会议，县委委员、常务副县长胡朝晖到会并讲话，部署2017年统计调查工作，传达《意见》精神，提出统计改革新要求，按下依法统计快进键。按照总队印发的《湖北调查系统数据质量责任制暂行规定分专业实施细则（试行）》，规范调查行为，各专业严格执行国家调查方案，落实任务布置、数据采集、评估审核、管理使用、质量检查责任，建立和完善数据质量责任清单，进一步完善统计调查数据质量责任追究制度和问责制度。大力加强统计法治建设。深入学习贯彻落实中央领导对统计工作重要指示和批示精神，认真抓好《中华人民共和国统计法实施条例》的宣传贯彻工作。成功举办中国第八届“中国统计开放日”活动。加大统计法制宣传力度，编制《统计法治宣传七五规划》，营造依法统计社会氛围。落实痕迹化管理，完善数据上报、审核修改记录，现场调查到村到户、到田到块，进店进厂，进场进圈。2017年，县调查队开展农村统计调查数据质量自查，按照总队法规处安排，开展两次“双随机”统计执法检查，检查法人单位10家。

**【统计调查管理】** 2017年，为促进调查队内部科学管理、民主管理，加强机关效能建设，切实提高调查队伍的战斗力和影响力，年初，调查队支部重新修订和完善27项规章制度，制度涵盖“人、财、物、数”等各个方面，重新规范“三重一大”决策议事程序、财务管理办法、公务接待规定、网络信息安全责任。从制度设计来看，管理更加精细，操作更加具体，责任更加明晰。通过加强检查督办，定期通报、问责追责等方式，建立横向到边、纵向到底的监督体系。以“三重”促履职。“重责任、重实干、重业绩”，强化干部履职尽责意识，坚持以业绩为导向，力戒空谈，重在实干。一方面积极开展争先创优活动，争创县委“五讲五评五考”目标考核优胜单位、党建工作先进单位、市级文明单位、综合治理平安单位和省一级档案达标单位。另一方面，对照问题，积极整改。围绕党的建设弱化、履职担当不够、统计法治建设滞后等薄弱环节，针对党员干部作风建设中存在的“精神懈怠不想为、瞻前顾后不敢为、能力不足不会为”等突出问题，开展“不担当、不作为”专项整治，通过自查自纠，梳理问题清单三大类8个方面，领导班子及班子成员对号入座，带头抓好整改落实，取得良好效果。

**【统计现代化建设】** 2017年，县调查队认真做好新一轮住户调查样本轮换工作。县政府亲自部署督办，专门发文，加强组织领导，落实人员经费。调查队牵头组织实施，县乡村“三级联动”，密切配合。严格执行国家方案，准确搜集样本资料，科学抽选调查村，精心挑选“两员”，切实提高了样本轮换工作质量。着力构建现代化农业统计调查体系。完成遥感测量实地调查样本与常规调查网点的整合，实现传统调查向现代化调查的无缝对接。开展业务培训，讲解调查方案和手持GPS测量技术，建立数据质量全程控制，高质量完成秋冬播和夏播农作物面积遥感测量工作。积极开展统计调研分析。围绕“精准服务、品牌服务、有效服务”，认真开展统计分析调研工作，加强监测预判。立足民生热点，围绕党委政府中心工作，开展专题调研，拓宽服务广度，增强服务针对性。

（国家统计局罗田调查队供稿）

## 公共资源交易监督管理

**【概　况】** 2017年，县公共资源交易监督管理局认真落实国务院和省政府关于推进公共资源交易市场规范化、法制化建设的指示精神，加强综合监管，规范市场秩序，加强队伍建设，提升服务水平，各项工作取得新成效。县级交易中心累计进场交易项目436个，交易金额16.51亿元。乡镇进场交易项目733个，交易额1.27亿元。

**【交易平台建设】** 2017年，县公共资源交易监督管理局对罗田公共资源交易信息网进行改版升级。网上交易项目新增了政府采购、资产权交易和土地交易，实现网上交易项目全覆盖，所有交易项目都在网络上发布交易信息、网上报名、网上交纳保证金、网上公布中标结果。对版面和栏目进行优化，使交易信息分类更清晰、更直观，新增了本周开标项目查询和保证金退还情况查询功能，同时通过其他栏目宣传法律法规，公开工作程序，受理违法行为的投诉、及时报道工作动态，把交易活动的全过程公开，让交易各方都能直接参与其中，从而建立起一个相互监督、相互制约的交易模式。

**【电子交易试点】** 2017年初，黄冈市公共资源交易监督管理局确定罗田为全市电子交易全流程试点，县公共资源交易监督管理局指派专人负责，举全局之力，投资近30万元，按照全流程电子交易的要求，对机房、网络、评标室和办公设施进行改造，完成所有交易节点岗位的政务专线接入、电子评标设施的安装、云平台投标保证金系统的3项测试及评标专家库信息录入。6月，又邀请云平台软件开发技术人员来罗田开展云平台应用操作培训，全县各市场主体业务人员，工程类评标专家及交易中心工作人员近200人参加培训。至2017年底，已有2个项目在云平台上线，并将于12月底开标，为最终全面完成电子交易全流程试点工作打好了基础。

**【监管体系建设】** 2017年，县公共资源交易监督管理局重新修订《罗田县公共资源交易操作规程》，出台《罗田县公共资源交易流程管理细则》，对交易流程实施分段管理，改变过去一人包揽交易全过程的模式，进一步明确岗位责任，市场科负责备案审查，交易中心负责交易现场管理，监督检查科负责监督，实行各功能区物理隔离，各关键岗位有效分离、分权制衡，降低了交易过程的管理风险。2017年，县公共资源交易监督管理局积极开展标前检查工作，召开两次全县公共资源交易管理委员会工作会议，积极落实《罗田县公共资源招标投标监督管理实施办法》和《罗田县公共资源招投标项目监督检查年度计划》，全年共对15个项目进行例行检查，发现问题5起，及时纠正1起，处理4起，罚款2.1万元。开展“亮剑行动”专项检查，结合全市开展的“亮剑行动”，及时与相关部门协调，联合县公安局经侦大队和行业主管部门，共对16个项目进行抽查，在检查中发现问题线索8起，已将问题线索向相关部门移交，目前正在处理中。

**【提升服务效能】** 2017年，县公共资源交易监督管理局建立“容缺受理”机制，县域重大项目、重点项目前期资料一时不能办齐的，由招标人书面承诺在发放中标通知书前补齐后，县交易中心及时办理项目进场登记手续，发布招标信息。简化流程，提高招投标工作效率。县级交易中心工程项目进场招标标准由30万元提高到50万元；200万元以下的工程建设项目，通过摇号随机抽取中标人，从发布招标公告到开标产生中标候选人的时间由原来的20天缩短为7天。

**【诚信体系建设】** 2017年，县公共资源交易监督管理局结合《湖北省招标投标不良行为量化管理暂行办法》的贯彻实施，从5个方面入手，进一步强化对代理机构和评委的考核。规范代理行为。从项目进场登记到招标工作结束，每个环节、每道步骤都必须按照规定的程序操作，要求代理机构人员挂牌上岗，专人负责项目的招标代理工作。严格评委管理。对评标过程实施全过程监督，规范评标委员会的评标行为，发现问题及时提醒纠正。加强日常检查，对进入县公共资源交易中心的项目进行全过程检查抽查，共进行抽查35次，纠正不规范行为8起。严格落实一标一评。对在代理和评标过程中出现的问题，一律按照评价标准实行扣分处理，记录存档，每月一汇总。共对2家代理机构的操作不规范问题进行了扣分处理，对两位评标专家未按招标文件规定的办法和标准评标的违法违规行为，做出取消1年评标资格的处理。落实“双公示”和“信用承诺”制度。将行政处罚信息及时公示，在项目进场登记时，要求招标人签订事前信用承诺书，对招标代理机构，实行年度登记，登记时由法定代表人当场签订事前信用承诺书。对投标人，也实行年度登记，由企业法定代表人当场签订事前信用承诺书。对评标专家，在项目评标前签订事前信用承诺书。

**【乡镇平台建设】** 2017年，县公共资源交易监督管理局对原《罗田县村级公共资源交易管理办法》进行修改，积极听取群众意见，将村级工程项目进场招标标准由1万—30万元调整为5万—50万元，更好地适应当前村级经济发展的要求。改进评标办法。为解决乡镇评标专家不足，业务素质不高的问题，参照县小型工程招投标办法，采用固定报价，以摇号方式确定中标人，得到各乡镇及广大群众的肯定。规范乡镇交易秩序。每月组织乡镇工作人员学习，提高业务水平，讨论招投标过程中出现的新问题，分析原因，查找漏洞，研究对策，针对乡镇出现的“投标专业户”现象，制定了“关于进一步规范乡镇公共资源交易工作的意见”，对投标人的资格条件作出要求，有效遏制类似行为的发生，规范了交易秩序。

（县公共资源交易监督管理局供稿）

## 价格管理

**【价格政策改革】** 2017年，县物价局已先后推进天然气价格改革、出租车营运价格改革、阶梯式水价改革、城市及建制镇污水处理费改革、公立医院药品零差价改革等多领域的价格改革。同时，积极主动向省、市物价部门争取有利于罗田企业发展的价格政策。

**【收费清单管理】** 2017年，县物价局全面实行清单管理制度，凡未入清单的收费项目一律取消。已分两批废止价费文件386个。及时更新《罗田县行政事业性收费标准目录清单》《涉企行政事业性收费标准目录清单》，并通过报刊、互联网、行政服务中心等平台向社会公示。

**【物价检查监督】** 2017年，县物价局围绕保民生、减负担，对教育、医疗、涉农、涉企等重点领域开展执法检查。开展行政事业单位巧立名目、违规向管理服务对象乱收费问题的专项整治，有效地遏制各种乱收费、乱涨价行为。截至

2017年底，已对23个乱收费单位进行查处，查处金额120余万元。坚持“有诉必理，有案必查”的原则，依法查处各种价格投诉举报，积极维护良好的价费环境。建立全员信访责任制度和价格信访台账，安排专人牵头负责信访工作，全天候开通“12358”价格举报电话，全力做好群众来信、来访和来电等价格举报工作。至2017年底，共接待群众来信、来电、来访126余件次，立案查处20余件，没有因为自身原因耽误或推诿一起上访案件，对群众反映的价格问题，做到件件有着落、事事有回音。

**【价格专项管理】** 价格认证。依法停止中介性质的民事价格认证业务，认真开展涉案物品价格鉴证。成本调查。按时完成板栗、茯苓、松木、蚕茧等农产品调查任务。价格监测。及时上报数据资料，认真开展货比三家价格监测活动。明码标价。以集贸市场、家居建材、商品房及物业收费、中介机构、电子商务、大型超市、零售药店、诊所等行业为重点，全面实施明码标价规定。

**【价格综合协调】** 2017年，县物价局针对天堂电厂与天堂水库的水价矛盾，积极参与协调，让双方达到满意的效果。同时，还调解了罗田县宏新建材有限责任公司因取砂点和矿山周边环境等问题。

（县物价局供稿）

## 食品药品监督管理

**【制度建设】** 2017年初，中共罗田县委办公室、县政府办公室下发《关于落实食品安全工作党政同责》的文件。县政府在财政紧张的情况下，增加县食药局财政预算经费100余万元，将食品药品抽验经费列入预算40万元。县政府还专门主持召开全县食品药品安全工作会议，加强对食品药品安全监管工作的组织领导。县食品药品监督管理局将《食品药品安全责任状》签到各乡镇监管所、食品和药品稽查局以及食品药品生产经营企业，形成环环紧扣的食品药品安全责任链条，全方位落实食品安全责任追究制度。县食安委办对各乡镇、县食安委各成员单位食品药品安全工作定期进行督查检查，并将结果计入年终考评。

**【食品专项整治】** 2017年，县食品药品监督管理局按照上级关于开展食品安全整顿的总体要求，以深入推进“餐桌污染治理”“清源”“净流”等专项整治工作为切入点，狠抓辖区食品市场秩序整顿，全面规范食品从业行为。1月，县食安委办下发《关于加强春节期间食品安全监管工作的通知》，县食品药品监督管理局按照文件精神，认真抓好节日期间食品药品安全保障工作。2月，县食品药品监督管理局转发省食品药品安全委员会办公室《关于切实加强学校食堂食品安全监管工作的紧急通知》，全县学校食堂食品安全监督管理工作进一步加强。4月，印发《罗田县食品药品安全春季行动方案》，切实做好春季食品药品安全监管工作。5月，下发《关于加强2017年端午节期间食品安全监管工作的通知》，搞好节日期间的食品安全保障工作。6月，印发《罗田县2017年治理“餐桌污染”建设“食品放心工程”工作实施方案》，扎实推进治理“餐桌污染”，建设“食品放心工程”工作。10月，积极开展“地沟油”整治。全年共出动执法人员2758人次，检查食品经营户5365户次，立案219件，没收问题食品185公斤，罚款46万余元。同时，努力强化食品抽检快检工作，按照年初制订的计划，积极落实食品快速检测工作，已开展食品快速检测800多批次。

**【药品专项整治】** 2017年，县食品药品监督管理局积极开展严厉打击制售假劣药械产品、邮售假药、保健食品药品、虚假广告药品、超方式或超范围经营、“刀锋行动”等5个专项检查行动，制定详细实施方案。7月，扎实开展卫生室、小诊所药品存储专项整治工作，全县70%以上的村级卫生室、小诊所都配备了“药品阴凉柜”，群众用药安全得到进一步加强。全年共出动执法人员1120人次，检查单位440余家次，办理举报2件，立案查处112起，处罚29家，罚款20余万元。取缔1个无证药品销售点，移交公安机关案件1件。通过一系列药品安全专项整治行动，进一步净化了辖区药品市场秩序，药品安全状况进一步好转。

**【食品安全城市创建】** 2017年,《县政府工作报告》提出要求，将在全县范围内争创全省食品安全城市。县食品药品监督管理局积极争取和申报，省食品药品安全委员会已发文，同意罗田县创建“全省食品安全城市”。随后，县政府印发《罗田县创建全省食品安全城市工作实施方案》，各有关部门正在积极开展创建工作。大河岸、凤山、三里畈、河铺4个镇食药监管所获得“省级标准化基层监管所”称号。全县创建省级放心食堂5家、全省农村食品“四好”示范商店20家、全省餐饮安全示范单位3家、省级示范农贸市场1家。

**【普法宣传】** 2017年，县食品药品监督管理局在扎实开展食品药品安全专项整治的同时，不断加大食品药品安全普法宣教工作力度。6月初，广泛开展食品安全宣传周活动，同时，依据食品药品投诉举报线索，积极开展核查工作，做到每诉必查、每查必复。截至11月底，共受理投诉举报39起，做到件件赴实地调查核实，件件向投诉举报人反馈核查结果，得到投诉举报人的一致好评。县食品药品监督管理局将开展各类专项整治活动的情况在纪委网站、报刊、电视台等媒体上进行宣传报道，在电视台开辟“舌尖上的安全”专栏，在食品药品企业开展“做老实人，办良心企业”主题活动，在大型超市开展“卖放心肉菜”活动，开展食品安全“你点我检”和免费快检等活动。加强网站、“12331”投诉举报热线、监督电话管理，畅通群众诉求渠道，诚心实意开言纳谏，自觉接受社会监督，形成良好的舆论宣传氛围。

（县食品药品监督管理局供稿）

## 国土资源管理

**【概　况】** 2017年，县国土资源管理局积极主动争取政策、研究政策、用活政策，通过向上争取，向内挖潜，积极组织新增建设用地报批，主动参与项目用地选址和征收。全年共完成用地测量1000余宗，参与选址82次，出具用地预审报告300余份，征收土地近2500亩，报批土地735亩，供地4200余亩。对旅游、交通、易地扶贫搬迁、乡镇垃圾和污水处理等重点项目用地需求优先准备，主动服务。共办理各类用地手续2047宗，受理各类不动产登记业务25000多宗，办理不动产抵押登记4872宗。在“三权”确权登记发证上，完成地籍测量10万余宗，权属调查6万多宗，已完成总工程量的50%以上。全面完成土地利用总体规划调整完善工作，为县域经济发展拓展了空间。

**【国土资源保护】** 2017年，县国土资源管理局全力创建国土资源节约集约示范县，成立领导小组，制定创建工作方案，明确工作目标，落实工作责任。供地率达80%以上，名列全市第一。切实加强耕地保护，圆满完成省、市下达的53.78万亩耕地保护责任目标，完成永久基本农田划定工作，入库面积达40.05万亩。大力开展增减挂钩和占补平衡项目建设，实现新增耕地近6500余亩，建设占用耕地均实现“占一补一”。矿山生态环境明显改善，全年关闭到期碎石矿山6家，完成废弃矿山恢复治理2处、生态复绿治理11处。

**【土地管理利用】** 2017年，县国土资源管理局严格执行供地政策，严守供地法定程序，对个人建房和改变容积率的单宗用地，坚持依法评估，集体会审，合理定价，确保土地收入不流失。对欠缴土地价款的竞买人，多管齐下，清缴土地欠款，全年全县共招拍挂土地27宗，价款达3.6亿元，收取其他土地出让金1060万元，清缴土地税费720万元。2017年，罗田县用地计划和指标全面紧张，县国土资源管理局主动向政府出谋划策，深挖用地指标潜力，积极开展增减挂钩和耕地占补指标建设。全年共立项7100余亩，已经完成6500多亩，指标交易实现收入2.25亿元，为县域经济发展做出了特殊贡献，在一定程度上解决了耕地保护“缺动力”，工业化城镇化“缺土地”，新农村建设“缺资金”等多个难题，得到中共罗田县委、县政府的高度肯定。

**【项目建设】** 2017年，县国土资源管理局实施土地整治项目建设。2014年度5.5万亩土地整治项目建设任务已全部完成。2015年度4万亩土地整治项目已完成总工程量的70%。2016年度土地整治项目已完成立项申报和可研工作。加强地质灾害防治。在汛期，对全县151个地质灾害隐患点进行拉网式排查，及时发现隐患并提出具体的防治措施。同时，积极筹措资金，前后投入1000多万元，对月山村、脱甲岭村两处不稳定斜坡和李家塆、张八塘两处废弃矿山进行立项恢复治理。去年底已争取国家资金1800万元，拟对九资河镇黄柏山泥石流地灾隐患进行治理。地质公园创建。圆满完成基础配套设施建设、重要地质遗迹保护工程建设、科普宣传及旅游推广、环境综合整治等工作，全县共投入资金达870万元，2017年7月接受联合国教科文组织专家的评估验收。

**【土地执法】** 2017年，县国土资源管理局积极开展执法巡查工作，发现和制止国土资源违法违规行为19起，强制拆除建筑物1200平方米，复耕复绿26亩，移交公安机关追究刑事责任1人。积极参与县政府拆违控违行动，强制拆除违法违规建筑物4600平方米。卫片执法工作圆满验收，问责比例为0.8%。积极整改土地督察反馈问题，12个具体问题都已在规定时间内全部整改到位。

**【队伍建设】** 2017年，县国土资源管理局坚持以十八大和十九大精神为指导，以开展“讲政治、守规矩、有作为”主题教育为抓手，将党建与国土资源工作有机结合，牢固树立争先创优理念，激发干部职工干事创业热情，提升工作能力。始终将“两学一做”学习教育贯穿于国土资源工作，不断地强化国土资源管理相关法律法规的学习研究，确保吃透政策、用足政策、用活政策，为国土资源更好地服务全县经济社会发展打下坚实基础。坚持把“扯袖出汗”变成党风廉政建设的新常态，增强预防腐败的警示性。始终把党风廉政建设摆在突出位置，要求全局上下把办事的原则性挺在感情之上，把做人的底线挺在处事的行为之上，把八项规定挺在工作生活的细节之上，从而做到政治上清醒，经济上清楚，生活上清白。

（县国土资源管理局供稿）

## 审　计

**【概　况】** 2017年，县审计局根据上级审计机关的安排和县政府的要求，安排政策落实跟踪、财政、农业、投资、经济责任等七项审计工作任务，涉及审计项目41个。局党组通过深入讨论研究，提出整合审计资源，实现“一审多果”的思路。在实施领导干部经济责任审计工作中，将2016年部门预算执行、专项资金管理使用、执行中央“八项规定”精神、“三公经费”和会议费、机构编制审核、选人用人责任审查、任期财政收支等内容纳入审计范围。对县科技局、畜牧局、司法局、食药局、卫计局等12个单位开展经济责任审计，同步实施2016年度部门预算执行审计。在审计质量、案件移送、追责问责实现新突破，3人被立案、24人被追责问责，实现一次审计包含多个审计项目，达到“一审多果”“一审多用”的效果。

【政策审计】2017年，县审计局根据审计署和省审计厅的安排，完成对2016年保障性安居工程、扶贫资金政策落实和扶贫分配管理使用、小型病险水库除险加固、“放、管、服”改革措施落实、财政存量资金、资源环境保护等项目的审计，及时发现重大政策措施落实中存在不到位、不规范等问题，积极督促相关部门落实整改。

【财政审计】2017年，县审计局组织对2016年县级预算执行和其他财政收支审计，以及县科技局、卫计局、林业局等12个单位2016年部门预算执行情况进行审计，重点关注县级财政预算编制调整执行、盘活财政存量资金、政府性债务风险防范，以及各单位落实中央“八项规定”精神、“三公”经费和会议费、违规发放津补贴等问题，共查出违规和管理不规范资金7.87亿元，责令归还原渠道资金6.27亿元，调账处理1.6亿元，基本上摸清了财政家底，客观上评价了财政资金使用绩效，如实揭露财政管理中存在的问题，有针对性地提出审计建议。县人民政府县长郝爱芳、常务副县长胡朝晖对审计发现的问题高度重视，要求县审计局认真督促相关部门整改。县财政局、卫计局等单位积极采取有效措施整改，整改效果明显。县审计局代表县政府向人大所作《关于2016年县级预算执行和其他财政收支审计工作报告》，获得人大常委会的好评。

【经济责任审计】2017年，县审计局根据县经济责任审计工作领导小组的安排，受中共罗田县委组织部委托，完成对6个乡镇和21个县直单位的27名领导干部任期、离任经济责任审计，查出违规和管理不规范金额3951.57万元，并依法进行处理。对领导干部应当承担的责任，进行合理界定，24人受到纪委追责问责，为领导干部认真履职、廉洁履职、依法行政起到积极的促进作用。

【投资审计】2017年，县审计局根据自身审计力量不足的现状，聘请10家中介机构参与政府投资审计工作，开展政府投资审计项目14个，审计投资额24634.19万元，审减工程造价1902.21万元，审减率7.72%。审计发现违规和管理不规范金额8194.46万元。通过审计，强化了政府投资项目审计监督，确保了政府建设资金安全，规范了政府建设行为，提高了政府投资效率，节约政府投资建设成本，对遏制建筑市场高估冒算的不正之风起到积极作用。

【交办审计】2017年，县审计局根据中共罗田县委的安排，对全县8个县直部门单位和4个乡镇开展巡察工作，审计监督与巡察工作同步实施，先后移送案件线索3件，16人次受到县纪委的立案审查和追责问责。11月初，根据县领导安排，对县经信局主管的6个行业协会和县商务局主管的2个行业协会，以及县广电局和文化局共10个单位，近三年的财政收支和截至2017年10月末资产负债情况进行审计，全面掌握了各单位人员、财政收支和资产负债情况，为推动相关单位机构改革，服务领导科学决策提供依据。

【党风廉政建设】2017年，县审计局按照党风廉政建设责任制的要求，深入开展“三抓”活动，较好完成党风廉政建设工作。组织全体干部集中收听收看审计署、省审计厅党风廉政建设视频会议，深入开展第十八个党风廉政建设宣传月、“严肃党内政治生活”等专题学习，主要负责同志亲自讲党风廉政专题党课和落实班子成员廉政谈话，全员观看警示教育片，及时传达学习省、市、县纪委监察典型案例通报，交流心得体会等活动，增强了审计干部的廉洁自律意识，筑牢了拒腐防变的思想防线。抓责任落实。年初召开党风廉政建设工作会议，逐级签订《党风廉政建设责任书》，分解落实廉政责任，明确党组书记履行第一责任人职责和其他班子成员履行“一岗双责”，注重把主体责任向股室和审计现场延伸。抓作风建设。注重完善政务公开、审计“八不准”工作纪律告知、审计纪律回访等制度，不断强化自我监督、社会监督和被审计单位监督，树立了良好的审计机关形象。

（县审计局供稿）

## 工商行政管理

**【概　况】** 2017年，全县工商系统体制划归地方，在中共罗田县委、县政府政领导下，全系统开拓创新、真抓实干，圆满完成市场监管和服务发展等各项重点工作任务，党建工作迈上新台阶。被列为第一批省级非公经济组织党建工作示范点，省、市局领导和各县市局来罗田参观交流学习。11月27日，广西省南宁市工商局来罗田交流学习。平台对接取得新进展。强化“市场主体信息共享交换平台”应用，部门协同监管平台实现部门间的信息互联共享，县直56个部门基本完成平台的接入应用工作。基层建设实现新突破。着力于解决基层实际困难和难题，成功解决凤山工商所、开发区工商所多年租房办公问题。县工商局被罗田县委、县政府授予“先进单位”。

**【商事制度改革】** 2017年，县工商行政管理局全面推进商事制度改革，经济转型升级速度加快，服务中心大局职能优化，“一窗受理、互联互通、信息共享”的登记手续进一步简化。共发放“多证合一”执照6171份。全年新增主体6069户，其中新增企业686户，新增个体工商户5170户，新增农民专业合作社213家。全县现有有效注册商标684件。其中，地理标志证明商标2件，省著名商标12件。全年申请注册商标207件，已成功注册138件，3件省著名商标正在申报中。引进武汉卓尔旅游公司的天堂寨、凤山古城、胜利红色小镇、三里畈禅修小镇、匡河观音山佛教小镇等五景区、五小镇旅游开发等项目，至年底五小镇旅游项目正在启动中。11个基层工商所、扶贫工作队进驻12个驻点帮扶村，确保户脱贫、村出列、县摘帽。

**【市场专项整治】** 2017年，县工商行政管理局加强对快递业、道路运输行业、小额贷款公司、危险化学生产运输企业、建筑业、烟花爆竹销售企业、加气站、加油站等涉安涉危市场主体开展专项整治活动，检查各类高危行业企业137家，对辖区16家经营不规范市场主体进行整顿。加大网络交易监管整治工作。开展互联网金融监管工作，对涉及互联网经营范围的56家企业逐一排查，对其中可能存在风险的6家企业进行严格检查。展开打击非法传销，规范合法直销行动。成立打击传销工作小组，明确职责分工和目标措施，主动加强与政府、公安、村委会等部门和基层组织的沟通联系，形成更快速、更透明打击传销工作的互通互联机制。认真开展安全生产整治、无证无照经营查处、市场主体百日整治专项行动、危险化学品安全综合治理、黄砂生产运输经营管理秩序整治、校园周边环境集中整治等各类专项整治工作。共办理行政处罚案件362起，下达告知书224份，听证告知137起。其中，办理农资案件32起，案值是12.8万元，为农民挽回经济损失48万元；办理侵权商标专用权“雀友”“雨虹”等案件共8起；办理四川某生物科技有限公司等3家公司违法发布保健食品及其他商品广告、误导老年游客案，给予3家公司罚款63万元；办理罗田县某医院不正当竞争典型案件。

**【消费者维权】** 2017年，县工商行政管理局共受理消费投诉、举报、咨询386件，为消费者挽回经济损失162万元。流通领域产品质量抽检268个批次，其中合格72个批次，不合格196个批次，均立案查处。

（县工商行政管理局供稿）

## 质量技术监督

**【法治宣传】** 2017年，县质量技术监督局结合“3·15”“5·20”“安全生产月”“质量月”等重要节点，在县人民广场设置宣传点，采取免费发放各种宣传资料、现场受理投诉、现场答疑解惑等多种形式开展宣传。发放宣传资料3000余份，向群众宣传《产品质量法》《计量法》《特种设备安全法》等法律法规知识，通过实物、图片及识假辨劣资料，耐心细致地向广大群众讲解如何鉴别化肥、农药、地膜等农资产品的真伪，同时设立计量公平检测台，电子秤、血压计等，免费为群众进行检测服务。利用政府网站、报刊媒体积极宣传质监部门工作实绩。利用网站媒体，发布新闻信息近百篇，利用电视媒体，开展宣传活动8次，推进法治建设，提高了广大消费者的维权意识、法治意识、科学消费意识。

**【窗口建设】** 2017年，县质量技术监督局进一步推进行政许可改革，优化许可流程，加强窗口建设，提高工作效能。截至11月，县质量技术监督局设立于县行政服务中心服务窗口累计受理事项2526件，接受咨询服务300余人次。其中，受理特种设备使用登记229台/件，受理特种设备作业人员考核复审104人次，受理特种设备法定检验1278台/件，受理特种设备开工告知203台/件，发放检验报告1600余份，受理计量器具检定等事项712件。

2017年5月16日，举行哲人峰观光架空索道应急救援联合演练行动

**【计量惠民活动】** 2017年，县质量技术监督局积极开展"计量惠民"活动。通过监督检查和服务宣传，确保集贸市场、医疗卫生等单位在用强检计量器具和普通民用计量器具量值准确。全年共检定计量器具2823台件，其中检定加油枪470余条，压力表802块，衡器420台件，天平砝码277台件，出租车计价器150套，血压计309个，校准其他类计量器具395台件。

**【专项治理】** 2017年，县质量技术监督局根据社会民众反映强烈、消费者投诉较多的产品进行专项治理，先后在全县范围内开展工业产品质量提升、农资建材打假等领域专项活动，重点检查生产许可获证企业生产条件保持等方面的情况；开展灰砂砖、农资、改装车辆、校车、燃煤小锅炉专项整治行动。截至12月，已立案19起，结案5起。携手县环保局联合执法，开展对辖区内在用20吨以下燃煤锅炉的淘汰工作，制订排查计划，开展"拉网式"排查，确保对每个污染点源走到、看到、查到，认真核实锅炉位置、用途、台数及配套污染治理设施运行情况，做到燃煤锅炉一台不漏，全部登记到位，及时对燃煤小锅炉淘汰进度进行电话回访、实地察访，确保专项整治活动取得实效。

**【特种设备监察】** 2017年，县质量技术监督局加强对全县特种设备经营、使用、检验检测等各环节的安全监察。联合县政府办、应急办及县安委会17家成员单位，举行哲人峰观光架空索道应急救援联合演练行动；依法组织查处特种设备生产、经营、使用单位违法违规行为；抓好特种设备安全监察工作。在重大节假日期间，组织人员对天堂寨、薄刀峰景区的观光电梯、索道等特种设备进行安全排查。全年出动安全监察人员360余人次，巡查特种设备使用单位160家次，检查特种设备1200余台（套），发现一般隐患16处，已完成整改16处，隐患整改率达100%，未发生特种设备责任事故。

**【培育名牌产品】** 2017年11月，县质量技术监督局组织召开"质量强县"工作联席会，下发

《罗田县实施质量强县战略2017年度行动计划》以及《罗田县质量工作考核办法》，对全县各单位责任清单进行分解落实。开展与重点培育对象每月联系一次活动，主动服务湖北名牌产品培育对象，帮助湖北食为天药业股份有限公司等4家企业开展新一轮的湖北名牌申报工作。帮助湖北大别山药业股份有限公司申报大别山质量奖。全年累计培育湖北名牌产品9个，协助40余家企业完成商品条码申请和续展，组织开展卓越绩效管理模式培训1次。

（县质量技术监督局供稿）

## 安全生产监督管理

**【概　况】** 2017年，全县共发生各类事故392起，死亡14人，受伤190人，经济损失670万元，同比分别下降21.7%、26.8%、19.6%、16.5%。其中，发生道路交通事故314起，死亡13人，受伤190人，直接经济损失525万元。发生火灾77起，直接经济损失55万元。发生非煤矿山事故1起，死亡1人，直接经济损失90万元。事故四项主要指标在市政府下达的控制指标范围内，未发生较大以上生产安全事故，全县安全生产形势总体稳定并持续好转。

**【组织管理】** 2017年，县安全生产工作按照“党政同责、一岗双责、齐抓共管、失职追责”要求，由县长郝爱芳同志任县安委会主任，中共罗田县委副书记、政法委书记陈世龙同志联系安全生产工作。各乡镇及时成立安全生产监督管理办公室，开发区成立安全管理科，负有安全监管职责的县经信局等19个重点部门新设安全生产监督管理股（或加挂牌子），其他部门和单位都明确安全生产责任股室和专（兼）职的安全员，企业普遍设有安全科并明确安全管理人员。412个行政村（社区）都有安全员（村干部兼任），并明确职责和待遇。全县各乡镇、各部门、各单位、各企业以实施安全员制度为契机，进一步健全安全管理机构，落实专（兼）职安全员队伍，形成齐抓共管的安全生产工作格局。中共罗田县委、县政府坚持每季度听取一次安全生产情况汇报。全年分别召开2次县委委员会议，5次政府常务（专题）会议，研究安全生产工作。中共罗田县委书记汪柏坤和县长郝爱芳，逢会必讲安全生产。重要的时间节点，汪柏坤和郝爱芳亲自带队开展重点领域、重点单位、重点部位的安全大检查。先后7次对宏源公司氟化氢储罐、环氧乙烷储罐，华阳公司环氧氯丙烷和氰化钠储罐等3处重大危险源进行检查，并挂牌公示责任。县、乡镇、部门等各级领导都落实《安全生产工作台账》。按照“管行业必须管安全”“管业务必须管安全”“管生产经营必须管安全”的要求，各分管县领导定期主持召开会议，分析安全生产形势，研究部署有关工作，对分管工作每月至少进行1次检查、督办，做到“谁主管、谁负责”。

**【安全预防】** 2017年，县政府对安全生产的投入优先安排，安监部门人均工作经费预算为4万元/年，全县最高。我县的安全生产专项资金按常住人口每人1元的标准提取，60万元全部纳入财政预算。每年5万元举报奖励资金、“网格化”工作经费列入财政预算。县机关事务管理局将省安监局配发的一辆执法车固定给县安监部门使用。县安监局积极向上争取项目资金，为12个乡镇安全生产办公室和开发区安全管理科配发电脑、打印机、数码相机等办公用品。2017年，县政府投入8020万元用于道路交通生命防护工程建设，旅游路、农村道路安保设施日趋完善，交通安全保障能力明显增强。为切实研究解决安监部门人员编制不足问题，根据10月18日的县政府安全生产专题会议纪要精神，同意安监局机关的原有3名过渡性事业编制、1名工勤编制按编制管理政策规定使用，确保满编满员。同意县安全生产应急救援指挥中心单设，不再挂靠安全生产监察大队，新增全供事业编3名。同意设立职业卫生监察大队，与安全生产监察大队合署办公，定全供事业编10名，其中，新增6名。上述机构设立和人员编制，县编委已经发文。

**【实绩考评】** 2017年年初，县政府层层签订年度《安全生产目标责任书》《安全生产“党政同责一岗双责”责任书》，确保安全责任横向到边、纵向到底。安监等有关部门定期向组织人事和纪检监察部门反馈各级党员干部的安全生产履责情况。将安全生产作为全县各单位领导班子“五讲五评五考”综合实绩考评、精神文明、党风廉政建设、社会治安综合治理考核的重要内容，作为单位和个人评先评优、干部选拔任用的重要依据。对105家县直一级单位、12个乡镇的安全生产工作进行严格考评，并严格落实安全生产“一票否决”和重点管理。全年对86家企业和部门、137名个人的评先表彰、职务晋升调整等进行“一票否决”审查。

**【体制改革】** 2017年，罗田县根据省市有关文件精神，结合罗田实际，研究印发了“1+4”等改革性文件，进一步理顺有关机制体制，安全生产改革全面推进。7月15日印发《中共罗田县委、罗田县人民政府关于推进安全生产领域改革发展的实施意见》，对安全生产与职业健康所涉及的机构与人员编制、部门安全生产内设机构与人员编制、乡镇与部门的安全生产监管监察岗位津贴等方面，做出明确的规定。7月15日中共罗田县委办公室印发《罗田县党政领导干部安全生产责任清单》，对中共罗田县委、县政府等18名主要领导的安全生产责任，进行规范和界定。7月7日中共罗田县委办公室印发《罗田县安全生产责任清单》和《关于全面推行安全员制度的意见》，分别对党委、政府、部门（安委会成员单位、其他有关部门）、企业的安全生产责任进行细化和明确。对全县安全员的覆盖范围、配备标准、工作职责、考核奖惩等进行明确。各级党政机关、事业单位、村（社区）、企业做到了安全员全覆盖。7月7日中共罗田县委办公室印发《罗田县安全生产“一票否决”和重点管理实施办法》，对“一票否决”情形、否决程序与运用、重点管理要求等进行细化明确。9月7日县政府办公室印发《关于调整县安全生产委员会组成人员和成立二十四个安全生产专业委员会的通知》。县安委会由县长任主任、8名副县长任副主任，56个部门一把手为成员。并成立非煤矿山、石化工业（危险化学品）、烟花爆竹、建设、城乡燃气、油气长输管线、校园、医院、民爆物品、消防、特种设备、旅游、商贸（成品油）、文化、交通、电力能源、工业冶金、国土地质、民政福利、水利、渔业、农机、体育、房管物业24个安全生产专业委员会。各专业委员会都已经组织开展相关领域的安全生产工作，行业主管部门牵头、相关部门配合的监管合力已经形成。10月12日，县政府办公室印发《关于进一步明确县直有关部门安全生产职责的通知》，进一步完善、补充、明确了发改、经信、教育、公安、司法、国土资源、环保、住建、交通运输、水电、林业、商务、卫计、文化、广电、体育、旅游、食药监、民宗、民政、粮食、城乡规划、人防办、城管、房管、招商、质监、园林28个部门的安全生产职责。10月11日，罗田县安监局印发《关于明确旅游景区安全管理职责的通知》，进一步明确旅游经营企业的主体责任、乡镇与林场的属地监管责任、16个部门的行业监管责任。

**【宣传培训】** 2017年，县安全生产监督管理部门始终把提高全民安全意识作为提升全县安全生产水平、预防和减少各类事故的基础，切实加强安全生产宣传、教育、培训工作。将安全生产宣传教育纳入党的宣传思想工作之中，宣传部门积极做好安全生产宣传教育和突发事件的舆论引导。安全生产知识纳入县委党校和干部夜校课程。每年的普法考试、在职干部理论考试中，都包含有安全生产内容。积极开展“安全生产月”活动，组织“安康杯”竞赛、应急救援演练等活动。开设“企业家谈安全”电视专栏。6月份，每周的周一至周五晚上的黄金时段，罗田电视台播出1期展示各行业领域、各部门、各乡镇、各企业的有关安全生产电视节目。全县有196个单位、6319人参加全省安全生产知识网络竞赛，成绩近183万分，排名湖北省第20位。县安办、县安监局认真组织开展安全生产咨询日、《安全生产法》宣传周等活动，县领导带头积极参加安全生产宣传活动。把《安全生产法》《职业病防治法》《湖北省安全生产条例》作为全年的重点宣传内容，累计发放单行本各近8000本。全县各乡镇、各部门、各企业单位积极抓好安全生产工作宣传，向各级报纸、网站、微信公众号等传媒投稿近350篇。大力开展安全生产知识“进企业、进校园、进机关、进党校、进社区、进农村、进家庭”活动。各乡镇、各部门、各企业通过网站、qq群、微信群、宣传栏、报纸、电视等平台，加大安全生产宣传力度，营造“安全第一、生命至上”的浓厚氛围。全年先后召开2次县安委会扩大会议，宣讲习近平总书记、李克强总理和省市主要领导关于安全生产的一系列讲话精神。组织乡镇、开发区的分管领导、安办主任26人参加安全生产法律和管理知识培训。举办部门安全管理人员培训班1期，共培训安全生产分管领导、安全股长70人次。举办企业安全培训班10期，共培训矿山、危险化学品、烟花爆竹、工业企业、建筑施工、消防、旅游、特种设备、校车公司等各类生产经营单位主要负责人、安全管理人员近800人次。举办特种作业人员培训班5期，培训电工等近90人。各企业培训农民工2800人次，其中培训新员工、转岗员工2000人次。各乡镇、各部门的安全监管干部主动参加“法宣在线”学习；安监局的全体干部全面完成安监总局网络学习培训任务，并顺利结业。中共罗田县委中心学习小组、县政府党组带头对中共中央国务院、中共湖北省委、省政府，中共黄冈市委、市政府《关于推进安全生产领域改革发展的意见》《安全生产法》《职业病防治法》《湖北省安全生产条例》《湖北省安全生产党政同责暂行办法》进行专题学习。各乡镇、各部门进行集中传达学习。各企业也组织员工对《安全生产法》《职业病防治法》《湖北省安全生产条例》进行专题学习。在春节、两会、夏季高温、国务院巡查、省市督查暗访、国庆中秋及党的十九大前等重要时间节点，及时组织全县各部门分别开展企业履行安全生产主体责任集体谈话提醒和警示教育，累计组织7批780人次的集体约谈提醒和警示教育活动，通过开展约谈和事故警示教育，有效督促企业负责人认真履责。

**【队伍建设】** 2017年，县安监局按照有关要求，结合罗田实际，进一步强化基层基础工作，全县安全生产管理水平明显提高。内强素质外树形象。鼓励全县安全生产行政执法人员和企业安全管理人员通过学习，不断强化专业素质。全县已有12人通过注册安全工程师资格考试，10人通过湖北省注册助理安全工程师资格考试。各负有安全监管职责的部门通过采取轮岗锻炼、开展业务研讨、参加上级培训等方式，努力提高监管人员的能力水平和基本素质。公安、安监、质监、药监、工商、交通运政、农机监理、城管、环保、卫生监督等部门人员穿制式着装执法，严格执法办案程序，严格规范自由裁量权，坚持教育与处罚并举，树立文明、正规的执法队伍形象。有关部门积极参加电视问政和政风行风评议，虚心听取社会各界意见建议，进一步转变工作作风，进一步增强服务意识，社会满意度大幅提升。多管齐下提质增效。继续开展安全生产示范创建、安全标准化、职业健康、网格化体系建设，各单位的安全生产机构设置、人员配备、资金保障、教育培训、各类台账、规章制度、本质安全度、隐患排查整改等基础性工作得到巩固和全面加强。积极开展安全文化示范企业、示范社区创建，持续开展企业安全标准化创建。各企业张贴、学习、贯彻《企业安全生产法定责任后果告知书》《企业职业卫生法定责任后果告知书》《企业主要责任人安全生产法定责任后果告知书》和《企业安全生产责任体系五落实五到位规定》，企业安全生产主体责任得到有效落实。扎实开展企业粉尘、噪声等职业病危害因素检测，职业病危害现状评价，督促企业组织职工健康体检。每月通报一次全县“两化”排名，每两月召开一次专题督办会，加强现场抽查、检查、督办，切实提高隐患排查治理质效。全面排查消除隐患。3—6月，通过在全县组织开展以隐患排查治理为主要内容的安全生产“春季行动”，共排查安全隐患1112处，其中重大安全隐患4处。凤山镇合家畈李界线石源河小桥安全隐患，投资69万元，新建一座2米×12米筒支空心板桥，并通过验收。大别山商贸广场停车场安全隐患，已于8月16日整体搬迁到大别山客运站。蒙蒙山采石场安全隐患，土层未超前剥离、平台未贯通问题，已在规定的时限内完成整改销号。新普生药业有限公司安全隐患，生产车间安全报警装置安装位置不当、与车间距离太近等问题，已完成整改。7—8月，市安全生产暗察暗访组检查罗田97家单位，反馈隐患4批共194处，均已全部整改销号。

**【专项整治】** 2017年，罗田县成立由各分管县领导负责、行业主管部门牵头、相关部门配合的“三项行动”工作专班24个，成立乡镇、开发区工作专班13个，成立督查专班1个。在全县范围内相继开展安全大检查、打非治违、专项治理行动。安全大检查。按照“全覆盖、零容忍、严执法、重实效”的原则，对全县安全生产大检查活动进行认真研究、全面动员部署、组织深入细致检查和严格督查。安监、住建、交通、水电、消防、国土矿管、质监等部门聘请省市有关专家，参与安全大检查，全面深入排查本行业领域的安全隐患。全县37个检查组，参加检查415人次，检查单位1820个，下达隐患整改指令（通知书）1745份，发现各类安全隐患2710余处，已经全部完成整改。其中，安监部门通过采取政府购买服务的方式，聘请有关专家对8家涉氨企业、6家危化企业、3家危险品经营企业、9家非煤矿山及石材加工企业开展“专家会诊”，专家出具了隐患诊断意见书52份，共排查整改隐患72处。打非治违。突出交通运输、建筑施工、危险化学品、非煤矿山、烟花爆竹、道路（水上）交通、人员密集场所、粉尘、涉氨制冷等行业和领域非法违法行为。严厉打击非法生产、经营、建设行为，坚决纠正违章指挥、违规作业、违反劳动纪律行为，重点打击无证生产经营、无证上岗、违反“三同时”规定等各类违法行为。全年共责令停产停业整顿企业12家、查封火灾隐患问题网吧3家、拘留酒驾人员85人。其中，追究刑事责任11人。特别是省、市作出新一轮的“打非治违”安排部署后，罗田县高度重视、认真研究、全面部署，各乡镇、各部门、24个安全生产专业委员会都在研究部署、组织开展行动。专项整治。全县共排查整治企业1360家，消除隐患1620处。扎实开展矿山、危化品等领域的节后复工验收。进一步理顺了矿山与民爆公司在矿山爆破作业过程中各自的安全生产责任，并严格坚持和督促企业落实道路上顶、超前剥离、分台阶开采等硬性条件要求。聘请专家参与复工验收，严把化工企业节后“开车”复工验收关，确保安全条件落实。

**【监管服务】** 为切实保证安全生产法律法规、标准规程得到认真贯彻执行，有效预防各类安全事故，县安监局一手抓服务，一手抓监管，主动作为，服务企业。在企业落户评审通过后，安监等有关部门主动上门与企业对接沟通，将《安全设施（职业病防护设施）“三同时”程序与要求告知书》发给企业，协助企业做好“三同时”工作，有效防止先天不足、带病投产的现象发生。将《工贸行业重点可燃性粉尘目录（2015版）》《工贸行业可燃性粉尘作业场所工艺设施防爆技术指南（试行）》发给涉及粉尘企业，为企业做好粉尘防爆工作提供意见建议。将《职业病分类和目录》《特种作业办证流程与要求》、各种安全生产法律法规等，及时上传到县企业安全生产QQ群上，为企业提供各种下载学习的便利。对于企业提出的安全生产有关问题，有关部门及时答复。强化监管，严格执法。各部门除认真做好元旦、春节、“五一”、夏季高温、“十一”、十九大等重点时段的安全检查外，严格按照县政府批复的执法计划，对各类生产经营单位进行检查和过程执法。县安监局全年对直接监管的行业领域进行4次拉网式全面检查，就企业主体责任落实、“三类”人员持证上岗、“三同时”、职业健康等进行专项检查，共发现问题和隐患150余处，当场督促整改120多处，限期整改30余处。对存在违法行为且拒不整改的，坚决处罚到位，全年立案查处18起，处罚64.5万元。

（县安全生产监督管理局供稿）

## 农村经营管理

**【惠民政策监督】** 2017年，县农村经营管理局运用大数据开展惠民政策监督检查，截至2017年底，全县通过大数据平台，共反馈9572条问题线索，经认真查核，查实问题线索4353条。根据“四个分类处置”的要求，分别将656条查处问责类的问题线索交由当事人所属纪检监察机构调查处理，将其余3697条整改纠正类的问题线索交由各惠民政策主管部门分类整改纠正。全县共追缴、退缴违纪违规资金946300元，涉及党员干部254名。其中，立案41件，已结案41件，党纪处分41人。

**【筹资筹劳管理】** 2017年初，县农村经营管理局召开各乡镇减负办主任会议，布置2017年“一事一议”筹资筹劳工作，完善由村民民主议事决策、乡镇审核同意、县减负办最终审批的工作机制，对议事范围、议事程序、上限控制标准、申报与审批、收缴与管理、决算与事后审计监督等都作出详细规定，既注意避免将“一事一议”变为随意性、固定性的收费项目，又正确引导村组集体组织和农民，实行“一事一议”、民主决策，搞好基础设施和公益性事业建设。为避免有事乱议或有事不议，县减负办严格按照《村民“一事一议”筹资筹劳管理办法》文件规定的程序进行审批，布置全县所有的村召开一次群众代表会议，无论是筹资还是不筹资，交给群众代表讨论，所作决定经过到会人员的过半数通过后，报乡镇财经所审核、乡镇人民政府审查同意、县减负办审批。为避免有事不议，县农村经营管理局加大政策宣传力度，利用会议和走访等形式，引导村干部把农民最关心、受益最直接的公益事业作为2017年“一事一议”筹资筹劳的重点，在确保农民群众的参与权、决策权和监督权的前提下，使“一事一议”筹资筹劳作用得以充分发挥，而不成为套取财政奖补资金的途径。同时，县减负办和综改办密切配合，狠抓财政奖补项目的实施。全县2017年“一事一议”筹资筹劳审批在5月20日前完成，共审批413个村“一事一议“筹资筹劳，同时完成2017年的农民负担预算工作，预计筹资总额687.41万元，筹劳工日2441248个。

**【农民负担监管】** 按照省农民负担监督管理办公室《关于转发农业部等部门关于做好2017年农民负担监管工作意见的通知》精神，县农村经营管理局向全县12个乡镇和23个涉农收费部门进行转发，年初开展政策宣传，将省减负办的26个“不准”和农民负担政策印发成单行本，发到各乡镇、村，实行“三个严禁”：严禁任何单位、任何个人以任何名义向农民、学生、个体工商户乱收费、乱罚款或者是以罚代收、以罚代管；严禁村集体向农民建房户收费，在公路、美丽乡村等公益性事业建设中向农民强行集资、摊派、强行捐款；严禁任何单位向村集体、新型农业经营主体乱收费、乱摊派、乱罚款，对于不符合政策的收费罚款票据一律不得报账，决不允许明知故犯，我行我素。为了保证专项治理工作不走过场，取得实效，县农村经营管理局采取一系列措施：一是开展明察暗访和农民负担执法检查，对各单位的收费进行全面的暗访和拉网式清查，重点清查工商部门、药监部门对个体经营户的处罚，教育部门的教辅资料、学生平安保险以及在职教师补课，计划生育部门征收社会抚养费，土地部门对农民建房收费，卫生部门、农业部门的收费，部门向村级组织的收费。二是对发现有涉农乱收费的乡镇、保险公司等部门下达整改通知书。三是在开展专项清理和执法检查的过程中，对发现的突出问题进行严肃处理，组织纪律处分与经济处罚相结合。四是对各乡镇有关部门向村级组织乱收费行为进行一次全面清理。并加大“三资”监管力度，在乡镇政府设立“三资”管理监督委员会，在财政所设立农村产权交易中心，在各村成立村务监督委员会，实行民主理财，晒账报账，全面取消村级招待费。

**【惠农资金监管】** 2017年，罗田县各项惠农补贴资金由县财政直接打卡发放到农民手中，补贴项目为耕地地力保护补贴4244万元，库区群众生活补贴76万元，退耕还林补贴869万元，农机具补贴762万元，库区移民补贴972万元。县惠农资金发放做到“六统一、五到户、五制、六不准”：“六统一”即补贴品种、补贴对象、补贴办法、补贴标准、补贴方式、补贴时间统一；“五到户”即政策宣传到户、注册编制到户、农户签字确认到户、张榜公布到户、补贴兑现到户；“五制”即首问制、限时办结制、一次性告知制，服务承诺制、上门服务制；“六不准”即不准以“一折通”发放代替惠农补贴通知书、不准以财政惠农资金抵扣任何款项、不准截留挤占挪用财政惠农资金、不准以集体代领惠农资金、不准拖延财政惠农资金兑付时间、不准以任何理由借机增加农民负担。

**【培育农业经营主体】** 2017年，全县以板栗、中药材、甜柿、畜牧、茶叶、蔬菜等农特产品为依托而组建的特色农产品农民专业合作社，总数已达到914家，新创建示范合作社20家。其中，省级2家，市级8家，县级10家。新发展家庭农场10家，全县家庭农场总数已达到60家。新创建示范家庭农场15家，其中省级2家，市级7家，县级6家。随着这些农业经营主体的不断发展壮大，全县以农户家庭经营为基础、合作与联系为纽带、社会化服务为支撑的现代农业经营体系已初具雏形。

**【“三资”专项整治】** 从2017年2月中旬起，县农村经营管理局在全县开展农村集体“三资”专项监督检查工作。7月中旬又对村级资产、资源及建设用地进行全面清理，清理情况如下：村级工程建设类，存疑待查问题涉及总资金8333.2万元；待处账务类，待查处资金共计3021.39万元；待查项目类，待查专项资金5笔，共计总资金306.7万元；收入类，待查收账不及时、坐收坐支、套取退耕还林补偿、收款不裁收据66件，涉及资金共计146.37万元；民主监督类，待查问题涉及资金473.2万元，其中代签字14件，涉及资金40.47万元，无会议记录153件，涉及资金432.73万元；涉农收费类，乡镇收费、村收费及欠村款共108件，计款795.81万元；费用类，待查存疑问题涉及资金共计701.23万元；资产类，待查存疑问题涉及资金共计127.36万元；资源类，待查存疑问题涉及资金共计165.26万元；资金类，待查存疑问题涉及资金共计2650.54万元；采购类，未办采购手续2笔，共计资金15.89万元。

【农村土地确权】按照中共湖北省委、省政府的要求，罗田县全面推进农村土地确权登记颁证工作，在“先行试点，大胆探索，积累经验，稳步推进”的工作思路基础上，结合3个村农村土地确权颁证试点工作经验，成立领导小组和工作专班。下发工作方案，进行广泛的宣传发动，引入先进的测绘公司，通过招投标，有6家测绘公司中标。在实际工作中，县农村经营管理局严把资料准备关、入户核实关、外业测量关、内业处理关、审核公示关、调处维稳关、合同完善关、归档建库关等“八个关口”，确保工作质量。2017年3月16日，组织召开全县农村土地确权登记颁证工作推进会，4月初，启动农村土地承包经营权证印制采购项目，7月5日进行数据库建设和第三方验收的招投标，8月9日进行档案整理和数字化加工项目的招投标。全县土地确权实测地块713337块，实测面积53万亩，发放权证123390份，完成数据入库416个村场。10月28—29日，全县农村土地确权登记颁证工作顺利通过省、市检查验收。

（县农村经营管理局供稿）

## 行政审批服务

【概　况】2017年，罗田县人民政府政务服务中心管理办公室（简称政务服务中心）积极推行“放管服”改革，规范窗口管理，创新服务方式，提升行政效能。全年共受理各类行政审批服务事项205509件，按时办结205251件，待办承诺件258件，承诺件提前办结率99%，按时办结达100%，电话预约服务2982人次，接待群众咨询4850人次，缴入非税收入1.5亿元，卓有成效地完成了各项工作任务。

【优化环境】2017年，县政务中心从三个方面入手，全面优化县域经济发展环境。即深化“两大改革”。一是深化“放管服”改革，重组整合审批事项，取消审批项目11项，承接8项，调整17项，合并5项，下放1项，保留运行191项，精简前置事项20项，优化流程5个，为企业“减负”提效。二是推行“多证合一”改革，将多项登记前置审批事项调整为后置审批，完善数据互联共享，统筹换发营业执照，压缩工作时限。推出“三大规范”。一是规范窗口中介服务机构作业，清理中介职业资格许可，限定窗口中介服务收费必须低于市场20%。二是规范窗口审批项目，配合县审改办出台《罗田县行政审批事项目录》。三是规范编制窗口《服务指南》，再造《办证流程图和服务指南》1.2万册，量身定制《园区办证流程图和服务指南》。创新“四大服务”。一是创新“每日一星”服务，建立窗口“咨询导办台”，安排专人全天候服务群众。二是创新“上门会审”服务，组织业务科室、窗口首席代表每月10号进企业联合会审、会签、会商服务。三是畅通电话预约服务，公开窗口电话22对，专门在双休日、节假日、午休时间为群众预约服务。四是建立诉求快速处置服务，由班子成员每天带班巡视窗口2次，处置群众信访关切问题，现场处置群众诉求，确保窗口政务服务政令畅通。

【勤政为民】2017年，县政务中心全力抓好星级创建、廉政建设、商事审批等关键事项，着力营造窗口队伍勤政为民新形象。力抓星级创建“五个活动”。开展基层党建“整县推进”活动。建设“七室一廊一平台”活动阵地，订阅“黄冈党旗红、遗爱清风”等微信公众号，支部按期换届选举，规范发展党员1人，夯实“五个基本”建设根基。机关党支部被县财政局党组授予“先进基层党组织”称号，年终考核达到五星级标准。开展书记讲党课活动。陈文胜带头上讲台，先后讲党课4次。开展党纪法规理论知识测试活动。组织党员干部测试2次，参考率100%，优秀率达100%。开展“支部主题党日”活动。将每月第一周星期一定为“活动日”，完成“5+X”规定动作，进企业和农村实践活动，完善《两个手册》痕迹管理。开展“红旗窗口”和“一名党员、一面旗帜”示范评选活动。发挥党员“旗帜”作用。撰写新闻动态稿件13篇，被省级刊物采用1篇,《黄冈日报》采用2篇，其他媒体网站采用10篇，丰富了罗田政务服务文化底蕴。力抓廉政建设“四个关键”。抓住廉政教育关键。开展理论学习教育、警示提醒教育、党课专题教育、预防风险教育、廉政文化教育5大教育，始终保持反腐高压态势，净化窗口廉政生态。抓住责任落实关键。层层签订个性化《党风廉政建设责任书》和《党风廉政建设“一岗双责”责任书》，建立责任清单，把廉政责任落到实处。抓住廉政机制建设关键。修订党务制度22个，健全管理机制。抓住廉政活动关键。利用廉政建设“宣教月”时间节点，开展“5・10”我要廉签名承诺活动，培养党员廉政心态，弘扬正气清风。力抓商事审批“五证合一”。积极推进“五证合一”商事制度改革，在工商窗口全面推行注册资本认缴登记制，放宽注册资本登记条件，落实前置审批事项为后置审批举措，支持新兴行业和新兴业态发展，全面提升勤政为民形象。

**【中心工作】** 2017年，县政务中心积极配合县委、县政府，致力脱贫攻坚，打造魅力型乡村。帮助周家沟村加强脱贫攻坚后续建设发展，投资7万元，实施定向扶贫、产业扶贫、智力扶贫，取得显著效果。主抓产业引领发展，引导农民种植“黄科香1号”优质稻100亩，实现增收7.2万元，药材生产增收42万元，养殖业增收30万元，农机耕种、清洁服务增收20万元，光伏发电收入5万余元。牢固树立为旅游业发展服务理念，搭建全域旅游服务窗口。一是开展“面对面”服务旅游企业，多次为落户罗田的旅游项目企业上门服务，现场解决企业审批后续难题，建立亲商、安商、护商机制，促进旅游新业态迅猛发展。二是优化服务旅游项目流程，对涉及旅游项目审批流程进行再精简、再优化，落实旅游项目“一站式”“一条龙”服务，优化营商环境。三是大力宣传罗田旅游文化，徐原超摄影作品《古典与现代交响曲》被《中国摄影报》刊登；肖薇撰写的调研文章《充分利用生态资源，撬动罗田旅游发展》深得有关方面好评。积极配合县政府、县审改办深化“放管服”改革，完成工商窗口注册登记制度、“五证合一、一证一码”改革。积极落实公章刻制“备案制”，严格公章刻制运作，减少过去公章刻印受理申请、审核、报批中间环节，新增公章刻制网点2个，把更多的方便让给企业。积极推行“一张网”办公，已顺利开通“湖北省投资项目在线审批监管平台”，实现政务信息资源交换与共享。

（县政务服务中心供稿）

## 住房公积金管理

**【概　况】** 2017年，全县共有502个单位建立住房公积金制度，缴交住房公积金人数达20899人，住房公积金覆盖面不断拓展。共归集住房公积金1.6亿元，新增缴交人数1782人。全年共发放住房公积金贷款1.3亿元，个贷逾期率控制在1‰内，切实做到资金安全增值。

**【制度宣传】** 2017年，黄冈住房公积金管理中心罗田办事处（以下简称办事处）为切实搞好归集工作，办事处每年组织工作专班，深入到全县行政机关、事业单位和非公企业，对公积金缴存情况进行调查摸底，重点了解全县归集总体情况、已缴存单位情况和未缴存单位情况，做到心中有数，掌握了工作侧重点，有的放矢开展工作。随着住房公积金新政的相继出台，办事处不断加大公积金政策宣传力度，大力宣传住房公积金新政。在县广播电台和罗田电视台黄金时段，滚动播出住房公积金政策问答和宣传标语，印发宣传资料。全年共印刷《住房公积金政策法规汇编》

等宣传资料20000份，进行免费发放。制作政策宣传展牌，在县人民广场等显眼位置、县大型会议和干部夜校等重要场合实地宣展。通过全方位、多角度宣传公积金政策，提高了广大干部职工对公积金制度的知晓率。

**【个人贷款】** 2017年，办事处为使住房公积金贷款这项惠民利民政策落到实处，领导班子大胆解放思想，降低门槛，推出商品房抵押按揭贷款、住房装修贷款和进城务工人员贷款。并改善服务态度，提高工作效率，简化贷款手续，制定了《住房公积金贷款指南》，确保贷款零风险。开展上门服务和预约服务，实行贷款随到随办随审批，确保应贷尽贷，落实政策不打折扣，有力地推动房地产业健康发展，为改善中低收入人群住房困难做出应有贡献。

**【风险防控】** 2017年，办事处以确保资金安全为核心，狠抓规范管理。对住房公积金业务关键环节进行全程实时监控，制定出风险排查表，切实防范潜在资金风险。建立“贷前严审、贷中规范、贷后跟进”贷款风险管理体制，强化日常监控，严格落实各项风险防控措施；建立处理逾期贷款工作制度，防范了信贷风险。加强内部财务管理，严格各项财务支出。如业务招待和购买办公用品，先填写申请单，经办公室审核、分管主任和主任审批后方可实施，报销发票实行“联审会签”，需要经办人签字、财务科审核、分管主任和主任审批后才可报销，严格的财务制度使单位形成良好的廉政风气和节约风气，同时也杜绝一些不良行为发生。

**【政风行风建设】** 2017年，办事处加强制度建设，规范内部管理，按照中共罗田县委、县政府和市中心的总体要求、责任目标，制定了一整套《工作制度》和《考核办法》，将绩效考核贯穿于日常管理全过程，绩效考核结果与干部考核、干部选拔任用、评先评优相结合，切实提高工作效能，不断提升服务跨越发展的能力和水平。完善服务功能，改进服务手段。坚持“一切围绕职工，一切方便职工，一切维护职工”的服务理念，不断拓展业务功能。根据业务发展需要，加大信息化投入，不断提升服务功能，优化网络栏目，丰富网站内容，开通微信，购置查询机，使职工能快捷便利地查询公积金账户使用情况，还与县移动公司合作，开通公积金公益短信宣传，使服务更便捷更人性化。印制精致的公积金服务手册，设立意见箱、意见簿，在原有的服务设施上更换、添置接待桌椅，让来办理公积金业务的群众对公积金政策一目了然，办事环境整洁优美。加强作风建设，全面提升服务效能。严格执行首问负责制、一次性告知制，限时办结制、责任追究等制度，狠抓服务窗口服务质效提高，规范工作人员举止、态度、用语等服务标准，严格整风肃纪，狠刹“庸、懒、散、浮”和“门难进、脸难看、事难办”等衙门作风，强化服务意识，增强服务责任，树立了窗口良好形象。深入开展“面对面、听期盼”大走访活动。通过召开座谈会、入户走访、问卷调查等方式和“十个一”活动举措，积极开展“面对面、听期盼”大走访活动，广泛征求意见和建议。针对多途径反映出来的意见和建议，一项项地抓好整改，一项项抓落实，实行销号制和时间倒逼制。使干部职工政治素质和业务务水平得到较大提高，纪律作风得到进一步加强，服务水平和单位形象进一步提升。

（黄冈住房公积金管理中心罗田办事处供稿）

# 城乡建设

## 城乡规划

【**概　况**】2017年，县城乡规划局完成易地扶贫搬迁安置点修建性详细规划编制211个，完成贫困村湾落整治修建性详细规划29个，贫困村党员群众服务中心修建性详细规划23个。完成美丽乡村修建性详细规划38个，完成滨河风光带义水大桥至巴源大桥段（含金马大道路段临河景观改造）亲水平台、景观改造等规划设计工作。完成市政工程拨云路、北城岗隧道西侧道路、红枫广场至江夏大桥段道路、塔山山群道路、市民广场北侧道路等21项市政工程设计。编制完成停车场专项规划及商业网点专项规划。完成城乡垃圾回收转运处理设施专项规划选址12个。完成罗田城市总体实施评估及修改论证工作，完成《罗田县城市总体规划（2013—2030年）2017年修订》编制工作。启动胜利镇、九资河镇总体规划修编及九资河生态移民修建性详细规划编制。协助配合县幼儿园新建规划和新建高中选址及概念规划、黄道山小镇、金银花小镇及体育中心地段等概念性规划设计智能立体停车场规划。完成栗乡大道、王葆心大道、周锡恩大道路段的城市设计和江夏大桥两端改造规划设计。

【**规划编制**】2017年，县城乡规划局以服务全县经济建设和社会发展、促进民生为己任，做好规划研究和规划勘测与设计工作。根据业主需求，结合罗田实际，积极组织规划编制服务。先后完成罗田县人防基本指挥所军事设施用地控制性详规、罗田县第一中学教学楼规划图、大别山大道东侧1—03#地块控规设计、城东夜宵广场拆迁还建用地控规设计、湖北正源电力有限公司天堂抽水蓄能分公司厂区规划、县实验中小学交汇处道路排水设施整治工程设计和招商引资项目规划、住房建设规划等日常性规划项目共130多个。

【**规划管理**】2017年，县城乡规划局加强规划管控和规划审批工作，严格规范建设市场。制定《罗田县城乡私宅规划建设联审联批工作实施方案》《罗田县乡村建设规划管理实施细则（试行）》等规范性文件，建立联审联批工作平台，对12个乡镇进行规划管理业务指导，全面核发乡村建设规划许可证。加强城乡私宅建设管理，严格落实县政府城乡私宅建设管理意见，加快理顺、规范城乡私宅建设管理工作。同时完善各项监督管理制度，强化制约、监督机制。制定《罗田县城乡规划督察工作规程》，印发《2017年罗田县城乡规划督察工作实施方案》，成立罗田县城乡规划督察工作领导小组，建立罗田县城乡规划督察员专家库，启动并完成对全县12个乡镇首轮规划督察工作。组织专班专人，对全县12个乡镇规划进行首轮督察，现场纠正违规建设行为，督办问题落实解决，并对发现的问题呈报县政府，提出解决意见和建议。加强规划普法宣传，大力推进依法办事、依法行政。通过电视、网络宣传等形式，加大“两法一条例”和县政府《关于城乡私宅建设管理意见》的宣传力度，增强群众的守法意识、规划意识，促进规划执行和管理工作。抓好规划项目的联审联批，全力推进20多个大型重点建设项目和专项规划的审批工作。修订《罗田县城乡规划委员会章程》，调整规划委员会组成人员，聘请专家委员、公众委员，并按修订后的章程有序开展城乡规划议事工作。

**【驻点帮扶】** 2017年，县城乡规划局在完成凤山镇上石源河村“村出列”扶贫攻坚任务后，按照巩固提升、人员不变、力度不减的要求，在全力推进精准性和持续性上狠下工夫，继续开展一对一“结对帮扶”活动，着力抓好产业发展提档升级，着力做好“党建+”这篇文章，以“2229”的工作标准，努力促进民富村强。完成党群服务中心建设并投入使用，完善了党员阵地建设，大力开展支部联支部活动，各项党建活动开展有声有色。发展产业扶贫，初步形成黑山羊、蔬菜种植、光伏发电为主导的“三色”产业，引进百家新制衣进村办加工点，引进大友农业进村建蔬菜基地，做好村企共建文章，引导农户多产联动，确保每户贫困户至少有一项主导增收产业。完善基础设施建设，全面完成“十通十有”项目建设，修通循环道路，建设休闲广场，绿化湾落，亮化乡村，全村环境面貌焕然一新，美丽乡村已基本形成。促进村级收入增长，用荒山及土地流转、鱼塘发包、光伏发电等多种经营方式，壮大村级发展，2017年实现村集体收入7.02万元。大力宣传落实政策，充分利用湾组会、走访、座谈等形式，广泛宣传扶贫政策，调动贫困户生产生活积极性，全村合作医疗实现全覆盖，大病救助证每家贫困户办理到位，养老保险应保尽保，产业奖补落实到位，落实2016年50户贫困户奖补128000元，对2017年83户贫困户产业奖补进行核实申报，250千瓦光伏发电站已建成并网发电，23户五保、8户低保政策落实到位，27户44人的易地搬迁安置点建成入住，人均面积25平方米。严守扶贫纪律，选派精干力量驻村帮扶，坚守五天四夜纪律，对扶贫政策享受从严把关，对大数据核对问题线索217条逐条见人见物见事进行核对。通过上下努力，上石源河村基础设施不断强化，主导产业夯实显现，基层组织建设得到加强，村容面貌和村民精神焕然一新。2017年前已脱贫的131户499人的脱贫成效得成进一步巩固，2017年计划脱贫14户48人已完成申报和核查，为未脱贫的29户33人打下了脱贫基础，村级集体经济收入稳固。

**【招商引资】** 2017年，县城乡规划局按照县政府下达引进省外资金2000万元的目标任务，已落实完成，与国土资源局共同招商的天堂寨景区大别山主峰索道1.8亿元的项目建设顺利推进。项目的前期手续已基本办理完成，下一步将积极推动项目的建设进度。积极协调促成投资6500万元的六氟磷酸锂污水处理新项目签约，着力协调项目的用地调整规划及项目的规划方案落地，确保项目顺利推进。着重跟踪深圳中科利亨车库设备有限公司智能立体停车场建设项目，加快解决城区停车难的问题。重点对接沿海项目的产业转移。主动出击，派专班赶赴东莞、惠州等地，邀请十熊电子科技有限公司、德陈科技有限公司来罗田考察投资环境，确定投资意向。千方百计主动帮助解决已签约的赛洛天然气项目落地难问题。

（县城乡规划局供稿）

## 城市建设投资

**【概　况】** 2017年，罗田县广源城建投资开发有限公司（以下简称“县城投公司”）紧紧围绕罗田城市建设工作，以融资为重点，以项目建设为核心，以强化队伍素质为抓手，立足当前，着眼长远，城投事业得到长足的发展和进步，成功申报融资项目2个，筹措建设资金7.6亿元，为罗田城市建设提供了强有力的资金保障。按照“新建项目尽快开工，续建项目加紧推进，竣工项目迅速结算”的工作思路，推动罗田城市建设快速发展。罗田县城市建设投资资金管理中心成立于2007年8月，与罗田县广源城建投资开发有限公司合并办公，中心内设审计股、土地收储管理股、信息管理股、人事监察股。其主要业务范围为：依法经营县政府投资形成的城市存量资产和增量资产，确保国有资产的安全和增值，促进城市基础设施、公益设施及其重大项目建设。

**【公益设施建设】** 2017年，县城投公司投资3220万元，完成城区道路刷黑4.2公里，安装城区路灯677盏，完成“一湖两路”的河道整治和路网工程，投资6500多万元，修建城东巴源大桥、15条农村公路和12个乡镇的垃圾周转站等一大批公益性建设项目，加快了美丽乡村建设进程，打造了罗田生态绿色家园。

**【规范管理制度】** 以中央“八项规定”、中共罗田县委“三个严禁”、县纪委“十个不准”等文件为依据，系统地建立健全各类规章制度、办法66个，编印《罗田县广源城投投资有限公司规章制度汇编》30本。其中，完善《党风廉政建设制度》等党务方面规章制度23个；完善修订《差旅费管理办法》《财务管理制度》等规章制度43个。

**【重点项目监管】** 2017年，县城投公司结合工作实际，制定《工程建设管理办法》《项目管理股职责》《资产经营股职责》等制度，建立重点项目的合同管理、合同签订程序、工程质量评审等公开流程。健全权威评审机构和重点项目合同评审机制，强化公司投资预测分析、投资项目成本控制过程审计和项目后评估等风险评估机制。有效控制了重点项目建设工程造价，加强了投资项目的管理与监督，化解了重点项目运行风险。

**【专项资金管理】** 2017年，县城投公司对重点项目建设资金的拨付与使用，严格遵守《专项资金管理制度》，加强事前、事中、事后监管，确保资金使用安全。公司为县政府代管易地扶贫搬迁资金81461万元无差错。湖北省易地扶贫搬迁管理办公室来罗田组织专项资金审计，对公司大胆探索推出《罗田易地扶贫搬迁资金管理“五统一”新举措》改革，给予充分肯定和高度赞赏。省政府易迁办还将这一改革经验，以《简报》形式向全省推广学习。

**【义水北路步行街建设】** 2017年，县城投公司按照中共罗田县委、县政府的总体部署安排，把美化罗田城市建设列入重要议事日程，积极落实《县政府工作报告》确定的重点建设工程——义水北路步行街建设。经过6个多月的“白+黑”“5+2”奋战，投资150万元，全面完成义水北路步行街的路面铺设、景观升级及配套功能建设。2017年，县城投公司投资2260万元，在义水北路建起地下停车场1座，面积7000平方米，新增停车泊位178个。从而缓解城区停车压力，减少了尾气排放，净化了城区空气。县城投公司坚持高标准规划，高质量建设，全面完成义水北路拆迁还建房工程。新建拆迁安置房416套，妥善安置拆迁居民216户。该项目的建成，极大地改善人居环境，提高市民的幸福指数，提升了县委、县政府的形象。

**【旅游设施建设】** 2017年，县城投公司坚持全域旅游“一盘棋”意识，强力推进罗田城乡旅游基础设施建设。公司先后投资1260万元，开掘塔山“人工湖”120亩，为一方山水“五星级”旅游宾馆建设锦上添花；投资3000万元，改造升级义水河“一河两岸”园林绿化和生态护坡，为罗田全域旅游做出了较大贡献。

**【脱贫攻坚】** 2017年，县城投公司驻点村大河镇南家山村2016年已实现“户脱贫、村出列”。为增强发展后劲，公司帮助该村实施定向扶贫、产业扶贫、智力扶贫，取得显著效果。党支部专门派驻工作队员3人，安排1名班子成员担任村

"第一书记"，开展扶贫工作。支援资金31万多元，新建560平方米的养猪场1座，450平方米养羊场1座；新开茶园60亩，栽种茶苗23万株，果园40亩，增强"造血"功能，壮大村级集体经济。组织党员干部开展"一对一"结对帮扶26户，每月深入贫困户家庭开展送资金、送科技、清扫卫生等志愿服务。深入周家嘴村开展"支部联支部"建设，完善党建规章制度6个，开展"支部主题党日"活动12次，讲党课2场，发挥了强班子、建队伍、护堡垒作用，使南家山村、周家嘴村"支部联支部"党建工作、村容村貌、美丽乡村建设和群众精神面貌发生深刻变化。

**【招商引资】** 2017年，县城投公司采取走出去、请进来的方式，成功引进投资6800万元蓝海大酒店建设项目。该项目于2017年1月正式动工兴建，至12月，已完成货币工程量3600万元。此外，县城投公司又引进湖北朗昇实业发展有限公司，计划投资8000万元，新建高端智能家居定制厂，项目已通过县招商局的评审。成功吸引省外资金1600万元。

（县广源城建投资开发有限公司供稿）

## 项目建设

**【概　况】** 2017年，县住房和城乡建设局推行"八简两风""马上办"制度，政务服务接待咨询2000多人次，受理政务服务500多件。特别是对园区企业先开工建设再补办许可手续的问题，按照中共罗田县委的要求主动服务，做到"简单事立即办、复杂事限时办、特殊事紧急办、重要事商量办"，为办事企业和群众实施一站式服务、一次性告知、一单式办结，享受"零距离""全过程""简便高效"的优质服务。同时，积极开展"面对面听期盼"大走访活动，认真办理"两代表一委员"所提议案及建议15件，人大测评获得达标单位。全年共完成供水经济总收入2647万元，缴税132万元。铺设DN63毫米以上供水管道11400余米，维修清洗水表1432块。开展质量监督工程96项，监督面积约77.93万平方米，完成各类建筑材料检测1.2万组，桩基检测项目25个，主体结构检测项目150个，水电检测项目50个，沉降观测项目33个，完成检测服务费收入407.1万元，与32家施工企业、4家监理公司、2家专业分包企业签订《2017年度建筑行业安全生产工作责任书》。对所有在建工程项目的参建企业及全县所有工程项目施工现场进行全面的拉网式安全生产大检查6次，申报市级安全文明施工现场"大别山"杯奖5项。完成白蚁预防灭治面积43万平方米，开展园林绿化白蚁防治面积21万平方米，完成8座水库白蚁防治施工和回访检查。发展绿色建筑5.58万平方米，新增节能建筑面积24.5万平方米，可再生能源应用面积37.5万平方米，实施公共既有建筑节能改造0.42万平方米。完成预拌混凝土供应量5.71万立方米。新申请办理资质证预拌商品混凝土企业2家。办理施工合同备案53项，总合同额达到8.2亿元，建筑面积24.73万平方米。对全县7家招标代理机构进行专项检查，下达整改通知书3份。接收工程竣工档案100余项，整理收存4000多卷。市场巡查下达停工整改通知76份，建筑工程施工图设计文件备案50项。燃气迎检、自检8次，下达限期整改通知书112份，查出各类隐患267条（处），整改完成253条（处），整改合格率95%。完成凤山镇饼子铺液化气站改建升级、三里畈镇管道燃气和赛洛天然气公司管网铺设3个项目的固定资产申报工作。建筑工程受理施工许可58宗，审查招标文件195份，立案查处违规项目25个。污水处理核发排水许可证23家，处理违规企业18家，连接园区企业支管16家。承包公司参与招投标项目139个，中标工程13个，建安产值8000万元，实现年结算收入6000万元。

**【创建国家级园林县城】** 2017年，县住房和城乡建设局在省级园林县城的基础上，进一步对拨云尖公园、武英高速公路出口、塔山湖公园进行景观改造，完成苗木栽植、道路刷黑、景观廊道、路灯建设等园林绿化提档升级建设任务，得到了园林专家和社会各界群众的肯定。全年绿化总投资3500万元，新增绿地面积7万平方米，栽种各类苗木200万株，2017年10月27日，被住建部评定为国家级园林县城。

**【市政基础设施建设】** 2017年，县城北城岗隧道片区工程已完成隧道建设和东入口连接路，炮损补偿109户，拆迁房屋8户，历时8年的工程基本收关。拨云尖北路工程已完成项目前期踏勘及52户的入户调查、规划设计和工程招标工作。全年城区实施重点工程项目22个，完工12个，完成货币工程量1.15亿元。其中，义水河滨河风光带建设中，世界地质公园遗迹点位置的两个标段护坡工程已完工。巴源大桥至江夏大桥北岸生态护坡基本完工。污水处理厂改扩建提标工程已完成可研设计招标工作。

**【农村人居环境整治】** 2017年，罗田县农村人居环境不断改善，农村生活垃圾治理工作通过省、市检查验收，在垃圾中转站建设严重滞后的情况下，通过不懈努力，仍在全市年终排名第四。争取农村危房改造指标1711户，补助资金2574万元。建立1526户四类重点贫困对象危房存量库。争取了省级城乡建设以奖代补资金704万元。配合县精准扶贫整村推进工作，开展实施湾落整治82个。指导申报国家传统村落6个，推动三里畈张家冲、鋆子石、凤山镇鲶鱼坧、白庙河潘家湾、骆驼坳燕儿谷、九资河徐凤冲等美丽乡村建设。九资河三宝小镇顺利入选全省20个特色小镇范畴。完成全县开发性金融支持小城镇建设项目入库申报工作，全县各乡镇共计申报138个项目。

**【易地搬迁质量监管】** 2017年，县住房和城乡建设局新建的260个安置点，开展质量安全监管，积极组织质量检查，重新完善《易地扶贫搬迁项目工程监督方案》和《验收方案》，坚持工程项目信息报送和检查结果通报制度，并组织四次抽查，较好地服务了全县精准扶贫工作。

**【政风行风建设】** 2017年，县住房和城乡建设局开展“强理论、提素质、比能力、赛作风”的队伍建设活动，先后组织2名科级干部、10名股级干部参加中共罗田县委党校学习，多次邀请学者专家为干部职工授课，每月组织2名年轻干部到驻点贫困村挂职锻炼。交流提拔科级干部1名，纳新党员5名，考察申报股级干部34名，加强系统干部队伍梯次建设，培养、补充新的干部力量。局党组认真落实“两个责任”，充分履行“第一责任人”和“一岗双责”的政治责任，制定《局作风建设常态化监督检查工作方案》《局机关转作风提效能树形象“十条要求”》，开展财务、建筑市场、项目建设、履职尽责回头看、行政执法、作风建设突出问题6个专项治理工作。开展学习、上班、汛期、维稳4个方面纪律专项检查12次，通报3次。针对专项检查中发现的问题，配合局纪检组，对1名党组成员、2名支部书记、2名单位负责人、3名党员干部进行约谈，查办案件7起，移交纪委6起，处分7起，在全局上下起到震慑作用。

（县住房和城乡建设局供稿）

## 城市管理

**【市政建设】** 2017年，县城市管理执法局在项目建设上，始终坚持规划引领、建设先行。按照“一河两岸相呼应、三环六桥相连接、五园四区相配套”的总体布局。着力打通城区堵点，顺利完成高速出口路、书香路等区域拆迁任务，正在加紧完善北城岗隧道的基础设施建设，推进巴源大桥扩宽加固工程的建设，全面建成义水北路一期改造和地下停车场，完成城西客运站整体搬迁；全县12个乡镇生活垃圾中转站即将投入使用；增加两公里主、次干道的黑化，安装路灯776盏，建成拔云尖、塔山等公园主入口主园路和3.1公里“一河两岸”生态护坡；圆满完成城市公交体制改革，新购置环保公交车10台，新建成公交停靠点93个；建成河东宜居山庄公租房1720套。同时，投资225万余元建成城管数字化平台一期工程，并实现县政府“12345”市民热线与“12319”城管热线对接，共享数字城管平台；环卫设备和城管执法装备全部更新。城乡面貌得到进一步提升，人居环境得到持续改善。

**【综合整治】** 2017年，县城市管理执法局针对城市建设与管理的热点难点问题，及时调整思路和策略，确定工作重点，划定重点区域，制定整治方案，形成多部门联合管理，着力整治热点难点问题。整治市容秩序。“在城管会战”指挥部统一协调下，对城区市容秩序进行多批次、全方位的整治，取得良好效果，确保城区形象序化、美化、洁化。整治油烟污染。为认真贯彻落实长江经济带生态保护“雷霆行动”升级版的要求，按照“先易后难、以点带面、逐步推进”的整治方案，加大油烟污染整治力度，做到整治有要求、责任有分工、治理有效果的管理机制，城区290家各类餐馆、企事业单位食堂都按要求安装油烟净化设备，完成油烟污染销号任务。整治环境卫生。实行24小时清扫保洁制度，确保垃圾不上街、不落地、不存放、不留死角；全面维护公厕、垃圾中转站、垃圾桶等环卫基础设施，确保设施完好率、公厕全面开放、保洁率100%；对城区生活垃圾填埋场进行全面升级改造，不惜投入资金整改，确保达标排放。完善渗滤液处理设施，建设规范化排污口，委托第三方检测，强化规范运行的管理，完成生活垃圾处理场环保销号任务。整治违法建设。成立县查违控违工作指挥部，负责协调全县违法建设查处工作。通过强宣传、强巡查、强摸排、强责任等方式，协调组织城管、规划、住建、水利等部门及时拆除各类违法建（构）筑物57处7600平方米，通过强有力的依法拆除，有效地遏制了违法建设势头，确保城市公共空间建设有序。整治户外广告。为切实改善城市容貌，提升城市品位，规范市区户外广告管理，出台《罗田县户外广告管理办法》，编制《罗田县城区户外广告规划》，制定《罗田县城区户外广告集中整治方案》，重点整治存在安全隐患及不符合规划的户外广告，确保户外广告规范设置。整治建筑渣土。加大渣土处置监管力度，新组建一家渣土运输公司，引进一家建筑垃圾处置厂，选址建成一个临时建筑垃圾消纳场，在全市率先推广建筑垃圾资源化利用，完成中央环保督察反馈问题的销号工作，不断规范建筑渣土管理，确保城区环境净化、空气质量优化。整治静态车辆。成立城区违章停车整治工作指挥部，强化宣传引导，因地制宜划定停车泊位，加大违停处罚力度，规范交通秩序，确保城区交通秩序顺畅。

**【宣传教育】** 2017年，县城市管理执法局积极推进城管信息化建设，依托县政府门户网站建立了城管执法门户网站，充分利用各种媒体，对不同的人群，分类进行城市文明大教育。开展城市管理进单位、进企业、进校园、进社区、进家庭的“五进”活动，进一步提升全民素质；县电视台、罗田全媒体、掌上罗田、罗田论坛等媒体上常年开设“市容环境整治”工作专栏，定期播报城管整治新闻，曝光不文明行为；县“干部夜校”每年安排两次城管课，为干部讲解城市管理方面的法律、法规和行为规范。通过电视、网络、课堂等不同形式的宣传，使城市管理工作成为上下同心同向、社会高度关注、全员积极参与的民生工作和民心工程，“凤城是我家，管理靠大家”已经成为广大居民的自觉行动。

**【体制改革】** 按照中央、省、市文件精神，出台《中共罗田县委、罗田县人民政府关于深入推进城市执法体制改革改进城市管理工作的实施意见》，确定城管执法体制改革的总体目标、组织领导、管理机制、队伍建设、保障机制等方面的任务；率先在全市完成罗田县城管执法人员统一换装工作；制定机构设置主要职责和人员调整实施方案（草案）。2017年，县城市管理执法局始终坚持全民参与、百姓城管的“大城管”工作思路，广泛发动企事业单位、社区网格（村组）、物业、各级基层组织参与城市管理，动员广大党员干部示范带头，增强城市主人翁意识，使城市管理成为全社会共同的行动。倡导共建共享的理念，夯实全民参与的基础，打好“民生牌”“民心牌”，通过解决城市管理中的民生问题，促进全民愿参与。畅通基层社区参与渠道，在县城城区设置11个社区网格，每个社区网格均配备专职书记、主任各1名、网格管理员5人，落实每个社区专项经费30万元，打通为组织群众、发动群众参与城市管理的重要渠道。为形成部门合力，健全管理机制，县政府成立城区市容环境综合整治指挥部，明确各成员单位职责，大力推进拉网式排查、交单式办理、钉子式化解、销号式结账的“四式工作法”，使城市管理效果做到全覆盖。

**【队伍建设】** 2017年，县城市管理执法局深入推进“两学一做”常态化制度化，进一步增强城管执法队伍政治意识、大局意识、核心意识、看齐意识和担当意识，做到政治合格、纪律合格、品德合格、作风合格，确保党组织充分履职尽责，发挥核心作用，确保党员干部敢于担当，发挥表率作用。加强思想教育。认真开展政治理论学习，把推进开展城市管理科学化发展作为重点，结合实际开展各类思想教育专题活动，增强城管系统人员宗旨意识和责任意识。加强业务培训。采取“走出去、请进来”等多种方式，进一步加大城管执法人员教育培训力度，通过各种教育培训不断加强城管执法人员综合素质和业务能力。规范执法行为。扎实开展“面对面、听期盼”大走访活动，立足本质，积极改变工作作风，切实解决群众关注的热点难点问题；以“强基础、转作风、树形象”专项行动为抓手，践行“721”工作法，规范行为举止，依法执法，文明执法。

（县城市管理执法局供稿）

## 房地产管理

**【概　况】** 2017年，县房地产管理局积极向上争取国家投资项目工作，主动与省住建厅、省发改委、省财政厅沟通协调汇报，全年共计争取国家投资项目资金4200万元。河东宜居山庄保障性住房小区二期项目建设总投资1.6亿元，总建筑面积11.5万平方米，新建公租房1720套。截至12月底，19栋主体工程已全部封顶，正在加快房屋装饰装修配套工程建设。凤栖家园二期项目建设总投资3060万元，总建筑面积18000平方米，新建公租房300套。至12月底，整个项目已全面建成，首批入住对象湖北海成电子有限公司即将入住。兴旺家园拆迁还建房项目建设总投资7120万元，总建筑面积31676.3平方米，新建还建房200套。为确保许家冲拆迁还建户早日入住，县房地产管理局克服时间紧、任务重等困难，倒排工期，加紧施工，截至12月底，整个项目已基本建成。

**【市场管理】** 2017年，全县房地产开发企业已达到57家，房地产开工总面积43.03万平方米，总投资12.3亿元。办理商品房预售许可31宗，批准预售住宅3187套，批准面积37.8万平方米，已销售商品房住宅3550套，销售面积42.04万平方米。非住宅销售面积6.6万平方米，库存住宅3940套，建筑面积43.76万平方米，非住宅面积20.58万平方米。办理商品房开发项目备案28宗，商品房网签4334宗，备案面积49.78万平方米。商品房网签备案4323宗，备案面积49.66万平方米。二手房网签备案281宗，备案面积3.2万平方米。测绘业务255宗，测绘面积37.2万平方米。多措并举积极化解房地产库存，从2015年开始，以“去产能，去库存、去杠杆，降成本，补短板”为重点，开展供给侧结构性改革。为缓解房地产库存的压力，已从土地供给、税费优惠、农民进城购房等方面进行改革，出台实施方案，至12月底，全县商品房去库存消化周期控制在11个月的合理范围内，达到改革的目的。为适应形式，以罗田县人民政府办公室名义印发《罗田县商品房预售资金监管暂行办法》，并组织实施。四是加强房地产市场监督，对全县50多家房地产开发企业的经营行为进行检查，下达违规整改通知20多宗，对9家违规经营的房地产开发企业作出严肃处理，进一步规范房地产市场秩序。

**【物业管理】** 2017年，全县共受理物业投诉32件，办结率达100%。对新建小区实行前置管理，在预售前就前期介入。归集房屋维修资金890万元，累计归集达7800万元，支取维修资金38万元，指导社区成立物业小区5个。

**【安全管理】** 2017年，县房地产管理局通过加大对老旧危楼安全排查的宣传和推进力度，督促危险房产权单位（人）按规定实施排危解危措施，并深入到已分配入住的保障性房，开展全面的安全排查工作。按县政府要求，及时开展空调外机检查，配合县安监局开展全县房屋险情督查，及时解决安全隐患问题，每月及时向省住建厅报送房屋安全检查信息。全年受理房屋安全鉴定67宗，鉴定面积1.34万平方米。老楼危楼排查428宗，建筑面积17.12万平方米，处理房屋纠纷信访件18宗。

**【积案化解】** 2017年，房地产开发公司对1989年以来开发的所有项目进行认真梳理，对一些存在手续不齐全、矛盾纠纷不断的项目的历史遗留问题积极化解。一是对与中国银行合建的职工住宅楼，白龙井商住楼、科委住宅楼等项目，进行查档、测量、申报土地估价等手续。其中，在单位经济十分困难的情况下，补缴白龙井商住楼土地出让金10万余元，并于2017年6月办理完所有手续。二是规范完善以学雅花园、豪庭佳园、茶叶公司为代表的一批项目的不动产登记手续，协助业主办理不动产权证。三是积极协调处理粮食加工厂、北凤明珠、华强小区等项目的信访问题。四是督促义水馨城、状元楼等具备清算条件的项目进行税务清算。五是2017年接管天龙物业公司后，对原来管辖的小区进行全面清理，对原老旧欠费小区，规范一批、退出一批，配合县自来水公司整改一批，解除了物业公司历年来拖欠县自来水公司40余万元的债务。

（县房地产管理局供稿）

# 环境保护

## 环境监管

**【概　况】** 2017年，县环境保护局认真贯彻省、市环保会议精神，以服务经济发展为重点，以污染减排为核心，以确保环境安全为己任，以创建国家级生态文明建设示范县为特色，各项工作取得明显成效。全县环境质量状况总体维持在较好水平。空气质量达标率为87.5%，空气质量排名位居全省第九，全市第一，是黄冈市唯一进入全省前10名的县域；凤山镇饮用水源地义水河断面水质满足《地表水环境质量标准》(GB3838-2002)Ⅲ类标准，三里畈镇饮用水源地巴河断面、天堂水库、天堂林场大石板地表水断面水质满足《地表水环境质量标准》(GB3838-2002)Ⅱ类标准；罗田城区功能区噪声等效声级均值达到声环境质量标准。

**【环境宣传】** 2017年，县环境保护局围绕提高全社会的环境保护意识，创新开展环境宣传教育活动。在"6·5"世界环境日，向全县干部群众发送环保宣传短信10万条，在县人民广场设立咨询台，发放环保宣传手册，并于县人民会场组织举行纪念"6·5"世界环境日暨创建国家级生态文明建设示范县专题晚会"绿水青山带笑颜"。在电视台开辟专栏，每月拟定一个环保宣传主题，在黄金时段播放宣传片。

**【环境整治】** 2017年，县环境保护局牵头负责的违法排污企业和整治保护饮用水水源地两大专项整治工作已全部完成整改，整治违法排污企业已全部销号，整治保护饮用水源地工作出台了奖补方案，县级饮用水源地水质自动监测站正在紧锣密鼓的施工，乡镇饮用水源地已全部完成标志牌、界碑和围网的建设，并全部申请销号。中央环保督察整改方面，由县环境保护局牵头负责的9个问题已经率先完成整改。园区环保问题整改方面，对存在环境违法行为的9家企业依法依规进行立案查处，同时督促企业完成整改。

**【控污减排】** 2017年年初，县政府与各乡镇签订环保目标责任书，将主要污染物排放总量分解到各乡镇，削减任务落实到各排污责任部门和企业。对各减排承担单位，县环境保护局逐一上门做工作，宣传污染减排的法律法规，宣传企业应承担的治理责任。同时加强检查督办，确保各项治理措施落到实处。2017年黄冈市环委会下达罗田的污染减排考核任务为：化学需氧量、氨氮、二氧化硫和氮氧化物的削减比例分别为2%、2%、3.6%、3.6%。罗田县上报减排项目共计70个。其中，农业源16个，工业源53个，淘汰黄标车1个。

**【项目环评】** 2017年，县环境保护局在建设项目环境保护管理上，严格按照相关法律法规、建设项目环境影响评价和"三同时"制度程序进行审批，不违规审批，做到严把项目准入关。全年共受理环评报告表审批项目33个，环境影响现状评价项目4个，验收环评报告表项目22个，验收环评登记表项目8个，对黄冈市环境保护局审批的项目出示初审意见8个，指导企业网上备案环评登记项目89个。

**【环境执法】** 2017年，县环境保护局对辖区的环境问题采取定期、不定期检查和抽查及巡查等方式，对全县重点污染源工业企业进行常规检查，并在夜间不定期对重点排污企业进行夜间巡查，确保污染治理设施运转正常。全年共向企业下达监察通知书45份，责令企业限期整改102家，立案查处31家，罚款220余万元，并有一起案件移送公安机关处理，实现执法力度超历史、办案数量超历史、处罚力度超历史的工作目标。同时，不断加大环境信访工作力度，落实专人负责处理环境信访问题。全年共解决信访问题150余起，群众反映强烈的网络舆情、环境热点难点问题10余件，办结率100%。

**【队伍建设】** 为进一步加强环保队伍建设，2017年，县环境保护局开展“作风整训”活动，邀请县公安局、法院、检察院、纪委、机关工委、信访局等单位领导、专家，就“两法衔接”、职务犯罪、行政执法、八项规定、如何做好机关党建工作、如何做好本职工作等主题进行授课。邀请武警中队教官对全体干部职工进行严格扎实的军训，围绕“我是什么人，要干什么事，应该怎么干”等问题进行交流讨论，撰写心得体会，使纪律观念得到加强，业务水平得到提升。

召开雷霆行动工作督办会

**【生态建设】** 2017年4月26日，《罗田县国家级生态文明建设示范县建设规划（2016—2020年）》获得县人大常委会审议通过；5月23日，召开全县创建国家级生态文明建设示范县动员大会，印发实施方案，成立创建指挥部。至2017年底，已建成国家级生态乡镇1个、省级生态乡镇10个、市级生态乡镇1个。已获命名省级生态村63个、市级生态村164个、县级生态村85个，为大力开展国家级生态文明建设示范县工作，创造了良好的开端。

（县环境保护局供稿）

## 园林绿化

**【概　况】** 2017年，县园林绿化管理局按国家园林县城创建工作要求，大力开展绿化提档升级和景观改造工程，完成投资约3500万元，新增绿地面积7万平方米，城市绿量不断增加，绿化品质不断提升，园林文化内涵不断加强，“山环水绕、山清水秀、城在林中、人在景中”的山水园林城格局已经显现，实现了“春有花、夏有荫、秋有果、冬有绿”的景观效果。9月，住建部组织专家组对罗田县创国家园林县城工作进行实地考查，得分94.7分，位列湖北省申报国家园林县城的第一位，正式获得“国家园林县城”称号。

**【线路景观建设】** 2017年初，县园林绿化管理局通过政府采购形式，投入苗木采购和迎检路线的景观建设资金1800万元。一是针对迎检线路绿化档次不高的路段进行提档升级，补栽景观树、花卉，建设廊亭，安置景观石等，共计补栽30多类绿化苗木约200万株，重点打造翰林园、高速公路出口、民乐园、医圣园、塔山湖公园、塔山公园门楼广场等游园节点，以丰富园内休闲文化内涵。对沿线山体黄土裸露处进行绿化补充，保证不裸露黄土，使迎检线路绿化品质得到提升、彰显特色。

**【综合性公园建设】** 综合性公园是“创国园”必不可少的一项指标，县园林绿化管理局以拨云尖公园为主体，建造一座功能完善、设施齐全的综合性公园。重点打造公园东入口到北入口的这条线路，完成了道路黑化、亮化、美化工程，建设了梅花园、羽毛球场、景观亭、休闲廊道等游乐设施，通过划设绿道、增添小品雕塑、坐凳等，使公园品位得到进一步提升，吸引了众多市民游玩、散步，真正成为了城中乐园，公园建设也得到了住建部专家组的肯定。

**【专项规划修编】** 2017 年，县园林绿化管理局完成了《罗田县城市绿地系统规划（2017—2030）》《绿线管制规划》《蓝线管制规划》《公园绿地防灾避险规划》《生物多样性规划》《湿地资源保护规划》《绿道规划》《文化资源保护规划》7 个专项规划的修编、新编及报批工作。

**【绿化审批】** 自 2017 年 5 月起，异地绿化补偿费已经取消征收，罗田县园林绿化管理局仍坚持做好行政审批及相关工作。精简园林绿化行政审批事项，构建快速、高效、便捷的审批通道；抓好源头管理，严格依法依规对建设项目附属绿化用地进行审批，把好绿化建设源头关；加大绿化验收管理力度，对绿化面积、苗木质量不达标的开发项目不予验收，保证庭院绿化建设的质量。

**【园林绿化管理】** 园林绿化三分建七分管，绿化养护工作每年都有新要求，永远在路上。2017 年，进行招标养护和零星养护的绿地面积近 80 万平方米。县园林绿化管理局完善监督考核长效机制，明确监管人员责任和要求，力求做到常态化、精细化、规范化。严格养护管理考核标准，对养护企业实行按月考核评比，按季汇总兑现，考核结果直接与养护企业经济效益挂钩，调动了养护企业的工作主动性。

（县园林绿化管理局供稿）

## 污水管理

**【治污项目建设】** 2017 年，罗田县在推进乡镇污水处理设施项目建设中，首次采用 PPP 模式，引入杭州聚光科技有限公司作为社会资本方，投资、设计、建设、运营污水处理项目，为罗田市政基础设施建设模式，探索出了一条新的途径。罗田县污水处理厂二期扩建暨一期提标改造工程已完成可研设计招标工作，中标单位南京市市政设计研究院有限责任公司正在抓紧进行可研编制和初步设计，11 月中旬召开专家评审会议，12 月中旬完成施工图纸设计任务。管网建设方面，2017 年老城区沁水岩小河雨污分流改造、栗子坳大桥过河管网工程、塔山河盖板沟改造等三项工程已全部开工建设。其中，栗子坳大桥过河管网工程已基本完成，其他两项工程 12 月底前完工。乡镇污水处理已完成可研、环评、土地预审、规划设计和社会资本方的采购工作，11 月下旬部分乡镇污水处理厂开工建设。污泥无害化处置设计处理规模 20 吨 / 日，已完成项目可研、设计、环评、规划等前期工作，12 月份开工建设。

**【排水管理】** 2017 年，县污水管理办公室加强城区污水排放排入管理的巡查力度，重点对建筑施工企业的排水临时设施进行不定期检查，规范排水。完成对工业园区入园企业 16 家未连接企业进行现场对接入网，其中包括 5 家纺织企业，日常监管城区排水户及新天污水三站处理抄表等。城镇排水许可证核发 23 家，处理违法违规 18 家，罚没收入 18.97 万元。

（县污水管理办公室供稿）

## 建筑节能

**【概　况】** 2017 年，县建筑节能办公室按照年初黄冈市住建委关于印发《2017 年全市勘察设计与建筑科技工作要点》的通知（黄建文〔2017〕36

号）要求，结合罗田实际，围绕“一执行”（执行建筑节能标准）、“二发展”（发展新型墙材、发展散装水泥）、“二禁止”（禁止粘土实心砖、禁止现场搅拌混凝土）和“四示范”（可再生能源建筑应用示范、绿色建筑示范、节能 65% 低能耗居住建筑示范和既有建筑节能改造示范）等工作内容，预拌商品混凝土、建筑装饰装修管理全面推行施工许可管理、绿色生产 JGJ328–2014 的标准和建筑装饰装修规范验收标准的落实，周密部署，精心安排，全力推进建筑节能预拌商品混凝土、建筑装饰装修管理工作上档次、上水平，取得了阶段性成效。全县新增建筑节能能力 0.36 万吨标煤，发展绿色建筑 5.58 万平方米，新增节能建筑面积 24.5 万平方米（其中居住建筑 20.31 万平方米，公共建筑 4.19 万平方米），可再生能源应用面积 37.5 万平方米，实施公共既有建筑节能改造 0.4212 万平方米，巩固“禁实”成果，中心城区新型墙材应用率达到 100%。完成预拌混凝土供应量 5.71 万立方米。新申请办理资质证预拌商品混凝土企业 2 家，对 2 家无资质证生产销售混凝土企业罚款共计 25.38 万元，提交申请办理施工许可资料的企业 5 家，建筑节能、预拌商品混凝土管理、建筑装饰装修管理的同期相关指标均已完成，整体水平有所提升。

**【执行建筑节能标准】** 2017 年，全县城镇新建各类民用建筑全面执行《湖北省绿色建筑省级认定技术条件（试行）》，新建公共建筑全面执行国家标准《公共建筑节能设计标准》（GB50189–2015）。新建居住建筑全面执行《湖北省低能耗居住建筑节能设计标准》（DB42/T50824–2013），从规划、设计、图审、施工、监理、验收等环节严格把关，确保设计和施工 100% 执行节能标准，全面提升全县建筑节能整体水平。

**【执法检查】** 2017 年，县建筑节能办公室加大执法监管力度，对在建工程坚持每周巡查制，对违反建筑节能法律法规的行为，坚持教育和处罚相结合的管理方式，始终保持违法必究的高压态势。全年已开展预拌商品混凝土和建筑装饰装修管理专项检查 5 次，其中建筑节能 2 次、预拌商品混凝土 2 次、建筑装饰装修管理 1 次，进行建筑节能日常巡查 20 余次，预拌商品混凝土、建筑装饰装修管理日常巡查的常态化，送达各种告知书、整改通知书、处罚告知书近 30 余份，切实保证了建筑节能标准在工程建设中得到执行，预拌商品混凝土、建筑装饰装修管理的点面覆盖。

**【建筑节能宣传】** 2017 年，县建筑节能办公室采取全方位、多方式、广渠道开展社会宣传，进一步提高广大群众的建筑节能环保意识。并组织干部职工不定期走街道、进社区发放宣传资料，利用“节能宣传周”张贴节能宣传画报，发放节能知识读本。一方面，积极组织管理人员参加省、市组织的各类业务培训学习活动，另一方面，通过举办各类培训班，集中对各类从业人员进行培训，切实提高了从业人员的专业知识和业务水平。

**【节能示范工程】** 县河东宜居山庄保障性住房项目是政府投资的公益性建筑，也是黄冈市首个绿色保障房建设项目，该项目绿色建筑面积 1.44 万平方米，2017 年 5 月 9 日被湖北省住建厅授予二星级绿色建筑设计标识证书，该项目采用了屋顶及外墙保温等高效的围护结构、节能喷灌措施、雨水收集利用、太阳能热水系统等节能技术，作为政府工程，它做到了绿色、节能、环保，为罗田县绿色建筑工作起到示范作用，而且优先让低收入和住房困难群众享受到节能技术带来的宜居舒适新感受。

**【屋顶太阳能光伏发电】** 2016 年 11 月，罗田引进中船重工（上海）新能源集团，利用经济开发区企业屋顶建设 40 兆瓦光伏发电项目，并达成协议，项目于 2017 年 12 月全部完工并网发电，年发电量可达 4000 万千瓦时以上，年收入 5000 万元，年税收 700 万元。各乡镇亦相继建成小规模屋顶太阳能光伏发电工程20多个，太阳能屋顶光伏发电项目在全县全面铺开，将成为建筑节能可再生能源集中应用的一大亮点。

**【预拌商品混凝土管理】** 2017年，县建筑节能办公室开展预拌商品混凝土企业管理的安全生产与绿色生产齐达标的“双创”活动，并顺利通过黄冈市住建委专家组对罗田预拌商品混凝土企业绿色生产达标考核。贯彻落实住建委《关于开展全市预拌混凝土（砂浆）企业安全生产专项整治工作的通知》，全面开展专项清理工作，加大整治市场违规行为的力度。新申报两家商混企业办理资质证书，其中罗田昌源商砼搅拌有限责任公司的资质已办理，罗田县年丰建筑材料有限公司的资质申报材料已交到市行政服务中心审核。对无资质生产，存在重大安全隐患的罗田福辉商砼建材有限公司处罚22万元，对无资质生产的罗田县年丰建筑材料有限公司处罚3.38万元。

（县建筑节能办公室供稿）

# 科技　教育

## 科　技

**【概　况】** 2017年，县科技局设办公室、高新技术与社会发展股、农村科技股、知识产权和科技成果股4个职能股室。行政编制9名，工勤人员事业编制1名。其中，局长1名，副局长2名，工会主席1名；正、副股级职数6名。县地震局为县科技局管理的正科级事业单位，定财政全额供给事业编制3名，设局长1名，副局长1名；内设综合股，定股级职数1名。其主要职责是根据防震减灾法律法规，履行防震减灾工作职责，负责监督管理防震减灾工作；草拟防震减灾工作规范性文件及地震应急预案，并组织实施；会同有关部门建立震灾预防工作体系；负责本行政区域内一般建设工程抗震设防以及重大工程和可能发生严重次生灾害工程地震安全性评价的监督、管理工作，指导城乡居民建设抗震设防；组织开展防震减灾宣传、教育及培训工作，普及防震减灾知识，提高社会防震减灾意识。全年科学研究和技术开发取得新的成果57项，登记科技成果13项，签订技术合同16项，技术合同成交金额1.52亿元，合同金额比上年增长90%。全年共争取国家扶持科技项目14个，争取扶持资金704万元。

**【科技创新大会召开】** 2017年，根据中共罗田县委、县政府《关于深化科技体制改革加快创新体系建设的意见》、县政府新颁布的《科学技术奖励办法》等文件精神，县政府主持召开全县科技创新大会，对2016年度新认定的高新技术企业、省级工程技术及校企共建研发中心、引进转化科技成果、受理的专利申请等10项内容进行通报表彰，并奖励资金共计80多万元。这一系列举措，极大地调动了全县各科技创新主体的积极性，优化了全县科技创新工作环境。

**【服务平台建设】** 2017年，县科技局以提升企业科技创新能力和推进科技扶贫为重点，不断创新服务方式，做到“三个联动”，即政企联动、网企联动、校企联动。政企联动。广泛收集企业技术需求，帮助企业找人才、技术，开展校企合作。罗田充分利用“三区人才”队伍为受援企事业单位服务。利用科技活动周等机会，把技术、人才引进来；利用“千企联百校”对接活动，带领企业走出去。今年的科技活动周，举行了科技政策科技进园区、进企业对接活动。制定了41项科技服务企业清单，发放给80余家企业，并作政策讲解。网企联动。利用部门优势，开启“互联网+企业服务”方式，科技局建立了“一站两群”：罗田科技局网站、罗田科技创新QQ群、微信群。通过“一站两群”平台，发布信息，收集需求，为部门和企业提供便捷的信息沟通渠道。校企联动。产学研合作深入开展，引导科研平台向企业延伸、科技成果在企业转化、科研人才向企业聚集。全县重点企业中，每家企业至少与1—2家大专院校建立校企合作平台。仅宏源药业新申报受理了16项发明专利，引进转化武汉大学一项科技成果，使企业产能、产值突飞猛进。全年，共帮助企业聘请科技副总经理9名，引进创新团队6个。

**【科技品牌创建】** 近年来，罗田县创建了一系列科技品牌，如创建国家级可持续发展实验区获批，罗田绿叶农业科技发展有限公司院士工作站获批并挂牌；湖北省宏源药业科技股份有限公司被评为省级知识产权示范企业，湖北省氟化工工程技术中心获批并挂牌，罗田精农电商科技孵化器被认定为市级科技孵化器并授牌，新建的罗田县人才创新创业平台已完成6000平方米的场地建设，正着手各项启动工作等。

**【科技脱贫攻坚】** 2017年，县科技局在只有10人上班，且1人驻行政服务中心窗口、1人抽调巡察组的情况下，还要入住3个农村点：一个重点贫困村白庙河镇长冲畈村，一个“支部联支部”帮扶村平湖乡白果树塆村，一个库区村匡河镇林木河村。全年开展“支部主题党日”活动12次，开展“支部连支部”活动6次，到农村开展支部活动9次。“支部连支部”帮扶把村级班子盘活带强，使村部条件极大改善，将扶贫产业做大做强。局里还分别派党组书记、局长担任2个扶贫工作队队长，另外每村还派驻2名工作队员。在机关经费十分困难的情况下，仍拿出10多万元资金支持驻点村开展精准扶贫工作，还积极向科技厅争取支持，为长冲畈村争取科技扶贫项目30万元，有力地支撑了贫困村产业扶贫。其中，茭白合作社带动该村60名贫困户就业。同时，还积极协调联系武汉市农科院专家到贫困村开展“三区人才”茭白产业技术对接服务。支持终获回报，精准扶贫重点贫困村长冲畈村2017年完成投资800多万元，民生条件得到极大改善，已经通过县、市验收，顺利出列。

（县科技局供稿）

## 气　象

**【气象服务】** 2017年，县气象局以汛期气象服务为核心，以“三农”气象服务为抓手，积极改进服务方式，丰富服务产品，扩宽服务领域，全力做好各类气象服务工作。全年共报送重大气象信息专报9期、专题气象服务11期、雨情快报12期、春运气象服务专报14期、春耕春播气象服务专报6期、夏收夏种气象服务专报12期，秋收秋种气象服务专报12期，发布预警信号198期，利用手机短信发送预报预警信息30余万人次。为党政领导防灾减灾决策提供重要参考，很大程度减轻了自然灾害造成的损失，降低了气象灾害对居民生产生活、农作物生长和交通运输造成的不利影响。

**【体系建设】** 2017年，县气象局加强气象防灾减灾建设的部门联动体系，主动联系县政府、各乡镇及国土、防汛办等部门进行气象防灾减灾联动，已成功与国土资源局，县防汛办，白莲湖水库和天堂湖水库等签订部门协议，进一步加强了罗田的气象防灾减灾体系建设。

**【项目建设】** 继去年中央财政355万元的防灾减灾业务用房建设项目之后，今年的150万元防灾减灾业务用房配套设施建设项目被县委、县政府列为气象局重点建设项目。气象局自年初便积极推进该项目建设，截至12月，建设资金预算执行率100%，气象局克服各种困难，在12月底保质保量安全完成工程项目，现等待相关部门进行工程验收。

**【廉政建设】** 2017年，县气象局多次召开专题会议，研究部署党风廉政建设和反腐败工作。谋划贯彻落实中共罗田县委、县纪委关于党风廉政建设的部署和要求，研究制定党风廉政建设工作计划、目标、任务、职责分工和具体措施。明确责任和任务，着力抓好落实责任这个核心，切实将责任分解落实到每位班子成员。“一把手”与分管领导、分管领导与各股室负责人分别签订党风廉政责任书。开展党性党风党纪和廉洁从政教育，组织党员干部学习廉政建设《廉洁自律准则》和《纪律处分条例》，加强廉政文化建设，积极开展党风廉政宣传教育月活动，适时开展典型案例警示教育，增强廉政意识。积极开展廉政风险防控工作，各股室按照廉政风险防控措施的分类，结合自身职能开展防控，做到协调一致、分工明确，努力开创上下联动、纵横连贯、全面深化的廉政风险防控工作局面，促进全局干部职工“知风险、防风险、控风险、化风险”，严格防止腐败的发生。

（县气象局供稿）

## 教育行政管理

**【概　况】** 2017 年，全县中小学学校 79 所。其中，中等职业学校 1 所，普通中学 25 所，小学 52 所，特殊教育学校 1 所。在校学生总数 53356 人。其中，中等职业学校 3410 人，普通中学 18916 人，小学 30899 人，特殊教育学校 131 人。专任教师总数 3812 人。其中，中等职业学校 193 人，普通中学 1754 人，小学 1833 人，特殊教育学校 32 人。幼儿园 65 所，在园幼儿数 17046 人。学龄儿童入学率、九年义务教育完成率、义务教育普及程度分别达到 100%。参加高考 2976 人，实际升入高等学校 2828 人。实施中小学校建设项目 76 个，发放各种补助资金共 3539.7 万元。教育成果丰硕，“罗田县创新乡村教师研课磨课模式”获教育部表彰；县理工中专获第十三届全国中等职业学校“文明风采”竞赛组织优秀奖；三里畈小学被评为国际天使青少年才艺大赛优秀选送单位，该小学还被评为“中国好教师”公益行动计划基地学校。

**【作风建设】** 2017 年，县教育局聚焦作风建设，通过抓基层组织建设、抓党员教育管理，深入推进“两学一做”，规范开展“支部主题党日”，全面贯彻十九大精神，整体推动党风廉政建设。一年来，承办县纪委转办、交办件 26 件，接投诉电话 10 个，办结率 100%。全年共立案 10 起，查办惩处 12 人，警示约谈 182 人次，始终以“零容忍”的态度严肃查处违纪违规行为。推进以“三学两比一做”为主题的师德师风建设年活动。精心举办全县青年教师师德培训班，深入开展“做学生和家长最喜爱的老师”征文演讲比赛，集中组织师德标兵等“五十佳”的评选表彰活动。

**【教育质量】** 2017 年，县教育局始终把质量当作教育的生命线，全力推进教育质量整体提升。以社会主义核心价值观为主线，组织全县中小学生参加爱国主义读书教育活动、诚信友善主题征文活动、国家安全及国防教育活动。其中，匡河中学、义水学校、实验小学等学校 20 多名同学分获省、市主题征文奖。深入推进“朝读经典”“起点阅读”工作，26 名教师的专题录像课被评为省、市级示范课。素质教育有突破。各中、小学全面贯彻党的教育方针，多途径促进学生全面发展。在全市小学生校园足球赛中，县实验小学获得第三名。县一中田径队代表黄冈市参加全省中学生运动会。三里畈中学在全市体育传统项目学校运动会上取得团体总分第二名的好成绩。在“长江杯”钢琴比赛中，全县 20 多名学生获得市

2017 年 7 月 11 日全省教育脱贫攻坚暨全面改薄现场会在罗田召开，省教育厅厅长陶宏作重要讲话

级以上奖励。县实验中学胡颀睿同学在全省中小学幼儿园学生美术作品展中获银奖。成功举办全县第14届中学生运动会和“戏曲进校园”成果展演。县实验小学、白庙河中学参加全市“戏曲进校园”成果会演，分获小学组和中学组第二名。组织4所学校200多名师生参加罗田县2018年春节晚会。理工中专成功承办全市中职学校技能大赛，并获得综合积分排名第一的优异成绩。教育科研有位次。罗田县参加“一师一优课、一课一名师”活动教师1476人，晒课1372节。其中，14节被评为省级优课，2节获评国家级优课，全市综合排名第三位。罗田县多名教师在全省微课大赛中取得优异成绩。县一中、县育英高中积极推进“分层分类选课走班”课程改革试验，被确定为黄冈市试点示范校。研训工作成绩突出。《罗田县乡村教师研课磨课模式创新》获评教育部优秀国培工作案例，罗田经验2次在全省会议上进行交流。2017年，全县高考成绩过600分52人，高分上线率2.1%，居全市第三位；重点本科上线455人，上线率18.35%，居全市第六位；本科上线1423人，上线率57.38%，居全市第四位，实现稳中有升目标。中职技能高考441人，本科上线99人，专科上线342人，上线率100%。成功举办全市高中教育教学工作会。中考再次取得优异成绩，学前教育健康稳步发展，在示范园创建和专业竞赛等活动中，均处全市领先地位。

**【均衡教育】** 2017年，县教育局多措并举，全力促进教育均衡发展。全省教育脱贫攻坚暨全面改薄工作现场会在罗田县召开。调整布局促均衡，启动县幼儿园迁建、新建河东街小学、扩建栗子坳小学、加大县一中改造力度、启动县实验高中和胜利小学建设。增加投入促均衡。积极争取项目资金6113万元，新建、改扩建校舍30栋25335平方米，改造运动场地6个46900平方米。建立机制促均衡。将县直学校、示范学校与农村薄弱学校结对帮扶，实现资源共享。全年县直学校到乡村支教64人次，乡镇教师交流400余人次，城乡教师交流比例超过15%，县域内教师交流比例达16.25%。优化队伍促均衡。全年共补充教师156人，其中公开招录农村义务教育教师108人，拟通过“绿色通道”招录高中教师3人，录用理工中专双师型教师3人，面向社会公开招录幼师20人，教学点教师20人，异地调入2人。

**【规范管理】** 2017年，县教育局规范管理，积极改善教育内外环境。规范办学行为，改善育人环境。全面贯彻立德树人、全面发展的教育方针，规范常规教学管理，改革教学质量检测。加强内部整治，重点整治乱招生、乱办班、乱补课、乱收费、乱发教辅资料等“五乱”现象。维护系统安全，改善硬件配置。实行安全稳定“党政同责”“一岗双责”、一票否决和责任追究制度。全县各中小学都配备了专业安保人员，共安装90套校园视频监控系统，103个一键报警系统，43所学校建设了规范的校园警务室。校车改革试点全面启动。通过招标组建12个乡镇校车公司，购置符合国家标准校车150台。实施营养计划，改善后勤服务。全县完成35所学校食堂提档升级“明厨亮灶”工程建设，有序推进农村义务教育学生营养改善计划，全年拨付专项资金1865万元，33919名学生从中受益。决胜教育扶贫，改善资助效益。建立健全教育助学精准扶贫长效工作机制，确保建档立卡贫困户子女就学资助全覆盖。发放各种补助资金共3539.7万元，资助学生42699人次。助学贷款清收“零逾期”，连续五年获得全省第一名。扶贫经验“五项”创新和“六帮”措施，在全省教育精准扶贫工作推进会上交流。

（县教育局供稿）

## 县一中教学工作

**【概　况】** 2017年，罗田县第一中学一本上线人数过410人，二本上线人数过1000人大关。2人过清华大学录取分数线，廖益文被清华大学录取，被复旦大学、上海交通大学、中国科技大学、浙江大学等名校录取人数30多人，质和量超过一些人口大县。

**【课程改革】** 2017年，罗田县第一中学凝心聚力抓教改，破冰导航勤探索，推行“分层教学选课走班”，勇于先行先试。突破设备、师资、课程、管理、评价五大难题。在2016年12月全市“分层分类走班教学”现场会上，黄梅戏、歌唱、器乐、书法、通用技术、剪纸、摄影、中国画、舞蹈、武术、生涯规划、心理健康等课堂亮点纷呈，引人入胜。物理、历史文化课走班课堂别开生面，发人深思。这是黄冈市该课题首次大型现场会，来自黄冈市教育管理部门、教研部门和各高中的代表观摩了罗田一中的展示。2017年，华师一附中、红安一中、英山教研室、英山一中以及仙桃教科院都组团来罗田一中观摩学习“分层教学选课走班”的经验。在湖北省教育科学规划重点课题“基于学科背景有效开展综合实践活动的研究”结题大会上，罗田一中课题组历经三年的研究和实践，顺利结题并荣获课题实验研究实验先进单位。化学学科学生竞赛，2人获国家奖励。

**【文明育人】** 2017年，罗田县第一中学紧扣践行社会主义核心价值观这一核心，依靠全体教职工和学生两股力量，通过丰富活动载体、优化育人环境和建好优良阵地三个措施，把社会主义精神文明建设与教育、教学、管理和服务四方面深度融合，全面渗透，广泛、深入、持久地开展文明单位创建。2017年12月，学校连续五届获得“湖北省文明单位”称号。还代表整个黄冈市和全省中小学校走进中共湖北省委宣传部，就省文明单位建设进行研讨。高一学生朱云进，撞坏别人汽车，主动留言承担责任，被人民网、新华网等媒体称为“负责任有担当的青年”，并被评为黄冈市第四季度“道德楷模”。

**【思想建设】** 2017年，罗田县第一中学党总支书记同班子成员、各支部书记签订意识形态主体责任状，书记对意识形态工作负总责。班子成员和支部书记对分管的方面负责。学校对内对外文稿实行审阅制。对发表不当言论的教职工展开批评。加强理论武装。利用“三会一课”、支部主题党日活动、暑期集训和教职工大会等主要途径，组织党员干部学习党章、学习习近平“7·26”讲话和党的十九大精神，新时代中国特色社会主义思想深入人心。就组织学习党的十九大精神来说，班子成员观看了十九大开幕式，4次听取专题讲座，其他党员和干部专题学习3次，学生也集中学习了2次。今年暑假，还组织党员前往井冈山接受革命传统教育。建好宣传阵地。更新活动宣传展牌60多块，新增固定宣传牌140多块，主办黑板报140多块，显示屏长期滚动播放精选内容。发放理论书籍400多本，为学生翻印十九大报告。学校网站及时更新，两次被评为“黄冈市中小学校优秀网站”。正确引导舆论。组织党员写学习心得，交流学习心得。第二党支部书记周志文的心得在党校交流，周曙光的学习心得收录在组织部编写的“不忘初心感恩组织”主题征文优秀作品集《初心》一书。组织教师评选师德标兵，宣讲师德标兵事迹。周友东教师事迹不仅打动县一中教职工，还在全市、全县范围内被称道。

**【教学秩序】** 2017年，罗田县第一中学通过组织讲座、专题学习、理论考试等形式，不断增强党员干部的法治意识、民主意识和道德水平。学校为每位教职工配发了《教育法》《教师法》，聘请武汉大学教授来校讲座2次，干部群众民主法制意识大为增强。落实依法治校要求。严格执行法律以及行业规范，全面开设课程，科学安排教学进度，严格控制班额，控制考试密度，合理安排作息时间，执行收费标准。同时，把维护教师和学生权益作为落脚点，在力所能及的情况下，改善师生工作、学习和生活条件，提高教育质量，满足学生接受优质教育的需求。汇集稳步前进力量。紧紧团结和依靠教职工，民主办校。学校班子成员进教研组办公，进教师队伍任课，及时充分听取师生意见和建议。学校由每个备课组推选工会代表，每月听取工会代表的意见和建议。学校回应民意，汇集民智，不断改进工作，学校发展内生动力不断显现。

（罗田县第一中学供稿）

## 县理工中专教学工作

**【概　况】** 2017年，罗田理工中专获得全国中职生文明风采大赛优秀组织奖，被中共罗田县委确定为全县党建“整县推进”精品建设示范点。3月承办了全县教育系统党建党风廉政建设、党建整县推进、教师政治思想工作、师德师风等5个会议的现场会，5月学校成功举办全市中职学校技能大赛。2017年高考本科上线人数位居全市职业学校第三；10月作为省中职学校第四届德育教研中心组组长学校，承办全省中职德育课教师培训暨说课大赛，承办全省中职现代服务类教师说课大赛。全年校园无一例安全事故发生，确保学校稳定发展；学校面貌发生可喜变化，提升了学校整体形象；全校上下作风发生根本转变，校风校纪根本好转，罗田职教事业得到进一步发展。

**【“幸福理工”建设】** 2017年，罗田理工中专持之以恒抓好教职工政治思想工作，提出建设“幸福理工”的核心文化理念。从细微处入手，改善教师办公及生活条件。利用“三八”“五四”“七一”等节日，表彰优秀女工、优秀青年教师、优秀党员和模范教职工等。由工会牵头，建立教职工之家，成立乐队、舞蹈队、球队。每月开展一次大型文娱体育活动，组织教职工体检、外出参观学习、看电影、登山和党员教师赴红安重温入党誓词等活动。幸福理工建设，增强了教工的凝聚力和团队精神，增进了他们爱校爱岗的感情。

**【法制安全教育】** 2017年，罗田理工中专组织开展了校纪校规教育、法制安全教育、励志教育、团员意识教育和“禁手机、禁烟、整治寝室环境”等教育活动。学工处与校团委通过演讲、征文、戏曲进校园等形式，开展了“五四”“廉政文化进校园”等系列活动，还筹办全市技能大赛开幕才艺展演；出版校刊《兰草》，举办球类运动会，组织学生参加文明风采大赛，组织学生志愿者参加美丽乡村和文明城市创建等重大活动。安全管理上，实行安全责任制和安全教育管理“两个常态化”。层层签订责任状，落实学生安全责任。不定期进行安全隐患排查。投入30多万元，对消防安全隐患实施全面整改，学校无一起重大安全事故发生。

**【常规教学管理】** 2017年，学校以教学为中心，狠抓常规管理。教学巡视常规化；教师的备课、听课、作业每月一检查一通报；期中、期末质量检测，学生问卷，从多个角度考核教师教学工作。教学成绩突出，高考本科上线人数位居全市第三名。2017年5月，在全市中职技能大赛6个团体赛中，县理工中专获得5个第一，1个第二。6月，在全市教师信息化教学大赛中，派出3个团队参赛，均获一等奖。7月，在全省信息化教学大赛中，获2个团体一等奖，1个团体三等奖。11月，学校计算机专业学生参加全省职业院校技能大赛，获中职组网络综合布线项目团体一等奖。此外，学校教师还在全省语、数、外、旅游专业、德育课说课比赛中获得1个二等奖，2个三等奖。特别是在全国中职学校会计技能比赛和信息化教学大赛中，获得1个二等奖，3个三等奖，取得历史上最好成绩。

**【教师队伍建设】** 2017年，罗田理工中专有专任教师217人，拥有本科以上学历208人，硕士研究生学历（学位）7人，中学高级教师职称的46

人,“双师型”教师56人。学校还通过公开招考引进专业教师3人，从县内其他高中调入文化课教师12人，充实了教师队伍。一年来，学校创新教师评价与运用机制，设立课堂教学能手岗位。目前，学校已确定课堂教学能手17人，在他们的带动下，组织开展一系列听课、评课、说课、磨课、赛课等课堂教学教研活动。学校还组织选派教师近30人次分别参加国家级、省级骨干教师培训以及其他形式的学习。教师“四优”评比获奖57人次，其中省级一等奖13个。成功申报和立项省级科研课题2项，批准建设湖北省“职业教育技能名师工作室”1个（全省仅20个）。11月，学校作为省中职德育中心组组长学校，成功组织全省中职德育课教师说课比赛和全国德育课说课大赛参赛教师的培训工作。

**【劳动转移培训】** 2017年，罗田理工中专一直致力于拓展劳动转移培训等社会培训和企事业单位培训项目。全年共承办宏源、海诚公司、教育“明白人”培训等5个培训项目，共培训在岗职工和社会劳动力1000多人。

**【开展校企合作】** 2017年，罗田理工中专继续建好计算机、机械、电子、旅游等重点品牌专业，围绕专业建设，大力推进校企合作。与黄冈职业技术学院、北京商坤教育培训中心等单位采取“3+2”“2+1”模式联合办学，开设建筑专业黄职班、高铁乘务员订单班。与燕儿谷公司、城西幼儿园、双虹汽车等开展校企合作，设立实习实训基地。与一方山水大酒店等企业合作，开展现代学徒制试点建设工作，取得较好效果。

（罗田理工中专供稿）

# 文体　影视

## 文化事业和新闻出版

【概　况】2017年，县文化局（新闻出版局）以坚定文化自信，推动社会主义文化繁荣兴盛为主线，构建县、乡、村三级公共文化服务体系，开展丰富多彩的群众文化活动，文艺精品创作、交流出现新气象。年末实有各类艺术表演团体329个，文化馆2个，公共图书馆2个，博物馆1个，馆藏图书25万册。组织文艺演出1000余场次，观看演出人次达到20万人。文物利用、保护出现新突破。《罗田吊锅》被列入省级非物质文化遗产保护名录。加大文化市场管理力度，创建"扫黄打非"进基层示范点活动，以骆驼坳镇赵家湾村和三里畈镇长源冲村为试点，逐步推进。2017年4月21日，罗田县被湖北省全民阅读活动领导小组评为2015—2016年度全省十佳书香县市，县人民检察院青年读书班被评为"十佳青年书香号"，三里畈镇新铺村张家冲组被评为"十佳书香村组"。

第三届罗田县农民读书节在汤河小学学生们诵读古诗词中拉开序幕

【公共文化服务】2017年，全县、乡、村三级文化设施网络基本形成。县级图书馆、文化馆建成新馆，图书馆已于2月初完成新馆搬迁并对外开放。图书馆二期工程完成主体和装修附建工程建设。县政府投资128万元，启动文化馆搬迁和4个展厅布置、设施建设。一批村级综合文化服务中心相继建成，按照"七个一"标准，建成150个，配送文化器材74万元；村级文化活动室实现全覆盖。大力实施"百姓舞台"工程和"书屋照亮乡村"农家书屋提升工程。按照"五个一"标准，共建成农村文化广场33个。按照"七个一"标准，实施农家书屋提档升级24个。推动中共罗田县委、县政府出台《关于加快构建现代公共文化服务体系建设实施意见》，促进公共文化服务体系建设快速发展。2017年5月在武穴召开的全市公共文化服务体系建设现场推进会上，罗田县作经验交流。

【群众文化活动】2017年，县文化（新闻出版）局举办了"文化迎春·艺术为民，新春走基层"春节文化活动。各乡镇也开展了独具特色的春节文化活动。白庙河镇枫树铺村自筹资金办乡村春晚，三里畈镇新铺村张家冲民俗闹元宵、骆驼坳镇学堂村民俗文艺会演、万密斋社区演出队表演的龙灯、舞狮、赶柳翠等文化活动深受群众欢迎。举办罗田县第三届“书香门第·耕读人家”农民读书节和农家书屋农民读书、用书、赶集活动。现场为全县示范农家书屋、农民读书用书示范户颁发奖牌。发放图书2万多册，电脑24台，学习光盘24套。罗田作协为农家书屋赠送图书，罗田书协为农户赠送书法作品。县剧团、文化馆、大地坳社区文艺宣传队、大河岸镇凉亭村、滕家冲村文艺宣传队等为农民朋友演出精彩文艺节目。开展“我们的中国梦·文化进万家”惠民演出活动，县剧团和各业余剧团全年完成送戏下乡420多场（次），确保每个村看一场好戏。举办“文化力量·民间精彩”罗田县第三届广场舞展演活动，选出两个代表队参加黄冈市展演，分获老年组和青年组二等奖。举办“喜迎十九大·脱贫奔小康”村级文艺宣传队展演活动、“廉政书画摄影作品展”“喜迎十九大，畅抒罗田情”“七月流金·美丽乡村”罗田县首届诗歌朗诵音乐会、举办“首届三胜故里京剧票友文化节”。出版《罗田文艺》共4期，举行“第四届王葆心文学奖”评选，评选出1个一等奖，2个二等奖，3个三等奖，5个优秀奖。县文化馆业务干部饶俊华（音乐类）、李玉娟（音乐类）、周凤春（论文类）参加了由省文化厅、省群艺馆举办的全省第二届群文技能大赛，并取得优异成绩。剧团、文化馆业务骨干参加了在安徽六安市举办的第七届大别山歌会，程扬获得二等奖，饶俊华、程扬、徐都督获三等奖。

**【文艺精品创作】** 2017年，县文化局组织力量，将东腔戏搬上专业舞台。其中，东腔戏《礼让三分》入选湖北省第三届地方戏艺术节。黄梅戏《余三胜轶事》入选中国戏剧节。创作上演大型文艺节目“绿水青山带笑颜——罗田创建国家级生态文明示范县专题文艺晚会”，并举行全县巡演。组织开展“戏曲进校园”活动，举办戏曲讲座、辅导、演出共计90多场（次）。复排《罗帕记》《昭君出塞》《告洞房》《五女拜寿》4部传统大戏，丰富人民群众节日文化生活。

**【文化遗产保护】** 2017年，县文化（新闻出版）局按上级文物主管部门要求，对全县文物进行安全消防大检查，制定《罗田县文物安全大排查工作实施方案》，落实各乡镇主体责任，对全县文物点进行拉网式安全大检查，对部分古建筑配备了消防器材。对存在安全隐患比较严重的省级、县级部分文物单位进行抢救性保护维修。在“5·18”第41个纪念博物馆日，县文物局、博物馆举办了流动博物馆走进校园活动，利用展板向师生进行现场讲解，介绍博物馆日的由来，罗田的历史名人、罗田的文化遗产等知识内容。6月7日、8日是全国首个“文化和自然遗产日”，县文化局在罗田县义水学校、县人民广场举行罗田名人文化展、罗田县非物质文化遗产展。加大非遗保护力度，非遗中心加大对非遗数据库的资源整理，对刺绣、根雕、绘画等项目传承人进行资料挖掘和补录，新挖掘皮纸制作技艺、烙画两项非遗项目，对罗田畈腔进行抢救性保护记录，开展东腔戏、畈腔进校园活动。开通“罗田非遗”微信公众号，加大对外宣传力度。举办东腔戏“以师带徒”拜师仪式，加强省级非遗传承保护。申报“罗田吊锅”被列入省级非物质文化遗产保护名录。全国第一次可移动文物普查工作圆满收官。文物遗址遗迹“五有”保护工作有效实施，完成省保单位新屋湾民居维修工程。

罗田县首届全县村级文艺宣传队汇报展演

**【文化市场管理】** 2017年，县文化（新闻出版）局组织创建“扫黄打非”进基层示范点活动，以骆驼坳镇赵家湾村和三里畈镇长源冲村为试点，逐步推进。联合多部门开展校园周边环境整治、暑期集中专项行动等治理行动。针对上网服务营业场所存在的问题，运用“互联网+”方式，在做好监管软件升级的基础上，确保全县网吧“文网卫士”安装全覆盖，切实加强非现场监管能力，在文化市场综合执法人员手机上安装“文网卫士”手机APP，及时查处上网服务营业场所违规接纳未成年人行为。通过一个月的专项整治，共查处文化市场违规案件24件，其中演出市场1件，娱乐市场4件，出版物市场1起，网吧18件，吊销2家互联网上网经营许可证，停业整顿1家网吧，结案率达到85%。开展春季中小学教辅材料专项治理行动，切实抓好中小学教辅材料出版发行管理，加大中小学周边教辅资料市场监管力度，防止假冒伪劣教辅材料及非法少儿出版物流进校园，切实维护青少年健康成长合法权益。开展演出、歌舞娱乐、电子游戏游艺场所专项整治行动，全面摸排全县演出、歌舞娱乐、电子游艺场所，严惩演出、歌舞娱乐、电子游戏游艺场所各类违法违规经营行为，进一步规范全县演出、歌舞娱乐、电子游戏游艺市场经营秩序。

**【文化产业发展】** 2017年，县文化（新闻出版）局采取招商引资和引导自主创业的办法，继续推进大别山商贸城文化产业基地建设，打造集影视服务、休闲娱乐服务、书刊零售服务、网络文化服务、动漫游艺服务、文化用品服务、印刷服务于一体的文化产业聚集区。积极支持服务余三胜文化产业园建设；引进大别山民俗文化体验园项目，并已成功签约动工并试运营。注重加强文化与旅游产业的深度融合，积极参与AAAAA景区全域旅游示范区和世界地质公园创建，加强文化与农业等相关产业的深度融合，大力推进“特色文化村”和生态文化产业的发展。成功申报潘家塆为全省首批“30个特色文化村”。

（县文化局供稿）

## 体 育

**【概　况】** 2017年，全县年末共有公共体育场地960个。其中，有固定看台的灯光球场1个。全年共开展群众性体育活动（比赛）49次。年末体育彩票销售网点19个，全年销售体育彩票5000万元。

**【体育市场开发】** 举办2017年罗田县职工篮球赛，为期16天，共66场比赛，每晚进行网络直播，社会反响良好。县体育局采用市场化运作方式，改变以往主要由政府办体育的格局，促使市场开发和市场运作能力不断增强，这是罗田举办赛事培育体育市场的第一次尝试。

**【体育中心建设】** 2017年，县体育局筹建的体育中心建设项目进展顺利，截至11月7日，已完成体育馆、体育场征地农户安置、体育场土地平整、手续批复。体育中心PPP项目，完成项目咨询机构招标，体育中心路网规划概念设计工作、PPP项目“两报告一方案”编制、项目入库，引进社会资本方等项工作已完成。

**【全民健身活动】** 2017年，县体育局组织罗田县“天堂湖”杯干部职工乒乓球赛，联合县消防大队组织“铭达”杯俱乐部篮球联赛，联合老干局组织罗田县第二届太极拳剑比赛，联合县委宣传部、县文化局、县广电局、罗田万万城置业有限公司主办全县“万万城杯”第三届广场舞大赛，联合县总工会主办2017年“金浦佳苑杯”全县职工篮球比赛，还承办了2017年全县第九个全民健身日启动式活动。

**【体育赛事活动】** 2017年4月15—16日，黄冈市首届中老年羽毛球比赛在黄州举行，罗田派出11名男队员和2名女队员，参加A组男双、女双、混双，B组男单、男双、混双的比赛。4月28日至5月1日，罗田组队参加“农商行杯”2017年黄冈市青少年暨中学生男子篮球赛，获得第四名成绩。4月29日至5月1日，组队参加2017年黄冈市“剑威杯”青少年跆拳道锦标赛暨黄冈市第二届大众跆拳道锦标赛，县业余体校华英训练基地派出11名队员参加该赛事，经过激烈角逐，获得3金5银3铜；罗田问道跆拳道代表队获得品势团体总分第一名。5月10—13日，组队参加“黄冈国家高新区杯”2017年黄冈市乒乓球锦标赛暨第三届黄冈市直机关干部职工运动会。5月20—22日，组队参加“体彩杯”2016年黄冈市青少年田径比赛，罗田县代表队获得团体总分第二名。5月27—30日，县实验小学代表罗田组队参加2017年黄冈市小学生足球比赛，获得第三名。8月21—22日，罗田承办2017年黄冈市“食为天”杯青少年游泳锦标赛，罗田代表队获得团体总分第四名。2017年9月10日，主办2017年罗田县“方南渔具杯”钓鱼邀请赛。

**【体育彩票销售】** 2017年，县体育局引进云商（北京）互联科技有限公司体育彩票发行大户入驻罗田。截至2017年10月30日，全县体育彩票销售量累计达到4800万余元。引进总投资5000万元的湖北大别山生态垂钓观光园项目，湖北大吉渔文化传播有限公司落户三里畈镇，为开展各种竞技钓、休闲钓等垂钓活动搭建了交流、健身、休闲娱乐的场所，从而拉动地方消费，促进旅游和渔业产业的发展。

（县体育局供稿）

## 广播电影电视

**【概　况】** 2017年，全县有广播电台1座，电视台1座，电影放映单位2个，有线电视用户8.86万户，广播覆盖率达到99.55%，电视覆盖率达到99.25%，共制作广播节目1802小时，电视节目374小时。播出广播节目3793小时，电视节目3220小时，电影放映5026场次，观看电影人次31万人次。

**【宣传舆论】** 2017年，县广播电影电视局重点做好十九大主题宣传文章，专门开办专栏，广泛宣传全县各地各部门学习、贯彻、落实十九大精神的实际行动和工作成效，全面报道基层干部群众学习贯彻落实十九大精神的先进典型。其中，中共罗田县委书记汪柏坤在三里畈镇张家冲村宣讲十九大报告的新闻在湖北新闻联播以“十九大精神进农村：共谋美丽乡村发展”为题播出，成为黄冈市首位上湖北电视台宣讲党的十九大精神的县委书记。县广播电影电视局还不断创新宣传手段，拓展宣传载体，围绕中共罗田县委、县政府中心工作，从群众较为关注的精准扶贫、城镇建设、环境保护、生态发展等重点工作入手，开设“我脱贫我光荣”“四大行动”“基层党建整县推进”等专题新闻栏目，总结和推广各阶段重点工作的好典型、好经验、好做法。其中，制作的全市基层党建整县推进现场会专题片，得到各级领导和与会人员的好评；与县纪委联办的常态化电视问政节目“作风建设聚焦”首期播出，取得较好的社会效应；配合人大机关工作，在罗田新闻中开辟“聚力脱贫攻坚，五级代表在行动”专栏，助推脱贫攻坚取得实效；开辟“振兴板栗产业”专栏，宣传报道全县板栗产业现状、存在的问题，以及领导、专家、农民对振兴板栗产业的意见和建议。自主采编的新闻“湖北罗田燕儿谷：回得去的故乡”分别登上中央电视台《新闻联播》和湖北省电视台《湖北新闻》，使得罗田的春季赏花之旅、基层党建整县推进、生态保护、精准扶贫、美丽乡村建设在全国名声大噪。县电视台开播《三八红旗手》《五彩的青春》等一批栏目，发挥典型示范引领作用；围绕精准扶贫，开设《真心实意谢党恩自力更生奔小康》《我脱贫我光荣》等专栏节目，让普通群众走进演播厅，现身说法，引领更多的贫困群众自主脱贫。注重开发和整合新型媒体资源，提高主流媒体的影响力。开辟网络专栏20多个，发布新闻10000多条；开展大型活动网络直播10多场次，并在全省新媒体交流会上分享红叶节直播经验；首次以视频图标的形式解读县政府工作报告，成为全省县级新媒体首创，其做法被荆楚网、黄冈市人民政府网作为亮点工作向全省、全市推广。罗田全媒体微信公众号全年推文800多期，被长江云、湖北网台、掌上黄冈、黄冈扶贫等省市媒体转载40多篇，原创文章《你不要被自己的坚强吓了一跳》被新华社微信公众号全文转载。配合县政协开展的相关议题民意征集和线上线下的互动，社会反响热烈，该项工作被写入2017年的政府工作报告。6月，还在全市首家联合市政府网站开办在线访谈节目，重点民生领域的单位一把手先后上线接受采访，为群众释疑答惑。重新启动并改版升级《走遍罗田》栏目，围绕精准扶贫、乡村旅游、非物质文化遗产、群众文化等领域，周周都有新节目，期期都有新看点，仅下半年就制播专题节目24期，深受广大电视观众喜爱。此外，结合文旅融合发展，专题播出醉美罗田旗袍秀和戏曲进校园等极富特色的文艺专题节目，并牵头承办了一台接地气、有新意、动真情的高质量大众春晚，首次实现高清网络直播，点击观看超过10万人次。

**【电台升级改造】** 2017年，县广播电影电视局实施电台设备改造升级，建成标准化电台直播间。在广播节目的设置上，设立专栏5个，增加自办节目时长，每天多达13个小时的不间断轮流播出，并利用无线调频和村村响智能广播传送到各乡镇村。对原有新闻演播室进行升级改造，更新了一批先进的虚拟演播设备，实现实景与虚拟场景的完美结合，促进新闻节目和各专题栏目在线包装的提档升级。围绕新兴媒体的发展与制播能力的提升，先后采购各型号批次的摄像机设备5台，网络直播设备一套，无线4G图传设备一套，大型电控摇臂一套，更新大功率广播节目发射机一套。

**【传统媒体融合】** 2017年，县广播电影电视局彻底打通电视屏、电脑屏和手机屏的“三屏合一”模式，罗田电视台的直播节目实现罗田新闻网、罗田全媒体微信、云上罗田客户端同步直播，使传统媒体的触角在新媒体领域得到延伸。

**【政府网站建设】** 2017年，县广播电影电视局形成包括全县各乡镇、各部门于一体，全县“统一标准、统一后台、统一管理”的网络政务平台，对全县的所有政务网站进行清理，对不合格的网站进行关停并转，全年新建网站16个，全县大部分行政事业单位都有自己的政务公开网站，并与县政府网形成一个有机的整体。完善信息发布审核制度，加大重点领域政务信息公开工作力度，在政府网站开辟专栏专题25个，仅县级政府网发布政务新闻10897条。

**【人才队伍建设】** 2017年，县广播电影电视局先后通过政府网站采编系统、微信群、QQ群在各乡镇、县直各部门建立了一支近300人的通讯员投稿队伍，通过开展采草莓、钓龙虾、摘时蔬等社会活动，使2000多人直接助力精准扶贫，参与到线上线下的体验活动中来。同时，还积极联系省人民政府网、省广电新媒体集团、市人民政府网、黄冈新闻网、黄冈新视窗等上级媒体，采取走出去请进来的方式，建立专门的投稿渠道，加强联系，宣传罗田、推介罗田，仅湖北广电新媒体集团长江云平台2017年就采用罗田的稿件近百条。

**【广电设备维护】** 为了使用户能够长期正常观看广播电视节目，2017年，县广播电影电视局农村广播电视服务中心全年免费为出现故障的用户做好维护保养工作，共为群众排除故障共2500多次。完成“户户通”大数据对比工作，补齐所有用户信息，纠正错误信息150条。

**【通村广播工程】** 2017年，县广播电影电视局全年任务是完成43个精准扶贫出列村的广播安装。到年底，除村部办公场所还在新建和改造的村外，全部完成安装任务。同时，按时完成“百县万村”示范工程任务，完成7个行政村广播器材配置。

【公益电影放映】 2017年，县广播电影电视局完成农村公益电影放映4956场，在城东和城西广场免费放映电影260多场；4月15日、18日，在县委党校放映廉政电影；开展送电影到军营，并完成喜迎十九大送电影下乡106场；通过县政府对贫困村加大扶持力度，建设106个固定村级放映点。

（县广播电影电视局）

## 视讯网络

【概　况】 2017年，湖北广电网络罗田支公司围绕政府的中心工作，以习总书记重要讲话精神为指导，将着力推进基层党建、党风廉政、精准扶贫等重点工作与网络经营发展相结合。通过全体员工的共同努力，较好地完成县委、县政府布置的任务，截至12月底，新发展宽带用户4067户，发展电视用户3363户；数字电视平移600户；广告、新业务创收实际到账120万元；完成经营总收入2600万元。

【管理创新】 2017年，湖北广电网络罗田支公司为进一步规范服务管理，年初在城区经营部试推行网格化管理模式。将城区划分为8个片区，以2名维修人员为一组，承担片区内网络运行全业务，其绩效与片区经营收入直接挂钩，当月兑现。营业厅人员的门市业务推介和营销人员的上门营销也直接与片区经营收入挂钩，形成全员营销态势。通过4个月的试运行，充分调动了员工的积极性，全员营销效果显著。年中，支公司按照省公司要求，进行全网对接，全省客户服务系统“96516”上线，以全省统一的服务水平为标杆，服务质量明显改善，也为用户提供更多的便利。支公司积极摸索转型思路，依托罗田发展全域旅游的契机，在抓集客业务的发展上做了一些有益的尝试。除拓展原有的广告业务外，还利用办公楼一楼门面增设电视卖场，设立视频安防监控、公共Wi-Fi覆盖等业务推广平台。电视卖场从4月底开业以来，销售一体机220余台，其他电器销售30余万元，卖场销售收入达到70余万元。公共Wi-Fi覆盖项目通过支公司办公楼先期试点，至2017年底，已完成燕儿谷生态农庄、三里畈镇政府和3个宾馆的公共Wi-Fi覆盖项目。安防监控已有2家单位完成施工并投入使用，视频监控业务已完成3家单位施工并投入使用。与县自来水厂智能远程抄表系统已签订合作协议，与政法系统的“雪亮工程”和县水利系统的“黄沙监控系统”正在积极跟进中，已取得初步合作意向。

【作风建设】 2017年，湖北广电网络罗田支公司加强机关作风建设，按照全面从严治党、推进基层党建工作要求，完善补充了公司《出差管理规定》《车辆管理办法》《接待管理办法》等制度，细化工作流程。并将综合管理部一分为二，成立了后勤管理中心，由财务资产部主任兼任后勤管理中心主任，加强对后勤工作的管理，有效杜绝“四风”问题的反弹。按照一岗双责工作要求，公司强调部门职责的重要性，各片工作都由分管领导、协作的班子成员及具体的责任部室相互协作完成，责任机制、追责机制比较健全。年初，公司与各部、室签订目标责任书，将责任划分到部、室、个人，并在每季度、每月进行考核，考核成绩与年终各项奖惩挂钩，做到依制度办事，用制度管人。坚决执行集体决策、民主决策制度，保证大事讲原则、讲统一，小事讲分工、讲协作，充分调动每一个员工的积极性和创造性。支公司还在中共罗田县委、县政府的关心帮助下，认真开展内容丰富的党建活动。每月一次的主题党日活动，支公司不拘于形式，将党日活动与精准扶贫、十九大安全播出等相关工作结合起来，做到贴近工作，不流于形式。党组中心组也制定了专门的学习方案，每月围绕一个主题进行讨论，党员干部之间加强沟通，相互学习。此外还邀请上级领导来公司为党员干部上党课。

（湖北广电网络罗田支公司供稿）

# 人力资源和社会保障

## 人力资源管理

**【概　况】** 2017年，县人社局围绕全市人社工作会议精神、黄人社发〔2017〕1号、2号、8号文件精神和县委县政府下达的工作目标任务，真抓实干，各项工作取得良好成效。全年城镇新增就业6569人；城镇失业人员再就业2337人；就业困难人员再就业925人；新增返乡创业人数117人；城镇登记失业率控制在1%以内。引进大学生实习实训1224人；完成大学生创业就业人数611人；引进孵化器大学生创业团队12个。全年发放小额担保贷款3112万元；扶持创业人数534人；带动就业人数2012人。新增高技能人才82人；"乡村能工巧匠培养计划"输送人数58人。五项社会保险费（不含城居保）征缴合计费3.17亿元。其中，企业养老保险1.43亿元；机关事业单位养老保险2839.4万元；医疗保险1.29亿元；工伤保险568.49万元；生育保险435.42万元；失业保险579.99万元。参加五险人数（不含城乡居保人数）合计612356人。其中，参加企业养老保险28802人；参加机关事业单位养老保险8573人；参加医疗保险519938人；参加工伤保险24199人；参加生育保险17017人，完成目标任务17000人；参加失业保险16508人；城乡居民养老保险参保人数28.9万人，征缴基金3565.2万元，适龄人员参保缴费率96.67%；60岁以上城乡居民养老金发放率100%。企业劳动合同签订率达92%，劳动人事争议仲裁案件结案率达100%，劳动人事争议调解成功率75%，劳动保障监察举报投诉案件结案率达到100%。开展全县关于违规发放津补贴的巡视整改问题"回头看"工作；完成全县机关事业单位工作人员正常晋升级别工次审批，配合完成全县机关事业单位养老保险改革工作。

**【社会保险】** 2017年，县人社局主要从四个方面着手，稳步推进社会保险工作。一是强化社保费扩面征缴。严格五险一单申报核定制度，创新基金征缴机制，强化扩面征缴工作。全年共计征收社保费3.17亿元。二是确保待遇发放。2017年元月至12月份，支付离退休费、丧抚费、遗属生活困难补助费、医保费、工伤补助费、生育保险费及失业保险费共计5.75亿元。三是深入推进改革。全面实施机关事业单位养老保险制度改革工作，参保率达到98.2%；城乡居民医疗保险整合工作基本完成；被征地农民养老保险和全民参保登记工作扎实、稳步推进。四是积极推进城乡居民社会保障工作。对各乡镇人社中心城乡居民社会保障工作，重点抓好扩面续保、待遇发放、生存认证等业务。落实基础养老金的调标待遇，全面推行城乡居民养老保险费"代扣代缴"业务，进一步贯彻落实《罗田县被征地农民参加基本养老保险实施办法》，实施"先保后征"，确保被征地农民参加基本养老保险。

【公务员管理】 2017年县人社局完成对年度新招录的37名公务员笔试、资格复审、面试和考察。同时，对2016年度新招录的126名公务员进行职业道德规范和岗位廉政教育培训，并完成转正审批、任职定级审批和公务员登记。严格规范地开展公务员年度考核、表彰奖励、学历认定、职级并行审核及登记管理工作。

【人才工作】 2017年，县人社局人事人才工作有三大亮点：一是切实加强专业技术人才和技能人才两支队伍建设。做好职称评审、职业技能鉴定工作。积极完成企事业单位人员专业技术职务晋升、继续教育培训和初、中级技能人才鉴定工作，组织专业技术、工人技术等级和执（职）业资格考试1559科次。通过“绿色通道”引进专业技术人才16人。二是深化事业单位人事制度改革。严格事业单位新进人员招录、聘用管理。组织公开招考109名事业单位工作人员；顺利、稳妥推进7部门41家事业单位203人的岗位设置及异动管理；规范开展事业单位人员聘用、调配和使用工作。三是全力抓好大学生实习实训。积极抓好大学生实习实训工作，全年引进1224名大学生来罗田实习实训，引导大学生创业就业611人；带领县内4家大中型企业赴湖北工业大学、武汉纺织大学参加市人社局组织开展的“引才进高校”活动，取得实际效果并获得企业一致好评。

【劳动仲裁】 2017年，县人社局对101家用人单位开展劳动年检，对存在违反劳动保障法律法规问题的22家用人单位，责令其整改到位。全年共受理劳动人事争议仲裁案件102起，结案102起，结案率100%；受理劳动监察案件49起，结案49起，结案率100%；督促8家用人单位补办社保登记、申报手续，责令补缴社会保险费260多万元。组建农民工工资防欠清欠工作专班，全年共处理拖欠农民工工资案件19起，涉及农民工220余人，责令用人单位支付农民工工资173.2万元。

【服务中心】 2017年，县人社局举全局之力，在抓好业务工作的同时，围绕中心，服务县域经济大局。全力以赴抓好精准扶贫、招商引资、项目建设、全域旅游、深化改革等中心工作。在精准扶贫工作方面，负责两个重点贫困村和11个非重点村，43名工作队员常年吃住在村，扎实完成精准识别、帮扶措施制定、结对帮扶、产业和项目扶贫政策推进落实等相关工作，在12月份的市、县精准扶贫出列村的检查验收中，三里畈镇乌石冲村顺利通过检查，下一步将接受第三方评估，有望实现“户脱贫、村出列”目标。

（县人社局供稿）

## 劳动就业

【概　况】 全县城镇新增就业人员6569人，城镇失业人员再就业2337人，就业困难人员再就业925人，城镇登记失业率1%。全年共组织城乡劳动者就业创业培训43期，3124人。其中，开展再就业培训27期，1535人；大学生就业培训1期，46人；劳动预备制培训2期，207人；创业培训13期，1336人。全县新增返乡创业人数117人，扶持创业人数534人，带动就业人数2012人，发放创业担保贷款3112万元，大学生创业就业611人，引进大学生创业团队12个。全县城镇参加失业保险17365人，征收失业保险费552万元。

【就业培训】 2017年，县劳动就业管理局创新招聘模式，联合异地企业举办专场招聘会，并于4月1日在三里畈镇为黄石市铁山区湖北携康电子有限公司、黄石东贝太阳能有限公司、黄石市长安劳务中介有限公司等15家企业举办专场用工招聘会。此外，还积极推行“互联网+招聘”的新型服务模式，实现求职招聘线上与线下同步，现场与网络并行。真正实现求职和招聘“无缝对接”。在创新培训方面，根据用工单位的需求，分别与县公安、罗田各大超市、宏源药业、凤山镇政府等单位和企业开展“订单式培训”服务，全年共举办4期培训班，共培训181人次。为方便广大农民参训，县劳动就业管理局将培训重心下移，把培训班开到乡镇农民家门口。此外，还开启“支部联支部+精准扶贫+创业培训”的培训模式。以支部联支部建设引领，将创业培训与精准扶贫有效融合，依托就业服务平台，结合当地产业发展，针对性开展种养殖、机械加工、家政服务、农村电商等实用技能培训。开办精准扶贫劳动力转移培训班共计13期，共培训1209人，培训专业涉及种植、养殖、旅游、电商等方面。在县人民广场和重点乡镇组织“推进就业扶贫、服务企业用工”巡回招聘会共11场次。成功实现就业有2789人，解决了求职者就业难和企业用工难的“两难”问题。

**【就业管理】** 2017年，县劳动就业管理局加大全县公益性岗位的开发和管理工作，加强落实就业困难人员和零就业家庭就业援助政策，同时通过抓好简政放权，放管结合等项工作，深化行政管理体制改革，提高行政效能和公共服务水平。全年联系68个用人单位，共开发公益性岗位1347个，其中安置特困职工和零就业家庭427人，共计补贴资金903万元。全年共办理发放就业失业登记证8360人，失业人员1370人，就业人员6769人，毕业生221人。

**【创业就业】** 2017年，县劳动就业管理局为进一步鼓励下岗失业人员、大中专毕业生和农村劳动力自谋职业、自主创业，大力实施“全民创业促就业”计划。积极筹建创业孵化器，为创业者搭建创业平台，推行“创业培训+小额担保贷款+项目扶持+创业孵化基地”四位一体工作模式。全年发放小额担保贷款534笔，发放3112万元，实现创业带就业2012人。实施创新驱动发展，牢织就业创业“经纬线”。全年累计返乡创业人数4832人，其中返乡农民工4680人，返乡大学生140人，返乡企业家12人，共计带动就业人数19328人。“全民创业促就业”计划的实施，2017年，罗田县被国家发改委列为结合新型城镇化返乡创业试点县。涌现一大批如创办黑山羊养殖产业的“牧羊女”刘锦秀、“大学生牛倌”贺根、“燕儿谷”徐志新等返乡创业先进典型。

**【失业保险】** 2017年，全县稳岗补贴比例提高到70%，补贴资金150万元，比2016年增长28%，惠及全县27家单位，5000余人。全年共为247名失业人员发放失业保险金158万元，为114名失业人员缴纳医疗保险24万元。为2家企业4名符合条件的企业骨干补贴资金6000元。

**【信息建设】** 2017年，县劳动就业管理局以“智慧就业”为主题，投资200多万元，着力建设县、乡、村、社区公共就业服务信息网络体系，构建就业信息网络三大平台。即以罗田县为辐射点的全省“缺工、用工数据库”信息平台、以网站、微信公众号、手机APP、微博等“互联网+”方式的智能招聘平台、“阳光就业”业务办理标准化操作平台。

**【思想教育】** 2017年，县劳动就业管理局按照上级部门“支部联支部，脱贫奔小康”的活动要求，组成以支部书记金海斌同志任队长，两名成员为队员的工作队，驻三里畈镇牌坊岗村，开展“党建+脱贫攻坚”工作。联合驻点村支部开展“爱我家乡、清洁家园”、“手拉手传递温暖、心连心共促成长”关爱留守儿童，庆“七一”走访慰问老党员等主题活动，提高支部精神文明质量，增强支部党组织的向心力、凝聚力。并针对驻点村实际困难，先后拨付扶持资金共计6万余元，添置办公桌椅、办公电脑等办公用品，解决了村支部日常工作中的实际困难和问题。

（县劳动就业管理局供稿）

## 劳动保险

**【基金征缴】** 2017年，县劳动保险局创新养老保险基金征缴工作思路，突出征缴重点，以园区企业、新注册企业、未参保企业为扩面重点，加大政策宣传力度和稽查执法力度，从2016年5月1日起，实行两年阶段性费率，单位缴费比例从20%降低到19%，减轻企业负担。落实省人社厅38号文件精神，全面放开个人参保条件，打破城乡、地域、职业限制，应保尽保，应收尽收。全年参保人数达到28577人，征收基金14331.75万元，比2016年增加1050.75万元，增长8%，创历史最高水平。

**【养老保险】** 2017年，全县发放企业养老保险待遇24351万元。其中，发放基本养老金23546万元；发放丧葬抚恤费805万元。及时做好10650名企业离退休人员养老金第十三次待遇调整工作，确保每月15日前按时足额向全县11486名企业离退休人员发放养老金，按时足额发放率达到100%。截至12月底，全县养老保险基金累计结余2.2亿元。

**【资格认证】** 2017年，县劳动保险局根据全市统一部署，按照全市统一组织、统一方式、分步到位的工作思路，改变传统的表格认证方式，启动实施脸谱认证和指静脉认证方式。3月，提前进行设备的安装、调试、宣传和人员培训。4月、5月、6月，开展集中认证和脸谱、指静脉信息采集。到12月底，认证10705人，认证率95%。

**【基金监管】** 2017年，县劳动保险局进行了基金预决算编制工作，加强基金预算管理，提高基金预决算编制的准确性。进一步完善基金监管制度，加强基金进、出口管理，确保基金安全、合理、有效运行。根据《省人力资源社会保障厅办公室关于开展养老保险重点指标专项核查工作的通知》文件精神要求，对国家人力资源和社会保障部、省人社厅所提供的有关社会养老保险方面的4项指标88条疑似线索进行自检自查，并在县人社局的统一领导和组织下进行纠正和整改。

**【风险防控】** 2017年，县劳动保险局统筹部署安排，成立经办风险防控工作专班，从建章立制、明确责任、内审监督等方面着力，制定《内部控制实施办法（暂行）》《内部审计办法（暂行）》2个办法，《审计稽核岗位职责及操作规程》《基金财务岗位职责及操作规程》《信息管理岗位职责及操作规程》《基金核定岗位职责及操作规程》《档案管理岗位职责及操作规程》《待遇支付岗位职责及操作规程》《退管服务岗位职责及操作规程》7个岗位职责及操作规程，促进各项业务有序经办，化解经办风险。

**【社会服务】** 2017年，县劳动保险局积极推进“放、管、服”改革，提升经办服务水平。将企业离退休人员资格认证权限下放到各乡镇人社中心，方便离退休人员。丧葬费、遗属生活困难补助费实现社会化发放。

（县社会劳动保险事业管理局供稿）

## 机关事业单位养老保险

**【概　况】** 2017年，全县按新制度纳入养老保险的机关事业单位156家，参保率98.2%。参保人数11124人，参保率102.4%。共征收社保费1.8亿元，其中养老保险1.17亿元，职业年金0.63亿元。发放养老金1.19亿元，发放人数6313人，其中新机保发放3723人0.35亿元，老机保发放2590人0.84亿元，发放率100%。发放丧葬抚恤费51万元，发放率100%。待遇领取人员资格认证，通过指纹脸谱采集认证人数6313人，认证率100%。

**【宣传培训】** 2017年，湖北省人力资源和社会保障厅、市人力资源和社会保障局陆续出台10多份关于养老保险改革方面的文件，涵盖新养老保险制度的建立、经办流程、新老制度衔接等一系列问题，关系到每个职工的切身利益。县机关事业单位养老保险局一方面利用人社空间、政府信息平台等及时宣传和解读新政策文件精神，一方面对本单位职工进行业务培训，组织集中学习，对学习情况进行考试，要求每个职工都能掌握新政策的要点和具体细节。

**【年审稽核】** 2017年，县机关事业单位养老保险局为方便离退休人员就近就地年审工作，杜绝虚报冒领行为，加强社保基金管理，维护基金安全，把该放的权力彻底放下去，能取消的尽量取消。对法规法律明确规定由乡镇年审，一律下放乡镇实施。对于离退休人员年审认证的业务，全部进驻县人社大厅和乡镇人社中心集中办理，实行一窗受理、一站式审批。其措施是：居住在县城的离退休人员，每年4—5月直接到县局进行资格认证；离退休人员超过20人的单位，县机关事业单位养老保险局派人上门进行资格认证；居住在乡镇的离退休人员，直接到乡镇人社中心进行资格认证；对于行动不便的离退休人员上门进行认证；居住在县外人员，进行网上认证。至年底，已对全县机关事业单位2367名离退休人员进行稽核，稽核率100%。

**【财务管理】** 2017年。县机关事业单位养老保险局为提高基金管理水平，采取了三条有效措施：一是规范基金运转程序。实行经费账与基金账分离，征收的养老保险费及时与财政部门衔接入账，发放离退休人员养老金实行造表、核对，报财政部门审核、拨付。二是保证基金安全存储和运转。三是加强会计统计工作。四是坚决贯彻落实中央“八项规定”和省委、省政府“六条意见”，严控三公经费。1—12月，三公经费支出与上年度同期相比持平。

**【制度改革】** 2017年，县机关事业单位养老保险局从五个方面入手，推进机关事业单位养老保险制度改革工作。一是完善基础工作。成立以县长为组长的机保改革工作领导小组和相关单位的工作专班，明确具体的责任人，负责改革日常工作。根据县人社局工资福利股年度工资码表，与实际执行的工资标准准确核对无误后，进行签字确认和申报入库手续。创建机关事业单位养老保险管理群，发布日常工作安排，开展答疑工作，为入库上线工作搭建一个便利的平台。二是严格审核申报资料。坚持以人社局工资福利股审批的依据为准，确保申报基数的准确度和可靠度。对照年度工资变动明细表、工资码表和工资文件分单位、人、项审核年度缴费工资基数，确保缴费基数申报精准，为核定环节打好基础，有效维护参保人员的合法权益。三是准确核定申报基数。网申系统启动之后，参保单位在网申系统进行人员新增和缴费基数申报，并将纸质资料交股室进行入库，入库后，参保单位再次进行数据核对，确保无误后再由经办人员进行基数核定。四是做好待遇申领工作。待遇申领是直接影响退休人员待遇的关键环节，县机关事业养老保险局明确专人负责待遇申领信息审核工作，对中人（2014年1月1日以后退休的人员）待遇申领中涉及出生年月、参加工作时间、视同缴费年限、职务职级等关键信息，进行多重审核；对待遇申领过程中出现的疑难、特殊问题，积极向省厅、市局进行咨询确认，确保中人（2014年1月1日以后退休的人员）待遇申领工作的零失误。五是强化基金征收。明确基金征收的初步流程，在参保单位缴费后，收款银行基本固定在每周五将缴费数据传至机关事业养老保险局财务部门，在接到通知后，参保单位凭缴费凭证到机关事业养老保险局打印缴费发票，并由经办人员及时将缴费数据传至系统，确保整体经办工作顺利进行。对未按时缴费单位，定期进行催缴通报，确保基金按时、足额入库。

（县机关事业养老保险局供稿）

## 医疗保险

**【概　况】** 2017年7月，根据湖北省、黄冈市及罗田县人民政府相关文件精神，以及中共罗田县委组织部“关于整合城乡居民基本医疗保险经办人员划转工作专题会议纪要”要求，原县新型农村合作医疗管理办公室9名工作人员整体划转调入县医疗保险管理局。11月，根据县编制委员会办公室《关于县医疗保险管理局主要职责和内设机构的批复》相关规定，县医疗保险管理局主要职责和内设机构又进行重新调整。经调整，县医疗保险管理局内设办公室、财务股、登记征缴管理股、医药机构管理股、待遇结算管理股、信息档案管理股、审核稽查股、工伤生育股8个职能股室，核定正副股级职数16名。2017年，县医疗保险管理局紧紧围绕提升经办服务能力、保障基金使用安全工作主线，严格医疗保险监督管理，深入推进城乡居民医保制度改革、整合增效，全面履职尽责，开创了医保工作新局面。全县参加城镇职工基本医疗保险31495人，征收医疗保险基金11698.07万元。全县参加工伤保险24199人，征收工伤保险基金568.49万元。全县参加生育保险17017人，征收生育保险基金435.42万元。全县参加大病医疗保险人数29884人，基金收缴304.48万元。全县参加城乡居民基本医疗保险488814人，征收城乡居民医疗保险基金7369.9万元。

**【监督管理】** 2017年，县医疗保险管理局不断完善内控制度建设，坚持“一个重点，四个结合，五个必查”措施，重点查处定点医疗机构伪造病历、挂床住院、分解住院、降低入院标准、串换目录报销、违规收费、不合理诊疗等违规行为以及定点药店违规刷卡、销售日用品等违规经营等，有效避免了基金流失，确保基金安全有效运行。

**【便民服务】** 2017年，县医疗保险管理局进一步简化手续、优化流程，严格落实扶贫对象现场结算“一站式”服务、跨省异地就医住院费用实现直接结算、生育保险待遇即时结算，不断提升服务水平和质效，努力提高参保群众的获得感和满意度。

**【自身建设】** 2017年，县医疗保险管理局以开展“党建引领，优质服务”“精准脱贫医保先行”和“党员先锋岗”等活动为载体，进一步提升党员干部的创先争优意识；以“提升综合素质、提高服务能力”为目标，开展业务政策大培训活动，全面提升干部职工业务水平和经办能力。通过开展一系列活动，激发了干部职工正风肃纪的自觉性、干事做事的热情和服务群众的能力和本领，确保了医保各项工作严谨务实、依法依规、优质高效开展。2017年5月被中共黄冈市委组织部表彰为全市老干部工作成绩突出单位；2017年6月被县直机关工委表彰为先进基层党组织。

（县医疗保险管理局供稿）

## 劳动保障监察

**【概　况】** 罗田县劳动保障监察局成立于1995年3月，原名罗田县劳动监察大队，2013年5月更名劳动保障监察局，内设办公室、劳动关系监察股、社会保险监察股、投诉举报中心4个股室。2017年，共对101家用人单位开展劳动年审；受理办结劳动监察案件49件，结案率100%；全县企业集体合同签订率、劳动合同签订率分别达85%、92%。

**【保障监察】** 全年共查处农民工欠薪案件19件，监督或责令企业发放农民工工资173.2万元，涉及农民工220余人。对于发生的欠薪案件，及时开展调查处理，没有发生因拖欠农民工工资所引发的影响社会稳定的事件。其具体措施为：加强组织领导。按照国办发〔2016〕1号、鄂政办发〔2016〕74号等文件精神，建立由县政府主要负责人牵头，各乡镇和相关部门参与的联席会议机制。落实目标责任制度、定期督查和问责制度。将解决农民工工资拖欠问题情况纳入政府工作考核体系。各乡镇、县经济开发区、大别山国家森林公园各风景区按照“属地管理、分级负责”原则，有关部门按照“谁主管、谁负责，谁引进、谁负责，谁分管、谁负责，谁服务、谁负责”原则，各负其责、协同配合，形成工作合力。执行工资支付保障金制度。对于新开工工程项目，联合住建、国土等部门，督促企业缴纳工资支付保障金，否则不予办理施工许可证等开工手续。全年督促12家企业缴纳工资支付保障金142万元。开展专项执法检查。成立专班，对全县范围内招用农民工人数较多有欠薪隐患的企业开展执法检查。对检查过程中所暴露出的问题，限期改正，并实行乡镇部门和领导包保责任制。同时采取督促企业筹措资金、组织协调工程款兑付等措施，确保问题及时得到有效处置。依法查处欠薪案件。坚持“快立、快查、快结”原则，查处投诉举报及巡查发现的欠薪案件，责令企业追发农民工工资待遇。如发生涉嫌恶意欠薪案件，及时移送公安机关侦查处理。监督企业发放农民工工资。重点监督工程建设企业，将工资直接支付给农民工。避免由项目负责人代发而产生拖欠工资行为。开展法制宣传。利用全县企业用工招聘会、“12·4”宪法宣传日活动等时间节点，安排专班集中宣传劳动保障法律法规。并派员到企业讲授法制课，为保障农民工工资支付营造良好的法治氛围。

**【劳动年审】** 全年共对101家用人单位进行年度审查，对书面资料审查不合格的用人单位，要求先行整改。对先行整改不到位的，下达整改指令书，责令限期整改。拒不整改的，依据法律法规给予行政处罚。对全县22家用人单位进行专项检查，未发现无许可证或营业执照擅自从事职业中介活动、超范围经营、扣押劳动证件、非法向劳动者收取财务、押金等各类违法违规行为。

**【执法监察】** 坚持有案必接，及时介入、及时处理。全年共协调处理案件35件，立案14件已全部结案，结案率100%。共计为220余名劳动者追讨工资173.2万元；为5名劳动者督促缴纳社保费10.8万元。推进“双随机、一公开”执法监督。已制定实施方案、执法检查实施细则、随机抽查事项清单、执法检查表格，建立执法人员名录库、监管对象名录库。已在全省“双随机一公开”系统上，录入人社系统全部34名取得执法资格人员名单、258家企事业单位名单。监管平台系统上线后，运用平台系统开展抽查，并在平台系统上完成抽查结果的上传工作。开展“监察员服务企业”活动。8名监察员对口服务企业80家。上门开展规范用工管理指导30余次；加大重点行业监管10次。配合做好社保扩面征缴工作。县劳动保障监察局深入乡镇、县经济开发区30多家企业，宣传社保政策，开展扩面征缴工作。督促5家企业申报缴纳社会保险25人次，督促缴纳社保费260多万元。

（县劳动保障监察局供稿）

## 城乡居民社会养老保险

**【概　况】** 2017年，全县城乡居民社会养老保险参保人数28.9万人。其中，适龄缴费人数19.8万人，待遇领取人数9.1万人。录入信息系统缴费人数19.14万人，适龄人员参保缴费率达96.67%。人均缴费额251.29元，人均缴费额增长率达107.13%。征缴基金3565.2万元，发放养老金9535.35万元，待遇发放率100%。被征地农民养老保险全年新增1562人，新增一次性养老保险补贴2323.14万元。

**【政策宣传】** 2017年，县城乡居民社会养老保险局结合《省人社厅居保处关于提高城乡居民养老保险缴费标准通知》要求，积极引导参保居民树立“长缴多得、多缴多得”的观念，并通过电视媒体、网站、横幅、标语、会议等多种宣传形式，帮助他们明白长期缴费、高档次缴费有利于提高个人养老金水平的道理。《省人力资源和社会保障厅、省财政厅关于提高城乡居民基本养老保险基础养老标准的通知》下发后，县城乡居民养老保险局积极组织资金测算，与财政部门密切配合，调标所需资金迅速落实，并通过居保信息系统生成明细清单，及时将551.32万元的提标补发资金连同当月正常发放的资金700.7万元一并发放到符合条件的81644名待遇领取人员社保卡中。通过“以发促收”，积极引导居民主动缴费、高档次缴费，全县城乡居民缴费意识进一步提升。

**【基础业务】** 2017年，县城乡居民社会养老保险局调整人员岗位，充实一线力量，班子成员承担部分股室业务工作，同时还细化分工。办事大厅窗口按缴费人群（60周岁以下）和享待人群（60周岁以上）予以划分业务，使窗口工作人员能够为办事群众提供“一条龙”的精准服务。并针对乡镇人社中心新进工作人员（新农合合并人员）对城乡居民社会养老保险业务还不熟悉的现状，专门抽调人员对他们进行2次系统培训，使得基层经办队伍经办能力明显提高。4月18日，罗田县顺利通过市人社局城乡居民社会养老保险内部控制检查组内控情况专项检查验收。8月16日，县城乡居民社会养老保险业务基础工作和推行“代扣代缴”方式等举措，得到省社保局城乡居民社会养老保险调研组的一致肯定。

**【督办考核】** 2017年初，在县政府高度重视下，通过多方努力,《罗田县2017年度城乡居民基本养老保险工作考核目标及计分办法》出台。按照《办法》规定，将续保缴费、新增扩面、资格认证、社保卡代扣代缴人数、人均缴费额增长率、待遇发放率等重要指标纳入年度目标任务，分解到各乡镇，从而推动全县城乡居民社会养老保险工作早谋划、早部署、早安排，确保业务工作快速推进。

**【资格认证】** 按照有关要求，每年4月1日至5月31日是待遇领取人员资格认证时间。2017年3—5月，县城乡居民社会养老保险局加强统筹指导，在全县各乡镇按时启动这项工作。在集中认证、定点认证、上门认证、QQ视频认证等传统认证方式的基础上，进一步创新举措，充分结合城乡医保整合这一有利契机，从参加农村居民医保（原“新农合”）这一人群中提取60周岁以上人员信息，并与上一个年度60周岁以上人员参合数据进行对比，筛选出60周岁以上人员中较上一个年度减少人员的基本信息，并将此信息应用到城乡居民社会养老保险资格认证工作中，作为资格认证的重点对象，有的放矢地开展工作。运用上述办法开展待遇领取人员资格认证，不仅使得资格认证工作量大幅减少，极大地方便了老百姓，而且认证的准确率高达96%，同时又能保证全县8.37万待遇领取人员资格认证工作按时完成。

**【代扣代缴】** 2017年初，县城乡居民社会养老保险局与县财政、县农行、县农商行、县地税局等单位积极协调，改变过去只在有农行网点的乡镇开展“代扣代缴”业务现状，将“代扣代缴”业务普及到全县所有乡镇。截至12月上旬，全县通过代扣代缴养老保险费的城乡居民占到全部缴费居民的95%以上，代扣养老保险费2135.88万元，占全年征缴基金3415.59万元的62.5%。

**【失地农民养老保险】** 2017年，为配合县委、县政府关于建设鸠兹文化小镇（所在地为九资河镇）、卓尔文化小镇重大决策部署，县城乡居民社会养老保险局克服人手少、工作任务重等困难，多次抽调人员参与配合鸠兹文化小镇建设和卓尔文化小镇建设过程中涉及被征地农民养老保险的一系列工作。截至2017年12月，全县新增的848名被征地农民的一次性养老保险补贴2323万余元已全部测算完毕。其中，627.1万元的养老保险补贴已拨付到基金账户，已通过居保信息系统全部记入个人账户。根据人社部发〔2017〕59号、鄂发〔2016〕6号文件精神，于9月中旬将文件精神和上级督办要求向县政府作专题汇报，并主动与县扶贫开发办公室衔接协调。11月底，通过不懈努力，最终确认全县建档立卡未标注脱贫人员参加城乡居民基本养老保险人数为38027人（其中适龄缴费人员20952人），2017年县级财政应代缴适龄缴费人员的养老保险费209.52万元。至年底，资金已全部到账，代缴资金通过居保信息系统全部计入个人账户。

（县城乡居民社会养老保险局供稿）

## 人才交流

**【实习实训】** 2017年，县人才交流中心按照中共黄冈市委、市政府下达的“双实双业”工作任务，制定完善了《2017年度罗田县大学生实习实训工作方案》。随后，中共罗田县委组织部召集县直各部门，召开专题会议，将各项工作任务一一布置落实。截至2017年12月，全县到岗实习实训大学生1224人，占目标任务1000人的122%；大学生创业就业人数611人，占目标任务320人的191%；引进大学生创业团队12个，占目标任务10个的120%，超额完成全年各项任务。

**【档案管理】** 2017年，县人才交流中心设立高校毕业生报到处，对高校毕业生进行详细登记，并将全部信息及时录入到信息库，建立电子台账，制定规范的档案传递、整理、查阅制度。至2017年底，中心共管理各类档案22153份。其中，机关事业单位人员档案8671份，高校毕业生档案13482份。全年已累计接收档案3769份，查阅、借阅、调出档案289份，开具档案接收函241人次。同时，免费为各类人员和单位提供人事档案托管、档案传递、党组织关系接续转移等各项服务。

**【就业服务】** 2017年，县人才交流中心根据省、市人社工作会议的精神，结合县园区企业及其它企事业单位用人需求，与劳动就业管理局合作举办“2017年高校毕业生就业月暨推进就业脱贫大型招聘会”，取得良好的效果；10月、11月，我中心组织专班，带领县内4家中大型企业赴湖北工业大学、武汉纺织大学，参加市局组织开展的“引才进高校”活动，顺利完成市政府下达的工作目标任务并获得企业一致好评。

**【人事代理】** 2017年，县人才交流中心对原县事业单位改制、辞退、除名2791人，进行免费托管服务，为托管对象办理缴纳社保费、退休手续，调整档案工资1612人次。

**【机关党建】** 2017年，县人才交流中心流动党支部现有流动党员89人，全年转入25人，转出8人。因党员流动大，大部分党员无法参加党组织生活，让他们“无家可归”，无法感受到党组织的温暖。针对流动党员逐年增多、外流人口管理松散，无法保证开展常规组织生活的现状，并结合实际情况，成功探索出流动党员管理的新模式，确保流动党员离乡不离党，受到流动党员的一致欢迎，8月16日的《黄冈日报》还专门刊登罗田县人才交流中心的经验和做法。

**【“复旦大学优质生员基地”授牌】** 2017年4月26—27日，复旦大学招生办授予罗田县第一中学“复旦大学优质生源基地”牌匾，并且在暑假期间输送15人的学生团队到罗田进行挂职实习。

（罗田县人才交流中心供稿）

# 卫生·社会生活

## 卫生与计划生育

**【概　况】** 2017年，罗田县共有县级综合医院2家，县人民医院、县万密斋医院。其他医疗卫生单位有妇幼保健院、精神卫生中心、疾控中心、综合监督执法局、卫校各1家，乡镇卫生院、分院17家，村卫生室345家，门诊部、诊所、医务室48家。卫计系统在职人员3023人，临时聘用专业技术人员319人，离退休703人。开放床位总数3243张，执业（含助理）医师936人，注册护士782人，乡村医生469人。全县各级医疗机构诊疗共124.3万人次，住院13.1万人次。全县共出生8110人。其中，女孩3785人。出生人口性别比比同期下降4.3单位值；二孩及以上出生4533人，占出生总数的55.98%，比全面二孩政策实施前的2015年提升14.21个百分点。2017年，县卫计局在全县范围内开展健康知识讲座120余场，在县电视台开办卫生计生专栏12期。国家级新闻用稿6篇，省级新闻用稿20篇，市级新闻单位用稿180篇；市县级电台用稿185篇。组织308名医护人员执业资格、393名卫技专业职称考试，开展各类医学继续教育1100人/次，招收定向免费医学生7名，选派1名医疗技术专家赴阿尔及利亚开展援外工作。

**【行政审批制度改革】** 2017年，县卫生和计划生育局（以下简称县卫计局）加快推进"放管服"改革，重新编制规范卫生计生行政审批许可事项39项，公共服务事项29项，行政确认1项，其他1项；审批许可事项网上办结率达到80%，窗口办结率达到100%。申请材料得到精简，流程更简化，权力运行透明规范，阳光操作，限时办结，群众办事更加方便快捷。

**【医药卫生体制改革】** 2017年，县级医疗单位全部启动县级公立医院综合改革，全面取消药品加成（中药饮片除外），实行零差率销售，调整医疗服务性收费价格1509项，实现县级公立医院综合改革全覆盖。8月10日，县妇幼保健院与省儿童医院互联网医联体远程会诊中心建成并试诊成功；12月29日，县人民医院与武汉大学中南医院签约，正式加入武汉大学中南医院医疗联合体。以县人民医院和县万密斋医院为牵头单位，分别组建县人民医院医共体和县万密斋医院医共体，实施按病种付费为主的复合型医保支付方式，新农合有60个病种实施单病种付费，县直医疗机构有103个病种实施单病种付费。

**【疾病预防控制】** 2017年，全县共报告乙、丙类传染病14种，3442例。报告布病确诊病例35例。完成一类疫苗接种137000剂次，二类疫苗接种28653剂次。全县共完成出生儿童新建卡7898人，完成率101.2%。孕产妇艾滋病筛查9956人，免费筛查疑似结核病人数1736人，免费治疗结核病322人。全县在册严重精神障碍患者3794人，发病报告率为6.96‰。管理人数3643人，管理率达96.02%。2017年5月11日，县内发生一例H7N9禽流感病例，县人民政府启动Ⅳ级卫生应急响应，举全县之力，历时10余天防控，病患康复出院，并顺利解除响应。

**【城乡社区卫生体系建设】** 2017年，全县农村和城镇居民健康档案累计建档人数58.9万人，老年人体检4.3万人，累计管理高血压患者5.5万人，糖尿病患者管理1.25万人，重性精神病患者建档3852人，随访1.44万人次。中医药健康管理服务目标人群3.4万人。凤山社区卫生服务中心成功创建全省甲A示范社区，全县17家乡镇卫生院组建家庭医生服务团队39个，一般人群签约160992人，贫困人口签约72708人。凤山镇卫生院、三里畈中心卫生院、骆驼坳镇卫生院成功创建全国群众满意的乡镇卫生院。胜利镇卫生院、匡河中心卫生院、九资河中心卫生院、大河岸镇卫生院、平湖乡卫生院，创建了全省"四化"乡镇卫生院，新建村卫生室216家。

**【妇幼保健服务】** 2017年，全县产妇系统管理7482人次，全年无孕产妇死亡。5周岁以下儿童死亡率为3.75‰，婴儿死亡率为2.71‰，新生儿死亡率为1.81‰，出生缺陷率为5.82‰。完成农村孕产妇住院分娩补助4188人，完成增补叶酸预防神经管缺陷服用5933人，完成贫困地区免费新生儿疾病筛查6621人，贫困地区新生儿耳聋基因筛查3532人，妇幼卫生监测11710人，孕产妇及新生儿健康监测5344人。开展免费孕前优生健康检查6160人，免费婚前医学检查3109余人，免费为5000余名农村妇女开展"两癌"筛查。开展人口计生知识培训1920人次，创建了全省计划生育避孕药具工作先进县，完成计划生育"四种手术"6872例。

2月15日罗田卫计局在扶贫村柳树铺村组织开展十九大宣讲活动　摄影：罗田卫计局徐婉冬

**【医政药政管理】** 2017年，县卫计局加强临床重点专科建设，县人民医院已通过1个省级重点专科和3个市级重点专科建设。积极开展优质护理工作，全县二级医疗机构全部开展了优质护理服务。按照国家鼓励社会办医有关政策，全县办理了4家私立诊所执业登记注册。大力推进中医药工作，100%的乡镇卫生院和80%的村卫生室能提供中医药服务，全县"国医堂"创建率达到100%。全县17家乡镇卫生院（分院）、348家村卫生室全部实施国家基本药物制度，4家县二级医疗机构配备、使用基本药物达50%以上，全县所有医疗机构使用的药品和高值医用耗材100%实行网上采购，并实行零差价销售。全年基层医疗机构累计采购药品5285万元。其中，基药4808万元，占比90.98%。入库率96%，配送率100%。二级医疗机构采购基药4419万元。开展药品价格虚高问题专项整治和药品带量采购以及"两票制"等工作。

**【卫生执法监督】** 2017年，县卫计局全年共出动卫生监督员190人次，对全县23家医疗机构现场下达监督意见书35份，查处无证行医场所13家。重点对中小学、托幼机构传染病防控工作情况进行监督检查，城区学校、托幼机构监督覆盖率100%。对全县11个乡镇及城区供水水质进行日监测，实行信息日发布和月报制度。对全县17家医疗机构开展放射卫生监督检查，监督覆盖率100%，放射诊疗许可证检查合格率100%，放射工作人员持证率100%。对423家洗浴中心、住宿业、美容美发中心等公共场所卫生情况进行监

5月10日罗田开展卫计系统“杏林清风”演讲比赛

督管理。全年对违法生育对象共立案80例，结案63例，征收金额92万元。开展无证行医专项行动，检查医疗单位45家，查处无证行医场所13家。全年“两非”案件立案71件，结案71件，其中典型案件14件，出生人口性别比连续3年保持平稳下降的态势。

**【爱国卫生运动】** 2017年，县卫计局组织开展除“四害”“爱国卫生月”活动，共投放灭鼠饵600余公斤，县城区的灭鼠的覆盖率达到85%以上。喷洒灭蚊蝇药物100余公斤，有效降低了蚊蝇孳害。启动省级健康促进县创建工作。已建设健康支持性环境（健康广场4座、健康主题公园2座、健康步道4条、健康长廊2个）12处。先后荣获省市级卫生单位、卫生村、社区创建18家。制定下发《县爱卫会在全县开展无烟单位创建工作的通知》，正式在全县范围开展控烟活动。

**【计划生育服务】** 2017年，县卫计局建立完善全县孕产妇和新生儿会诊、转诊、重症救治体系，保障母婴安全。加大孕情摸排掌控，落实乡村专干包保责任，出生二孩及以上妊娠对象监测到位率62.78%。建设完成公共场所母婴服务设施4处。进一步加大计生家庭关爱扶助力度，计划生育惠民政策全面落实，组织发放计划生育家庭惠民资金1344万元，全面二孩政策实施效果凸显。

（县卫生和计划生育局供稿）

## 人民医院医疗

**【概　况】** 2017年，县人民医院全年总收入2.5亿元，比去年同期的2.31亿元增加1900万元，增长率8.2%。其中，医疗收入2.42亿元，比去年同期2.06亿元增加3600万元，增长率17.48%。门诊共计诊疗人次21.8万人，比去年同期19.6万人增长2.2万人次，增长率11.2%。出院病人28596人次，比去年同期25624增加2972人次，增长率11.6%。病床工作日389.9天，病床使用率106.8%。医院门诊和住院病人增长幅度大，为近5年少有。现每天在院住院病人900余人，每天比去年同期增加100余人，医院的“龙头”地位更加突出。

**【等级医院复评】** 2017年，按照等级医院复评标准，县人民医院各科室认真做好自身比对，以补齐短板为目标，全面铺开医院等级医院复评工作。首次引进质控管理软件，如病案首页管理系统、医疗质量监测系统，建立了电子病历运行质量管理档案，派专人对新入院患者和各科危重病人电子病历书写的及时性、内容及时跟踪记录，发现问题及时预警，督促整改。加强应急救援能力建设，制定《医疗应急预案》，明确首诊医生负责制，建立卫生应急管理制度，成立了应急物资库，将突发公共事件启动应急预案标准化、程序化。加强门诊服务能力建设，与县农商行签订协议，由对方投资在院建立一卡通系统。为提高办事效率，引进自动化办公系统。加强护理人员培训，不断提高护理人员的整体素质，全年参加院外短期培训41人次，上级医院进修学习4人次，院外培训率达15%。组织全院性业务学习11次、护理查房4次、护理病例讨论4次、护理会诊1次，组织全院护士20项基础护理操作及专科操作考核971人次，考核合格率达97.21%。组织培训后理论考核1424人次，考核合格率达98.8%。对原有的考核方式进行创新，采用手机移动端“e答考试系统”进行三基题库训练和大型三基综合考试。在临床用血管理上，引进输血管理系统，对输血科进行规范化改造，严格控制血液制品使用审批，推行成分输血，严格把控输血适应症，发现问题做到及时整改。

**【服务能力建设】** 2017年，县人民医院围绕中心工作，以提升医疗服务能力为目标，继续加强基础设施建设和绩效考核管理，加大重点专科和人才队伍建设，促进医院两个效益全面提升。住院结算中心实行的一站式服务，极大方便了病人办理出院手续。启动两部住院大楼外挂电梯建设，现电梯完成招标采购，基础设施在年前即可开工。64排CT和1.5T核磁共振于12月28日在武汉招标，预计2018年3月可以安装到位。在胸外科、儿科、检验科3个科室通过市级重点专科评审基础上，继续在软、硬件方面加大投入力度，胸外科成功申报省级重点专科。医院采用绿色通道的形式，引进专业技术人才5人，采用公开招考的形式引进人才30人，采用劳务派遣的形式，招聘专业技术人员21人，并解决16名护理人员的编制问题。加强绩效考核管理，推进医疗资源的合理利用，全年绩效总额2430万元，较去年同期2046万元增长384万元，增长率15.8%，职工积极性得到进一步促进和提升。

**【公立医院改革】** 自2017年4月9日零时起，县人民医院统一取消药品加成，平均每月药品收入减少约120万元，CT、核磁共振、检验、B超等各类大型检查收费统一下调20%。对高值耗材进行招标采购。12月，医院正式加盟武汉大学中南医院医疗联合体，并就骨科形成了专科联盟，同时眼科和泌尿外科也与省人民医院形成专科联盟。

（县人民医院供稿）

## 万密斋医院医疗

**【概　况】** 2017年，县万密斋医院门诊挂号167275人次，比去年增加22579人次，增长率为20.18%。出院病人14561人次，比去年增加1228人次，增长率为8.4%。其中内一科2761人次，增长率为23.09%；内二科2962人次，增长率为21.45%；内三科2530人次，增长率为9.9%；外科1446人次，增长率为60.8%，妇产科822人次，增长率为–5.3%；儿科2002人次，增长率为12.66%；骨科892人次，增长率为17.2%；康复科821人次，增长率为23.08%。手术病人1554例，比去年增加56例，增长率为3.7%。平均住院日9.28天，比去年同期减少0.21天。医院总收入9409万元，比去年8850万元增加了559万元，增长率为6.32%。其中，医疗收入5316万元，比去年4587万元增加了729万元，增长率15.89%；药品收入4036万元，比去年3305万元增加731万元，增长率22.11%。财政补助收入48万元，其他收入9万元。年末总资产8425万元，资产负债率33.41%，净资产达5610万元。总规模适应医疗业务发展需求，良性运行，有序发展。

【医风医德建设】 2017年，县万密斋医院深入开展党风廉政和从严治党活动，充分发挥党组织的政治核心作用。按照中央八项规定和中共湖北省委六条意见以及县委有关要求，牢固树立“四个意识”，深入开展“两学一做”，受到上级好评，2017年3月医院被授予省级“文明中医医院”称号。同时，医院继续开展“三好一满意”活动。在全院中开展尊重患者、方便患者、真心服务患者教育活动，彻底改变医患沟通“生、冷、推”现象，变“求医”为“就医”。把“以病人为中心”的观念和人文关怀的服务理念贯穿于医疗服务的全过程。开展医疗安全持续改进活动。院、科、个人签订医疗安全责任书，落实安全责任制；重新修订完善医疗安全管理的相关规定；开办科主任、护士长医疗安全管理培训班，请上级专家来院授课。组织各科重新学习医疗安全管理的相关规定；加大医疗安全隐患的督导和检查，制定整改措施，加大处罚力度，落实奖惩措施和责任追究。全面落实取消药品加成，执行药品零差价销售，按规定降低了检查、检验等项目收费标准，部分微调医疗服务性收费价格，主动降低门诊挂号等收费标准，让利群众。药品全部在省招标平台采购，医用耗材实行政府招标采购，严格执行医疗服务收费标准和药品耗材价格政策，降低了病人就医经济负担。严格执行医改政策，坚持以病人为中心的办院理念，改革管理体制，激发全院干部职工自觉参与医改工作热情，从制度建设入手，以医改为中心，服务病人为目标，修订了医院绩效分配方案，将医疗质量、服务数量、服务态度作为硬指标加大考核力度。为改变以药养医局面，医院制定严控药占比的硬措施，规定内科系列药占比不超过36%；外科系列不超过26%的硬指标，并执行严格的处罚措施，使全院临床药占比控制在30%左右。通过控制医疗成本，切实减轻了病人的经济负担。

【医疗质量管理】 2017年，县万密斋医院继续完善医疗、护理、医技、药剂质量管理体系，着力加强医疗核心制度的落实。成立院、科两级质量管理组织，医院设立院医疗质量管理组织，院长负总责，分管院长具体负责，职能及临床、医技、药剂等科室质控组长负责日常监管，各科质控员执行医疗护理等规章制度及技术操作规章，对科室的医疗质量全面管理。健全二级医疗质量检查考核体系，成立医院医疗质量检查小组，由分管院长和职能科主任组成，负责监督考核工作。各科室成立医疗质控小组，对本科室的医、护、技质量定期考核。院、科二级医疗质量控制小组定期进行医疗质量工作检查考核，院级医疗质量控制小组每季度进行一次医疗质量检查考核，科级质量控制小组每月进行一次医疗质量检查考核，主要加强对各科室的医疗质量工作考核，分析质量考核结果，提出整改措施。对照医疗质量管理奖惩办法，奖优罚劣，确保医疗质量提高。认真开展“四基”“三严”学习，定期组织“四基”知识训练测试，每月进行一次业务知识讲座，定期、不定期开展全院医疗业务查房，开展疑难危重病例会诊讨论。建立学习管理制度及激励措施，明确“三基”学习考试管理与考核评先等工作挂钩。狠抓院前急救知识培训工作。医院把基本制度的培训作为医务人员继续教育的一项内容，明确岗位职责及工作制度，抓实首诊首科负责制、三级医师查房制度、查对制度、术前讨论制度等医疗核心制度的培训和落实工作。深入开展“优质护理服务示范工程”，拓展中医护理项目，进一步完善护理质量管理，提升护理服务质量，确保护理工作安全。

【特色专科建设】 2017年，县万密斋医院着力弘扬万密斋医学思想，打造万密斋品牌，大力推广中医适宜技术，开展了60多项中医适宜技术的应用。开展的理疗、推拿、按摩、针灸、拔罐、艾灸等深受患者欢迎，做到了院有专科、科有专病、病有专药。开展治未病健康工程，运用中医敷贴技术，每年为千余名亚健康人群提供冬病夏治疗。组织中医药技术骨干，在医圣万密斋养生名方基础上，研发了系列中药养生保健产品。其中，“万氏增尔康”等20种中药制剂获湖北省食药局颁发批准文号。开展的中医推拿按摩、针灸等康复疗法深受群众欢迎，医院康复保健年收入近千万元。

【**医疗专项治理**】 2017年，县万密斋医院严格执行医疗服务收费标准和药品耗材价格政策，认真做好纠医专项治理工作，严格落实医改工作要求，严肃财经纪律，增收节支，控制药占比，严查大处方和过度医疗检查，使患者以最低的消费享受到最优质的服务，主要通过拓展服务领域适应人们不断增长的医疗需求，着力改善患者就医生活品质，增加医疗服务内容。采取降低药品价格，让利于民。开展新技术新疗法在临床上的应用，内一科引进肝病治疗仪，效益明显，内二科率先在全县开展食道电生理调博技术，收治病人明显增多，护理工作中，将中医传统理疗、养生等技术应用于临床，开展新的护理项目，患者满意，医院增收。在县社会养老中心开设医务室，为养老人群进行一站式服务，政府满意，社会反映好。

【**信息规范管理**】 逐年加大信息化建设投入力度，年内计划的电子病历项目已经整体上线使用，运行状态良好。下半年即将进行信息系统升级，增加门诊一卡通系统，将进一步提升医院信息化水平。医院与微医集团医联体初步签定协议。将围绕万密斋医院治未病科、中医骨伤科、中医康复科、耳鼻喉科4个学科进行学科共建，为医院打造涵盖远程诊疗、远程会诊、远程转诊、远程培训、云病历、云检查检验和支付结算七大互联网医联体子系统，通过微医硬件、软件、平台、服务和医疗互联网能力的应用，实现上下之间数据互通、在线协作，促进资源纵向流动，将专家、技术、管理、中医文化全面下沉，助力基层能力快速提升。

【**中药资源普查**】 2017年，县万密斋医院利用中药技术优势，承担全县国家第四次中药资源普查工作，查明罗田拥有植物类中药资源1078种，参与中央级“名贵中药资源可持续利用建设项目”，共获得专项建设资金100余万元；争取到将全县的茯苓种苗（菌苗）列为国家重点繁育基地，促进全县中药产业发展；为保护开发利用大别山道地药材建言献策，促进区域内骨干中药企业合作，共建中药材种植示范基地，为药农与中药企业牵线搭桥，提供中药材种植、加工、销售服务，使罗田道地药材走向全国。

（县万密斋医院供稿）

## 民　政

【**民政救助**】 2017年，县民政局通过农村低保与特困供养兜底、医疗救助助力、临时救助补充等一系列措施，为助推精准扶贫提供政策和资金支持。年末农村低保对象9233户15191人，年发低保资金3903万元。城市低保3191户4789人，年发低保资金1846万元。特困供养人员5928人，年发低保资金4643万元。医疗救助28225人次，救助资金2763万元。临时救助932人次，发放救助资金116万元。资助25478名城乡困难群体参合参保资金401万元，全额报销特困供养人员住院医疗费用。发放冬、春救助资金300万元，救助受灾群众9324户25608人。发放救灾棉衣972件，棉被1137床，救助受灾群众2000余人。

【**养老服务**】 2017年，县民政局新建社区居家养老服务中心2个，农村老年人互助照料活动中心8个。将县社会福利中心失能、半失能服务外包给九久夕阳红服务中心运营，入住老人85人，入住率达100%。鼓励民营资本进入养老市场，发展医养结合产业，对湖北仁馨养老有限公司（罗田老年病医院）发放《养老机构设立许可备案通知》。加强农村福利院建设管理，投资200万元安装“两器两装置”，同时每院配备4台立式空调以及基本设备。县社会福利中心被评定为全省三星级养老机构。全面落实老年人优待和高龄老年人补贴政策。

**【涉军维稳】** 2017年，县民政局全面落实优待抚恤政策，开展拥军优属活动。全力做好涉军群体维稳工作，切实履行牵头政治责任，认真摸排掌握动态，落实化解“四难”措施，强化包保维稳责任，做到涉军群体总体稳定可控。顺利完成年度退出现役士兵接收和安置工作，自主就业322人，落实地方补助费378万元；阳光安置“四类”对象工作22人，组织免费职教培训267人。全面开展创建活动，县军休所获评全省五星级军休管理服务机构称号。

**【社区建设】** 2017年，县民政局抓好村务公开工作，做到有安排、有布置、有检查。推进社区治理和服务创新，规范社区工作事务，提升社区工作效能。推进农村社区建设试点，完成40多个农村社区试点建设任务。全国第二次地名普查工作以98.1分顺利通过省级验收。开展不规范地名清理整顿，设置、更换城区、镇区、村级地名标志牌640块。

**【组织管理】** 2017年，县民政局积极履行督导社会组织党建工作，建成3家社会组织党建精品示范点。推进社会组织统一社会信用代码制度建设，171个社会组织换证169个。全县16个应脱钩行业协会、商会中，已脱钩11个。开展干部在社会团体兼职“回头看”工作，推进社会组织登记管理改革，强化年度检查，查处社会组织乱收费，规范社会组织法人治理机构，提升自我管理能力。

**【社会事务】** 2017年，县民政局积极做好婚姻登记工作，大力推行火化殡葬改革，清理整改违规违建公墓，开展流浪乞讨人员救助，完成“三留守”人员摸底排查，超额完成省厅下达的福彩销售任务。

**【服务中心】** 2017年，县民政局聚焦扶贫攻坚、招商引资、项目建设、社会稳定、文明城创建等全县中心工作，不折不扣完成县委、县政府部署的工作任务，完成年度兜底脱贫和5个驻点村帮扶任务，完成招商引资、项目建设、固定资产投资、涉军群体维稳可控等重点目标任务。投资2000万元的县社会福利中心二期工程建设项目、投资1200万元烈士陵园二期工程全部竣工。

（县民政局供稿）

## 老龄人口

**【概　况】** 2017年，全县现有60周岁以上的老年人口98122人，占全县总人口的15.57%。其中，60—69周岁55138人，70—79周岁34012人，80—99周岁8967人，百岁以上老人5人。全县留守老人总数34549人，占老年人总数的36.38%。失能、半失能老人占老年人总数的20%以上。

**【孝道文化建设】** 2017年，县老龄人口办公室突出重点，充分利用报纸、电视、电台、手机短信、网络等各类宣传平台，采取多种宣传形式，开展以“感谢党、颂党恩”为主题的老年人宣传教育活动。大力宣传新修订的《老年人权益保障法》，普及新老年法知识，强化孝道文化建设，营造依法尊老、养老、助老的社会环境。元旦、春节期间，老龄办积极开展老年法规宣传和提醒老年人谨防电信网络诈骗，共发放各种宣传资料860余份。县老龄办还深入全县12个乡镇，对贫困老年人进行走访慰问，为老人们带去党和政府的关怀，送出慰问金共计9600元。在重阳节期间，县老龄办主任姚星云及副主任徐小莉一行，带上慰问金，走访慰问了5位百岁老人，为每位老人送去300元慰问金，并为他们送去节日的问候和祝福。

【基层老龄工作】老龄工作重点、难点在基层，2017年，县老龄办针对农村留守老人、高龄老人、空巢老人、孤寡老人、半失能老人多的特点，加大村级老年协会的建设力度，充分发挥老年协会在联络老年人、组织开展邻里互助、志愿服务、文体娱乐、精神慰藉和化解纠纷等方面的作用，不断丰富老年人精神文化生活。积极落实上级政策，按照“政府引导、典型示范、政策扶持、社会参与、老人受益”的要求，全县先后投入建设资金300多万元，新建村级老年互助活动中心140个，建设基层老年协会330个。

【维护老龄权益】2017年，县老龄办把老年人信访工作当作一项重大的工作任务来抓，建立了罗田县老龄办信访工作制度、老年人来信来访档案，做到件件有记录，事事有答复。对来信来访的老年人做到热情接待、认真对待，全年共接待来信来访50人次，把矛盾化解在基层，有力地维护了老年人的权益，促进了社会的稳定。认真做好老年人优待证的办理服务工作。热情接待每一位来办证的老人，不厌其烦地解答他们提出的问题。全年共办理老年人优待证件410个。

【高龄补贴管理】为进一步规范高龄补贴发放工作，严格按照公正、公开、高效、便捷的工作原则，县老龄办进一步规范“申请、审查、审核、审批”工作程序，逐人建立高龄老人基本信息台账，利用政策宣传、定期自查、信息比对、公开公示等措施，通过金融网点实行社会化代发的方式，认真落实好高龄补贴政策。年度清理高龄老人死亡1265人，暂停发放25人。县财政已发放高龄补贴8421人，资金479.9万元。

【失智老人调查】2017年，县老龄办根据市老龄办工作要求，为了解失智老人数量、分布和监护情况，在全县开展了失智老人调查摸底工作。经摸底调查，有失智老人共2165人。其中，轻度329人，中度913人，重度923人。为解决失智老人走失等社会问题，提升弱势老人群体的幸福感，县老龄办在全县启动开展帮助失智老人回家活动，共发放黄手环944个。

【敬老活动】“敬老月”期间，各乡镇、各部门领导带头深入县光荣院、福利院、老年人家庭，看望、慰问和救助孤寡老人、高龄、特困老人和离退休职工，切实帮助他们解决生活困难，让广大老年人感受到党和政府的温暖。各级各部门也开展丰富多彩的文体活动和系列庆祝活动，极大地丰富了老年人的精神文化生活。10月28日，县老干局、县民政局、县体育局、县老年体协共同举办“庆祝十九大欢度老年节”文体晚会。县老年大学、县老年人体育协会等社会文化体育团体以丰富多彩的文体节目，庆祝党的十九大召开，欢度第五个老年节。县领导汪耀汉、陈春霞、黄爱平、刘建刚到场观摩。晚会不仅展示了老年工作取得的新成就，更展现了老年朋友老有所为、老有所乐的精神风貌。

（县老龄人口办公室供稿）

## 残疾人事务

【概　况】罗田残疾人联合会成立于1990年7月，以服务残疾人为中心，承担政府相应管理职能，始为县民政局代管的副科级综合组织，1995年升格为科级单位，1997年实行单列，归口县政府领导。内设机构为办公室、业务股。2000年3月，设立残疾人劳动就业服务所和残疾人康复服务站，为其直属股级事业单位。2014年初，内设机构调整为办公室、散就部、康复部、维权部，下属机构不变。同年9月，设立中共罗田县残疾人联合会党组。罗田县残疾人联合会主要职责是，在县政府领导下，开展残疾人康复、散育、劳动就业、扶贫解困、社会服务、无障碍设施和残疾人预防等工作，听取残疾人意见，反映残疾人需求，维护残疾人合法权益及承办县委、县政府交办的其他工作。扎实开展精准扶贫工作，重点帮助残疾人、低保户、低收入家庭等特殊人群改善生产生活条件，确保吃得饱、穿得暖、有房住。根据该村各户的实际情况，制定帮扶措施和详细的脱贫计划。与30户贫困残疾人开展结对帮扶，送去慰问资金3.5万元。

**【残疾人康复救助】** 2017年，县残疾人联合会为加强残疾人康复工作，普遍满足残疾人基本康复服务需求，制定出罗田县康复目录和补贴标准，明确了康复目标任务及康复措施，为下一步开展残疾人精准康复奠定基础。积极配合县委、县政府，加大对残疾人的帮扶力度，扎实推进民生实事项目实施。落实县配套项目资金50万元，为贫困残疾人免费配发轮椅等辅助器具400多件；和武汉市艾格眼科医院合作，完成558名白内障患者的免费复明手术；对50名贫困残疾脑瘫儿进行抢救性康复；免费为80名贫困精神残疾人发放服药补助；为全县脑瘫、孤独症、听力及智力残疾的50名0—6岁儿童提供康复训练康复补贴。全县共发放残疾人护理补贴和困难残疾人生活补贴13104人次，发放两项补贴资金118339万元，发放临时性救助资金15万元。使全县广大残疾人在康复、医疗、救助、托养等各方面得到充分保障，贫困残疾人得到有效康复救助。

**【残疾人教育就业】** 2017年，县残疾人联合会从三个方面入手，有序推进残疾人教育与就业工作。一是为50名特校残疾儿童提供教育资助，资助金额为3万元。二是与卫生部门联合开展全国残疾人预防日活动，发放各类宣传手册300余份。并通过悬挂横幅、摆放展板、面对面宣讲等方式，宣传预防残疾的重要性，提升居民预防残疾的意识。三是对残疾人创业基地给予资金扶持和奖励。全年累计为25名创业残疾人共计提供扶持资金38万元，用于发展生产，改善生活。还充分利用助残日等重大节日，大力宣传残疾人自强自立的先进事迹，鼓励残疾人奋发向上。

**【残疾人信访维权】** 2017年，残疾人联合会高度重视残疾人信访工作，建立以接待、登记、督办、结案、反馈、通报为主要内容的残疾人信访工作责任制，主要领导亲自接待、下访、批阅、督办信访件，对残疾人反映的一些困难和问题，认真听取，及时调查处理，使矛盾化解在基层、化解在萌芽状态。全年共接待来访残疾人155人次，协调解决各类问题36件。

**【残疾人康复服务】** 2017年，县残联人联合会深入开展“为民便民、服务到家”活动。组织工作人员上门，免费为残疾人进行残疾等级评定和办证，走村串户动员残疾人外出就业和培训，开展为残疾人进行康复服务等。对那些居住分散、行动不便，尤其是重度偏瘫、双目失明、生活无法自理、难以走出家门的残疾人，免费为他们进行残疾评定，提供办理残疾人证相关手续等服务。共为15名残疾人免费上门进行残疾等级评定。全年在互联网第二代残疾人证管理系统中，录入623名残疾人基本信息，共办证2700本。

**【残疾人托养中心】** 2017年，县残疾人联合会积极争取中央彩票公益金项目资金和省、市残联资金支持，经县政府常务会议同意，在城区西部石源河入口处建立县残疾人康复和托养综合大楼，并被列为罗田县“十三五”残疾人服务体系建设规划储备项目。残疾人康复和托养中心占地面积24亩，建筑面积1.58万平方米，功能区包括入住服务用房、生活用房、卫生保健用房、康复用房、运动用房、就业培训用房、行政办公用房、附属用房等。2017年12月上旬规划和选址工作已完成，并获得规委会的通过。

（县残疾人联合会供稿）

# 乡 镇

## 凤山镇

**【概　况】** 2017年，凤山镇下辖48个村民委员会，11个居民委员会，511个村民小组。全镇总户数51515户，其中乡村户数17850户，总人口123654人，其中乡村人口66035人。年末耕地总面积62267亩，其中水田46129亩。粮食作物播种面积86190亩，总产31660吨。其中，小麦20684亩，产量3821吨；早稻385亩，产量152吨；中稻38361亩，产量20812吨；晚稻395亩，产量200吨；油料作物31547亩，总产4195吨。其中，油菜种植面积22487亩，产量3072吨；花生4458亩，产量771吨，芝麻4602亩，产量352吨。年产板栗3384吨，油桐籽75吨，油茶籽24吨，木梓19吨。耕牛存栏8943头，出栏3798头；生猪存栏29267头，出栏25037头；家禽存笼84.7万只，出笼67.71万只；山羊存栏27729只，出栏13009只；禽蛋产量582吨，蜂蜜产量3436公斤；水果种植面积1322亩，产量422吨；茶叶种植面积1215亩，产量67.8吨；水产养殖面积5795亩，出水鲜鱼678吨。农业总产值67250万元，农村居民人均可支配收入11144元。

**【党风廉政建设】** 2017年，凤山镇始终把党风廉政建设和反腐败斗争摆在突出位置，推进从严治党向基层延伸。责任落实有章有法。在落实“两个责任”上，突出明责，认真履责，严肃问责。全年共约谈6个基层党组织负责人、3名班子成员，对全镇“两个责任”落实情况集中通报2次。宣传教育有声有色。采取以案明纪、带卡自醒、台账延伸、“青春倡廉、青年廉动”等形式，将党风廉政建设宣传教育引向深入，活动开展得有声有色，多次被省、市纪委网站刊载宣传。作风建设有痕有印。改作风、纠“四风”，明查暗访日常化，廉政谈话常态化，让约束之弦紧绷。监督执纪有力有威。全年镇纪委共立案20件，结案18件，给予纪律处分18人。

**【精准脱贫攻坚】** 2017年，凤山镇通过精准识别“回头看”、大数据比对，交叉大检查反馈整改等形式，全镇精准锁定贫困户4165户11814人。其中，五保户560户582人，低保户556户1252人。易地搬迁再扩面。2016年的10个易地扶贫搬迁安置点已全部建成，272户456名贫困人口乔迁新居，拆旧复垦率达95%；2017年新建26个安置点，扩容20个安置点，计划安置贫困户1052人，已有3个安置点搬迁入住，8个安置点竣工验收。“十通十有”再加速。二郎庙、上石源河、瓦窑岭、周家沟“十通十有”项目已建成，祝家山、大雾山、老塔山等3个村的“十通十有”项目已完成总工程量80%，累计投资2200万元。产业扶贫再加码。积极培育市场主体27家，帮扶带动贫困户560户，贫困户每年人均可增收2000

元。大力推进金融扶贫。全年共发放小额扶贫贷款2202万元。其中，市场主体贷款609万元。全镇现有1371户贫困户发展产业并享受产业奖补政策，比去年同期增长2.5倍。重点推进光伏发电产业，7个重点贫困村光伏发电项目已全部建成并网。精神扶贫再发力。深入开展“真心实意谢党恩，自力更生奔小康”宣讲活动，下发精准扶贫政策宣传读本5000余册；积极开展农村实用技术和职业技能培训，全镇累计完成培训13000余人次。

**【农业结构改革】** 2017年，凤山镇围绕推进农业供给侧结构性改革，大力发展现代农业，加快推进两个重点改革项目。引进大自然公司，流转北丰河流域1200余亩土地进行规模化种植，引导百丰顺发兴中药材种植专业合作社流转鲶鱼丘村抛荒土地100余亩种植中药材。着力发展食草畜牧业，全镇今年新发展养羊大户35户，养牛大户12户。大力兴建特色产业。全镇相继建起火龙果、油茶、中药材、香菇等一大批特色农业基地。积极推动旅游产业。利用板栗文化节，兴办甫薇山庄、栗香人家等一批农家乐，带动乡村旅游。大力发展生态工业，完善小微企业创业园基础设施，加大招商力度，成功引进登场坳水上乐园项目、龚家河生态旅游度假项目、健锋农贸仓储物流项目、干粉砂浆腻子粉加工项目等10家企业，招商引资额突破10亿元。

**【美丽乡村建设】** 2017年，凤山镇坚持精妙布局，规划先行，因村制宜，精心打造鲶鱼丘板栗文化村、大雾山旅游文化村、覆船山乡贤文化村、饼子铺博士文化村、祝家山生态文明村等美丽乡村。坚持精致建设，全力打造石源河生态画廊。以新建沿河沥青路为轴线，沿线精致建设公交站点、文化墙、绿化带、太阳能路灯、蔬菜大棚和跨河桥梁等景观节点。坚持精细管理，深入开展“清洁家园”行动，让家园更清洁，让乡村更美丽。农村垃圾处理工作实行一季度一考核，聘请第三方进行暗访拍摄，通过红头文件、微信视频等形式公开通报，全面落实精细化管理。

**【重点工程建设】** 2017年，凤山镇围绕服务大县城，加快推进城建重点工程。“一场两校”相继开工建设，完成河东街小学、栗子坳小学、县体育中心征地共计200余亩；“一洞五路”进入扫尾，北城岗片区路网即将闭合成环；城区易地搬迁安置点、大别山文化教育小镇等重点工程正式启动。坚持建管并重，全力推进城乡建设用地增减挂钩项目，已完成第一批20个村、43个地块的290亩土地整理复垦工程。全年完成危房改造79户，发现并制止在建的违建行为26起。推进“绿满罗田”行动，完成新造林面积1000亩，荒山造林面积747亩，森林抚育面积3600亩，退耕还林兑付面积5370亩。完成天然林保护工程面积12万亩，为群众增收153万元。

**【社会事务管理】** 2017年，凤山镇坚持自治、法治、德治有机统一，善于运用法治思维创新社会治理。着力加强社区干部队伍建设，进一步规范社区人员、经费管理，认真履行好居委会“十项职责”，社区综合功效进一步发挥。综治信访工作扎实推进，完善视频监控体系，全镇共安装监控探头156个，基本实现全覆盖。全年共成功处理突发事件16起，城乡联防治安巡逻队开展分片巡逻51次。全年共排查出矛盾纠纷312起。其中，村（社区）化解286起，镇、村共同协调化解16起，调处成功率达97%。接待群众来信来访41件，办理网上信访185件，办理县级以上领导交办件（含省委巡视组交办）65件，办结率95%，办结满意率98%。认真落实安全生产目标责任，积极开展“打非治违”专项整治行动，实现了安全生产零事故的目标。严格按标施保，实现城乡2705户、4610人应保尽保。坚持依法廉洁征兵，全镇进县站体检120人，合格人数41人，定兵28人，保质保量完成新兵征集任务。人口计生工作常抓不懈，综合排名位居全县前列。

交通、水利移民工作取得新突破，争取县级投资1285万元，改造升级大雾山旅游公路，投资950万元启动凤干渠整修工程，落实资金168万元，完成9个村的移民后扶项目。

（凤山镇供稿）

## 骆驼坳镇

**【概 况】** 2017年，骆驼坳镇下辖27个村民委员会，1个居民委员会，271个村民小组。全镇总户数11394户，其中乡村户数8558户，总人口34688人，其中乡村人口33085人。年末耕地总面积27476亩，其中水田20353亩。粮食作物播种面积42213亩，总产16216吨。其中，小麦9145亩，产量1736吨；早稻2185亩，产量839吨；中稻17026亩，产量9227吨；晚稻3134亩，产量1579吨；油料作物16445亩，总产2281吨。其中，油菜种植面积9832亩，产量1342吨；花生4601亩，产量788吨，芝麻2012亩，产量151吨。年产板栗2667吨，耕牛存栏5909头，出栏3451头；生猪存栏33657头，出栏28118头；家禽存笼132.01万只，出笼233.88万只；山羊存栏14660只，出栏14320只；禽蛋产量510吨，蜂蜜产量771公斤；水果种植面积251亩，产量77吨；茶叶种植面积248亩，产量14.2吨；水产养殖面积2271亩，出水鲜鱼349.9吨。农业总产值25230万元，农村居民人均可支配收入10252元。

**【乡村旅游】** 休闲农业、乡村旅游、养老服务是骆驼坳镇燕儿谷公司的“三驾马车”，乡村旅游成为实现产业融合的连接点与关键。乡村旅游为休闲农业赢得市场，美丽乡村为养老服务业创造环境与条件，休闲农业为乡村旅游和养老服务提供产品。2017年，燕儿谷建成的茶梅园、梅岭、樱花园等核心景点已对外开放；燕儿谷特色农产品电商品牌正在形成。特色种植带动农民就业和务工300余人，每周双休日接待游客超过2000人，带动开办农家乐45家，一期养老公寓8010平米，210个床位，已经签约205个武汉市老人；燕儿谷已注册商标，市场美誉度与影响力在不断提升，两次登上央视新闻，燕儿谷推出的罗田特产软粑粑被评为湖北十大名优农副产品，基本实现家家户户加工软粑粑；筛选18户贫困户支持他们种植有机蔬菜，饲养土鸡、土牛、山羊，公司负责收购包销18户的土特产品，通过“燕儿谷美食铺子”进行线上销售，特色农副产品供不应求，大大增加了农民的收入；通过特色农林种植带动园林工程业务及农产品深加工和乡村旅游；通过乡村旅游带动养老服务、农家乐餐饮住宿服务，农副产品不愁售，实现把游客“请进来”、把优质农特产品“送出去”，促进一、二、三产融合发展。如茶梅极具观赏价值，燕儿谷种植100余万株茶梅（农业），建设了茶梅观赏园，花期自每年11月至次年3月，填补了大别山地区冬季观花的空白，吸引大量游客，带动了农家乐（旅游业）产业的发展。同时，包括茶梅在内的景观树和美丽乡村建设又带动了园林工程业务的发展，还参与了多个美丽乡村项目的园林施工（建筑业）。

**【休闲农业】** 骆驼坳镇现代休闲观光农业示范带，位于318国道骆驼坳路段沿线、罗溪公路沿线，涉及骆驼坳镇11个村，规划区总面积3万亩。其中，万家丰农机专业合作社流转土地近3000亩。重点发展稻谷、玉米种植，稻虾共作，草莓种植，开办草莓采摘园，辐射带动中药材、黑木耳等富民增收产业。万家丰农机专业合作社由罗田种粮大户、农机大户徐革威创建，以合作社为市场主体，带动周边4个村85户贫困户入社，让贫困户流转土地得租金，让贫困人员务工得薪金，每年该社支付务工工资超过80万元。2016年投资100多万元，引进浙江草莓种植人才，建设近百亩草莓种植大棚，通过技术创新，成功开发多种口味草莓，实现2017年外销草莓均价超过25元，草莓采摘实现吸引游客超过万人。示范带中现已有稻虾共作基地200亩，玉米基地500亩，流转面积超过5000亩。

**【清洁家园活动】** 2017年，骆驼坳镇坚持做好四个全覆盖：宣传发动全覆盖。做到致农户一封信全镇全覆盖，宣传标语村、组全覆盖，确保活动目标家喻户晓。致农户一封信已经发放到7000多户农户手中，悬挂横幅65条，刷写标语600多条。群众参与全覆盖。各村、各村民小组全面启动星级文明组、星级文明户评选，做到一月一评比，确保全参与。清洁效果全覆盖。坚持每月对全镇地域内进行一次彻底的大扫除，对“五边”及村与村之间、镇区村与各单位之间易成为死角的区域进行重点清洁。严考核，结果公示全覆盖。全镇坚持每月一次各村组织考核，每季度一次镇组织考核，考核评比涉及全部行政村、辖区内所有机关单位，考核结果在镇区、村（单位）、村民小组范围全覆盖公示。

**【脱贫攻坚】** 2017年，骆驼坳镇坚持“三个围绕”，确保脱贫攻坚工作落到实处：围绕脱贫重点部署。重点围绕户脱贫、村出列部署工作，要求各贫困户帮扶责任人做到在教育、医疗扶贫政策上宣传、落实到位，全镇2017年已向贫困户发放各类教育补贴156635元，另外有152名贫困大学生申请大学生补贴。在产业规划、劳动就业上安排到位，重点村扶贫工作队在村集体增收方面部署到位。围绕工作难点全力推进。镇党委采取集中力量为脱贫措施，将整村推进“十通十有”、易地扶贫搬迁工作明确专人负责。重点村光伏电站已于5月与电力公司并网，已经为村集体增收超过3万元。4个易地扶贫搬迁安置点已全部开始建设。围绕重点群体帮扶到位。对贫困老年人、妇女、儿童、残疾人、重病患者5类重点群体，通过救助、兜底等特别措施确保脱贫。全镇能够按时完成今年脱贫任务。

（骆驼坳镇供稿）

## 白莲河乡

**【概　况】** 2017年，白莲河乡下辖20个村民委员会，1个居民委员会，189个村民小组。年末总户数7396户，其中乡村户数6042户，总人口24464人，其中乡村人口23139人。年末耕地总面积17874亩，其中水田12759亩。粮食作物播种面积24150亩，总产10036吨。其中，小麦4576.8亩，产量897吨；早稻1026亩，产量395吨；中稻11833亩，产量6426吨；晚稻2649亩，产量1330吨；油料作物7473.2亩，总产1018吨。其中，油菜种植面积5898.6亩，产量802吨；花生1035.1亩，产量177吨，芝麻539.5亩，产量39吨。年产板栗1160吨，油桐籽9吨，油茶籽12吨，木梓3吨。耕牛存栏11253头，出栏5125头；生猪存栏17606头，出栏9083头；家禽存笼21.02万只，出笼34万只；山羊存栏50136只，出栏10769只；禽蛋产量566吨，蜂蜜产量18480公斤；水果种植面积306亩，产量58.1吨；茶叶种植面积236亩，产量13.1吨；水产养殖面积1279亩，出水鲜鱼64.7吨。农业总产值17696万元，农村居民人均可支配收入9713元。

**【乡村工业经济】** 2017年，白莲河乡全年完成工业总产值17.5亿元，其中完成规模工业总产值16.5亿元，与年初中共罗田县委、县政府下达的目标任务超额完成3%，与去年同期（13.2亿元）相比，增加15.5%，顺利完成规模工业总产值的目标任务。固定资产投资增长迅速，全乡完成工业固定资产投资2.3亿元。中小企业快速发展，新增个体工商户150户，小微企业20家，专业合作社15家，超额完成下达的目标任务。

**【农业经济】** 2017年，全乡发展养殖大户22家，兴建油茶基地500亩，种植白芨、菊花等药材500亩，兴建瓜蒌基地200亩。全乡完成土地流转面积1700亩，新发展农业专业合作社12个。“十里荷塘”观光农业初具规模。

**【交通建设】** 2017年7月初，罗田至白莲河乡105路城乡公交正式开通，途径香木河、骆驼坳，给群众创造出行便利条件，结束了白莲河乡群众进城无公交的历史。完成通村路改造4.3公里，危险路段处置1.6公里，通自然湾公路12.2公里，改造危桥1座。完成公路提档升级12公里，正在建设中的张家山连片地区联村公路梅覆线改造升级11公里。

**【招商引资】** 2017年，白莲河乡组建了石材产业园工作专班，完成园区办公场所的建设，石材产业园初见成效，初步确定石材产业园建设选址在白莲河乡大坳冲村，占用土地面积400亩。规范了石材企业的生产和经营，全面禁止石料外运，通过安全环保专项整治，增加石材企业安全环保设备、设施，增强企业安全、环保的防范措施，确保企业安全、生态发展。新建投资5000万元以上石材企业3家，闽甬石材、地皇三期已试运行投产，洪惠尾矿年底投产。注重以商招商，推进石材产业园的发展。前往福建招商两次，召开石材产业推介会，利用福建客商在白莲多年创业发展的优势，坚持调整石材产业结构，增强工业发展实力。分别引进了石材精深加工项目一家和石材异型材加工项目两家，引领石材行业由粗放型加工向精深加工转型、由单一产品向多样化发展，从而纵深扩展石材行业的发展。全年共招商引资项目7家，其中成功落户4家，已动工新建4家，投产经营2家，备案入库1家，进规1家，重点跟踪服务1家，意向协议1家。全年实现招商引资额2.3亿元，引进省外资金8000万元，完成了预期的目标任务。

**【脱贫攻坚】** 2017年，白莲河乡实现驻村扶贫工作队派驻全覆盖。加大工作督导和业务培训力度。通过核查，全面准确掌握了贫困户的基本信息，特别是重点掌握外出务工人员的基本情况和贫困户、贫困人口的收入情况，基本实现贫困户、贫困人口总量的增减平衡。全乡现有市场主体14家，共计帮带贫困户500多户。四片驱动改革攻坚，开发“走”前列。攻坚张家山片区7个连片贫困村，以夯实村的经济基础为目的，成立专业合作社，促进产业扶贫。积极整合村的产业，运用村社联建模式，建立贺根黄牛养殖、油茶、瓜蒌、杭菊四大贫困产业基地，贺根民生养牛专业合作社，投入资金1000多万元，养殖黄牛1100头，带动贫困户26户。覆钟地村香菇种植合作社主动与20户贫困户签订帮扶协议，发展香菇种植产业，户均增收达3000元。里半街、上马石河、白洋坪等村采取“公司+农户”的形式，与罗田天下明大药房公司对接，积极发展中药材产业，户均增收3000元。在中共罗田县委、县政府关心下，立项拨款2000万元，从2017年12月起，由县交通局对白莲河乡覆钟地至槐树坳水库全长11.2公里公路全面改造升级。已有2座中型桥在建，3个非重点村光伏电站项目已申报立项，7个易地搬迁点年底均可实现完工入住。

**【美丽乡村建设】** 2017年，白莲河乡打造张八塘等5个村美丽乡村片，结合支部引领美丽乡村建设，根据各村实际特色，挖掘各村特色文化内涵、生态内涵，整合资源，打造“一村一品”，建设独具特色的村落。张八塘、尤家咀、新村现阶段的共建项目——十里荷塘产业园已完善经营模式，改种了香莲品种，发展观光旅游、观光农业；尤家咀村、张八塘村以河网水面、村庄环境和十里荷塘为依托，发展乡村休闲游，以大别山区水乡名宿为盈利点，打造山区特色水乡风情村。继续推行“美丽乡村+水产养殖+农家乐+观光旅游”的发展思路。深度挖掘“莲”文化品牌的内涵，宏扬“莲”文化。香木河村充分挖掘村庄的香木、蚊香、香草文化内涵，新建文化礼堂、文化长廊，开办道德讲堂成立乡风文明理事会，推行“党建+文化+美丽乡村”。围绕路、桥、水基础设施，发展整体村庄乡村旅游，在打造美丽乡村的同时生态效益与经济效益相统一、相融合、相促进。开发黎明湾等4个村库区休闲旅游片，做好支部引领旅游文章，充分利用抽水蓄能工程及上、下库，环库路周边，建成旅游核心区。结合库区先天地理优势，往“水产养殖+农家乐+生态旅游”方向发展，月山、叶家冲村，以白莲抽水蓄能库区风光为吸引，发展水电工业游和库区休闲游，以传统农家乐、现代湖景酒店住宿作为盈利点，打造蓄能风情村；黎明湾、白莲河村，以白莲河库区传统渔业资源和库区风光为资源优势，发展渔业养殖和库区乡村游，以渔业养殖和乡村农家乐为盈利点，打造库区风情村。规范发展石材产业园大坳冲等4个村石材片区，加强“支部引领工业产业园发展”，大坳冲村、李家湾村以石龙寨石材资源为依托，坚持规划先行、创意驱动、工旅结合、绿色环保、持续发展的指导原则，以石材开发和矿区遗址旅游为盈利点，打造石材产业绿色发展示范村，带动贫困户就业脱贫，更好地发展龙头产业的示范、引领和辐射作用。

（白莲河乡供稿）

## 匡河镇

**【概　况】** 2017年，匡河镇下辖50个村民委员会，1个居民委员会，477个村民小组。年末总户数20583户，其中乡村户数16013户，总人口62533人，其中乡村人口59624人。年末耕地总面积41985亩，其中水田34146亩。粮食作物播种面积75357亩，总产27961吨。其中，小麦13124亩，产量2518吨；早稻1760亩，产量676吨；中稻31648亩，产量17042吨；晚稻1890亩，产量952吨；油料作物28242亩，总产3736.5吨。其中，油菜种植面积21613亩，产量2942吨；花生3210亩，产量549吨，芝麻3419亩，产量245.5吨。年产板栗3041吨，油桐籽87吨，油茶籽152吨，木梓57吨。耕牛存栏5340头，出栏4019头；生猪存栏8728头，出栏15704头；家禽存笼120.8万只，出笼322.56万只；山羊存栏13246只，出栏50202只；禽蛋产量1043吨，蜂蜜产量881公斤；水果种植面积1660亩，产量936吨；茶叶种植面积1698亩，产量93.8吨；水产养殖面积4305亩，出水鲜鱼1738吨。农业总产值60749万元，农村居民人均可支配收入10060元。

**【招商引资】** 2017年，匡河镇全年新签约招商引资项目5个，项目总投资过2亿元。由湖北金贝农业有限公司投资5000万元新建晶贝光伏电站及全镇36个村级光伏电站，全部并网发电，总功率达到5兆瓦。雪山河“寒舍”民宿休闲开发、管道天然气项目等招商项目正在洽谈之中。

**【城乡建设】** 2017年，匡河镇按照打造“城镇建设精品镇”的建设目标，大力推进城乡建设，加大城建城管投入力度，不断提升城镇形象。投入120万元，完成土坯房等危房改造106户。建立以奖代补机制，大力开展清洁家园工作，建设施家畈、张家河等临近匡河镇区的生态美丽宜居乡村，完成镇区污水处理厂的选址工作，垃圾中转站已动工建设。开展拆违控违工作，叫停违法建设5户，补办建设手续10户。强力推进村级“十有十通”建设，全镇扩建通村公路27.28公里，通组公路44.95公里，塆落整治48个，新建文化广场12个，卫生室13个，安装太阳能路灯297盏，建设沼气池120口，整修当家大塘191口，建设安全饮水工程32处，启动10个非重点村20户以上塆落水泥路修建项目，已修建10公里。

**【现代农业】** 2017年，匡河镇党委、政府抓住土地流转这个农业结构调整的牛鼻子，积极争取项目资金和出台土地流转奖励政策，引导农民有序流转土地，提高土地利用效率。全镇新调整种植面积5000亩，流转土地2300多亩，农民在土地租金上获利130多万元。大力开展土地增减挂钩工作，已完成土地增减挂钩240亩，占补平衡280亩。大力扶持湖北金贝农业有限公司、湖北祥禾园林有限公司等种养大户，做实做强。新发展文斗河村粳稻种植基地500亩，大畈坪花卉种植基地220亩，花屋河有机蔬菜种植基地230亩，姚家湾蔬菜种植基地150亩，新增奶牛养殖150头，肉牛养殖500多头，实现经济收入1100余万元，全镇逐步形成集种植和养殖于一体的综合性共同发展的新局面。深入推进水毁工程重建，做好防汛抗旱工作，扎实开展黄砂综合治理，联合水利局、交通局、公安局治理黄沙开采及超载运输行动一个多月，共查处偷运黄沙和超载黄沙行为15次；土地经营权证颁发工作有序开展，目前全镇所有村都将土地经营权证下发到户，土地确权工作基本完成。积极推动乡村旅游发展，积极谋划张家河乡村旅游建设，支持观音山、白莲河水库旅游开发。

**【精准扶贫】** 2017年，匡河镇精心组织部署全镇的精准脱贫攻坚战，15个重点贫困村中，有9个重点贫困村已经实现户脱贫，村出列的目标，分水岭和濛濛山两个村已达到出列条件，年底可验收。强化精准识别，扎实开展大数据对比和“回头看”工作。全年累计删除硬伤户85户308人，新识别贫困户121户296人，补录漏登贫困人口784人；严格落实易地扶贫搬迁政策，实施“交钥匙”工程，全镇30个安置点，已完成康家畈、落令河等18个集中安置点的入住建设，新开工的高上湾、雪山河等11个安置点正在建设之中，年内732户，1156人能够入住过新年。强化产业扶贫，继续扶持发展和成立以沙畈河众诚肉牛养殖为代表的51个农业和农民专业合作社，土地流转面积2300亩给市场主体，用于发展种植产业，为全镇5786户，16735人提供坚强的发展后盾。大力开展2017年产业精准扶贫奖补验收工作，贫困户享受奖补资金303万元。大力发展光伏发电项目，建成33个村78.5万瓦的光伏发电站，2017年新建7个村的光伏电站，为壮大村级集体经济提供了有力的保障。加大政策宣传力度，确保实现贫困人口“一有两不愁三保障”的目标。镇政府先后在7、8、9月组织三轮大规模村民小组宣讲会，多层次开展脱贫攻坚政策入户宣传，“点对点”、“面对面”深入开展精准宣传，提高入户频率，增强宣传实效，实现扶贫政策宣传全覆盖，确保每一位贫困户了解扶贫政策、熟悉扶贫政策、能自我适用扶贫政策。开展“扶贫日”活动，组织用工扶贫招聘会，招聘用工598人次。整理完善村级扶贫档案，按照硬件“六个一”的标准和一户一档的要求规范各村的精准扶贫档案，形成规范有效的机制。开展“支部联支部脱贫奔小康”活动，选强配齐驻村工作队，扎根基层，与贫困户结亲帮扶，排忧解难，与村干部一起扶贫攻坚，为村级脱贫致富做出了贡献。

**【社会管理】** 综治维稳工作稳步推进。2017年，匡河镇积极努力加强网格化建设的同时，开展了多次平安综治信访宣传活动，引导辖区群众依法信访，并取得良好的效果。全年共化解矛盾纠纷775次，群众来信147件，已全部按期报结，报结率达100%，信访当事人满意率达到100%。全年共接待来访群众123批共350人次。扎实开展“积案大化解、矛盾大排查、纠纷大调处”三大攻坚战，投入100多万元化解了竹林坳村邹某某等信访积案23件。扎实开展白莲河水库整治工作。2017年已挖除土坝180座，取缔网箱100口，网闸12道，哨所115处，强拆违建3处，按时间节点完成阶段性任务。积极开展生态环保工作。严格按照“雷霆行动”要求，关闭了3个矿山，整治达标1家排污企业，取缔黄标车27辆，锅炉1处，建设100多米水源保护围网，开展秸秆禁烧工作，杜绝明火、黑斑，关停13家红线内畜禽养殖点。认真开展安全生产工作。开展十大领域安全生产专项整治，组织10多次专项行动，下达整改通知书200多份，排查整改安全隐患58处。

计划生育工作顺利迎接县级的年终检查验收，新建和改建了王家湾、姚家坳、茶园等13个村级卫生室，教育教学条件不断完善、校园周边环境不断优化，匡河教育再创佳绩，2017年中考取得中黄高4人、一中57人的好成绩，综合积分排名全县第二。城乡居民养老保险参保率达到97%，新居保社保卡发放率100%，生存认证100%，养老金发放率100%。2017年新办理低保102户118人，五保66户66人，发放临时性救助金12.26万元，真正做到弱有所扶，老有所养。

（匡河镇供稿）

## 大河岸镇

**【概　况】** 2017年，大河岸镇下辖25个村民委员会，1个居民委员会，243个村民小组。年末总户数11272户，其中乡村户数8862户；总人口34481人，其中乡村人口33542人。年末耕地总面积35361亩，其中水田28070亩。粮食作物播种面积45874亩，总产18556吨。其中，小麦10358亩，产量1966吨；中稻26759亩，产量14495吨；油料作物18464亩，总产2483.3吨。其中，油菜种植面积16076亩，产量2186吨；花生1246亩，产量213吨，芝麻1142亩，产量84.3吨。年产板栗4774吨，油桐籽16吨，油茶籽30吨，木梓26吨。耕牛存栏3910头，出栏2013头；生猪存栏28254头，出栏24632头；家禽存笼17.77万只，出笼82.03万只；山羊存栏6863只，出栏8892只；禽蛋产量262吨，蜂蜜产量1789公斤；水果种植面积654亩，产量306.9吨；茶叶种植面积327亩，产量18.1吨；水产养殖面积2212亩，出水鲜鱼271吨。农业总产值28892万元，农村居民人均可支配收入10213元。

**【产业结构调整】** 2017年，大河岸镇按照建设“农旅融合示范镇”的目标定位，大力推进土地流转和农业产业结构性调整。全镇已流转土地1.2万亩，推行农业规模化、标准化种植。广泛动员能人、大户回归创业，成功引进了滚石坳天堂和美生态产业园、罗家咀惠民合作社、月山庙伟业葡萄荷花产业园、雷家湾茭白基地、谢家铺维嘉草莓项目等现代特色农业。按照精准扶贫发展产业要求，各村尽力打造一村一品，培育了一批市场主体，比如周家咀栗乡山水合作社、罗家咀山河绿化苗木合作社、枫树湾万密斋药材种植基地和吾农瓜果、闵家河鸡婆堰生态合作社、凉亭鼎实种养殖专业合作社等40多家，吸引大批游客前来观赏体验采摘游，将现代农业和乡村休闲旅游有效结合，突出农旅融合，不断丰富旅游元素，擦亮乡村旅游品牌。全镇全年共吸引外地观光、采摘、漂流游客人次过10万人，促进了镇域农家乐的蓬勃发展，提高了农产品的附加值，从而促进了农民增收。

**【生态环保建设】** 2017年，大河岸镇充分调动城建一班人，全身心投入城建开发，注重城镇建设与生态环保相结合，把镇区打造成宜业、宜居、宜游的卫星镇。加大资金投入，完善基础设施建设。投资20万元编制新镇区20亩闲置土地的控规设计；投资40万元在新老镇区安装高杆路灯120盏；积极响应“雷霆行动”，投资40万元完成镇区两个一级饮用水源保护地的围网工程；淘汰黄标车7辆、燃煤炉4个；投资70万元对垃圾中转站进行改扩建，采购垃圾勾臂车1台，垃圾箱30个，大垃圾桶1000个；投资20万元落实环卫队伍收转镇区生活垃圾，垃圾治理形成长效机制，承办了罗田县“清洁家园”行动现场会。积极抓住土地增减挂钩契机，已找出图斑12个面积129亩，并组织复垦。加强对镇区街道乱搭乱建、乱摆乱放、店外经营等现象的整治和管理工作，做到街道整洁、经营规范、交通畅通。加大拆违控违宣传工作和巡查打击力度，建立联审联批机制，做到疏堵结合，进一步规范全镇私宅建设的秩序。完成镇区污水处理厂前期报批、征地、管网设计等工作。

【美丽乡村建设】2017年，大河岸镇大力开展美丽乡村建设，建成高庙至许家畈美丽乡村示范带，沿线6个村景色迷人，亮点纷呈。精准扶贫的“十通十有”项目，为重点贫困村修了通村路，完成弯路整治工程。对汪家咀至古城寨一线的通村路进行提档升级，绿化道路，打通了大河岸全域旅游的绿色通道。在三条主路上摆布垃圾箱30个、发放大垃圾桶1000个，各村成立卫生协会，配套建设垃圾池，强化垃圾清扫常态化，美丽乡村建设深入人心。加强生态保护和农村环境改造，全面开启天然林禁采，全年无一例森林火灾，农村环境整治初现成效，天蓝、地绿、水清的美丽画卷呈现在大家眼前。

【脱贫攻坚】2017年，大河岸镇全镇上下凝心聚力，压实主体责任，强化责任担当，驻村干部带领驻村工作队和村干部一起扑下身子抓扶贫。按“卡内无硬伤，卡外无真贫”的原则，坚持“应进尽进，应删尽删”，强化贫困户的精准识别，通过反复核对，最终全镇确定贫困户为2489户，7311人，其中2017年脱贫415户1315人。全镇共确定易地搬迁454户772人，这些对象做到到户信息、贫困户实际状况、上报系统数据三统一。深入探索“政府+公司+农户+银行+保险”模式、“公司+农户+支部”模式、“电商+”模式、“田园+观光”模式等，通过上下联动，内引外联带动贫困户参与产业发展。全镇现有黑山羊养殖户75户，板栗产业大户335户，中药材种植产业88户，旅游产业14户，电商24户，其他产业550户。新培育了市场主体42家，带动580户贫困户脱贫致富。全镇计划易地搬迁454户，772人。2016年已安置502人，其中倒房重建安置40户71人，进城安置38户126人，易地自建已安置26户58人。2017年需要安置的221户401人，12月底全部入住。扶贫注重“扶智”更“扶志”，激发贫困户脱贫内生动力。建设大型户外宣传牌20余块，办户外宣传栏90余处，制作宣传展板25套，发放宣传资料8000余份。在全镇开展“贯彻十九大，脱贫我先行”宣讲活动暨村级文艺展演活动，表彰了一批先进工作队、帮扶带头人、脱贫典型，全年召开群众会、小组会、培训会共计300余次；结合精准扶贫工作积极推介大河岸镇扶贫工作的好典型好做法，全年上国家和省级媒体的报道3篇、市级媒体报道5篇、县级媒体报道22篇。

【社会事业】2017年，大河岸镇进一步加大民生投入，社会事业全面进步。养老保险、医疗保险基本做到全覆盖，鳏寡孤独等弱势群体得到应有的尊重和救助。老复员军人、退伍军人、病故军人遗属等优抚对象权益得到有效保护。全镇涌现出一大批敬业奉献、孝善爱亲、创新创业的先进典型，群众的幸福感、获得感明显增强。农村全部通水、通路、通电，彻底消灭土坯房。教育硬件持续投入，师资队伍建设常抓不懈，基础教育名列前茅。卫生院克难奋进，不断优化服务水平。宣传思想文化工作创新特色，突出亮点，承办了罗田县文化三下乡活动、读书节活动，全年共举行大型文艺会演达10场次。深化文明创建，成立乡风文明理事会，已在月山庙、枫树湾、罗家咀办点示范，积极做好典型选树和推介。

【招商引资】2017年，大河岸镇招商引资成效显著。投资5000万元的亿田鑫电子成功落户县经济开发区，其办公楼和三栋厂房建设已竣工，年前可以投入生产运营。各投资5000万元的登高休闲农庄、天堂和美项目已完成主体工程建设，罗田龙泉休闲山庄已经动工。紫山垴生态旅游项目已投入2000万元，修通了5公里7米宽的水泥路；汪家咀玖玥生态农业、礤石坳水上娱乐项目正在洽谈中，预计明年开年可以正式动工。8月成功引进爱尚鲜花上市公司，已在大河岸镇注册了湖北中花科技有限公司，计划投资10亿元，将大河岸打造成华中地区鲜花种植户外基地和交易中心，一期500亩玫瑰正在加紧种植。

（大河岸镇供稿）

## 白庙河镇

**【概　况】** 2017年，白庙河镇下辖29个村民委员会，1个居民委员会，263个村民小组。年末总户数11331户，其中乡村户数8267户；总人口32639人，其中乡村人口30562人。年末耕地总面积32512亩，其中水田25938亩。粮食作物播种面积49647亩，总产18965吨。其中，小麦12124亩，产量2268吨；中稻25750亩，产量13879吨；油料作物11724亩，总产1563吨。其中，油菜种植面积10087亩，产量1368吨；花生813亩，产量137吨，芝麻824亩，产量58吨。年产板栗496吨，油桐籽90吨，油茶籽31吨，木梓38吨。耕牛存栏8045头，出栏4525头；生猪存栏16430头，出栏9342头；家禽存笼56.66万只，出笼25.28万只；山羊存栏24477只，出栏21273只；禽蛋产量357吨，蜂蜜产量2151千克；水果种植面积311亩，产量142吨；茶叶种植面积999亩，产量54.6吨；水产养殖面积4463亩，出水鲜鱼443.9吨。农业总产值26757万元，农村居民人均可支配收入10053元。

**【民生事业】** 2017年，白庙河镇教学质量稳中有升，年度中考综合成绩白庙河中学取得全县第三、乡镇中学第一的好成绩。卫生事业继续发展，白庙河中心卫生院、肖家坳卫生院党建与业务结合不断深化，医疗质量、卫生服务能力进一步提升。文化事业长足发展，民俗文化得到弘扬，成功举办白庙河镇民俗文化展演。选送的3个节目在县级展演中取得2个三等奖、1个一等奖的好成绩。本土东腔戏亮相全县“戏曲进校园”启动仪式，多次迎接省、市、县专题调研。东腔戏《谢香茶》参与“黄冈党旗红·喜迎十九大”的戏曲进校园展演活动，荣获中学组全市第三名及二等奖。东腔戏专题报道《乡村学校唱响地方戏曲，非遗项目传承后继有人》荣获省“好新闻”一等奖。全面完成新农合参合任务。城乡居民养老保险自主缴费、银行代扣比例不断提高，符合条件人群做到应保尽保，养老金应得尽得。计生工作通过明确工作目标、健全计生队伍、加大宣传力度、提高报表质量、查处“两非”案件、提供优质服务、完善管理机制等措施，保持全县先进水平。今年全镇五保479户486人，低保423户655人，享受政策兜底资金700余万元，争取大病救助、临时救助资金15万元。同时扎实做好残疾人“两补”、拥军优属、福利院建设等工作。完成重点贫困村新建饮水工程，解决3870人的安全饮水问题。综治维稳体系得到完善，社会治理水平极大提升。持续开展平安创建活动、推进“七五”普法和法制宣传、加大反邪教力度、有效救助严重精神障碍患者、充分运用网格化平台，排查调处300多起矛盾纠纷，被全省社会治安综合治理问卷调查评定为优秀等级，为罗田夺取全国“长安杯”贡献了白庙河力量。采取开门接访、带案下访、电话约访等多种形式，对重点对象实行专班负责，全年有效化解各类信访事项102件，化解积案11件，保持白庙河社会大局稳定，确保全国“两会”、“一带一路”高峰论坛、全省党代会、“十九大”等政治敏感时期无一人“到市赴省进京”上访。

**【精准扶贫】** 2017年，白庙河镇持续开展精准扶贫政策宣传、脱贫典型宣讲和入户访谈活动，认真开展结对帮扶，完成了精准扶贫档案资料的整改工作。长冲畈、簰形铺两村通过户脱贫、村出列的初步验收；潘家潘、晋家山等6个村进一步巩固脱贫成果。扶贫档案、数据整改等基础性工作已基本完成，结亲帮扶形成制度。产业发展效果明显，中药材种植、禽畜养殖已形成规模，发展、培育了33家市场主体，带动贫困户692户脱贫致富，涌现出以外婆桥生态农场等5家为代表的先进市场主体。重点贫困村“十通十有”项目加快推进。265户群众申报危房改造，成功办理了小额扶贫贷款。争取中共罗田县委、县政府支持和重视，鸡鸣片区扶贫开发已纳入全县四大扶贫开发片区之一。开展“真心实意谢党恩，自力更生奔小康”系列扶贫政策宣讲会，奖励了一批通过自立更生顺利脱贫的贫困户典型，全镇2017年实现2个村出列，525户1327人脱贫，产业扶贫效果明显，重点贫困村“十通十有”项目加快推进，通村公路拓宽工程和文化广场建设全部完工，通信宽带已进村，当家塘整治任务完成80%，光伏发电项目供电设施安装到位，已并网发电。紧抓易地扶贫搬迁安置点建设，484户贫困户年底可全部入住。启动鸡鸣片区扶贫开发工作，按照打造美丽乡村示范带、特色农业示范带，鸡鸣片区旅游循环路建设项目即将开工。完成175户贫困户危房改造信息录入和83户危房改造资料申报。

**【全域旅游创建工作】** 2017年，白庙河镇围绕建设全域旅游示范镇目标，采取成立专班、推介宣传、改善环境等措施，引进旅游招商项目5个，罗田外婆桥生态农业产业园一期已建成，二期已着手规划设计；中冶集团在罗田注册的罗田一念谷文旅投资开发有限公司在潘家湾村旅游开发项目已部分投入运营，一期工程将全面铺开；大别山民俗文化体验园项目在积极推进，空中观光项目已投入试运行；龙凤谷漂流项目已建成并营业。好望角旅游节点建成并投入使用。青稠畈红心猕猴桃采摘、东山花海、南宝山桃园等生态旅游节点初见成效。枫树铺金盆岛生态旅游汤河温泉项目在洽谈之中。

**【生态建设】** 2017年，白庙河镇制定生态建设工作计划，召开动员大会，通过宣传牌、横幅、宣传栏、宣传资料等方式广泛宣传，营造生态创建浓厚氛围。强化组织领导，成立工作专班，明确目标责任，镇村整体联动，群策群力，实现生态创建工作全覆盖。2个村完成省级生态村申报，8个村完成市级生态村申报，行政村争创比例100%，超额完成县下达的争创任务。狠抓综合整治，生态保护与经济、社会事业协调发展。大力发展生态观光农业，千亩“菜花—稻菽”观光带、外婆桥生态农庄、猕猴桃采摘体验园等有生态和旅游双重收效，跨马墩、长冲畈等水库的黑背胖头鱼远销省外市外，土山羊、山牛、土猪、土鸡成为深受游客青睐的佳肴珍品。紧抓“雷霆行动”、农村垃圾治理、秸秆禁烧等工作，加强空气污染防治、污水处理、垃圾治理，全面推行“河库长”制，投入人力物力清除水库、河流、塘堰的污染源和垃圾，垃圾中转站基本建成。大力实施封山育林、植树造林和乡村绿化工程，完善了集镇街道的绿化，完成了付潘线、白东线等主要通道的绿化任务，实现集镇和乡村的绿化、美化，改善居民生活环境。经过努力，已成功创建省级生态镇、并同时进入国家级生态镇公示名单。

**【美丽乡村建设】** 2017年，白庙河镇以付家庙村、潘氏祠村为重点，全面开展美丽乡村建设，完善了集镇卫生清扫和管护机制，完成了白庙河街道的垃圾清运费的听证工作，全面整治集镇脏、乱、差现象，聘请8个环卫工人和1名城管人员；加大基础设施的投入，投资40余万元在跨马墩水库大坝头修建3500平方米的大型停车场，镇区设置全段禁停标志，对上街进水库路口和下街进小学路口进行卡口扩宽，较好地解决了街道堵车现象；安装LED路灯60余盏，实现街道亮化，对两个集镇进行绿化美化，极大地提升了白庙河镇的整体形象，为打造省级文明乡镇奠定了坚实基础。加大设施设备投入，全镇共购置垃圾车2台、铁皮垃圾箱22个，垃圾桶300个。投资35万元，新建垃圾中转站，征地5亩扩建了垃圾填埋场。实现了村村有清洁工、湾湾有垃圾池、组组有垃圾桶“三有”目标，村级环境面貌得到较大改善。生态保护措施有力。加强对森林、环境的保护力度。乱采乱伐等现象得到遏制。投资1500万元新建污水处理设施，已经开始平整场地。加强水源地保护建设，投资8万元新建隔离护栏和保护标识。全面推行“河库长”制，投入人力物力清除水库、河流、塘堰的污染源和垃圾。2个村完成省级生态村申报，8个村完成市级生态村申报，行政村争创比例100%，成功创建省级生态镇、进入国家级生态镇公示名单。安装街道路灯，建成镇区停车场、垃圾中转站，启动污水处理厂建设。成功实施付潘线拆违控违工作，拆除违章建筑80余处。改造农村电网，增设变台22座，新修、硬化通村、通组公路52.5公里，扩宽通村主干道89公里，新建7个村级卫生室，潘家湾成功成立了全省第一家农民夜校。重点贫困村的“十通十有”项目建成，极大改观了农村面貌。城乡环境越来越整洁，城乡面貌越来越美丽。

**【宣传思想工作】** 2017年，白庙河镇落实意识形态工作责任制，形成党委领导，党政齐抓，各村、各单位分工负责的工作格局。创新理论学习方式，坚持党委中心组学习、干部例会学习和干部夜校学习。紧密结合“两学一做”学习教育，组织党员学党章党规、准则条例等知识，开展专题讨论，组织“第一书记”理论宣讲。结合“真心实意谢党恩自力更生奔小康”活动，全镇呈现学习宣传贯彻“十九大”精神热潮。“东腔故里、好人之乡”文化品牌逐渐叫响，开展了“白庙河楷模”“十星级文明户”、脱贫致富典型等先进典型的评选活动，启动“我脱贫我光荣”宣讲活动，广泛宣传脱贫致富典型事迹和精准扶贫政策，在全镇范围内掀起真心实意谢党恩，脱贫致富奔小康的高潮。抓好新闻宣传和舆论引导，发表新闻报导100多篇，“最美白庙河”公众号推送宣传文章36期，及时处置网络舆情9起。

**【党风廉政建设】** 2017年，白庙河镇制定方案、责任清单，开展勤廉指数测评、“三清单一体系”到支部工作，让党风廉政建设有章可依、责任到人。开展东腔唱（倡）廉活动，把廉政文化融入东腔文化之中，用群众喜闻乐见的方式进行宣教。落实“两个责任”，健全“一把手负总责，分管领导各负其责，班子成员齐抓共管，纪委监督”的领导体制，积极预防，层层签订责任状，发现苗头性、倾向性问题及时提醒。加大执纪问责力度。2017年，镇纪委给予73人组织处理和纪律处分，其中立案查处12人，1人留党察看处分、1人党内严重警告处分、10人党内警告处分。

（白庙河镇供稿）

## 九资河镇

**【概　况】** 2017年，九资河镇下辖39个村民委员会，3个居民委员会，332个村民小组。年末总户数13105户，其中乡村户数9098户；总人口37802人，其中乡村人口36046人。年末耕地总面积28257亩，其中水田23413亩。粮食作物播种面积42736亩，总产16033吨。其中，小麦13108亩，产量2468吨；中稻22022亩，产量11620吨；油料作物5439亩，总产744吨。其中，油菜种植面积4345亩，产量586吨；花生831亩，产量140吨，芝麻263亩，产量18吨。年产板栗262吨，油桐籽25吨，油茶籽14吨，木梓15吨。耕牛存栏3529头，出栏2070头；生猪存栏12193头，出栏7690头；家禽存笼3.02万只，出笼1.7万只；山羊存栏11764只，出栏7233只；禽蛋产量124吨，蜂蜜产量2201公斤；水果种植面积170亩，产量96吨；茶叶种植面积1830亩，产量100.5吨；水产养殖面积9410亩，出水鲜鱼368.4吨。农业总产值52844万元，农村居民人均可支配收入10124元。

**【乡村经济】** 2017年，九资河镇完成固定资产投资13.8亿元，同比增长12.7%；政府财政收入1720万元。其中，税收收入435万元。传统中药材产业持续稳定发展，茯苓、天麻总产量超过1750万公斤，产值过3亿元。为规避单一产业带来的风险，引导全镇从传统森林消耗型向生态环保型的草本药材种植产业转变。大力支持罗田神草农业科技有限公司进行中药材产业转型升级，投资3000万元在罗家畈村建成华中地区最大的名贵稀有药材繁育基地，发展白芨、七叶一枝花、珠子参等10多个草本药材品种的示范基地800亩。荣获黄冈市经济社会发展“五快”乡镇（街道）第一名。

**【旅游开发】** 2017年，九资河镇旅游项目投资空前增长，投资7000万元的大别山游客集散中心顺利建成；投资300万元的大地坳社区飞龙岗景区初步建成；投资300万元的徐凤冲、圣人堂村街区黑化、亮化工程全面完工；投资1.5亿元的七娘山峡谷漂流项目正式运营；投资1亿元的天堂寨冬季滑雪场将于12月25日试运营，填补冬季旅游空白；农家乐经营更加规范。联合食药、工商、城管等部门对农家乐的营业证照和食品安全相关许可证进行排查，保证了农家乐经营规范、食品安全。组织农家乐规范化运营培训，全年培训1000人次，大大提升了农家乐的服务质量。鼓励和支持有能力、有意愿的群众积极从事旅游服务业，全年全镇新增旅游服务从业主体180家，从业人数增至8000人，旅游综合产值达到1.5亿元。

**【精准扶贫】** 2017年，九资河镇通过狠抓建档立卡数据精准，重抓扶贫政策落实、项目推进、驻村帮扶等重点，全面推进精准扶贫工作。全年共计发放扶贫小额贷款591户、1775.5万元；新建安置点34个，年底实现609户、1147人乔迁新居。全镇享受扶贫产业奖补的贫困户1462户，共发放产业奖补资金506.2万元。13个重点贫困村实施光伏发电项目总规模2077KWP，投资1552万元，目前全部并网发电。建成农村安全饮水工程30处，拓宽通村通组道路21条58.3公里；推进教育扶贫、医疗卫生、培训就业、社会救助等一系列政策落地生根，贫困人口基本保障大幅提升。

**【招商引资】** 2017年，九资河镇持续不断加大旅游招商项目推介活动，打造全域旅游样板区，引进安徽金寨国顺旅游开发有限公司，投资1.3亿元开发天堂河峡谷景区、七里河度假区项目，该项目已于2017年10月26日开工。启动七娘山旅游综合开发项目二期工程，投资额为1.5亿元，在七娘山与黄石河区域内建设一个鸠兹文化综合体验园，园内规划有鸠资部落、余三胜文化体验园、水上红叶观赏园等项目，2017年底已做好前期的规划设计工作。

**【美丽乡村建设】** 2017年，九资河镇确立以镇区为中心，大力发展罗九线、大九线两条线的整体思路，投资1350万元重点打造了黄石河、徐凤冲、圣人堂、麒麟畈、罗家畈、官基坪及大地坳社区7个示范点建设，将美丽乡村建设向更高层次更高水平推进。深入开展“清洁家园”工作。通过召开群众会、塆组会、入户宣传、制定村规民约等方式，提升群众环境卫生意识。每月对农户组织一次清洁家园评比，每季度对各村组织一次考核，并纳入年终考评。进一步完善“户收集、塆集中、村转运、分片填埋”的农村垃圾处理模式，农村垃圾治理的长效机制正在逐步建立。通过抓严抓实塆落整治、违建查处、黄沙禁采、秸秆禁烧、乡风文明建设、平安建设等活动，提升了乡村人居综合环境水平。通过开展拆违控违工作，组织多部门联合巡查和综合执法，全年就开展集中联合执法10批次，有力地遏制了农村有法不依的混乱现象。

**【社会法治】** 2017年，九资河镇继续推进省际治安联防，加大矛盾纠纷排查调处力度，全面开展平安单位创建，高标准建设了天网工程和镇综治维稳联动中心。持续加大违纪违规案件查处力度，深化作风建设，挺纪在前。全年共立案查处党员干部17人，追缴违纪资金8万余元。

**【社会事业】** 2017年，九资河镇始终坚持以人为本，改善民生的工作理念，统筹推进各项社会事业同步发展。群众性文化体育活动更是呈现出异彩纷呈，全年新成立农村文艺宣传队21个。7月3日，成功举办“喜迎十九大，环保我先行”大型文艺汇演活动，群众反响热烈。11月4日，“第九届红叶节”成功举办，来自全国各地的数百名摄影家、媒体记者以及数万名游客齐聚。11月初，各村举行“真心实意谢党恩，自力更生奔小康”活动，讲述脱贫典型们对党和政府的感恩之情，自己奋力脱贫致富的决心。大地坳社区创作了多个反映时代潮流的文艺节目，累计演出160余场，获得省市县领导的高度赞扬和肯定。11月11日，成功举办“天堂寨杯”广场舞大赛，吸引了省内外游客数千。

（九资河镇供稿）

## 胜利镇

**【概　况】** 2017年，胜利镇下辖43个村民委员会，1个居民委员会，436个村民小组。年末总户数21252户，其中乡村户数14348户；总人口59694人，其中乡村人口55468人。年末耕地总面积35605亩，其中水田31195亩。粮食作物播种面积46307亩，总产17199吨。其中，小麦14700亩，产量2790吨；中稻22602亩，产量12082吨；油料作物14713亩，总产2086.8吨。其中，油菜种植面积9706亩，产量1316吨；花生4207亩，产量714吨，芝麻800亩，产量56.8吨。年产板栗4902吨，油桐籽160吨，油茶籽405吨，木梓32吨。耕牛存栏9580头，出栏3443头；生猪存栏11302头，出栏6923头；家禽存笼9.82万只，出笼7.83万只；山羊存栏16183只，出栏11336只；禽蛋产量706吨，蜂蜜产量648公斤；水果种植面积161亩，产量136吨；茶叶种植面积1885亩，产量104.6吨；水产养殖面积1638亩，出水鲜鱼365吨。农业总产值43395万元，农村居民人均可支配收入9902元。

**【基础设施建设】** 2017年，胜利镇围绕实现“绿色崛起、跨越发展”的目标，实施“生态立镇、旅游兴镇、商贸活镇、产业强镇”战略，稳步推进项目建设，协调推进美丽乡村、社会治理和各项社会事业，取得较为可喜的成绩。胜利·卓尔商贸文旅小镇项目于10月26日开工建设；全县最大的易地扶贫搬迁安置点顺利完工并成立武钢新村社区，320户贫困户分批搬迁入住；新建罗田县第二人民医院项目于9月27日成功举行奠基仪式，全面启动项目建设；新胜利小学项目已通过各级评审，即将动工建设；全长18公里、总投资6000余万元的胜松线道路改造升级工程全线通车；总投资1300万元的烈士陵园二期基建工程全部竣工，广场、门楼、展览馆、陈列馆、循环路网建设已完工，成为胜利城镇建设的新亮点；老镇区沿河大道滨河绿化带改造、财政所至方家坳道路改造、城东外环线改线、金凤楼4处遗址遗迹抢修性修复等工程项目全面完成；松子关、纸棚河、金家河等美丽乡村建设项目、瓦屋基传统村落保护项目的实施，为胜利美丽乡村建设注入新生机；落梅河连片贫困地区第一批966万元的农村基础设施建设项目和第二批860万元的胜松沿线垸落整治项目全面动工建设。

**【党风廉政建设】** 2017年，胜利镇狠抓党风廉政建设，落实党委主体责任，制定了党委成员个性化的责任清单，签订“横到边纵到底”的党风廉政建设责任书，健全了党风廉政建设网络。组织全镇党员干部对党纪党规知识全覆盖学习和测试，实现党员干部作风明显好转。在全镇开展以“传承红色精神，打造勤廉胜利”为主题的红色勤廉文化创建活动，提炼出“至忠至诚、无私无畏、愈苦愈奋、不胜不休”的红色革命精神，廉政文化品牌创建初见成效；结合胜利镇首届勤廉人物评选和宣讲活动为载体，成功举办勤廉人物事迹报告会、“勤廉之光”文艺会演和党员干部廉政承诺签字仪式，抓实党风廉政宣教月活动。加大案件查办力度，全面启动督办问责机制。以“零容忍”的态度查处群众身边的腐败问题。紧盯扶贫领域的不正之风和腐败问题，以大数据对比为抓手，认真核实扶贫领域比对出来的问题线索，查实不符合政策的问题线索100多条，追缴违规领取资金4万多元，已立案查处4人，责令书面检讨8人，诫勉谈话10人。全年办理信访件40余件，其中信访件转立案6件。镇纪委与县委巡查组对全镇所有支部全覆盖的进行3个轮次的督查，对督查中发现的违纪违规和作风问题严查快处，起到“查处一人，震慑一片”的效果。坚持反腐败无禁区、全覆盖、零容忍，不敢腐的目标初步实现，不能腐的笼子越扎越牢，不想腐的堤坝正在构筑，反腐败斗争压倒性态势已经形成并巩固发展。2017年全镇共立案15件，结案15件，发出通报8期，涉及56人。

**【意识形态工作】** 2017年，胜利镇党委认真履行抓意识形态主体责任，强势推进宣传思想文化工作，以务实的工作作风，创新的工作思路，有效的工作举措，为经济社会发展提供强大的舆论支持和精神动力。镇党委书记全面履行第一责任人职责，镇党委全面班子成员落实主体责任，把意识形态工作纳入年度民主生活会和年度述职内容。及时向县委相关领导报告意识形态工作，确保无涉意识形态领域舆情的发生。以学习型党组织建设为抓手，落实讲与学结合、理论与活动相结合、专题学习与系列活动相结合，在全镇营造领导干部带头学、上台讲的浓厚学习氛围。按照党委班子成员带头讲，第一书记组团讲，驻村干部进塆入户的模式，深入开展党的十九大精神贯彻学习，开展理论学习研讨为主要内容的全员讲学13场次。认真落实中共罗田县委、县政府关于“支部引领、乡风文明”的要求，认真落实“十个一”的工作任务。结合新改扩建村部项目建设，已完成李家坳、纸棚河、松子关等村的文化阵地建设。一大批文化宣传阵地正在稳步推进。李家坳村和纸棚河村的乡风理事会全面开展工作，效果初显，影响极大。开展“勤廉典型”和“第四届红旗支部、红色支书、红心党员”等评选活动；43个村和1个社区都组建了村级文艺宣传队，全镇有3支队伍演出节目进入罗田县“万万城杯”广场舞大赛决赛、复赛。其中《美丽甘家冲》在全县村级文艺宣传队优秀节目表演中荣获二等奖。

**【扶贫攻坚】** 2017年，胜利镇在脱贫攻坚工作中，狠抓产业发展，以“支部+市场主体+贫困户”的模式，在3850户贫困户中发展各种产业，全镇87个市场主体带动1800户贫困户发展各种产业。全镇已开工建设38个易地搬迁安置点，其中镇集中安置点为全县最大的镇区集中安置点，安置320户共1075人，已于12月中旬分批次搬迁入住，村级38个安置点安置897户1367人，正陆续搬迁入住。重点贫困村的“十通十有”建设项目，非重点贫困村的通20户以上通塆道路建设、安全饮水工程建设、村级集体光伏项目的建设，让全镇广大群众的获得感和满意度得到极大提升。

**【项目建设】** 加快推进文化小镇建设。胜利文化小镇项目自2016年5月1日正式启动以来，已完成一期539亩的征地、报批、土地平整、坟墓迁葬、管厂驾校迁移、小镇整体规划编制和失地农民养老保等工作；二期项目新征地528亩，已完成涉及大竹园、周家塆2个村256户被征农户的土地征收，正在进行被征地农户失地养老保险测算、上缴和林地、土地报批。年内完成集中迁葬墓地建设及征地范围内约250棺坟墓迁葬、8户农户拆迁等工作。镇区安置点建设强力推进。

19栋安置楼主体全部完工。内外装修、水、电、路、通讯、广场及绿化、亮化等基础配套正加紧建设，已实现全部搬迁入住。基础设施加快完善。沿河西路管道、箱涵等地下基础工程已全部完工，主干道路已黑化通车，人行道已全线竣工。重点项目有序推进。第二人民医院迁建工程已于9月27号成功举行奠基仪式，春节前可完成部分主体工程；卓尔文旅商贸小镇项目一期165亩征地面积已完成土地摘牌，并于10月26日开工建设，春节前主体工程封顶。公路建设快速推进。胜松线15公里交通建设项目于10月20日攻克“最后1公里”，已完成黑化通车，终结了落梅河片区内2万多人多年来行路难的历史。38公里通20户以上自然塆落道路已全部动工建设；86.5公里农村主干道路拓宽工程基本完工；全长5公里的城东外环线已完成总工程量的70%。总投资1300万元烈士陵园二期工程已全部竣工。完成了广场、门楼、展览馆、陈列馆等基础设施建设；烈士陵园循环路网建设已建成通车。成功举办全县烈士公祭活动。总投资5亿元的胜利卓尔文旅小镇成功落户，另招商引进10大项目，总投资近2.5亿元，其中枫林晚生态园、大别山生态度假村占家冲岩鹰亲子体验园等项目已开工建设，松子关旅游发展有限公司，叶家山湖北中江旅游驿站投资的农林观光、民俗住宿、户外拓展、田园综合体等新兴旅游产品开发正在规划设计；方家坳村引进大别山农产品加工、物流、仓储、基地项目即将开工建设；河西百汇家居建材城、美尔雅服饰、昆展电子、田园制衣等企业已建成投产。

**【连片开发】** 对落梅河连片贫困地区实施片区开发是中共罗田县委落实党中央“精准脱贫、不落一人”“决战贫困、同步小康”决策的重大战略部署，是县委统筹县域经济平衡发展的重大举措。镇党委围绕“整村党建夯实、基础设施提升、民生工程保障、主导产业培育、全域美丽乡村建设”的总体思路，计划用3年时间，把落梅河连片贫困地区建设成为精准脱贫的样板区、全域旅游的示范区、基层党建整村夯实的先行区、大别山腹地最美乡村。以基层党组织阵地建设、精神文明阵地建设、文化建设等为重点，整体提升基层党建水平。以道路、桥梁、农田水利基础设施建设、安全饮水等为重点，全面实施山水田林路综合整治，整体改善基础设施条件。以乡村旅游和现代农业为重点，着力发展“农业 + 旅游 + 文化 + 精准扶贫”产业项目。结合易地扶贫搬迁，出台优惠政策引导片区内居民移民进镇，以道路绿化、美化、亮化和塆落整治为重点，按照“六个一”的模式建设“美丽乡村”。以“一关、两寨、三谷、四名山、五民俗、九塆落”为主要节点，完善景区基础设施配套，一线穿区，与胜利红色景区遥相呼应，与安徽省金寨县景区无缝对接，全力招商引资，发展全域旅游。2017年第一批966万元的项目正在有序开工建设，第二批860万元胜松线沿线美丽乡村建设已全线开工，湖北松子关旅游开发项目、枫林晚生态农业项目已成功落户松子关村、汪家冲村，并开工建设。

（胜利镇供稿）

## 河铺镇

**【概　况】** 2017年，河铺镇下辖40个村民委员会，1个居民委员会，448个村民小组。年末总户数18272户，其中乡村户数13688户，总人口55560人，其中乡村人口52621人。年末耕地总面积41380亩，其中水田31195亩。粮食作物播种面积53694亩，总产21014吨。其中，小麦13942亩，产量2646吨；中稻29896亩，产量16014吨；油料作物24522.3亩，总产3387.6吨。其中，油菜种植面积19365.6亩，产量2630吨；花生3936.7亩，产量673吨，芝麻1220亩，产量84.6吨。年产板栗5474吨，油桐籽104吨，油茶籽286吨，木梓10吨。耕牛存栏5410头，出栏3998头；生猪存栏24953头，出栏17234头；家禽存笼29.27万只，出笼215.91万只；山羊存栏13847只，出栏16219只；禽蛋产量934吨，蜂蜜产量10229公斤；水果种植面积2922亩，产量389.9吨；茶叶种植面积3066亩，产量169.6吨；水产养殖面积4222亩，出水鲜鱼606.6吨。农业总产值38536万元，农村居民人均可支配收入10040元。

**【农村经济建设】** 2017年，河铺镇成功举办2017年萝卜采摘游园节、侨商对接洽谈会、回乡创业座谈会等活动，成功引进并建成投产兴宏建材、德森木业、蜂鸣针织3个总投资达1.2亿元的招商项目。引进“四维药业”扎根河铺中药材产业，药材种植基地面积达1000余亩。燕儿谷集团成功落户河铺许家宕村，流转土地800余亩发展油茶产业。金盆地旅游招商取得实质性进展，景区千佛寺建设全面铺开。通过“产业+生态旅游+贫困户”模式，积极主动出击，外出招商，引进资金和资源的汇入，撬动河铺全域旅游和生态产业发展。

**【美丽乡村建设】** 2017年，河铺镇稳步推进美丽乡村建设，以箪形地、林家咀、肖家湾、凉亭河4个美丽乡村示范点带动，充分利用河铺镇“一派两聘”和能人大户，采取引进项目撬动，吸引民间资本投入，通过“党建+市场主体+美丽乡村”模式，开展塆落整治，拆除五小、疏通道路、建设文化广场、停车场、旅游公厕等基础设施，初步形成特色农业种植与生态观光旅游相融合的美丽灵韵小镇。先后组织党员干部，沿线集中开展拆违拆旧、垃圾整治，建设美丽家园大行动6次，拆除违章建筑43处。抢抓全县道路拓宽机遇，全镇通村主干道拓宽改造66公里已全部完工，并通过验收。生命安全护栏工程已投入使用，全镇通村道路通畅率、安保率大幅提升。投资2500万元的新昌河流域治理工程正在收尾，解除了洪涝的威胁。投资130万元的河铺残疾人康复中心项目已动工建设，全镇20个村“五化”卫生室建设项目工程已全面启动。集中资源投资1000万元，建设了鳡鱼咀地质公园、林家咀柳林河畔小游园、八里畈河铺门户等旅游节点，打造了姚家铺、肖家湾、许家宕、吴家河、八里畈、箪形地、林家咀、鳡鱼咀、八迪河、凉亭河10个美丽乡村中心旅游节点，为促进河铺全域旅游夯实了基础。同时积极引进本土龙头企业，大力发展优势特色农业种植产业，通过湖北四维药业、湖北燕儿谷新农业、天下明大药房等农业龙头企业合作，村企共建发展中药材产业1500亩，油茶苗木基地800亩，大棚蔬菜基地600亩，特色水产养殖200亩，带动群众脱贫致富，夯实产业发展基础。

**【城镇建设】** 2017年，河铺镇通过河铺商会平台吸引社会参与，引进市场主体投资300万元，建设了占地2000平方米的建材市场和占地面积1000平方米的农产品集贸市场，农产品集贸市场已建成并投入使用。由社会资本先期参与镇区建设，拉开了幸福路、柳林西路、发展大道、兴旺街等道路硬化、道板砖铺设、路灯安装等建设序幕。集中财力物力，重点解决群众民生问题。共投资2000多万元，对主街道路面、巷道、地下管网进行改造升级，完成镇区排水管网安装3000米，污水管网地埋3000米，改造硬化街道路面2800米，道板砖铺设2万米，绿化亮化2万平方米，安装路灯180盏，建设公厕2座，完成镇区沿河石岸新建加固1200米和建设沿河生态停车场2处，对镇区3条主干道临时停车位进行规范划区。投资50万元建设的镇区垃圾中转站和污水处理厂正在加紧施工建设。通过“党建+商会社区+城镇管理”模式，组织镇区居民外出参观学习美丽集镇建设经验，充分调动商会和居民参与街道管理的能动性、主动性，采取镇直机关设岗定责、门前四包、划段包干、分月督办、定期曝光制度管理强化责任落实。建设生态停车场、划停车线、节日高峰期政府提供临时停车位疏通交通压力，加强城管队伍建设、施行城管全时段巡查监管等有效措施，镇区占道经营，交通堵塞得到全面改善、镇区管理水平得到全面提升。

**【精准扶贫】** 2017年，河铺镇严格按照贫困户“一有、两不愁、四保障”、贫困户识别“2229”、贫困村“十通十有”为标准，以石头板、独珠河、屈家咀、许家垱4个重点贫困村的整村脱贫出列为主战场，抓好全镇脱贫攻坚工作。全镇4131户12187人贫困人口，2017年脱贫740户2219人。紧扣“户脱贫、村出列”的目标，10个重点村的“十有十通”项目已基本完成，重点村的光伏发电站全部建成并已投入使用，惠民工程全面普及。全镇形成回乡人员创业的浓厚氛围，通过“一派两聘”座谈会，大力鼓励精英回乡创业，鼓励市场主体以村企共建的模式带动贫困户发展致富，已发展市场主体带动精准脱贫56家。通过村企合作发展集体经济，全镇集体经济突破5万元村达到21个。全镇共有安置点55个，其中村集中安置点54个，镇区集中安置点1个，已建成搬进入住安置点19个，除镇区集中安置点以外，剩下27个安置点已全部动工建设，12月底之前所有贫困户能搬入新居。

**【精神文明创建】** 2017年，河铺镇深入开展“小手拉大手，孝廉同步走”的活动，在全镇宣传孝德廉政文化，让广大党员从活动中接受深刻廉政文化教育，增强宗旨服务意识，锤炼党性修养。推进乡风文明建设，实施道德提升工程，利用村党群服务中心开办道德讲堂，林家咀、桥头边、沔水畈等12个有条件村成立乡风文明理事会，实施乡风文明大评比工程，引导乡村制定完善村规民约、宣传文明守则、培育孝老敬老风尚。开展“好公婆、好儿媳、孝星”评比活动，河铺镇已向上级推荐黄冈楷模6名，屈家咀村夏曙东已被评为黄冈楷模，并且作为荆楚楷模已上报到中共湖北省委宣传部。开展文明创建，在村级道德讲堂开展身边人说身边事活动，用身边典型教育身边群众。以古有吴大中、今有唐高群、舍己救人好干部肖宽宏、拾金不昧的好学生、乡村医生严志宏等身边人的故事宣传弘扬孝德文化。引导舆论宣传。林家咀村开展的“乡风文明+产业发展+产业脱贫”萝卜开园采摘节启动仪式，活动场面火热，被省、市、县电视台争先报道，黄冈日报头条报道活动场景。实施文化惠民工程，建设文化大舞台和文化广场，完善文化设施，开展文化下乡活动，通过广场舞表演等群众喜闻乐见的文化活动，活跃农村文化生活。

**【社会事业】** 2017年，河铺镇认真贯彻落实各项惠农政策，发放各项惠农补贴补助资金1200多万元。落实农村低保、民政优抚及残疾人各项政策，加大困难群众救助力度。落实困难帮扶资金100万元，解决了500多人的生活困难，实施危房改造200多户。全镇新农保续保率和医疗保险参保率持续上升。全力实施校舍安全工程，消除隐患，新幼儿园投入使用，中心小学扩改建工程基本完工，校车公司正式运行，学生上学交通安全得到确保。重点开展食品药品安全、秸秆禁烧和环保工作的安全检查，实现森林防火零预警、安全生产零事故，河铺镇开展重点污染防治攻坚战，加大淘汰黄标车宣传力度，2017年整个河铺镇30台黄标车已清零，对镇区污水处理厂，镇区管网埋没工程已完工，污水厂及中转站已动工兴建。全面召开碧水保卫战“迎春行动”会议，落实河流分段负责，明确了河、库长的具体责任，同时对全镇范围内所有河道禁止采沙，并落实常态化的巡查机制。规范了标准垃圾填埋池建设，开展美丽乡村整治活动，村级垃圾处理取得明显成效，各村都配备了垃圾清运工，村村都建有垃圾填埋场，户户配备垃圾桶。镇区投资300余万元新建面积20亩垃圾处理场1处，新购垃圾车1台，垃圾箱80个。

（河铺镇供稿）

## 平湖乡

【概 况】2017年，平湖乡下辖22个村民委员会，1个居民委员会，181个村民小组。年末总户数7613户，其中乡村户数5869户，总人口22951人，其中乡村人口22024人。年末耕地总面积14353亩，其中水田11489亩。粮食作物播种面积24395亩，总产9005吨。其中，小麦6450亩，产量1244吨；中稻11664亩，产量6307吨；油料作物8310.5亩，总产1085.5吨。其中，油菜种植面积6171.5亩，产量839吨；花生930亩，产量160吨，芝麻1209亩，产量86.5吨。年产板栗1920吨，油桐籽78吨，油茶籽92吨，木梓15吨。耕牛存栏7686头，出栏2500头；生猪存栏9207头，出栏8270头；家禽存笼22.60万只，出笼22.93万只；山羊存栏20138只，出栏10759只；禽蛋产量251吨，蜂蜜产量101公斤；水果种植面积687亩，产量685.1吨；茶叶种植面积15亩，产量0.8吨；水产养殖面积1369亩，出水鲜鱼177.7吨。农业总产值15975万元，农村居民人均可支配收入10140元。

【农业经济】2017年，平湖乡土地流转4800多亩，先后建成多种经营基地4200多亩，已初步形成瓜蒌、青茶、银杏、莲米、香菇、元胡、晚秋黄梨等为主导产业的25个示范基地。建成东冲畈美丽乡村示范点，沙塘角村美丽乡村建设被评为湖北省绿色生态示范村。民生条件进一步改善。全乡乡村公路提档升级已全部完成，解决了6000人安全饮水问题。扩大“土地占补”计划750亩，落实“土地增减挂钩项目”150亩。方家冲流域一期治理工程项目建设已经完成。

【招商引资】2017年，平湖乡沙塘角村引进现代农业企业，投资6000万元，利用村企共建模式，流转土地2000多亩，发展果树、苗木、花卉旅游产业，打造集吃、住、游、玩、乐、娱于一体的梦幻花果山；胡家河村吸引能人回乡投资近1000万元，建成金沙湾金沙滩生态旅游接待中心。古羊山村围绕旅游公路提档升级、新建比干文化研究会馆、200亩荷花观赏园；秋千厂村万全寨，黄家湾天鹰山庄等旅游景点和花果山花展、金沙湾沙滩摄影节、银沙湾休闲旅游节等今年共吸引游客数万人。

【精准扶贫】2017年，平湖乡通过精准识别回头看，大力实施“五个一批”“十有十通”工程，推行市场主体带动、干部结亲帮扶、产业金融扶贫、旅游扶贫等多种帮扶模式，精准脱贫成效明显。金融扶贫小额贷款发放1019多万元，全县进度第一。扎实推进易地扶贫搬迁，东冲畈、胡家河两个安置点被定为国家级搬迁监测点。大力开展驻村帮扶，22个村实现驻村扶贫工作队选派全覆盖；“五天四夜”等驻村帮扶制度得到较好落实。去年，经市、县评估验收，苏家山村实现整村出列、全乡382户1104贫困人口实现脱贫。

（平湖乡供稿）

## 三里畈镇

【概 况】2017年，三里畈镇下辖43个村民委员会，2个居民委员会，464个村民小组。年末总户数23927户，其中乡村户数19016户，总人口68458人，其中乡村人口65001人。年末耕地总面积46131亩，其中水田32050亩。粮食作物播种面积61031亩，总产24297吨。其中，小麦15140亩，产量2914吨；早稻1825亩，产量701吨；中稻30719亩，产量16725吨；晚稻2875亩，产量1448吨；油料作物23682亩，总产3282.3吨。其中，油菜种植面积18575亩，产量2529吨；花生3725亩，产量649吨，芝麻1382亩，产量104.3吨。年产板栗3110吨，油桐籽31吨，油茶籽62吨，木梓21吨。耕牛存栏8125头，出栏5728头；生猪存栏27312头，出栏26085头；家禽存笼48.75万只，出笼83.78万只；山羊存栏

65333只，出栏60992只；禽蛋产量2992吨，蜂蜜产量2021公斤；水果种植面积10459亩，产量4733吨；茶叶种植面积1513亩，产量83.8吨；水产养殖面积4547亩，出水鲜鱼698.2吨。农业总产值58176万元，农村居民人均可支配收入11002元。

**【组织管理】** 2017年，三里畈镇综合运用干部日常履职尽责考核，实现从工作作风、工作业绩和群众口碑中识别优秀干部。进一步规范村干部管理，完善村干部《岗位目标责任制考核办法》，加大问责力度，对不胜任、不作为、不规矩的干部追责问责；加强工作纪律，严格执行参会制度，落实缺席书面请假、开会对号入座、会后严格督查等要求，进一步强化村干部规矩意识。进一步规范党员管理，探索农村不合格党员教育转化制度，严把进口、疏通出口，优化党员队伍结构。不断加强镇党委服务能力和服务意识，解放思想，开放观念，紧紧围绕建设服务型政府工作目标，强化公仆意识，全镇党员干部扑下身子，深入群众，了解他们的生活生产情况，全力为群众排忧解难。全力服务经济发展，做经济发展的引路人和总后勤，不断转变基层干部的工作作风，建设了一支有能力、能吃苦、甘奉献、勤服务的基层干部队伍。以改革的思维加强管理，以改革的方式推进各项工作，创新产业发展，实施“三产融合”。在新铺张家冲推行“四位一体”模式，吸引农户以劳动力、土地、房屋、资金入股，发展乡村旅游，荆楚家学第一村的美誉度不断扩大；华阳生化继续加大环保设施配套建设，新二机加大技改力度，企业活力得到增强。

**【招商引资】** 2017年，三里畈镇着眼新型城镇化定位，依托优势资源，始终坚持把招商引资作为工作重中之重，通过节会招商、以商招商、招大引强选优等方式，再创新业绩。全年新增招商引资项目5个，5000万元以上项目2个，协议投资额3.6亿元。其中大吉渔垂钓中心、青云山庄新项目建设基本完工；隐居三里、显化寺宗教产业园等续建完工；振鑫建材工业项目投产并晋升规模以上企业行列。2017年初投产的振鑫建材已实现产值1200万元，5月开园营业的大吉渔垂钓中心已组织多次省内外专业竞技比赛。通过项目建设，争取巴河流域治理项目1亿元，錾字石旅游公路2000多万元，錾字石片区开发670多万元，其他各类项目资金达5000多万元。强化城镇建设管理，展示乡村振兴新面貌。

**【城镇建设】** 2017年，三里畈镇加强镇村规范化建设，认真做好村庄规划编制和管理工作，进一步规范农民建房的建设与规划审批程序。历史遗留问题得到逐步解决。大桥头14家已建成，新小学对面13家已基本建成，弘博旁12家损房户已动工兴建，弘博等多家公司后续征地拆迁等基本完成。同时加强违建管控，镇政府组织土地、城建、水利、公安多部门联动，多次整治，取得明显效果。完成镇区整治改造，已拆除7处违章建筑，有效制止违建行为。围绕“整、改、治”目标，加强基础设施建设。全面完成长3.8公里，宽12米的錾字石村旅游公路基础建设，完成全镇通村道路的水毁工程及全年公路养护任务。不断加强村庄美化工作，全力推进“清洁家园”行动，完善环境卫生考核体系，配齐43个村保洁员。加强水利工程建设，完成去年水毁工程收尾工作，落实“河库长”制度；完成人畜饮水安全工作，建立大型蓄水池，实现宜林片11个村自流供水系统全覆盖。投资建设垃圾填埋场，添置垃圾回收箱，购买垃圾清运车，配备清洁消毒等环卫工具等，配齐环卫设施，多措并举打造美丽乡村风貌。

**【社会民生】** 2017年，三里畈镇按照县政府要求，结合精准扶贫，完成农村低保按标施保工作和农村特困人群低保救助工作，全镇共审定低保户594户1134人，农村五保低保做到应保尽保。做好困难群众救济工作，努力做到“困有所济，难有所帮”。做好农村低保精细化管理工作，确保全镇重大疾病人员和重度残疾人员政府补贴到位；做好残联工作，为600多人筛查白内障，为近200人实施免费白内障手术。二机棚户区改造正式启动，各方关系进一步理顺，突出问题和矛盾得到及时协调，干部和企业职工逐步形成共识。镇里成立工作专班，对两险工作全面征收，完成城乡居民养老保险扩面和续保工作任务指标，城乡居民医疗保险和养老保险参保率达到95%。整合教育资源，提高教学质量。全省“改薄”现场会、全国教学调研先后在三里畈镇召开，与会者参观了黄冈庙中学、七道河小学、三里畈小学和双庙小学，给予高度肯定。全面落实计划生育新政策深入推进计划生育优质服务，严厉打击“两非”行为，确保出生人口的健康成长。加快村级卫生室建设，全年新建卫生室17个，做到村村都有卫生室，为群众提供卫生保障。

**【精准扶贫】** 2017年，三里畈镇建立了驻村工作队、帮扶单位、驻点干部帮扶责任机制，明确党委、政府属地主体责任，驻村工作队具体帮扶责任，机关部门督促指导责任，脱贫摘帽对象主动作为责任。实现责任书签订全覆盖，目标考核全覆盖，纪委和人大跟踪督导全覆盖。镇党委、政府制定了《三里畈镇精准扶贫实施方案》《三里畈镇精准扶贫考核管理办法》等系列制度，同时规范贫困户档案《扶贫手册》等台账的填写，确保信息完整、准确。根据户脱贫、村出列的要求，严格履行评议、比对、公示程序，基本做到“卡内无硬伤，卡外无真贫”。在全省数据监测系统中，三里畈镇扶贫系统内逻辑错误数为零，确保基础数据真实准确、贫困对象识别精准。扶贫工作中，认真贯彻落实“五个一批”要求，实施产业帮扶。大力发展甜柿、黑山羊、药材、菊花种植和旅游、电商等产业，鼓励贫困户加入村级合作社，自力更生，脱贫致富。教育助学、医疗救助等政策落实到贫困户，生态补偿公益性岗位优先照顾贫困人口。全镇易地搬迁新建集中安置点30个，年底贫困户558户957人全部搬迁入住。政府兜底实现了1340户2533名重度贫困人口“全覆盖”。三里畈镇扶贫工作得到上级领导高度肯定。全国产业现场会、全省、市、县精准扶贫现场会相继在三里畈镇召开。国家发改委原主任徐绍史、省长王晓东、省人大副主任周洪宇、王玲、中共黄冈市委书记刘雪荣、市长刘美濒、邱丽新等先后到长源冲村检查指导脱贫攻坚工作并在村里召开座谈会，对长源冲在扶贫方面的做法给予高度肯定。

**【综合治理】** 2017年，三里畈镇投资20多万元，建成高标准的综治维稳中心，实行天网工程，在主要路段安装摄像头，开门大接访，将矛盾化解在镇村一级。加强综治队伍建设，完善网格平台。坚持把信访维稳工作作为一项政治任务来抓，严格落实党委成员包案负责制。高度重视麻武高速建设、镇区开发过程中产生的矛盾和信访问题。高度重视法治宣传和反邪教等工作，全省反邪教及法治宣传学习仪式在三里畈镇成功启动。加强“七五”普法宣传教育，提高居民法治意识。信访渠道进一步畅通，信访阵地进一步规范，信访责任进一步压实。全镇信访总量同比下降81%，存量明显减少，解决重难点历史遗留复杂信访案件3件，信访形势稳中向好，保证了国庆、中秋等重大节日，十九大重要时间节点期间的信访安全稳定。安全生产形势进一步好转，安全意识大大加强，全年组织安全生产大检查4次，安全隐患排查细致、具体，确保全年没有发生一起安全生产事故，为争创安全生产先进单位打下基础。

**【精神文明】** 2017年，三里畈镇制定《三里畈镇意识形态工作方案》，成立意识形态工作领导小组，镇党委书记带头抓意识形态工作，带头管阵地强队伍，党委班子成员按照“一岗双责”要求，担负职责范围内的领导责任。多次召开新闻宣传专题会，成立三里畈镇宣传报道小组。全年累计发稿200多篇，其中《湖北日报》等省级媒体发稿20多篇，《黄冈日报》、黄冈电视台、《鄂东晚报》等市级媒体累计发稿100多篇，县级媒体发稿近100篇。同时开展丰富的群众文化活动，在全县、全市的广场舞决赛中，相继夺取一、二、三等奖。三里畈篮球代表队在全县“金浦佳苑杯”干部职工篮球赛中，取得第二名的好成绩。乡风文明遍地开花，逐步形成以袁家畈、黄土坳、张家冲为一线，以长源冲、宜林、叶家湾为一线，以温泉、史家凉亭、乌石冲为一线的三条线路乡风文明示范带，人民群众的幸福指数得到普遍提升。

**【旅游文化】** 2017年，三里畈镇利用特有的温泉、葡萄、茶叶、甜柿、禅文化等自然、人文资源，努力推进三产融合，获得全省三产融合试点乡镇。同时为进一步提升旅游知名度，先后举办乡厨大赛、伏羊节、甜柿文化节、国际沙雕艺术节、草莓和葡萄采摘节、乡歌大赛、旗袍秀、大地民谣音乐会等文化旅游活动。加快隐居三里、錾字石甜柿公园、张家冲美丽乡村建设，完善停车场、旅游厕所、生态停车场、旅游商店以及游览休憩设施建设。对全镇150名旅游从业人员进行食品安全、礼仪接待等旅游相关知识培训，提高从业人员素质。全年共接待游客60万人次，带动农家乐、旅馆、小商品零售业和休闲农业的发展，实现收入3.2亿元。

**【廉政建设】** 2017年，三里畈镇按照“两个责任”和“一岗双责”的要求，实行班子成员党风廉政建设工作“三维责任制”，先后出台党风廉政系列规章制度，层层签订责任书，确保责任分解不留死角。全年共立案14起，结案12起，党纪处分12人，其中违反中央八项规定精神典型案件5人，开除党籍2人，党内严重警告1人，党内警告4人。

（三里畈镇供稿）

## 大崎镇

**【概　况】** 2017年，大崎镇下辖28个村民委员会，1个居民委员会，301个村民小组。年末总户数13487户，其中乡村户数10409户，总人口39407人，其中乡村人口37142人。年末耕地总面积33190亩，其中水田23745亩。粮食作物播种面积49847亩，总产18869吨。其中，小麦13684亩，产量2641吨；早稻1836亩，产量703吨；中稻23047亩，产量12442吨；晚稻2200亩，产量1103吨；油料作物18406亩，总产2539吨。其中，油菜种植面积12397亩，产量1686吨；花生4227亩，产量725吨，芝麻1782亩，产量128吨。年产板栗14647吨，油桐籽49吨，油茶籽150吨，木梓22吨。耕牛存栏3672头，出栏1630头；生猪存栏6792头，出栏14883头；家禽存笼31.30万只，出笼117.48万只；山羊存栏19053只，出栏12306只；禽蛋产量854吨，蜂蜜产量2324公斤；水果种植面积3352亩，产量2580吨；茶叶种植面积1593亩，产量88.1吨；水产养殖面积4089亩，出水鲜鱼820吨。农业总产值32853万元，农村居民人均可支配收入9931元。

**【美丽乡村建设】** 2017年，大崎镇按照城乡一起规划，一起实施的总体要求，进一步规范城乡建房行为，全面开展联审联批制度，有效促进规范管理。采取镇村同步，大力开展“拆违控违”行动，共拆除李婆墩新街道旁两处违章建筑20处。以项家河村的“河塆小镇，大畈人家”为建设理念的美丽乡村建设为龙头。发展500亩清水龙虾养殖、300亩大棚蔬菜种植的生态农业观光体验示范区。乱石窠村以乡土风情为主题的美丽乡村建设、陈家畈村以山水田园为主题的美丽乡村建设，溢流河村塆落整治，以打造“一心三线三走廊”的乡村发展格局，为“三河九道塆”美丽乡村建设提供样板。全面推进“绿满大崎”行动，全镇共投资150万元，完成通村公路绿化47.8公里，自然塆落绿化15个。以“清洁家园”活动为抓手，推行“五有”工作机制，建立了农村垃圾治理长效机制，农村环境面貌大为改观。全镇28个村共配有103名公益性岗位人员进行日常清洁维护，购买垃圾桶10000余个，垃圾箱30个，新建村级垃圾填埋场5个。以“雷霆行动”升级版为抓手，强力推进环境污染整治，圆满完成饮用水源保护、畜禽养殖污染治理、黄标车淘汰、燃煤锅炉淘汰、垃圾中转站建设任务，还启动了污水处理厂建设。

**【精准扶贫工作】** 2017年，大崎镇按照“六个精准”要求，全面推进“五个一批”扶贫措施，实现426户1408人脱贫。向群众送政策、送服务、送技术、送法律，刷写标语近300条，发放各类宣传资料近万份。“真心实意谢党恩、自力更生奔小康”活动高潮迭起，反响热烈。加大贫困户产业扶持力度，发放产业奖补2016年度606户162.3万元，2017年初步核实1023户；发放产业扶贫贷款1100万元，全镇28个村易地扶贫搬迁安置点建设均接近尾声，可安置贫困户680户，845人。6个贫困村光伏发电项目并网发电，帮助贫困户脱贫致富的同时，为村级集体经济增收5万元以上。13个村级集体经济“空壳村”产业发展资金得到落实。教育助学501户566人，社会救助1203户2001人。引进市场主体5家，带动102户贫困户，帮扶242人脱贫。完成贫困户科技和法律知识培训854人次，建立贫困户健康档案。全镇实现重点贫困村“十有十通”全覆盖，正在实施非重点贫困村20户以上自然垸落通硬化路面和安全饮水全覆盖工程。

**【基础设施建设】** 2017年，大崎镇共向上争取各类项目资金近6000万元。其中，道路桥梁近投入3500余万元，恢复水毁及危改桥梁7座，建设农村公路19公里，公路提档升级45公里。农田水利基础设施投入近2000万元，完成7个村的高标准农田示范项目建设和水毁设施恢复，整修小（二）型水库1座。全面完成2016年夏洪灾损毁的路、桥、水库、塘堰灾后重建工程任务，大大提高了基础设施抵御自然灾害的能力。新建党员群众服务中心5个，改建扩建党员群众服务中心4个，提档升级5个。投资1200多万元完成3期农网改造，新增及改造配变32台。投资近250万元的8个湾落整治正在加紧实施中。

**【社会治安治理】** 2017年，大崎镇综治维稳、法治建设、信访工作成效显著，按照“在稳定中谋发展、在发展中抓稳定”的工作思路，以平安建设为抓手，创新工作方法，通过建立动态信息报送、四级矛盾纠纷排查化解等制度，以“法律六进”活动为载体，把“平安法治大崎”建设引向深入，提高人防、物防、技防水平，强化视频建设，扎实开展“六大行动”，深入开展普法学法用法、人民调解、安置帮教、“法务前沿”、社区矫正和法律援助等工作，将矛盾化解在基层。严厉打击违法犯罪活动，着力提高“一感两度两率”，依法处置卢某某等重点违法上访人员，全镇调处各类矛盾纠纷52起，调处率达100%，基本做到“小事不出村，大事不出镇，矛盾不上交”。全镇社会风气明显好转，齐抓共管提升镇村两级网格化管理水平，提高镇村两级干部的反应力、执行力、调处力。严格安全生产、消防安全和食品药品安全监管，妥善处置各类突发事件，实现全年零事故的目标，全镇社会大局保持和谐稳定。

**【招商引资】** 2017年，大崎镇引进企业5个，引进资金1.2亿元，就地转移农村剩余劳动力420余人，为农民增收、财政增长、经济增效奠定了坚实的产业基础。2017年，大崎镇市场主体户数总量1559户。其中，新登记五类市场主体349户，企业类77户，农民专业合作社75户，个体工商户1297户，积极引导群众大众创业、万众创新，全镇市场主体经济实现经营收入2.3亿元。

**【民生工程】** 2017年，大崎镇不断加强城乡居民基本医疗保险和城乡居民养老保险政策的宣传力度，参保率稳步提升。全年向748户1164人发放低保金3157万元，480人发放五保金29万元。帮助423人申请大病救助，发放救灾物品3000多件。共兑现各项惠农补贴342万元，退耕还林补贴138万元。开展各类农技、农机、畜牧、水产等农村实用技能、技术培训和创业培训3000多人次。文化教育事业得到蓬勃发展，新建村级文化广场7个，健身路径6个，成立乡风文明理事会15个。巩固“两基”成果，学龄儿童入学率达100%。五广祠小学综合楼、泗泊河小学幼儿园已竣工，毛田小学运动场基本完成，教育薄改和均衡发展工作顺利得到国家验收，全面加强学生安全管理，校车改革全面完成。卫生院规范化建设顺利达标，村级卫生室建设全面启动。狠抓基本公共卫生服务项目工作，全镇辖区内共建立居民健康档39182份，新增居民健康档案843份。人口与计划生育工作进步明显，符合政策生育率、孕情上报及时率、出生信息上报及时率、政策知晓率、群众满意度较2016年均有较大提高。狠抓优质服务，为480名育龄夫妇进行了免费孕前优生健康检查，积极落实优惠政策，开展“两项制度”清理清查，计划生育奖、特扶对象共472人。

**【基层党建】** 2017年，大崎镇创新党建工作载体，积极开展“支部+协会”主题实践活动。坚决贯彻执行中央“八项规定”精神，扎实推进“两学一做”学习教育常态化制度化，强化党风廉政建设主体责任，增强政治纪律、政治规矩意识。加大执纪问责力度，完成县交办信访件10件，信访自办案件3件，查办各类案件10件，处分党员干部9人，收缴违纪违规资金0.65万元，协办案件5件，约谈40人，通报批评7人。政务公开和村务公开进一步加强，狠抓村级“三资”监管，加强农村党风廉政建设，坚决纠正损害群众利益的不正之风。认真落实党风廉政建设责任制，把纪律摆在前坚持“两个责任”落实，狠抓村级“三资”监管、招投标以及各种制度建设；严肃责任治究，全年党纪处理17人。谈话、约谈56人次，全镇党风、政风、行风、民风有明显好转。

（大崎镇供稿）

# 领导名录

## 中共罗田县委员会及其部门领导成员

中共罗田县委员会

书记：汪柏坤

副书记：郝爱芳（女）

　　　　陈世龙

县委办公室

主任：赵　超

副主任：徐旭明

　　　　文宽旺

　　　　方　欣（女）

　　　　倪雄文

中共罗田县纪律检查委员会、监察委员会领导成员

县纪委书记、县监委主任：李学军

县纪委副书记、县监委副主任：戴卫兵

　　　　陈志文

县委组织部

部长：刘堂军

副部长：朱建荣

　　　　程　静（女）

　　　　张　军

县委宣传部

部长：段文俊

副部长：张言超

　　　　汪全胜（2月任职）

　　　　胡　列（2月任职）

县委统战部

部长：汪耀汉（2月离任）

副部长：徐东升

　　　　张　隼

县政法委员会

书记：陈世龙

副书记：方孟勋

　　　　方海涛

县编制办公室

主任：汪安平

副主任：黄家益

　　　　王和林（6月任职）

县委老干部局

局长：程　静（女）

副局长：周　灿（1月任职）

县直机关工委

书记：李承辉

副书记：郑志明（1月任职）

　　　　雷学林

县档案局

党组书记、局长：徐　庆（1月任职）

党组成员、副局长：涂玉霞（女、1月任职）

　　　　周俊鹏

县委党校、县行政学校

县委党校校长：陈世龙

县行政学校校长：郭建民

县信访局

局长：瞿晓曼（女、1月任职）

副局长：赵名祥

李亚强（2月任职）

## 罗田县第十七届人民代表大会常务委员会及其办公室、工作委员会领导成员

县人大常委会

主任：汪柏坤（12月离任）

郭建明（12月任职）

常务副主任：郭建明（12月离任）

副主任：张向东

程金平

何俊华

胡东春

陈春霞（女）

人大常委会办公室

主任：肖　峰

工会主席：黄志梅（女）

农村工作委员会

主任：闵德元

法制工作委员会

主任：徐世钰

财政经济工作委员会

主任：何胜宏

教育科学文化卫生工作委员会

主任：周佑桥

城乡建设与环境资源保护工作委员会

主任：叶世忠

代表人事任免工作委员会

副主任：熊晓峰

预算工作委员会

主任：王任刚

副主任：段光辉

## 罗田县人民政府系列领导成员

县人民政府

县长：郝爱芳（女）

常务副县长：胡朝晖

副县长：胡　盼

王风华

秦新平

朱光耀（挂职）

罗　俊

李江陵（8月挂职）

闫　常（女）

县政府办公室

党组书记、主任：余　勇

党组成员、副主任：周祥艳

张朝珍（2月任职）

熊　勇（2月任职）

周剑兴

县扶贫开发办公室

党组书记、主任：方锡康

党组成员、副主任：邱亚林（6月离任）

欧文斌（1月任职）

林继权（9月任职）

黄晓琮

县科技局

党组书记：屈静明

局长：何晓艳（女，10月任职）

党组成员、副局长：刘文胜

肖光明（1月任职）

县物价局

党组书记、局长：卢志雄

党组成员、副局长：方向阳（9月离任）

汪应文

童险峰（9月任职）

县审计局

党组书记、局长：方利中（1月任职）

党组成员、副局长：余森林
丁　文
李梦云
县地方志办公室
党组书记、主任：叶丛浩（2月离任）
邱亚林（6月任职）
党组成员、副主任：彭友良
县区域经济发展办公室
主任：林伯文（6月离任）
陈国辉（8月任职）
副主任：邓希台
县发展和改革局
党组书记、局长：邱常国
党组成员、副局长：叶俊华（女）
江　汇（女）
彭建坤（6月离任）
黄海主（8月任职）
县国土资源局
党组书记、局长：李清立（8月任职）
党组副书记、副局长：刘炳坤
县统计局
党组书记、局长：闫德胜
党组成员、副局长：童金舟
副局长：徐　丽（女）
国家统计局罗田调查队
队长：方观福
副队长：邓　山
县住房和城乡建设局
党组书记、局长：汪　涛
党组成员、派驻纪检组组长：王金益
党组成员、副局长：宋文明
周曙初
闫坤明
县房地产管理局
党组书记、局长：林志福
党组成员、副局长：周学清
郑炳峰
徐晓红（女）
县城市管理执法局
党组书记、局长：李清立（6月离任）
崔　伟（6月任职）
党组成员、副局长：李习武
石俊峰
闻　可
何良军
县城乡规划局
党组书记、局长：宋涤尘
党组成员、副局长：彭　庆（6月离任）
邢向阳
郭林海
鄢碧娟（6月任职）
副局长：胡志勇
县城市建设资金投资管理中心
党支部书记、主任：王建国
支部委员、副主任：付善春
唐德桥
方显元（2月任职）
县公共产品质量检验检测中心
党组书记、主任：江朝晖（1月任职）
党组成员、副主任：卢国兵（2月任职）
县环境保护局
党组书记、局长：汪　立（1月任职）
党组成员、副局长：宋　彦
王　玲（女、2月离任）
雷凯雄（2月任职）
县公共资源交易监督管理委员会办公室
党组书记、局长：程鹤林（6月离任）
瞿华博（6月任职）
县人力资源和社会保障局
党组书记、局长：黄耀祥（1月任职）
党组成员、纪检组组长：吴　帆
党组成员、副局长：彭佑斌

方　照（1月任职）
张焱生（6月离任）
汪东红（6月任职）
余保华（女）

县财政局
党组书记、局长：胡署平
县综改办主任、国资局长：胡署平
党组成员、纪检组组长：周厚新
党组成员、副局长：陈世权
龚炳刚
雷建辉
肖锦波

县政务服务中心
财政局党组成员、主任：陈文胜
副主任：金胜平
李　刚

黄冈住房公积金管理中心罗田办事处
党支部书记、主任：叶　新
副主任：雷　荔（女）
肖　丽（女）

县国家税务局
党组书记、局长：黄家海
副局长：陈天鹏
汪似玉
张　硕

县地方税务局
党组书记、局长：兰山华
党组成员、纪检组组长：王志峰
党组成员、副局长：周华山
叶卫华（女）
刘志明

县工商行政管理局
党组书记、局长：罗立新
党组成员、纪委书记：周永革（6月离任）
党组成员、副局长：周永革（6月任职）
毛观敏
李　靖（6月任职）

县粮食局
党组书记、局长：陈三益
党组成员、副局长：汪祥益（2月离任）
王惠丰

县商务局
党组书记、局长：徐友生
党组成员、副局长：刘继贤
卢六零
余红文（6月任职）
范仕潮（6月离任）
汪仕武

县经济开发区管委会
党工委书记：曹志辉
党工委副书记、管委会主任：
汪福平（2月任职）
党工委副书记、管委会副主任：
简十梅（女、2月任党工委副书记）

县安全生产监督管理局
党组书记、局长、安办主任：袁　泳
党组成员、副局长：王竹泉（2月任职）
李长禄（2月离任）
夏朝辉

县招商局
党组书记、局长：方光明
党组成员、副局长：许　敏（女、9月离任）
马多朗（9月任职）
聂振华（9月离任）
林曙光（2月任职）

县机关事业管理局
党组书记、局长：王　翌（女）
党组成员、副局长：肖　虎
黄耀武（6月任职）

县公安局
党委书记、局长：罗　俊
政委：叶青峰

纪委书记：张进军
党委委员、副局长：姚远鹏
吴树民（2月离任）
毛立新
方新启

县司法局
党组书记、局长：方旺林
党组成员、纪检组组长：熊爱云（8月离任）
方　斌（8月任职）
党组成员、副局长：胡喜平
彭传家
熊爱云（8月任职）
晏月平（女、8月任职）

县民政局
党组书记、局长：佘子国
党组成员、副局长：王　阔
方志军（2月离任）
谢文俊
龚又林（2月任职）

县教育局
党组书记、局长：李帝武（1月任职）
党组成员、县纪委驻教育纪检组组长：
王朝辉
党组成员、副局长：朱　毅
宋道远
汪仕林
李德志

县卫生和计划生育局
党组书记、局长：陈友朋（1月任职）
县纪委派驻卫计局纪检组组长：张志刚
党组副书记：王保坤（9月离任）
党组成员、副局长：王亚飞
涂保才
胡国林
王　玲（9月任职）
王学东（9月离任）
黄政齐（9月离任）
刘　军（9月离任）
林继传（9月离任）

县文化局
党组书记、局长：熊世东
党组成员、副局长：王新民
党组成员、新闻出版局副局长：瞿小强

县体育局
党组书记、局长：吴志中（2月离任）
丁志武（2月任职）
党组成员、副局长：黄庆伟

县农业局
党组书记、局长：程金林
党组成员、副局长：董　磊
姜在雄（1月任职）
毛仕儒
彭志祥

县林业局
党组书记、局长：李红杨
县纪委派驻纪检组组长：陈　俊
党组成员、副局长：汪艳秋
徐向阳（2月任职）
方启明
杨玉舟（1月任职）
张　劲（2月离任）

县水利电力局
党组书记、局长、防汛办主任：方权林
县纪委派驻纪检组组长：胡利华（女）
党组成员、副局长：姚天柱（6月离任）
黄家珍
王经国
夏佑平（1月任职）
周建新（6月任职）
副局长：周　洁（8月任职）

县旅游局
党组书记、局长：林　玲（女）

党组成员、副局长：李　文（6月任职）
　　　　　　　　　郑　诚（2月任职）

县移民局

党组书记、局长：张　弓

党组成员、副局长：杨志高
　　　　　　　　　夏宗权

副局长：李　琴（女）

县交通运输局

党组书记、局长：郑　耿

党组成员、纪检组组长：方　圆

党组成员、副局长：方丛富
　　　　　　　　　丁丽君（女）
　　　　　　　　　陈海军（6月离任）
　　　　　　　　　韩　峰（6月任职）

县质量技术监督局

党组书记、局长：方鉴辉

党组副书记、副局长：林伯文（6月任职）

党组成员、副局长：赵楚华
　　　　　　　　　杨晓风

县供销合作联合社

党组书记、主任：周祥平（1月任职）

党组成员、副主任：张宗辉
　　　　　　　　　肖金齐
　　　　　　　　　黄汉光

县食品药品监督局

党组书记、局长：叶丛飞

党组成员、副局长：陈　鹏
　　　　　　　　　肖志林
　　　　　　　　　金　星

## 政协罗田县第十届委员会及其工作机构领导成员

政协罗田县委员会

党组书记、主席：童伟民

党组副书记、副主席：曹志辉

副主席：王国强
　　　　陈云生
　　　　黄爱平（女）
　　　　闵厚明

## 县人武部、武警部队领导成员

县人武部

政委：高　景

部长：空缺

党委委员、副部长：刘耀武（7月离任）
　　　　　　　　　陶广库（7月任职）

武警罗田中队

中队长：谭文平

指导员：王宝军（7月离任）
　　　　胡耀荣（7月任职）

武警罗田县消防大队

大队长：李　浩

教导员：兰志华

## 县人民法院、检察院领导成员

县人民法院

党组书记、院长：胡福东

党组副书记、副院长：周焰松（7月离任）
　　　　　　　　　　龚格林

县人民检察院

党组书记、检察长：喻艳如

党组副书记、副检察长：郑　勇

党组副书记：王大勇（9月离任）

党组成员、纪检组组长：何若刚（1月离任）

党组成员、副检察长：陈志生
　　　　　　　　　　李新莉（女）
　　　　　　　　　　闫金洲

## 乡镇领导成员

凤山镇
党委书记、人大主席：欧阳畅贤
党委副书记、镇长：朱　慧（女）
骆驼坳镇
党委书记、人大主席：朱桂霞（女）
党委副书记、镇长：董德权
白莲河乡
党委书记、人大主席：罗　兴
党委副书记、镇长：涂新海
匡河镇
党委书记、人大主席：王光华
副书记、镇长：闻　静（女）
大河岸镇
党委书记、人大主席：刘晓宇
副书记、镇长：罗　富
白庙河镇
党委书记、人大主席：周广才
副书记、镇长：彭胜华
九资河镇
党委书记、人大主席：叶锦明
副书记、镇长：陈义贵
胜利镇
党委书记、人大主席：姚霞林
副书记、镇长：胡　晶
河铺镇
党委书记、人大主席：刘　海
副书记、镇长：徐生强
平湖乡
党委书记、人大主席：彭　强
副书记、乡长：张　鑫
三里畈镇
党委书记、人大主席：叶永清
副书记、镇长：胡秀松（6月离任）
大崎镇
党委书记、人大主席：张树潮
党委副书记、镇长：邱仲乔

# 附　录

## 荣誉表彰

### 国家部委表彰

**【国务院办公厅】**

罗田县被国务院办公厅确定为全国第二批大众创业万众创新示范基地。

**【中央综治委】**

罗田县被中央综治委授予2013—2016年度全国平安建设先进县、“长安杯”。

**【中央精神文明建设指导委员会】**

县财政局被中央精神文明建设指导委员会授予全国文明单位。

九资河镇被中央精神文明建设指导委员会授予全国文明村镇。

**【最高人民法院】**

县法院被最高人民法院授予全国优秀法院。

**【住建部】**

罗田县被住建部授予国家园林县城。

**【全国工商联办公厅】**

县工商联被全国工商联办公厅授予全国“五好”县级工商联。

**【人社部、住建部】**

汪涛同志被人社部、住建部授予全国住房城乡建设系统先进工作者。

**【人社部、国家信访局】**

瞿晓曼同志被人社部、国家信访局授予全国信访系统先进工作者。

### 省级表彰

**【省委、省政府表彰】**

县育英高中被省委、省政府授予省级文明单位。

**【省政府表彰】**

县人防办被省政府、省军区授予全省人民防空先进单位。

### 中共黄冈市委、黄冈市政府表彰

**【2017年度全市县级领导班子、乡镇（街道）党政领导班子目标责任考核优胜单位】**

十佳乡镇（街道）党委（党工委）：罗田县

凤山镇党委

经济社会发展“二十强”乡镇（街道）：罗田县凤山镇

经济社会发展“五快”乡镇（街道）：罗田县九资河镇

**【2017年度全市专项工作优胜单位】**

党建工作优胜单位：罗田县

精准扶贫工作优胜单位：罗田县

文明单位创建优胜单位：罗田县

安全生产责任制考核优胜单位：罗田县

信访工作优胜单位：罗田县

防范和处理基层邪教工作优胜单位：罗田县

**2017年度全县先进基层党组织、优秀共产党员、优秀党务工作者、重视支持非公企业党建工作企业家、优秀村党组织书记、优秀扶贫工作者、“五类标兵”名单：**

**【先进基层党组织（20个）】**

凤山镇蔬菜村党支部

骆驼坳镇赵家塆村党支部

白莲河乡覆钟地村党支部

匡河镇张家河村党支部

大河岸镇汪家咀村党支部

白庙河镇付家庙村党支部

九资河中心学校党支部

胜利镇李家坳村党支部

河铺镇桥头边村党支部

平湖乡财政所党支部

三里畈镇长源冲村党支部

大崎镇项家河村党支部

县纪委监察局机关党总支

县财政局机关党委

县经济开发区管委会机关党支部

县人民法院机关党总支

县教育局机关党总支

县森林病虫防治检疫站党支部

县公路管理局党总支

县城市建设投资资金管理中心党支部

**【优秀共产党员（30名）】**

熊光荣　凤山镇花石桥村党支部书记

徐汉潮　骆驼坳镇副科级干部

王国良　白莲河乡郧家铺村党支部书记

冯　震　匡河镇纪委副书记

张德宗　大河岸镇副科级干部

江小波　白庙河镇东安河小学校长

闻世辉　九资河镇人大副主席

方　锐　胜利中学校长

程言安　江苏省昆山美德文化传播有限公司董事长（河铺）

晏洪涛　平湖乡政府工作人员

康　满（女）三里畈镇工会副主席

雷胜娟（女）大崎镇泗泊河村妇女委员

徐旭明　县委办公室副主任

吴　超　天堂湖国家湿地公园管理处宣教科科长

方鸢宇　县政协研究室主任

刘小睿　县房屋征收管理办公室副股级干部

胡华伦　县发改局党组成员、工会主席、县能源局局长

蔡汉锋　县地税局副科级干部

胡幼军　县环保局主任科员

易德祥　县刑侦大队情报中队中队长

程秀林（女）县特殊教育学校教务主任

雷　鸣　县广播电视台党支部书记、副台长

童仕科　县农村经营管理局副主任科员

李爱君（女）县公共交通公司2路线公交车驾驶员

胡远征　湖北楚乡酒业有限公司党支部书记、副总经理

余　炯（女）县城乡规划局党组成员、工会主席
晏绍忠　白庙河镇个体工商户
闫云兵　县经济开发区管委会招商服务科副科长
瞿兴崇　县人民医院骨科主任
张魏龙　县动物疫病预防控制中心兽医实验室负责人

【优秀党务工作者（20名）】

周军潮　凤山镇党委副书记
汪　浩　骆驼坳镇党委组织委员
郭高贤　白莲河中心学校党总支书记
高　强　匡河镇党委组织委员
张建新　大河岸镇姚家咀村党支部书记
张家欢　白庙河中学党支部书记
李永锋　九资河镇党委组织委员
丁周鹏　胜利镇松子关村党支部书记
周伟光　河铺镇肖家湾村党支部书记
雷新奇　平湖乡粉壁坳村党支部书记
李　玲（女）三里畈镇党委组织委员
赵　学　大崎镇党委副书记、综治办主任
廖爱娣（女）县政府办公室人事监察科科长
胡翔林　县工商联副主席、县总商会副会长
王桂池　县民政局民间组织管理办公室主任
肖振兴　湖北名羊农业科技发展有限公司党支部书记、董事长助理
刘世民　县外宣办（网管办、新闻办）副主任
江丽娜（女）县农办综合科科长
陈初明　薄刀峰林场副场长
肖　薇（女）县政务服务中心管理办公室干部

【重视支持非公有制企业党建工作企业家（10名）】

尹国平　湖北宏源药业科技股份有限公司党委书记、董事长
周　勇　湖北南方家具有限公司总经理
李小霞（女）罗田县大自然食品股份有限公司党支部副书记、总经理
贺　根　湖北贺根农业科技有限公司总经理
何建军　湖北金罗置业有限公司总经理
汪建清　罗田绿叶农业科技发展有限公司总经理
邱跃进　湖北大别山药业股份有限公司党支部书记、董事长
居建新　凤山镇商会会长、湖北万密斋生态农业科技有限公司法人
郑海元　罗田县润和食品有限公司董事长
冯政光　湖北正光九资河药业有限公司总经理

【优秀村党组织书记（15名）】

胡华胜　凤山镇饼子铺村党支部书记
占金华　凤山镇覆船山村党支部书记
徐国斌　骆驼坳镇罗河湾村党支部书记
李振球　白莲河乡上马石河村党支部书记
方　颖　匡河镇黄丝铺村党支部书记
方云峰　匡河镇涂家冲村党支部书记
王立中　大河岸镇枫树湾村党支部书记
王金辉　白庙河镇杨家庙村党支部书记
陈世初　九资河镇七里河村党支部书记
方礼平　胜利镇洛家畈村党支部书记
程长球　河铺镇林家咀村党支部书记
陈少兵　平湖乡东冲畈村党支部书记
熊进民　三里畈镇錾字石村党支部书记
雷建元　三里畈镇黄泥坳村党支部书记
何继安　大崎镇花河边村党支部书记

【优秀扶贫工作者（15名）】

李江陵　省经信委驻凤山镇上石源河村扶贫工作队队长

蔡汉良　市审计局驻凤山镇二郎庙村扶贫工作队队长
欧文斌　县扶贫办党组成员、副主任
周　佳　县政府办公室驻凤山镇瓦窑岭村扶贫工作队队员
郭友存　县理工中专驻骆驼坳镇叶家圈村第一书记
彭建忠　县人民医院驻白莲河乡张家山村第一书记
童学军　县移民局驻匡河镇罗雌冲村扶贫工作队队员
肖红芳（女）县食药监局大河岸监管所驻大河岸镇高庙村扶贫工作队队长
吴向文　县卫计局驻白庙河镇柳树铺村扶贫工作队队员
肖　虎　县机关事务管理局驻九资河镇郑家坳村第一书记
王　阔　县民政局驻胜利镇黄泥岗村第一书记
熊晓峰　县人大办驻河铺镇沔水畈村扶贫工作队队员
李文质　县水电局驻平湖乡苏家山村第一书记
徐志刚　县人社局驻三里畈镇乌石冲村扶贫工作队队员
史　伟　县纪委驻大崎镇陈家畈村原第一书记

**【“五类标兵”（10名）】**

**脱贫攻坚标兵（2名）**

胡久曙　三里畈镇长源冲村党支部书记
余森林　县审计局党组成员、副局长（驻九资河镇廖家边村第一书记）

**生态建设标兵（2名）**

黄十全　白莲河乡黎明湾村党支部书记
胡定山　九资河镇大地坳社区党支部书记

**服务企业标兵（2名）**

简十梅（女）县经济开发区党工委副书记、管委会副主任
郭艳明　县中小企业担保中心主任

**社会管理标兵（2名）**

刘凤桥（女）县民政局原福利院院长
陈金凯　县城管执法大队执法中队队员

**改革创新标兵（2名）**

陈学琼　县委政研室（改革办）主任
方永贵　罗田神草农业科技有限公司董事长

## 中共罗田县委、罗田县人民政府表彰

**【2017年度工作目标考核】**

**一、“五讲五评五考”综合实绩考评**

**（一）乡镇：**

1. 综合奖：

第一名　九资河镇
第二名　三里畈镇
第三名　凤山镇

2. 乡镇综合前六名：九资河镇、三里畈镇、凤山镇、匡河镇、胜利镇、河铺镇。

3. 优秀奖：

第一组：匡河镇
第二组：胜利镇
第三组：白莲河乡

4. 乡镇分组前两名：

第一组：九资河镇、三里畈镇
第二组：胜利镇、河铺镇
第三组：白莲河乡、白庙河镇

5. 进位最多乡镇：骆驼坳镇，综合排名由上年度第12位进至本年度第10位，进2位。

6. 排名末位的乡镇：大崎镇

**（二）县直：**

1. 综合奖：

第一名：财政局

第二名：审计局

第三名：扶贫办

第四名：城管执法局

第五名：法院

县纪委、县委政法委、县政府办公室、县委组织部在县直单位“五讲五评五考”综合考核中分别实际排名第一、三、四、五位，因县委委员单位不参与综合奖荣誉评定，排名依次递补。

2. 单项奖：

党群类第一名：信访局

政府类一组第一名：发改局

政府类二组第一名：县经济开发区管委会

双管单位第一名：检察院

县委办公室在县直单位“五讲五评五考”分类考核党群类中，实际排名第一，因县委委员单位不参与单项奖荣誉评定，排名依次递补。

3. 特别贡献奖：交通运输局、城市建设投资资金管理中心、国土资源局、农发行。

4. 先进单位：

（1）县管单位：县纪委、财政局、县委政法委、县政府办公室（人防办、法制办、金融局、区域经济发展办公室）、县委组织部、审计局、县委办公室、县人大办公室、县委宣传部、扶贫办、县政协办公室、城管执法局、发改局、公安局、县经济开发区管委会（万密斋产业办）、招商局、教育局、交通运输局、信访局、总工会、民政局、农办、城乡规划局、安监局、司法局、老干局、移民局、广电局、天堂湖国家湿地公园管理处、水电局、公管局、统计局、县委统战部、机关事务管理局、县直机关工委、大别山森林公园管委会、城市建设投资资金管理中心、编办、农业局、旅游局、体育局、林业局、人社局、住建局、文联。

（2）双管单位：法院、检察院、地税局、国税局、公积金办事处、国土资源局、国调队、烟草局、供电公司、石油公司、气象局、农商行、邮政局、农发行、广电网络。

5. 达标（合格）单位：

（1）县管单位：档案局、工商局、卫计局（红十字会）、科协、经管局、物价局、文化局、经信局、能源办、食药监局、房管局、商务局、县委党校、理工中专。

（2）双管单位：人行、农行、电信公司、建行、联通公司。

6. 综合考核排名后两位县管单位：科技局、公共产品质量检验检测中心。

7. 综合考核排名后两位双管单位：太保人寿、寿保。

以上单位奖惩按照罗办发〔2017〕15 号文件规定执行。

**二、党建工作考核优胜单位（10 个）**

乡镇：凤山镇　匡河镇　九资河镇　三里畈镇

县直：县人大机关　财政局　教育局　工商局　法院　县经济开发区管委会

**三、党风廉政建设考核优胜单位（10 个）**

乡镇：凤山镇　匡河镇　九资河镇　胜利镇

县直：卫计局　交通运输局　教育局　水电局

财政局　地税局

**四、宣传思想工作考核优胜单位（10 个）**

乡镇：凤山镇　河铺镇　大河岸镇　九资河镇

县直：财政局　教育局　广电局　交通运输局　公安局　城管执法局

**五、项目建设考核优胜单位（10 个）**

乡镇：九资河镇　凤山镇　胜利镇

县直：发改局　扶贫办　财政局

交通运输局　　水电局

教育局　卫计局

**六、招商引资考核优胜单位（10个）**

乡镇：三里畈镇　胜利镇　大河岸镇

平湖乡

县直：县政府办公室　城管执法局

财政局　发改局

县委组织部　县经济开发区管委会

**七、精准扶贫工作考核优胜单位（16个）**

乡镇：凤山镇　九资河镇　匡河镇

大河岸镇

县直：财政局　发改局　交通运输局

水电局　教育局　城乡规划局

卫计局　机关事务管理局　广电局

招商局　统计局　农商行

**八、社会治安综合治理考核优胜单位（10个）**

乡镇：大河岸镇　九资河镇　大崎镇

骆驼坳镇

县直：公安局　交通运输局　人社局

教育局　卫计局　广电局

**九、法治罗田建设考核优胜单位（10个）**

乡镇：大河岸镇　白庙河镇　河铺镇

胜利镇

县直：司法局　城管执法局　住建局

林业局　县委党校　供电公司

**十、信访工作考核优胜单位（11个）**

乡镇：大河岸镇　平湖乡　九资河镇

白庙河镇

县直：民政局　移民局　商务局

城乡规划局　环保局　房管局　残联

**十一、人口和计划生育工作考核优胜单位（10个）**

乡镇：九资河镇　骆驼坳镇　凤山镇

匡河镇　大河岸镇

县直：财政局　县纪委监委　公安局

民政局　教育局

**十二、安全生产考核优胜单位（8个）**

乡镇：白莲河乡　凤山镇　平湖乡

县直：交通运输局　教育局　卫计局

公安局　旅游局

**十三、环保工作考核优胜单位（11个）**

乡镇：凤山镇　九资河镇　大崎镇

匡河镇

县直：发改局　农业局　城管执法局

环保局

企业：罗田国盛物资有限公司

湖北名羊农业科技发展有限公司

罗田县东安河旅游开发股份有限公司

**十四、党管武装工作考核优胜单位（4个）**

匡河镇　凤山镇　三里畈镇　骆驼坳镇

**十五、村级目标考核优胜单位**

（一）经济强村（10个）

凤山镇蔬菜村

凤山镇三里桥村

凤山镇桥南村

凤山镇河东街村

骆驼坳镇赵家湾村

白莲河乡李家湾村

大河岸镇礤石坳村

胜利镇胜利村

河铺镇肖家湾村

大崎镇李婆墩村

（二）脱贫攻坚先进村（5个）

凤山镇老塔山村

胜利镇瓦屋基村

九资河镇郑家坳村

河铺镇屈家咀村

三里畈镇乌石冲村

（三）村级集体经济进步快村（5个）

凤山镇上石源河村

三里畈镇錾字石村

白庙河镇潘家湾村

河铺镇许家宕村

白莲河乡覆钟地村

**十六、税收贡献大户（10个）**

湖北省宏源药业科技股份有限公司（纳税7473万元）

湖北罗田农村商业银行股份有限公司（纳税5766万元）

湖北白莲河抽水蓄能有限公司（纳税5289万元）

罗田大别山路桥工程建设有限公司（纳税2273万元）

湖北省烟草公司黄冈市公司罗田营销部（纳税1926万元）

罗田县开源投资置业有限公司（纳税1681万元）

湖北富华建筑安装有限公司（纳税1553万元）

国网湖北省电力公司罗田县供电公司（纳税1471万元）

湖北欣海新世纪房地产开发有限公司（纳税1396万元）

湖北鑫龙房地产建设开发有限公司（纳税1212万元）

# 文件目录选编

## 2017年县委文件

中共罗田县委文件（罗发）

表4

| 发文字号 | 文件标题 | 印发时间 |
| --- | --- | --- |
| 罗发〔2017〕1号 | 中共罗田县委关于“整县推进支部建设”的实施意见 | 2017.4.24 |
| 罗发〔2017〕2号 | 中共罗田县委关于《中共罗田县人大常委会党组关于推进乡镇人大规范化建设的意见》的通知 | 2017.2.27 |
| 罗发〔2017〕3号 | 中共罗田县委　罗田县人民政府关于印发《罗田县文明村镇创建管理办法》和《罗田县文明单位创建管理办法》的通知 | 2017.3.21 |
| 罗发〔2017〕4号 | 中共罗田县委关于印发《中共罗田县委委员会2017年工作要点》的通知 | 2017.4.1 |
| 罗发〔2017〕5号 | 中共罗田县委　罗田县人民政府关于建设白莲石材产业园促进我县石材产业科学发展的实施意见 | 2017.7.7 |
| 罗发〔2017〕6号 | 中共罗田县委　罗田县人民政府关于推进安全生产领域改革发展的实施意见 | 2017.7.15 |
| 罗发〔2017〕7号 | 中共罗田县委关于加强县委自身建设发挥“一线指挥部”作用的若干意见 | 2017.4.24 |
| 罗发〔2017〕8号 | 中共罗田县委关于加强乡镇党委建设发挥龙头作用的若干意见 | 2017.4.24 |
| 罗发〔2017〕9号 | 中共罗田县委关于加强党支部建设发挥引领作用的若干意见 | 2017.4.24 |
| 罗发〔2017〕10号 | 中共罗田县委关于加强党员教育管理发挥先锋模范作用的若干意见 | 2017.4.24 |
| 罗发〔2017〕11号 | 中共罗田县委　罗田县人民政府关于深入推进城市执法体制改革改进城市管理工作的实施意见 | 2017.9.26 |
| 罗发〔2017〕12号 | 中共罗田县委关于认真学习宣传贯彻党的十九大精神的通知 | 2017.11.15 |
| 罗文〔2017〕1号 | 中共罗田县委　关于县级领导工作分工的通知 | 2017.1.3 |
| 罗文〔2017〕2号 | 中共罗田县委　罗田县人民政府　关于2016年度工作目标考核结果的通报 | 2017.1.25 |

续表 4

| 发文字号 | 文件标题 | 印发时间 |
| --- | --- | --- |
| 罗文〔2017〕3 号 | 中共罗田县委关于召开县委全委会民主生活会的请示 | 2017.1.16 |
| 罗文〔2017〕5 号 | 中共罗田县委关于转发《罗田县人大常委会党组 2017 年工作要点》的通知 | 2017.2.22 |
| 罗文〔2017〕6 号 | 中共罗田县委关于印发《省、市党风廉政建设责任制检查考核反馈问题整改工作方案》的通知 | 2017.3.9 |
| 罗文〔2017〕6 号 | 中共罗田县委关于转发《中共罗田县政协党组 2017 年工作要点》的通知 | 2017.3.12 |
| 罗文〔2017〕9 号 | 中共罗田县委关于同意成立中国共产党罗田县公共产品质量检验检测中心党组的批复 | 2017.5.2 |
| 罗文〔2017〕11 号 | 中共罗田县委　罗田县人民政府关于对我县创建省级文明城市进行考核验收的请示 | 2017.5.17 |
| 罗文〔2017〕12 号 | 中共罗田县委关于调整县关心下一代工作委员会组成人员的通知 | 2017.5.17 |
| 罗文〔2017〕13 号 | 中共罗田县委转发《中共罗田县人大常委会党组关于开展“全县五级人大代表聚力脱贫攻坚三大行动”的实施方案》的通知 | 2017.5.10 |
| 罗文〔2017〕14 号 | 中共罗田县委关于表彰全县先进基层党组织、优秀共产党员、优秀党务工作者、重视支特非公企业党建工作企业家、优秀村党组织书记、优秀扶贫工作者、“五类标兵”的决定 | 2017.6.30 |
| 罗文〔2017〕18 号 | 中共罗田县委关于上海浦爵投资管理有限公司罗田两分公司投资人集体上访情况的报告 | 2017.7.28 |
| 罗文〔2017〕19 号 | 中共罗田县委关于恳请协调指导罗田处置涉众型经济案件的请示 | 2017.7.31 |
| 罗文〔2017〕21 号 | 中共罗田县委关于郭建明同志赴英国法国地方议会就立法监督等方面工作开展交流合作的请示 | 2017.10.18 |
| 罗文〔2017〕22 号 | 中共罗田县委　罗田县人民政府关于命名 2015—2016 年度县级文明单位的决定 | 2017.10.25 |
| 罗文〔2017〕24 号 | 中共罗田县委关于召开中国共产党罗田县第十五次代表大会第二次会议的请示 | 2017.11.29 |
| 罗文〔2017〕27 号 | 中共罗田县委关于县第十五次党代会第一次会议优秀提案的通报 | 2017.12.11 |

## 罗田县委委员会议纪要

表 5

| 发文字号 | 文件标题 | 印发时间 |
| --- | --- | --- |
| 〔2017〕第 1 号 | 2017 年第 3 次县委委员会议纪要 | 2017.1.25 |
| 〔2017〕第 2 号 | 十五届县委委员会第 4 次会议纪要 | 2017.2.14 |
| 〔2017〕第 3 号 | 十五届县委委员会第 6 次会议纪要 | 2017.3.2 |
| 〔2017〕第 5 号 | 十五届县委委员会第 8 次会议纪要 | 2017.3.31 |
| 〔2017〕第 6 号 | 十五届县委委员会第 9 次会议纪要 | 2017.4.6 |
| 〔2017〕第 7 号 | 十五届县委委员会第 10 次会议纪要 | 2017.4.18 |
| 〔2017〕第 8 号 | 十五届县委委员会第 11 次会议纪要 | 2017.4.17 |

## 罗田县委专题会议纪要

表 6

| 发文字号 | 文件标题 | 印发时间 |
| --- | --- | --- |
| 〔2017〕1 号 | 关于进一步加强“大景区”建设管理工作的会议纪要 | 2017.1.3 |
| 〔2017〕2 号 | 关于加快县经济开发区新能源产业园规划建设的会议纪要 | 2017.1.3 |
| 〔2017〕3 号 | 关于研究卓尔集团投资罗田旅游开发工作的会议纪要 | 2017.3.9 |

# 2017 年县委办公室文件

## 罗田县委办公室文件（罗办文）

表 7

| 发文字号 | 文件标题 | 印发时间 |
|---|---|---|
| 罗办文〔2017〕1 号 | 县委办公室　县政府办公室关于做好 2017 年春节有关工作的通知 | 2017.1.11 |
| 罗办文〔2017〕2 号 | 县委办公室　县政府办公室关于做好 2017 年春节有关工作的通知 | 2017.1.25 |
| 罗办文〔2017〕3 号 | 中共罗田县委办公室　关于 2016 年度全县组织、宣传思想和统战工作考核情况的通报 | 2017.2.6 |
| 罗办文〔2017〕4 号 | 县委办公室　县政府办公室关于印发《罗田县 2017 年脱贫攻坚“春季攻势”行动方案》的通知 | 2017.1.25 |
| 罗办文〔2017〕5 号 | 县委办公室　县政府办公室关于印发《罗田县村级党员群众服务中心提档示范工作方案》的通知 | 2017.2.5 |
| 罗办文〔2017〕6 号 | 中共罗田县委办公室 关于认真做好 2017 年“整县推进”党建示范点建设工作的通知 | 2017.2.5 |
| 罗办文〔2017〕7 号 | 县委办公室　县政府办公室 关于 2016 年度全县农业农村、人口和计划生育工作考核情况的通报 | 2017.2.6 |
| 罗办文〔2017〕8 号 | 县委办公室　县政府办公室 关于 2016 年度全县政法信访工作考核情况的通报 | 2017.2.6 |
| 罗办文〔2017〕9 号 | 县委办公室　县政府办公室 关于印发《罗田县“清洁家园”行动方案》的通知 | 2017.2.6 |
| 罗办文〔2017〕10 号 | 县委办公室　县政府办公室 关于成立罗田县推进高标准农田建设领导小组的通知 | 2017.2.21 |
| 罗办文〔2017〕11 号 | 中共罗田县委办公室关于成立县委基层党建“整县推进”工作领导小组的通知 | 2017.2.23 |
| 罗办文〔2017〕12 号 | 县委办公室　县政府办公室 关于进一步加强驻村扶贫工作的通知 | 2017.2.27 |
| 罗办文〔2017〕13 号 | 县委办公室　县政府办公室关于部分县级非常设机构更名和调整领导成员的通知 | 2017.2.27 |
| 罗办文〔2017〕14 号 | 县委办公室　县政府办公室 关于切实做好全国“两会”期间信访维稳工作的紧急通知 | 2017.3.1 |
| 罗办文〔2017〕15 号 | 中共罗田县委办公室 关于调整罗田县机构编制委员会组成人员的通知 | 2017.3.2 |
| 罗办文〔2017〕16 号 | 县委办公室　县政府办公室　关于 2016 年度工业经济和项目建设工作目标考核情况的通报 | 2017.3.8 |
| 罗办文〔2017〕17 号 | 县委办公室　县政府办公室 关于 2017 年全县项目建设工作分组及任务分配的通知 | 2017.3.8 |
| 罗办文〔2017〕18 号 | 县委办公室　县政府办公室 关于创建全省旅游标准化示范县成绩突出单位和个人的通报 | 2017.3.8 |
| 罗办文〔2017〕19 号 | 县委办公室　县政府办公室 关于印发《罗田县创建国家全域旅游示范区工作方案》的通知 | 2017.3.8 |
| 罗办文〔2017〕20 号 | 县委办公室　县政府办公室关于 2017 年县级领导和县直部门驻企业点安排的通知 | 2017.3.8 |
| 罗办文〔2017〕21 号 | 县委办公室　县政府办公室 关于印发《罗田县长江经济带生态保护“雷霆行动”升级版工作方案》的通知 | 2017.3.9 |
| 罗办文〔2017〕22 号 | 县委办公室　县政府办公室关于调整许家冲征地拆迁指挥部组成人员的通知 | 2017.3.29 |
| 罗办文〔2017〕23 号 | 县委办公室　县政府办公室关于切实做好清明节期间森林防火工作的紧急通知 | 2017.3.31 |
| 罗办文〔2017〕24 号 | 县委办公室　县政府办公室 印发《关于开展全县安全生产“春季行动”的工作方案》的通知 | 2017.3.31 |
| 罗办文〔2017〕25 号 | 县委办公室　县政府办公室 关于印发《全县第十八个党风廉政建设一定会教育月活动方案》的通知 | 2017.4.12 |
| 罗办文〔2017〕26 号 | 县委办公室　县政府办公室关于做好 2017 年汛期地质灾害防治工作的通知 | 2017.4.18 |
| 罗办文〔2017〕27 号 | 县委办公室　县政府办公室关于印发《罗田县“支部联支部，脱贫奔小康”精准脱贫攻坚行动实施方案》的通知 | 2017.5.1 |
| 罗办文〔2017〕28 号 | 中共罗田县委办公室关于印发《罗田县脱贫攻坚专项巡察工作方案》的通知 | 2017.5.1 |
| 罗办文〔2017〕29 号 | 中共罗田县委办公室关于开展向“勤廉人物”学习活动的通知 | 2017.5.1 |
| 罗办文〔2017〕30 号 | 县委办公室　县政府办公室关于印发《罗田县落实“一有两不愁四保障”要求的实施方案》的通知 | 2017.5.5 |

续表 7

| 发文字号 | 文件标题 | 印发时间 |
| --- | --- | --- |
| 罗办文〔2017〕31 号 | 县委办公室　县政府办公室印发《关于在全县开展运用大数据对精准扶贫政策落实情况进行监督检查的工作方案》的通知 | 2017.5.24 |
| 罗办文〔2017〕32 号 | 县委办公室　县政府办公室关于调整全县维护稳定工作领导小组组成人员的通知 | 2017.5.27 |
| 罗办文〔2017〕33 号 | 中共罗田县委办公室关于印发《罗田县推进“两学一做”学习教育常态化制度化任务清单》的通知 | 2017.5.31 |
| 罗办文〔2017〕34 号 | 县委办公室　县政府办公室关于印发《罗田县 2017 年度招商引资目标考核奖惩办法》的通知 | 2017.6.12 |
| 罗办文〔2017〕35 号 | 县委办公室　县政府办公室关于成立罗田县推进卓尔全域旅游项目建设指挥部的通知 | 2017.6.12 |
| 罗办文〔2017〕36 号 | 县委办公室　县政府办会室关于切实做好支持卓尔全域旅游项目建设工作的通知 | 2017.6.19 |
| 罗办文〔2017〕38 号 | 县委办公室　县政府办公室关于印发《罗田县全面推行河库长制工作实施方案》的通知 | 2017.7.6 |
| 罗办文〔2017〕39 号 | 县委办公室　县政府办公室关于印发《罗田县党政领导干部安全生产责任清单》的通知 | 2017.7.15 |
| 罗办文〔2017〕40 号 | 县委办公室　县政府办公室关于成立罗田县大众创业万众创新示范基地建设工作实施小组的通知 | 2017.7.17 |
| 罗办文〔2017〕41 号 | 县委办公室　县政府办公室关于认真贯彻落实《中共黄冈市委、黄冈市人民政府关于深化供销合作社综合改革的实施意见》的通知 | 2017.7.20 |
| 罗办文〔2017〕42 号 | 县委办公室　县政府办公室关于印发《罗田县 2017—2019 年光伏扶贫实施方案》的通知 | 2017.8.10 |
| 罗办文〔2017〕43 号 | 县委办公室　县政府办公室关于印发《罗田县经济开发区环保问题整改工作方案》的通知 | 2017.8.21 |
| 罗办文〔2017〕44 号 | 县委办公室　县政府办公室关于印发《罗田县易地扶贫搬迁问题整改工作方案》的通知 | 2017.8.10 |
| 罗办文〔2017〕45 号 | 县委办公室　县政府办公室印发《关于开展“真心实意谢党恩自力更生奔小康”活动的实施方案》的通知 | 2017.9.3 |
| 罗办文〔2017〕46 号 | 县委办公室　县政府办公室关于成立罗田县推进宏泰集团投资项目建设领导小组的通知 | 2017.9.8 |
| 罗办文〔2017〕47 号 | 县委办公室　县政府办公室关于废止易地扶贫搬迁部分文件的通知 | 2017.9.12 |
| 罗办文〔2017〕48 号 | 中共罗田县委办公室关于印发《罗田县党委（党组）理论学习中心组学习细则》的通知 | 2017.9.14 |
| 罗办文〔2017〕50 号 | 县委办公室　县政府办公室关于成立罗田县城市管理执法体制改革工作领导小组的通知 | 2017.9.14 |
| 罗办文〔2017〕51 号 | 县委办公室　县政府办公室关于做好 2017 国庆中秋假期有关工作的通知 | 2017.9.30 |
| 罗办文〔2017〕52 号 | 县委办公室　县政府办公室关于成立罗田县党的十九大期间维稳安保指挥部的通知 | 2017.9.30 |
| 罗办文〔2017〕53 号 | 县委办公室　县政府办公室印发《关于开展环境保护大学习、大宣传、大排查、大整治、大督查活动的实施方案》的通知 | 2017.9.30 |
| 罗办文〔2017〕54 号 | 县委办公室　县政府办公室关于印发《深入贯彻落实习近平总书记“7・26”重要讲话精神全力打好三大攻坚战的实施方案》的通知 | 2017.10.9 |
| 罗办文〔2017〕55 号 | 县委办公室　县政府办会室关于调整罗田县深化医药卫生体制改革领导小组的通知 | 2017.10.26 |
| 罗办文〔2017〕56 号 | 县委办公室　县政府办公室关于 2016—2017 年度森林防火工作成绩突出单位和个人的通报 | 2017.10.31 |
| 罗办文〔2017〕57 号 | 中共罗田县委办公室关于恳请协调市领导出席“写生中国・走进罗田”写生活动开幕式的请示 | 2017.11.14 |
| 罗办文〔2017〕58 号 | 中共罗田县委办公室关于印发《罗田县红十字会主要职责内设机构和人员编制规定》的通知 | 2017.11.14 |
| 罗办文〔2017〕59 号 | 中共罗田县委办公室关于印发《全县学习宣传贯彻党的十九大精神工作方案》的通知 | 2017.11.15 |
| 罗办文〔2017〕60 号 | 县委办公室　县政府办公室印发《关于落实“谁执法谁普法”普法责任制的实施方案》的通知 | 2017.11.13 |
| 罗办文〔2017〕61 号 | 中共罗田县委办公室关于成立罗田县监察体制改革试点工作小组的通知 | 2017.11.16 |

续表 7

| 发文字号 | 文件标题 | 印发时间 |
|---|---|---|
| 罗办文〔2017〕62 号 | 县委办公室　县政府办公室关于成立全县重点项目建设指挥部的通知 | 2017.11.16 |
| 罗办文〔2017〕63 号 | 中共罗田县委办公室关于转发省、市、县领导对宜昌当阳市国土资源局扶贫工作总结文章造假事件批示的通知 | 2017.11.28 |
| 罗办文〔2017〕64 号 | 县委办公室　县政府办公室关于调整罗田县推进高标准农田建设领导小组成员的通知 | 2017.10.6 |
| 罗办文〔2017〕65 号 | 中共罗田县委办公室关于做好 2018 年度重点党报党刊发行工作进一步规范报刊发行秩序的通知 | 2017.12.7 |

罗田县委办公室文件（罗办发）

表 8

| 发文字号 | 文件标题 | 印发时间 |
|---|---|---|
| 罗办发〔2017〕1 号 | 县委办公室　县政府办公室印发《关于进一步加强人民政协提案办理工作的实施意见》的通知 | 2017.2.21 |
| 罗办发〔2017〕2 号 | 县委办公室　县政府办公室关于印发《罗田县 2017 年度贫困村整村推进精准脱贫项目建设计划》的通知 | 2017.2.22 |
| 罗办发〔2017〕3 号 | 县委办公室　县政府办公室关于印发《罗田县争取国家投资项目工作考核方案》的通知 | 2017.3.8 |
| 罗办发〔2017〕4 号 | 中共罗田县委办公室关于转发《罗田县关心下一代工作委员会 2017 年工作要点》的通知 | 2017.3.8 |
| 罗办发〔2017〕5 号 | 县委办公室　县政府办公室 关于印发《罗田县“党建引领，脱贫攻坚”实施方案》等四个实施方案的通知 | 2017.3.14 |
| 罗办发〔2017〕6 号 | 县委办公室　县政府办公室印发《关于加快构建现代公共文化服务体系的实施意见》的通知 | 2017.4.24 |
| 罗办发〔2017〕7 号 | 县委办公室　县政府办公室印发《关于落实食品安全党政同责的实施意见》的通知 | 2017.5.12 |
| 罗办发〔2017〕8 号 | 县委办公室　县政府办公室关于印发《罗田县创建国家级生态文明建设示范县实施方案》的通知 | 2017.5.22 |
| 罗办发〔2017〕10 号 | 县委办公室　县政府办公室关于印发《罗田县脱贫攻坚工作问责办法》的通知 | 2017.6.7 |
| 罗办发〔2017〕11 号 | 县委办公室　县政府办公室关于印发《罗田县脱贫攻坚工作问责办法》的通知 | 2017.6.8 |
| 罗办发〔2017〕13 号 | 县委办公室　县政府办公室关于印发《罗田县安全生产“一票否决”和重点管理实施办法》的通知 | 2017.7.7 |
| 罗办发〔2017〕14 号 | 中共罗田县委办公室关于印发《罗田县县管领导班子和领导干部履职尽责管理实施办法（试行）》的通知 | 2017.8.21 |
| 罗办发〔2017〕15 号 | 县委办公室　县政府办公室关于印发《罗田县 2017 年度乡镇领导班子“五讲五评五考”综合实绩考核方案》《罗田县 2017 年度县直单位领导班子“五讲五评五考”综合实绩考核方案》的通知 | 2017.8.21 |
| 罗办发〔2017〕16 号 | 中共罗田县委办公室关于印发《县委巡察工作规划（2017—2021 年）》的通知 | 2017.8.25 |
| 罗办发〔2017〕18 号 | 中共罗田县委办公室关于认真组织学习《习近平谈治国理政》第二卷的通知 | 2017.12.2 |

# 2017 年县政府文件

罗田县人民政府文件（罗政发）

表 9

| 文号 | 题　名 | 日期 |
|---|---|---|
| 罗政发〔2017〕1 号 | 关于县领导分工情况的通知 | 2017.02.09 |
| 罗政发〔2017〕2 号 | 关于印发《罗田县人民政府工作规则》的通知 | 2017.02.21 |
| 罗政发〔2017〕3 号 | 关于印发《罗田县本级政府投资项目管理暂行办法》的通知 | 2017.02.23 |

续表 9

| 文号 | 题　名 | 日期 |
|---|---|---|
| 罗政发〔2017〕4 号 | 关于调整罗田县人民防空指挥部组成人员的通知 | 2017.04.17 |
| 罗政发〔2017〕5 号 | 关于印发《关于进一步规范城乡私宅规划建设管理的若干意见》的通知 | 2017.04.17 |
| 罗政发〔2017〕6 号 | 关于规范村（居）民委员会名称的通知 | 2017.05.03 |
| 罗政发〔2017〕7 号 | 关于印发《关于进一步加强金融业发展的实施意见》的通知 | 2017.05.15 |
| 罗政发〔2017〕8 号 | 关于印发《罗田县招商引资奖励扶持办法（试行）》的通知 | 2017.06.01 |
| 罗政发〔2017〕9 号 | 关于人民政府房屋征收决定书 | 2017.05.21 |
| 罗政发〔2017〕10 号 | 罗田县人民政府房屋征收公告 | 2017.05.21 |
| 罗政发〔2017〕11 号 | 关于取消和调整县级行政审批项目的决定 | 2017.07.25 |
| 罗政发〔2017〕12 号 | 关于印发《罗田县贯彻落实〈湖北长江经济带生态保护和绿色发展总体规划〉实施方案》的通知 | 2017.07.06 |
| 罗政发〔2017〕13 号 | 关于调整县征兵领导小组组成人员的通知 | 2017.08.02 |
| 罗政发〔2017〕14 号 | 关于支持林业生态建设的意见 | 2017.09.05 |
| 罗政发〔2017〕15 号 | 关于印发《罗田县法治政府建设行动方案（2017—2020 年）》的通知 | 2017.09.05 |
| 罗政发〔2017〕16 号 | 关于进一步明确城镇土地使用税征收范围的通知 | 2017.09.20 |
| 罗政发〔2017〕17 号 | 关于在全县实行森林防火戒严的命令 | 2017.10.31 |
| 罗政发〔2017〕18 号 | 关于印发《罗田县城乡规划督察工作规程》的通知 | 2017.11.04 |
| 罗政发〔2017〕19 号 | 关于北城岗隧道西入口建设项目房屋征收的决定 | 2017.11.15 |
| 罗政发〔2017〕20 号 | 关于拨云北路道路工程建设项目房屋征收的决定 | 2017.11.15 |
| 罗政发〔2017〕21 号 | 关于实施质量强县战略的决定 | 2017.11.20 |
| 罗政发〔2017〕22 号 | 关于进一步推进户籍制度改革的实施意见 | 2017.12.08 |
| 罗政发〔2017〕23 号 | 关于全面禁止河道采砂的通告 | 2017.12.27 |
| 罗政发〔2017〕24 号 | 关于印发《罗田县土壤污染防治工作方案》的通知 | 2017.12.28 |

## 罗田县人民政府文件（罗政文）

表 10

| 文号 | 题　名 | 日期 |
|---|---|---|
| 罗田政文〔2017〕1 号 | 关于对我县白莲河乡月山村三组地灾点进行立项治理的请示 | 2017.01.10 |
| 罗田政文〔2017〕2 号 | 关于恳请支持罗田铁路建设的请示 | 2017.01.10 |
| 罗田政文〔2017〕3 号 | 关于将罗田平坦原抽水蓄能电站列入全国抽水蓄能电站“十三五”规划的请示 | 2017.01.10 |
| 罗田政文〔2017〕4 号 | 关于恳请解决光伏电站项目指示的请示 | 2017.01.10 |
| 罗田政文〔2017〕5 号 | 关于恳请解决光伏扶持项目指示的请示 | 2017.01.10 |
| 罗田政文〔2017〕6 号 | 关于恳请支持大别山牛羊产业发展的请示 | 2017.01.10 |
| 罗田政文〔2017〕7 号 | 关于请求支持现代农业发展的请示 | 2017.03.15 |
| 罗田政文〔2017〕8 号 | 关于申报国家农村一二三产业融合发展试点项目建设的请示 | 2017.03.15 |
| 罗田政文〔2017〕9 号 | 关于申报区域生态循环农业示范项目的请示 | 2017.03.15 |
| 罗田政文〔2017〕10 号 | 关于启动罗田县蚕桑良种繁育基地建设项目的请示 | 2017.03.15 |
| 罗田政文〔2017〕11 号 | 关于请求新增我县县域经济发展调度资金分配额度的请示 | 2017.03.15 |
| 罗田政文〔2017〕12 号 | 关于请求扶持罗田县草牧业发展资金的请示 | 2017.03.16 |
| 罗田政文〔2017〕13 号 | 关于对我县农村垃圾治理工作给予资金支持的请示 | 2017.03.20 |

续表 10

| 文号 | 题　　名 | 日期 |
|---|---|---|
| 罗田政文〔2017〕14 号 | 关于将我县天堂水库库区移民避险解困列入全县第三批试点工作的请示 | 2017.03.24 |
| 罗田政文〔2017〕15 号 | 关于创建湖北省食品安全城市试点县的请示 | 2017.03.27 |
| 罗田政文〔2017〕16 号 | 关于加大对罗田县松材线虫病和白蚁防治扶持力度的请示 | 2017.03.29 |
| 罗田政文〔2017〕17 号 | 关于申报罗田县退化林分改造项目的请示 | 2017.03.28 |
| 罗田政文〔2017〕18 号 | 关于向中部战区空军司令部航管部商请划设旅游观光临时起降点的请示 | 2017.04.14 |
| 罗田政文〔2017〕19 号 | 关于立项扶持 S309 大别山红色旅游公路罗田胜利镇大竹园至金家河段改线的请示 | 2017.04.17 |
| 罗田政文〔2017〕20 号 | 关于申报罗田县 2016 年度第 14 批次城市建设用地的请示 | 2017.04.24 |
| 罗田政文〔2017〕21 号 | 关于申报罗田县 2017 年度第 5 批次（湖北天堂湖国家湿地公园多功能展示厅项目）城市建设用地的请示 | 2017.04.24 |
| 罗田政文〔2017〕22 号 | 关于对《罗田县凤山镇土地利用总体规划（2006—2020 年）》调整完善成果进行审查的请示 | 2017.04.26 |
| 罗田政文〔2017〕23 号 | 关于《罗田县骆驼坳等 11 个乡镇土地利用总体规划（2006—2020 年）》调整完善报批的请示 | 2017.04.26 |
| 罗田政文〔2017〕24 号 | 关于《罗田县土地利用总体规划（2006—2020 年）》调整完善报批的请示 | 2017.04.26 |
| 罗田政文〔2017〕25 号 | 关于申报燕儿谷休闲农业园的请示 | 2017.04.27 |
| 罗田政文〔2017〕26 号 | 关于请求支持罗田县标准化林业站建设的请示 | 2017.05.08 |
| 罗田政文〔2017〕27 号 | 关于申报罗田县 2017 年度第 3 批次城市建设用地的请示 | 2017.05.09 |
| 罗田政文〔2017〕28 号 | 关于罗田县 2013 年度第 8 批次（2）和第 44 批次建设用地部分改变用途的请示 | 2017.05.09 |
| 罗田政文〔2017〕29 号 | 关于支持罗田县城区新高中建设的请示 | 2017.05.11 |
| 罗田政文〔2017〕30 号 | 关于加大罗田县国家重点生态功能区转移支付力度的请示 | 2017.05.11 |
| 罗田政文〔2017〕33 号 | 关于申请村卫生室建设地方政府新增债券的请示 | 2017.05.18 |
| 罗田政文〔2017〕34 号 | 关于对《罗田县城市总体规划（2013—2030 年）》进行修改的请示 | 2017.05.27 |
| 罗田政文〔2017〕35 号 | 关于划定乡镇级集中式饮用水源地保护区的请示 | 2017.05.27 |
| 罗田政文〔2017〕36 号 | 关于恳请支持湖北省宏源药业科技股份有限公司上市工作的请示 | 2017.05.31 |
| 罗田政文〔2017〕37 号 | 关于对罗田县矿产资源总体规划（2016—2020 年）进行审查的请示 | 2017.05.26 |
| 罗田政文〔2017〕38 号 | 关于郝爱芳等六位同志赴美国、加拿大开展经贸招商活动的请示 | 2017.06.06 |
| 罗田政文〔2017〕39 号 | 关于恳请支持罗田平坦原抽水蓄能电站项目列入全国抽水蓄能电站选点规划的请示 | 2017.07.18 |
| 罗田政文〔2017〕40 号 | 关于罗田县城市总体规划修改确定城市规模的请示 | 2017.07.12 |
| 罗田政文〔2017〕41 号 | 关于拨付 2015 年度土地整治项目资金的请示 | 2017.07.24 |
| 罗田政文〔2017〕42 号 | 关于增补耕地占补指标的请示 | 2017.07.28 |
| 罗田政文〔2017〕43 号 | 关于增加我县就业专项资金的请示 | 2017.07.28 |
| 罗田政文〔2017〕44 号 | 关于将罗田县列为全省特色农产品优势区创建项目县的请示 | 2017.08.03 |
| 罗田政文〔2017〕45 号 | 关于申报 2017 年整县推进国家农村一二三产业融合发展项目建设的请示 | 2017.08.03 |
| 罗田政文〔2017〕46 号 | 关于胡朝晖同志赴巴拿马、美国、墨西哥参加第四届“走进美洲”经贸活动的请示 | 2017.08.20 |
| 罗田政文〔2017〕47 号 | 关于王风华等两位同志赴澳门参加“2017 澳门湖北农产品展销周”活动的请示 | 2017.08.10 |
| 罗田政文〔2017〕48 号 | 关于立项扶持罗田县大河岸至九资河七娘山旅游产业扶贫公路的请示 | 2017.08.22 |
| 罗田政文〔2017〕49 号 | 关于支持罗田县平坦原抽水蓄能电站建设的请示 | 2017.08.22 |
| 罗田政文〔2017〕50 号 | 关于支持罗田县建设“国家级生态保护与建设示范区”的请示 | 2017.08.22 |
| 罗田政文〔2017〕51 号 | 关于恳请增设罗田南分离式互通的请示 | 2017.09.01 |

续表 10

| 文号 | 题　　名 | 日期 |
| --- | --- | --- |
| 罗田政文〔2017〕53 号 | 关于罗田县 2013 年度第 24 批次建设用地（增减挂钩）城市建设用地部分改变用途的请示 | 2017.09.08 |
| 罗田政文〔2017〕54 号 | 关于解决我县国土整治地质灾害治理矿山恢复治理资金的请示 | 2017.09.10 |
| 罗田政文〔2017〕55 号 | 关于解决我县义水河流域环境综合整治资金的请示 | 2017.09.10 |
| 罗田政文〔2017〕56 号 | 关于进一步加大对我县“国家级生态保护与建设示范区”工作支持力度的请示 | 2017.09.12 |
| 罗田政文〔2017〕57 号 | 关于支持我县农村环境综合整治的请示 | 2017.09.12 |
| 罗田政文〔2017〕58 号 | 关于支持我县交通基础设施建设项目的请示 | 2017.09.12 |
| 罗田政文〔2017〕59 号 | 关于将我县列为 2018 年水土保持重点治理项目县的请示 | 2017.09.20 |
| 罗田政文〔2017〕60 号 | 关于协调支持罗田黄砂综合整治工作的请示 | 2017.09.25 |
| 罗田政文〔2017〕61 号 | 关于恳请支持罗田铁路建设的请示 | 2017.10.06 |
| 罗田政文〔2017〕62 号 | 关于恳请支持湖北瑞富阳化工科技有限公司转型升级的请示 | 2017.10.08 |
| 罗田政文〔2017〕63 号 | 关于审批《罗田县 2017 年第一批凤山镇等七个乡镇城乡建设用地增减挂钩项目实施方案》的请示 | 2017.10.18 |
| 罗田政文〔2017〕64 号 | 关于申报罗田县 2017 年度第一批次城市建设用地的请示 | 2017.10.25 |
| 罗田政文〔2017〕65 号 | 关于恳请协调领导出席卓尔胜利小镇开工仪式的请示 | 2017.10.25 |
| 罗田政文〔2017〕66 号 | 关于申报 2017 年度第 2 批次城市建设用地的请示 | 2017.10.25 |
| 罗田政文〔2017〕67 号 | 关于解决 2018 年度林业有害生物防治竞争性资金的请示 | 2017.10.30 |
| 罗田政文〔2017〕68 号 | 关于将大别山红色旅游公路罗田段列入旅游公路示范工程建设项目的请示 | 2017.11.08 |
| 罗田政文〔2017〕69 号 | 关于请求批准《罗田县创建全省深化集体林权制度改革示范县实施方案》的请示 | 2017.12.06 |
| 罗田政文〔2017〕70 号 | 关于请求解决耕地（水田）占补指标的请示 | 2017.11.27 |
| 罗田政文〔2017〕71 号 | 关于保障我县城区天然气冬季供应配额的请示 | 2017.12.13 |
| 罗田政文〔2017〕72 号 | 关于恳请支持我县光伏扶贫工作的请示 | 2017.12.14 |
| 罗田政文〔2017〕73 号 | 关于申报罗田县 2017 年度第 17 批次城市建设用地的请示 | 2017.11.13 |
| 罗田政文〔2017〕74 号 | 关于申报罗田县 2017 年度第 14 批次城市建设用地的请示 | 2017.12.21 |

## 罗田县人民政府文件（罗政任）

表 11

| 文号 | 题　　名 | 日期 |
| --- | --- | --- |
| 罗政任〔2017〕1 号 | 关于张朝珍等同志职务任免的通知 | 2017.01.28 |
| 罗政任〔2017〕2 号 | 关于熊勇等同志职务任免的通知 | 2017.03.14 |
| 罗政任〔2017〕3 号 | 关于程鹤林等同志职务任免的通知 | 2017.07.20 |
| 罗政任〔2017〕4 号 | 关于林伯文等同志职务任免的通知 | 2017.09.20 |
| 罗政任〔2017〕5 号 | 关于林继传同志职务任免的通知 | 2017.11.27 |

## 罗田县人民政府文件（罗政规）

表 12

| 文号 | 题　　名 | 日期 |
| --- | --- | --- |
| 罗政规〔2017〕1 号 | 关于印发《罗田县国有土地使用权出让收支管理办法》的通知 | 2017.04.24 |

## 罗田县人民政府文件（罗政函）

表13

| 文号 | 题　　名 | 日期 |
|---|---|---|
| 罗政函〔2017〕1号 | 关于转让补充耕地指标的请示 | 2017.01.23 |
| 罗政函〔2017〕2号 | 关于余勇等同志职务任免的议案 | 2017.02.04 |
| 罗政函〔2017〕3号 | 关于提请审议《罗田县2017年政府投资项目清单（第一批）的议案 | 2017.03.13 |
| 罗政函〔2017〕4号 | 关于同意解除罗立新行政撤职处分的批复 | 2017.03.15 |
| 罗政函〔2017〕5号 | 关于《罗田县恒丰建材有限公司“1.16”一般物体打击事故调查报告》的批复 | 2017.03.28 |
| 罗政函〔2017〕6号 | 关于调整县城投公司董事会和监事会成员的函 | 2017.03.28 |
| 罗政函〔2017〕7号 | 关于同意给予肖胜军开除公职处分的批复 | 2017.04.09 |
| 罗政函〔2017〕8号 | 关于提请审议《罗田县创建国家生态文明建设示范县（2016—2020）》的议案 | 2017.04.15 |
| 罗政函〔2017〕9号 | 关于提请作出《关于开展第七个五年法制宣传教育工作决议》的议案 | 2017.04.11 |
| 罗政函〔2017〕10号 | 关于确定交易补充耕地指标的函 | 2017.04.24 |
| 罗政函〔2017〕11号 | 关于征收储备罗田县2016年度第14批次城市建设用地的批复 | 2017.04.27 |
| 罗政函〔2017〕12号 | 关于在罗田设立武汉农商行分支机构的承诺函 | 2017.04.25 |
| 罗政函〔2017〕13号 | 关于2017年农业综合开发中型灌区节水配套改造项目配套资金的承诺函 | 2017.04.28 |
| 罗政函〔2017〕14号 | 关于同意启动人感染H7N9流感疫情Ⅳ及二级应急响应的批复 | 2017.05.12 |
| 罗政函〔2017〕15号 | 罗田县2013年度胜利、河铺两镇高标准基本农田土地整治项目变更规划设计支持精准扶贫工作有关情况说明的函 | 2017.05.11 |
| 罗政函〔2017〕16号 | 关于调整罗田大别山经济开发有限公司董事会和监事会的函 | 2017.03.09 |
| 罗政函〔2017〕17号 | 关于商请同意在罗田设立临时起降点的函 | 2017.05.17 |
| 罗政函〔2017〕18号 | 关于协助罗田县整治车辆超载超限工作相关问题的联系函 | 2017.05.19 |
| 罗政函〔2017〕19号 | 关于同意终止人感染H7N9流感疫情四级应急响应的批复 | 2017.05.21 |
| 罗政函〔2017〕20号 | 关于2016年度罗田县实行最严格水资源管理制度考核工作自查情况的报告 | 2017.05.25 |
| 罗政函〔2017〕21号 | 关于地质灾害治理项目配套资金的承诺函 | 2017.05.23 |
| 罗政函〔2017〕22号 | 关于罗田县社会福利院“两器两装置”未按要求完成安装的情况汇报 | 2017.06.07 |
| 罗政函〔2017〕23号 | 关于申请使用2017年新增县域经济发展调度资金的承诺函 | 2017.06.09 |
| 罗政函〔2017〕24号 | 关于同意实施《罗田县城市绿地系统规划（2017—2030年）》的批复 | 2017.06.13 |
| 罗政函〔2017〕25号 | 关于同意实施《罗田县城市绿线管制规划（2017—2030年）》《罗田县绿道网规划（2017—2030）》《罗田县（城市规划区）历史文化风貌保护规划（2017—2030）》的批复 | 2017.06.19 |
| 罗政函〔2017〕26号 | 关于同意给予吴汝兵行政撤职处分的批复 | 2017.08.09 |
| 罗政函〔2017〕27号 | 关于同意给予瞿建平开除公职处分的批复 | 2017.08.09 |
| 罗政函〔2017〕28号 | 关于李清立同志任职的议案 | 2017.08.12 |
| 罗政函〔2017〕29号 | 关于提名郭艳明等同志担任中小企业担保公司董事会和监事会成员的函 | 2017.08.23 |
| 罗政函〔2017〕30号 | 关于同意将罗田县龙凤中学等八家单位列为县政府挂牌督办重大火灾隐患的批复 | 2017.09.22 |
| 罗政函〔2017〕31号 | 关于申报2017年全省保险先进县的请示 | 2017.10.13 |
| 罗政函〔2017〕32号 | 关于李江陵等同志职务任免的议案 | 2017.10.25 |
| 罗政函〔2017〕33号 | 关于对大崎镇等六个乡镇2017年度耕地占补平衡项目开发未利用地的批复 | 2017.10.18 |
| 罗政函〔2017〕34号 | 关于天堂二级水库出险加固工程地方配套资金的批复 | 2017.10.25 |
| 罗政函〔2017〕35号 | 关于提请审议《罗田县城市总体规划（2013—2030年）2017修订》的议案 | 2017.10.25 |
| 罗政函〔2017〕36号 | 关于恳请对麻武高速公路罗田段地方遗留问题进行督办整改或包干处理的函 | 2017.11.10 |
| 罗政函〔2017〕37号 | 关于恳请对麻武高速公路罗田段地方遗留问题进行包干处理的函 | 2017.11.10 |
| 罗政函〔2017〕38号 | 关于提请审议《罗田县河道流域生态保护和治理办法（草案）》的议案 | 2017.12.28 |
| 罗政函〔2017〕39号 | 关于协调做好凤凰关水库饮用水水源保护区保护与治理工作的函 | 2017.12.15 |
| 罗政函〔2017〕40号 | 关于在武英高速凤凰关水库高架桥路段设置标志牌的函 | 2017.12.29 |
| 罗政函〔2017〕41号 | 关于调整罗田县大崎镇、匡河镇等四个2014年度高标准基本农田土地整治项目区的函 | 2017.12.20 |

# 2017 年县政府办公室文件

## 罗田县政府办公室文件（罗政办）

表 14

| 文号 | 题　名 | 日期 |
|---|---|---|
| 罗政办〔2017〕2 号 | 关于认真做好 2017 年春运工作的通知 | 2017.01.11 |
| 罗政办〔2017〕4 号 | 关于调整县退役士兵安置工作领导小组名称及组成人员的通知 | 2017.02.10 |
| 罗政办〔2017〕5 号 | 关于 2016 年度党代表提案、人大代表建议、政协委员提案办理工作成绩突出单位和个人的通报 | 2017.02.16 |
| 罗政办〔2017〕6 号 | 关于分解落实《政府工作报告》、“三十件重点提案（议案）”等工作任务的通知 | 2017.02.21 |
| 罗政办〔2017〕7 号 | 关于成立罗田县困难群众基本生活保障协调工作领导小组的通知 | 2017.02.23 |
| 罗政办〔2017〕8 号 | 关于成立罗田县教育精准扶贫“明白人”培养工程领导小组的通知 | 2017.03.01 |
| 罗政办〔2017〕9 号 | 关于成立罗田县乡镇污水处理设施项目建设领导小组的通知 | 2017.03.03 |
| 罗政办〔2017〕10 号 | 关于印发《罗田县 2017 年度投资和重点项目建设工作方案》的通知 | 2017.03.07 |
| 罗政办〔2017〕11 号 | 关于认真做好 2017 年造林绿化工作的通知 | 2017.03.07 |
| 罗政办〔2017〕12 号 | 关于成立凤山城区车辆违停治理工作指挥部的通知 | 2017.03.09 |
| 罗政办〔2017〕13 号 | 关于成立罗田县质量强县工作委员会的通知 | 2017.03.10 |
| 罗政办〔2017〕14 号 | 关于启用罗田县公共产品质量检验检测中心印章的通知 | 2017.03.10 |
| 罗政办〔2017〕15 号 | 关于进一步加强行政机关负责人出庭应诉工作的通知 | 2017.03.21 |
| 罗政办〔2017〕16 号 | 关于 2016 年度全县统计工作优胜单位、成绩突出个人和统计诚信企业的通报 | 2017.03.22 |
| 罗政办〔2017〕17 号 | 关于印发《罗田县人感染 H7N9 流感疫情防控工作方案》的通知 | 2017.03.20 |
| 罗政办〔2017〕18 号 | 关于成立罗田县应对人感染 H7N9 流感疫情联防联控领导及专家委员会的通知 | 2017.03.20 |
| 罗政办〔2017〕19 号 | 关于成立罗田县地名文化遗产保护工作领导小组的通知 | 2017.03.16 |
| 罗政办〔2017〕20 号 | 关于印发《2017 年全县夏季粮油病虫防控工作方案》的通知 | 2017.03.21 |
| 罗政办〔2017〕21 号 | 关于 2016 年科技创新成绩突出单位和个人的通报 | 2017.03.28 |
| 罗政办〔2017〕22 号 | 关于调整罗田县统筹使用财政专项资金领导小组组成人员的通知 | 2017.03.29 |
| 罗政办〔2017〕23 号 | 关于印发《罗田县公路安全生命防护工程实施方案》的通知 | 2017.03.30 |
| 罗政办〔2017〕24 号 | 关于印发《罗田县治理车辆超限超载工作方案》的通知 | 2017.03.30 |
| 罗政办〔2017〕25 号 | 关于成立罗田县政府和社会资本合作工作领导小组的通知 | 2017.03.30 |
| 罗政办〔2017〕26 号 | 关于印发《罗田县 2017 年度精准扶贫资金整合实施方案》的通知 | 2017.03.29 |
| 罗政办〔2017〕27 号 | 关于印发《罗田县 2017 年地质灾害防治工作方案》的通知 | 2017.04.10 |
| 罗政办〔2017〕28 号 | 关于调整县政府综合口关心下一代工作委员会成员的通知 | 2017.03.28 |
| 罗政办〔2017〕29 号 | 关于转发县安监局《2017 年度安全生产监管执法工作计划》的通知 | 2017.03.23 |
| 罗政办〔2017〕30 号 | 关于印发《罗田县 2017 年政府投资项目清单（第一批）》的通知 | 2017.04.12 |
| 罗政办〔2017〕31 号 | 关于印发《2017 年度罗田县城乡建设用地增减挂钩和耕地占补平衡项目实施方案》的通知 | 2017.04.17 |
| 罗政办〔2017〕32 号 | 关于成立罗田县保险行业协会筹备工作领导小组的通知 | 2017.04.24 |
| 罗政办〔2017〕33 号 | 关于做好人民防空袭方案修订工作的通知 | 2017.04.26 |
| 罗政办〔2017〕34 号 | 关于印发《罗田县人民政府扶贫开发办公室主要职责、内设机构和人员编制规定》的通知 | 2017.04.25 |
| 罗政办〔2017〕35 号 | 关于印发《罗田县房地产管理局主要职责、内设机构和人员编制》的通知 | 2017.04.25 |
| 罗政办〔2017〕36 号 | 关于印发《罗田县大面积停电事件应急预案》的通知 | 2017.03.10 |
| 罗政办〔2017〕37 号 | 关于调整罗田县实行最严格水资源管理制度工作领导小组的通知 | 2017.05.04 |

续表 14

| 文号 | 题　名 | 日期 |
|---|---|---|
| 罗政办〔2017〕38 号 | 关于印发《罗田县校车安全管理实施办法》的通知 | 2017.05.04 |
| 罗政办〔2017〕39 号 | 关于印发《罗田县校车公司化改革实施方案》的通知 | 2017.05.04 |
| 罗政办〔2017〕40 号 | 关于支持市场主体参与脱贫攻坚的若干意见 | 2017.05.04 |
| 罗政办〔2017〕41 号 | 关于印发《罗田县小额贷款管理办法》的通知 | 2017.05.04 |
| 罗政办〔2017〕42 号 | 关于印发《罗田县健康扶贫工程实施方案》的通知 | 2017.05.04 |
| 罗政办〔2017〕43 号 | 关于 2016 年罗田县金融工作考核情况的通报 | 2017.04.28 |
| 罗政办〔2017〕44 号 | 关于印发《罗田县 2017 年金融工作要点》的通知 | 2017.04.28 |
| 罗政办〔2017〕45 号 | 关于印发《罗田县政府政务督查工作实施办法》和《罗田县政府政务督查工作考核考评暂行办法》的通知 | 2017.05.09 |
| 罗政办〔2017〕46 号 | 关于成立罗田县人感染 H7N9 流感疫情防控工作指挥部的通知 | 2017.05.12 |
| 罗政办〔2017〕47 号 | 关于印发《书香路建设项目房屋征收补偿安置》的通知 | 2017.05.09 |
| 罗政办〔2017〕48 号 | 关于成立罗田县淘汰燃煤小型锅炉工作领导小组的通知 | 2017.05.17 |
| 罗政办〔2017〕49 号 | 关于印发《罗田县重要地质灾害隐患点防灾工作预案》的通知 | 2017.05.12 |
| 罗政办〔2017〕50 号 | 关于成立罗田县金融工作领导小组的通知 | 2017.05.07 |
| 罗政办〔2017〕51 号 | 关于印发《罗田县停止天然林商业性采伐工作实施方案》的通知 | 2017.05.18 |
| 罗政办〔2017〕52 号 | 关于进一步做好易地扶贫搬迁安置点基础设施配套建设有关工作的通知 | 2017.05.19 |
| 罗政办〔2017〕53 号 | 关于 2016 年度环境保护工作成绩突出单位和个人的通报 | 2017.05.20 |
| 罗政办〔2017〕54 号 | 关于下达全县 2017 年度环境质量和主要污染物总量减排任务的通知 | 2017.05.20 |
| 罗政办〔2017〕55 号 | 关于调整罗田县治理车辆超限超载工作领导小组组成人员的通知 | 2017.05.17 |
| 罗政办〔2017〕56 号 | 关于印发《罗田县人民政府金融工作联席会会议制度》的通知 | 2017.05.22 |
| 罗政办〔2017〕57 号 | 关于印发《罗田县文物安全状况大排查行动工作方案》的通知 | 2017.05.26 |
| 罗政办〔2017〕58 号 | 关于推进农村一二三产业融合发展的实施意见 | 2017.05.31 |
| 罗政办〔2017〕59 号 | 关于开展成品油市场秩序专项整治工作的通知 | 2017.06.09 |
| 罗政办〔2017〕60 号 | 关于依法保障湖北白莲河抽水蓄能电站设备设施安全稳定运行的通知 | 2017.06.08 |
| 罗政办〔2017〕61 号 | 关于印发《罗田县规范城乡私宅规划建设管理工作实施方案》的通知 | 2017.06.12 |
| 罗政办〔2017〕62 号 | 关于印发《罗田县 110 社会联动协作工作机制（试行）》的通知 | 2017.06.13 |
| 罗政办〔2017〕63 号 | 关于印发《罗田县道路交通安全集中攻坚整治行动方案》的通知 | 2017.06.16 |
| 罗政办〔2017〕64 号 | 关于落实全县精准扶贫整合资金任务的通知 | 2017.06.19 |
| 罗政办〔2017〕65 号 | 关于转发《罗田县精准扶贫医疗救助专项基金管理使用办法（试行）》的通知 | 2017.06.16 |
| 罗政办〔2017〕66 号 | 关于贯彻落实《湖北省自然灾害救助办法》的通知 | 2017.06.23 |
| 罗政办〔2017〕67 号 | 关于成立政府性债务管理工作领导小组的通知 | 2017.06.22 |
| 罗政办〔2017〕68 号 | 关于印发《罗田县政府性债务管理办法（试行）》的通知 | 2017.06.22 |
| 罗政办〔2017〕70 号 | 关于印发《罗田县创建全省食品安全城市工作实施方案》的通知 | 2017.06.29 |
| 罗政办〔2017〕71 号 | 关于印发《罗田县全面深化“放管服”改革工作实施方案》的通知 | 2017.07.06 |
| 罗政办〔2017〕72 号 | 关于印发《罗田县矿山综合整治实施意见》的通知 | 2017.06.25 |
| 罗政办〔2017〕73 号 | 关于做好易地扶贫搬迁县城集中安置点建设有关工作的通知 | 2017.07.11 |
| 罗政办〔2017〕74 号 | 关于印发《罗田县电子商务进农村工作实施方案》的通知 | 2017.07.12 |
| 罗政办〔2017〕75 号 | 关于印发《罗田县 2017 年政务公开工作实施方案》的通知 | 2017.07.19 |
| 罗政办〔2017〕76 号 | 关于印发《罗田县县级行政审批中介服务事项清单》的通知 | 2017.07.25 |

续表 14

| 文号 | 题　名 | 日期 |
|---|---|---|
| 罗政办〔2017〕77 号 | 关于印发《罗田县“双随机”抽查事项清单》的通知 | 2017.07.25 |
| 罗政办〔2017〕78 号 | 关于印发《罗田县乡镇政府权责清单》的通知 | 2017.07.25 |
| 罗政办〔2017〕79 号 | 关于调整罗田县打击和处置非法集资工作领导小组组成人员的通知 | 2017.08.02 |
| 罗政办〔2017〕80 号 | 关于成立城西客运站搬迁工作领导小组的通知 | 2017.08.07 |
| 罗政办〔2017〕81 号 | 关于印发《罗田县以奖代补推进油烟污染整治工作实施方案》的通知 | 2017.08.09 |
| 罗政办〔2017〕82 号 | 关于印发《罗田县乡镇级集中式饮用水源地保护措施及奖补实施方案》的通知 | 2017.08.09 |
| 罗政办〔2017〕83 号 | 关于印发《罗田县县级储备粮食管理办法》的通知 | 2017.08.14 |
| 罗政办〔2017〕84 号 | 关于认真组织实施机关事业单位工作人员带薪年休假工作的通知 | 2017.08.14 |
| 罗政办〔2017〕85 号 | 关于下达 2017 年全县十二个乡镇易地扶贫搬迁安置点建设责任清单的通知 | 2017.08.20 |
| 罗政办〔2017〕86 号 | 关于印发《罗田县“十三五”异地扶贫搬迁规划（修订）》的通知 | 2017.08.23 |
| 罗政办〔2017〕87 号 | 印发《关于进一步推进我县扶贫小额贷款工作的意见》的通知 | 2017.08.22 |
| 罗政办〔2017〕88 号 | 关于进一步提升统计工作水平的意见 | 2017.08.25 |
| 罗政办〔2017〕89 号 | 关于做好 2018 年度城乡居民基本医疗保险基金征收工作的通知 | 2017.09.05 |
| 罗政办〔2017〕90 号 | 关于做好全县住户调查样本轮换工作的通知 | 2017.09.06 |
| 罗政办〔2017〕91 号 | 关于调整县安全生产委员会组成人员和成立二十四个安全生产专业委员会的通知 | 2017.09.07 |
| 罗政办〔2017〕92 号 | 关于印发《罗田县政府性债务风险应急处置预案（试行）》的通知 | 2017.10.09 |
| 罗政办〔2017〕93 号 | 关于印发《罗田县“十三五”农村社区建设试点工作方案》的通知 | 2017.10.06 |
| 罗政办〔2017〕94 号 | 关于进一步明确县直有关部门安全生产职责的通知 | 2017.10.12 |
| 罗政办〔2017〕95 号 | 关于成立罗田县 2017 年全省保险先进县创建工作领导小组的通知 | 2017.10.13 |
| 罗政办〔2017〕96 号 | 关于印发《罗田县商品房预售资金监管暂行办法》的通知 | 2017.10.19 |
| 罗政办〔2017〕97 号 | 关于印发《罗田县建筑和房地产市场专项清理整顿工作实施方案》的通知 | 2017.11.04 |
| 罗政办〔2017〕98 号 | 关于印发《罗田县 2018 年国家重点生态功能区县域生态环境质量考核工作实施方案》的通知 | 2017.11.12 |
| 罗政办〔2017〕99 号 | 关于印发《罗田县创建健康促进县工作实施方案》的通知 | 2017.10.31 |
| 罗政办〔2017〕100 号 | 关于印发《罗田县安全生产“十三五”规划》的通知 | 2017.11.20 |
| 罗政办〔2017〕101 号 | 关于印发《罗田县 2017 年度精准扶贫资金整合调整方案》的通知 | 2017.11.23 |
| 罗政办〔2017〕102 号 | 关于印发《罗田县农民专业合作社示范社评定及监测管理办法》的通知 | 2017.11.12 |
| 罗政办〔2017〕103 号 | 关于下达 2017 年度县直单位“四类”退役士兵安置任务的通知 | 2017.11.29 |
| 罗政办〔2017〕104 号 | 关于印发《罗田县畜禽养殖“三区”发展规划（2016—2020）》的通知 | 2017.11.28 |
| 罗政办〔2017〕105 号 | 关于印发《罗田县养殖水域滩涂规划（2018—2030 年）》的通知 | 2017.12.11 |
| 罗政办〔2017〕106 号 | 关于开展第二次污染源普查的通知 | 2017.12.15 |
| 罗政办〔2017〕107 号 | 关于印发《罗田县社会应急管理体制机制改革方案》的通知 | 2017.12.22 |
| 罗政办〔2017〕108 号 | 关于印发《罗田县农业水价综合改革实施方案》的通知 | 2017.12.29 |

# 重要文件选载

## 中共罗田县委
## 关于“整县推进支部建设”的实施意见

（2017 年 4 月 24 日）

为落实党的一切工作到支部的要求，推动基层党建工作全面进步、全面过硬，现就“整县推进支部建设”工作提出如下实施意见。

**一、指导思想**

坚持以党的十八大、十八届三中、四中、五中、六中全会和习近平总书记系列重要讲话精神为指导，按照全地域、全领域、全要素、全功能推进的工作思路，以“党建引领、生态示范，打造整县推进支部建设的罗田样板”为主题，以基层党支部为主体，以基层党组织“五星创评”为抓手，全面激活“五个要素”，完善“五个体系”，不断强化政治功能，优化服务功能，充分发挥基层党组织在脱贫攻坚、村企共建、美丽乡村、乡风文明、服务提效、履职尽责、转型升级中的引领作用，为全面建成小康罗田提供坚强的政治、思想和组织保证。

**二、基本原则**

（一）坚持围绕中心、服务大局。通盘考虑基层党建与经济社会发展趋势，全面推行“支部 +”工作模式，推动党的建设与“四个全面”战略布局、党建工作与中心工作深度融合，实现同频共振。

（二）坚持聚焦支部、党员主体。牢固树立“一切工作到支部”的鲜明导向，使基层党支部真正成为党员群众“生产离不开、生活离不开、感情离不开”的坚强战斗堡垒；坚持党员的主体地位，充分发挥党员先锋模范作用。

（三）坚持整合资源、激活要素。适应形势发展的新要求，发挥支部在整合基层政治资源、组织资源、社会资源等方面的能力，发挥支部引领作用，全面激活基层党建“五个要素”，推动基层党组织服务功能由“五务合一”向“多务合一”转变，着力提升党员、群众的存在感、获得感、幸福感。

（四）坚持问题导向、攻坚克难。着力解决基层组织要素不全不齐、政治功能淡化、服务功能弱化、引领改革发展能力不强，以及基层党建责任压力层层递减等问题，深入剖析、支部在组织设置、队伍建设、活动方式、服务群众等方面存在的差距和不足，靶向施力、聚力攻关。

（五）坚持分类施策、统筹推进。针对农村、社区、机关事业单位、“两新”组织等各领域基层党组织特点，加强系统谋划、分类指导、统筹推进，增强基层党建工作的针对性、实效性。

（六）坚持守正出新、务实重行。以“踏石留印、抓铁有痕”的精神推进基层党组织建设，在改革创新中破解难题，在破解难题中推动发展，实现基层党建工作在继承中不断发展。

**三、工作目标**

牢固树立“大抓基层”的鲜明导向，坚持力量向基层摆布、资源向基层聚集、资本向基层下沉、人才向基层汇聚，以三年为一个建设周期，有计划、有目标地系统加强基层党支部建设，推动各领域基层党组织向“五好”（领导班子好、党员队伍好、工作机制好、工作业绩好、群众反映好）迈进，实现“七个全面”目标：

——组织全面覆盖。完善基层党组织设置形式，优化组织体系，实现党的组织和党的工作全面覆盖，做到基层党组织、党员与群众之间能够“认得了人、进得了门、说得上话”。

——队伍全面过硬。全面加强党员和干部队伍建设，努力打造一支具有“铁一般信仰、铁一般信念、铁一般纪律、铁一般担当”的过硬队伍。

——组织生活全面规范。贯彻落实党的十八届六中全会精神，从严从实抓好党内组织生活，深入推进“两学一做”学习教育常态化制度化，严格执行“三会一课”、支部主题党日等基本制度，推动党内组织生活规范化、严肃化。

——制度全面落实。以党章为根本遵循，以各领域基层组织工作法规为基本依据，全面加强教育、管理、监督和考评，使基层党建各项制度落地生根。

——保障全面到位。全面夯实基层党建工作基础，健全工作机构，配齐配强工作力量，落实工作经费，确保基层党组织有机构管事、有人员干事、有经费办事、有场所议事。

——功能作用全面发挥。激发党支部和广大党员的创新活力，使基层党组织政治功能和服务功能全面加强，充分发挥基层党组织的战斗堡垒、党员的先锋模范和党员干部的中流砥柱作用。

——事业全面发展。坚持党的建设服务党的事业这一根本原则，通过建强支部，引领农村精准脱贫、村企共建、美丽乡村、乡风文明和社区服务提效、机关履职尽责、企业转型升级等各项事业不断取得新进步。

**四、重点任务**

（一）强组织。以创先争优为目标，培育先进，整顿后进，整体推进基层党支部规范化建设。

1. 科学设置。突破传统的“垂直式”党组织设置模式，将党支部、党小组“扁平化”地建立在村民小组、社区网格、工厂车间、工作班组、服务柜台、产业协会、居民楼栋等社会管理基本单元上，实现党员活动和管理的便捷化、有效化。加大“两新”组织党组织组建力度，采取单独建、联合建、挂靠建等形式，将所有“两新”组织纳入党组织管理范围。加快建立流动党员党组织，探索建立网络党组织，延伸党组织链条。

2. 规范标准。以激活“五个要素”，完善“五个功能”为基本标尺，制订出台各领域党支部规范化建设标准，分类明确功能定位、任务清单和责任机制，全面推动党支部规范化建设。

3. 动态管理。以基层党支部为单位，每年按照五个等级评星定级，量化打分、动态排名、星级管理。对四星级及以上党支部重点培育，并作为示范创建、评选表优的重要对象；对二星级及以下党支部进行跟踪管理，采取建立负面管理清单、“一个支部一个药方”、县乡领导联系包保、工作组蹲点帮扶等方式进行整顿转化，推动各领域基层党支部晋星争先、提档升级。

（二）强队伍。围绕全面过硬要求，统筹抓好党员队伍、基层干部队伍和党务工作者队伍建设，全面提升履职能力。

1. 建强党员队伍。深入推进“两学一做”学习教育常态化制度化，严格执行“三会一课”制度，深化支部主题党日活动，使“三会一课”真正成为政治学习的阵地、思想交流的平台、党性锻炼的熔炉。认真贯彻落实《关于进一步严格规范党员教育管理建设“四铁”党员队伍的意见》文件精神，切实做好发展党员工作，加强党员经常性教育，严格党员管理监督。实行党员手册纪实制度，对党员参加组织生活、交纳党费、民主评议、履行承诺、参加志愿活动等进行过程记录、痕迹管理，推动党内生活常态化、长效化。强化人文关怀，以乡镇为单位建立党员关怀基金，实现困难党员应帮尽帮。推进大众创业、万众创新，设立“党员能人”创业扶持资金，鼓励和支持1000名“党员能人”领办创办经济实体，发展特色产业，带头创业致富，带领群众增收致富。

2. 建强基层干部队伍。牢固树立抓好党建是最大政绩，推动发展是第一要务的理念，全面建立领导班子配备模型和干部队伍建设五年规划，建立健全干部队伍建设教育培养、选拔任用、管理监督工作机制，深入推进履职尽责管理和目标责任考核，不断优化政治生态，树立良好导向。进一步落实关于加强乡镇干部队伍建设的有关规定，推行乡镇干部行为规范化、岗位目标具体化、素质提升系统化、考核评价全程化，着力培养亲民爱民为民的乡镇干部队伍。健全完善优秀年轻干部一线培养成长机制，通过任职、挂职、驻村、结对帮扶等途径，教育引导优秀年轻干部到脱贫攻坚、招商引资、项目建设、信访维稳、社区服务等一线加强实践锻炼，提升组织动员群众、化解复杂矛盾、强村富民的实际工作能力。

3. 建强党务工作者队伍。着力加强村（社区）党组织书记队伍建设，深入实施“人才回归”工程，不断优化村（社区）“两委”班子年龄、学历结构。鼓励年满60周岁的村（社区）党组织书记不再留任，转任村（社区）名誉书记或按程序当选村（居）务监督委员会主任。切实加强“两新”组织党组织书记和党建指导员（联络员）队伍建设，按照“没有的要配、弱的要训、不胜任的要换”的原则，统筹推进，分类施策，确保人人过硬。全面加强机关事业单位党组织书记队伍建设，机关事业单位党组（党委）书记原则上由行政负责人兼任，认真落实任前谈话、定期培训和年度述职等制度，履行“一岗双责”。严格落实党务工作者配备要求，推行专职专责，定期考评。县委组织部有1/3以上人员从事基层组织建设工作。乡镇党委除配备组织委员、组织干事外，至少还应配备1名组织员从事党建工作。县直机关事业单位严格按照规定职数配备党务工作者，并明确1名领导班子成员主抓党务工作。

（三）强保障。以完善阵地功能、健全工作机构、落实工作经费为重点，不断夯实基层党组织党建工作基础。

1. 完善阵地功能。乡镇党委全面开展村级活动场所建设和使用情况摸排，根据功能需要进行提档升级，规划上一步到位，建设上分步实施，将群众急需且能整合的服务项目，加快向村级党员群众服务中心整合，把村级党员群众服务中心建成办公议事、教育培训、党员活动、便民服务、文体娱乐等功能聚集中心。注重整合村企共建阵地、宗族活动场所等社会资源，发挥在外乡贤、乡土人才、“一派两聘”人员的特长和优势，着力打造党代表工作室、文化广场、村情村史展馆等富有文化元素和体现发展成果的教育活动阵地。加强社区党员群众服务中心建设，2017年底前全县每一个社区都要有功能齐备的活动场所。按照“机关党建走在前列”要求，抓好机关党组织活动阵地建设。以省级创一流为目标，盘活闲置资源，高标准建成罗田经济开发区党员职工服务中心。探索党建活动区建设新模式，实行阵地联用、资源共享、活动联办、责任共担、书记轮值的管理办法，提高活动场所的使用效率。

2. 健全工作机构。按政策设立县委党建工作领导小组、县委党建办、社区党工委和“两新”工委，做到有编制、有经费、有办公场所。进一步强化县直机关工委领导管理县直机关党建工作的职能职责，保证工作力量，增强执行效率，提高工作水平。罗田经济开发区设党群工作部，专职专责党建工作。乡镇党委配套建立相应党建工作机构。

3. 落实工作经费。三年整合资金3亿元用于基层党建“整县推进”工作项目落实，重点抓好服务场所、文化场所、产业发展、美丽乡村、智慧党建等服务群众的基础设施建设。凡依法应由村（社区）组织协助的工作任务，职能部门要提供必要的经费和工作条件；凡委托给村（社区）

组织办理的有关服务事项，实行权随责走、费随事转。

（四）强服务。增强党组织服务功能，激活服务主体，提升服务能力，着力创建服务型党组织。

1.健全服务机制。党员干部要带头践行党的群众路线，全面落实“三个走遍”要求，县委书记带头走遍行政村，乡镇党委书记走遍自然垸，村党组织书记走遍农户。深化县委委员联党代表、党代表联党员、党员联群众的“三联”机制，做好政策宣讲、思想稳控、代办事项等工作。建立“机关联基层、支部联支部”结对帮扶机制，实现县乡机关事业单位党支部与农村党支部结对帮扶、结对共建全覆盖。健全“访重点信访户、访困难家庭户、访空巢老人户、访留守儿童户；群众有不满情绪必到、有突发事件必到、有矛盾纠纷必到、有重大事项必到”的“四访四必到”机制，及时解决热点难点问题，化解矛盾隔阂，密切党群干群关系。落实乡镇干部“岗位在村（社区）、重在服务、责在连心”工作机制，驻村（社区）乡镇干部一般每周到村（社区）工作不少于3天，其中处理突发事件应第一时间到岗、24小时在村（社区）。

2.创新服务载体。各级党组织要以群众满意为标准，把争创优质服务先锋与加强服务型基层党组织建设紧密结合，积极探索符合我县实际、群众喜闻乐见的服务方式和载体。各部门、各单位要结合职能职责，为基层提供更多有效服务。要深入推进城乡公共服务均等化，促进生产要素、公共资源、公共服务逐步向基层倾斜。加快农村、社区社会事业发展，重点加强民政救助、医疗卫生、计划生育、文化教育、法律服务和档案管理等基本公共服务。充分发挥市场机制作用，加快建立政府主导、社会参与、公办民办并举的公共服务供给模式。加大政府购买服务力度，鼓励和引导各类社会组织及民办机构承接公共服务。

3.打造服务平台。利用手机APP和自媒体技术，整合基层党建网、民生服务网、治安管理网、赶街电商等管理平台，搭建县、乡、村三级联动管理的“智慧党建”服务平台。健全完善民情民事“收集、办理、研判、交办、督办、评价、反馈”机制，努力实现党员群众“办事零距离”。各相关单位要明确网上服务专管员，及时回复、联系、协调办理服务事项，形成全面覆盖的服务支撑体系。

（五）强事业。坚持围绕发展抓党建、抓好党建促发展，把各级党组织建设成为引领各项事业发展的坚强战斗堡垒。

1.深入推进“支部引领，脱贫攻坚”。把支部引领贯穿脱贫攻坚始终，借鉴“支部建在协会上”等成功经验，发挥党组织在畜牧、板栗、中药材、旅游、电商等五大扶贫产业上的引领作用，推动脱贫攻坚任务如期完成。

2.深入推进“支部引领，村企共建”。通过“联合党建、联合决策、联合规划、联合投资、联合办公、联合生态保护与环境治理、联合提供就业创业机会与条件”等“七个联合”，促进村企互利共赢，实现强村富民。

3.深入推进“支部引领，美丽乡村”。大力推广“建强一个支部、引进一个老板、流转一片土地、培育一个产业、建成一个景区、致富一方百姓”的“六个一”模式，引导基层党组织和党员不忘初心，共建美丽家园，推进全域旅游。

4.深入推进“支部引领，乡风文明”。充分运用“法务前沿”工程、“四位一体”便民诉讼体系、民意主导警务等有效做法，继续推行选派法制副职、设立法治讲堂、律师进村、网格化管理、红白理事会等成功经验，建立健全“微自治”模式，形成参与广泛、形式多样、活动经常、机制健全的村民自治体系。

5.深入推进“支部引领，服务提效”。以支部引领创新社区服务，积极发挥社区网格作用，着力打造“15分钟便民服务圈”，做到事有人管、难有人帮、苦有人问、喜有人贺。巩固“共驻共建”活动成果，指导在职党员带头到社区报到，参与志愿服务，形成“工作在单位、活动在社区、奉献全方位”的良好格局。

6.深入推进“支部引领，履职尽责”。围绕“机关党建走在前头”的目标，广泛开展“红旗支部”评选活动，促进队伍素质提升、办事效率提速、精神风貌提优、服务群众提质，引导机关领导班子和党员干部在履职尽责中践行“走在前，作表率”。

7.深入推进“支部引领，转型升级”。充分发挥“两新”组织党组织在职工群众和生产经营中的政治核心作用，广泛开展“创岗建区”（创“党员示范岗”“党员先锋岗”，建“党员责任区”）活动，使“两新”组织党组织和党员成为引领创新发展、技术攻关、产品研发、诚信经营、爱岗敬业的骨干和尖兵。

**五、实施步骤**

（一）系统规划阶段（2017年2月前）。坚持价值导向、目标导向、问题导向、需求导向，科学谋划基层党建“整县推进”工作。对全县村、社区、机关事业单位、非公有制企业、社会组织党组织进行拉网式、全覆盖调研摸底，对照省、市基层党建工作要求，逐条分析、逐项研究，列出问题清单和整改举措，并针对排查出的问题进行集中整改。派出考察组赴浙江考察学习，结合实际制定全县基层党建“整县推进”三年全面过硬计划，排出每年度工作目标计划，统筹分配工作任务，以项目化方式组织推进。适时召开全县“整县推进”动员大会，部署整县推进工作。各地各单位要及时动员部署，迅速启动“整县推进”工作。

（二）示范推进阶段（2017年2月—6月）。开展“示范创建行动”，按照“开小灶、重点帮、走在前”要求，一支部一特色、分领域抓提升，在全县范围内，集中办好村、社区、机关事业单位、非公有制企业、社会组织等党建示范点不少于100个，形成“百点闪耀”。结合县域经济社会发展总体规划，实施“三带示范”工程，重点打造318百里乡村画廊、罗九百里生态画廊、罗胜百里风情画廊等3条党建示范带，着力推进基层党建工作点线建精、整片建强。同步指导其它党组织对照示范点，查漏补缺、补齐短板，整体提升。

（三）全面推进阶段（2017年7月—2018年7月）。对照工作要求和目标任务进行自查自验，总结示范推进阶段工作经验，制定各领域党组织规范化建设标准，分层分类全面开展基层党建“整县推进”规范化建设。开展“晋位升级提升行动”，对达到基层党建规范建设要求的党组织抓好深化、高位求进；对达不到规范建设要求的党组织查漏补缺、改进提升。各基层党组织要根据实施意见，加强协调配合，有计划、有步骤抓好各项工作任务和具体措施落实。

（四）攻坚推进阶段（2018年8月—2019年8月）。开展“检修补短攻坚行动”，对照建设标准和目标任务进行自查自验，对“整县推进”工作进行全面系统的“回头看”，对还未完成工作任务的党组织进行挂牌督查、重点帮扶、攻坚推进，确保三年全面过硬目标圆满实现。

（五）全面验收阶段（2019年9月—2019年12月）。开展“常态长效巩固行动”。结合日常考核情况，对各地各单位“三年全面过硬行动计划”的目标任务完成情况进行集中验收、全面评估。同时，对全县基层党建“整县推进”工作进行总结，研究制定全领域提升基层党建工作水平常态化、长效化机制。

**六、落实措施**

（一）加强组织领导。县委成立基层党建“整县推进”工作领导小组，由县委书记任组长，相关县领导和单位负责人分别为副组长和成员，领导小组下设办公室，办公室设在县委组织部。县委每两个月至少研究一次“整县推进”工作，进行一次现场观摩。各级党组织要将“整县推进”作为加强基层党组织建设的引领工程，摆上重要议事日程，将“整县推进”与班子成员分工和完成各项工作任务紧密结合，实行党建工作项目化到人头、党建任务清单化到单位，充分调动广大党员的积极性和创造性，因地制宜抓好工作落实，确保取得实效。

（二）完善责任链条。健全县委统一领导、乡镇党委落实主责、基层党组织聚焦主业的党建工作责任体系。县委充分发挥“一线指挥部”作用，县委委员和其他县“四大家”领导带头包乡镇、领任务、抓项目，指挥协调各单位各司其职、各尽其责，合力推进联系乡镇（单位）整县推进工作。乡镇党委要发挥龙头作用，落实好组织实施之责、监督管理之责、考核评价之责，投入足够的精力、人力、物力、财力抓好各项任务的落实。县直各单位党组（党委）要在抓好自身建设的同时，切实加强对下辖党组织、联系村（社区、企业）的督促指导，驻村工作队长兼任党建指导员，与驻点村实行同奖同惩。村（社区）组织要发挥主体作用，抓执行、抓落实，畅通“最后一公里”。

（三）强化督查考评。县委成立专项督查组，建立“时间倒排、任务倒逼、责任倒追”落实机制，加强日常督查考核评估，对行动迟缓、工作推进不力的，要督促抓好整改。将基层党建“整县推进”工作纳入政治巡察范围，加大“整县推进”工作在年度综合考核中的权重，督促各项任务落地生根。

（四）营造良好氛围。加大对“整县推进”工作做法经验和取得成效的宣传力度，尊重基层首创精神，总结推广成功经验，营造比学赶超的浓厚氛围。把开展基层党建“整县推进”工作与深入推进全面从严治党、深化“两学一做”学习教育成效、喜迎党的十九大等结合起来，着力解决基层党建中存在的突出问题，为“整县推进”工作营造良好环境。

## 中共罗田县委　罗田县人民政府<br>关于建设白莲河石材产业园促进我县石材产业科学发展的实施意见

（2017年7月7日）

为科学开发我县白莲河石材资源，整治规范石材开发秩序，切实保护生态环境，加快发展区域经济，现就建设白莲河石材产业园，促进石材产业科学发展提出如下意见：

**一、指导思想**

深入贯彻落实“五大发展理念”，以供给侧结构性改革和“放、管、服”改革为主线，以建设绿色矿山、促进经济发展、带动群众脱贫致富为目标，科学规划、合理开采、规范建园、集中加工、综合利用，全面提升石材产业发展科学化水平，努力实现石材产业健康协调发展、环保安全发展、和谐稳定发展。

**二、基本原则**

坚持保护环境、生态优先。始终把生态效益放在首位，正确处理统筹协调生态环境保护与资源综合利用、近期发展目标与长远发展规划、矿山开采与园区建设、美丽乡村建设与全域旅游发展的关系，实现生态、经济、社会效益有机统一。

坚持规划引领、科学开发。立足长远、着眼当前，因地制宜、统筹谋划，同步编制矿山开发与后期景点建设、产业园区建设与环境治理规划，做到一次规划、分步实施。坚持工农互促，突出精深加工，延伸产业链条，全面提升产品附加值和资源综合利用水平，切实保障和实现国家矿产资源权益最大化。

坚持依法开采、严格管理。无论是矿山开采还是园区建设，都必须依法依规、从严管理。严禁违法开采、违规建设；严禁破坏性、掠夺性开采；严禁私挖乱采、越界开采和非法占压耕地林地；严禁超量开采；严禁私自转让采矿权。

坚持以人为本、安全第一。全面落实企业环境保护和安全生产主体责任，全面落实相关部门的行业监管主体责任，依法整治各类隐患。凡不符合环保、安全、复绿复垦标准的企业，一律依法依规停产整顿直至关停。

坚持齐抓共管、促进和谐。统一思想认识，加强法规政策宣传和舆论引导，形成良好舆论氛围。健全监管服务机制，及时协调妥善处理各类矛盾纠纷，维护企业正常生产经营秩序，维护公平正义，确保社会和谐稳定。

**三、发展目标**

到2020年，白莲河石材产业园基本建成，规模企业增至15家左右，其中2—3家企业实现自营出口，产值增至20—30亿元，税收增至3000—5000万元。吸纳当地群众就业3000人左右，资源综合利用率达到90%以上，全面完成矿山整治工作，企业生产全面实现绿色、环保、安全、可持续发展目标。

到2030年，建成一个集石材加工、矿址旅游、休闲健身于一体的“石头城”和石材文化小镇，全面实现石材资源可持续利用、石材产业可持续发展、石材经济持续增长、生态环境可持续保护。

**四、主要措施**

（一）科学编制发展规划。以县、乡国民经济和社会发展“十三五”规划为引领，加强与土地利用规划、城乡建设规划等专项规划的衔接，依据相关法律法规、国家绿色矿山建设标准和全县石材产业发展目标，科学编制矿山开采、石材加工、安全生产、环境保护、复绿复垦、景区景点建设等专项规划方案。立足矿产储量和现有基础，编制完善《白莲河石材开采总体规划（2017—2030）》《白莲河石材产业园建设规划》，划定石材开采和园区建设范围，明确开采加工总量及年度计划限额、土地占用性质及规模等主要控制性指标。着眼未来，按照建设“石材文化小镇”的思路，对矿区停采后的矿址作出超前谋划、预留空间。上述规划分别由县国土资源局、白莲河乡政府组织编制，县白莲河石材产业发展领导小组组织评审通过后，报县政府组织实施。

（二）打造绿色安全矿山。始终把环保达标、安全生产作为产业发展的前提、主线和目标。对现有企业存在的问题要限期整改，新开工项目必须严格执行有关规定，坚持“三同时”，凡未达标的企业一律不得开工建设，不得投入生产。所有矿山采坑、加工区、料场等必须严格依据环保规划及安全生产有关要求，建设与开采规模相应容量的废水沉淀池、雨水沉淀池、尾矿废渣堆场等矿山环保基础设施，对生产废水进行三级循环处理，实现山上梯级截流，山下集中处理达标排放。加工车间除应建设污水收集池进行循环利用外，还须建设完整成网的雨水收集系统，汇入雨水收集池，经沉淀处理达标后排放。坚持科学开采，做到超前剥离、分层开采、贫富兼采。县环保局、安监局要加强日常监管执法和业务指导，推动企业加大环保和安全生产投入，加强安全培训和劳动保护，规范现场管理，预防职业病发生，确保不发生重特大安全生产责任事故和环境污染责任事件。县国土资源局、林业局、水电局要督促企业落实矿山环境治理恢复责任，建立管理规范、责权统一、有效使用的矿山环境治理恢复基金。

（三）推进石材产业园建设。白莲河石材产业园在县白莲河石材产业发展领导小组的统一领导下，由白莲河乡具体承担建设主体责任，乡党委、政府要组织得力专班扎实推进。县政府及相关部门依据园区发展建设规划，比照县经济开发区相关政策，在园区基础设施建设等方面给予大力支持。石材产业园定位于石材产品的精深加工，其建设规模应综合考虑产业发展目标、市场需求状况、年度开采计划和企业加工能力等因素合理确定，园区按照节约用地、因地制宜的原则科学选址，既要满足现实需要又要有利长远发展。制订园区企业入园标准，建立入园企业评审机制，凡未达到入园标准的企业，一律不得进入园区。

（四）加快企业转型升级。鼓励支持现有石材企业引进先进设备，加强技术改造，采用先进工艺，就地精深加工，促进资源综合利用。所有石材深加工项目一律进入石材产业园，严禁园外新建石材加工企业。全县其他矿山开采点和各类石材加工点一律限期取缔。

（五）规范企业经营行为。石材开采企业必须严格按照上级国土部门批准办理的《采矿许可证》核定的面积、年开采量进行开采。对企业越界开采、非法转让矿业权、哄抬价格以及违反环境保护、安全生产、交通运输、耕地林地保护和民爆器材管理等规定的行为，依法严厉查处，实行从重处罚。《采矿许可证》到期后，依据有关法律法规和《国务院矿产资源权益金制度改革方案》，通过公开拍卖、招标方式依法出让采矿权。对企业已经超量开采的，比照当地最高采矿权拍卖价格追缴采矿权出让收益。

（六）坚决杜绝荒料外卖。县国土资源局聘请第三方机构对石材加工企业的加工能力进行科学评估，精确核定核算企业每年荒料开采量、开采进度和实际开采量，超量开采的按超量的1—3倍标准下调次年开采量。县公安局、白莲河乡在矿山开采区、石材产业园、对外交通路口安装高清视频监控系统，实现24小时监控。凡石材荒料、半成品外运或二次转卖的，由县国土资源局按外运量的1—3倍标准下调次年开采量、追缴已优惠的矿业权出让收益，责令企业增列矿山环境治理恢复基金；由县国税局、地税局按实际用电量的1—3倍依法加征矿产资源税等相关税费；由县经信局、供电公司对严重违约的企业依法采取停电措施。

（七）建立信用约束机制。建立企业公开承诺、行业自律、部门监管、社会监督为主体的信息公开制度，将环境治理、矿山复绿、土地复垦方案以及矿产资源税费缴纳、矿山环境治理恢复基金提取和使用等情况纳入公示内容，建立“黑名单”。形成部门协调联动、行业组织自律管理、信用服务机构积极参与、社会舆论广泛监督的综合监管格局。

**五、组织保障**

（一）加强组织领导。成立白莲河石材产业发展领导小组，统一领导石材产业发展工作。具体负责相关政策的研究和拟订，牵头组织、统筹协调各项规划的编制、评审和实施，制订发布入园企业标准，统一组织对外招商和入园企业评审。统筹协调相关部门和乡村组织共同维护企业正常生产经营秩序，加强企业行业监管。对涉及石材产业发展的一些重大问题，及时提请县委、县政府集体决策，现场办公，专项督查，推进发展。领导小组下设办公室，办公室设在白莲河乡，负责日常具体工作。县公安局在矿区设立警务室，抽调专人长驻办公。

（二）优化发展环境。相关部门要建立责任清单和常态化管理服务机制，一手抓监管，一手抓服务，寓管理于服务之中。尤其是对一些需要整改的项目，要逐项列出具体清单，科学指导和帮助企业迅速抓好整改。对新入园企业要从源头上严格把关，实行全程监管，努力避免企业重复投资，问题出现反弹。对企业发展过程中出现的实际困难和问题要主动服务，排忧解难，严防以罚款代替管理、以关停代替整治。白莲河乡和相关村组要切实加强对干部群众的思想教育，不断强化与企业共兴共荣的发展理念，密切村企关系，推进村企共建，为产业发展共同营造良好的发展环境。

（三）切实维护稳定。按照属地管理、分级分工负责的原则，白莲河乡党委、政府和相关村组对辖区内的信访维稳工作承担主体责任，县国土、环保、安监、规划、林业、水利、住建、网管、信访、维稳办等相关部门对信访渠道和网络舆情中反映的涉及本部门的相关问题，要深入调查研究，依据各自职能，及时采取措施，妥善解决问题。

## 中共罗田县委　罗田县人民政府<br>关于推进安全生产领域改革发展的实施意见

（2017 年 7 月 15 日）

为全面贯彻《中共中央、国务院关于推进安全生产领域改革发展的意见》（中发〔2016〕32 号）、《中共黄冈市委、黄冈市人民政府关于推进安全生产领域改革发展的实施意见》（黄发〔2017〕7 号）精神，进一步加强安全生产工作，努力实现全县安全生产工作水平质的提升，制定如下实施意见。

### 一、完善安全生产责任体系

（一）实行领导干部安全生产责任清单化。落实“党政同责、一岗双责、齐抓共管、失职追责”要求，各级各部门按照安全监管责任到岗、到人、到事原则，研究制定党政领导干部和行业监管部门领导干部责任清单，实行照单履责、失职追责。

（二）实行安全生产监管职责法定化。由县编办牵头，按照“三个必须”和“谁审批、谁负责”“谁主管、谁负责”的要求，明确行业主管部门安全生产和职业健康工作具体职责，并以“三定”方案形式予以固化。

（三）实行企业全员岗位安全生产责任制。企业是本单位安全生产和职业健康的责任主体，必须做到安全责任、管理、投入、培训和应急救援“五到位”。企业法人代表和实际控制人同为第一责任人，对安全生产负全面责任。按照《省安委会办公室关于进一步落实企业全员岗位安全生产责任制的指导意见》（鄂安办〔2016〕72 号）和“一岗双责”的要求，建立企业全员安全生产岗位责任清单，加强监督考核，严肃追责问责。自身技术力量薄弱的小型企业，应通过购买服务的方式，加强安全生产现场管理。实行企业本部生产经营与劳务派遣、外委协作一体化管理，外包工程承包单位必须具备相应资质和条件。强化企业安全管理部门职能，赋予其安全生产监督权和一票否决权，安全管理人员薪酬应略高于同级管理人员。中央、省、市属企业在我县分支机构和重大建设项目要自觉接受我县属地管理，发挥示范带动作用。

（四）实行安全员制度。全面贯彻落实《市委办公室、市政府办公室印发〈黄冈市安全生产责任清单〉〈关于全面推行安全员制度的意见〉的通知》（黄办发〔2017〕5 号）要求，配齐安全员，组织开展业务培训，制定工作标准，切实发挥日常安全管理作用。

**二、严格落实企业主体责任**

（五）严格安全准入。县政府要依法制定实施安全生产规划，并与国民经济和社会发展规划、土地利用规划、城乡规划相衔接。强化开发区（高新区）和工业园区规划安全风险评估论证，实行规划审批决策终身负责制。各类招商引资项目要严把安全生产关，实行重大安全风险“一票否决”。依法严格审查矿山、金属冶炼、危险化学品、易燃易爆危险品等高危行业建设项目安全设施设计，加强安全设施验收活动和验收结果监督核查。高危行业建设项目安全设施设计审查由负有安全生产监督管理职责的有关部门依法组织，所需经费列入部门预算。新设矿业权和调整矿区范围应由国土资源部门书面征求安监部门意见，并实行国土资源、安监等部门联合现场踏勘制度，全面执行矿山最低开采规模、最低服务年限和安全距离等标准。结合“放管服”改革，严格落实工商部门“双告知”职责，建立健全部门信息共享联动机制，加强事中事后监管。

（六）强化安全监管执法。负有安全生产监督管理职责的有关部门要运用计划执法、联合执法、专项执法、双随机执法等方式，加大监管执法力度和频次。要健全常态化暗查暗访机制，强化过程执法，重点加强对生产经营过程违法行为的查处。针对不同风险、不同类型企业，确定不同的检查内容，提高执法效率。大力推进闭环执法，做到见问题清单、见处罚指令、见责任人签字、见整改结果、见复查验收。

（七）坚决整治安全生产领域非法违法行为。严格落实县、乡镇政府“打非治违”主体责任。负有安全生产监督管理职责的有关部门要依法依规履行本行业（领域）安全生产和职业健康监督管理职责，严厉打击非法违法生产、经营和建设行为。建立行政执法和刑事司法衔接制度，加强与公安、检察院、法院等协调配合，完善安全生产违法线索通报、案件移送与协查机制。推行违法行为和事故隐患举报奖励制度，设立安全生产违法行为和事故隐患举报奖励专项资金，动员全社会力量参与安全生产监督管理，及时制止和惩处非法违法行为。

（八）建立企业落实主体责任双向监督机制。建立企业安全生产述职制度，定期向负有安全生产监督管理职责的有关部门和职代会述职。建立行业主管部门定期同企业负责人进行安全生产谈话提醒和警示约谈制度。

（九）发挥市场机制推动作用。在矿山、危险化学品、烟花爆竹、交通运输、金属冶炼、建筑施工、民爆物品等高危行业领域企业和其他行业高风险岗位，强制实施安全生产责任保险制度。将安全生产诚信建设作为社会信用体系建设的重要内容，建立企业安全生产不良记录“黑名单”制度，公开企业安全生产不良记录，有关部门在市场准入、土地审批、贷款融资、规划许可、保险费率等方面实施联合惩戒。

**三、夯实安全生产基层基础**

（十）建立安全投入长效机制。县政府设立安全生产专项资金，用于监管执法、宣传培训、政府购买服务、应急管理、公共安全隐患治理、职业病防治等。

（十一）加大监管执法保障力度。县安监部门承担县安全生产委员会日常工作，负责指导协调、监督检查、巡查考核县政府有关部门和乡镇人民政府安全生产工作，履行综合监管职责。将县安监部门纳入行政执法机构，保障现场执法和应急车辆。增加县安委会办公室综合监管力量，县安委会办公室增设专职领导职数，适当增加安监执法机构人员编制。充实安全生产执法力量，统筹解决好县安全生产行政执法机构（执法大队）人员身份。县经信、卫计、文化、广电、商务、城管执法、旅游、房管等负有安全生产监督管理职责的重点部门，设立安全监管内设机构，落实安全监管人员。各类开发区、工业园区、风景区、自然保护区、国有林场等功能区设立安全监管机构，配备专职安全监管人员。落实乡镇安全监管机构和人员，强化经费保障。在行政村（社区）设立安全生产协管员。

（十二）加强宣传教育培训。将安全生产宣传教育纳入宣传思想工作规划，安全生产法律法规纳入全民普法范畴，安全防范知识普及纳入国民教育体系，不断提高全社会安全发展意识和安全文明素质。各级主流媒体要开设安全生产公益栏目。县委党校、行政学校开设安全生产教育课程。贯彻《中小学公共安全教育指导纲要》，在中小学严格落实交通、火灾、地震等安全教育课程，每学期至少组织开展一次应急逃生演练。深化安全文明示范创建，积极创建安全文明示范企业、安全社区、安全发展示范城市。把安全知识培训作为劳动者终身职业培训内容，强化全员培训，做到不培训不上岗。将安全生产纳入“阳光工程”等职业技能培训内容，加强农民工培训，培育新型产业工人。

（十三）加强应急救援能力建设。按照“属地为主、分级分类”原则，建立健全县级安全生产应急救援管理机构，完善县、乡镇政府专职、兼职或义务应急队伍建设，加强应急救援综合协调。充分发挥公安消防队伍在政府应急救援中的主力军作用，建设“一专多能”的安全生产综合性应急救援队伍，实行区域化应急救援资源共享。各类化工园区和大型化工企业要组建专业救援队伍，配备救援设备，开展政企联动应急救援演练。

**四、构建风险与隐患双重预防机制**

（十四）落实企业风险防控措施。各类企业要把风险管控落实到生产经营活动全过程，全员、全方位辨识安全风险并登记建档，分类评估，加强管控，动态管理。突出抓好高危工艺、设备、物品、场所和岗位的风险辨识和定期强制性评估。建立“双公告一报告”制度，企业应将高风险工艺、设备、物品以及可能造成的危害在生产经营场所显著位置公告，向周边社区或单位公告，向负有安全生产监督管理职责的有关部门报告。大力开展安全生产标准化创建，把创建达标情况作为企业信用评级、项目用地审批、专项资金扶持、品牌创建等重要参考依据。

（十五）大力实施隐患排查治理“两个全覆盖”工程。构建企业自查自报自改和行业主管部门实时监控（设“两化”监控平台）的隐患排查治理“两化”（标准化、数字化）体系，通过全员参与、照单排查、对标整改，实现监管企事业单位全覆盖。同时，县政府要为安全生产网格化管理提供人力、物力、财力支持，将安全生产全面植入社会治安综合治理网格化体系，将安全监管延伸至村组、社区，实现监管区域全覆盖。

（十六）建立全社会安全隐患自查自改常态化机制。各地各部门定期对本地、本行业、本单位安全生产问题及隐患开展全覆盖、拉网式、地毯式自查自改，对排查出来的隐患和问题，要列出清单、建立台账，明确整改要求、整改时限、责任单位和责任领导，全面整改到位。建立重大隐患分级管理、挂牌督办和公告制度。

（十七）强化城市安全风险管控。坚持安全第一的基本原则，科学编制城市总体规划和控制性详细规划，统筹地上地下各类设施布局，落实安全防护距离、城市空间管制要求。统筹规划城市地下管线建设，禁止在中心城区规划兴建生产经营性危险化学品输送管线。稳步推进地下综合管廊建设。结合棚户区改造，加快城中村安全治理，打通消防通道，改造老旧管线。加强高层建筑、大型综合体、隧道桥梁、管线管廊、电力设施及电梯、游乐设施等运行安全的检查检测，建立重点设施（部位）日常维护责任公告牌制度。加强城市应急能力建设，配备与高层建筑发展相适应的消防车等消防设施。完善大型群众性活动安全管理制度，加强人员密集场所安全监管，严防发生拥挤、踩踏、爆炸等事故。

（十八）积极实施安全生产工程性措施。县、乡镇政府和相关部门要按照“分级投入、分级管理、分级负责”原则，深入推进矿山采空区、尾矿库的工程治理，加快实施人口密集区域的危险化学品和化工企业生产、仓储场所安全搬迁工程，实施高速公路、乡村公路和急弯陡坡、临水临崖危险路段公路安全生命防护工程建设。长途客运车辆、旅游客车、危险物品运输车辆，要强制性加装GPS定位和车内智能视频监控报警系统。完善景区游步道、观景台、栈道等旅游安全防护设施的建设、维护和安全检测，健全景区摆渡车常态运营和预警限流机制。深入推进校车规范化管理，强化安全教育。

（十九）完善职业病监管防治体系。县政府将职业病防治纳入政府民生工程和经济社会发展考核体系，制定实施职业病防治中长期规划，统筹纳入地区经济和社会发展规划。健全完善职业病防治工作联席会议制度，强化信息共享，协作联动。按照《黄冈市人民政府办公室关于进一步加强职业病防治工作的通知》（黄政办发〔2016〕57号）精神，足额招录、调配监管人员，成立县职业卫生监督管理机构。建立安全生产与职业健康一体化监管体制，在执法检查、宣教培训、隐患治理、达标创建、考核评比等环节，实行一体化推进。强化源头治理，对存在职业病危害的建设项目，建设单位未依法开展职业病危害预评价和职业病防护设施设计评审的，有关投资主管部门不予项目核准。扩大职业病患者救治范围，将职业病失能人员纳入社会保障范围，对符合条件的职业病患者落实医疗和生活救助措施，维护劳动者合法权益。

**五、建立激励约束机制**

（二十）健全安全生产正向激励机制。结合安全生产工作年度考核，对工作突出的单位给予表扬，按照有关规定给予奖励；对履行安全生产职责成绩突出的党员干部，同等条件下优先提拔重用。按照《人社部、财政部关于实行安全生产监管监察岗位津贴的通知》（人社部发〔2012〕55号）要求，落实好乡镇、县经济开发区管委会、大别山森林公园管委会、湖北天堂湖国家湿地公园管理处及各行业安全监管人员岗位津贴。

（二十一）严格实行安全生产“一票否决”和重点管理。完善“一票否决”制度。县委、县政府和乡镇党委、政府组织的履职评定、评先评优、授予荣誉、干部选拔任用、“两代表一委员”提名必须征求县安监部门意见。对“一票否决”的对象实行重点管理，列入重点管理的乡镇、部门、企业、社区（行政村）一律取消年度评先评优资格，主要负责人、分管责任人、直接责任人当年不评先、不提拔重用；列入重点管理的企业，不享有税收优惠、贷款扶持，并作为有关部门执法检查的重点对象。

（二十二）强化安全生产执纪问责。建立安全生产重大事项备案制度。各部门安全生产权力和责任清单、重大隐患、重大非法违法行为等重大事项要报县监察部门、反渎职部门备案，县监察部门和反渎职部门要对报备事项实地跟踪监督。建立健全安全生产事前介入制度，县纪检监察机关、检察机关要对各级党政领导、相关部门负责人和有关工作人员在重大隐患整改、打击非法违法行为、行政许可、非法干预安全生产监管执法等方面存在失职渎职行为的进行监察检察和责任追究。

（二十三）严格安全生产考核督办。完善安全生产目标管理考核办法，强化过程考核，实行专项考核。加大安全生产考核权重，强化考核结果运用。县委督查室、县政府政务督查室对乡镇党委政府和县直部门履行安全生产职责情况要定期开展检查督办，并予以通报。

（二十四）严肃事故查处和责任追究。严厉

打击各种瞒报谎报迟报事故行为，对瞒报和社会影响大的事故提级查处。对发生生产安全责任事故单位和企业，依据法律法规速查速处，严肃问责，对造成死亡的生产安全责任事故实行“一案双查”，既严肃追究企业的责任，又依法依规倒查党委、政府和相关部门工作人员的责任。

## 中共罗田县委<br>关于加强县委自身建设发挥“一线指挥部”作用的若干意见

（2017 年 4 月 24 日）

为进一步提高县委执政能力和领导水平，稳步推进“生态立县、农业稳县、工业强县、旅游兴县、民生和县”的战略部署，努力把罗田建设成为精准脱贫样板区、生态保护与建设示范区、绿色发展先行区，打造整县推进支部建设的罗田样板，实现全面建成小康罗田目标，现就加强县委自身建设、发挥“一线指挥部”作用，提出如下意见。

**一、加强思想建设，发挥守正作用**

1. 扎实开展“两学一做”学习教育。严格按照中央和省市委关于“两学一做”学习教育的各项要求狠抓落实。以“三会一课”为基本制度、以“支部主题党日”为活动载体、以党支部为基本单位，推动学习教育融入日常、抓在经常。县委委员要带头以普通党员身份参加所在支部活动，从严加强自身教育管理。把学习党章作为第一位要求，把学习习近平总书记系列重要讲话作为重中之重，强化学习教育的痕迹化、规范化管理。提高县委委员所在支部规范化建设水平，在学党史、强党性、跟党走等活动中坚持以上率下，发挥模范带动作用，推动学习教育常态化制度化。

2. 严肃政治纪律和政治规矩。把坚决维护中央权威不动摇、自觉遵守党章不打折、落实中央决策部署不变通作为检验县委严肃政治纪律、政治规矩的“试金石”。把党内各项政治纪律、政治规矩视为带电的“高压线”，心存敬畏。县委委员要牢固树立正确的权力观、地位观、利益观，常修为政之德，常思贪欲之害，常怀律己之心。要以身作则、严于律己，做到廉洁从政、秉公用权，堂堂正正做人，明明白白做官，始终保持共产党人的高尚品格。

3. 严格规范党内政治生活。以党章为根本依据，以《关于新形势下党内政治生活的若干准则》为重要遵循，从严从实抓好党内政治生活。带头坚持党的政治路线、思想路线、组织路线、群众路线，着力增强党内政治生活的政治性、时代性、原则性、战斗性。完善县委全委会议事规则和决策程序，把民主基础上的集中和集中指导下的民主有机结合起来。严格党的组织生活，坚持民主生活会和组织生活会制度，坚持谈心谈话制度，坚持对党员进行民主评议。用好批评和自我批评武器，讲党性不讲私情，讲真理不讲面子，开展积极健康的思想斗争。在党内建立起清清爽爽的同志关系、规规矩矩的上下级关系。

4. 抓实意识形态主体责任。把对党绝对忠诚摆在首要位置，把意识形态建设这项“极端重要的工作”扛在肩上。牢固树立政治意识、大局意识、核心意识、看齐意识，自觉向以习近平同志为核心的党中央看齐。利用中心学习组、干部夜校、网络媒体等渠道学习习近平总书记系列重要讲话精神和治国理政新理念新思想新战略。加强党性修养，筑牢信仰之基、补足精神之钙、把稳思想之舵。做筑牢主流思想舆论的坚强堡垒，把网络舆论作为宣传思想工作的重中之重，针对热点难点问题和突发事件精准开展舆论引导。县委委员带头提升网络素养，牢牢把握意识形态工作的领导权话语权。

## 二、加强能力建设，发挥核心作用

5. 牢固树立和践行新发展理念。以解放思想为先导，与时俱进不断创新，使罗田的发展思路体现时代性、把握规律性、富于创造性，将新发展理念与罗田实际进行深度融合。用工匠的精神研究创新驱动发展，以工程的办法探索符合罗田实际的先进理念和特色品牌。在准确吃透县情、把握上情、结合民情的基础上，提出切合罗田实际的发展思路。着力建设精准脱贫样板区、生态保护与建设示范区、绿色发展先行区的目标定位，持续推进“五县战略”的罗田新发展理念。

6. 提升特色发展差异竞争能力。带头分析和研究罗田最有优势的产业、最有特色的品牌、最有前景的行业。深挖罗田在交通区位、资源禀赋、后发势能等方面的比较优势。破除怕吃亏、怕上当、怕负债的小农思想，击碎不愿创新、不敢突破、墨守成规、裹足不前的惯性思维。利用好“天蓝、地绿、水净”的生态资源，不断有所创新、有所突破，培育和打造罗田特色。深化“强县靠工业、活县靠旅游”的全县共识，形塑农村美、农民富、产业兴的大格局。做好大别山5A景区创建、乡村旅游发展、旅游资源整合，让全域旅游、绿色发展成为罗田的核心竞争力。

7. 提升基层社会治理创新能力。统筹加快基层政府职能转变，着力强化公共服务职能。积极推进城乡公共服务一体化和基本公共服务均等化。对直接面向群众、量大面广、由乡镇服务管理更方便有效的各类事项依法下放乡镇政府，探索乡镇综合执法形式。围绕广大群众普遍关注的热点、难点与焦点问题，创新基层治理模式，充分调动和发挥基层支部在参与基层治理、推进发展中的作用，不断提升基层治理的科学化、民主化、现代化水平。把能不能有效地解决问题，能不能让老百姓有获得感作为检验基层社会治理的标准，逐步提高群众满意度和幸福感。加快“法务前沿”工程与农村网格化管理的融合，整合资源，聚合力量，融合发展。

8. 提升狠抓落实的能力。强化担当意识、积极作为，杜绝怠政懒政、为官不为。工作思路细化，政策措施细密，工作推进细致，在抓细、落小上下功夫。多做排民忧、解民难、帮民困的好事实事。探索落实中央和省市委要求的管用抓手，把全部的精气神提振起来，拿出一股子干事创业的激情。县委一班人要为党和人民多做实事，努力为全县人民创造实实在在的福祉。真正使为民办实事的过程成为了解群众、服务群众的过程，切实解决联系服务党员群众的“最后一公里”问题。

## 三、加强作风建设，发挥示范作用

9. 弘扬求真务实真抓实干之风。不提不切实际，好高骛远的目标口号，用谋发展这一根本途径来补齐发展不足这一罗田最大短板。传承好历届县委的好经验好做法，按照“发展要有新思路、改革要有新突破、开放要有新局面、各项工作要有新举措”的要求。改进工作方法，保持艰苦奋斗的优良传统，真抓实干，苦干实干。既着眼于全县发展大局，又要善于把各项工作具体化，带动罗田奋力后发赶超。

10. 弘扬敢抓敢管敢于担当之风。在全县破除“为了不出事，宁可不干事”等错误倾向，营造“鼓励实干者、厚待创新者、成就善为者”的鲜明导向。探索建立激励干事创业的容错、纠错、免责机制，促进党员干部敢于担当、勇于负责、激情干事，把对党的忠诚落实到行动中、体现在担当上。建立县委班子作风考核制度，强化县委班子作风建设力度。抓住不落实的事，追究不落实的人，加大问责力度，坚决克服议而不决、决而不行、行而不快的不正之风。县委班子带头抓督查、促落实，定期对县委重要工作责任制落实情况进行督促检查。

11. 弘扬联系群众服务群众之风。完善县委委员“管线、驻点、带片”制度。创新县委委员联系社区的方式方法。坚持县委委员联系点和蹲点调查制度，层层建立联系点制度，县委委员挂点包保，定期向县委书记汇报。坚持联系一个乡镇、一个村街、一个企业，每年至少要写出二篇高质量调研报告。县委班子在任期内做到走村到户，带动全县干部“走村不漏户，户户见干部”，对包保贫困户情况要做到“一清二楚”。推行县委委员岗位重在服务、责在连心机制，架起干群连心桥。

12. 弘扬比学赶超创先争优之风。县委委员之间开展“比业绩、晒成绩、晾实绩”活动，以此带动各县委委员分管战线联系部门比学赶超的良好氛围。不断完善委员公开承诺、大会述职评议、领导干部“人手一事”等工作机制。在县委委员中开展争做干事创业、团结共事、遵纪守法、敢于担当、勤于学习的“五个表率”活动，促进县委委员以上率下、以身作则。县委委员要指导联系好乡镇，促进发展、服务民生、维护稳定，坚持抓点带面，典型示范，推动全县面上工作稳步推进。

**四、加强廉政建设，发挥净化作用**

13. 深入学习贯彻党的十八届六中全会精神。把学习和贯彻党的十八届六中全会精神作为当前重要的政治任务来抓。以高度的政治责任感和使命感，通过个人研究、专家讲授、中心组学习等方式加深对全会精神的理解。准确把握全会聚焦“全面从严治党”这一核心要旨的重大意义。明确全会确立习近平同志的核心地位是党心所向、民心所向。紧密团结在以习近平同志为核心的党中央周围，自觉从思想上、政治上、行动上同以习近平总书记为核心的党中央保持高度一致。县委委员要认真研学《关于新形势下党内政治生活的若干准则》和《中国共产党党内监督条例》等重要党内法规，全面提升县委班子的党性修养和政治素质。

14. 严格落实廉洁自律各项制度。县委班子要带头执行中央“八项规定”、省委六条意见和市委关于廉洁自律的各项规定，注重自省自警、慎独慎微。自觉接受全县干部群众的监督，重大事项报告如实及时向上汇报，向社会公开。经常开展批评与自我批评和各类廉洁谈话。不隐瞒个人决定重大事项、不干预司法活动、不插手工程招投标。要带头学习和落实《中国共产党廉洁自律准则》各项规定，带头树立廉洁修身意识。

15. 强化廉洁为先的选人用人导向。牢固树立廉洁为先、德才兼备的选人用人导向。严明组织纪律，对跑官要官、买官卖官的决不姑息，坚决清理，发现一起，查处一起。对在民主推荐和选举活动中本人或通过其他人采取打招呼、送钱、送物等手段拉票贿选的要坚决查处。在考察中发现有此类行为的，取消考察资格；对已经提拔的，按照规定从岗位上撤下来，并视情节给予纪律处分。确保干干净净之风在全县干部选育中风强势大，通过强有力的用人杠杆把干干净净干事转化为推动实现罗田全面小康的强大动力。

16. 扛起全面从严治党主体责任。把全面从严治党主体责任扛在肩上，落实实处。出台落实主体责任的实施办法，层层健全完善责任清单。县委书记定期与四大家领导、各乡镇和重点部门负责人进行谈心谈话。强化反腐协调领导小组职能，建立县委主抓，纪检、公安、法院、检察院、审计等部门联动的工作格局。严格落实党风廉政建设“两个责任”，切实履行“一岗双责”责任。对全县党风廉政建设和反腐败斗争工作作出全方位、全领域、全过程的部署，健全和完善不敢腐、不能腐、不想腐的惩治和预防腐败体系。

**五、加强制度建设，发挥聚力作用**

17. 规范县委工作运行机制。及时研究并统筹解决全县工作中的重大问题，调动一切积极因素，努力形成推动罗田奋发赶超，加快崛起的强大合力。县委书记要担起全县“一线总指挥”责任。肩膀要硬，心胸要宽，要敢于担当，面对矛盾敢于迎难而上，面对风险敢于挺身而出，面对失误敢于承担责任，面对歪风邪气敢于亮剑。县委委员做好示范带动，“四大家”班子联动，按照“总揽全局、协调各方”的原则。支持人大、政府、政协和审判机关、检察机关依照法律和章程独立负责、协调一致地开展工作。

18. 加强民主集中制建设。在坚持的基础上探索创新，持续推进党代会常任制试点工作。进一步发扬党内民主，增强党内监督。通过抓思想教育增强执行民主集中制的自觉性。通过抓制度建设增强执行民主集中制的科学性。通过抓监督机制增强执行民主集中制的约束性。坚持集体领导、民主集中、个别酝酿、会议决定的原则，凡重大问题必须经县委委员会集体决定，尤其是事关全局的重大决策，要充分发扬民主，认真倾听各方面意见。严格坚持个人服从组织、少数服从多数的民主集中制原则。

19. 健全“三重一大”集体决策制度。对涉及重大决策、重要干部任免、重要项目安排和大额度资金使用的“三重一大”事项必须经县委集体讨论。不搞“一言堂”和个人说了算，多途径扩大党内民主。对委员职责权限内的事项实行“谁主管、谁拍板、谁负责”。提升自身谋划能力，开放思路、拓宽视野；提升决策能力，运用好“交换、比较、反复”的方法，多方交换、充分论证、正反比较，增强决策的科学性；提升执行能力，针对决策的目标和内容，找准工作的切入点和着力点。

20. 严格委员分工负责制。探索和深挖县委委员制的特有政治优势，坚持“小分工、大合作”的工作体制。建立强有力的领导机制和责任明确的分工机制，形成上下联动、党政齐动、齐抓共管的工作态势。县委委员要发挥“九牛爬坡、个个出力”的工作合力，营造“人人有事做，事事有人管”的干事创业氛围。县委书记要凝聚县委一班人的集体智慧，做到率领“一班人”、带动“一层人”、影响“一群人”。

## 中共罗田县委
## 关于加强乡镇党委建设发挥龙头作用的若干意见

（2017 年 4 月 24 日）

为加强乡镇党委执政能力建设，充分发挥乡镇党委的龙头作用，全面推进我县农村的改革、发展和稳定，促进农村经济社会各项事业全面协调发展，确保顺利实现全面建成小康罗田的目标，现就加强乡镇党委建设、发挥龙头作用，提出如下意见。

### 一、明确职能定位，发挥履职作用

1. 聚焦主责主业。贯彻执行党的路线方针政策和上级党组织及本乡镇党代会的决议；讨论决定本乡镇经济建设和社会发展中的重大问题；领导乡镇政权机关和群众组织，支持和保证其机关和组织依照国家法律法规及各自章程充分行使职权；加强乡镇党委自身建设和以党支部为核心的村级组织建设；按照干部管理权限，负责对干部的教育、培养、选拔和监督工作；协助管理上级有关部门驻乡镇单位的干部；领导本乡镇的社会主义民主法制建设和精神文明建设，做好社会治安综合治理及计划生育工作。

## 二、注重选优配强，发挥龙头作用

2. 严格选拔标准。选拔任用乡镇党委领导班子成员时，在具备《干部任用条例》规定的基本条件和任职资格基础上，应进一步拓宽选拔视野和渠道，按照新时期好干部标准和农村工作需要，注重选优配强。突出基层工作经历，选任乡镇党委领导班子成员，原则上要有2年以上乡镇工作经历，优先选拔在乡镇经历过多岗位锻炼的干部；突出干事创业导向，对政治素质好、敬业精神强，熟悉农村情况、工作实绩突出，群众公认度高、廉洁自律过硬的干部，要优先选拔担任乡镇党委领导班子成员。

3. 创新选拔方式。坚持和完善公开选拔、民主推荐、考察预告、座谈考察、任前公示、试用期等制度的基础上，积极探索创新竞争性选拔干部的方式方法，通过差额动议提名、差额推荐、差额考察、差额上会等方式选拔一批乡镇党委领导班子。进一步加强乡镇"一把手"建设，坚持从基层工作经验丰富、农村改革和实践成绩突出的干部中发现和提拔党政"一把手"，乡镇党委书记的选任人选，经县委全委会酝酿推荐后，报市委组织部同意，由市委组织部成立考察组进行考察，并按规定的程序选拔任用。

4. 优化班子结构。建立乡镇党委领导班子配备的结构模型，严格按照模型选配领导班子成员，注重年龄、学历、专业、性格、能力、经历合理搭配，实现优势互补，切实增强班子整体功能。年龄结构上，乡镇党政主职一般按40岁左右掌握，党政副职一般按35岁左右掌握，35岁以下年轻干部要达到班子成员的1/3，原则上各乡镇党委领导班子中要配备1名30岁以下年轻干部。学历结构上，新选拔的领导班子成员人选一般应具有大专以上学历，40岁以下的应具有本科以上学历。各乡镇党政领导班子中一般至少要配备1名女干部，全县非中共党员干部也要占有一定比例。

5. 培养后备干部。建立乡镇党委领导班子后备干部库，实行滚动管理、动态跟踪培养，按照1:2的比例选拔储备后备干部。乡镇党政正职后备干部一般应具有大学本科以上学历，年龄一般在40周岁以下，以35岁左右为主体，30岁左右的应占一定比例。党政副职后备干部一般具有大学专科以上学历，以25至35岁为主体，30岁以下的一般不少于总数的50%，女干部不少于10%，并有一定数量的非中共党员干部。采取选派到乡镇、企业或重点单位任职、挂职，跨乡镇、跨部门交流轮岗，分配急、难、险、重专项任务，实行县直单位与乡镇后备干部双向互动挂职，探索优秀后备干部到上级有关部门挂职锻炼等方式，加强后备干部的培养锻炼。

## 三、加强教育培训，提升履职能力

6. 抓好理论培训。强化理论学习，深入推进"两学一做"学习教育常态化制度化，深入学习党的十八届六中全会精神，重点抓好《关于新形势下党内政治生活的若干准则》《中国共产党党内监督条例》和习近平总书记系列重要讲话精神学习，切实增强乡镇党委领导班子的政治意识、大局意识、核心意识、看齐意识。落实好乡镇党委中心组理论学习制度，创新组织形式，加强监督与考核，确保学习实效；党委学习中心组每个成员在学习理论基础上，都要联系实际，每年撰写1至2篇调研文章。

7. 加强专业培训。积极探索强化乡镇党委领导水平和工作能力的培训内容和方式，增强教育培训的针对性和实效性，以实施"素质工程"和个性化专题培训工程为重点，强化对乡镇领导干部专业知识、现代管理和科学技术知识、法律知识、金融知识、计算机等知识的培训，把政治理论学习与本地实际结合起来，切实提高其执政为民的理论水平和业务素质。

8. 创新培训方式。每年至少举办1至2期外训班，有计划、分批次组织乡镇领导干部到发达地区和红色革命圣地开展学习考察和专题培训，整体提高乡镇党委落实党的各项方针政策和做好新时期群众工作的能力和水平。严格落实《干部教育培训工作条例》的培训要求，落实党校培训任务，全面提高乡镇党委领导班子的党性修养。通过挂职锻炼和跟班学习等方式，组织乡镇领导班子成员，到上级党委政府部门或发达地区加强锻炼和学习。

**四、健全制度建设，加强管理监督**

9. 完善决策机制。乡镇党委要建立健全贯彻民主集中制的各项制度，完善党委工作制度、领导班子议事制度、行政办公会制度、重大问题请示报告制度等。要疏通和拓宽党内民主渠道，认真听取广大党员的意见，充分发挥党员对领导干部的监督作用。保障党代表的知情权、参与权、选举权和监督权，强化乡镇党代会年会的决策监督功能。加强对领导班子民主生活会的指导，研究探索提高民主生活会质量的具体措施，增强领导班子团结共事和解决自身问题的能力。

10. 健全服务机制。加强制度建设，完善乡镇党委领导班子成员密切联系服务群众工作机制。严格落实乡镇干部岗位在村、重在服务、责在连心的“三在”机制，进一步完善乡镇干部进村住点工作机制，督促乡镇党政主职走遍自然村和困难户，乡镇党政副职走遍分片包村的农户。探索建立乡镇党委领导班子成员与群众交心谈心、定期走访群众、领导干部写民情日记等制度，督促领导干部将群众的安危冷暖熟记于心，及时解决群众关心的热点、难点问题。各乡镇党委要坚持每月召开一次民情分析会，听取、研究、解决群众反映的实际问题。

11. 建立容错机制。坚持按照“三个区分开来”的标准，探索建立容错纠错机制实施办法，划清权责边界，营造宽松干事创业环境，为敢于担当的干部担当，为敢于负责的干部负责，鼓励支持乡镇党委领导班子成员在基层党建整县推进的前沿阵地、脱贫攻坚的主战场和美丽乡村建设的一线，建功立业，有所作为。

12. 规范政治生活。严格落实“三会一课”、民主生活会和组织生活会等基本制度，乡镇党委领导班子成员必须以普通党员的身份参加所在支部的组织生活会。发扬党的优良传统，运用好批评与自我批评武器，召开民主生活会和组织生活会时，乡镇党委班子成员必须带头从谏如流、敢于直言，在批评与自我批评中发扬党内民主，凝聚思想共识，促进党内团结。发挥《支部手册》《党员手册》纪实作用，对乡镇党委领导班子成员参加组织生活、交纳党费、履行承诺、参加志愿活动等进行过程记录，推动党内生活常态化、长效化。

13. 加强谈心谈话。坚持“四个必谈”，新任职领导班子成员必谈，有信访举报的必谈，工作落实不力考核排名靠后的必谈，因工作失误造成不良影响的必谈。县委书记每年与乡镇党委正职开展交心谈心不少于2次，联系乡镇的县委委员与每位乡镇党委班子成员每年谈心谈话不少于2次，乡镇党政正职与其他班子成员每年谈心谈话不少于2次，乡镇党委班子成员与分管的镇村干部每年谈心谈话不少于2次。

14. 强化管理监督。进一步健全监督机制，县纪委、县委组织部要把对乡镇党委领导班子成员的管理监督，从八小时以内监督向八小时以外监督延伸，特别要强化对“一把手”的监督，开展“三责联审”，强化对用人、用钱、用编的监督，探索建立乡镇“一把手”常态化监督制度和信访举报制度。认真贯彻执行党内监督条例，全面落实党委（党组）全面监督、纪委专责监督、部门职能监督、基层日常监督、党员民主监督机制，把党内监督同法律监督、民主监督、审计监督、群众监督协调起来，确保乡镇党委领导班子的权力在阳光下运行。

**五、畅通成长通道，注重人文关怀**

15. 健全考核体系。深入推进乡镇党委领导班子和领导干部履职尽责管理，突出基层党建整县推进、脱贫攻坚和美丽乡村建设等方面的考核指标权重，探索建立以“实干、实事、实绩”为中心的考核评价办法。科学设置“五讲五评五考”考核指标，实施差异化考核，坚持平时考核与年终考核相结合，考严考准考实各乡镇领导班子和领导干部的综合实绩，强化结果运用，树立干事创业用人导向，激励乡镇党委领导班子成员明责担责，主动作为。

16. 加大交流力度。建立健全轮岗交流工作机制，各乡镇党委领导班子成员，在同一乡镇同一岗位上工作超过5年的应当调整分工，担任班子成员10年以上的，原则上进行交流，任职超过15年的必须交流任职。畅通县乡轮岗交流通道，加大乡镇之间轮岗交流力度，积极探索推进乡镇领导班子能上能下工作机制，注意把握节奏、控制比例，防止大进大出、新老失衡。

17. 择优选拔任用。采取定向跟踪培养、多岗位锻炼等方式，在政治品德好、学历层次高、业务素质过硬、工作业绩突出的乡镇党政正职中，培养储备一批副县级后备干部。对工作业绩考核排名靠前，干部群众认可度高，综合素质较强的乡镇领导班子成员，优先选拔为到乡镇或县直重要职能部门担任党政正职。对在基层扎根多年，工作任劳任怨，为农村改革发展稳定作出贡献的“老黄牛”干部，在回城安置和职务与职级晋升方面给予优先考虑。

18. 加强组织关怀。积极改善乡镇干部的办公条件和住宿环境，为乡镇干部安心扎根基层提供必要的基础保障。严格按标准发放乡镇干部的乡镇补贴，力所能及地提高乡镇干部的经济待遇。严格落实年休假、体检等制度，重视心理咨询，积极开展各种文体活动，提高工作效率，减少不必要加班，促进身心健康，建立县委委员与乡镇领导班子成员结对帮扶机制，帮助他们排忧解难。

## 中共罗田县委<br>关于加强党支部建设发挥引领作用的若干意见

（2017年4月24日）

为落实全面从严治党要求，树立党的一切工作到支部的鲜明导向，将全面从严治党向基层党支部延伸，推动基层党建工作全面进步、全面过硬，现就加强党支部建设、发挥引领作用，提出如下意见。

### 一、总体要求

深入学习贯彻习近平总书记系列重要讲话精神，以推进全面从严治党向基层延伸为主题，坚持分层分类、全面全域，持之以恒、始终如一，落细落小、一抓到底，建强“五个要素”，完善“五个体系”，发挥“五个功能”，使基层党支部真正成为党员群众“生产离不开、生活离不开、感情离不开”的坚强堡垒。

### 二、基本原则

（一）定性与定量相结合。根据全县各个行业、各个领域、各个类型党支部的实际情况，配套建立基层党支部可执行、可落实，上级党组织可度量、可考核的党支部建设标准体系，确保每个基层党支部干有方向、行有目标。

（二）共性与个性相结合。加强党支部建设，既要按照相同行业、相同领域党支部的共同特点，制定共性标准；又要考虑不同行业、不同领域党支部的客观实际，制定个性标准，体现具体化、精准化、差异化。

（三）日常与经常相结合。以“三会一课”、支部主题党日为载体，将党支部建设与农村精准脱贫、村企共建、美丽乡村、乡风文明和社区服务提效、机关履职尽责、企业转型升级等工作有机结合，做到抓在日常、严在经常。

（四）守正与出新相结合。坚持把贯彻党章党规要求作为党支部建设之魂，着力加强思想政治教育、从严管理党员、联系服务群众等工作。积极探索党支部工作有效做法，把成熟经验上升为管用制度，推动党支部创新发展。

**三、工作目标**

（一）组织健全有活力。按照务实、管用、有效的原则，创新党支部设置形式和管理模式，发挥党员中心户作用和注重党小组（党员先锋站）建设，实现党组织无缝覆盖。

（二）队伍过硬有作为。以增强党性、提高素质为目标，加强和改进党员、干部队伍建设，严格教育、严格要求、严格管理、严格监督，实现党员和干部队伍素质过硬、担当有为。

（三）活动经常有特色。以推进“两学一做”学习教育常态化制度化为契机，抓实党支部经常性工作，探索务实管用的活动载体，增强党的组织生活吸引力。

（四）制度落实有遵循。建立健全党支部工作制度，明确工作职责，逐步实现党支部工作的规范化、制度化，做到有序、协调、高效运行。

（五）保障到位有机制。加大对党支部的支持力度，为党支部开展工作提供必要的经费保障、阵地保障、力量保障，推动重心下移资源下沉。

（六）功能发挥有实效。突出政治功能，强化服务功能，优化发展功能，充分发挥党支部推动发展、服务群众、凝聚人心、促进和谐的作用。

**四、主要任务**

（一）农村党支部。探索“支部＋小康建设＋党员群众”的路径，围绕推进脱贫攻坚、发展集体经济、建设美丽乡村、培育文明乡风、密切联系群众、维护农村稳定，发挥党支部在建设社会主义新农村中的领导核心作用，引导群众听党话、跟党走。

（二）社区党支部。探索“支部＋优质服务＋党员群众”的路径，围绕服务群众、凝聚人心、优化管理、维护稳定，发挥党支部在建设文明和谐社区中的领导核心作用，统筹党建资源，突出服务功能，主动服务城市发展和居民生活。

（三）机关单位党支部。探索“支部＋履职尽责＋党员群众”的路径，围绕服务中心、建设队伍，发挥党支部在完成本部门本单位各项任务中的协助和监督作用，着力加强机关政治文化建设，推动机关党建工作和中心任务、建设队伍紧密结合，努力使机关各项工作走前头作表率。

（四）事业单位党支部。探索“支部＋改革发展＋党员群众”的路径，围绕做好思想政治工作、促进事业发展，发挥党支部在事业单位中的领导核心和政治核心作用，增强思想政治工作的针对性和实效性，激发党员和各类人才的创新创业活力，确保事业单位改革方向正确、社会事业健康发展。

（五）国有企业党支部。探索“支部＋提质增效＋党员群众”的路径，围绕提高企业效益、增强企业竞争力、实现国有资产保值增值，发挥党支部在国有企业中的政治核心和领导核心作用，管干部聚人才，建班子带队伍，抓基层打基础，领导群众组织并发挥其作用，凝心聚力完成国有企业中心工作。

（六）非公有制企业党支部。探索“支部＋生产经营＋党员群众”的路径，围绕贯彻党的方针政策、团结凝聚职工群众、维护各方合法权益、建设先进企业文化、促进企业健康发展，发挥党支部在非公有制企业职工群众中的政治核心作用和企业发展中的政治引领作用，实现非公有制企业“双强六好”目标。

（七）社会组织党支部。探索“支部＋管理

服务 + 党员群众”的路径，围绕保证政治方向、团结凝聚群众、推动事业发展、建设先进文化、服务人才成长、加强自身建设，发挥党支部在社会组织中的政治核心作用，引导支持社会组织有序参与社会治理、提供公共服务、承担社会责任。

**五、推进步骤**

（一）制定建设标准。2017 年 5 月底，分领域制定印发基层党支部建设标准。各基层党支部要结合实际，认真抓好落实，把标准要求变成实际行动。

（二）推进工作落实。

1. 2017 年 6 月底，结合全县“七 · 一”纪念大会，召开全县“整县推进支部建设”工作推进落实会，对推行“整县推进支部建设”工作进行再部署、再推进。会上，采取书记讲党课的方式，对全县党务工作者进行培训。

2. 2017 年 7 月份开始，各地各单位要按照基层党支部建设标准，结合各自实际，研究提出本地本单位加强党支部建设的具体措施，切实做到思路清、措施实、责任明，“七 · 一”期间前，要通过上墙报、上展板、上网络等形式进行展示，让这项工作看得见、摸得着、说得出、有成效。

3. 2017 年 8 月份，县委将组织开展“整县推进支部建设”专项调研督查，重点了解各地各单位对“整县推进支部建设”的谋划、部署、落实情况。

4. 2017 年第四季度，适时分区域、分领域召开调度会、推进会，调度工作进展，推进工作落实。

（三）持续提升巩固。2018 年至 2019 年，结合基层党建“整县推进”三年行动计划，继续聚焦党支部建设基础，力争使每个领域每个支部都有进步过得硬。

**六、组织保障**

（一）落实主体责任。各级党委（党组）要强化管党治党意识，积极适应全面从严治党新常态，把加强党支部建设作为基层党建工作的基础工程来抓，通盘考虑、有序推进。要切实增强树立“一切工作到支部”的理念，推行“支部 +”模式的思想自觉和行动自觉。党委（党组）班子成员要对联系、分管单位的党支部建设给予指导，积极参加所在党支部活动，模范执行党支部各项决议，发挥表率作用。

（二）强化督促检查。健全督促检查、推动落实的工作机制，加大督促检查和跟踪落实力度，切实推动各项工作任务落地。探索建立党支部建设工作台账，逐步实现信息化动态管理。把党支部建设工作作为党组织书记抓基层党建述职评议考核的必答必考选项，纳入领导班子和领导干部年度考核的重要内容。对那些组织不力、敷衍塞责、效果不好的，要严肃批评、严肃问责。

（三）改进工作作风。以从严从实作风推进党支部建设，坚决防止“光说不练”“喊空口号”“做表面文章”等形式主义问题，坚决纠正“重部署轻落实”“好在点上差在面上”等不良倾向。充分运用各级各类媒体加强宣传引导，大力宣传县委的部署要求，及时宣传各地各单位党支部建设工作的进展成效，形成共同推进党支部建设的良好氛围。

## 中共罗田县委
## 关于加强党员教育管理发挥先锋模范作用的若干意见

（2017 年 4 月 24 日）

为贯彻落实全面从严治党要求，努力打造一支具有“铁一般信仰、铁一般信念、铁一般纪律、铁一般担当”的过硬队伍，充分发挥广大党员的先锋模范作用，扎实推动我县基层党建工作全面进步、全面过硬，现就加强党员教育管理、发挥先锋模范作用，提出如下意见。

## 一、增强“四个意识”，自觉发挥党员先锋模范作用

1. 自觉发挥带头作用。广大党员要增强政治意识、大局意识、核心意识、看齐意识，践行全心全意为人民服务的宗旨，处处以身作则，在日常各项工作和活动中走在群众的前面，处处为群众做出表率，从严治党，从我严起，努力成为基层党建“整县推进支部建设”的先行者，脱贫攻坚的引路者，美丽乡村建设的示范者。每一名党员要成为一面鲜艳的红旗，引领广大群众阔步走向小康。

2. 自觉发挥骨干作用。党员在各项工作中要成为群众的核心和中坚力量。工作和生活上积极服务群众，发挥顶梁柱作用，在急难险重等重大事件发生时，要一马当先，敢于担当，勇于作为。真正做到无论在何时何地都表现出对党的事业的自信心和责任心，表现出党员的坚定性、积极性、主动性和创造性，形成强大的感召力和凝聚力，成为群众的主心骨，真正做到“说话有人听，做事有人帮”，带领群众沿着党所指引的方向前进。

3. 自觉发挥桥梁作用。始终保持党和人民群众的密切联系，成为党组织与人民群众联系的纽带。把党的指示和精神变为群众的自觉行动，并将群众的利益和愿望转化为党的政策和决策。向人民群众全面宣传、解释党的路线、方针、政策和主张，让群众真正理解它的意义、做法以及同自己切身利益的关系，从而自觉地为实现党所提出的各项任务而奋斗。及时、如实地向党组织反映群众对党和政府工作的意见和建议，保证决策能有效维护群众的利益，从而巩固党的执政基础。

## 二、加强教育培训，逐步提升党员整体素质

4. 认真落实培训规划。按照基层党建“整县推进支部建设”提出的“党建引领，生态示范，打造整县推进支部建设罗田样板”的总体目标，认真贯彻落实党员教育培训工作规划，整合各类资源，健全完善集中轮训工作制度。充分利用“干部夜校”、县委党校等资源，加强党员队伍教育培训。重点以支部为单位，制定党员学习培训计划，根据各自实际，开展内容丰富、形式多样的学习培训活动，引导广大党员干部真学深学，做到学而信、学而用、学而行。

5. 突出党员党性教育。以“两学一做”学习教育为载体，引导广大党员干部争做“四讲四有”合格党员，认真组织党员学习党章党规，牢记党规党纪，牢记党的优良作风和传统。组织党员深入学习中国特色社会主义理论体系，特别是习近平总书记系列重要讲话精神。大力开展理想信念、群众观点、党性意识、党员意识、看齐意识、社会主义法治教育，坚守共产党人的精神追求，始终把党性修养和宗旨观念作为自己人生价值取向，不断提升党员自身政治素质和综合能力。

6. 深化党员道德教育。深入开展政治品德教育、社会主义核心价值观教育、中华优秀传统文化教育，定期开展“孝德罗田”“道德讲堂”等活动，引导党员干部在工作和生活中做到自重、自省、自警、自励，规范工作圈，纯洁社交圈，净化生活圈，坚决抵制各种落后思想和腐朽文化的侵蚀，追求积极向上的生活情趣，养成良好的生活作风，促进党员干部自觉加强道德修养，牢固树立马克思主义世界观、人生观、价值观和正确的权力观、利益观、地位观，坚决抵制各种落后思想文化的侵蚀，永葆共产党员的高风亮节。

## 三、强化监督管理，全面回归党员本色

7. 实行党员手册纪实制度。各党支部要用好党员手册，对党员参加组织生活、缴纳党费、民主评议、履行承诺、参加志愿活动等实际情况进

行记录，作为年度考核、民主评议的重要依据。严格组织生活考勤，党员确实不能参加组织生活的，应向党组织请假。对无故不参加组织生活的党员，党支部要及时批评教育，督促改正。

8. 规范党员党费收缴工作。健全党费由专人管、足额收、及时缴、定期查的工作机制，党支部要明确专人收缴党费，对不主动按时足额交纳党费的，及时督促提醒、批评教育、限期改正，每年向全体党员公布一次党费收缴情况。对拒不缴纳党费的，依规严肃处理。党支部要把每月交纳党费作为“支部主题党日”固定程序。

9. 改进流动党员管理方式。健全“双联双管”工作机制，流出地党组织要掌握外出流动党员的情况，利用电话、多媒体（QQ、微信）等平台加强与流入地党组织、流动党员本人之间的联系；流入地党组织要把流动党员纳入本地党员教育管理整体工作中，街道社区党组织要履行托底管理责任；流动党员及时到流入地党组织参加党的组织生活，按规定交纳党费，完成党组织交给的任务，每年至少向流出地党组织汇报一次思想工作和参加党的组织生活情况。

10. 规范党员组织关系管理工作。严格落实相关文件要求，规范党员组织关系管理工作，定期排查党员组织关系。不定期的核查党员在册情况和缴纳党费、参加组织生活、转接组织关系等情况，并及时向上级党组织上报核查情况。各级党组织要积极帮助解决党员转移组织关系中遇到的困难，对推诿扯皮、无故拒转拒接、弄虚作假的党组织和党员，按照有关规定严格处理。保证每名党员都有自己的“家”。

11. 做好处置不合格党员工作。结合党员日常表现、民主测评等客观准确地认定不合格党员。处置不合格党员要按调查核实、上级预审、形成决议、上报审批的程序进行，并及时通知被处置党员。对失联党员，基层党组织要认真调查失联的原因及失联期间的表现，并作出相应处理。加强对不合格党员的教育帮扶工作，对受到限期改正处置的党员，党支部要通过谈心谈话、教育培训、结对帮扶等措施促其改正，对被劝退、除名的，基层党组织要认真做好包括思想政治工作在内的各项工作。稳慎处理党员退党，对严重违反党的纪律、丧失党员条件的，不能作退党处理，要严格按照《中国共产党纪律处分条例》处理。

12. 探索建立党支部评价干部制度。在党员干部选拔任用中，进一步探索党支部评价制度，加强党内监督路径，听取考察对象所在支部对其参加党内组织生活、履行党员义务、发挥党员模范作用、党员民主评议结果等情况的评价，作为干部考察任用的重要依据。

13. 建立健全党内激励、关怀、帮扶机制。充分尊重和落实党员的主体地位，为党员充分发挥先锋模范作用营造良好的政治、工作和生活环境。对在各项工作中涌现出来的先进党员进行表彰奖励，加强对优秀党员先进事迹的宣传，形成“比、学、赶、超”的浓厚氛围。做到普遍关爱与重点帮扶相结合，既要注重对党员全方位、经常性的关爱，又要对生活有困难、思想上有包袱的党员实施重点帮扶，特别是要针对离退休老党员、农村（社区）无职党员、因患重大疾病或遭受自然灾害、意外伤害等造成生活困难的党员进行重点帮扶。

**四、严肃党内组织生活，激发党员内生动力**

14. 认真落实“三会一课”制度。结合本地本单位实际情况，调动广大党员的积极性，不断为“三会一课”注入新内容、新活力，保持“三会一课”原有的吸引力、感召力和约束力，防止“三会一课”枯燥乏味且流于形式。要认真分析新形势下党员教育、管理和党组织建设等方面存在的问题，努力完善体制机制，以利于更好地贯彻落实党的方针政策，更好地加强各级党组织建设，使广大党员充分发挥先锋模范作用。

15. 扎实开展“支部主题党日”活动。每个月固定一天为“支部主题党日”，结合工作实际设计党日主题，突出党内生活的政治性。支部主题党日“5+x”形式要制度化、规范化，要在组织党员交纳党费、奏唱国歌、重温入党誓词、诵读党章、学习党规党情的基础上，重点在x上做文章，围绕党性教育、民主议事、为民服务等主题，采取灵活多样的形式，开展重要专题学习讨论、重大事项报告、重点工作讨论决策等活动，增强活动实效性，激发党员参与热情，引导党员发挥先锋模范作用。

16. 精心开好组织生活会。一般每季度或半年召开一次组织生活会，根据实际需要，也可随时召开。组织生活会的议题，要根据上级党组织的要求，联系本单位的实际来确定。党员要按照要求参加组织生活会，党支部对党的组织生活会的内容要进行认真研究。每年第四季度，由县委统一部署，以党支部为单位召开组织生活会。领导干部要认真执行双重组织生活制度，落实民主生活会有关规定，以普通党员身份参加所在党支部的组织生活。

17. 全面开展民主评议党员活动。对照合格党员标准，按照个人自评、党员互评、民主测评、组织评定的程序，对党员进行评议。要把党员的思想表现、工作作风、遵守纪律、履行职责、作用发挥、道德品行等作为民主评议党员主要内容。通过民主评议查找党员自身不足，实行表彰优秀党员、结对转化后进党员、处置不合格党员，激励全体党员一心干事创业、创先争优，充分发挥示范引领作用，进一步增强党组织凝聚力和战斗力。

## 中共罗田县委　罗田县人民政府<br>关于深入推进城市执法体制改革改进城市管理工作的实施意见

（2017年9月26日）

为认真贯彻落实《中共黄冈市委、黄冈市人民政府关于深入推进城市执法体制改革改进城市管理工作的实施意见》（黄发〔2017〕9号），深入推进我县城市执法体制改革，改进城市管理工作，结合我县实际，制定本实施意见。

### 一、总体目标

2017年12月底前初步建立起责权清晰、运转协调、执法有力的城市管理执法体系。到2020年，全县城市管理标准体系基本建立，执法体制基本理顺，机构和队伍建设明显加强，保障机制初步完善，服务便民更加高效，现代城市治理体系初步形成，城市管理效能大幅提高，人民群众满意度显著提升。

### 二、改革管理体制

（一）匡定管理职责。县城市管理实施范围包括：市政公用设施运行管理、市容环境卫生管理、园林绿化管理等方面的全部工作；县政府依法确定的，与城市管理密切相关、需纳入统一管理的公共空间秩序管理、违法建设治理、环境保护管理、交通管理、应急管理等方面的部分工作。

（二）明确执法职责。城市管理执法的具体范围包括：住房城乡建设领域法律法规规定的全部行政处罚权；环境保护管理方面社会生活噪声污染、建筑施工噪声污染、建筑施工扬尘污染、餐饮服务业油烟污染、露天烧烤污染、城市焚烧沥青塑料垃圾等烟尘和恶臭污染、露天焚烧秸秆落叶等烟尘污染、燃放烟花爆竹污染的行政处罚权；工商管理方面户外公共场所无照经营、违规设置户外广告的行政处罚权；交通管理方面侵占城市道路、违法停放车辆等的行政处罚权；水务管理方面向城市规划区内河道倾倒废弃物和垃圾及城市河道取土、违法建设等的行政处罚权；食品药品监督管理方面户外公共场所食品销售和餐饮摊点无证经营的行政处罚权。城管执法部门可以实施与上述范围内法律法规规定的行政处罚权有关的行政检查权和行政强制措施。

（三）综合设置机构。组建新的罗田县城市管理执法局（简称城管执法局），为县政府工作部门，是全县城市管理执法主管部门，主要负责城市管理执法的组织协调、检查考核及城市管理执法等工作。城管执法局机关所属二级单位按照扁平化管理的原则重组设置，按事业单位分类改革和参公管理有关的要求进行合适分类和纳入参照公务员管理范围。按照权随事走、人随事调、费随事转的原则，城市管理和执法职责全部或部分划转的，应当成建制或对应划转相应的机构、编制、人员、经费和资产。

（四）下移执法重心。城管执法局根据城市规划区内实际，按照扁平化的原则统筹设置综合执法机构，合理分配执法力量，推进城市管理执法进巷道、进网格、进社区，综合开展城市管理和执法工作。城管执法局向县经济开发区派驻园区城管执法分局，承担上述第二条范围内法律法规规定的行政处罚权以及与行政处罚权有关的行政检查权和行政强制措施。城管执法局继续向三里畈镇、胜利镇、匡河镇、九资河镇派驻城管执法分局，按本次执法职责调整范围或接受乡镇人民政府委托，承担住房城乡建设领域法律法规规定的全部行政处罚权以及与行政处罚权有关的行政检查权和行政措施。积极探索以乡镇执法分局为依托的农村行政综合执法改革试点工作，强化农村国土资源、城乡规划、建设管理、环保、农业、林业、水电、旅游、工商、食药监、安监等领域行政综合执法。

## 三、强化队伍建设

（五）优化力量配备。坚持执法力量向基层倾斜，确保一线执法工作需要，科学确定城市管理执法人员的配备比例标准。城管执法局的管理执法人员编制在现有编制基数不变的情况下，随职责划转，从其他部门对应调剂增加。随着城市常住人口的增加和城市管理执法职责的拓展，相应动态增加城管执法人员。加强领导班子和干部队伍建设，严格按照公务员法有关规定录用和使用城管执法人员。加强协管人员队伍管理，建立协管人员招聘、管理制度。协管人员按职责从事辅助性事务，不得从事具体行政执法工作。

（六）加强队伍管理。建立符合职业特点的城市管理执法人员管理制度，探索符合城市管理行政执法特点的职务晋升和交流制度，切实解决基层执法队伍基数大、职数少的问题。加强城管执法人员业务培训和考核，抓好思想道德教育，严格实行城市管理执法人员持证上岗和资格管理制度。2017 年底前完成对所有执法队员的轮训，开展“强基础、转作风、树形象”专项行动，不断提升城管执法队伍整体素质。

## 四、提高执法水平

（七）公开权责清单。按照职能整合后的职责权限，调整完善城市管理执法部门权力清单和责任清单，并及时向社会公布。公开执法职责、执法依据、执法标准、运行流程、监督途径和问责机制，推动城市管理执法部门严格按清单规范权力运行。

（八）规范执法制度。建立健全执法办案评议考核、执法公示和重大执法决定法制审核等制度，完善行政处罚适用规则和裁量基准制度、执法全过程记录制度，切实履行城市管理执法职责。统一城市管理执法文书，完善执法程序，规范办案流程。全面落实行政执法责任制，健全责任追究机制、纠错问责机制。畅通群众监督渠道、行政复议渠道，主动接受法律监督、行政监督、社会监督，严惩执法腐败。

（九）改进执法方式。城管执法人员应当依

法行使职权，文明执法。推进执法智能监管，探索快速处置、非现场执法等新型执法模式。综合运用行政指导、行政提醒、行政奖励、行政扶助、行政合同、行政调解等行政手段，引导当事人自觉遵守法律法规，及时化解矛盾。采取规划引导、市场运作、商户自治等方式，合理设置方便生活的自由市场、摊点群、流动商贩疏导点等经营场所和服务网点，促进社会和谐稳定。

（十）加强执法协作。由政府相关职能部门承担的行政管理职责，不交由城管执法局行使。住建、城乡规划、房管、环保、工商、交通运输、水电、食品药品监督等相关部门的行政处罚权移交后，其监管主体、监管责任不变，应按照各自职能加强事前、事中和事后监管，与城管执法局建立健全信息互通、资源共享、协调联动机制。职能部门在管理过程中发现违法违规行为需要给予行政处罚的，应当在5个工作日内书面移送城管执法局处理。城管执法局在管理执法过程中认为需要职能部门进行技术鉴定的，应当书面函告有技术鉴定能力的职能部门，相关职能部门应当及时组织鉴定并将鉴定结果函复城管执法局。

**五、完善城市管理**

（十一）构建数字城管。规范建设数字化城市管理系统，2017年底，整合公安、交警、综治、城管等视频监控系统，实现资源共享、互通互联，形成高位监督指挥的数字化城市管理平台。整合相关电话服务平台，形成统一的12319城市管理服务热线，并与县政府12345服务热线对接。拓展数字化城市管理功能，建立城市管理数据库，运用业务办理、智能管控、公共服务、综合执法、效能督查、应急处置等应用系统，实现感知、分析、服务、指挥、监察“五位一体”，推动数字化城市管理系统向智慧城管升级。

（十二）加强市政管理。制定市政公用设施移交管理办法，明确移交范围、程序和管护资金渠道，建立完备的城建档案和电子信息系统，实现档案信息共享。加强市政公用设施运行维护和管理，提高市政公用设施运行水平。

（十三）维护公共空间。加强城市公共空间监管，强化建筑物立面管理和色调控制，规范报刊亭、配电柜、通讯站塔等“城市家具”设置，加强户外广告、门店牌匾规范管理。严查擅自变更建设项目规划设计和用途、违规占用公共空间以及乱贴乱画乱挂等行为。加强空中“蜘蛛网”清理整治，新建道路空中管线同步入地，其他道路空中管线逐步入地。开展违法建设专项治理，严厉打击违法建设行为。

（十四）优化城市交通。加强城市交通基础设施和智能化交通指挥设施的管理维护。优化街区路网结构，倡导绿色低碳出行。加快停车场建设，治理非法占道停车，鼓励机关单位停车场错时对外开放，逐步缓解停车难问题。

（十五）改善人居环境。开展城市市容环境卫生综合整治，规范建筑施工现场管理，严控噪声扰民、施工扬尘和渣土运输抛洒。实施生活垃圾分类，完善垃圾收转运系统，推进垃圾减量化、资源化、无害化处理。加强废弃电器电子产品回收处理和医疗垃圾集中处理管理。大力开展爱国卫生运动，提高城市卫生水平。

（十六）提高应急能力。按照“谁建设、谁管理”的原则，城市公共设施建设主体对所建设施负安全管理主体责任，城管执法部门对已接收移交的城市公共设施负安全管理主体责任。保持水、电、气、交通、通信、网络等城市生命线系统畅通，保障城市运行安全。完善城市管理领域安全监管责任制，强化重大危险源监控，消除重大事故隐患。加强城市基础设施安全风险隐患排查，建立分级、分类、动态管理制度。完善城市管理应急响应机制，强化应急避难场所、设施设备管理，加强应急物资储备。建立应急预案动态调整管理制度，做好应对自然灾害等突发事件，提高防灾减灾能力。

**六、创新治理方式**

（十七）引进市场服务。积极探索发挥市场作用，吸引社会力量和社会资本参与城市管理。推进城市市政基础设施、市政公用事业、便民服务设施等市场化运营。推行环卫保洁、垃圾运输处理、市政设施维护、园林绿化管养等方面的市场化运营，由政府向社会购买服务，提高服务水平，逐步建立政府主导、市场参与运行机制。

（十八）推动多元共治。将城市管理执法工作纳入县政府目标管理绩效考核，推动县直部门和乡镇履职尽责。建立城市管理行政问责制度，健全社会公众满意度评价及第三方考评机制。加强城市管理效能考核，将考核结果作为县直部门、乡镇领导干部综合考核评价的重要依据。大力开展“城管会战”“多城联创”工作，进一步提升城市品貌。推动城市管理进网格，增强城市管理社区服务功能。明确网格管理事权、管理标准和责任人，实施常态化、精细化、制度化管理。探索公共服务、城市管理、社会管理“三合一”的“社区 + 城管 + 公安”网格管理新模式。充分发挥基层党组织在社会治理中的领导核心作用，落实属地管理责任，引导辖区内各类组织和个人共同做好城市管理工作。畅通公众参与城市治理渠道，倡导城市管理志愿服务。广泛开展文明主题宣传教育和实践活动，构建城市管理诚信体系，不断提升市民文明素质和城市文明程度。

**七、健全保障机制**

（十九）保障经费投入。将城市管理经费列入同级财政预算，并按照城市发展速度和规模相适应的原则，逐步增加城市管理经费。严格执行收支两条线制度。加大财政支持力度，增加对城市管理执法人员、装备、技术等方面的资金投入，改善执法工作条件，保障执法工作需要。探索编制市容环卫、市政维护、园林绿化养护工作费用定额标准。

（二十）强化司法保障。建立城管执法部门与公安机关、检察机关、审判机关协调配合、信息共享、案情通报、案件移送等制度，实现行政处罚与刑事处罚无缝对接。建立公安机关与城管执法部门联勤联动机制，积极探索双方干部交叉兼职任职模式，为城管执法提供保障。公安部门设立城市管理执法警察大队，依法打击妨碍城市管理执法和暴力抗法行为。检察机关应对城市管理执法中发现的涉嫌犯罪案件线索移送情况进行监督。人民法院设立城市管理执法巡回法庭，加大城市管理执法行政处罚决定的司法强制执行力度。

**八、加强组织领导**

（二十一）坚持高位推动。成立由县主要领导任组长的县深入推进城市执法体制改革改进城市管理工作领导小组，建立城市管理执法体制改革工作联席会议制度，研究制定具体的实施方案，推动城市管理执法改革工作的深化落实，统筹协调解决制约城市管理执法工作的重大问题。

（二十二）明确工作责任。各相关部门要增强大局意识、责任意识，加强协调配合，共同支持和推进城市执法体制改革工作。县编办要加强对县城市执法领域改革的指导，整合优化相关机构和编制，调整优化权责清单。县政府法制办要加大执法监督力度，加强对执法人员管理，并完善相关制度。县民政局要加强城市社区网格化、信息化、扁平化建设与管理。县财政局要落实城市管理经费收支两条线管理制度，加大城市管理和执法工作经费保障力度。县人社局要加强对执法队伍管理的监督指导，做好执法人员调整、补录等工作。县住建局、县规划局、县房管局、县环保局、县工商局、县公安局、县水电局、县食药监局等部门要切实履行职责，加强与城市管理部门的沟通与衔接，共同做好城市管理执法改革工作。

（二十三）严明工作纪律。要严格执行有关编制、人事、财经纪律。在职责划转、机构和人员编制整合调整过程中，应当做好工作交接，保持工作的连续性和稳定性。涉及国有资产划转的，严格执行国有资产管理有关规定，严把审计关，确保国有资产安全。县纪委监察局要加强执纪督查，对违反规定的要追究有关单位和人员的责任。

（二十四）营造舆论环境。要高度重视宣传和舆论引导工作，将改革实施与宣传工作协同推进，及时解读改革政策，正确引导社会预期。加强对城市管理典型经验、改革实效的正面宣传，及时回应社会关切，凝聚社会共识。推进城市管理执法信息公开，保障市民的知情权、参与权、表达权、监督权。

# 调研报告

## 关于加快建设白莲石材工业园的建议

（2017 年 5 月 24 日县政协第 5 次主席会议通过）

县政协专题调研组

加快白莲石材工业园建设，既是县委、县政府今年的一项重点工作，也是县政协今年提交县政府办理的十件重点提案之一。为推动这项工作深入开展，4 月下旬，县政协由主席童伟民同志牵头组成调研组，重点就“能否建园、如何建园”两个主要问题进行了较为全面深入的调研。调研组现场考察了矿山开采、石材加工和企业周边村民生活情况，与乡村干部、企业业主和部分群众进行了座谈，邀请县政府分管领导、县直相关部门负责人、白莲河乡党委书记及 3 个村支部书记、石材协会代表一行 20 多人，赴麻城石材工业园参观学习，现将调研情况和相关建议综述如下：

### 一、白莲石材工业园应当加快建设

自 2007 年以来，白莲石材矿山开采加工一直是全县上下关注度较高、议论也很多的一个焦点话题。尽管县委、县政府支持发展的态度比较鲜明，先后多次组织参观，但仍有一些同志持有不同意见，甚至明确反对继续开采，希望迅速关停。白莲石材开发究竟是关停下马，还是继续发展，必须进一步统一思想，科学决断。调研组通过调研认为，无论是从国家政策层面还是罗田现实情况来看，关停下马之策应当慎用，继续发展并加快建设白莲石材加工园，既有必要性，也有可行性，决心和信心不可动摇。

（一）资源优势比较明显。相关资料介绍，白莲目前正在开采的石龙寨矿石品名为“芝麻灰”（国际编号：G633），具有“材质硬、花点小、杂质少、纹路均匀、颜色深、光度好”等优点，是该品种中的上乘佳品，不仅是国内也是国际上少有的优质资源，市场前景广阔。目前国内同类石材矿山只有两地在开采，湖北仅罗田一家。大自然赐予我们的优质资源不能长期沉睡，应当依法利用、科学开发，服务经济发展，造福当地百姓。

（二）矿山储量比较丰富。据县国土部门提供的数据表明：该矿点石材总蕴藏量约为 10.9 亿立方米，地上可供开采量达 6.6 亿立方米，目前仅开采 200 万立方米，如按现在的年均开采量推算，至少还可开采百年以上。

（三）开发没有政策障碍。一是符合国家产业政策。在国家发改委已颁布的相关文件中，石材开发加工不属“禁止”和“限制”类产业；二是已经相关部门审批。该项目在依法出让矿山开采权之前，已获市国土部门批准，项目合法有效，市级国土部门就有审批权，不需要继续申报审批；三是不违背旅游发展规划。该处矿山虽在 318 国道旁边，开采加工确实对自然环境造成了一定的破坏，但远离天堂寨、薄刀峰景区，不属我县旅游规划发展重点区域，对全域旅游发展不会造成重大负面影响；四是不属上级要求关闭停产对象。2015 年，市委、市政府对全市石材开采进行了一次集中治理整顿，全市最终只保留 4 处开采点，白莲矿区在保留之列，已通过媒体向社会公告。

（四）环境影响总体可控。一是项目在开工前已组织并通过环评；二是环保部门的日常监管工作一直在开展；三是企业根据环评和监管要求采取了一些防治和整改措施，目前总体上是达标的，但不可否认，依然存在一些问题，网上负面议论和信访件常有出现，需要加强监管，强力整治。

（五）麻城模式可以借鉴。麻城石材总蕴藏量高达200亿立方米，原有石材开采点79处，开采企业13家，由于点多面广，滥采滥挖，环境破坏较为严重，群众反映十分强烈，引起媒体多次曝光批评。去年，该市下定决心，一方面抓治理整顿，将其他小矿点全部关闭，只保留白果镇境内及周边最大的一处开采点；一方面将石材产业作为全市的支柱产业重点支持发展，依托现有基础，规划建设石材工业园和石材文化小镇，打造华中地区最大的石材加工和集散地。目前园区企业已达136家，其中规模企业83家。2016年，园区产值达到102亿元，上交税收1.26亿元。园区管理机构已经黄冈市编委批复，明确为正科级，机构组建工作正在进行。

（六）整体效益初步显现。白莲石材产业历经十年发展，其效益主要体现在以下几个方面：

一是带活了一方经济。2007年以来，全乡新增石材企业12家，其中规模以上企业7家，累计投资5.5亿元。规模以上企业2016年年产值达到13.1亿元，上交税收871万元，9年累计上交5000万元，年均增长10%以上；累计上交各种规费2000万元。2016年生产用电3904万度，上缴电费3000万元。

二是增加了集体收入。大坳冲、李家坳2个村的集体经济收入因石材开采带动均已超过百万元，一跃成为除凤山镇蔬菜村等少数几个城郊村外全县集体经济强村。

三是致富了一方百姓。目前在石材企业就业的当地村民已达到700多人，年均工资收入4万元，石材企业累计发放工资2800万元。石材企业租用部分农地，按水田1350元/年、亩，旱地650元/年、亩，山林220元/年、亩（面积按斜面计算）标准付费，年支付土地使用费过200万元。依托石材企业发展，当地村民已兴办碎石场、加油站、氧气站和餐饮、零售等小型配套企业20余家，购买大型运输车辆100余台，大型挖掘机13台，每台每年可增收10—15万元。2008年以来，石材产业给当地村民直接增收1.77亿元，人均7.2万元。大坳冲村251户村民，已有四分之一的村民在县城和集镇购买了商品房，近一半的农户购买了小汽车，全村901人中，原有400多人在外打工，现在已有300多人回到家门口就业。

四是改善了村居环境。近年来，石材开采直接涉及的3个村村庄面貌均有明显改观，文明新村建设成效显著。组组通水泥路，家家通自来水，昔日“脏乱差”的现象得到全面治理，村庄绿化、美化、亮化工程正在逐步推进。大坳冲累计投资800多万元对全村河堤、塘堰、水库进行了一次全面清理和整修，投资200多万元新建党员群众服务中心、村级卫生室和群众文化体育活动场所，李家垸和大坳冲两个村共拿出290多万元为村民缴纳社保、新农合统筹资金。

五是搭建了发展平台。为推进石材产业发展，2013年12月，白莲河乡按照县委、县政府要求，出资28万元委托武汉永业赛能规划勘测有限公司编制了《罗田县白莲河乡石材集中加工区规划》。2014年以来，乡里依据规划先后开发土地744.56亩，配套架设了“石材加工走廊”电力专线，完成了给水工程和道路升级改造项目，搬迁安置了56户，为园区建设奠定了基础。

（七）停产关闭弊大于利。白莲石材产业能否继续发展，焦点主要集中在生态环保上。毋庸置疑，石材矿山开采和加工肯定会对生态环保带来一些负面影响。但采取关停措施，不再发展，从环保角度看，无疑是一件好事，但同时也会因此带来几个突出问题：一是矿山已经部分开采，山体已经破坏，即使停采也无法恢复原状，而且已经留下的这块十分显眼的“伤疤”难以处置；二是当地经济发展将会受到严重影响；三是大批村民面临失业，难以就近找到增收门路；四是政府单方面提前中止企业采矿权而带来的经济损失，需要拿出大笔资金给予补偿；五是白莲矿点如果实行关闭，县内其他零星矿点如允许继续开采，同样会对其他地方的环境造成影响，如全面关闭，罗田各项建设工程所需石料必须全部从外面购进。

综合分析以上因素，调研组认为，如对白莲石材企业实行关停，弊大于利。建议在坚持“科学规划、守法依规、环保安全、合理开采、深度加工、和谐相处、互利共赢”原则的基础上，以科学发展观为引领，以石材产业加工园为载体，以引进精深加工企业为重点，以追求生态效益、经济效益、社会效益有机统一为目标，推进白莲石材产业快速、健康发展。

## 二、兴建石材产业加工园要注意解决好六个问题

第一，深化决策方案。白莲石材产业过去十年的发展，没有县委、县政府的决策与支持，很难走到今天。下一步的发展之路应当如何走，县委、县政府已经作出决策。《罗田县国民经济和社会发展第十三个五年规划》明确提出：“支持石材产业园规范开发、做大做强”。去年年底召开的县党代会、人代会工作报告也明确要求积极推进白莲石材产业园建设，有序发展石材精深加工产业。但这项决策目前还只是在客观层面作出，具体政策措施和实施方案尚未出台，加之这项工作社会敏感度较高，民间舆论一直在持续关注，最近对矿山开采又采取了临时停产措施。因此，当地干部群众和企业业主心里总觉得有些不踏实，思想上摇摆不定。一方面希望尽快启动石材加工园建设，促进产业做强做大，一方面又担心一旦形势政策发生变化，园区和企业停工下马，会造成重大经济损失，并因此而带来一系列后遗症难以处理。如何让当地干部群众和企业老板吃下“定心丸”，树立投资信心，这是当前迫切需要解决的一个首要问题。

第二，加快园区建设。按照县委、县政府安排，县发改部门已将白莲石材工业园作为2016年全省重点项目上报省发改委，并获得批准，建设用地指标也已争取到上级批文。但由于种种原因，该项目没有按年度计划实施。为此，县发改局还接受了纪检机关的问责调查，并以书面报告形式重新报请省发改委撤销了这一立项。此举也是乡里和企业老板思想摇摆、举棋不定的重要原因之一。重新启动园区建设，要重点做好以下几项工作：一要继续将园区建设申报列入省级重点项目，以利土地报批。二要明确管理体制。有两种方案可供选择：一是定名为“罗田经济开发区白莲石材产业加工园”，由园区管委会统一领导并组织承建，白莲河乡协助建设，相关考核和统计指标全部划归白莲河乡；二是定名为“罗田县白莲石材工业园”，在县委、县政府统一领导下，由白莲河乡自管自建，县里组建工作专班，加强组织协调和具体指导。调研组倾向采用第二种方案。三要明确相关政策。建议建园政策比照县经济开发区相关政策执行，税收政策另行研究确定，在园区建设投入资金上县财政应根据实际情况给予适当补助。四要确定园区建设范围，应综合考虑石材总蕴藏量、年开发量和加工能力等多方面因素，面积过大会造成土地资源浪费，过小则不能满足企业用地需要。同时，在选址上要确保不占用或最小限度占用基本农田，尽量不占用可耕地，努力做到一旦企业撤出，占用耕地可以复耕或有其他用途，不被废弃。

第三，明确发展方向。白莲石材目前主要是卖原料和初级加工产品，导致大量税收流失，兴建石材加工园的根本目的在于引进一批精深加工企业，促进石材转化增值，形成一个稳定的税源增长点。因此，对新引进的加工企业，要合理设

置入园条件，严格考察把关，对企业投资规模、投资强度、产品方向、设备造型、品牌建设和预期效益等在合同中均要明确约定，并加强监管，确保达到建园目标。

第四，高度重视环保。必须始终把防治污染、保护环境作为发展的前提，无论在哪一个层面哪一个环节哪一个时段都要依法生产、依法监管，绝不能以牺牲环境为代价换取一时的发展，成为历史的罪人。

第五，优化发展环境。石材企业既要与周边群众打交道，也要协调处理与20多个相关部门的工作关系，需要有一个良好的投资发展环境。政府及相关部门一方面要做好群众的思想工作，及时调处纠纷，化解矛盾，依法依规加强管理，维护正常生产经营秩序；另一方面要热忱服务，帮助企业解决一些实际问题，支持企业发展壮大。同时，要积极敦促企业信守合同，依法依规开展生产经营活动，尤其是在落实环保安全措施上不能打折扣，避免引发现实矛盾，更不能在历史上留下后遗症。

第六，做好群众工作。石材产业园涉及土地征用、环境污染、利益分配等多个方面，与当地群众生产生活和切身利益密切相关，要始终注意在维护群众合法权益的同时，做好群众的思想工作，加强舆论引导，及时化解矛盾纠纷，确保和谐稳定。

**三、几点具体建议**

建议县委、县政府近期对以下几项工作作出具体部署安排：

（一）召集四大家全体领导和白莲乡及相关部门负责人就白莲石材产业发展问题听取一次专题汇报，统一思想，形成共识，明确下步发展思路、工作目标和推进措施。

（二）研究起草《关于加快建设白莲石材工业园推进石材产业健康发展的意见》，经县委、县政府讨论通过后以正式文件印发。

（三）成立白莲石材产业园建设领导小组，组建工作专班，具体负责文件起草和园区建设推进工作。

（四）县委、县政府适时召开一次现场办公会，现场研究解决产业发展中的一些亟待解决的重大问题。

## 关于加快建设塔山公园的建议

（3月31日县政协十届二次常委会审议通过）

按照年初计划安排，今年3月，县政协闵厚明副主席带领部分政协委员和县直部门负责人就加快塔山公园建设开展专题调研，县政协围绕这一议题，组织召开协商座谈会，县委副书记陈世龙、县委委员、副县长秦新平受邀出席会议，听取委员发言，参与协商讨论。3月31日，县委委员、县政协主席童伟民主持召开十届二次常委会，审议通过本建议案。

**一、建设塔山公园是民心所向的一件大事**

早在1993年，就有人大代表、政协委员提出建设塔山公园的建议，时隔20多年，这一呼声越来越高。那么，建设塔山公园究竟有无必要、是否可行？县政协常委会认为，建设塔山公园不仅势在必行，而且应当加快建设。

（一）建设塔山公园很有必要。

一是造福一方百姓的需要。目前县城常住人口已近十万，占全县总人口的六分之一，县城居民前往塔山健身、游览、礼佛的人数日均在两千以上，他们迫切希望能早日将塔山建成一座环境优美、交通便利、设施配套的市民公园。这一期盼在这次网上调查中得到充分反映。“塔山公园怎么建、政协请你出点子”一篇帖文通过县政协网站和罗田全媒体等公众微信号发出后，点击量高达60479人次，平均每十个罗田人就有一人在关注此事。在201人的网友跟贴中，大家在积极支持建设的同时也提出了许多好的意见建议。由此可见，罗田干部群众对建设塔山公园的热情十分高涨，呼声十分强烈。

二是完善城市功能的需要。罗田城区面积已经扩展到30多平方公里，城区面貌日新月异，山水园林城的格局初步形成，深得市民和外来游客赞赏。但必须清醒地看到，罗田的城市功能还有待进一步完善，城市品位也有待大幅提升。无论是完善功能，提升品位，还是成功创建园林城、旅游城、文明城，城市公园都不能留下空白。

三是吸引游客进城的需要。近年来，进入罗田的游客迅猛增长，但大多是去往天堂寨、薄刀峰、三里畈等地，很少有人在县城游览、住宿、购物，主要原因是县城无处可游。如果能结合公园建设，将塔山打造成一个知名景区，这一状况将会逐步转变。

四是传承历史文化的需要。据罗田第一部县志明嘉靖志记载：早在唐代，塔山就建有一所寺庙、一座佛塔，梅花遍野，人流不断，故先后以“塔寺钟声”、“塔山秋色”、“老塔唐梅”之名列为“罗田八景”之一，并留下历代名人诗文石刻，玉屏书院、读书亭、睡虎亭等多处遗址遗迹。如今，千年古塔已经成功复建，梅园也已初步建园，清元禅寺成为全县规模最大、信众最多、管理最规范的一处宗教场所。充分挖掘利用这些文化遗产，融入公园建设，不仅有利于提升公园的文化品位，同时也能够增加县城的文化底蕴和历史厚重感。

由此可见，塔山公园建设，既是一个城建项目，也是一个文化和旅游项目；既是一个形象工程，也是一个民心和德政工程；既有重要的现实意义，也有深远的历史意义。

（二）建设塔山公园切实可行

地理环境优越。一是地处城郊，交通便利。县城街道已延伸至山脚，步行至山顶只有一两公里路程，方便市民出行；二是自然风光秀丽，树木葱茏，植物多样，且已获批省级森林公园，适合建设市民公园和旅游景区；三是山林面积主要为县林科所使用的国有土地，不需新征土地，便利公园建设；四是符合县域建设总体规划，不需调整规划，项目可以迅速立项开工。

基础条件较好。近年来，县委、县政府已经启动塔山公园建设，并取得阶段性成果。一是组织编制了塔山公园建设总体规划，规划已通过专家评审；二是复建了“玉屏塔”；三是新建了门楼、停车场，扩宽了进山公路；四是支持扩建维修了清元禅寺；五是安装了自来水、路灯；六是规划并初建了“梅园”。这些工作为下步建设奠定了良好基础。

群众拥护支持。由于塔山公园建设是一项功在当代、利在千秋、惠及广大人民群众的民心工程，因此，无论是干部群众还是在外老乡，无论是相关单位还是周边村组，对公园建设无不表示拥护支持。不少市民表示，一旦县委、政府发出号召，他们乐为这项公益事业做义工、捐资金。为支持公园建设，省政协原副主席丁凤英同志近期多次和县领导商讨兴建塔山梅园一事，并多方联系梅花树苗，终使河南鄢陵和湖北黄梅的一批梅花梅苗在塔山落地。广大人民群众的拥护支持是塔山公园建设最强劲的动力。

综上所述，建设塔山公园既有历史和现实的必要性，也有充分而科学的可行性，应当进一步形成共识，加强组织领导，加大力度推进，加快步伐建设，尽快使这一梦想变成现实。

**二、塔山公园建设需要认真研究的几个问题**

（一）目标定位问题。大家普遍认为：塔山公园在性质上应体现公益性，无论在什么情况下，对市民和罗田籍公民都应实行免费开放，同时作为旅游景区，待条件成熟后，也可考虑对外来游客实行收费。在目标定位上，要突出森林公园主体地位，彰显市民公园和旅游景区特色。在功能定位上，既要考虑市民休闲娱乐、健身礼佛的公益性功能，同时也要兼顾到对游客开放的部分经营性功能。

（二）规划设计问题。规划是建设的龙头，是公园能否建好的关键。塔山公园总体规划是2003年由县规划局编制的，大家对这个规划总体比较认同。但由于时隔多年，经济社会发展宏观背景和建园的具体条件以及市民、游客的需求都已发生较大变化，因此，这个规划还需要进一步修改完善。大家普遍认为：塔山公园的规划一定要高起点，要有长远战略眼光，要充分吸取外地先进经验。在具体编制过程中，既要尊重专家意见，更要广泛听取群众意见。要通过规划引领，精心建设，努力使其成为罗田城市建设的精品，成为自然景观与特色文化融合的典范之作。具体建议有七点：一是将七里牌水库和拟划入公园的区域纳入规划范围统一规划；二是在周边村组中选择2—3个具备一定基础条件的居民点，作为美丽乡村建设示范点与公园建设配套规划；三是突出森林公园主体功能定位，注重生态保护与修复，切忌破坏山体，严禁滥挖乱建；四是总体布局上，可根据地形地貌分设若干小区域，彰显区域特色功能；五是适当增加绿化苗木和各色花树品种，实现一年四季花色不断；六是扩建梅园，开放寺塔，重修“玉屏书院”，修复保护彩带石、猪嘴石、读书亭、睡虎亭和先贤碑文诗赋石刻等文化遗存；七是完善道路、水电、安全、消防、生活服务等各项基础设施。

（三）范围界定问题。大多数同志认为，塔山公园范围可在现在基础上适当扩大，由现在的1.2平方公里扩大到20—30平方公里，将塔山周边的老塔山、七里牌（含七里牌水库）、黄泥畈、龚家河等4个村部分毗邻地区划入公园统一规划建设和管理，划入的山林权属保持不变，农户的收益采取公益林补助方式解决，规划区内需要占用的建设用地和设施用地通过征用或长期租用途径解决。

（四）建设期限问题。建议建设期限为3年（2017—2019），今年正式启动，明年全面建设，后年竣工开园。

（五）资金投入问题。调研中，许多同志对黄州遗爱湖和麻城移民公园两个公园的建设赞叹不已，希望县委、县政府对这个一举多得的重大民生项目要高度重视，舍得投资。资金来源可从四个方面考虑：一是财政投资；二是争取上级项目投资；三是组织动员社会捐资；四是对一些经营性项目适当招商引资。

（六）管理体制问题。早在20年前，县委、县政府就成立了塔山森林公园管理处，管理处与塔山林科所合署办公，一套人马两块牌子。由于林科所属自收自支事业单位，工资需要自己创收解决，根本无暇顾及公园建设和管理，加之权责不明，林权属林业局，土地使用权属涉及林科所、清元禅寺、凤山镇5个村和少数农户，基础设施建设归住建局，绿化归园林局，很难实施统一管理。为此，建议尽快组建一个统一、精干、高效的公园管理机构，一举结束无人管理、无法管理的现状。机构名称建议继续沿用“塔山森林公园管理处”，为县林业局下属副科级事业单位，目前可与塔山公园建设领导小组办公室合署办公，由政府办公室一名副主任兼任办公室主任和公园管理处主任。管理处可暂定事业编制2—3人，人员从林科所符合条件者中录用，改自收自支为全额供给，负责日常管理工作，待条件成熟后，机构人员再作相应调整。提出这一建议方案，主要基于三点：一是按照上级规定，设立省级森林公园必须组建相应的管理机构，机构的设立符合政策规定；二是塔山森林公园管理处已经成立，现在只是依据工作需要作出调整，不属新设机构，调整报批工作难度不大；三是继续设在林业系统，有利于林科所减负，有利于职工的稳定，有利于通过森林公园这个渠道争取相关项目。如果将公园管理处改归其他部门，势必引发一些矛盾，滋生不稳定因素。

（七）文化挖掘问题。塔山文化底蕴比较深厚，资源也比较丰富，但目前尚未真正开垦挖掘。要组织专门力量深入挖掘，推介传承。公园建设要充分融入文化元素，真正让所有罗田人无论走到哪里，都能永远留住老塔山的文化记忆，让所有外来者都能感受到罗田深厚的历史底蕴、浓厚的文化气息和独特的文化风味。

（八）寺院管理问题。塔山清元禅寺是一座千年古刹，是鄂东地区较有影响的一座寺庙，是湖北省重点宗教活动场所，也是塔山公园建设中一个不可忽视的基点。目前进山公路是从寺院中直接穿过，既有安全隐患，也不利于对僧人和信众的管理。为此，寺院多次请求将现在从院内穿行的公路改线重建，动员邻近的一户居民搬迁，以利寺院封闭管理。调研组认为，这一请求符合公园建设总体思路，应予考虑并支持。为表达对支持塔山公园建设的心愿，寺庙方丈多次表示，搬迁费用可由寺院支付，并募集善款支持公园道路建设。

### 三、加快推进塔山公园建设

（一）形成共识，营造氛围。塔山公园建设规划虽然在2003年就已经编制，但真正付诸实施是在最近几年。尽管工作在推进，但据了解，近十年来，塔山公园建设尚未通过县委集体决策，亦未在四大家联席会上专题研究。调研中，不少同志对最近几年取得的阶段性建设成果表示肯定，但也认为这项工作还未得到足够的重视，尤其是广大市民对公园建设的决策方案和进展情况还缺乏应有的了解。因而或多或少产生一些误解和怨言。为此，建议县委、县政府近期就塔山公园建设问题召开一次专题会议，研究形成一些原则意见，并通过适当方式加强舆论宣传，以表明县委、政府的态度和决心，回应社会关切，形成良好舆论氛围。

（二）加强领导，专班推进。建议县委、县政府成立塔山公园建设领导小组，县委、县政府主要领导任顾问，明确分工一名县领导牵头组成工作专班主抓。近期应突出抓好以下几项工作：一是广泛深入听取群众和专家意见，对公园建设目标、功能定位、范围界定、重点项目、管理体制等问题进行专题调研，形成具体意见，为规划修编奠定基础。二是组织规划修编。规划修编要坚持专家、群众、领导三结合的原则，广开言路，广纳民智，公示公开。三是加快推进林科所改制步伐。这项工作已纳入国有林场改制方案，应加快启动，尽快完成。改制中要妥善解决改制职工出路和生活保障问题，确保不吃夹生饭，不留后遗症。四是尽快研究出台公园管理、服务、保洁、安全、消防等具体工作措施。五是依据政策，组织相关部门迅速申报项目，争取上级资金扶持。

（三）明确目标，加快建设。按照3年全面竣工的目标任务，倒排工期，挂图作战，任务到组，责任到人，实行每季一督办，半年一结帐，一年一考评，确保各项工作如期顺利推进。具体安排是：2017年7月底以县委、县政府名义印发《关于建设塔山公园的决定》，召开塔山公园建设推进大会，组建工作专班，正式启动各项工作；8月底前完成各项专题调研任务；10月底前完成总规修编和评审，相关部门向上申报项目；12月底完成部分区域修建性详规和工程设计方案；明年3月底前完成招标，进入施工；2018年6月底前全面完成其他项目设计方案，所有项目在年底前全面开工，2019年10月底全部工程完工，元旦前正式开园。

## 关于实施板栗振兴计划促进栗业转型发展的建议

（8月2日县政协十届四次常委会审议通过）

为助推县委、县政府振兴板栗产业计划的实施，6月中旬至7月中旬，县政协组成8个调研组，分别由主席、副主席带队，深入全县12个乡镇、20多家板栗加工企业开展了为期一个月的专题调研，并赴河北迁西县参观考察。8月2日，县委委员、县政协主席童伟民主持召开县政协十届四次常委会，审议通过本建议案。

### 一、历史回顾

我县板栗栽培历史悠久。据《罗田县志》、《湖北省志》记载：春秋战国时期就有人工种植板栗，唐代板栗就已成为县域大宗出产，明清时开始销往南洋群岛。新中国成立后，历经几十年的不懈努力，罗田板栗由解放初的不足3万亩发展到50多万亩，产量由120万公斤猛增至2011年的6800万公斤，一跃成为全国板栗生产第一县。回顾罗田板栗产业发展历程，大致经历了三个阶段。

（一）建国初至上世纪六十年代末的自然增长阶段。这一阶段新增面积较少，除1958年因大炼钢铁一些老板栗树被砍和三年自然灾害减产外，其它年份产量均有不同程度增长。年产量最高的1956年为180万公斤。

（二）上世纪七十年代初至八十年代中期。这一阶段是罗田板栗生产大发展的重要阶段。1973、1974、1982年，国务院副总理王震先后三次来罗田视察，指示罗田要大力发展蚕桑、板栗、小水电，建设全国外贸出口基地。在王震同志的亲切关怀下，罗田天堂一级电站开始建设，蚕桑、板栗基地得到较大规模发展，县外贸局应运而生，板栗主要通过外贸部门批量出口，罗田板栗引起各级领导重视关注，并在市场上获得较好声誉。

（三）上世纪80年代中期至现在的产业化发展阶段。这一时期，罗田板栗生产迅猛发展，逐步走向高峰。显著标志有：一是罗田板栗首次得到国家专项扶持。1985年，罗田被列为全国板栗商品基地县，并获得国家计委、国家林业部1000万元专项扶持，这是迄今为止最大的一笔板栗专项扶持资金。二是板栗产业成为脱贫致富的支柱产业。1986年，罗田被国务院确定为全国重点贫困县，国家科委将大别山片区列为科技扶贫重点帮扶地区，湖北省委、省政府指示省科委组织武汉地区5院12所（系）50多位专家来罗田开展资源调查，谋划脱贫致富重点产业。根据专家建议，县委、县政府将板栗作为产业扶贫的重点，在全县范围内大面积推广。到1998年，全县板栗面积发展到42万亩，总产1750万公斤，系列产值3亿元，90%的村建有集体板栗场；板栗年产过20万斤的村18个，农村人平板栗收入472元，占当年农民的人均收入24%，板栗年均收入过万元的农户超过1千户，板栗成为带动13万农户脱贫致富的支柱产业。1996年我县提前一年实现“八七扶贫攻坚计划”，1997年被国务院授予“全国脱贫工作先进县”。罗田发展板栗产业促进脱贫致富的经验多次在全国和省市大会交流。三是板栗生产跨入全国先进行列。1997年，罗田板栗产业达到1550万公斤，首次超过河北迁西县，成为名副其实的全国板栗生产第一县；2000年，罗田被国家林业部授予“全国经济林建设先进县”。四是荣获“中国板栗之乡”荣誉称号。2000年，中国经济林学会命名首批“中国板栗之乡”，罗田名列其中。五是科技兴栗成果丰硕。在省科技扶贫团和省农科院、华中农大的大力支持下，县内科技人员和县内外专家协同作战，先后完成

"降低板栗空苞率"、"板栗病虫害防治"等17项科研课题，取得12项科研成果，并在生产中得到广泛应用，取得良好效果。六是两次全国性会议在罗田召开。1992年和1999年，国家科委先后两次在罗田召开全国板栗产业发展研讨会。罗田板栗在全国的地位和影响力大大提升，有力推动了罗田板栗产业的加快发展。七是系列活动扩大了罗田板栗的知名度、美誉度。1999年，国家科技部、农业部、国务院扶贫办、湖北省政府、中央电视台联合在罗田举行99'科技下乡大型科技活动，吸引国内20多个省市和县内近十万人参加，中央电视台和湖北电视台现场直播123分钟，科技兴栗、脱贫致富就是这次活动的主题。此后，在国家相关部委和省市党委、政府的大力支持下，罗田连续举办了十多届科技节，先后邀请到原全国政协副主席王文元、毛致用等多位领导同志亲临罗田出席节会。

罗田板栗产业的发展，至少给我们留下五点启示：

启示一：罗田板栗是大自然和老祖宗留下的一份宝贵遗产，我们应当努力保护传承并发扬光大。

启示二：罗田板栗是我县唯一一个拥有四个国字号的著名品牌（国家板栗商品基地示范县、中国板栗之乡、国家地理标志产品、国家地理标识证明商标），品牌价值应当得到充分开发，品牌效益应当得到充分发挥。

启示三：罗田板栗是我县种植面积最大、生产历史最长、受益人口最多、产业形态最完整、社会关注度最高、对外影响力最强的一个重要产业，这一产业只能不断创新发展，绝不能走向没落衰亡，否则，政治上无法向上级交代，经济上将蒙受重大损失，历史上将遭到后人唾骂。

启示四：罗田板栗是全县人民心中的一棵感情树、乡愁树，这棵大树只能不断茁壮成长，绝不能像蚕桑一样逐渐倾倒乃至大面积消亡。一旦如此，全县人民的思想感情将会受到极大伤害，干部群众对发展农业生产的信心和积极性将会受到严重打击和挫伤。

启示五：罗田板栗的辉煌是上级大力支持，县委、县政府正确领导，全县人民共同奋斗的结果，走过的道路曲折艰辛，既有经验也有教训，既有高潮又有低谷，只要我们下定决心，坚定信心，锲而不舍，真抓实干，一定能够战胜困难，走出困局，再创罗田板栗辉煌。

**二、基本态势**

振兴罗田板栗产业，必须对当前的基本态势作出科学判断。调研组综合分析认为：

第一，罗田仍然是板栗大县，但离板栗强县目标还有较大差距。"大县"主要体现在：一是面积大，现有种植面积56万亩，在全国26个"中国板栗之乡"中位居第一，比"中国板栗第一乡"河北迁西县多3万亩；二是产量大，正常年份产量为4—5万吨，最高年产达到6.8万吨，远远超过其他板栗产区；三是加工储藏能力大，全县板栗冷藏总库容为4.85万吨，加工能力为3.5万吨，在国内处于领先地位；四是市场名气大，罗田板栗不仅在业内享有较高声誉，在市场上同样享有较高知名度和美誉度。因此，从产业规模来看，罗田仍然是板栗大县，在国内同行业的地位仍然是"南无对手，北有优势"。"强县"，主要是与迁西相比较，发展水平、整体效益都存在较大差距，面临转型升级不快、竞争实力不强、综合效益不高、发展后劲不足等突出问题。

第二，板栗仍然是罗田的优势产业，但支柱产业的地位严重下降。在罗田目前的三次产业结构中，支撑第三产业的主要是旅游业，支撑第二产业的主要是水电、化工和建筑房地产业，长期以来，板栗则是支撑第一产业的顶梁柱。无论是面积、产量、综合收入，还是就业人数、产业化程度、市场影响力，至今仍没有哪一宗农产品能与板栗相抗衡，比较而言，板栗仍应是罗田的一大优势产业。上世纪八九十年代，县委、县政府将板栗、蚕桑、畜牧列为重点发展的三大支柱产业（后调整为板栗、畜牧、旅游），如今旅游异军突起，蚕桑早已衰亡，畜牧始终未能做大，而板栗一直在不断发展，并成为千家万户脱贫攻坚的支柱产业，但这几年却在走下坡路，地位严重下降，发展陷入困境。

第三，罗田干部群众对板栗仍然有浓厚感情，但缺乏信心和热情。无论是基层干部群众，还是在外老乡，都普遍认为，罗田板栗产业凝聚了几代人的心血，成果来之不易。深感板栗不仅是罗田的一棵绿化树、风景树，更是一棵摇钱树、乡愁树，这棵树的发展现状无不令他们感到担忧，因此，对这次板栗调研无不拍手叫好，对县委、县政府无不充满期待。但同时也发现：对于板栗产业的振兴，许多同志热情很高却信心不足，部分栗农感到力不从心、望栗兴叹。

第四，罗田板栗虽然面临转型困境，但振兴发展仍然大有希望。大多数同志认为，对当前的问题既不能熟视无睹，麻木不仁，又要高度重视、理性分析和看待。目前板栗产业面临的困境并非绝境，暴露出的一些问题既有历史形成的老问题，也有在经济结构不断转型升级、消费需求不断变化的大环境下产生的新问题，既有客观环境的影响，也有主观方面的不足。面对这一困境，既不可怨天尤人、急躁偏执，更不可消极被动、无所作为。迁西板栗和其他许多地方发展农业特色产业的经验启示我们：只要迅速行动，积极应对，精准施策，持续发力，罗田板栗产业振兴仍然大有希望。

**三、主要问题**

一是产量急剧下降。据林业部门统计，2011年全县板栗总产量为6.8万吨，达到历史最高峰值。此后5年连年大幅下降，年均递减16%左右。2016年，全县总产量减至1.8万吨，不到2011年的三分之一。凤山镇鲶鱼丘村是昔日全县产量过20万斤的18个村之一，最高年产超过30万斤，最近几年，每年不到1万斤；地处城郊的丰衣坳板栗场，过去是全县的高产示范园，外地参观者络绎不绝，场主反映，去年却“没动竹竿，基本无收”。

二是价格持续低迷。迁西板栗每市斤均价在8元以上，部分年份达到11元，最高达到16元，罗田均价只有3—4元，少数颗粒较小的不到1元，去年大幅减产最高也只卖到5元。白庙河镇富硒板栗专业合作社运用自己发明的富硒板栗栽培技术生产的“瑶琦”牌板栗，按级别每斤自定售价6元、10元、15元，一直俏销，网上销售甚至卖到20元。

三是品质严重退化。消费者普遍反映，罗田板栗口感较好，但存在几个显著弱点：一是不易保存，很快就会出现黑斑、腐烂变质；二是虫害严重，栗中生虫，令人望而生厌；三是没有全面实行分级包装，良莠不齐，不能满足消费者的个性需求，抑制了购买欲望。

四是加工简单粗放。全县现有工商注册板栗加工企业24家（停产4家），除绿润、华丽两家企业具有一定生产规模外，其余企业生产能力都十分有限，没有一家产值超过5千万元，大部分在千万以下，100至500万元的占到一半以上，基本上是作坊式、季节性生产，小打小闹，难成气候。企业产品80%以上是板栗罐头，不仅附加值低，由于内部相互杀价，导致利润十分微薄，企业生存困难，难以做大做强。

五是市场逐渐萎缩。十年前，除西藏、台湾外，罗田板栗在国内其他省份均有销售，现在则仅限于江浙、广东等少数省份，产品市场日渐萎缩。

六是品牌受到冲击。近年来，大量外地板栗进入罗田，一部分直接进入市场销售，一部分用作罐头加工，外地板栗和罗田地产板栗未作区别，鱼龙混杂，致使这一“国家地理标志保护产品”的声誉直接受到损害。在武汉等外地市场摊点，外地板栗假冒罗田板栗销售的现象屡见不鲜。

**四、原因分析**

（一）生产经营体制落后，难以形成规模化生产。我县板栗大面积发展是在农村实行生产责任制之后，板栗主要栽种在房前屋后和自留山、自留地上，千家万户自种自管、自产自销。各自为战、分户单干的生产经营体制，与当时的农村政策和客观条件是相通的，有利于调动广大农民的生产积极性。但几十年过去，形势已发生巨大变化，这一体制已难以适应当今市场经济条件下规模化、市场化、专业化生产的需求。其落后的弊端已日益显现：一是低产栗园难以实施规模化改造。罗田栗园普遍栽植过密，树形高大，既影响产量，又不便于采收，需要大面积间伐改造，但现在每片栗园中均拥有多个户主，群众都不愿意间伐自家的栗树，致使大面积改造很难落实。二是病虫害难以统一集中防治。一些地方和农户虽然采取了防治措施，但由于大面积防治不到位，降低了防治效果。三是生产管理水平难以提升。专家认为：罗田栗园管理水平普遍较低，全县管理较好的高产栗园不到总面积的20%。如果实行规模化、专业化、精细化管理，亩产能够达到县林科所当年试验出的1104斤高产的一半，全县产量将大幅翻番。但由于分散经营，集中管理很难做到，部分家庭主要劳力长年外出打工，栗园无人管理，长期荒芜；部分家庭虽有劳力在家，但觉得板栗投入不划算，经济效益低，不愿管理；部分家庭板栗面积较大，也有一定收入，希望能够管好栗园，但缺乏技术指导，不知道如何科学管理。无人管、不愿管、不会管，既是我县板栗生产环节的一个突出问题，也是导致产量不高、品质退化的一个重要原因。

（二）比较效益低下，难以调动农民生产积极性。调研中有人算了四笔账，对栗农生产积极性为何衰退作出了回答：一是人工账。一个整劳力现在每天在家门口打工或帮工就可收入现金150至200元，半劳力也可收入80至100元，还可获得免费中餐或晚餐，如雇工采收板栗，板栗出售收入往往还抵不上工钱。为此，这两年已有不少农户放弃板栗采收，任由他人采摘。二是投入账。近5年间，化肥、农药等生产资料价格上涨了25%，但板栗价格并未同步上涨。三是风险账。在国外和迁西，都是待板栗完全成熟从树上自然掉落后，才集中收捡，没有什么风险，而我县仍一直沿袭打板栗的传统习惯，以致栗球刺伤眼睛，从树上摔下造成伤亡的事件每年都有发生。四是对比账。凤山镇栗农余松成说：“九十年代初，请一个劳力一天只要5块钱，卖一两斤板栗就可以顾工钱，家里每年产板栗七八千斤，可收入一万五千元左右，两三年的板栗收入就可盖起一栋楼房。现在打一天的板栗，工钱都顾不上，指望靠板栗盖楼更是不可能的事。”跟打工比，跟其它种养项目比，搞板栗都不很划算。这种对比算账法，从长远和大局来看，虽有一定片面性，但的确反映了当前板栗效益低下的现实。

（三）龙头企业自身能力不足，难以发挥带动功能。许多地方的成功经验表明：农业必须走产业化经营之路，必须建立完善“龙头企业（市场）+基地+农户”的经营模式，形成完整的产业链条，充分发挥龙头的辐射带动功能。而我县在这方面则有明显不足。县里虽然投资兴建了板栗交易市场，但热闹之后，由于经营不景气，现在已经关闭改作它用。当年下大力气从山东引进绿润公司，以后又大力支持迁建，虽然每年也收购了一些板栗，但企业始终未能做强做大，龙头企业的作用未能得到有效发挥。另一家规模较大的企业华丽食品同样如此。

（四）支持服务力度不够，难以推动产业健康发展。大家普遍反映，近几年来，县委、县政府抓旅游、抓扶贫、抓城建、抓招商的力度很大，比较而言，抓农业产业尤其是板栗产业的发展动作不大，力度不够。具体体现在：一是思想共识未形成。部分同志对当前板栗的发展现状缺乏清醒认识，对振兴板栗产业的必要性、重要性、紧迫性认识不足，普遍存在畏难情绪，感到无从下手。二是发展氛围不浓厚。过去每年都要召开几次板栗专题会议，对一些重点工作进行部署安排、检查督办，组织现场会推进板栗生产，举办板栗科技节开展宣传推介；这几年，会议很少召开，板栗节停办，全县上下齐抓板栗生产的氛围明显淡化。三是推动发展缺措施。一些同志反映，当前板栗产业处于低谷，急需政策支持引导。但最近几年，除在扶贫政策中对流转面积在20亩以上的贫困户明确了一定的资金扶持外，再无其他政策支持。2012年，县委、县政府《关于深入推进全县板栗产业化发展的意见》中的有些政策，也未得到很好落实。为此，大家普遍认为，县委、县政府应在深入调研、系统谋划的基础上，结合精准扶贫和“双创”基地建设，迅速制订出台系列配套政策，推动这一产业转型升级、振兴发展。

**五、对策建议**

板栗产业涉及千家万户，关联多个环节，推动振兴发展，必须坚持问题导向，系统谋划、务实重行、逐步推进。既要着力解决当前实际问题，更要谋划长远发展大计。从一做起，从现在做起，从解决最关键的问题做起。综合各方面意见，提出如下建议：

（一）形成共识，坚定信心。全县上下必须形成三个共识：第一，板栗是罗田的突出特色和优势。发展县域经济，必须在特色和优势上做文章，打优势仗，走特色路。放弃优势就会陷入盲目，丢掉特色就是丢掉一个地方的声誉。第二，板栗是罗田农业的拳头产品，是农民脱贫致富的主导产业，已经帮助大批农民脱贫致富。实施精准扶贫，关键是产业扶贫，而板栗产业在罗田最有基础，是名副其实的全域产业，只要稍加努力，当年就会见效，当年就能推动一部分贫困户脱贫；只要长抓不懈，就能持续增收，脱贫成果就能得到不断巩固。第三，板栗一直是罗田知名度最高、销售量最大的农特产品，也是我国传统的风味食品。只要坚持科学发展，不断巩固开拓国内外市场，永远都是朝阳产业。第四，罗田板栗是国家重点支持的特色产业。2015年6月，国务院发布的《大别山革命老区振兴发展规划》明确指出，要将大别山区建成全国重要的粮食和特色农产品生产加工基地，板栗生产和加工被列入重点支持范围。今年3月，我县被国务院列为全国“双创示范基地”，推动板栗创新创业大有可为。我们应当抢抓这两大机遇，大力推进二次创业，加快产业转型发展。

（二）转变思路，明确目标。总体思路是：政府引导，市场主体；规模生产，集约经营；龙头带动，品牌引领；科技兴栗，提质增效；改革创新，转型升级。

在发展思路上要尽快实现四个转变：一是由规模数量型向质量效益型转变。全县面积保持总体稳定，不再大规模发展新栗园，不过分强调面积和产量，着力在提高全产业整体效益上做文章，重点抓好低产栗林改造和品种改良。按照市场需求，区分早、中、迟熟品种和不同地理气候条件，优化区域种植结构，从根本上解决品种混杂、成熟时间不同但同时采摘导致部分果实不饱满，既影响产量又降低品质等系列问题。二是由分散经营型向规模经营型转变。鼓励支持一批专业合作社和种植大户通过承包、租赁、流转等形式，将分散经营的栗林集中起来，统一管理，统一病虫防治、栗园改造和机械操作。鼓励支持加工企业兼并联合，抱团发展，避免恶性竞争，相互内耗。三是由单一经营型向多元融合型转变。积极探索栗林间作其它作物的种植模式，提高土地利用率；引进迁西技术人才，发展栗蘑生产；

与“罗田吊锅”配套，适度发展栗壳固型炭生产；结合全域旅游，积极探索、组合推出板栗赏花游、板栗采摘游、板栗美食游等旅游产品。不断拓展发展空间，丰富产业形态，完善产业链条，提升全产业整体效益。四是由粗放管理型向科技创新型转变。建立一批高产示范园，培育一批科技示范户，推出一批实用技术和管理模式，闯出一条创新发展、高产高效之路。五是由产品经营型向品牌经营型发展。依托品牌促销，依靠品牌增效。

（三）改革创新，激发活力。传统的生产经营体制和落后的方式方法已严重制约罗田板栗产业的发展，必须加快改革，大力创新。一是改革生产经营体制。通过政策激励、市场运作，采取多种行之有效的方式，加快推动千家万户分散经营的栗园向专业合作社和种植大户集中，着力解决当前大量栗园荒芜、管理水平不高、产量效益低下的问题。二是改革生产经营方式。在分区域、定品种，对低产栗园实行大规模改造的同时，尽快改变传统的采收习惯，改“打板栗”为“捡板栗”，大力提升除草、耕作、病虫害防治和板栗剥壳等机械化应用水平，降低人工成本和劳动强度，提高劳动生产率。三是改革资金投入方式。整合上级涉农项目资金和县级财政资金，设立板栗产业专项发展基金，对育种繁育、栗园改造、基地配套设施建设、技术推广、科技攻关、新产品开发、市场销售、品牌建设等涉及产业方面的各个环节，明确相关标准，通过项目竞标、定额补助、单项奖励、购买服务、投资入股等多种形式，加大政策性资金投入力度，充分发挥政府投资引导的示范效应。鉴于目前发展现状，每年投入不应低于1000万元，这项资金与扶贫资金可以统筹使用，并不增加财政负担。只要投向和标准切合实际，管理措施到位，投放及时准确，效果将会很快显现，对推动产业发展无疑将会起到积极的促进作用。四是创新产品销售模式。罗田板栗销售主要有加工企业直接收购和中间商上门收购等两种方式。这两种方式虽然基本解决了板栗无人收购的问题，但市场空间狭窄、销售渠道单一，很难做到不压级压价。许多栗农反映：一遇板栗增产年份，或集中大量上市时节，收购价就会大幅下降。一些板栗收购企业收购板栗仁时，往往会故意将收购时间拖延至傍晚，栗农担心当天剥出的栗仁如隔天销售会腐烂变质，只好低价卖出。因此，必须大力拓宽市场空间，培育一批讲诚信、懂经营的销售大户，积极发展电子商务等多种销售方式，努力解决栗贱伤农问题。同时，要大力引导社会资本投入板栗产业发展，积极帮助解决企业融资难。

（四）壮大主体，做强品牌。在壮大主体方面，既要注重专业合作社、生产大户、加工和销售企业的发展壮大，更要注重各企业之间的结亲联姻，着力培育龙头企业。对现有加工企业中规模过小、设备老化、技术落后、环保和安全不达标的作坊式车间，要停产关闭一批，改造提升一批；对绿润、华丽等具有一定生产规模、现有基础条件较好，但目前又存在一些实际困难的企业，要积极扶持，帮助他们排忧解难，尽快走出困境，努力做大做强，努力避免新企业引不进、老企业活不久的问题。在品牌建设上，要切实增强品牌意识，大力实施品牌战略，建立以商标为核心，以绿色食品、原产地保护产品、名牌产品为辅助的“一主多翼”的品牌建设体系。一是要加强地标品牌保护和利用。借鉴迁西经验，通过实行“一牌一证一合同一公示”的管理模式，切实维护地标产品的严肃性、权威性，对外地流入我县的板栗和以此为原料的加工产品，一律不得冠以“罗田板栗”的品牌销售。二是要抓好企业知名品牌创建。对获得省级以上著名商标的，政府应给予一定奖励。三是要大力抓好品牌推介。加大媒体宣传力度，通过举办展会、论坛、积极参加国内外品牌推广活动等多种方式，不断提升罗田板栗的品牌影响力。四是高度重视板栗文化建设。规划建设板栗博物馆，加快建设丰衣坳板栗公园，充分挖掘罗田板栗文化，编印制作一批板栗宣传品，强化板栗文化底蕴，打造罗田板栗百年老字号品牌。

（五）人才为本，科技兴栗。罗田板栗能有今天这样一个发展局面，张力田、朱智、易珍旺、周德勇等一大批县内外科技人员功不可没。加快罗田板栗振兴，政策、科技、投入三大支撑是关键。目前，我县老一代板栗专家均已退休，板栗专业人才数量不足，青黄不接，作为基层主抓板栗生产的乡镇林业站，一半以上是外行。为此，一方面要继续充分发挥老专家的作用，另一方面要着力引进培养新的人才。建议将改制后的林科所更名为板栗科研所，与县林业技术推广站合署办公，实行一套人马、两块牌子，定为财政全额供给事业单位，赋予科研、示范、推广、经营等职能。按照国家相关规定，允许技术人员承包基地、入股经营。与此同时，着力培养一批土专家，鼓励支持企业开展校企合作，引进人才建立一批博士后流动工作站，推进科技强企、科技兴栗。

（六）加强领导，推进落实。罗田板栗产业如果没有县委、县政府一以贯之的强力推进，很难有今天这样的发展局面。罗田板栗要走出目前困境，实现永续发展，既要充分发挥市场在资源配置中的基础性作用，更要发挥政府的宏观调控和组织推动作用，仅靠市场一只手很难实现振兴发展。一是强化领导。成立由县委、县政府主要领导挂帅的全县板栗产业振兴发展领导小组，明确分工一名县领导长期主抓这项工作，分工应相对固定，精力应相对集中。领导小组办公室与县农特局合署办公，办公室主任由县林业局长兼任。县林业局、乡镇林业站应将板栗产业的发展作为林业工作的一项重要任务，县农特局应将板栗发展作为主要职责。县委、县政府应将板栗产业发展纳入年度考评目标。二是规划引领。制订出台《板栗产业十年发展规划》、《板栗低产林改造和标准化栗园建设规划》，通过高标准规划，引领产业健康发展。三是政策支撑。制订出台《关于大力推进板栗产业转型升级振兴发展的实施意见》和《振兴板栗产业5年行动计划》，列出时间表，划出路线图，明确系列支持政策。四是营造氛围。召开全县板栗产业振兴发展大会，发出二次创业、振兴发展动员令，将板栗产业作为精准扶贫、“双创基地”建设的主战场，大力宣传推介周远春等一批先进典型，组织一批科技示范户深入板栗主产区开展巡回宣讲。动员全县上下像当年抓板栗基地建设一样，打响一场产业脱贫攻坚战。五是狠抓当前。一要迅速组织县内外专家着重就低产林改造开展咨询论证，编制发展规划，为县委、政府决策提供依据；二要迅速研究出台促进今年板栗销售的具体措施，预防丰收之后出现销售难；三要恢复举办板栗文化节，以节促销售，以节促振兴，节会可以民间组织、政府补助的形式适度规模举办；四要筹办低产栗园改造示范点，今冬明春启动首批连片低产栗园改造项目；五要积极申报项目，争取上级项目支持；六要加强集体宣传和广告投放，充分展示栗乡风采，不断唱响罗田板栗品牌。

## 关于综合治理交通拥堵问题的建议

（2017年10月23日县政协第10次主席会议审议通过）

近几年来，我县城区交通拥堵问题日趋显现，引起广大市民普遍关注。为尽快解决这一问题，8至9月，由县政协副主席闵厚明带队，研究室和政法部门政协联络组牵头，组织部分政协委员就此进行了一次专题调研，并召开协商座谈会听取各方面意见。县委委员、副县长秦新平，县委委员、副县长、公安局长罗俊出席会议，介绍相关情况，县委委员、县政协主席童伟民讲话。根据调研情况和协商意见，形成如下建议，供县委、县政府决策参考。

**一、基本情况**

据了解，我县城区常住人口在10万左右，城区汽车拥有量在2.8万台以上，摩托车超过3.9万台，进城车辆平均每天约为6000辆次，私家小汽车每年以25%左右的速度持续增长。

近年来，为维护城区交通秩序，解决交通拥堵问题，县委、县政府采取了系列措施：一是组织编制了《凤山城区道路系统规划》、《罗田县公共交通专项规划》、《城区停车场专项规划》等3个规划，着眼长远解决问题。二是逐步完善城区交通基础设施建设，新建江夏大桥，改建扩宽巴源大桥，新增停车场8处，车位1000多个，打通北城岗隧道和书香路、凤城二路等循环路，城区路网基本形成，主干道全部实现黑化。三是大力发展公共交通，加强对出租车的管理，着力推进公交体制改革，城区公汽增至52台，设置运营线路5条，停靠点199个，候车亭151个，基本覆盖整个城区，方便了居民出行。四是加强了综合管理。县政府成立指挥部，组织交通、公安、工商、规划、城管执法等相关部门，对违章停车、酒驾醉驾、超载超限和违章建筑等问题进行专项整治，取得初步成效。城区交通秩序总体较好，重大交通事故逐年减少。

**二、主要问题**

（一）部分时段、地段堵车现象比较突出。时段主要集中在春节、国庆等主要节假日和职工上下班及学生上学放学时；地段主要集中在南门大桥、巴源大桥两端、县一中、幼儿园、实验小学出口及义水南路、义水北路和四方宾馆一带。堵车时间一般在十分钟左右，最长在半小时至一小时之间。

（二）乘坐公交出行仍然存在不足。由于运力不足，公交班次较少，等待公汽的时间一般在15分钟左右；职工乘坐公汽上下班不易选到合适班次，单位、学校离家较远的职工和学生如果天天乘坐出租车，既在时间上难以保证，又会增加经济负担，只得选择骑摩托车、电动车，或开私车出行。大量私家车同时上路，许多驾驶员又是刚刚拿到驾照的新手，一遇紧急情况，手忙脚乱，极易违章并引发一些小的事故，造成拥堵。

（三）停车难的问题十分突出。一方面缺少公共停车场，车位难找。按国家相关规定和县城实际需求测算，中心城区至少需要6000个小汽车停车泊位，但目前只有2200个左右，远远不能满足需要。且有不少设在居民小区内和地下，外地司机很难找到。县直单位和商业网点主要集中在老城区，职工上班、居民办事、购物往往只能将车停在路边，导致本来就比较狭窄的街道更加拥挤。另一方面，不少小区的停车场因住户不愿出资购买，大量闲置。杏林居、广源商城、凤城丽都、城市广场、金浦家园等小区地下停车场使用率不足20%。一些有车库的户主将车库用于出租，加剧了停车难。同时，不少司机交通意识淡薄，只图自己方便，车辆随意停放，造成老城区内街和今天超市、黄商超市等门店前经常出现堵塞。

**三、原因分析**

城市交通拥堵是一个普遍问题，就罗田而言，既有历史条件的限制，也有工作上需要加强和改进的地方。大家普遍认为，城区交通拥堵的原因大致有以下几个方面：

一是规划引领不到位。虽然编制了县城发展总体规划及其它专项规划，但有的规划滞后，有的规划缺失，规划之间衔接不够，相互矛盾冲突，缺乏严谨性、前瞻性、科学性，交通优先的原则体现不充分；有的规划出台之后，随意更改；有的规划在执行中遇到困难和问题中途搁浅，没有实施到位，难以发挥引领和规范作用。

二是城区路网不完善。江夏大桥至王葆心大道、阳光城至老物资局、城西绿化广场至拨云尖公园的连接线、人民医院三号路，凤城二路、凤城三路等多处“断头路”未贯通；阳光城西侧、凤城广场东侧等处存在“半边路”现象。西门农贸市场、北城岗巷、老蚕种场等巷道亟待修缮。少数地段因过分追求绿化面积，导致路口狭窄，影响车辆不能畅行。

三是停车泊位量不足。城区每百辆汽车公共停车位不足 8 个，与公安部、建设部部颁标准 20 个车位的要求相距甚远。整个老城区只有外滩公园建有少量停车泊位，近年新建的楼盘有不少既未建设地下停车场，也未设置地上停车泊位。部分建好的地下停车场使用率很低。

四是公交运力需增加。根据国家公交优先发展战略目标，到 2018 年，城市市区每万人应拥有公交车辆 12 台，据此推算，我县城区应达到 132 台，而目前只有 52 台，且只有一个临时公交首末站，各路公交车全部集中停放一处。

五是宣传教育不经常。市民文明素养的形成是一个渐进的过程，在这个过程中，需要政府及其相关部门加强法律法规和相关知识的宣传普及，需要通过各种行之有效的方式加强教育引导。这方面的工作虽然一直在做，但缺乏系统性、灵活性、经常性，宣传教育和引导的形式比较单一，内容不够丰富，手段缺乏创新，难以达到明显效果。

六是协同管理不紧密。城市管理涉及到多个部门，许多因素都可能导致交通拥堵。哪一个部门履责不到位，哪一个环节出现链条断裂，各方之间如果相互推诿，越位或是缺位，都有可能出问题。因此，管理范围必须全覆盖，管理措施必须全过程，管理手段必须全到位。

**四、具体建议**

（一）加强领导治堵。近年来，我县私家车急剧增加，城区交通拥堵问题日渐显现，尤其是旅游旺季和春节、国庆、清明等重大节假日期间，这一问题更为突出，群众呼声强烈。建议县政府进一步引起高度重视，明确一名县领导牵头成立相关领导小组，坚持不懈地抓好这项工作。领导小组要按照“标本兼治、应急与长远相结合”的原则，制订具体工作方案，明确各成员单位具体工作职责，加强政府协调和工作督查。对老百姓反映强烈的问题，能迅速解决的立即行动，条件不成熟、暂时有困难的，应通过适当方式解释说明。对新近出台的相关管理措施和路况信息等资讯，应通过媒体迅速公开，广而告之，防止误解误导。

（二）规划引领治堵。完善城区总体规划，结合城区现状和下步城区开发实际，着力完善城市功能，优先考虑解决交通问题；在布局安排学校、医院、剧院、卖场、运动场等人口密集项目时，应充分考虑周边环境和道路状况，不能顾此失彼，解决一个问题又引发一个新的问题；加快编制交通规划，正确处理园林绿化与公路建设的关系，织密循环路，打通断头路，合理布局停车场，在有条件的机关大院、职工宿舍和居民小区中，合理设置一些小型停车场。规划编制要因地制宜，切合实际，广泛听取市民意见，公开公示。严格落实规划，规划一经审定，必须严格执行，除因不可抗拒力的影响，非经法定程序，不得随意更改。

（三）完善网络治堵。一是尽快打通物资局、二小、凤城二路、凤城三路等卡口，加快巴源大桥的扩宽建设，规划建设审计局前交通岛与老林业局之间的大桥，形成畅通的内环线和二环线。加快江夏大桥至王葆心大道连接线建设，规划城西环城路，形成外环线。二是尽快恢复重建西门农贸市场，打通内街，并对北城岗巷、蚕种场等巷道进行修缮。三是将城南大桥头的绿地适当缩小，扩宽路口路面；将凤凰盆景园北侧交通岛绿地硬化，改作停车泊位；在滨河绿地改建一部分绿荫泊位。四是在中心城区老电影院、老医院等地建设一批智能停车场或地下停车场，并完善停车场的导引标识。

（四）发展公交治堵。一是逐年增加公交车辆、人员和班次，三年内力争达到100台，让市民便于、乐于接受绿色出行。二是在五条线路各建设一个公交首末站，避免来回空跑。三是延长公汽运营时间，特别是要开通途经学校、医院、长途客运站、工业园区等人流密集区域的早晚班车。四是规范的士运营行为，整治挑载拒载和不打表行为，严厉打击“黑车”。

（五）严格执法治堵。一是加快推进城管体制改革，将城区交通管理机构列为公安和城管双重领导。加大违停治理力度，通过劝导、处罚并举，让已有的停车场和停车泊位得到充分利用。同时，也要规范执法行为，避免以罚代管现象。二是克服警力不足的困难，加强对重点堵点的疏导、管理工作，对酒驾、毒驾、闯红灯、麻木占道、摩托车横冲直撞等现象进行整治。三是加强市容秩序管理，禁止出店占道经营，游街叫卖，特别是对县一中、实验小学出口和内街的占道经营加强整治；强力整治渣土抛洒，破道施工等行为。三是科学设置红绿灯放行时间，尽可能多地划定单行线，增大道路分流能力。四是加强司机和车主的交规培训，对违章者不能只扣分罚款，还要强制脱产学习。五是在交警、城管联合执法的基础上，引入交通运管力量，形成合力，在交通拥堵专项整治上保持高压态势。

（六）倡导文明治堵。宣传、教育、文化、广电等部门要加强文明出行的宣传教育，利用电视、广播、报刊、网站、微信等媒体，通过编排文艺节目、安排宣传栏目、开办电视曝光台等形式，让交通规则知识进学校、进单位、进社区、进干部夜校；组织“小手拉大手”、“交通秩序劝导员”等行动，让市民争做绿色出行、依规出行、文明出行的践行者，共同营造“安全、有序、绿色、畅通”的交通环境。

## 2017年罗田全域旅游发展报告

*罗田县旅游局*

2017年，罗田以“全域景区型”为发展模式，以“一核、三廊、五镇、十村、百景”为发展布局，以“旅游+”、厕所革命、改革创新为发展引擎，全域旅游发展风生水起、成效突显，实现了多产联动、多业融合、多元发展。

**一、大数据监测，综合贡献节节攀升**

依托智慧旅游系统建成大数据中心。经监测分析，罗田县旅游业发展水平、对地方发展的贡献率均高于全国平均水平。

1. 旅游人数：共接待游客645万人次，同比增长20.6%，占全县常住人口数量的11.7倍。其中：天堂寨85万人次，薄刀峰53万人次，九资河45万人次，三里畈温泉35万人次，燕儿谷25万人次，进士河12万人次，张家冲15万人次。

2. 旅游收入：实现综合收入34.5亿元，同比增长25.6%，旅游业增加值对县域GDP综合贡献率达15.3%；实现旅游财政税收1.25亿元，占地方财政税收的11.5%；人均旅游纯收入2150元，对全县农民年纯收入的贡献率达23.5%。

3. 旅游就业：新增旅游就业2150人，累计旅游从业人数达2.53人，占对就业总数的综合贡献率22.5%；通过就业安置和产业带动，累计帮扶3600户建档立卡贫困户精准脱贫，带动全县贫困户脱贫比例达21.6%。

## 二、大品牌提升，重点景区面貌一新

以打造A级精品景区为目标，提升天堂寨、薄刀峰、天堂湖、燕儿谷、三里畈温泉、胜利红色旅游区等重点景区的档次和品质，发挥龙头景区的示范作用。

1. 天堂寨（4A）：新建成大别山（河西畈）游客集散中心、“千张”循环旅游公路、马家屋基至南天门游线，完成对五峰精品游线、小华山登山步道的改造升级。8月1日起，卓尔文旅集团接管天堂寨，景区运营管理进入全企化新时代。

2. 薄刀峰（4A）：按5A景区标准完成卧龙岗游线、圆梦谷游线改造提升，新建成东、西门游客中心、生态停车场，完成麻栗坪至洪家沟水毁公路、圆梦谷泥石流灾害的修复。景区的建设、经营、管理和服务水平不断提升。

3. 天堂湖（创4A）：新建成湿地科普馆、飞龙岗、桃源溪游线，迎来中华秋沙鸭、野生鸳鸯、小天鹅等“新游客”。以保护为主，适度开发宣教区湿地旅游，推进入口形象区、水上红叶区、水生植物园、天鹅湖等规划建设。

4. 燕儿谷（3A）：新建成梅岭生态停车场和旅游厕所，黑化了区间道路，增设了标识标牌，完善了游览组织，新引进了马产业。受到参加“全国产业扶贫现场会”的领导和代表一致好评，被省旅游委评为全省旅游扶贫先进单位。

5. 三里畈温泉（创4A）：进一步完善了游客中心、停车场等功能，新建成沙雕公园和格桑花海，丰富了景观质量，成功打造“冰雪之恋”“冰火两重天”线路品牌，实现了从单一温泉类景区向多类型产品度假区转变。

6. 胜利红色旅游区（创3A）：县委制定规划方案支持红色旅游发展。胜利革命烈士纪念园新建成红色广场、陈列馆、博物馆及停车场等配套设施，胜利红色文化小镇开工建设，胜利老街、泗洲山抗日石刻群列入保护性开发议程。

## 三、大产业融合，乡村旅游百花齐放

发挥“旅游+”的粘合作用和“+旅游”的吸附作用，积极推进农旅、林旅、文旅融合发展，培育和打造旅游新业态，形成一乡一品、一处一景。

1. 农旅融合：张八塘围绕“+荷花”，建成十里荷塘景观带；张家河围绕“+玫瑰”，初步建成湖光山色度假村；天堂和美、外婆桥、惠民农业合作社、瑞元葡萄园、伟业葡萄园围绕“+水果”，初步建成农业观光生态园；林家咀围绕“+萝卜”，建成美丽乡村示范基地。

2. 林旅融合：大雾山围绕“+桐花”，初步建成万亩桐花谷；徐凤冲、圣人堂围绕“+红叶”，建成罗田红叶经典观光区；丰衣坳、高庙、八里畈等村围绕“+板栗”，初步建成罗田板栗采摘基地；錾字石围绕“+甜柿”，建成中国甜柿第一村；沙塘角、东山湾围绕“+花卉”，初步建成七彩花果山和月季花海。

3. 文旅融合：张家冲围绕“+家学文化”，建成“荆楚家学第一村”；潘家湾围绕“+古遗文化”，扎实推进一念谷文化旅游区建设；观音山、金盆地围绕“+宗教文化”，相关规划、建设和开发有序推进。

## 四、大要素配套，服务体系不断完善

树立“主客共享”理念，积极推进旅游服务供给侧改革，不断加强旅游配套设施建设，着力打造功能化、便捷化、智能化、标准化的公共服务体系。

1. 推进旅游厕所革命。全面完成旅游厕所革命“三年行动计划”，累计新建旅游厕所32座、改造18座，重点景区、主要游客集散地的旅游厕所均建有第三卫生间，实现了“数量充足、干净无味、管理有效、免费使用”的要求。旅游厕所革命“新三年（2018—2020）行动计划”已出台。

2. 完善游客集散体系。推进与旅游承载量相适应、分布合理、配套完善、管理科学的游客集散服务体系，先后在城区、景区、重点镇村和旅游公路沿线建设25个游客服务中心（点）和7个自驾游驿站，实现了从城区到景区、从城镇到乡村旅游集散服务的全覆盖。

3. 建成智慧旅游系统。智慧旅游系统一期工程建成运行，数据填报、信息发布、实时监控、网上预订、宣传推广、语音导览等功能得到全面应用。此外，通过实施“智慧旅游＋电商”，推进旅游产品、旅游商品、景区门票的网上营销，进一步提升了旅游产业的综合效益。

4. 提升接待服务能力。新发展旅游宾馆16家、农家乐120家，全县宾馆和农家乐总量达到1200家，接待总床位达到2.8万张，其中三星级以上宾馆12家、农家乐250家；此外，新发展旅游购物商店35家，新开发旅游商品37种，旅游消费市场不断繁荣。

5. 加大招商引资力度。先后引进卓尔、宏泰、中冶等实力企业，与卓尔文旅集团签约开发“五景区、五小镇”项目，为全域旅游增添了新活力。到目前为止，包括胜利商贸文旅小镇、大别山温泉鲜花小镇、大别山天堂河峡谷景区在内的开工旅游项目达68个，累计总投资达50亿元。

6. 推进安全文明管理。推进全域旅游知识、旅游从业人员技能和旅游安全管理培训，全年共举办各类培训班16期，培训管理人员和从业人员1280余人，旅游服务水平显著提升，旅游市场环境不断优化，旅游安全、文明程度显著提高，游客满意率达95%以上。

## 五、大营销突破，旅游形象声名远播

创新旅游宣传营销媒体和载体，把旅游产品的良好形象展示给广大游客，让世界了解罗田，让罗田走向世界。今年先后在央视黄金时段投放旅游形象广告，利用户外大牌、飞机小桌板、登机牌、社区灯箱、互联网、微博、微信、电子商务等传播方式和商业模式宣传罗田旅游，积极举办旅游招商会、推介会、板栗采摘活动、甜柿采摘活动、旗袍秀、吊锅节、红叶节、沙雕节、写生节，活动不断、精彩纷呈。今年通过举办7场板栗采摘活动和1场甜柿采摘活动，让这两大特产有了新“卖法”，使一度低迷板栗和甜柿成为紧俏商品，初步估计增值率达35%左右。此外，首次举办的旗袍秀活动，进一步展示了传统服饰之美、女性魅力之美，与自然之美、风景之美、文化之美、物产之美等特色吸引物共同组成了罗田的别样之美，进一步叫响了“千里大别山、美景在罗田”的形象品牌。

## 六、大保障支撑，带动全域纵深发展

按照全地域覆盖、全资源整合、全领域互动、全社会参与的创建原则，坚持政府主导、企业主体、部门同力、共建共享的创建方法，形成了创建合力，带动了全域发展。

1. 强化组织领导。成立了县委书记任政委、县长任指挥长、相关领导任副指挥长、各乡镇各部门负责人任成员的创建工作指挥部。郭建明、胡朝晖、熊庆等县领导领衔“国家全域旅游示范区”创建，从相关单位抽调的专业精英具体督促任务落实，保障了创建工作稳步推进。

2. 强化规划引领。以《国家全域旅游示范区工作导则》为基准，聘请专业团队高起点、高标准编制了《罗田县全域旅游发展总体规划》以及旅游公共服务体系、红色旅游等专项规划，其用地规模、容积率、环境容量、经济目标、社会目标等指数与各相关规划实现了“多规合一”。

3. 强化政策保障。县委、县政府出台或拟出台《关于支持全域旅游发展的奖励办法》《关于旅游产业扶贫富民的奖补办法》《罗田县实施〈2016—2020全国红色旅游发展规划纲要〉方案》等文件，各相关部门相继出台了支持全域旅游发展的倾斜政策文件，形成了政策、项目和资金上的优势。

4. 强化考核督办。县委将全域旅游作为中心任务列入年度“五讲五评五考”实绩考核目标。各单位严格按照下达的《全域旅游创建任务清单》实行挂图作战、销号管理。县纪委、县委督查室、县政府政务督查室常态化开展检查督办，为全域旅游取得阶段性成效奠定了基础。

5. 强化改革创新。县委将全域旅游列为重点改革任务，在资源整合方面，成功引进了卓尔文旅集团，实现了对天堂寨景区的经营托管；在体制改革方面，初步完成了以“1+3”为模式的改革调研方案；在机制创新方面，先后在旅游融资、营销、建设、管理等方面取得了新突破。

# 统计资料

## 罗田县 2017 年国民经济和社会发展统计公报

罗田县统计局　国家统计局罗田调查队

2017 年，是新一届县委、县政府站在新的历史起点上，奋力开创各项工作新局面的一年。一年来，县委、县政府的坚强领导下，认真贯彻落实习总书记系列重要讲话精神和中央、省、市的决策部署，团结带领全县人民不忘初心、苦干实干，开启了脱贫攻坚、全面建成小康罗田新征程，较好地完成了县十七届人大一次会议确定的各项目标，经济社会发展延续了稳中有进，进中向好的态势。

### 一、综合

全县完成生产总值 133.82 亿元，按可比价格计算，比上年增长 6.6%。其中：第一产业增加值 26.55 亿元，增长 3.9%；第二产业增加值 50.54 亿元，增长 7.6%，在第二产业中：工业增加值 38.71 亿元，增长 7.9%；第三产业增加值 56.73 亿元，增长 6.9%。三次产业结构由 2016 年的 20.6：37.5：41.9 调整为 19.8：37.8：42.4。在第三产业中交通运输仓储和邮政业、批发和零售业、住宿和餐饮业、金融业、房地产业、营利性服务业及非营利性服务业增加值分别增长 6.7%、7.6%、8.5%、11.8%、7.2%、17.7% 和 0.8%。

居民消费价格总指数（CPI）为 101.8，价格水平与上年同期比上涨 1.8%。分类别看，食品类下降 1%，衣着类上涨 2.3%，生活用品及服务类上涨 2.7%，医疗保健上涨 0.6%，交通和通信类价格上涨 0.5%，教育文化及娱乐类上涨 4.5%，居住类上涨 5%。全年农业生产资料价格上涨 0.1%。

年末全县市场主体 32464 户，比上年增长 7.2%，其中：企业类 3543 户，下降 8.9%；个体工商户 27872 户，增长 8.9%；农民合作社 1049 户。

全县城镇新增就业人员 7418 人，登记失业率为 1.25%，登记失业率较上年底回落 0.05 个百分点。

### 二、农业

全年实现农林牧渔业总产值 46.84 亿元，比上年增长 4.6%。农林牧渔业增加值 27.73 亿元，增长 4.5%，其中：种植业 16.19 亿元，林业 0.45 亿元，牧业 9.19 亿元，渔业 0.72 亿元，农林牧渔服务业 1.18 亿元，分别增长 4.4%、5.9%、4.59%、4% 和 16.4%。

全年粮食种植面积 40.10 千公顷，比上年增加 0.04 千公顷；油料作物种植面积 13.93 千公顷，增长 0.01 千公顷；全年粮食产量 22.98 万吨，增长 1.4%；油料产量 2.84 万吨，增长 1.4%；药材种植面积 18.3 万亩，产量 6.45 万吨，产值达到 7.47 亿元；其中：茯苓、天麻种植面积分别为 2.1 万亩和 1.25 万亩，产量分别为 1.5 万吨和 1.1 万吨，产值分别为 1.8 亿元和 3.3 亿元；蔬菜产量 24.99 万吨，增长 16.9%；水果产量 10535 吨，增长 4.6%。

全年生猪出栏 19.3 万头，比上年增长 0.52%；牛出栏 4.23 万头，增长 0.95%；山羊出栏 23.73 万只，增长 2%；家禽出笼 1211.08 万只，增长 4.7%；蚕茧产量 350 吨；肉类总产量 5.49 万吨，增长 2.8%；水产品产量 6581 吨，减少 15.2%。

完成荒山、荒沙造林面积 650 公顷。木材采伐量 1.9 万立方米。板栗种植总面积达到 101.7 万亩，板栗产量 4.58 万吨，比上年增长 153%。甜柿面积4.2万亩，产量8226吨，产量比上年增长11.0%。

年末耕地总资源27.84千公顷，与上年持平；常用耕地面积26.35千公顷，其中水田20.99千公顷，旱地5.36千公顷，农田有效灌溉面积20.14千公顷，旱涝保收面积16.2千公顷。

年末农业机械总动力27.27万千瓦，比上年增长3.5%，消耗燃油1.43万吨。

## 三、工业和建筑业

全部工业增加值38.71亿元，按可比价计算比上年增长7.9%。

规模以上工业企业93家，比上年净增1家，增长1.1%。规模以上工业完成总产值93.7亿元，比上年增长7.2%。完成主营业务收入76.7亿元，增长10%，产销率达到96.7%，增长0.1个百分点，实现利润5.1亿元，增长1.4%。规模以上工业增加值增速8.7%。其中：国有及国有控股企业增长5.5%；股份合作企业增长10.9%；其他经济类型企业增长12.8%。轻工业增长7.6%；重工业增长14.6%。

主要工业产品产量：配合饲料0.9万吨，罐头0.1万吨，饮料酒0.1万千升，布0.2亿米，服装20.8万件，家具12.5万件，化学药品原药1万吨，商品混凝土11万立方米，砖3.6亿块，天然花岗岩石建筑板材0.2亿平方米，铸铁件0.9万吨，齿轮0.2万吨，模具0.2万套。

年末高新技术企业9家，生产高新技术产品企业9家，全年完成高新技术产业增加值10.2亿元，比上年增长7.8%，占GDP和规模以上工业增加值的比重分别为7.6%、41.3%,。

建筑业全行业实现增加值11.83亿元，比上年增长6.4%；其中：年末资质以上建筑企业25家，比上年增加9家，建筑业总产值25.59亿元，比上年增长7.9%；房屋建筑施工面积154.54万平方米，比上年增长6.5%，其中新开工房屋建筑施工面积94.51万平方米，增长18.0%。实行招投标承包面积34.28万平方米，同比下降44.5%。房屋竣工面积122.02万平方米，比上年增长9.9%，建筑施工从业平均人数1.37万人，比上年增长27.1%。

## 四、固定资产投资

全县完成固定资产投资188.86亿元，比上年同期增长12.1%，其中：500万元以上项目完成投资178.38亿元，增长12.7%，房地产开发完成投资10.47亿元，同比增长3.7%。按产业划分，三次产业投资分别为9.4亿元、33.06亿元和146.4亿元，第一产业增长71.9%，第二产业增长9.8%，第三产业增长10.2%。

全县资质等级以上房地产开发企业39家，完成投资10.47亿元，比上年增长3.7%，销售商品房面积37.37万平方米，增长14.6%，实现商品房销售额13.17亿元，增长26.2%，其中：住宅销售面积32.79万平方米，增长16.1%，销售额10.25亿元，增长29.5%。

## 五、内外贸易

全年实现社会消费品零售总额73.93亿元，比上年增长10.7%。分城乡看，城镇实现零售额62.24亿元，增长10.9%；乡村实现零售额11.7亿元，增长9.4%。限额以上批发和零售企业39家，住宿和餐饮企业11家，共实现消费品零售额11.65亿元，增长10.2%。

实现外贸出口总额4825万美元，比上年增长13%。

电子商务创业园、公共服务中心、赶街县级运营中心和210个村级服务站已经建成运行。新增网商企业3040家，网店10755家，全年网络销售交易额达到10.8亿元。

## 六、交通运输、邮电通信和旅游

全年完成货物周转量7460万吨公里，比上年增长1.08%；旅客周转量21.23亿人公里，比上年增长3.26%。邮电业务总量2.62亿元，增长4.4%，其中：邮政业务总量0.36亿元，增长

34.0%；电信业务总量2.26亿元，增长0.9%。年末固定电话用户7.37万户；移动电话用户36.88万户；电话普及率为80.1部/百人；计算机宽带互联网用户9.22万户，比上年增长15.3%。

年末旅游景点86处，其中：AAA级以上景点（区）5处。全年接待国内旅游人数645万人次，比上年增长20.3%；国内旅游综合收入38.6亿元，增长30.4%。

## 七、财政、金融和保险

全年完成全口径地方财政总收入20.55亿元，比上年增长58.94%，其中地方公共财政预算收入7.41亿元，增长8.95%。在地方公共财政预算收入中，税收收入4.54亿元，增长6.55%。地方财政总支出50.03亿元，增长12.25%，其中：地方公共财政支出36.34亿元，增长7.17%。

年末金融机构各项人民币存款余额230.81亿元，比年初增加28.25亿元，增长13.95%。其中：住户存款166.21亿元，占全部存款的72.01%。金融机构各项贷款余额86.94亿元，比年初增加14.84亿元，增长20.59%。

保险业全年保费收入7.47亿元，增长23%。其中：财产险实现保费收入1.06亿元，增长31.8%；人身险保费收入6.41亿元，增长22%。支付各类理赔及给付1.73亿元，增长33%，其中，财产险赔款0.45亿元，增长1.7%；人身险理赔及给付1.28亿元，增长49%。

## 八、教育和科学技术

2017年末全县各级各类学校79所。其中：中等职业学校1所，普通中学25所，小学52所，特殊教育学校1所。在校学生总数53356人，其中：中等职业学校3410人，普通中学18916人，小学30899人，特殊教育学校131人。专任教师总数3812人，其中：中等职业学校193人，普通中学1754人，小学1833人，特殊教育学校32人。幼儿园65所，在园幼儿数17046人。学龄儿童入学率、九年义务教育完成率、义务教育普及程度均达到100%。参加高考2976人。

科学研究和技术开发取得新的成果57项。登记科技成果13项。签订技术合同16项，技术合同成交金额1.52亿元，合同金额比上年增长90%。争取国家扶持科技项目14个，争取扶持资金704万元。

## 九、文化、卫生和体育

年末实有各类艺术表演团体329个，文化馆2个，公共图书馆2个，博物馆1个，馆藏图书25万册。组织文艺演出1000余场次，观看演出人次达到20万人次。广播电台1座，电视台1座，电影放映单位2个，有线电视用户8.86万户。广播覆盖率达到99.55%，电视覆盖率达到99.25%，共制作广播节目1802小时，电视节目374小时。播出广播节目3793小时，电视节目3220小时。电影放映5026场次，观看电影人次达到31万人次。

年末医疗卫生机构24家，其中县级医院2家，乡镇卫生院17家，疾病预防控制中心（防疫站）1家，妇幼保健院1家，精神卫生中心1家，其他机构2家。卫生工作人员（含医院、卫生院等）3023人，其中执业（助理）医师1106人，注册护士977人，卫生防疫人员215人。卫生机构床位数3243张，其中医院床位1410张，卫生院床位1261张。

年末共有公共体育场地960个，其中：有固定看台的灯光球场1个。全年共开展群众性体育活动（比赛）49次。年末体育彩票销售网点19个，全年销售体育彩票5000万元。

## 十、人口、居民生活和社会保障

年末全县总户数21.11万户，户籍人口59.63万，常住人口55.27万人（在本县居住半年以上的人口），其中：城镇23.57万人，乡村31.7万人。城镇化率42.65%。全年出生人口8112人，出生率为12.6‰；死亡人口9780人，死亡率为15.2‰。

城乡居民人均可支配收入15140元，比上年增长8.8%。按常住地分，城镇常住居民人均可支配收入24862元，比上年增长8.29%；农村常住居民人均可支配收入10004元，比上年增长9.46%。

2017年末全县参加城镇职工基本养老保险人数4.89万人，比上年增加0.2万人，其中在职职工3.37万人，离退休人员1.52万人；参加城乡居民基本养老保险人数28.91万人。参加城镇职工基本医疗保险人数3.12万人，参加城乡居民基本医疗保险人数48.88万人；参加工伤保险人数2.4万人；参加生育保险人数1.7万人；参加失业保险人数1.74万人，全年累计实付失业保险金158万元。

年末全县城镇居民最低生活保障对象0.48万人，农村居民最低生活保障人数1.52万人，国家抚恤、补助各类优抚对象0.67万人。社会福利收养性单位17个，全县各类社会福利收养床位3062张，收养580人，城镇社区服务设施共计25个。福利彩票销售站点32个，全年销售社会福利彩票3150万元。

## 十一、节能降耗、资源环境

单位GDP能耗上升0.64%。全年用电量6.37亿千瓦时，比上年增长15.92%；其中工业生产用电量3.52亿千瓦时，增长27.6%，农业生产用电量0.09亿千瓦时，增长12.5%，居民生活用电量达到1.86亿千瓦时，增长3.3%。

境内自然保护区6个，保护区面积达863.57平方公里；其中湿地公园3处，面积20.12平方公里；森林公园、地质公园各1处，面积分别为574.27平方公里和1949.81平方公里；自然保护区1处，面积119.37平方公里。

城镇集中式饮用水源地水质达标率100%。

2017年乡镇情况一览表

表15

| 乡镇名称 | 国土面积（平方公里） | 耕地面积（亩） | 年末总人口（人） | 农村居民可支配收入（元） | 农业总产值（万元） |
|---|---|---|---|---|---|
| 凤山镇 | 256.54 | 62267 | 123654 | 11144 | 68450 |
| 骆驼坳镇 | 89.04 | 27476 | 34688 | 10252 | 25230 |
| 大河岸镇 | 156.00 | 35361 | 34481 | 10213 | 28892 |
| 九资河镇 | 285.11 | 28257 | 37802 | 10124 | 52884 |
| 胜利镇 | 254.35 | 35606 | 59694 | 9902 | 43395 |
| 河浦镇 | 205.03 | 41380 | 55560 | 10040 | 38536 |
| 三里畈镇 | 173.84 | 46131 | 68458 | 11002 | 56976 |
| 匡河镇 | 193.02 | 41985 | 62533 | 10060 | 60749 |
| 白庙河镇 | 178.10 | 32512 | 32639 | 10053 | 26757 |
| 大崎镇 | 132.88 | 33190 | 39407 | 9931 | 32853 |
| 白莲河乡 | 102.11 | 17874 | 24464 | 9713 | 17696 |
| 平湖乡 | 102.89 | 14353 | 22951 | 10140 | 15975 |

罗田县2017年国民经济和社会发展基本情况表

表16

| 指 标 | 单 位 | 2017年 | 2016年 |
|---|---|---|---|
| 一、人口、就业及土地面积 | | | |
| 年末总人口 | 万人 | 59.63 | 60.07 |
| #男 | 万人 | 32.01 | 32.25 |
| 女 | 万人 | 27.62 | 27.82 |

续表 16

| 指　标 | 单　位 | 2017 年 | 2016 年 |
|---|---|---|---|
| 出生人口 | 人 | 8112 | 7382 |
| # 男性 | 人 | 4326 | 4004 |
| 女性 | 人 | 3786 | 3378 |
| 死亡人口 | 人 | 9780 | 2518 |
| 年常住人口 | 万人 | 55.27 | 55.2 |
| # 乡村人口 | 万人 | 31.7 | 32.38 |
| 城镇人口 | 万人 | 23.57 | 22.82 |
| 城镇化率 | % | 42.65 | 41.34 |
| 年末总户数 | 户 | 211147 | 213898 |
| 从业人员 | 万人 | 40.66 | 40.92 |
| # 乡村从业人员 | 万人 | 25.7 | 25.86 |
| 城镇从业人数 | 万人 | 14.96 | 15.06 |
| # 第一产业 | 万人 | 9.21 | 9.62 |
| 第二产业 | 万人 | 16.46 | 16.67 |
| # 工业 | 万人 | 11.59 | 11.53 |
| 第三产业 | 万人 | 14.99 | 14.63 |
| 在岗职工人数 | 人 | 39921 | 39071 |
| 在岗职工平均人数 | 人 | 39693 | 38719 |
| 城镇私营企业从业人员 | 人 | 19383 | 18503 |
| 城镇个体从业人员 | 人 | 72096 | 71783 |
| 城镇登记失业率 | % | 1.25 | 1.27 |
| 城镇职工工资总额 | 万元 | 184538 | 167627 |
| 职工平均工资 | 元 | 42849 | 39675 |
| 行政区域土地面积 | 平方公里 | 2129.94 | 2129.94 |
| **二、综合经济** | | | |
| 地区生产总值（当年价） | 亿元 | 133.82 | 121.79 |
| 第一产业 | 亿元 | 26.55 | 25.09 |
| 第二产业 | 亿元 | 50.54 | 45.69 |
| # 工业 | 亿元 | 38.71 | 36.05 |
| 第三产业 | 亿元 | 56.73 | 51.01 |
| 人均地区生产总值 | 元 | 24212 | 22063 |
| 地区生产总值（可比价） | 亿元 | 128.77 | 120.86 |
| 第一产业 | 亿元 | 26.02 | 25.04 |
| 第二产业 | 亿元 | 50.01 | 46.48 |
| # 工业 | 亿元 | 39.78 | 36.87 |
| 第三产业 | 亿元 | 52.74 | 49.34 |
| 地区生产总值指数（按可比价计算） | 上年 =100 | 106.6 | 107.2 |
| 第一产业 | 上年 =100 | 103.9 | 104.3 |
| 第二产业 | 上年 =100 | 107.6 | 106.3 |
| # 工业 | 上年 =100 | 107.9 | 106.7 |

续表 16

| 指　标 | 单　位 | 2017 年 | 2016 年 |
|---|---|---|---|
| 第三产业 | 上年 =100 | 106.9 | 109.6 |
| 人均地区生产总值指数 | 上年 =100 | 109.7 | 107 |
| **三、固定资产投资** | | | |
| 固定资产投资完成额 | 万元 | 1888557 | 1684308 |
| # 国有投资 | 万元 | 979792 | 949814 |
| 集体经济 | 万元 | 186804 | 162259 |
| 个体私营经济 | 万元 | 721961 | 572235 |
| 500 万元以上固定资产投资 | 万元 | 1783808 | 1583335 |
| 房地产开发投资 | 万元 | 104749 | 100973 |
| 商品房销售额 | 万元 | 131717 | 104333 |
| 商品房销售面积 | 万平方米 | 37.37 | 32.63 |
| 空置面积 | 万平方米 | 22.14 | 28.44 |
| **四、财政、金融、保险** | | | |
| 财政总收入 | 万元 | 107305 | 129301 |
| 地方公共财政预算收入 | 万元 | 74123 | 68032 |
| # 各项税收 | 万元 | 45439 | 42647 |
| # 增值税 | 万元 | 20964 | 11626 |
| 营业税 | 万元 | — | 10184 |
| 企业所得税 | 万元 | 6023 | 6959 |
| 个人所得科 | 万元 | 2064 | 2636 |
| # 地方基金收入 | 万元 | 97965 | 4353 |
| 地方公共财政支出 | 万元 | 363396 | 339075 |
| # 农林水事务 | 万元 | 71986 | 63256 |
| 教育 | 万元 | 70352 | 71371 |
| 社会保障和就业 | 万元 | 55913 | 57079 |
| 医疗卫生 | 万元 | 42402 | 37297 |
| 年末金融机构本外币存款余额 | 万元 | 2308110 | 2025626 |
| 年末金融机构本外币贷款余额 | 万元 | 869415 | 720994 |
| **五、农村和农业经济** | | | |
| 乡村户数 | 万户 | 13.8 | 13.95 |
| 乡村劳动力 | 万人 | 31.01 | 33.54 |
| # 农林牧渔业 | 万人 | 12.82 | 12.5 |
| 常用耕地面积 | 千公顷 | 26.35 | 26.35 |
| 农林牧渔业总产值 | 亿元 | 46.84 | 43.95 |
| 农林牧渔业总产值指数 | 上年 =100 | 104.61 | 104.16 |
| 农业机械总动力 | 万千瓦 | 27.27 | 34.4 |
| 化肥使用量（折纯量） | 万吨 | 1.79 | 1.9 |
| 农村用电量 | 万千瓦小时 | 22912.3 | 25274.9 |
| 有效灌溉面积 | 千公顷 | 20.14 | 20.14 |
| 总播种面积 | 千公顷 | 78.22 | 78.41 |

续表 16

| 指　标 | 单　位 | 2017 年 | 2016 年 |
| --- | --- | --- | --- |
| # 粮食作物 | 千公顷 | 40.1 | 40.61 |
| 粮食产量 | 万吨 | 22.98 | 22.47 |
| 棉花产量 | 吨 | 438 | 241 |
| 油料产量 | 万吨 | 2.84 | 2.8 |
| 猪肉产量 | 万吨 | 1.45 | 1.44 |
| 牛肉产量 | 吨 | 5766 | 5712 |
| 羊肉产量 | 吨 | 5930 | 5816 |
| 水产品产量 | 吨 | 6581 | 7746 |
| **六、规模以上工业、建筑业** | | | |
| 规模以上工业企业单位数 | 个 | 93 | 92 |
| # 内资企业 | 个 | 93 | 93 |
| 港澳台商投资企业 | 个 | 0 | 0 |
| 外商投资企业 | 个 | 0 | 0 |
| # 大型企业 | 个 | 1 | 1 |
| 中型企业 | 个 | 4 | 4 |
| 小型企业 | | 88 | 87 |
| 工业总产值（当年价） | 万元 | 936933 | 873828 |
| # 内资企业 | 万元 | 936933 | 873828 |
| 港澳台商投资企业 | 万元 | 0 | 0 |
| 外商投资企业 | 万元 | 0 | 0 |
| 国有控股企业 | 万元 | 62180 | 71626 |
| # 轻工业 | 万元 | 559001 | 512899 |
| 重工业 | 万元 | 377932 | 360929 |
| 工业增加值（现价） | 万元 | 247000 | 235200 |
| 工业增加值增长速度 | % | 8.7 | 7.4 |
| 资产合计 | 万元 | 752197 | 692459 |
| # 应收账款净额 | 万元 | 54320 | 52901 |
| 产成品 | 万元 | 32035 | 34968 |
| # 流动资产年平均余额 | 万元 | 250828 | 236047 |
| 固定资产原价 | 万元 | 582300 | 581525 |
| 固定资本净值年平均余额 | 万元 | 372568 | 371685 |
| 负债合计 | 万元 | 431793 | 388458 |
| 主营业务收入 | 万元 | 767490 | 697741 |
| 利润总额 | 万元 | 50944 | 50234 |
| 亏损企业亏损总额 | 万元 | 700 | 975 |
| 利税总额 | 万元 | 73209 | 74439 |
| 本年应交增值税 | 万元 | 14798 | 15583 |
| 全部从业人员年平均人数 | 人 | 10432 | 10453 |
| 工业经济效益综合指数 | % | 257.51 | 257.59 |

续表 16

| 指　标 | 单　位 | 2017 年 | 2016 年 |
|---|---|---|---|
| 总资产贡献率 | % | 11.17 | 12.48 |
| 资本保值增值率 | % | 105.4 | 105.95 |
| 资产负债率 | % | 57.4 | 56.1 |
| 流动资产周转率 | 次 | 2.69 | 3.05 |
| 成本费用利润率 | % | 7.22 | 7.78 |
| 全员劳动生产率（增加值不变价） | 元 / 人 | 236771 | 225007 |
| 产品销售率 | % | 96.7 | 96.6 |
| 工业企业能源消费总量 | 万吨标煤 | 11.91 | 10.53 |
| 建筑企业单位数 | 个 | 25 | 16 |
| 建筑企业从业人员平均数 | 万人 | 1.36 | 0.85 |
| 建筑业总产值 | 亿元 | 25.59 | 23.72 |
| 房屋建筑施工面积 | 万平方米 | 154.54 | 145.18 |
| 房屋建筑竣工面积 | 万平方米 | 122.02 | 111.07 |
| **七、交通运输、邮电通信、能源** | | | |
| 公路里程 | 公里 | 3152 | 3029 |
| # 等级公路 | 公里 | 2692 | 2567 |
| 民用汽车拥有量 | 辆 | 29254 | 20771 |
| # 载客汽车 | 辆 | 926 | 831 |
| 载货汽车 | 辆 | 5267 | 5065 |
| 农村通公路行政村比重 | % | 100 | 100 |
| 邮政局所数 | 处 | 12 | 12 |
| 邮电业务营业收入 | 万元 | 25314 | 24822 |
| # 邮政业务营业收入 | 万元 | 2729 | 2379 |
| 固定电话用户 | 户 | 73657 | 75940 |
| # 农村电话用户 | 户 | 53741 | 54733 |
| 移动电话年末用户 | 户 | 368753 | 323310 |
| 能源消费量 | 万吨标煤 | 72.88 | 68.48 |
| 全年用电量 | 亿千瓦时 | 6.37 | 5.49 |
| # 工业用电 | 亿千瓦时 | 3.52 | 2.76 |
| 城乡居民生活用电量 | 亿千瓦时 | 1.86 | 1.8 |
| **八、批发零售贸易、外经、旅游** | | | |
| 社会消费品零售总额 | 万元 | 739348 | 668009 |
| 外贸出口总额 | 万美元 | 4825 | 4345 |
| 实际利用外资 | 万美元 | 0 | 240 |
| 国内旅游人数 | 万人次 | 635 | 527 |
| 国内旅游收入 | 亿元 | 38.6 | 29.6 |
| 旅游外汇收入 | 万美元 | 680 | 550 |
| 星级饭店数 | 个 | 11 | 8 |
| 名胜风景区和文物保护区个数 | 个 | 10 | 8 |

续表 16

| 指　　标 | 单　　位 | 2017 年 | 2016 年 |
|---|---|---|---|
| **九、城市建设、环境保护** | | | |
| 城市维护建设资金支出 | 万元 | 550 | 1650 |
| 供水总量 | 万吨 | 950 | 902 |
| # 居民家庭用水 | 万吨 | 387.7 | 337.7 |
| 用水人口 | 万人 | 13.9 | 12.5 |
| 公共汽（电）车运营车辆数 | 辆 | 52 | 50 |
| 出租汽车数 | 辆 | 150 | 150 |
| 煤气（人工煤气 \ 天然气）供应总量 | 万立方米 | 544 | 437.5 |
| # 家庭用量 | 吨 | 1870 | 2048 |
| 城区道路面积 | 千平方米 | 1100 | 1075.97 |
| 排水管道长度 | 公里 | 336 | 321.5 |
| 建成区绿化覆盖面积 | 公顷 | 603.1 | 603.05 |
| 建成区绿化覆盖率 | % | 40.2 | 40.15 |
| 园林绿地面积 | 公顷 | 527.98 | 527.9 |
| 公共绿地面积 | 公顷 | 112.5 | 112.47 |
| 污水处理厂数 | 座 | 4 | 4 |
| 垃圾处理站数 | 个 | 11 | 7 |
| 生活污水处理率 | % | 96 | 96 |
| 生活垃圾无害化处理率 | % | 100 | 100 |
| 自然保护区个数 | 个 | 6 | 6 |
| 自然保护区面积 | 公顷 | 86356.87 | 86356.87 |
| 森林覆盖率 | % | 67.2 | 67.1 |
| 工业废水排放达标量 | 万吨 | 184.47 | 170.37 |
| 工业二氧化硫排放量 | 吨 | 113.14 | 166.44 |
| 工业烟（粉）尘排放量 | 吨 | 46.38 | 93.29 |
| 工业废气排放量 | 万标米 | 52290 | 50233 |
| 工业固体废物产生量 | 万吨 | 2.521 | 0.732 |
| 工业固体废物综合利用率 | % | 100 | 100 |
| **十、教育、科技、卫生** | | | |
| 学校总数 | 个 | 79 | 86 |
| # 中等职业学校 | 个 | 1 | 1 |
| 普通中学 | 个 | 25 | 25 |
| 小学 | 个 | 52 | 60 |
| 在校学生总数 | 人 | 53356 | 53500 |
| # 中等职业学校 | 人 | 3410 | 3191 |
| 普通中学 | 人 | 18916 | 19122 |
| 小学 | 人 | 30899 | 31187 |
| 专任教师总数 | 人 | 3812 | 3769 |
| # 中等职业学校 | 人 | 193 | 197 |

续表 16

| 指 标 | 单 位 | 2017 年 | 2016 年 |
|---|---|---|---|
| 普通中学 | 人 | 1754 | 1753 |
| 小学 | 人 | 1833 | 1819 |
| 幼儿园数 | 人 | 65 | 63 |
| 在园幼儿数 | 人 | 17046 | 16828 |
| 学龄儿童入学率 | % | 100 | 100 |
| 初中毕业生升学率 | % | 96.3 | 97.5 |
| 九年义务教育完成率 | % | 100 | 100 |
| 各类专业技术人员数 | 人 | 20056 | 19554 |
| # 中级技术职称以上人员 | 人 | 7682 | 7481 |
| 农业技术人员 | 人 | 317 | 309 |
| 体育场馆数 | 个 | 960 | 810 |
| 广播覆盖率 | % | 99.55 | 99.53 |
| 电视覆盖率 | % | 99.25 | 99.23 |
| 公共图书馆 | 个 | 2 | 1 |
| 公共图书馆图书总藏量 | 万册 | 25 | 20 |
| 卫生机构数 | 个 | 24 | 25 |
| # 医院 | 个 | 2 | 2 |
| 卫生院 | 个 | 17 | 17 |
| 疾病预防控制中心（防疫站） | 个 | 1 | 1 |
| 妇幼保健院（所、站） | 个 | 1 | 1 |
| 卫生机构床位数 | 张 | 3243 | 3171 |
| # 医院 | 张 | 1410 | 1410 |
| 卫生院 | 张 | 1261 | 1261 |
| 卫生工作人员 | 人 | 3023 | 3021 |
| 卫生技术人员 | 人 | 2590 | 2603 |
| # 执业（助理）医师 | 人 | 1106 | 1105 |
| 注册护士 | 人 | 977 | 992 |
| # 卫生防疫人员 | 人 | 215 | 215 |
| 医院、卫生院技术人员 | 人 | 2166 | 2176 |
| # 执业（助理）医师 | 人 | 946 | 946 |
| 注册护士 | 人 | 813 | 827 |
| **十一、人民生活** | | | |
| 城镇人均住房使用面积 | 平方米 | 39.16 | 38.65 |
| 城镇人均住房建筑面积 | 平方米 | 41.84 | 41.11 |
| 城镇居民人均可支配收入 | 元 | 24862 | 22959 |
| 城镇居民人均消费性支出 | 元 | 21047 | 19132 |
| # 食品 | 元 | 7629 | 6935 |
| 教育文化娱乐服务 | 元 | 1722 | 1562 |
| 农村人均住房使用面积 | 平方米 | 63.13 | 62.45 |

续表 16

| 指　标 | 单　位 | 2017 年 | 2016 年 |
|---|---|---|---|
| 农村人均住房建筑面积 | 平方米 | 65.83 | 65.13 |
| 农村人均可支配收入 | 元 | 10004 | 9139 |
| 农村居民人均消费性支出 | 元 | 8668 | 7875 |
| # 食品 | 元 | 3299 | 3010 |
| 教育文化娱乐服务 | 元 | 926 | 837 |
| 居民消费价格指数（上年 =100） | — | 101.8 | 102.4 |
| 年末离休、退休、退职人员数 | 万人 | 10.56 | 9.75 |
| 城镇企业职工基本养老保险参保人数 | 人 | 48863 | 46881 |
| 城镇职工基本医疗保险参保人数 | 人 | 31183 | 32284 |
| 城镇失业保险参保人数 | 人 | 17365 | 17153 |
| 社会福利收养性单位数 | 个 | 17 | 17 |
| 社会福利收养性单位床位数 | 张 | 3062 | 2850 |
| 居民最低生活保障已保人数 | 人 | 19979 | 21301 |
| # 城镇居民 | 人 | 4789 | 5312 |
| 参加农村合作医疗的人数 | 人 | 458436 | 458793 |
| 参加农村养老保险的人数 | 人 | 289063 | 288358 |
| **十二、社会治安** | | | |
| 刑事案件立案数 | 件 | 1423 | 1679 |
| 民事案件发案数 | 件 | 2657 | 2269 |
| 交通事故发生数 | 起 | 3688 | 3513 |
| 交通事故死亡人数 | 人 | 53 | 27 |
| 交通事故损失额 | 万元 | 198.3 | 105.1 |
| 火灾事故发生数 | 起 | 71 | 81 |
| 火灾死亡人数 | 人 | 1 | 1 |
| 火灾损失金额 | 万元 | 21.051 | 43.6147 |
| 工矿企业安全事故死亡人数 | 人 | 1 | 2 |
| 工矿企业安全事故损失额 | 万元 | 90 | 206 |
| 亿元 GDP 生产安全事故死亡率及降幅 | 人 / 亿元、% | 0.0075/-54.7 | 0.0165/-7 |
| 符合政策生育率 | % | 97.79 | 95.35 |
| 出生人口性别比 | | 114.3 | 118.5 |
| 义务教育普及程度 | % | 100 | 100 |
| 高中阶段教育毛入学率 | % | 91.6 | 91.1 |
| 每千人口拥有医院床位数及医生数 | 张、人 / 千人 | 5.87/2.0 | 5.74/2.08 |
| 农村饮水安全普及率 | % | 98.8 | 98.5 |
| 行政村公路通畅率 | % | 100 | 100 |
| 食品和药品安全指数 | % | 100 | 100 |
| 城镇社会保险覆盖率 | % | 100 | 100 |
| 对城市低收入住房困难家庭实施住房保障的比重 | % | 99 | 99.5 |

续表 16

| 指 标 | 单 位 | 2017 年 | 2016 年 |
|---|---|---|---|
| 农村新型合作医疗参合率 | % | 98 | 98 |
| 单位生产总值能耗降低率 | % | 0.6 | -3.2 |
| 主要污染物总量减排完成率 | % | 100 | 100 |
| 人均耕地保有量 | 亩 / 人 | 0.9 | 0.9 |
| 造林绿化任务完成率 | % | 100 | 100 |
| 城镇集中式饮用水源地水质达标率 | % | 100 | 100 |
| 信用县市等级 | — | 是 | 是 |
| 社会保险参保率 | % | 95.97 | 99.9 |
| 建设用地规模 | 公顷 | 15806.57 | 15663.78 |
| # 城镇村及工矿用地 | 公顷 | 9724.91 | 9593.52 |
| 交通运输用地 | 公顷 | 2836.03 | 2825.44 |
| 水库水面 | 公顷 | 3133.99 | 3133.49 |
| 水工建筑用地 | 公顷 | 111.64 | 111.33 |